부정선거 해부학

허병기 도경구 민경욱
권오용 홍승기 지음

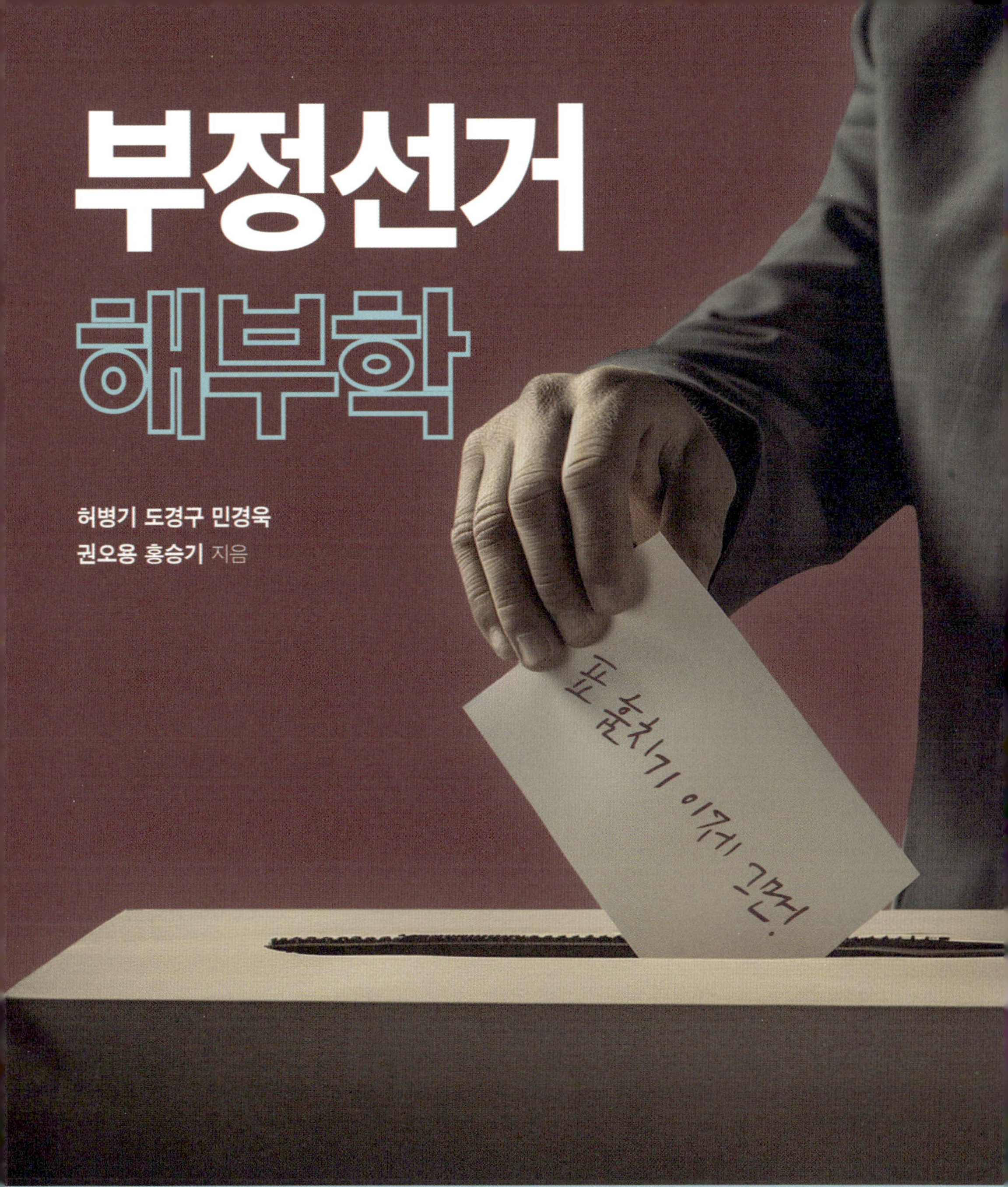

 2024년 4월 10일에 실시된 제22대 총선 결과에 대한
대수의 법칙을 증명한 경이로운 수학책!

글마당&아이디어북스

목차

프롤로그   4

Prologue   18

선거통계시스템의 해부 (허병기)

Part I. 4.10 총선의 민낯
    Chapter 1. 사전투표득표율-당일투표득표율 차이가 나타내는 미스터리   43
    Chapter 2. 제22대 총선결과에 대한 통계적 미스터리   87

Part II. 기획선거
    Chapter 3. 기획선거의 실상   135
    Chapter 4. 기획선거의 결과   179
    Chapter 5. 제22대총선의 정당별 의석수에 대한 통계학적 해답   217

Part III. 조작 메커니즘
    Chapter 6. 표 조작 메커니즘   233
    Chapter 7. 선거구별, 지역별 선거결과에 대한 조작 메커니즘 평가   257

Part IV. 대수의 법칙 검증
    Chapter 8. 대수의 법칙 검증에 대한 개념   307
    Chapter 9. 선거구에 대한 대수의 법칙 검증   321
    Chapter 10. 선거 권역의 관내사전투표에 대한 대수의 법칙 검증   349
    Chapter 11. 전국 선거구의 관외사전투표에 대한 대수의 법칙 검증   375

Part V. 조작표수 계산방정식
    Chapter 12. 조작표수 계산방정식의 유도 및 계산 실례   409
    Chapter 13. 선거결과가 뒤바뀐 50개 선거구에 대한 조작표수 산출   431
    Chapter 14. 전국 254개 선거구의 관내사전투표에 대한 조작표수 산출   447

표 훔치기 이제 그만!
부정선거 해부학

컴퓨터과학적 해부 (도경구)

Part VI. 부정선거 방법론
    Chapter 15. 선거조작 방법의 이해   527

정치적. 법적 해부 (민경욱·권오용·홍승기)

Part VII: 정치적 관점에서 조망한 부정선거
    Chapter 16. 윤석열 대통령, 계엄으로 부정선거 투쟁에 불을 지폈다 (민경욱)   583

Part VIII. 법적 관점에서 조망한 부정선거
    Chapter 17. 대법원과 선거부정 (권오용)   659
    Chapter 18. 선거소송 유감 (홍승기)   677

에필로그   689

프롤로그

하얀 신작로 위로 따가운 햇볕이 쏟아졌다. 땅의 열기는 온몸을 나른하게 하다못해 길가의 포플러 잎마저 시들게 하였다. 쌕쌕이가 하늘을 가로지르면서 만들어내는 흰줄 무늬는 하나의 하늘을 동서로 갈라놓았다. 1952년 하굣길은 멀고도 까마득하였다. 이때부터 나와 동행하면서 동고동락했던 동요 하나가 있었다.

따오기

한정동 작사

윤극영 작곡

보일듯이 보일듯이 보이지 않는

따옥따옥 따옥소리 처량한 소리

떠나가면 가는 곳이 어디메이뇨

내 어머니 가신 나라 해돋는 나라

잡힐듯이 잡힐듯이 잡히지 않는

따옥따옥 따옥소리 처량한 소리

떠나가면 가는 곳이 어디메이뇨

내 아버지 가신 나라 해돋는 나라

위의 동요에 꼬리를 물고 쫓아다녔던 제3절의 동요가 있었다. 그 동요가 내 영혼 깊은 곳에서 내가 힘들어하던 일을 멈추려 할 때 약한듯 강한듯 또 약한듯 나를 부추겨 세우는 새벽별이 되었다.

약한듯이 강한듯이 또 약한듯이

따옥따옥 따옥소리 처량한 소리

떠나가면 가는 곳이 어디메이뇨

내 어머니 가신 나라 별돋는 나라

약함과 강함의 파도가 교차하면서 나를 여기까지 몰고 왔다. 그리고 부정선거 검증에 대한 두 번째 작품이 완성되었다.

부정선거 해부학은 세 영역으로 구축되어 있다. 첫 번째 영역은 선거통계시스템의 해부이며, 두 번째 및 세 번째 영역은 각각 부정선거에 대한 컴퓨터과학적, 정치적·법적 해부이다. 첫 번째 영역인 선거통계시스템의 해부에 대한 내용은 5개의 Part로 나누어진다. Part I은 제22대 총선결과가 확률·통계학적으로 불가능하다는 것을 규명한다. 수많은 통계·수학자들이 오랜 세월 검증의 검증을 통하여 확립한 공리가 있다. 모집단으로부터 추출한 표본의 크기가 충분히 클 경우 표본의 비율은 모집단의 비율에 접근한다는 것이다. 사람들은 이 통계학적 공리를 대수의 법칙이라고 명명하였다. 제22대 총선의 종로 선거구인 경우 모집단인 종로 선거구의 투표인 수는 87,808이며, 당일투표 투표자 수는 41,692, 관내사전투표 투표자 수는 34,965, 관외사전투표 투표자 수는 10,369 이다. 모집단의 크기 87,808에 대한 당일투표 표본의 크기, 관내사전투표 표본의 크기 및 관외사전투표 표본의 크기의 비율은 47.48%, 39.82% 및 11.81%이다. 모집단 크기에 대한 표본의 크기의 비율은 대단히 크다. 따라서 대수의 법칙에 따르면 종로구에 대한 후보별 당일득표율, 관내사전득표율, 관외사전득표율과 모집단인 선거구의 득표율은 다음과 같이 서로 같아야 한다.

당일득표율 ≒ 관내사전득표율 ≒ 관외사전득표율 ≒ 선거구득표율

그러나 종로 선거구의 선거결과는 다음 표와 같이 대수의 법칙과는 거리가 멀다.

(종로선거구)

득표율	당일	관내사전	관외사전	거소선상사전	국외사전	선거구
더불어민주당 후보	42.8%	58.5%	57.2%	46.3%	63.8%	50.9%
국민의힘 후보	52%	37.1%	36.9%	45.5%	30.1%	44.1%

당일득표율 대비 다른 투표표본의 득표율 차이는 통계학적 관점에서는 설명할 수 없는 미스터리 한 결과로 종로 선거구의 선거결과는 그 문제가 대단히 심각하다.

(종로선거구)

득표율 차이	관내사전 - 당일	관외사전 - 당일	거소선상사전 - 당일	국외사전 - 당일	선거구 - 당일
더불어민주당 후보	15.9%	14.4%	3.5%	21.0%	8.1%
국민의힘 후보	-15%	-15.1%	-6.5%	-21.9%	-7.9%

위와 같은 선거결과가 제22대 총선 254개 선거구 모두에서 발생했다는 것은 선관위가 운영하고 있는 선거시스템의 심각성을 적나라하게 나타내고 있다.

후보별 관내사전득표율-당일득표율 차이가 (+)인 선거구 수와 (-)인 선거구 수를 나타내면 다음 표와 같다.

	관내사전투표득표율-당일투표득표율 차이가 (+)인 선거구와 (-)인 선거구			
	더불어민주당 후보		국민의힘 후보	
	(+)	(-)	(+)	(-)
선거구 수	254	0	0	254
총 선거구 수 대비 비율 %	100%	0%	0%	100%

위의 결과가 발생할 확률을 고등학교 확률통계 교과서에 실려 있는 확률 계산식을 사용하여 계산하면 다음과 같다. 해석이 불가능한 값이다. 제22대 총선결과가 발생할 확률은 0이다.

더불어민주당 후보의 결과가 발생할 확률	국민의힘 후보의 결과가 발생할 확률	더불어민주당 후보의 결과와 국민의힘 후보의 결과가 동시에 발생할 확률
$_{254}C_{254}\left(\dfrac{1}{2}\right)^{254}\left(\dfrac{1}{2}\right)^{0} = \dfrac{1}{2^{254}}$	$_{254}C_{0}\left(\dfrac{1}{2}\right)^{0}\left(\dfrac{1}{2}\right)^{254} = \dfrac{1}{2^{254}}$	$\left[_{254}C_{254}\left(\dfrac{1}{2}\right)^{254}\right]\left[_{254}C_{0}\left(\dfrac{1}{2}\right)^{254}\right] = \dfrac{1}{2^{508}}$

참고 : $2^{254} \fallingdotseq 2.9 \times 10^{76}$

선관위가 운영하고 있는 선거시스템의 문제에 대한 심각성은 상상을 초월한다. 전국 254개 선거구를 구축하고 있는 선거동은 총 3,551개이다. 이 3,551개 선거동에 대한 더불어민주당 후보와 국민의힘 후보의 관내사전득표율-당일득표율 차이가 (+)인 선거동 수와 (-)인 선거동 수는 다음 표와 같다.

	관내사전투표득표율-당일투표득표율 차이가 (+)인 선거동 수와 (-)인 선거동 수			
	더불어민주당 후보		국민의힘 후보	
	(+)	(-)	(+)	(-)
선거동 수*	3,347	56	62	3,487
총 선거동 수 대비 선거동 수 %	98.33%	1.65%	1.75%	98.20%

* 총 선거동 3,551에 대하여 국민의힘 후보는 모두 출마, 더불어민주당 후보는 3,404선거동에만 출마

위의 결과는 하나님도 놀라실 결과이다. 천지창조 이후 인간이 만들어 낸 사건 중 가장 추악한 사건이 될 수도 있다. Part I에서는 위의 결과는 물론 확률통계학적 설명이 불가능한 여러 미스터리를 다룬다.

    Part II에서는 제22대 총선이 기획된 선거라는 것을 규명한다. 전국을 서울지역, 경기지역, 인천·강원지역, 대전·세종·충청지역, 제주·광주·호남지역, 대구·경북지역 및 부산·울산·경남지역으로 구분할 때, 지역별로 당일투표에서는 더불어민주당 후보가 국민의힘 후보에게 패하나 사전투표에서는 승리하여 최종 결과인 선거구투표에서 승리하여 당선되는 [더불어민주당 후보의 당일득표율(x_A) - 국민의힘 후보의 당일득표율(y_A)] 차이에 대한 변곡점이 거의 일치한다. Part II에서는 이 변곡점에 대한 정보를 분석한다. 예를 들면 서울지역인 경우 [더불어민주당 후보의 당일득표율(x_A) - 국민의힘 후보의 당일득표율(y_A)] 차이가 -12.5%보다 낮은 경우 더불어민주당 후보는 최종 선거구투표에서 국민의힘 후보에게 패하여 낙선하나, 차이가 -12.5%보다 높은 경우 당일투표에서 국민의힘 후보에게 패하더라도 최종 선거인 선거구투표에서 승리하여 당선되었다. 이 경우 변곡점은 [더불어민주당 후보의 당일득표율(x_A) - 국민의힘 후보의 당일득표율(y_A)] = -12.5%이다. 반면 국민의힘 후보인 경우 [국민의힘 후보의 당일득표율(y_A) - 더불어민주당 후보의 당일득표율(x_A)] 차이가 12.5%보다 높은 경우 국민의힘 후보가 당선되나 차이가 12.5%보다 낮은 경우 당일투표에서는 승리하나 선거구투표에는 패하여 낙선하였다. 따라서 이 경우 변곡점은 [국민의힘 후보의 당일득표율(y_A) - 더불어민주당 후보의 당일득표율(x_A)] = 12.5%이다. 이 변곡점은 서울지역 48개 선거구에 모두 적용되었다. 서울지역 48개 선거구와 경기지역 60개 선거구에 대한 변곡점은 다음 표와 같다.

	더불어민주당 후보가 당선 또는 낙선되는 [더불어민주당 후보의 당일득표율(x_A) - 국민의힘 후보의 당일득표율(y_A)]			국민의힘 후보가 당선 또는 낙선되는 [국민의힘 후보의 당일득표율(y_A) - 더불어민주당 후보의 당일득표율(x_A)]		
	낙선되는 범위	변곡점 $x_A - y_A$	당선되는 범위	낙선되는 범위	변곡점 $x_A - y_A$	당선되는 범위
서울 지역	$x_A - y_A < -12.5\%$	-12.5%	$-12.5\% < x_A - y_A$	$y_A - x_A < 12.5\%$	12.5%	$12.5\% < y_A - x_A$
경기 지역	$x_A - y_A < -11\%$	-11%	$-11\% < x_A - y_A$	$y_A - x_A < 11\%$	11%	$11\% < y_A - x_A$

보이지 않는 손에 의하여 더불어민주당 후보인 경우 유권자에 의한 실제득표율이 국민의힘 후보의 실제득표율보다 낮더라도 -10% 이하로 낮지 않으면 당선되고, 국민의힘 후보인 경우 실제득표율보다 10% 이상 높아야 당선되도록 설계된 기획선거임을 Part II에서 규명한다. 이 기획된 선거결과로 인하여 당일투표에서 당선된 50명의 국민의힘 후보가 선관위 발표 선거결과에서는 낙선하였다. 통계학적 추정에 의하면 낙선한 국민의힘 후보 50명 중 46명은 당선이 확실하며, 4명은 당선으로 단정하려면 추가 확인이 필요하다.

Part III에서는 Part I과 Part II의 결과가 생성되는 원인에 대한 비밀코드와 조작메커니즘을 규명한다. 조작메커니즘에는 득표수 조작방식에 따라 표더하기, 표버리기 그리고 표바꾸기 조작메커니즘이 있다. 조작메커니즘을 규정하는 비밀코드는, 살인사건의 현장에서 발견되는 혈액형과 같이, 다음 표와 같이 조작메커니즘에 대하여 서로 다른 코드로 나타난다.

	사전투표득표율-당일투표득표율 차이		
	더불어민주당 후보	국민의힘 후보	기타 후보
표더하기 조작메커니즘 비밀코드	+	−	−
표버리기 조작메커니즘 비밀코드	+	−	+
표바꾸기 조작메커니즘 비밀코드	+	−	0

표더하기 조작메커니즘의 비밀코드는 더불어민주당 후보, 국민의힘 후보 및 기타 후보에 대한 사전투표득표율-당일투표득표율 차이를 나타내는 부호 (+,−,−) 이다. 표버리기 조작메커니즘의 비밀코드는 (+,−,+)이고, 표바꾸기 조작메커니즘의 비밀코드는 (+,−,0) 이다.

Part III에서는 각 조작메커니즘에 대한 비밀코드 이외에 Part I과 Part II의 결과에 대한 원인을 수학적 함수관계식으로 부터 규명한다. 수학적 함수관계 궤적은 혈액형에 대한 DNA 서열에 해당하는 것이다. DNA 서열로 범인을 확정하는 것과 같이 함수관계 궤적으로 부터 표더하기, 표버리기 및 표바꾸기 조작을 확정지을 수 있다. 세 가지 조작메커니즘에 대한 당일득표율 대비 사전득표율 사이의 함수관계는 다음 그림과 같은 그래프의 궤적을 그린다.

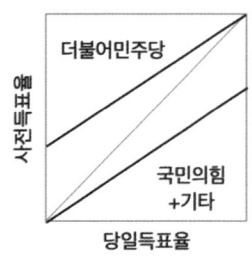 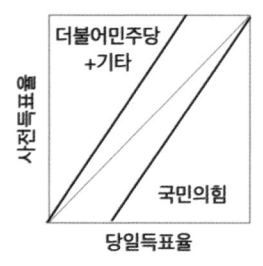 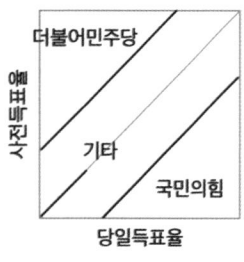

(1) 표더하기 조작 함수 궤적   (2) 표버리기 조작 함수 궤적   (3) 표바꾸기 조작 함수 궤적

그리고 위의 그래프 궤적에 대한 함수관계식은 다음 표와 같이 선형함수식이다.

	함수관계식	기호의 의미
표더하기 조작 함수 궤적	더불어민주당 후보: $\bar{x} = \dfrac{1}{1+\alpha} x_A + \dfrac{\alpha}{1+\alpha}$ 국민의힘 후보: $\bar{y} = \dfrac{1}{1+\alpha} y_A$ 기타 후보: $\bar{z} = \dfrac{1}{1+\alpha} z_A$	$\bar{x}, \bar{y}, \bar{z}$: 더불어민주당, 국민의힘, 기타 후보의 사전투표득표율 x_A, y_A, z_A : 더불어민주당, 국민의힘, 기타 후보의 당일투표득표율 $\alpha =$ 사전투표 표더하기 조작표 수 ÷ 조작전 사전투표 총 득표수
표버리기 조작 함수 궤적	더불어민주당 후보: $\bar{x} = \dfrac{1}{1-\beta} x_A$ 국민의힘 후보: $\bar{y} = \dfrac{1}{1-\beta} y_A - \dfrac{\beta}{1-\beta}$ 기타 후보: $\bar{z} = \dfrac{1}{1-\beta} z_A$	$\beta =$ 사전투표 표버리기 조작표 수 ÷ 조작전 사전투표 총 득표수
표바꾸기 조작 함수 궤적	더불어민주당 후보: $\bar{x} = x_A + \gamma$ 국민의힘 후보: $\bar{y} = y_A - \gamma$ 기타 후보: $\bar{z} = z_A$	$\gamma =$ 사전투표 표바꾸기 조작표 수 ÷ 조작전 사전투표 총 득표수

위의 세 가지 기본 조작메커니즘 이외에 표더하기 조작과 표바꾸기 조작이 결합된 표더하기+표바꾸기 조작메커니즘과 표버리기 조작과 표바꾸기 조작이 결합된 표버리기+표바꾸기 조작메커니즘이 있다. 이 두 가지 메커니즘에 대한 함수관계 그래프의 궤적은 다음 그림과 같다.

표더하기+표바꾸기 조작 함수 궤적

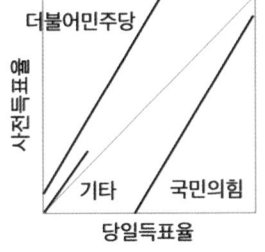

표버리기+표바꾸기 조작 함수 궤적

위의 두 그림에 대한 함수관계 궤적에 대한 함수식은 다음 표와 같이 선형함수이다.

	함수관계식
표더하기+표바꾸기 조작 함수 궤적	더불어민주당 후보: $\bar{x} = \dfrac{1}{1+\alpha}x_A + \dfrac{\alpha+\gamma}{1+\alpha}$ 국민의힘 후보: $\bar{y} = \dfrac{1}{1+\alpha}y_A - \dfrac{\gamma}{1+\alpha}$ 기타 후보: $\bar{z} = \dfrac{1}{1+\alpha}z_A$
표버리기+표바꾸기 조작 함수궤적	더불어민주당 후보: $\bar{x} = \dfrac{1}{1-\beta}x_A + \dfrac{\gamma}{1-\beta}$ 국민의힘 후보: $\bar{y} = \dfrac{1}{1-\beta}y_A - \dfrac{\beta+\gamma}{1-\beta}$ 기타 후보: $\bar{z} = \dfrac{1}{1-\beta}z_A$

Part IV에서는 Part III의 조작메커니즘을 사용하여 선관위 발표 결과가 다음과 같은 대수의 법칙이 성립하는지 규명한다.

더불어민주당 후보 : 당일득표율 ≒ 관내사전득표율 ≒ 관외사전득표율

국민의힘 후보 : 당일득표율 ≒ 관내사전득표율 ≒ 관외사전득표율

Part IV에서 분석한 내용 중 핵심적인 내용 하나를 소개하면 다음과 같다. 전국 254개 선거구의 관내사전투표에 적용된 조작메커니즘은 표더하기 조작메커니즘이다. 더불어민주당 후보, 국민의힘 후보 및 기타 후보에 대한 관내사전득표율-당일득표율 차이의 부호가 (+,-,-)이며 이 부호가 표더하기 조작메커니즘에 대한 비밀코드이다. 이 비밀코드가 나타나는 선거구의 관내사전투표에서는 더불어민주당 후보에게만 유령표가 외부

로부터 첨가되는 표더하기 조작이 적용된다. 반면 국민의힘 후보와 기타 후보의 득표수는 조작되지 않는다. 이 경우 선관위 발표 당일투표 결과와 관내사전투표 결과를 더불어민주당+기타 후보 투표표본과 국민의힘+기타 후보 투표표본으로 분리한다. 이때 더불어민주당+기타 후보 투표표본에 대한 당일득표율과 관내사전득표율 사이의 함수관계는 다음 식과 같이 대수의 법칙을 충족시키지 못한다. 왜냐하면 더불어민주당 후보의 관내사전득표수는 조작된 득표수이기 때문이다.

$$더불어민주당\ 후보 : 관내사전득표율(x_B) > 당일득표율(x_A)$$

$$기타\ 후보 : 관내사전득표율(z_B) < 당일득표율(z_A)$$

반면 국민의힘+기타 후보의 당일투표표본과 관내사전투표표본에 대한 국민의힘 후보와 기타 후보의 당일득표율과 관내사전득표율 사이의 함수관계는 다음 식과 같이 대수의 법칙을 충족시킨다. 왜냐하면 국민의힘 후보와 기타 후보의 득표수는 조작하지 않기 때문이다.

$$국민의힘\ 후보 : 관내사전득표율(y_B) \fallingdotseq 당일득표율(y_A)$$

$$기타\ 후보 : 관내사전득표율(z_B) \fallingdotseq 당일득표율(z_A)$$

전국 254개 선거구 중에서 더불어민주당 후보, 국민의힘 후보 및 기타 후보에 대한 관내사전득표율-당일득표율 차이가 (+, -, -)인 선거구는 서울 19, 경기 23, 인천·강원·충청 27, 그리고 영남 17의 총 86개 선거구이다. 이들 선거구로 부터 분리한 더불어민주당+기타 후보 투표표본에 대한 더불어민주당 후보와 기타 후보의 당일득표율 대비 관내사전득표율 사이의 함수관계를 좌표평면에 도시하면 아래와 같다.

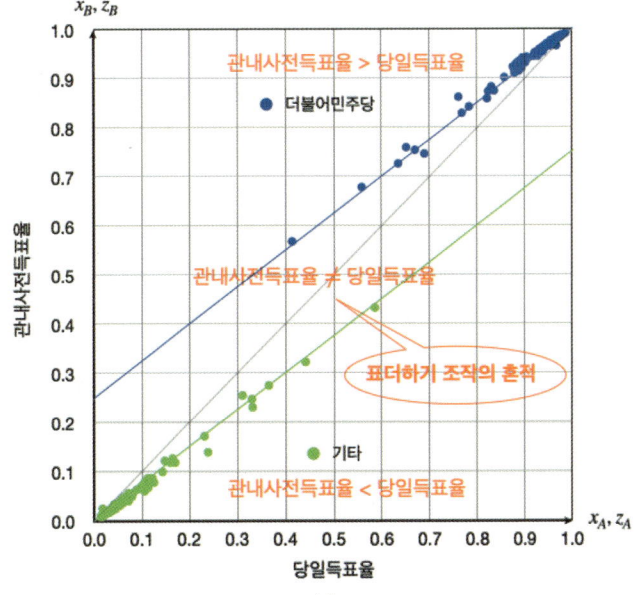

이 그래프는 더불어민주당 후보 당일득표율(x_A) 대비 관내사전득표율(x_B) 및 기타 후보 당일득표율(z_A) 대비 관내사전득표율(z_B) 사이의 함수관계 그래프로 다음 식과 같이 대수의 법칙이 성립하지 않음을 보여준다.

더불어민주당 후보 : 관내사전득표율(x_B) ≠ 당일득표율(x_A), $x_B > x_A$

기타 후보 : 관내사전득표율(z_B) ≠ 당일득표율(z_A), $z_B < z_A$

이 그래프는 다음과 같이 요약 분석할 수 있다.

- 더불어민주당 후보와 기타 후보에 대한 당일득표율과 관내사전득표율 사이의 함수관계는 다음의 일차함수식으로 표현할 수 있다.

더불어민주당 후보 : $y_B = 0.75 y_A + 0.25$

기타 후보 : $z_B = 0.75 z_A$

- 관내사전투표에 대한 더불어민주당 후보의 조작표수는 선거구에 관계없이 조작전 관내사전 총 득표수의 일정비율로 기획되었다고 추정할수 있다. 왜냐하면 86개 선거구에 대한 위 식의 기울기가 0.75로 일정하기 때문이다.

다음 그림은 서울지역, 경기지역, 인천·강원·충청지역 및 영남지역에 대한 선거구별 더불어민주당 후보의 관내사전득표율(x_B)–당일득표율(x_A) 차이와 기타 후보의 관내사전득표율(z_B)–당일득표율(z_A) 차이에 대한 그래프이다.

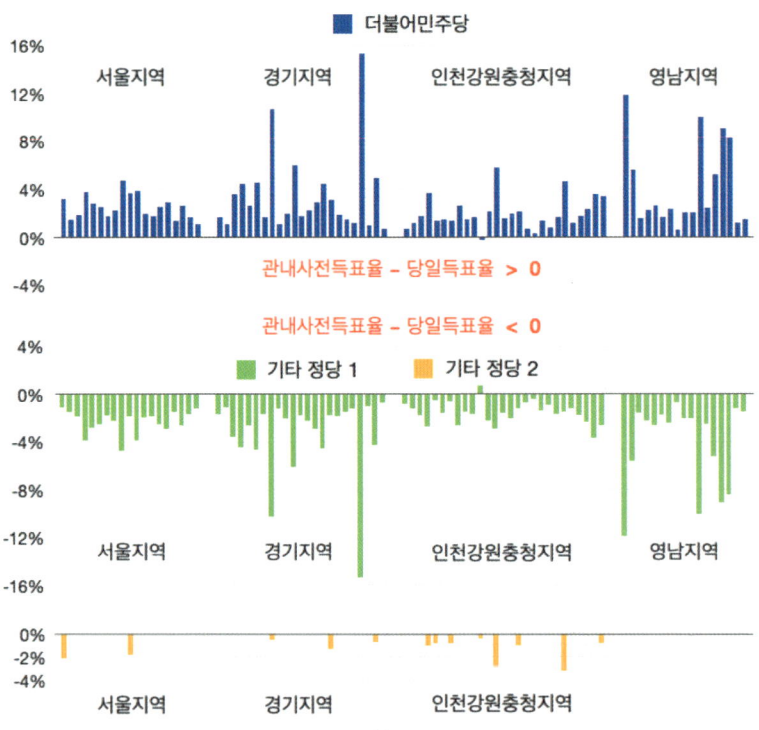

더불어민주당 후보는 모든 선거구에서 관내사전득표율이 당일득표율보다 높아 '관내사전득표율-당일득표율 > 0'이며, 기타 후보는 모든 선거구에서 관내사전득표율이 당일득표율보다 낮아 '관내사전득표율-당일득표율 < 0'이다. 이 결과를 요약하면 다음과 같다.

더불어민주당 후보 : 관내사전득표율(x_B) − 당일득표율(x_A) > 0, $x_B \neq x_A$

기타 후보 : 관내사전득표율(z_B) − 당일득표율(z_A) < 0, $z_B \neq z_A$

대수의 법칙이 성립하는 선거구는 한 선거구도 없다. 86개 모든 선거구에 표더하기 조작이 적용되었다고 추정할 수 있다.

이제 표더하기 조작을 하지 않은 국민의힘+기타 후보로 구성된 당일투표 표본과 관내사전투표 표본에 대한 대수의 법칙 성립을 검증해보자. 다음 그림은 전국 254개 선거구 중 표더하기 조작이 적용된 86개 선거구에 대한 국민의힘+기타 후보의 후보별 당일득표율 대비 관내사전득표율 함수관계를 좌표평면에 도시한 그래프이다.

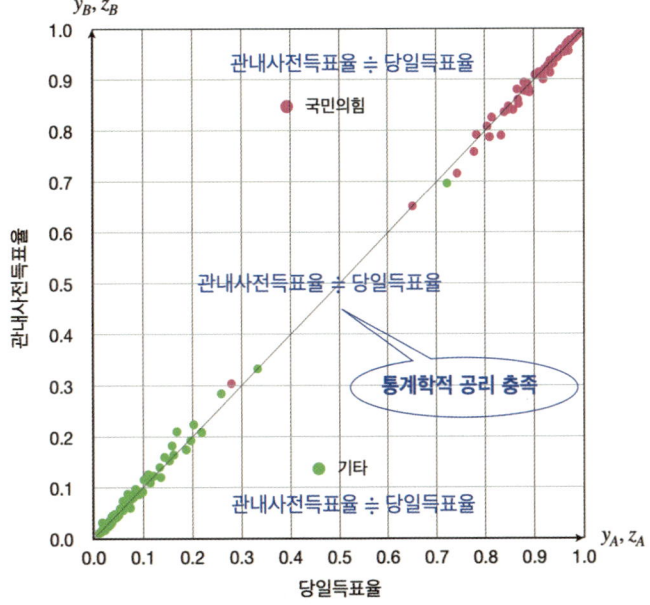

선거구에 관계없이 후보별 당일득표율 대비 관내사전득표율의 함수관계는 다음 식과 같이 대수의 법칙이 성립한다.

국민의힘 후보 : 관내사전득표율(y_B) ≒ 당일득표율(y_A), 대수의 법칙 충족

기타 후보 : 관내사전득표율(z_B) ≒ 당일득표율(z_A) 대수의 법칙 충족

득표수 조작이 적용된 더불어민주당 후보를 제외한 86개 선거구 모두에 대하여 후보에 관계없이 다음 식의 대수의 법칙이 성립함을 확인할 수 있다.

$$당일득표율 \fallingdotseq 관내사전득표율$$

총 86개 선거구에 대한 지역별 선거구 순번에 따른 관내사전득표율-당일득표율 차이를 좌표평면에 도시하면 다음 그림과 같다. 이 결과 역시 표 조작이 없는 경우 대수의 법칙이 성립된다는 것을 나타내고 있다.

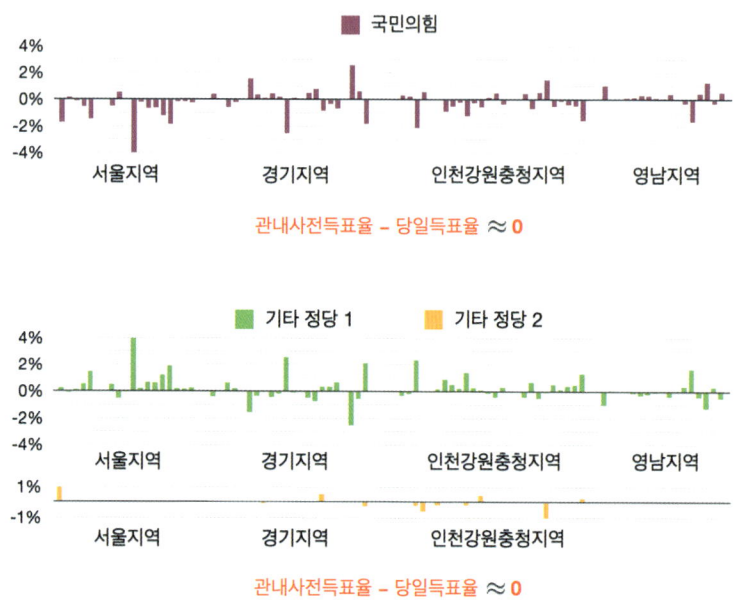

위 그림의 결과를 요약하면 다음과 같다.
- 국민의힘 후보 및 기타 후보에 대한 관내사전득표율과 당일득표율 사이의 함수관계는 '관내사전득표율 ≒ 당일득표율'이고 대수의 법칙이 성립한다.
- 국민의힘 후보 및 기타 후보에 대한 관내사전득표율과 당일득표율 차이는 대부분의 선거구에서 99% 신뢰구간 즉 99% 오차범위에 포함된다. 통계학적 관점에서도 대수의 법칙 '관내사전득표율 ≒ 당일득표율'을 확인할 수 있다.

Part V에서는 조작메커니즘에 따른 조작표수 계산방정식을 유도하고, 이 방정식을 사용하여 선거구를 구성하고 있는 선거동에 대한 조작표수, 조작으로 인하여 당선자가 낙선자로 바뀐 50개 선거구에 대한 조작표수 및 전국 254개 선거구의 관내사전투표에 대한 조작표수를 계산한다. 조작메커니즘에 따른 조작표수 계산방정식은 다음 표와 같다.

	조작표수 계산방정식	미지수의 의미
표더하기 조작 메커니즘	표더하기 조작표수 $$= \bar{N}\left(\frac{\bar{x}-x_A}{1-x_A}\right) = \bar{N}\left(\bar{x} - \frac{\bar{y}}{y_A}x_A\right)$$ $$= \bar{N}\left(\frac{1-\bar{y}}{y_A}\right) = \bar{N}\left(\bar{x} - \frac{\bar{z}}{z_A}x_A\right)$$	$\bar{N}$: 사전투표에 대한 선관위 발표 총 득표수 $\bar{x}, \bar{y}, \bar{z}$: 사전투표에 대한 더불어민주당, 국민의힘, 기타 후보의 득표율 x_A, y_A, z_A : 당일투표에 대한 더불어민주당, 국민의힘, 기타 후보의 득표율
표버리기 조작 메커니즘	표버리기 조작표수 $$= \bar{N}(\bar{x}-x_A) = \bar{N}(\bar{y}-y_A)$$ $$= \bar{N}\left[\bar{x} - \left(\frac{\bar{x}+\bar{y}}{x_A+y_A}\right)x_A\right]$$ $$= \bar{N}\left[\left(\frac{\bar{x}+\bar{y}}{x_A+y_A}\right)y_A - \bar{y}\right]$$	
표바꾸기 조작 메커니즘	표바꾸기 조작표수 $$= \bar{N}\left(\frac{\bar{x}}{x_A} - 1\right) = \bar{N}\left(\frac{\bar{x}}{x_A}y_A - \bar{y}\right)$$ $$= \bar{N}\left(\frac{1-\bar{y}}{1-y_A}\right)$$	

    서울시 48개 선거구의 관내사전투표인 경우 조작메커니즘은 대부분 표더하기 조작메커니즘이다. 위의 조작표수 방정식을 사용하여 관내사전투표 표더하기 조작표수를 계산하면 종로 선거구인 경우 9,778표, 성동갑 선거구인 경우 11,278표 등이다. 서울지역 48개 선거구의 관내사전투표에 대한 선거구 당 평균 표더하기 조작표수는 9,977표 이며 48개 선거구 전체에 대한 관내사전투표의 총 조작표수는 478,898표 이다. Part V에서는 서울지역을 필두로 총 8개 지역에 대한 관내사전투표의 조작표수가 자세히 분석되어 있다.

첫 번째 영역인 선거통계시스템의 해부는 두 노인의 혼이 깃든 작품이다. 한 노인이 진짜 늙은이라면 또 다른 노인은 아직 젊음이 살아 숨쉬는 젊은 노인이다. 그는 컴퓨터과학을 전공한 한양대 명예교수 도경구이다. 종이와 펜으로 원고를 작성하고 모눈종이에 그린 그래프를 데이터와 함께 전달하면 이를 정교하게 컴퓨터로 편집하여 이 작품이 숨을 쉴 수 있게 해주었다. 우리는 오랜 시간 희노애락의 회로를 함께 그리며 마지막 고지에 도달하였다. 아울러 도 교수는 두 번째 영역인 컴퓨터과학적 해부를 맡아서 부정선거를 기획, 준비, 수행하는 체계적인 방법론을 Part VI에서 제시한다. 부정선거가 가능하지 않다고 믿는 불신자에게 경종을 울리는 동시에, 공명선거를 보장하는 유일한 방안은 '투표종료 즉시 현장 수개표' 뿐임을 확신시켜 줄 수 있을 것이다.

세 번째 영역인 정치적·법적 해부에서는 전문가 3명이 해부한 정치적 광장과 법적 현장의 살아있는 소리가 담겨있다. 제21대 총선이 끝난 후 부정선거를 바로잡기 위하여 정치적 광장에 처음으로 뛰어든 First Penguin('첫 번째 펭귄이 되어라'의 의미)이 있었다. 그가 바로 민경욱 전 국회의원이다. 2020년 4월 15일로부터 그는 5년의 세월을 쉬지 않았다. 부정선거를 바로잡기 위한 울부짖음의 광장에는 빠짐없이 그를 찾을 수 있었다. 그는 선거정의를 위한 재판을 수없이 이어갔다. 수많은 토론 현장에서 그의 절규하는 목소리를 들을 수 있었다. 지금도 그는 정의의 길 위에서 정의로운 대한민국 재건을 위하여 땀과 눈물과 피를 쏟아내고 있다. 그의 생생히 살아있는 목소리를 PartVII에서 들을 수 있다.

Part VIII에서는 부정선거 해결의 마지막 무대인 법정에서의 문제가 제기 되어있다. 제21대 총선이 끝난 후 120여개 선거구에서 선거무효소송이 제기 되었다. 이 중 5곳의 선거구에 대한 재검표가 법원에 의하여 실시되었다. 이 모든 현장에 결석없이 출석한 법적 대변인이 있었다. 그는 권오용 변호사이다. 수많은 부정선거 문제의 현장을 목격 하였을 뿐만아니라 그가 변호한 선거무효소송 또한 타의 추종을 불허할 정도이다. 그의 생생한 증언이 여기에 담겨있다. 이와 더불어 Part VIII에서는 선거 재판에 대한 법적 문제점을 법적으로 해부한 홍승기 변호사의 명쾌한 해석도 만나볼 수 있다.

나는 이 작품을 인고의 산물이라고 명명하고 싶다. 프롤로그를 마치기 전 내 마음 깊은 곳으로 부터 흘러나오는 감사를 꼭 전하고 싶은 분들이 있다.

이 책의 탄생을 완결시키기 위하여 경제적 지원을 마다하지 아니한 익명의 대표님께 감사드린다. 이름 밝히기를 원하지 아니하셔서 익명으로 하여둔다. 그리고 40년 이상 나와 회노애락을 함께하며 내 삶의 동반자요 스승인 김종보 인하대 명예교수님께 감사드린다. 그 외에도 수많은 이름들이 꼬리를 이어간다. 이들 모두에게도 동일한 무게의 감사를 드린다. 마지막으로 이 작품의 피날레를 피날레 답게한 고마운 분께 감사드리고자 한다. 바로 조은혜 교수님이다. 프롤로그를 영어로 번역하여 작품의 품위를 한층 고취시켜 주셨다. 교수님의 영문을 읽으면 눈시울에 눈물이 스미고 가슴이 벅차오르는 감동을 느낄 수 있다.

> 동해물과 백두산이 마르고 닳도록
> 하느님이 보우하사 우리나라 만세
> 무궁화 삼천리 화려강산
> 대한사람 대한으로 길이 보전하세

반만년을 이어온 백의민족 대한민국 국가이다. 나라가 가장 약해진 위기의 고비마다 하나님의 강력한 힘이 우리와 함께 하였다. "동해물과 백두산이 마르고 닳도록 하느님이 보우하사" 해석이 불가능한 우리의 역사이다. 그리고 우리는 지금 여기에 와 있다. 수십 년 동안 나는 약함과 강함의 파도를 타고 여기까지 왔다. 그리고 다음을 깨달았다. 잔잔한 바람이 빚어내는 셀 수 없는 윤슬들이 기묘한 빛의 하모니를 만들어냈다. 한 소리가 들렸다.

> 내가 약한 그 때에 강함이라. (고린도후서 12장10절)

허병기
인하대 명예교수

Prologue

The warm sunlight poured down on the white new road. The heat of the ground made my whole body drowsy, and even the leaves of the poplars on the roadside withered. The white lines created by the airplane across the sky divided the sky into east and west. The way home from school in 1952 was long and distant. From that time on, there was a children's song that accompanied me together with joy and sorrow.

Ttaogi (Ibis)

It seems to be visible, but it is not visible
There is a sad sound of ttaog
Where do you go when you leave?
The country my mother went to is the country where the sun rises

It's so easy to catch, but it's not so easy to catch
There is a sad sound of ttaog
Where do you go when you leave?
The country my father went to is the country where the sun rises

There was a third verse of the children's song that followed the above children's song. That became the morning star that encouraged me, weak yet strong yet weak, when I was trying to stop what I was struggling with deep in my soul.

Seems weak, seems strong, seems weak again
There is a sad sound of ttaog
Where do you go when you leave?
The country my mother went to is the country where stars rise

The waves of weakness and strength have brought me here. And the second work on verifying election fraud has been completed.

The anatomy of electoral fraud is structured in three areas. The first area is the anatomy of election statistical systems, the second is the methodological anatomy of electoral fraud, and third is the political and legal anatomy of it. The first area, the anatomy of the statistical system, consists of five parts. Part I clarifies that the results of the 22nd general election are statistically and probabilistically impossible. Numerous statisticians and mathematicians have established an axiom through verifications over many years. If the size of the sample extracted from the population is sufficiently large, the proportion of the sample approaches the proportion of the population. People named this statistical axiom the Law of Large Numbers. In the case of the Jongno constituency of the 22nd general election, the number of voters in the Jongno constituency, which is the population, was 87,808, the number of election-day voters was 41,692, the number of within-district early voters was 34,965, and the number of outside-district early voters was 10,369. The ratio of the sample size for such three voting types to the population size of 87,808 were 47.48%, 39.82%, and 11.81%, respectively. The ratio of the sample size to the population size is very large. Therefore, according to the Law of Large Numbers, which is a statistical axiom, the candidate's election-day voting rate, within-district early voting rate, and out-of-district early voting rate for Jongno constituency and the constituency voting rate which is the population, must be equal to each other as follows:

$$\text{election-day voting rate} \fallingdotseq \text{within-district early voting rate}$$
$$\fallingdotseq \text{out-of-district early voting rate}$$
$$\fallingdotseq \text{the constituency voting rate}$$

However, the election results for Jongno constituency showed a large deviation from the law of large numbers, as shown in the table below.

(Jongno constituency)

voting rate	election-day	within-district early	out-of-district early	on-board	overseas early	the constituency
The Democratic Party candidate	42.8%	58.5%	57.2%	46.3%	63.8%	50.9%
People Power Party candidate	52%	37.1%	36.9%	45.5%	30.1%	44.1%

The difference in the voting rate of other voting samples compared to the election-day voting rate is a mysterious result that cannot be explained from a statistical perspective, and the election result of Jongno constituency shows a very serious problem.

(Jongno constituency)

voting rate difference	within-district early – election-day	out-of-district early – election-day	on-board – election-day	overseas early – election-day	the constituency – election-day
Democratic Party candidate	15.9%	14.4%	3.5%	21.0%	8.1%
People Power Party candidate	-15%	-15.1%	-6.5%	-21.9%	-7.9%

The fact that the above election results occurred in all 254 constituencies of the 22nd general election clearly shows the seriousness of the election system operated by the National Election Commission.

The number of constituencies where the difference between the early voting rate and the election-day voting rate for each candidate is (+) and the number of constituencies where it is (-) is as shown in the table below:

	Number of constituencies where the difference between within-district early voting rate and out-of-district early voting rate is (+) or (−)			
	The Democratic Party candidate		People Power Party candidate	
	(+)	(−)	(+)	(−)
Number of constituencies	254	0	0	254
% of constituencies	100%	0%	0%	100%

The above results are calculated using the probability calculation formula normally available in the high-school statistics textbook. The value is impossible to interpret. The probability of the 22nd general election result occurring is 0.

The probability that the Democratic Party candidate's outcome will occur	The probability that the People Power Party's candidate's outcome will occur	The probability that two outcomes will occur simultaneously
$_{254}C_{254}\left(\dfrac{1}{2}\right)^{254}\left(\dfrac{1}{2}\right)^{0}=\dfrac{1}{2^{254}}$	$_{254}C_{0}\left(\dfrac{1}{2}\right)^{0}\left(\dfrac{1}{2}\right)^{254}=\dfrac{1}{2^{254}}$	$\left[_{254}C_{254}\left(\dfrac{1}{2}\right)^{254}\right]\left[_{254}C_{0}\left(\dfrac{1}{2}\right)^{254}\right]=\dfrac{1}{2^{500}}$

The severity of the problems with the election system operated by the National Election Commission is beyond imagination. There are a total of 3,551 electoral towns in 254 constituencies nationwide. The following table shows the result for the electoral towns.

	Number of constituencies where the difference between within-district early voting rate and out-of-district early voting rate is (+) or (−)			
	The Democratic Party candidate		People Power Party candidate	
	(+)	(−)	(+)	(−)
Number of electoral towns*	3,347	56	62	3,487
% of electoral towns	98.33%	1.65%	1.75%	98.20%

* The People Power Party candidates ran in all 3,551 electoral towns, while the Democratic Party candidates ran in only 3,404 electoral towns.

The above results may be surprising even to God. It could be the most ugliest event that humans have created since the creation of heaven and earth. In Part I, we covered the above results as well as several other mysteries that cannot be explained by probability and statistics.

In Part II, it was clarified that the result of the 22nd general election was predetermined before the election. When dividing the country into Seoul, Gyeonggi, Incheon/Gangwon, Daejeon/Sejong/Chungcheong, Jeju/Gwangju/Honam, Daegu/Gyeongbuk, and Busan/Ulsan/Gyeongnam, the inflection point for the difference of [the Democratic Party candidate's election-day voting rate (x_A) - the People Power Party candidate's election-day voting rate (y_A)], where the Democratic Party candidate lost to the People Power Party candidate in the election-day voting but won in the final result of the constituency voting, was almost the same. Part II analyzes the information on the turning point indicated by the difference of [the Democratic Party candidate's election-day voting rate (x_A) - the People Power Party candidate's election-day voting rate (y_A)], where the Democratic Party candidate loses the election-day voting but wins the within-district early voting, out-of-district early voting, and the constituency voting. For example, in the case of the Seoul area, if the difference of [the Democratic Party candidate's election-day voting rate (x_A) - the People Power Party candidate's election-day voting rate (y_A)] is lower than -12.5%, the Democratic Party candidate loses to the People Power Party candidate in the final constituency vote and is elected. However, if the difference is higher than -12.5%, even if he loses to the People Power Party candidate in the election-day vote, he wins the final constituency vote and is elected. In this case, the turning point is [the election-day voting rate of the Democratic Party candidate (x_A) - the election-day voting rate of the People Power Party candidate (y_A)] = -12.5%. On the other hand, in the case of the People Power Party candidate, if the difference of [the election-day voting rate of the People Power Party candidate (y_A) - the election-day voting rate of the Democratic Party candidate (x_A)] is higher than 12.5%, the People Power Party candidate is elected, but if the difference is lower than 12.5%, the candidate wins the election-day voting but loses the constituency voting and is defeated. Therefore, in this case, the turning point is [People Power Party candidate's election-day voting rate (y_A) - Democratic Party candidate's election-day voting rate (x_A)] = 12.5%. This turning point was applied to all 48 constituencies in the Seoul area. The turning points for the 48 constituencies in the Seoul area and the 60 constituencies in the Gyeonggi area are as follows:

	The Democratic Party candidate's election-day voting rate (x_A) - The People Power Party candidate's election-day voting rate (y_A)], where The Democratic Party candidate wins or loses			People Power Party candidate's election-day voting rate (y_A) - The The Democratic Party candidate's election-day voting rate (x_A)], where People Power Party candidate wins or loses		
	losing range	turning point $x_A - y_A$	winning range	losing range	turning point $x_A - y_A$	winning range
Seoul area	$x_A - y_A <$ -12.5%	-12.5%	-12.5% $< x_A - y_A$	$y_A - x_A <$ 12.5%	12.5%	12.5% $< y_A - x_A$
Gyeonggi area	$x_A - y_A <$ -11%	-11%	-11% $< x_A - y_A$	$y_A - x_A <$ $< 11\%$	11%	11% $< y_A - x_A$

In Part II, it was revealed that the pre-determined election was designed so that the Democratic Party candidate would be elected even if the actual vote rate by voters was lower than the People Power Party candidate's actual vote rate, but not lower than -10%, and the People Power Party candidate would be elected only if the actual vote rate was at least 10% higher. Due to this pre-determined election result, 50 People Power Party candidates who were elected in the election-day voting, were defeated in the election results announced by the National Election Commission. According to statistical estimates, 46 out of the 50 People Power Party candidates who lost were definitely elected, and 4 were probably elected and required further confirmation.

In Part III, the secret code and manipulation mechanism that caused the results of Part I and Part II were identified. The manipulation mechanisms include the vote-addition, the vote-deletion, and the vote-switch. The secret code that defines the manipulation mechanism was shown as a different code for the manipulation mechanism, such as the blood type found at the scene of a murder case.

secret codes	early voting rate - election-day voting rate		
	The Democratic Party candidate	People Power Party candidate	other candidates
vote-addition	+	−	−
vote-discard	+	−	+
vote-switch	+	−	0

The secret code for the vote-addition, the vote-discard and the vote-switch is the sign (+, −, −), (+,−,+), and (+,−,0), respectively.

In Part III, in addition to the secret code for each manipulation mechanism, the cause of the results of Part I and Part II is clarified from the mathematical function. The trajectory of the mathematical function corresponds to the DNA sequence for blood type. Just as DNA sequences can be used to determine criminals, we can determine the vote manipulation (addition, discard, switch) from the trajectory of the mathematical function. The functional relationship between the election-day voting rate and the early voting rate for the three manipulation mechanisms is drawn as a graph trajectory as in the following figure:

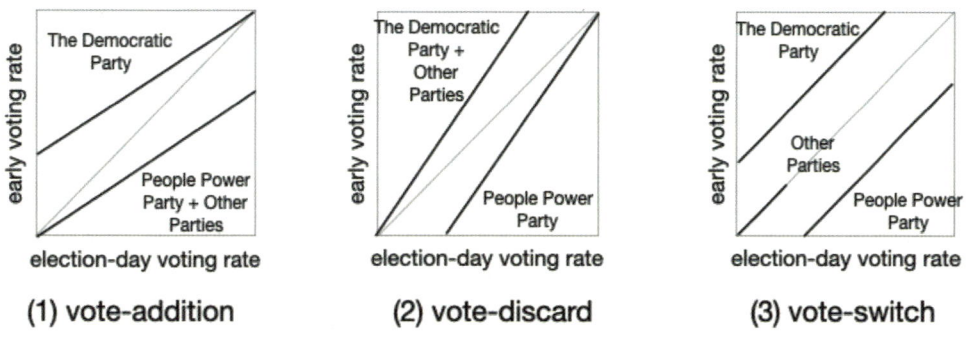

(1) vote-addition   (2) vote-discard   (3) vote-switch

The functional equation for the graph trajectory above is a linear function, as shown in the table below.

	functional equation	meaning of variables
vote-addition	The Democratic Party candidate: $$\bar{x} = \frac{1}{1+\alpha}x_A + \frac{\alpha}{1+\alpha}$$ People Power Party candidate: $\bar{y} = \frac{1}{1+\alpha}y_A$ Other Parties candidate: $\bar{z} = \frac{1}{1+\alpha}z_A$	$\bar{x}, \bar{y}, \bar{z}$: the candidate's early voting rate of The Democratic Party, People Power Party, or Other Parties, respectively x_A, y_A, z_A : the candidate's election-day voting rate of The Democratic Party, People Power Party, or Other Parties, respectively α = number of manipulated votes by vote-addition ÷ number of early votes before manipulation
vote-discard	The Democratic Party candidate: $$\bar{x} = \frac{1}{1-\beta}x_A$$ People Power Party candidate: $$\bar{y} = \frac{1}{1-\beta}y_A - \frac{\beta}{1-\beta}$$ Other Parties candidate: $\bar{z} = \frac{1}{1-\beta}z_A$	β = number of manipulated votes by vote-discard ÷ number of early votes before manipulation
vote-switch	The Democratic Party candidate: $\bar{x} = x_A + \gamma$ People Power Party candidate: $\bar{y} = y_A - \gamma$ Other Parties candidate: $\bar{z} = z_A$	γ = number of manipulated votes by vote-switch ÷ number of early votes before manipulation

In addition to the three basic manipulation mechanisms above, there is the manipulation mechanism of the combination of vote-addition and vote-switch or the combination of vote-discard and vote-switch. The functional relationship between the election-day voting rate and the early voting rate for each of these two manipulation mechanisms is drawn as a graph trajectory as in the following figures:

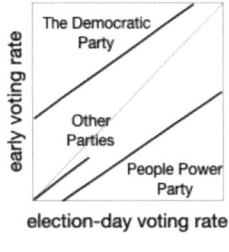

vote-addition + vote-switch

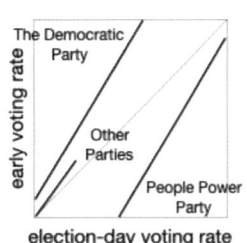

vote-discard + vote-switch

The functional equation of the relationship trajectory for the two figures above is a linear function, as shown in the table below.

	functional equation
vote-addition + vote-switch	The Democratic Party candidate: $\bar{x} = \dfrac{1}{1+\alpha}x_A + \dfrac{\alpha+\gamma}{1+\alpha}$ People Power Party candidate: $\bar{y} = \dfrac{1}{1+\alpha}y_A - \dfrac{\gamma}{1+\alpha}$ Other Parties candidate: $\bar{z} = \dfrac{1}{1+\alpha}z_A$
vote-discard + vote-switch	The Democratic Party candidate: $\bar{x} = \dfrac{1}{1-\beta}x_A + \dfrac{\gamma}{1-\beta}$ People Power Party candidate: $\bar{y} = \dfrac{1}{1-\beta}y_A - \dfrac{\beta+\gamma}{1-\beta}$ Other Parties candidate: $\bar{z} = \dfrac{1}{1-\beta}z_A$

In part IV, we used the manipulation mechanism of part III to check whether the election results announced by the National Election Commission conform to the following Law of Large Numbers.

The Democratic Party candidate :
election-day voting rate $\fallingdotseq$ within-district early voting rate
$\fallingdotseq$ out-of-district early voting rate
People Power Party candidate :
election-day voting rate $\fallingdotseq$ within-district early voting rate
$\fallingdotseq$ out-of-district early voting rate

One of the key points analyzed in Part IV is as follows: The manipulation mechanism applied to the early voting in 254 constituencies across the country is the vote-addition manipulation mechanism. The secret code for the vote-addition is as follows. The secret code for [within-district early voting rate - election-day voting rate] is (+,−,−). In the constituencies where the secret code is (+,−,−), ghost votes are added from outside and all those votes are Democratic Party's with no exception. Meanwhile, the votes for PPP and others are not manipulated. In this case, the results of the election-day voting and within-district early voting announced by the National Election Commission are separated into voting samples for 'the Democratic Party + other candidates' and 'People Power Party + other candidates'. At this time, the functional relationship between the election-day voting rate and the within-district early voting rate for 'the Democratic Party + other candidates' does not satisfy the Law of Large Numbers as shown in the following equation:

The Democratic Party candidate :

within-district early voting rate (x_B) > election-day voting rate (x_A)

Other candidates :

within-district early voting rate (z_B) < election-day voting rate (z_A)

It is because the within-district vote count for the Democratic Party candidate is manipulated. On the other hand, the functional relationship between the election-day voting rate and the within-district early voting rate of the 'People's Power Party candidate + other candidates' does satisfy the Law of Large Numbers as shown in the following equation:

People Power Party candidate :

within-district early voting rate (y_B) ≑ election-day voting rate (y_A)

Other candidates :

within-district early voting rate (z_B) ≑ election-day voting rate (z_A)

It is because the vote counts for the People Power Party candidate and other candidates were not manipulated.

Among the 254 constituencies nationwide, there are 86 constituencies where the difference between the within-district early voting rate and the election-day voting rate for the Democratic Party of Korea, People Power Party, and other candidates is (+,−,−). They are Seoul 19, Gyeonggi 23, Incheon·Gangwon·Chungcheong 27, and Yeongnam 17. For the sample votes of 'the Democratic Party + other candidates' that are separated from these constituencies, the following figure shows the functional relationship between the within-district early voting rate and the election-day voting rate of Democratic Party candidates and other candidates.

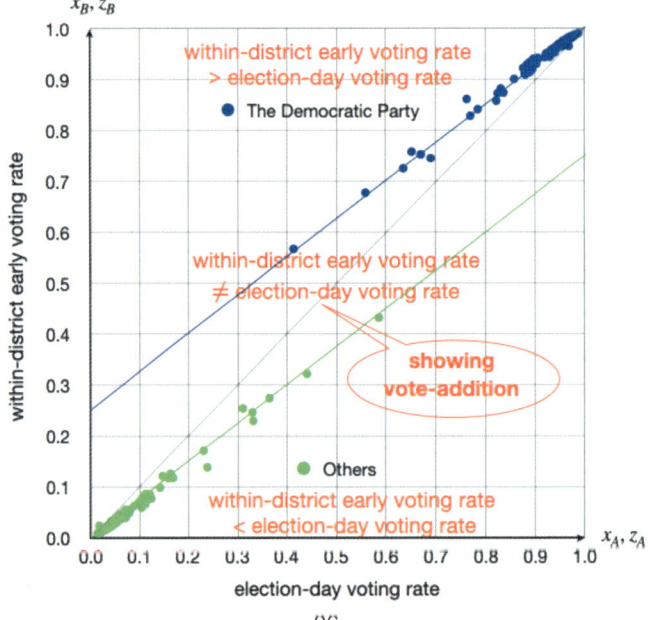

This graph shows that the relationship between the within-district early voting and the election-day voting of both Democratic Party candidates and other candidates does not satisfy the Law of Large Numbers.

The Democratic Party candidate :
within-district early voting rate (x_B) ≠ election-day voting rate (x_A), $x_B > x_A$

Other candidates :
within-district early voting rate (z_B) ≠ election-day voting rate (z_A), $z_B < z_A$

This graph is based upon the ascending order of the election-day voting rate, regardless of the order of the constituencies. The results can be summarized as follows:

- The functional relationship between the election-day voting rate and the early voting rate for the Democratic Party candidate and other candidates is expressed by the following linear function.

The Democratic Party candidate : $y_B = 0.75 y_A + 0.25$
Other candidates : $z_B = 0.75 z_A$

- It can be assumed that the number of manipulated votes for the Democratic Party candidate was planned to be a certain percentage of the total number of within-district early votes, regardless of the constituency. This is because the slope of the above equation for the 86 constituencies is constant at 0.75.

The following graph shows the difference between the within-district early voting rate (x_B, z_B) and the election-day voting rate (x_A, z_A) in each constituency in Seoul, Gyeonggi, Incheon, Gangwon, Chungcheong, and Yeongnam regions for Democratic candidates and other candidates.

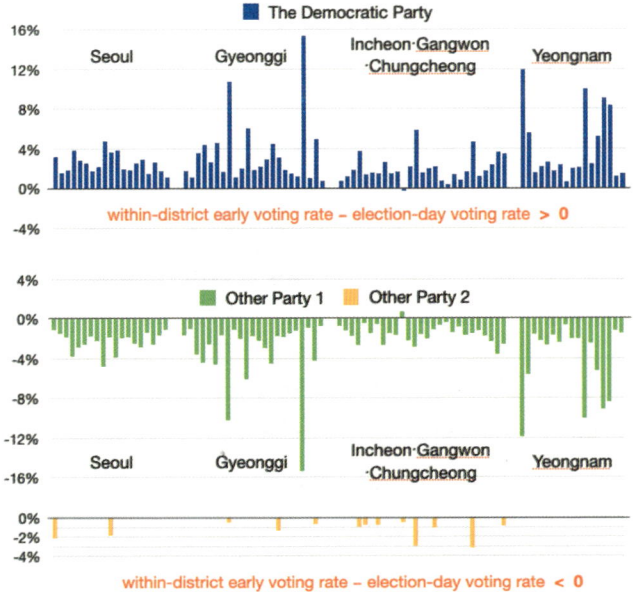

In the case of the Democratic Party candidate, the within-district early early voting rate was higher than the election-day voting rate in all constituencies, so 'the within-district early voting rate - election-day voting rate > 0'. In the case of other candidates, the within-district early early voting rate was lower than the election-day voting rate in all constituencies, so 'the within-district early voting rate - election-day voting rate < 0'. The result can be summarized as follows:

The Democratic Party candidate :

within-district early voting rate(x_B)−election-day voting rate(x_A) > 0, $x_B \neq x_A$

Other candidates :

within-district early voting rate(z_B) − election-day voting rate(z_A) < 0, $z_B \neq z_A$

There was not a single constituency where the Law of Large Numbers was upheld. It is assumed that vote-addition was applied to all 86 constituencies.

Now, let's check if the Law of Large Numbers is followed, where the vote-addition mechanism is not used, for the election-day voting and the within-district voting samples of the 'People's Power Party + other candidates'. The following graph shows the functional relationship between the within-district early voting rate and the election-day voting rate of 'People Power Party + other candidates' in 86 constituencies where the vote-addition mechanism was not applied.

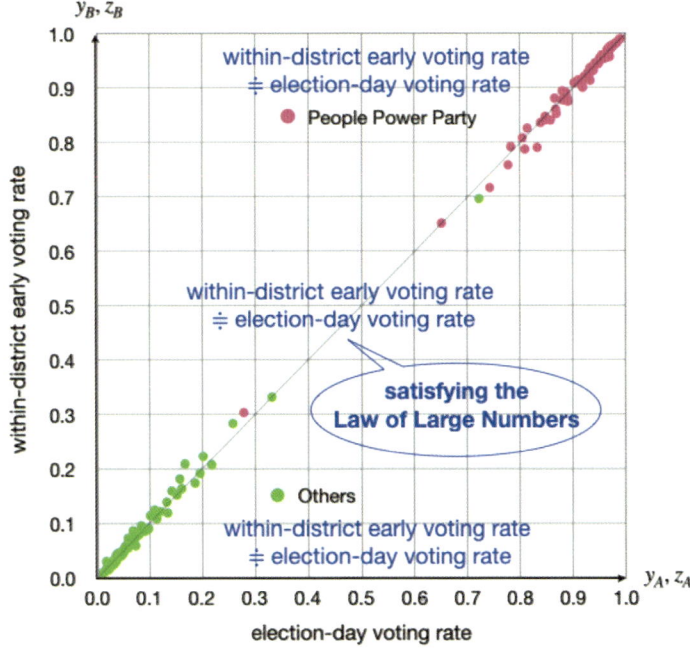

Regardless of the constituency, the functional relationship between the candidate's election-day voting rate and the within-district early voting rate was established by the Law of Large Numbers as shown in the following equation:

People's Power Party candidate :

within-district early voting rate(y_B) ≒ election-day voting rate(y_A),

the Law of Large Numbers holds

Other candidates :

within-district early voting rate(z_B) ≒ election-day voting rate(z_A),

the Law of Large Numbers holds

We were able to confirm that the following law holds true for all 86 constituencies, excluding the Democratic Party candidates whose votes were manipulated.

election-day voting rate ≒ within-district early voting rate

The difference between the within-district early voting rate and the election-day voting rate in the constituency, according to the order of the constituency serial number for those 86 electoral districts is plotted as follows.

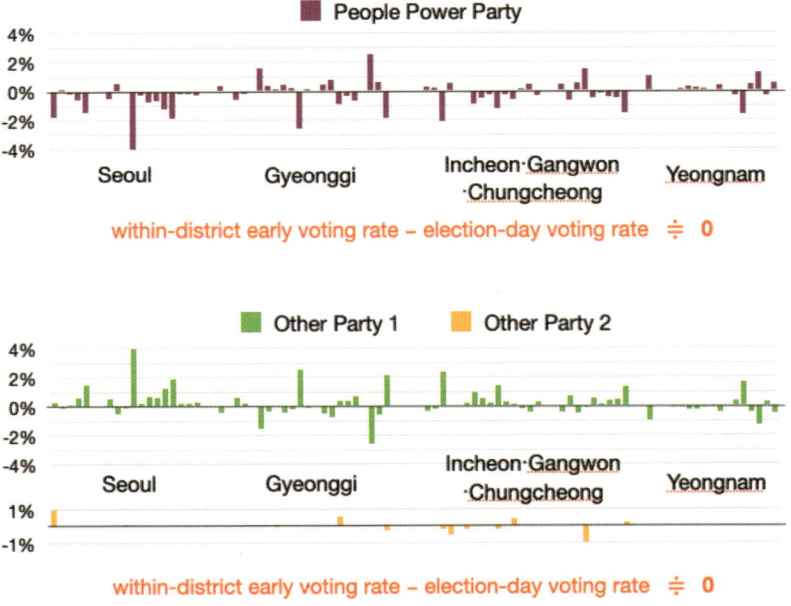

This result also shows that the Law of Large Numbers holds true in the absence of vote manipulation. The above figure are summarized as follows.
- The functional relationship between the within-district early voting rate pre-vote rate and the election-day voting rate for the People Power Party candidates and other candidates was 'within-district early voting rate ≒ election-day voting rate' and the Law of Large Numbers was established.

- The difference between the within-district early voting rate and the election-day voting rate for the People Power Party candidates and other candidates was included in the confidence interval, that is, the margin of error, in most constituencies. From a statistical perspective, the Law of Large Numbers 'within-district early voting ≒ election-day voting rate' could also be confirmed.

In Part V, we derive the equation for calculating the number of manipulated votes according to the manipulation mechanism, and use this equation to calculate the number of manipulated votes for the constituencies that make up the electoral towns, the number of manipulated votes for 50 constituencies where the elected candidates were changed to losers due to manipulation, and the number of manipulated votes for the within-district early voting of 254 constituencies nationwide. The equation for calculating the number of manipulated votes according to the manipulation mechanism is as follows.

	the equation for manipulated votes calculation	meaning of variables
manipulated votes by vote-addition	the number of manipulated votes $$= \bar{N}\left(\frac{\bar{x} - x_A}{1 - x_A}\right) = \bar{N}\left(\bar{x} - \frac{\bar{y}}{y_A}x_A\right)$$ $$= \bar{N}\left(\frac{1 - \bar{y}}{y_A}\right) = \bar{N}\left(\bar{x} - \frac{\bar{z}}{z_A}x_A\right)$$	$\bar{N}$: Total early votes announced by NEC $\bar{x}, \bar{y}, \bar{z}$: early voting rate of DP, PPP, and other candidates x_A, y_A, z_A : election-day voting rate of DP, PPP, and other candidates
manipulated votes by vote-discard	the number of manipulated votes $$= \bar{N}(\bar{x} - x_A) = \bar{N}(\bar{y} - y_A)$$ $$= \bar{N}\left[\bar{x} - \left(\frac{\bar{x} + \bar{y}}{x_A + y_A}\right)x_A\right]$$ $$= \bar{N}\left[\left(\frac{\bar{x} + \bar{y}}{x_A + y_A}\right)y_A - \bar{y}\right]$$	
manipulated votes by vote-switch	the number of manipulated votes $$= \bar{N}\left(\frac{\bar{x}}{x_A} - 1\right) = \bar{N}\left(\frac{\bar{x}}{x_A}y_A - \bar{y}\right)$$ $$= \bar{N}\left(\frac{1 - \bar{y}}{1 - y_A}\right)$$	

In the case of early voting in the 48 constituencies of Seoul, the manipulation mechanism is mostly the vote-addition. We calculate the number of manipulated votes of within-district early votes plus using the above manipulation equation, it is 9,778 for Jongno constituency, 11,278 for Seongdong-Gap constituency, etc. The average number of manipulated within-district early votes by vote-addition for the 48 constituencies in Seoul is 9,977. The total number of manipulated within-district early votes in the 48 constituencies in Seoul is 478,898. Part V provides a detailed analysis of the number of manipulated within-district early votes in eight regions, including Seoul.

The first area, the anatomy of the election statistical system, is a work that contains the souls of two old men. One old man is truly old, while the other old man is a young old man who still breathes youth. He is Doh Kyung-Goo, Professor Emeritus of Computer Science at Hanyang University. As soon as a portion of manuscripts with graph was completed using pen and paper, it is passed to him to edit using computer. Without his sophisticated drawing and editing, this work would not have been able to breathe. We have reached the final high ground after drawing the circuit of joy, anger, sorrow, and pleasure together for a long time. He has also created the second area, the methodology of election fraud, dealing with how the vote manipulation can be planned, prepared, and executed in Part VI. His endeavor should not only be able to wake up those who do not believe that the election fraud is possible, but also to convince the voters that the election can only be fair through counting-the-vote-by-hand-at-the-polling-station.

The third area, political and legal dissection, contains the living sounds of the political square and legal scene dissected by three experts. After the 21st general election, there was the First Penguin who first jumped into the political square to correct the election fraud. He is former member of parliament Min Kyung-Wook. He has worked tirelessly for five years since April 15, 2020. He could be found in every square where people cried out to correct the fraudulent election. He continued countless trials for election justice. His screaming voice could be heard in numerous debates. Even now, he is pouring sweat, tears, and blood on the path of justice to rebuild a just Republic of Korea. You can hear his vivid, living voice in Part VII.

Part VIII raises the issue of the court, the final stage of resolving the fraudulent election. After the 21st general election, election invalidation lawsuits were filed in about 120 constituencies. Among these, a recount was conducted by the court for 5 constituencies. There was a legal representative who was present at all of these sites without fail. He is attorney Kwon Oh-Yong. Not only has he witnessed numerous instances of election fraud, but his election invalidation lawsuits are also unrivaled. His vivid testimony is included in this part. In addition, you can also find in Part VIII a clear interpretation by attorney Hong Seung-Gi, who dissected the legal issues regarding the election trial. I would like to call this book a product of hard work.

Before I finish the prologue, there are some people I would like to express my gratitude to from the depths of my heart. I would like to express my gratitude to the anonymous friend who did not hesitate to provide financial support to publish this book. I will leave this anonymous because he did not want to reveal his name. And I would like to express my gratitude to Professor Emeritus Kim Jong-Bo of Inha University, who has been my life's companion and teacher for over 40 years, sharing my joys and sorrows with me. There are many more names to list. I express my gratitude to all of them equally. Lastly, I would like to extend my heartfelt thanks especially to Professor Eun-Hye Cho, who truly made the finale feel like a finale. Her English translation of the *Prologue* elevated the dignity of the work even further. Reading her translation brings tears to my eyes and fills my heart with emotion.

>Until East sea dries up and Mountain Baekdu wears away,
>God protect and help us. Long live our country.
>Spectacular rivers and mountains with rose of sharon across the country.
>Great Korean people, Preserve our nation as a Korean way.

The Republic of Korea is a nation of white-clad people that has lasted for half a millennium. At every critical juncture when the country was at its weakest, the mighty power of God was with us. "Until East sea dries up and Mountain Baekdu wears away, God protect and help us." Our history is indecipherable. And here we are now. For decades, I have come this far on waves of weakness and strength. And then I realized: The countless ripples of the gentle wind created a strange harmony of light. A sound was heard.

>For when I am weak, then I am strong (2 Corinthians 12:10)

Hur Byung-Ki
Professor Emeritus
Inha University

Part I

4.10 총선의 민낯

고향땅

윤석중 작사
한용희 작곡

고향 땅이 여기서 얼마나 되나
푸른하늘 끝 닿은 저기가 거긴가
아카시아 흰꽃이 바람에 날리니
고향에도 지금쯤 뻐꾹새 울겠네

고개넘어 또 고개 아득한 고향
저녁마다 놀지는 저기가 거긴가
날저무는 논길로 휘파람불면서
아이들도 지금쯤 소몰고 오겠네

4.10 총선의 민낯에 대한 개괄

제22대 총선을 치른 후 반년이상이 지났다. 각 당의 당선자는 물론 낙선자 중 몇 명이나 선거결과를 분석하여 보았을까? 선관위 홈페이지의 통계시스템에 접근하면 자신이 출마한 선거구는 물론 전국 254개 선거구의 선거결과 데이터를 확인할 수 있을 뿐 아니라 다운 받을 수도 있다. 여당 국회의원 후보 300명, 야당 국회의원 후보 300명 중 한명이라도 선거결과에 대한 문제점 및 실패의 원인을 심도있게 분석하고 다가올 선거에 대한 승리전략을 구축하고 있을까? 현재까지 제21대 총선결과는 물론 제22대 총선결과에 대한 문제점을 심각하게 제기한 의원을 찾아보기 어렵다.

300명 국회의원 중 진정한 우리들의 대표를 몇이나 찾을 수 있을까? 바둑 기사의 경우를 생각해보자. 기사들은 본인이 치룬 바둑대결의 결과는 반드시 복기하여 승리와 실패의 요인을 정확히 분석하고 장래의 대국에 대한 대책과 전략수립을 상식화 한다. 이들은 본인 대국 뿐만아니라 수많은 기보 결과를 비교 분석하는 작업을 쉬지않고 수행하는 것으로 알려져있다. 진정한 프로세계의 일원이 갖추어야 할 기본자질이며 필수적인 임무이다. 우리는 언제쯤 우리의 심금을 울리는 진정한 정치인을 만날 수 있을까?

'Part I. 4.10 총선의 민낯'은 사전투표득표율-당일투표득표율 차이가 나타내는 미스터리 부분과 제22대 총선결과에 대한 통계적 미스터리 부분으로 구성되어 있다. 사전투표득표율-당일투표득표율 차이가 나타내는 미스터리 부분을 구축하고 있는 주요 내용을 개괄적으로 소개하면 다음과 같다.

1. 전국 254개 선거구에 대한 사전투표득표율-당일투표득표율 차이에 대한 미스터리

전국 254개 선거구 중 대구·경북지역의 25개 선거구를 제외한 229개 선거구에 대한 후보별 관내사전투표득표율-당일투표득표율 차이가 (+)인 선거구 수와 (-)인 선거구 수는 물론 사전투표전체득표율-당일투표득표율 차이가 (+)인 선거구 수와 (-)인 선거구 수를 나타내면 다음 표와 같다. 사전투표 전체는 관내사전투표, 관외사전투표, 거소선상사전투표 및 국외사전투표 결과의 합을 의미한다.

(대구·경북지역 제외)

소속 정당	관내사전투표득표율 − 당일투표득표율		사전투표전체득표율 − 당일투표득표율	
	(+)인 선거구 수	(−)인 선거구 수	(+)인 선거구 수	(−)인 선거구 수
더불어민주당	226		226	
국민의힘		229		229
새로운미래	1	26	1	26
개혁신당		41	3	37
진보당	9	8	7	10
녹색정의당		15		15
기타	1	38	4	35
계	237	357	241	352

위의 표에 대한 미스터리 결과를 요약하면 다음과 같다.
- 관내사전투표득표율−당일투표득표율 차이가 (+)인 선거구 수와 (−)인 선거구 수는 다음의 관점에서 설명이 불가능한 결과이다.
  - 더불어민주당 후보인 경우 출마한 226개 선거구 모두에서 관내사전투표득표율이 당일투표득표율 보다 높다. 즉 '관내사전투표득표율 > 당일투표득표율' 이다.
  - 국민의힘 후보인 경우 출마한 229개 선거구 모두에서 관내사전투표득표율이 당일투표득표율 보다 낮다. 즉 '관내사전투표득표율 < 당일투표득표율' 이다.
  - 개혁신당 후보, 녹색정의당 후보인 경우에도 출마한 선거구 모두에서 '관내사전투표득표율 < 당일투표득표율' 이다.
- 사전투표전체득표율−당일투표득표율 차이가 (+)인 선거구 수와 (−)인 선거구수는 다음의 관점에서 설명이 불가능한 결과이다.
  - 더불어민주당 후보인 경우 출마한 226개 선거구 모두에서 '사전투표전체득표율 > 당일투표득표율' 이다.
  - 국민의힘 후보인 경우 출마한 229개 선거구 모두에서 '사전투표전체득표율 < 당일투표득표율' 이다.
- 후보별 출마 총 선거구 대비 관내사전투표득표율−당일투표득표율 차이가 (+)인 선거구 수와 (−)인 선거구 수의 퍼센트와 사전투표전체득표율−당일투표득표율 차이가 (+)

인 선거구 수와 (−)인 선거구수의 퍼센트는 다음 표와 같다. 상상이 불가능한 결과이다.

소속 정당	후보별 출마 총 선거구 수 대비 관내사전투표득표율 − 당일투표득표율 차이가 (+)인 선거구 수, (−)인 선거구 수		후보별 출마 총 선거구 수 대비 사전투표전체득표율 − 당일투표득표율 차이가 (+)인 선거구 수, (−)인 선거구 수	
	(+)인 선거구 수	(−)인 선거구 수	(+)인 선거구 수	(−)인 선거구 수
더불어민주당	100%		100%	
국민의힘		100%		100%
새로운미래	3.7%	96.3%	3.7%	96.3%
개혁신당		100%	7.5%	92.5%
진보당	52.9%	47.1%	41.2%	58.8%
녹색정의당		100%		100%
기타	2.6%	97.4%	10.3%	89.7%

대구·경북지역에 대한 사전투표득표율−당일투표득표율 차이가 (+)인 선거구 수와 (−)인 선거구 수가 나타내는 특성은 타 지역과 큰 차이를 나타낸다. 다음 표는 그 특이성을 보여주고 있다.

(대구·경북지역)	관내사전투표득표율 − 당일투표득표율		사전투표전체득표율 − 당일투표득표율	
소속 정당	(+)인 선거구 수	(−)인 선거구 수	(+)인 선거구 수	(−)인 선거구 수
더불어민주당	19		19	
국민의힘		25		25
새로운미래	1		1	
개혁신당	2		2	
진보당	3		3	
녹색정의당	2		2	
기타	5	8	7	6

위 표의 결과를 요약하면 다음과 같다.
- 더불어민주당 후보인 경우 출마한 19개 선거구 모두에서 '관내사전투표득표율 − 당일투표득표율 > 0', '사전투표전체득표율 − 당일투표득표율 > 0'이다. 다른 지역의 결과와 동일하다.

- 국민의힘 후보인 경우 출마한 25개 선거구 모두에서 '관내사전투표득표율 − 당일투표득표율 ＜ 0', '사전투표전체득표율 − 당일투표득표율 ＜ 0'이다. 다른 지역의 결과와 동일하다.
- 새로운미래, 개혁신당, 진보당, 녹색정의당 후보인 경우 출마한 선거구 모두에서 '관내사전투표득표율 − 당일투표득표율 ＞ 0', '사전투표전체득표율 − 당일투표득표율 ＞ 0'이다. 다른 지역의 결과와 반대이다. 조작 방법이 다르다는 것을 확인할 수 있다.

2. 전국 3,551개 선거동에 대한 관내사전득표율−당일득표율 차이에 대한 미스터리

전국 254개 선거구를 구축하고 있는 선거동 수는 3,551개 이다. 이 3,551개 선거동에 대한 더불어민주당 후보와 국민의힘 후보의 관내사전투표득표율−당일투표득표율 차이가 (+)인 선거동 수와 (−)인 선거동 수를 각각 집계해보면 다음 표와 같다.

선거동수	더불어민주당 후보				국민의힘 후보			
	(+)	0	(−)	계	(+)	0	(−)	계
1. 서울	425			425			425	425
2. 부산	192			192			205	205
3. 대구	98			98	5		145	150
4. 인천	156			156			156	156
5. 광주	94		2	96	1		95	96
6. 대전	82			82			82	82
7. 울산	47			47			55	55
8. 세종	11			11			24	24
9. 경기	599			599			599	599
10. 강원	187		1	188	1		187	188
11. 충북	152		1	153	1		152	153
12. 충남	206		2	208	3		205	208
13. 전북	233	1	9	243	11	1	231	243
14. 전남	265		32	297	15		282	297
15. 경북	254		7	261	20	1	301	322
16. 경남	303		2	305	5		300	305
17. 제주	43			43			43	43
계	3,347	1	56	3,404	62	2	3,487	3,551

위 표의 결과는 다음의 관점에서 정상적인 투표에서는 불가능한 결과이다.
- 서울 425개 선거동, 부산 192개 선거동, 대구 98개 선거동, 인천 156개 선거동, 대전 82, 울산 47, 세종 11, 경기 599, 제주 43개 선거동 모두에서 더불어민주당 후보의 '관내사전투표득표율 − 당일투표득표율 > 0'이다. 불가능한 결과이다.
- 서울, 부산, 인천, 대전, 울산, 세종, 경지 지역의 모든 선거동에서 국민의힘 후보의 '관내사전투표득표율 − 당일투표득표율 < 0'이다. 이 또한 불가능한 결과이다.
- 다음 표는 지역별 총 선거동 수 대비 관내사전투표득표율−당일투표득표율 차이가 (+)인 선거동 수 퍼센트와 (−)인 선거동 수 퍼센트를 나타내고 있다. 불가능한 결과이다.

지역별 총 선거동 수 대비 관내사전투표득표율 - 당일투표득표율 차이가
(+)인 선거동 수, (-)인 선거동 수 퍼센트

선거동 비율	더불어민주당 후보		국민의힘 후보	
	(+)	(−)	(+)	(−)
1. 서울	100%			100%
2. 부산	100%			100%
3. 대구	100%		3.3%	96.7%
4. 인천	100%			100%
5. 광주	97.9%	2.1%	1%	99%
6. 대전	100%			100%
7. 울산	100%			100%
8. 세종	100%			100%
9. 경기	100%			100%
10. 강원	99.5%	0.5%	0.5%	99.5%
11. 충북	99.3%	0.7%	0.7%	99.4%
12. 충남	99.0%	1%	1.4%	98.6%
13. 전북	95.9%	4.1%	4.5%	95.5%
14. 전남	89.2%	10.8%	5.1%	94.9%
15. 경북	97.3%	2.7%	6.2%	93.8%
16. 경남	99.3%	0.7%	1.6%	98.4%
17. 제주	100.0%			100%
계	98.3%	1.7%	1.7%	98.2%

통계적 분석을 통하여 제22대 총선결과가 해석 불가능하다는 것을 제기하였다. 다음은 Part I의 제2장에 대한 조감도적 그림이다. 첫째 그림은 전국 254개 선거구에 대한 후보별 관내사전득표율-당일득표율 차이 대비 선거구 수 분포이며, 둘째 그림은 관외사전득표율-당일득표율 차이 대비 선거구 수 분포이고, 셋째 그림은 선거구득표율-당일득표율 대비 선거구 수 분포이다.

3. 관내사전득표율-당일득표율 차이 대비 선거구 수 분포 히스토그램

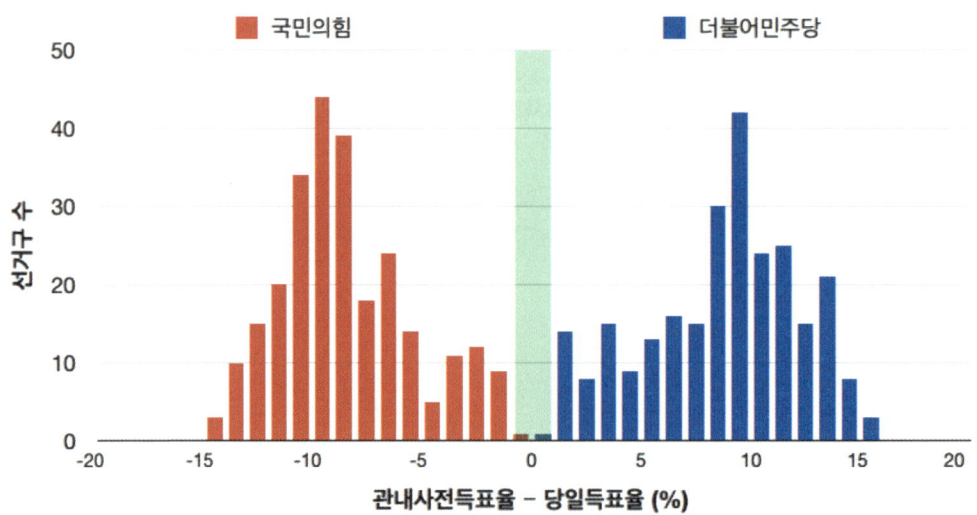

전국 254개 선거구에 대한 당일투표 표본의 크기는 50,000 내외 이며 관내사전투표 표본의 크기는 30,000 내외 이다. 따라서 관내사전득표율-당일득표율 차이가 존재할 99% 신뢰구간은 다음 식과 같이 ±1.5 % 이다.

$$-2.58\left(\sqrt{\frac{P_A(1-P_A)}{n_A}}+\sqrt{\frac{P_B(1-P_B)}{n_B}}\right) \leq P_B - P_A \leq 2.58\left(\sqrt{\frac{P_A(1-P_A)}{n_A}}+\sqrt{\frac{P_B(1-P_B)}{n_B}}\right)$$

$$-1.5\,\% \leq P_B - P_A \leq 1.5\,\%$$

위 식에서 P_A와 P_B는 당일득표율과 관내사전득표율 이며, n_A와 n_B는 당일투표 표본의 크기와 관내사전투표 표본의 크기이다. 위 그림에서 99% 신뢰구간은 녹색으로 표시되어 있다. 위의 결과를 요약하면 다음과 같다.
- 254개 선거구 중 99% 신뢰구간에 포함된 선거구 수는 10여 개에 불과하다.

- 더불어민주당 후보인 경우 대부분 선거구의 관내사전득표율-당일득표율 차이는 99% 신뢰구간으로 부터 (+) 방향으로 크게 벗어난다. 99% 신뢰구간으로 부터 벗어난 정도는 99% 신뢰구간 길이 평균의 6배 이상이다.
- 국민의힘 후보인 경우 대부분 선거구의 관내사전득표율-당일득표율 차이는 99% 신뢰구간으로 부터 (-) 방향으로 벗어난다. 99% 신뢰구간으로 부터 벗어난 정도는 99% 신뢰구간 길이 평균의 6배 이상이다.

4. 관외사전득표율-당일득표율 차이 대비 선거구 수 분포 히스토그램

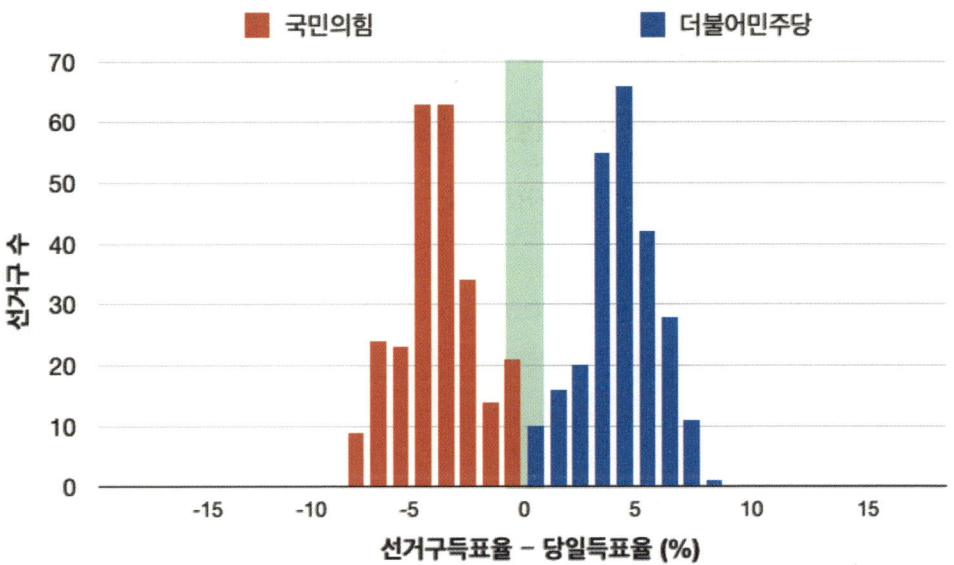

전국 254개 선거구에 대한 관외투표표본의 크기는 10,000 내외 이다. 이 경우에 대한 99% 신뢰구간은 ±1.5 % 내외 이다.

$$-1.5\% \leq P_C - P_A \leq 1.5\%$$

위 식에서 P_C는 관외사전득표율 이다. 위 그림에서 99% 신뢰구간을 녹색으로 표시되어 있다. 위의 결과를 요약하면 다음과 같다.
- 254개 선거구 중 99% 신뢰구간에 포함된 선거구 수는 10여 개에 불과하다.
- 더불어민주당 후보인 경우 관외사전득표율-당일득표율 차이는 평균 13%내외로 99% 신뢰구간 길이 1.5%의 9배 정도 (+) 방향으로 벗어난다.
- 국민의힘 후보인 경우 관외사전득표율-당일득표율 차이는 평균 -13% 내외로 99% 신뢰구간 길이 1.5%의 9배 정도 (-) 방향으로 벗어난다.

5. 선거구득표율-당일득표율 차이 대비 선거구 수 분포 히스토그램

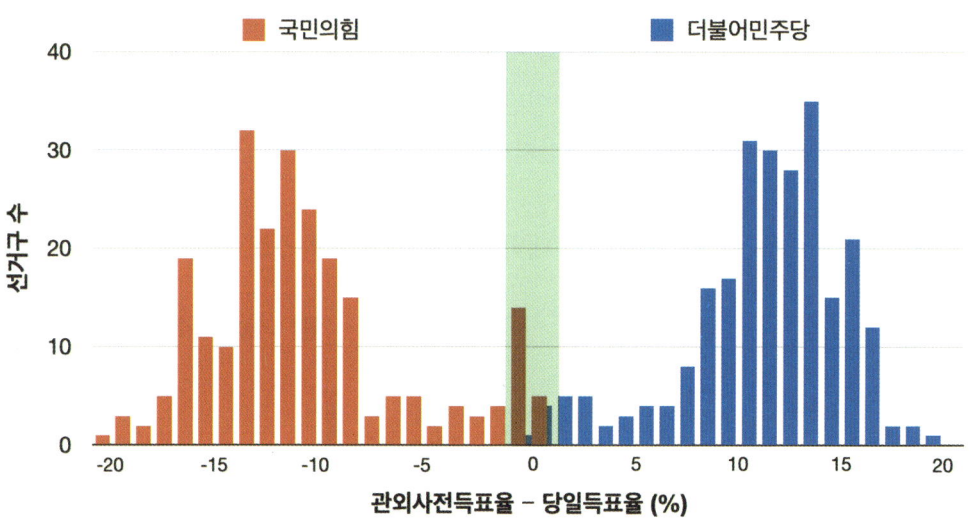

전국 254개 선거구에 대한 각 선거구의 크기는 100,000 내외 이며, 당일투표 표본의 크기는 50,000 내외 이다. 따라서 선거구득표율-당일득표율 차이에 대한 99% 신뢰구간은 ±1% 내외 이다.

$$-1\% \leq P_{AE} - P_A \leq 1\%$$

이 식에서 P_{AE}는 선거구득표율 이다. 위 결과를 요약하면 다음과 같다.

- 254개 선거구 중 99% 신뢰구간에 포함된 선거구는 20개를 넘지 않는다.
- 더불어민주당 후보인 경우 선거구득표율-당일득표율 차이는 5% 내외로 99% 신뢰구간으로 부터 (+) 방향으로 99% 신뢰구간 길이의 5배 이상 벗어난다.
- 국민의힘 후보인 경우 선거구득표율-당일득표율 차이는 -5% 내외로 99% 신뢰구간으로 부터 (-)방향으로 99% 신뢰구간 길이의 5배 이상 벗어난다.

Part I의 제2장에는 위의 결과를 배경으로한 다양한 통계학적 미스터리가 자세히 분석되어 있다.

Chapter 1

사전투표득표율-당일투표득표율 차이가 나타내는 미스터리

1-1. 선거구별 결과

A. 선거구별 사전득표율-당일득표율 차이가 나타내는 특이성

서울지역

서울지역에서 정당후보별 사전득표율-당일득표율 차이가 (+)인 선거구 수와 (-)인 선거구 수를 분석하면 〈표 1-1〉과 같다. 이 결과로부터, 사전투표 종류에 따른, 정당별 사전득표율-당일득표율 차이가 (+)인 선거구 수와 (-)인 선거구 수가 나타내는 특이성과 정당에 따른, 사전투표 종류별 차이가 (+)인 선거구 수와 (-)인 선거구 수가 나타내는 특이성을 분석해보자.

〈표 1-1〉 서울 지역에서 정당별 사전득표율-당일득표율 차이가 (+)인 선거구 수와 (-)인 선거구 수. 사전 전체 = 관내 + 관외 + 거소선상 + 국외 (선거구 수)

서울 지역	사전득표율 - 당일득표율								사전 전체 - 당일	
	관내 - 당일		관외 - 당일		거소선상 - 당일		국외 - 당일			
	(+)	(−)	(+)	(−)	(+)	(−)	(+)	(−)	(+)	(−)
더불어민주당	48		48		43	5	48		48	
국민의힘		48		48	5	43		48		48
새로운미래		5	1	4		5	2	3		5
개혁신당		8	7	1	7	1	4	4		8
진보당		1		1	1			1		1
녹색정의당		4	2	2	2	2	2	2		4
무소속		3	2	1	3			2	1	3
계	48	1	47	4	44	1	47			48

서울지역 선거결과에 대한 사전득표율-당일득표율 차이의 특이성은 첫째로 관내 사전득표율-당일득표율 차이가 (+)인 선거구 수와 (-)인 선거구 수에서 찾아볼 수 있다. 더불어민주당 후보의 경우 서울지역 48개 모든 선거구에서 차이가 (+)이다. 반면 더불어민주당을 제외한 국민의힘, 새로운미래, 개혁신당, 진보당, 녹색정의당 및 무소속 출마 후보는 출마한 모든 선거구에서 차이가 (-)이다(그림 1-1a 참조). 더불어민주당 후보는 출마한 모든 선거구에서 차이가 100% (+), 더불어민주당을 제외한 모든 정당의 후보는 출마한 모든 선거구에서 차이가 100% (-)로 나타난다. 이와 같이 미스터리 한 선거결과는 정상적인 선거에서는 발생불가능하다.

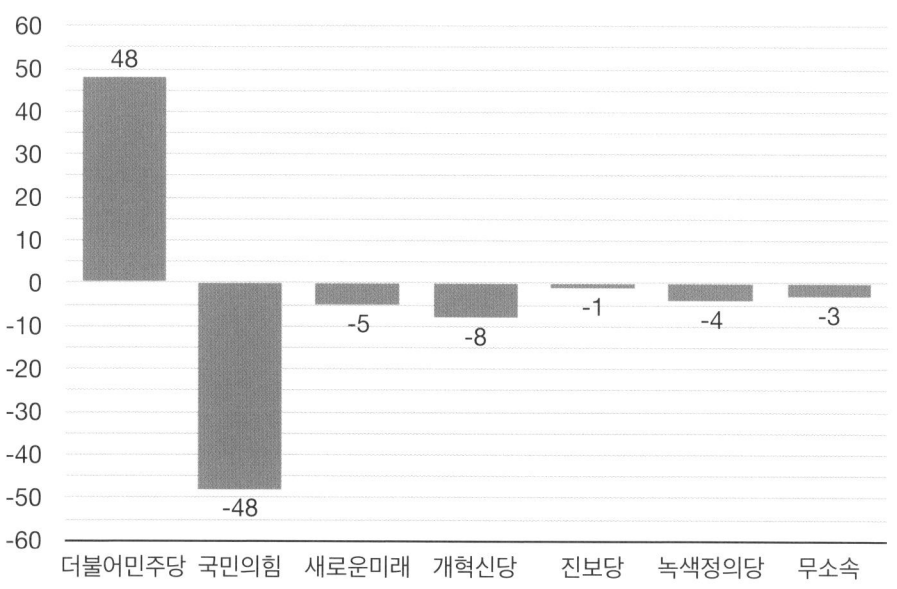

그림 1-1a. 서울지역 48개 선거구에서 정당별 관내사전득표율-당일득표율 차이가 (+)인 선거구 수와 (-)인 선거구 수

서울지역 선거결과에서 사전득표율-당일득표율 차이의 둘째 특이성은 더불어민주당 후보및 국민의힘 후보의 관내-당일, 관외-당일, 거소선상-당일, 국외-당일 및 사전전체-당일 득표율 차이가 (+)인 선거구 수와 (-)인 선거구 수에서 찾아볼 수 있다.

더불어민주당 후보는 거소선상 투표를 제외한 관내, 관외, 국외 및 사진전체 득표율 차이가 48개 선거구에서 모두 (+)로 나타난다. 거소선상 투표의 경우에도 차이가 (+)인 선거구가 43개, (-)인 선거구가 5개 이다. 그러나 국민의힘 후보는 거소선상 투표를 제외하고 관내-당일, 관외-당일, 국외-당일 및 사전전체-당일 득표율 차이가 48개 선거구에서 모두 (-)로 나타난다. 이 결과를 막대 그래프로 그리면 그림 1-1b와 같다.

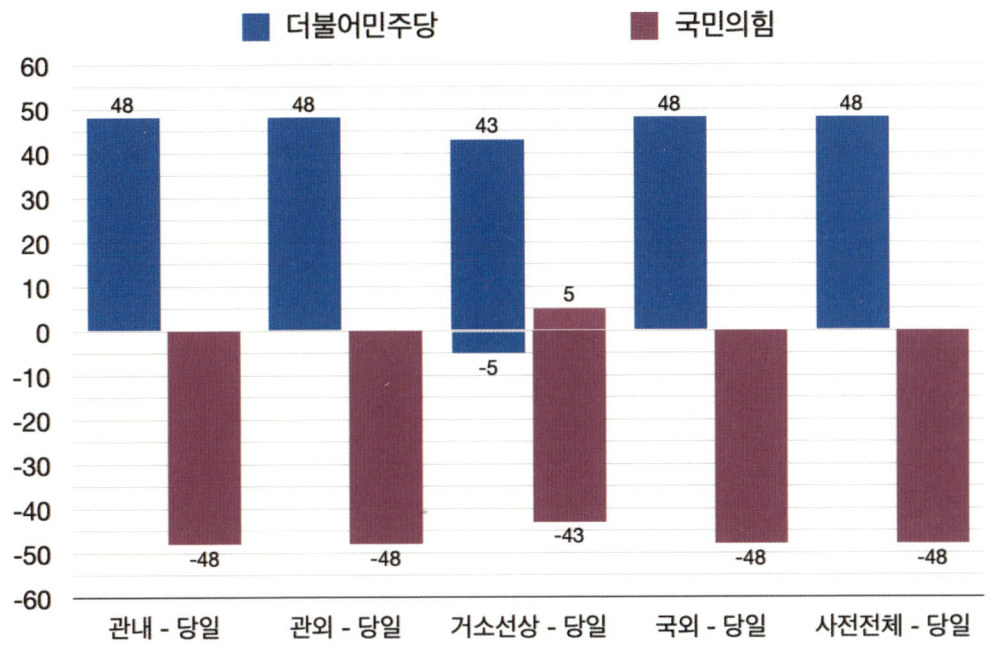

그림 1-1b. 서울지역 48개 선거구에서 더불어민주당 후보와 국민의힘 후보의 사전득표율-당일득표율 차이가 (+)인 선거구 수와 (-)인 선거구 수

더불어민주당 후보는 출마 모든 선거구에서 거소선상 투표를 제외한 관내, 관외, 국외 및 사전전체 투표에 대한 사전득표율-당일득표율 차이가 모든 선거구에서 (+), 국민의힘 후보는 출마 모든 선거구에서 거소선상 투표를 제외하고 사전득표율-당일득표율 차이가 모든 선거구에서 (-)이다. 이런 선거결과는 정상적인 투표에서는 누구도 예상할 수 없는 결과이다. 인위적 개입이 있었다고 볼 수 밖에 없다.

경기지역

〈표 1-2〉는 경기지역 60개 선거구에서 정당후보별 사전득표율-당일득표율 차이가 (+)인 선거구 수와 (-)인 선거구 수를 보여주고 있다. 이 결과로부터 사전득표율-당일득표율 차이가 나타내는 두 가지 특이성을 분석해보자. 서울지역의 선거결과와 동일하게, 첫째 특이성은 정당별 관내사전득표율-당일득표율 차이가 (+)인 선거구 수와 (-)인 선거구 수에서 찾아볼 수 있다.

〈표 1-2〉의 맨 왼쪽 열에서 나열한 정당별 관내사전득표율-당일득표율 차이가 (+)인 선거구 수와 (-)인 선거구 수를 막대 그래프로 그리면 그림 1-2a와 같다.

<표 1-2> 경기지역에서 정당별 사전득표율-당일득표율 차이가 (+)인 선거구 수와 (-)인 선거구 수.   사전 전체 = 관내 + 관외 + 거소선상 + 국외   (선거구 수)

경기 지역	사전득표율 - 당일득표율								사전 전체 - 당일	
	관내 - 당일		관외 - 당일		거소선상 - 당일		국외 - 당일			
	(+)	(−)	(+)	(−)	(+)	(−)	(+)	(−)	(+)	(−)
더불어민주당	60		60		41	19	60		60	
국민의힘		60	1	59	16	44		60		60
새로운미래		6	2	4	5	1	2	4		6
개혁신당		13	8	5	12	1	7	6	1	12
진보당										
녹색정의당		1		1		1		1		1
무소속		6	3	3	5	1	1	5		6
계	60	86	74	72	79	67	70	76	61	85

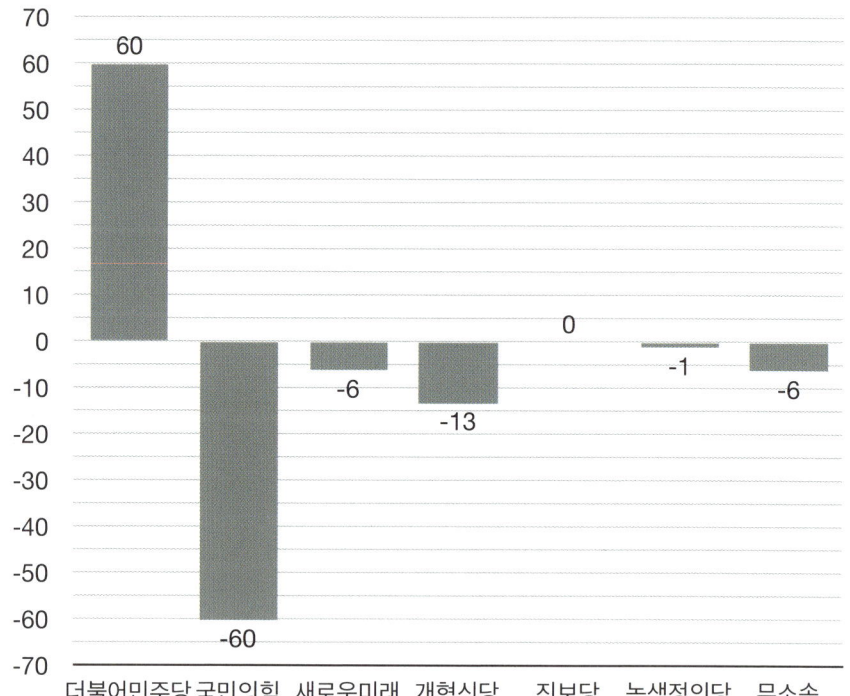

그림 1-2a. 경기지역 60개 선거구에서 정당별 관내사전득표율−당일득표율 차이가 (ㅣ)인 선거구 ♣외 (　)인 선거구 ♣

더불어민주당 후보는 60개 선거구에서 관내사전득표율-당일득표율 차이가 모두 (+), 더불어민주당을 제외한 국민의힘, 새로운미래, 개혁신당, 녹색정의당 및 무소속 출마 후보는 모두 (-)로 나타난다. 이런 결과는 서울지역 선거결과와 대동소이 하며, 정상적인 선거에서는 생성 불가능한 결과이다.

사전득표율-당일득표율 차이에 대한 둘째 특이성은 더불어민주당 후보와 국민의힘 후보의 사전득표율-당일득표율 차이가 (+)인 선거구 수와 (-)인 선거구 수를 투표 종류별로 구분해보면 찾을 수 있다. 〈표 1-2〉를 기반으로 더불어민주당 후보와 국민의힘 후보의 관내-당일, 관외-당일, 거소선상-당일, 국외-당일 및 사전전체-당일 득표율 차이가 (+)인 선거구 수와 (-)인 선거구 수를 막대 그래프로 그리면 그림 1-2b와 같다.

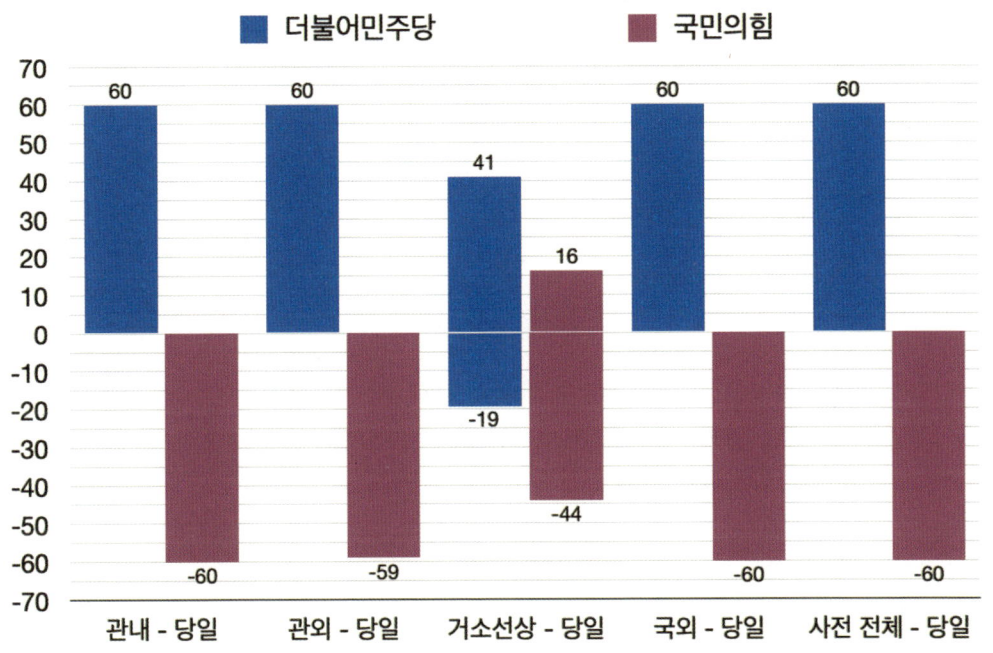

그림 1-2b. 경기지역 60개 선거구에서 더불어민주당 후보와 국민의힘 후보의
사전득표율-당일득표율 차이가 (+)인 선거구 수와 (-)인 선거구 수

더불어민주당 후보의 경우 거소선상 투표를 제외하고 60개 선거구 전체의 관내, 관외, 국외, 사전전체 투표에서 사전득표율-당일득표율의 차이가 100% (+)이다. 반면 국민의힘 후보의 경우 거소선상 투표를 제외하면 관내, 관외, 국외 및 사전전체의 투표에서 차이가 모두 (-)가 되어 100% 사전득표율이 당일득표율 보다 낮다. 이와 같은 선거결과 또한 생성불가능한 선거결과이다. 제22대 총선에서 가장 치열했던 서울지역과 경기지역 모두에서 사전투표는 그 종류에 관계없이 비정상이었음을 확인할 수 있다.

인천·강원지역

인천·강원지역 총 22개 선거구에서 사전득표율-당일득표율 차이가 (+)인 선거구 수와 (-)인 선거구 수를 정당별로 분석하면 〈표 1-3〉과 같다.

<표 1-3> 인천·강원지역에서 정당별 사전득표율-당일득표율 차이가 (+)인 선거구 수와 (-)인 선거구 수.　　사전 전체 = 관내 + 관외 + 거소선상 + 국외　　(선거구 수)

인천·강원 지역	사전득표율 - 당일득표율									사전 전체 - 당일	
	관내 - 당일		관외 - 당일		거소선상 - 당일		국외 - 당일			
	(+)	(−)	(+)	(−)	(+)	(−)	(+)	(−)	(+)	(−)
더불어민주당	22		22		16	6	22		22	
국민의힘		22		22	3	19		22		22
새로운미래		2	1	1	1	1	1	1		2
개혁신당		5	5		5		3	2	2	3
진보당										
녹색정의당		1		1	1			1		1
무소속		5	5		5		2	3	2	3
계	22	35	33	24	31	26	28	29	26	31

이 결과로부터 사전득표율-당일득표율 차이가 나타내는 두 가지 특이성을 분석해보자. 〈표 1-3〉의 맨 왼쪽 열에서 정당후보별 사전득표율-당일득표율 차이가 (+)인 선거구 수와 (-)인 선거구 수를 막대 그래프로 그리면 그림 1-3a와 같다.

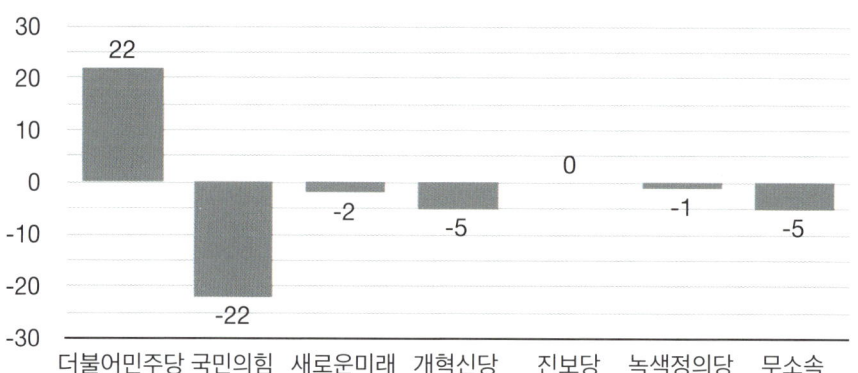

그림 1-3a. 인천·강원지역 22개 선거구에서 정당별 관내사전득표율-당일득표율 차이가 (+)인 선거구 수와 (-)인 선거구 수

더불어민주당 후보는 22개 모든 선거구에서 관내사전득표율-당일득표율 차이가 (+)이다. 반면 더불어민주당을 제외한 국민의힘, 새로운미래, 개혁신당, 녹색정의당 및 무소속 후보는 모두 (-)이다. 이런 결과는 서울지역 48개 선거구 및 경기지역 60개 선거구의 결과와 동일하다. 서울, 경기 및 인천·강원 지역의 선거결과가 모두 이와 같이 동일하게 나타나리라고는 어느 누구도 상상할 수 없었을 것이다.

더불어민주당 후보와 국민의힘 후보의 관내-당일, 관외-당일, 거소선상-당일, 국외-당일 및 사전전체-당일 득표율 차이가 (+)인 선거구 수와 (-)인 선거구 수를 막대그래프로 그리면 그림 1-3b와 같다.

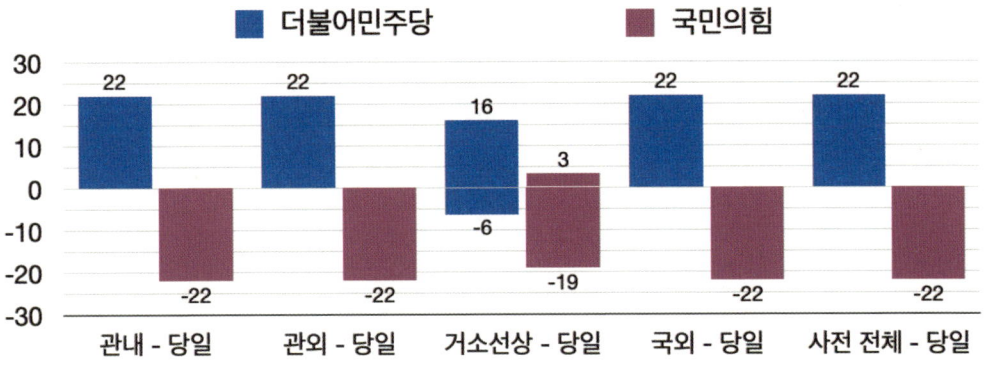

그림 1-3b. 인천·강원지역 60개 선거구에서 더불어민주당 후보와 국민의힘 후보의 사전득표율-당일득표율 차이가 (+)인 선거구 수와 (-)인 선거구 수

이 막대 그래프로 부터 더불어민주당 후보와 국민의힘 후보의 사전득표율-당일득표율의 차이가 (+)인 선거구 수와 (-)인 선거구 수가 나타내는 특이성을 관내, 관외, 거소선상, 국외 및 사전전체 투표 표본에 대하여 분석하면 다음과 같다.

더불어민주당 후보는 거소선상 투표를 제외한 관내, 관외, 국외 및 사전전체 투표에 대한 사전득표율-당일득표율의 차이가 22개 선거구에서 모두 (+)이며, 국민의힘 후보는 거소선상 투표를 제외한 사전투표 모든 선가구에서 차이가 (-)이다. 이런 결과는 서울, 경기 지역의 선거결과와 동일하다. 전국 254개 선거구 중 서울, 경기, 인천 및 강원 지역의 131개 선거구에서 사전득표율-당일득표율 차이가 동일한 특이성을 보인다. 인위적 개입을 다시 확인할 수 있다.

충청지역

대전, 세종, 충북 및 충남 지역에서 사전득표율-당일득표율 차이가 (+)인 선거구 수와 (-)인 선거구 수의 특이성은 현재까지 분석한 서울, 경기 및 인천·강원 지역에 대한 특이성과 어떤 차이가 나타날까? <표 1-4>는 충청지역에서 정당별 사전득표율-당일득표율 차이가 (+)인 선거구 수와 (-)인 선거구 수를 보여주고 있다. 총 28개 선거구 중 더불어민주당 후보가 출마하지 않은 세종갑 선거구를 제외하면 사전득표율-당일득표율 차이가 (+)인 선거구 수 와 (-)인 선거구 수의 특이성은 서울, 경기, 인천·강원 지역의 특이성과 동일하다.

<표 1-4> 충청지역에서 정당별 사전득표율-당일득표율 차이가 (+)인 선거구 수와 (-)인 선거구 수.   사전 전체 = 관내 + 관외 + 거소선상 + 국외   (선거구 수)

충청 지역	사전득표율 - 당일득표율								사전 전체 - 당일	
	관내 - 당일		관외 - 당일		거소선상 - 당일		국외 - 당일			
	(+)	(-)	(+)	(-)	(+)	(-)	(+)	(-)	(+)	(-)
더불어민주당	27		27		15	12	27		27	
국민의힘		28		28	9	19		28		28
새로운미래	1	5	3	3	3	3	5	1	1	5
개혁신당		7	6	1		7	3	4		7
진보당										
녹색정의당		2	1	1	2		2			2
무소속		8	4	4	8		4	4	1	7
계	28	50	41	37	44	34	41	37	29	49

그림 1-4a에 의하면 더불어민주당 후보는 27개의 출마 지역 모든 선거구에서 관내사전득표율-당일득표율의 차이가 (+)이다. 더불어민주당 후보를 제외한 국민의힘, 새로운미래, 개혁신당, 진보당, 녹색정의당 및 무소속 후보의 경우 세종시갑 선거구의 새로운미래당 후보를 제외한 모든 후보의 관내사전득표율-당일득표율의 차이는 (-)이다. 이런 결과는 앞에서 분석한 모든 선거구의 선거결과와 동일하다. 정상적인 선거에서는 도저히 발생할 수 없는 결과이다.

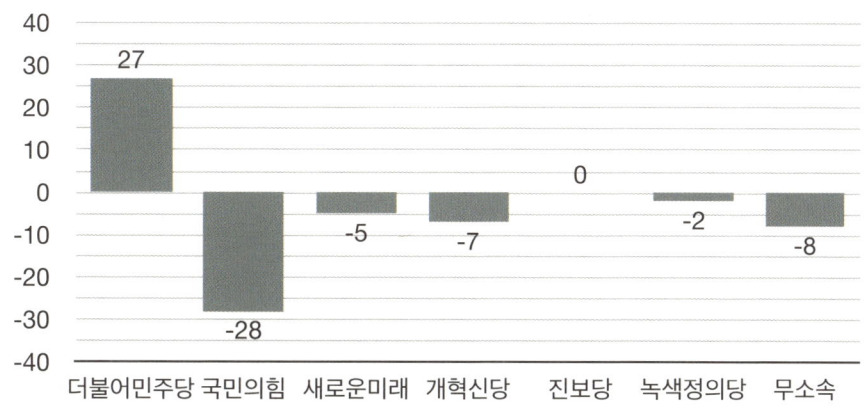

그림 1-4a. 충청지역 28개 선거구에서 정당별 관내사전득표율−당일득표율 차이가 (+)인 선거구 수와 (−)인 선거구 수

그림 1-4b에 따르면 더불어민주당 후보인 경우 거소선상 투표를 제외한 나머지 투표표본에 대한 사전득표율−당일득표율의 차이가 (+)인 선거구 수는 27개 모든 선거구 이며, 국민의힘 후보인 경우 (+)인 선거구가 없다. 이 결과는 서울, 경기, 인천·강원지역 결과와 동일하다. 반면 기타 후보인 경우 관외−당일, 거소선상−당일, 국외−당일 득표율 차이가 (+)인 선거구 수가 (−)인 선거구 수보다 많다. 이런 결과는 타 지역의 선거결과와 동일하지 아니하였다.

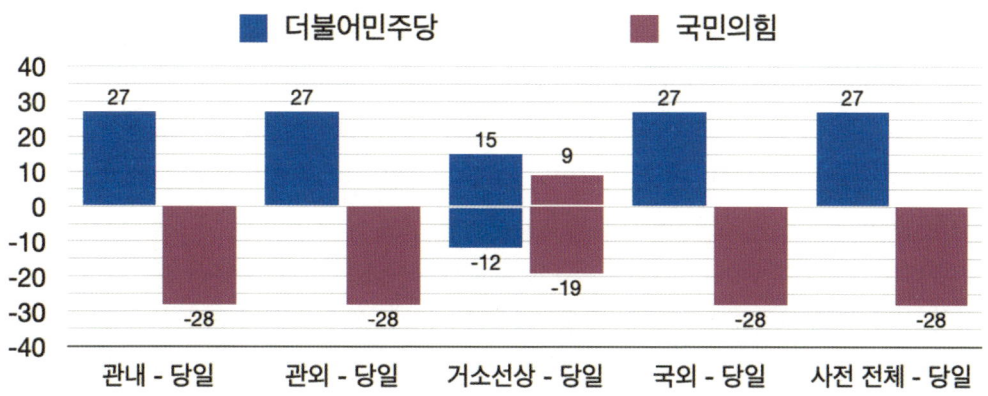

그림 1-4b. 충청지역 28개 선거구에서 더불어민주당 후보와 국민의힘 후보의 사전득표율−당일득표율 차이가 (+)인 선거구 수와 (−)인 선거구 수

호남·제주지역

호남·제주지역에 대한 총 선거구 수는 31개이다. 이를 31개 선거구에서 사전득표율-당일득표율 차이가 (+)인 선거구 수와 (-)인 선거구 수를 정당별 후보에 따라 분석하면 〈표 1-5〉와 같다.

<표 1-5> 호남·제주지역에서 정당별 사전득표율-당일득표율 차이가 (+)인 선거구 수와 (-)인 선거구 수. 사전 전체 = 관내 + 관외 + 거소선상 + 국외 (선거구 수)

호남·제주 지역	사전득표율 - 당일득표율								사전 전체 - 당일	
	관내 - 당일		관외 - 당일		거소선상 - 당일		국외 - 당일			
	(+)	(-)	(+)	(-)	(+)	(-)	(+)	(-)	(+)	(-)
더불어민주당	31		28	3	14	17	28	3	31	
국민의힘		31	5	26	23	8	9	22		31
새로운미래		7	2	5	7		1	7		7
개혁신당		4	4		3	1	2	2		4
진보당	8	7	4	11	5	10	1	14	6	9
녹색정의당		5	3	2	4	1	3	1		5
무소속	1	10	4	7	6	5	2	9	1	10
계	28	50	50	54	62	42	46	58	38	66

호남·제주지역에서 사전득표율-당일득표율 차이가 (+)인 선거구 수와 (-)인 선거구 수의 특이성이 앞에서 분석한 지역의 특이성과 어떤 차이점이 있는지를 분석해보자. 관내사전득표율-당일득표율의 차이가 (+)인 정당의 후보자는 더불어민주당 후보, 진보당 후보 및 무소속 후보이다. 다른 지역인 경우 관내사전득표율-당일득표율의 차이가 (+)인 후보는 더불어민주당 후보 뿐이나, 호남지역인 경우 차이가 (+)인 후보는 더불어민주당 후보와 진보당 후보이다. 더불어민주당 후보는 출마 모든 선거구에서 차이가 모두 (+)이다. 그러나 진보당 후보는 8개 선거구에서 차이가 (+), 7개 선거구에서 차이가 (-)이다. 반면 국민의힘, 새로운미래, 개혁신당 및 녹색정의당 후보는 출마 모든 선거구에서 차이가 (-)이다. 그림 1-5a는 정당 후보별 관내사전득표율-당일득표율 차이가 (+)인 선거구 수와 (-)인 선거구 수를 보여 준다.

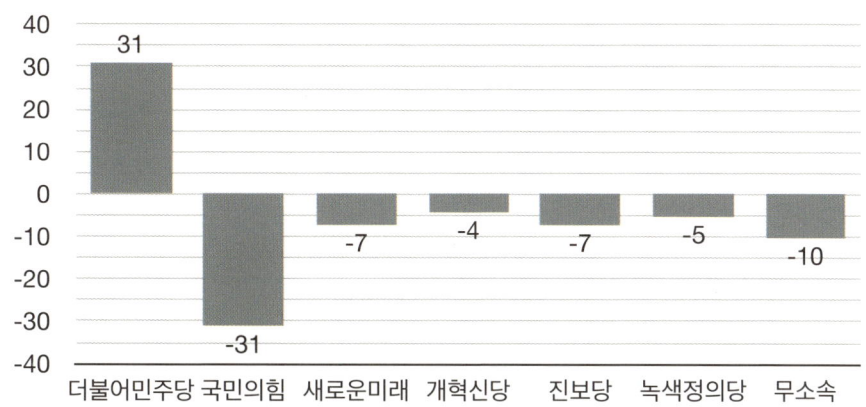

그림 1-5a. 호남·제주지역 31개 선거구에서 정당별 관내사전득표율−당일득표율 차이가 (+)인 선거구 수와 (−)인 선거구 수

호남·제주지역에 대한 두 번째 특이성은 서울, 경기, 인천·강원 및 충청 지역의 두 번째 특이성과 큰 차이를 나타낸다. 서울을 비롯한 충청지역의 두 번째 특이성은 더불어민주당 후보인 경우 거소선상 투표를 제외한 관내, 관외, 국외, 사전 전체 투표에서 출마 지역 모든 선거구에서 사전득표율−당일득표율 차이가 (+)이며, 국민의힘 후보인 경우 출마 지역 모든 선거구에서 (−)이다. 그러나 호남·제주지역에 출마한 더불어민주당 후보의 관외−당일, 거소선상−당일 및 국외−당일 득표율 차이가 (+)인 선거구 수와 (−)인 선거구 수는 (+) 또는 (−)의 한 방향으로 치우치지 않고 (−)로 나타나는 선거구도 있다. 이런 경향을 국민의힘 후보의 결과에서도 발견할 수 있다. 국민의힘 후보의 관외−당일, 거소선상−당일 및 국외−당일 득표율 차이가 (+)인 선거구 수와 (−)인 선거구 수는 한 방향으로 편향되지 않고 양방향으로 분포되었다.

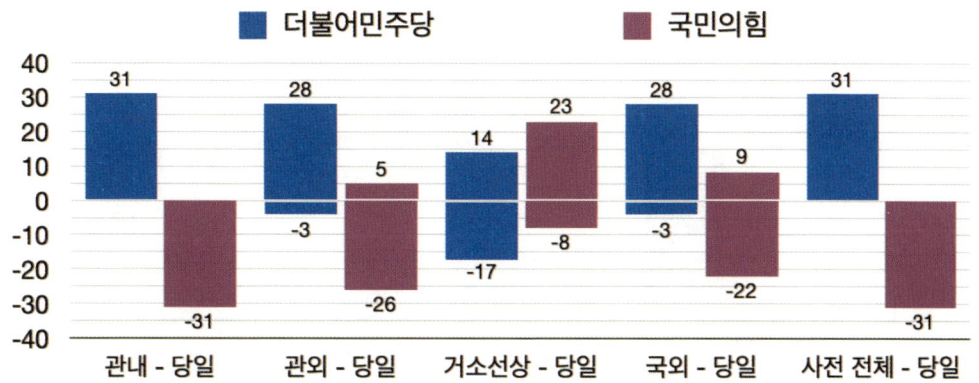

그림 1-5b. 호남·제주지역 31개 선거구에서 더불어민주당 후보와 국민의힘 후보의 사전득표율−당일득표율 차이가 (+)인 선거구 수와 (−)인 선거구 수

대구·경북지역

〈표 1-6〉은 대구·경북지역 24개 선거구에서 정당별 사전득표율-당일득표율 차이가 (+)인 선거구 수와 (-)인 선거구 수를 나타내고있다.

<표 1-6> 대구·경북지역에서 정당별 사전득표율-당일득표율 차이가 (+)인 선거구 수와 (-)인 선거구 수.   사전 전체 = 관내 + 관외 + 거소선상 + 국외   (선거구 수)

대구·경북 지역	사전득표율 - 당일득표율								사전 전체 - 당일	
	관내 - 당일		관외 - 당일		거소선상 - 당일		국외 - 당일			
	(+)	(−)	(+)	(−)	(+)	(−)	(+)	(−)	(+)	(−)
더불어민주당	19		19		12	7	19		19	
국민의힘		25		25	11	14		25		25
새로운미래	1		1		1		1		1	
개혁신당	2		2		1	1	2		2	
진보당	3		3		3		3		3	
녹색정의당	2		2		2		2		2	
무소속	5	8	9	4	8	5	7	6	7	6
계	32	33	50	54	38	27	34	31	34	31

이 표로 부터 관내사전득표율-당일득표율 차이가 (+)인 선거구 수와 (-)인 선거구 수가 나타내는 특이성을 분석해보자.

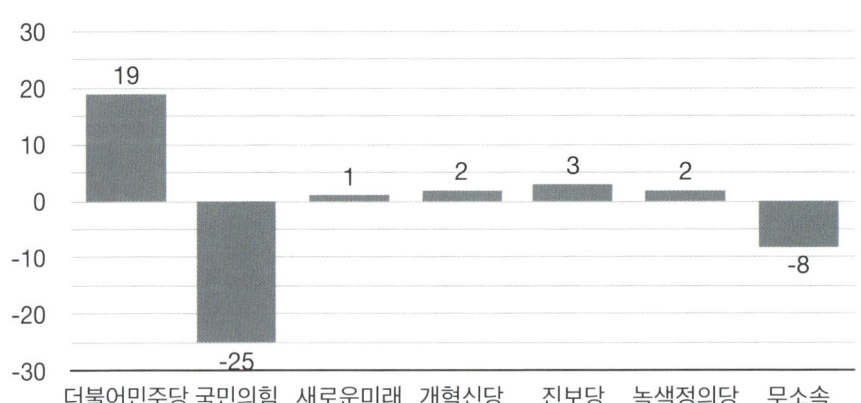

그림 1-6a. 대구·경북지역 25개 선거구에서 정당별 관내사전득표율-당일득표율 차이가 (+)인 선거구 수와 (-)인 선거구 수

그림 1-6a는 정당별 관내사전득표율-당일득표율 차이가 (+)인 선거구 수와 (-)인 선거구 수를 나타내고 있다. 대구·경북지역인 경우 타지역의 선거결과와 달리 국민의힘 후보와 무소속 후보를 제외한 정당의 후보들에 대한 관내사전득표율-당일득표율 차이는 출마한 전 선거구에서 모두 (+)로 나타난다. 전국 선거지역 중 대구·경북지역에서만 나타나는 특이한 결과이다.

　　사전득표율-당일득표율 차이가 (+)인 선거구 수와 (-)인 선거구 수가 나타내는 둘째 특이성에 대한 막대 그래프를 도시하면 그림 1-6b와 같다. 거소선상-당일 차이가 (+)인 선거구와 (-)인 선거구는 더불어민주당 후보는 물론 국민의힘 후보에 대해서도 (+)와 (-) 중 어느 한 방향으로 편중 되지 아니하고 모두 (+)와 (-)로 나타난다. 거소선상 투표를 제외한 나머지 투표에서는 더불어민주당 후보는 출마한 모든 선거구에서 사전득표율-당일득표율 차이가 (+)이며, 국민의힘 후보는 출마한 모든 선거구에서 차이가 (-)이다.

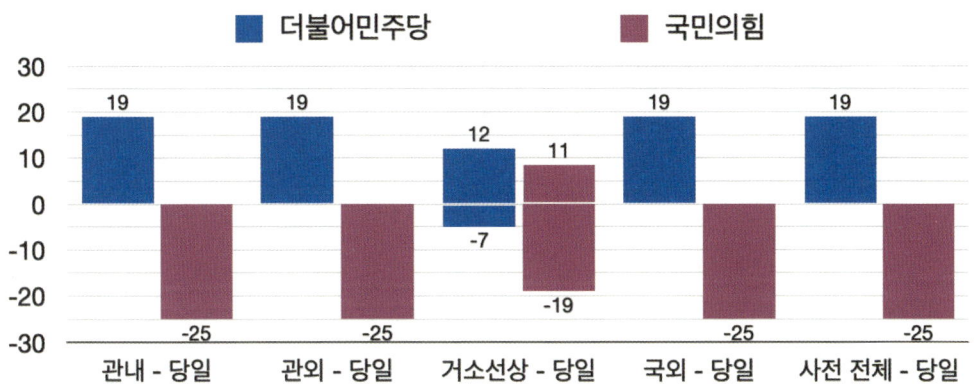

그림 1-6b. 대구·경북지역 25개 선거구에 대한 더불어민주당 후보와 국민의힘 후보의 사전득표율-당일득표율 차이가 (+)인 선거구 수와 (-)인 선거구 수

대구·경북지역에 대한 특이성을 요약하면 다음과 같다.
- 관내사전득표율-당일득표율 차이는 국민의힘 후보와 무소속 후보를 제외한 정당 후보들에 대하여서는 모든 출마 선거구에서 (+)이다.
- 국민의힘 후보인 경우 관내사전득표율-당일득표율 차이는 출마 모든 선거구에서 (-)이다.
- 대구·경북지역에서 거소선상 투표를 제외하면 기타 후보에 대한 관내-당일, 관외-당일, 국외-당일, 사전 전체-당일 득표율 차이가 (+)인 선거구가 대부분이다. 이러한 특이성은 나머지 지역의 특이성과 반대되는 결과이다.

부산·울산·경남 지역

부산·울산·경남 지역의 선거구는 총 40개이다. 이 40개의 선거구에서 각 정당 후보별 사전득표율-당일득표율 차이가 (+)인 선거구 수와 (-)인 선거구 수를 나타내면 〈표 1-7〉과 같다.

<표 1-7> 부산·울산·경남지역에 대한 정당별 사전득표율-당일득표율 차이가 (+)인 선거구 수와 (-)인 선거구 수.   사전 전체 = 관내 + 관외 + 거소선상 + 국외   (선거구 수)

부산·울산·경남 지역	사전득표율 - 당일득표율								사전 전체 - 당일	
	관내 - 당일		관외 - 당일		거소선상 - 당일		국외 - 당일			
	(+)	(−)	(+)	(−)	(+)	(−)	(+)	(−)	(+)	(−)
더불어민주당	38		38		23	15	38		38	
국민의힘		40		40	16	24		40		40
새로운미래		1		1	1			1		1
개혁신당		4	4		4		3	1	1	3
진보당	1		1			1	1		1	
녹색정의당		2	1	1	1	1	1	1		2
무소속		6	2	4	3	3		6		6
계	39	53	46	46	38	27	43	49	40	52

이 결과로부터 사전득표율-당일득표율 차이가 (+)인 선거구 수와 (-)인 선거구 수가 나타내는 특이성을 분석하면 다음과 같다.

관내사전득표율-당일득표율 차이가 출마지역 모든 선거구에서 (+)로 나타나는 정당 후보자는 더불어민주당 후보와 진보당 후보이다. 더불어민주당 후보인 경우 출마한 38개 선거구에서 차이가 모두 (+)로 나타난다. 1명이 출마한 진보당인 경우 출마 선거구에서 차이가 (+)로 나타난다. 더불어민주당 후보와 진보당 후보를 제외한 국민의힘, 새로운미래, 개혁신당, 녹색정의당 및 무소속 후보 모두에 대한 관내사전득표율-당일득표율 차이는 출마 모든 선거구에서 (-)로 나타난다. 이런 결과는 대구·경북지역을 제외한 모든 지역의 선거결과와 동일하다. 이 결과의 특이성은 그림 1-7a에 막대 그래프로 도시되어있다.

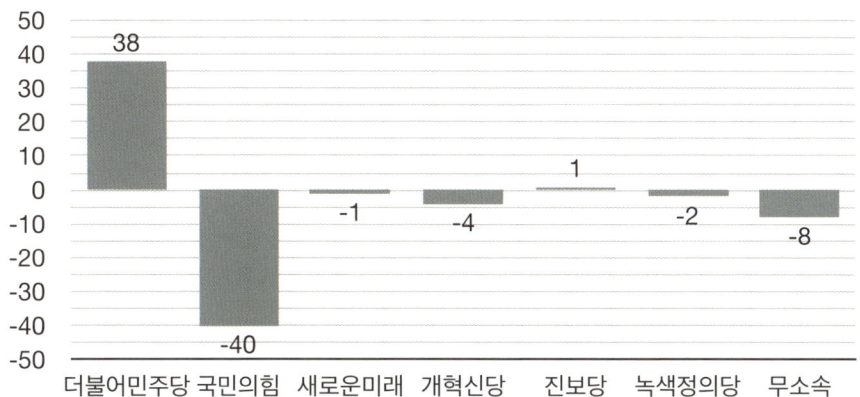

그림 1-7a. 부산·울산·경남지역 40개 선거구에서 정당별 관내사전득표율−당일득표율 차이가 (+)인 선거구 수와 (−)인 선거구 수

사전득표율−당일득표율 차이가 (+)인 선거구 수와 (−)인 선거구 수의 둘째 특이성에 대하여 논의해보자. 거소선상 투표를 제외한 관내, 관외, 국외 및 사전 전체 투표에서 더불어민주당 후보는 관내−당일, 관외−당일, 국외−당일 및 사전전체−당일 득표율 차이는 모두 (+)이다. 반면 국민의힘 후보는 거소선상 투표를 제외한 사전 투표에서 사전득표율−당일득표율의 차이는 출마 모든 선거구에서 (−)이다. 이런 경향은 호남지역을 제외한 모든 선거지역의 경향과 동일하다.

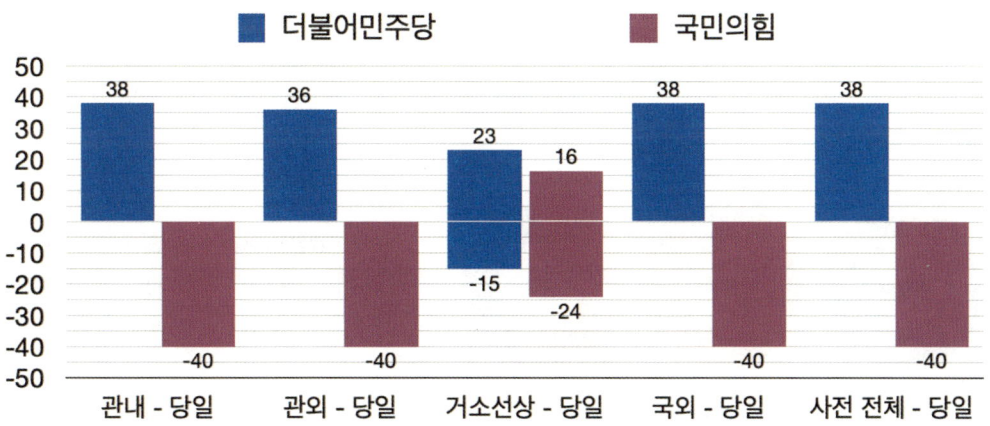

그림 1-7b. 부산·울산·경남지역 40개 선거구에 대한 더불어민주당 후보와 국민의힘 후보의 사전득표율−당일득표율 차이가 (+)인 선거구 수와 (−)인 선거구 수

B. 전국 254개 선거구에서 사전득표율-당일득표율 차이가 나타내는 특이성

(1) 투표 표본에 따른 정당별 특이성

<u>총 254개 선거구에서 사전득표율-당일득표율 차이가 나타내는 특이성</u>

〈표 1-8〉은 정당별 전국 254개 선거구에 대한 사전득표율-당일득표율 차이가 (+)인 선거구 수와 (-)인 선거구 수를 나타내고 있다.

<표 1-8> 전국 254개 선거구에서 정당별 사전득표율-당일득표율 차이가 (+) 인 선거구 수와 (-) 인 선거구 수. (선거구 수)

사전투표 종류별 득표율 차이	더불어민주당 후보			국민의힘 후보			기타 후보		
	(+)	0	(-)	(+)	0	(-)	(+)	0	(-)
관내 - 당일	245					254	25		136
관외 - 당일	244		1	5		249	94		67
거소선상 - 당일	164		81	83		171	120		36
국외 - 당일	242		3	15		239	70		90
사전전체 - 당일	245					254	32		128
계	1,140		85	103		1,167	341		457

이 표의 관내-당일, 관외-당일, 거소선상-당일, 국외-당일 및 사전전체-당일 득표율 차이가 (+)인 선거구 수 합과 (-)인 선거구 수 합을 원형 차트를 사용하여 정당별로 도시하면 그림 1-8a와 같다.

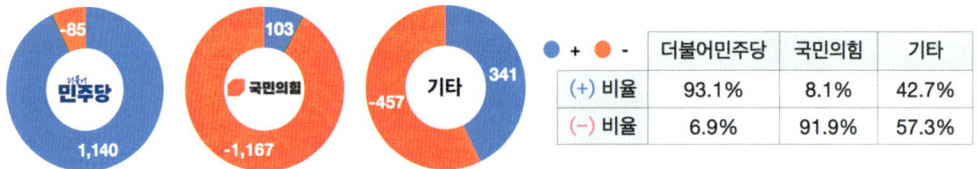

그림 1-8a. 관내, 관외, 거소선상, 국외 및 사전전체 투표에서
정당별 사전득표율-당일득표율 차이가 (+)인 총 선거구 수와 (-)인 총 선거구 수

이 결과에 의하면 더불어민주당 후보인 경우 총 1,230 경우의 수 중 사전득표율-당일득표율 차이가 (+)인 선거구 수는 1,140 으로 93.1%를 차지한다. 국민의힘 후보인 경우 총 1,270 경우의 수 중 사전득표율-당일득표율 차이가 (-)인 선거구 수는 1,167 로 91.9%를 차지한다. 반면 기타 후보인 경우 사전득표율-당일득표율 차이가 (-)인 선거구 수는 341, (-)인 선거구 수는 457로 균형을 이루고 있다. 이 결과로 부터 네 종류의 사전선거는 선거 종류에 관계없이 심각한 문제점을 내포하고 있음을 확인할 수 있다.

관내사전득표율-당일득표율 차이가 나타내는 문제점

〈표 1-8〉로 부터 관내사전득표율-당일득표율 차이가 (+)인 선거구 수와 (-)인 선거구 수를 더불어민주당 후보, 국민의힘 후보 및 기타 후보에 대하여 원형 차트로 도시하면, 그림 1-8b와 같다. 더불어민주당 후보인 경우 출마지역 245개 선거구에서 차이값이 모두 (+)이며, 국민의힘 후보인 경우 출마지역 254개 선거구에서 차이값이 모두 (-)이다. 기타 후보인 경우 총 출마 선거구 161개 중 차이값이 (-)인 선거구 수는 84.5%를 차지한다. 관내사전투표는 사전선거 중 가장 심각한 문제점을 내포하고 있음을 알 수 있다.

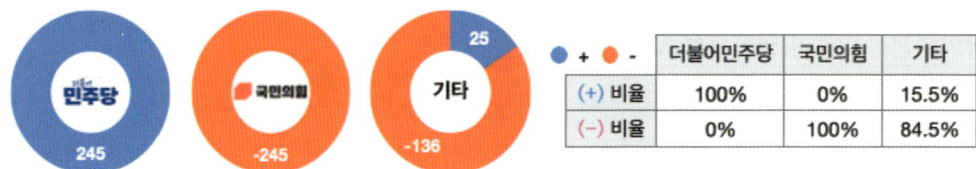

그림 1-8b. 정당별 관내사전득표율-당일득표율 차이가 (+)인 선거구 수와 (-)인 선거구 수

관외사전득표율-당일득표율 차이가 나타내는 문제점

그림 1-8c는 정당별 관외사전득표율-당일득표율 차이가 (+)인 선거구 수와 (-)인 선거구 수를 나타내고 있다. 더불어민주당 후보에 대한 관외사전득표율-당일득표율 차이가 (+)인 선거구 수는 전체 출마 선거구 수의 99.6% 이며, 국민의힘 후보에 대한 차이가 (-)인 선거구 수는 전체 출마 선자구 수의 98% 이다. 반면 기타 후보인 경우 차이가 (+)인 선거구 수는 전체 출마 선거구의 58.4%, (-)인 선거구 수는 41.6% 이다.

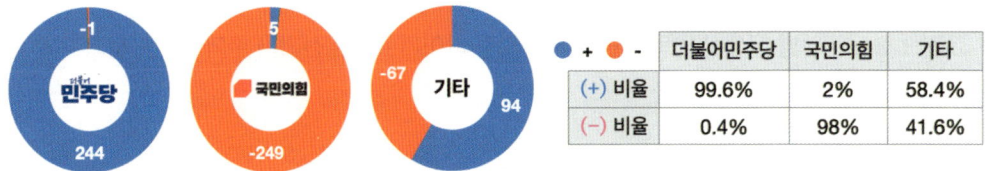

그림 1-8c. 정당별 관외사전득표율-당일득표율 차이가 (+)인 선거구 수와 (-)인 선거구 수

거소선상사전득표율-당일득표율 차이가 나타내는 문제점

그림 1-8d는 정당별 거소선상사전득표율-당일득표율 차이가 (+)인 선거구 수와 (-)인 선거구 수를 나타내고 있다. 관내사전투표 및 관외사전투표와 달리 거소선상사전투표에 대하여 차이가 (+)인 선거구 수와 (-)인 선거구 수는 어느 한편으로 치우치지 않고 균형을 이루고 있다. 더불어민주당 후보인 경우 차이가 (+)인 선거구 수는 66.9%, (-)인 선거구 수는 33.1% 이다. 국민의힘 후보인 경우 차이가 (+)인 선거구 수는 32.7%, (-)인 선거구 수는 67.3% 이다. 기타 후보에 대한 차이가 (+)인 선거구 수는 76.9%, (-)인 선거구 수는 23.1% 이다.

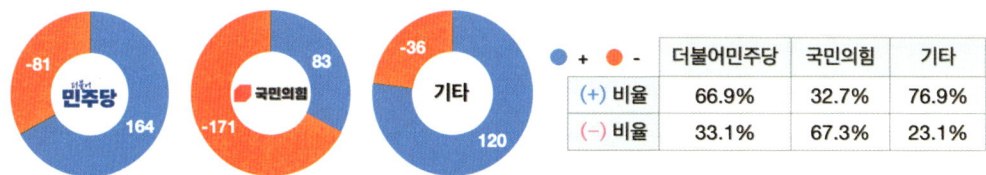

그림 1-8d. 정당별 거소선상사전득표율-당일득표율 차이가 (+)인 선거구 수와 (-)인 선거구 수

국외사전득표율-당일득표율 차이가 나타내는 문제점

그림1-8e는 정당별 국외사전득표율-당일득표율 차이가 (+)인 선거구 수와 (-)인 선거구 수를 나타내고 있다. 관내사전투표 및 관외사전투표와 같이 국외사전투표에서도 더불어민주당 후보인 경우 국외사전득표율-당일득표율 차이가 (+)인 선거구 수의 퍼센트는 (-)인 선거구 수의 퍼센트에 비하여 월등히 높으며, 국민의힘 후보인 경우 국외사전득표율-당일득표율 차이가 (-)인 선거구 수의 퍼센트가 (+)인 선거구 수의 퍼센트보다 훨씬 컸다. 기타 후보인 경우 (+)인 선거구 수의 퍼센트와 (-)인 선거구 수의 퍼센트가 43.8%와 56.2%로 균형을 형성하고 있다.

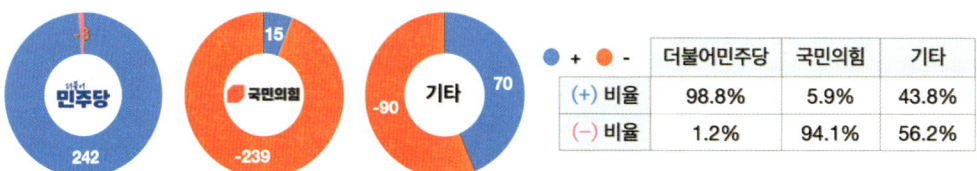

그림 1-8e. 정당별 국외사전득표율-당일득표율 차이가 (+)인 선거구 수와 (-)인 선거구 수

사전전체득표율-당일득표율 차이가 나타내는 문제점

그림 1-8f는 정당별 사전전체득표율-당일득표율 차이가 (+)인 선거구 수와 (-)인 선거구 수를 나타내고 있다. 이 결과는 관내사전득표율-당일득표율 차이가 (+)인 선거구 수와 (-)인 선거구 수가 나타내는 결과와 동일하다. 더불어민주당 후보인 경우 차이가 (+)인 선거구가 100% 이며, 국민의힘 후보인 경우 차이가 (-)인 선거구가 100% 이다. 기타 후보인 경우인 차이가 (+)인 선거구 수가 20%, (-)인 선거구 수가 80% 이다.

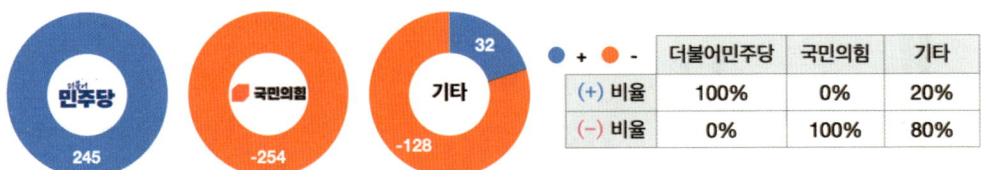

그림 1-8f. 정당별 사전전체득표율-당일득표율 차이가 (+)인 선거구 수와 (-)인 선거구 수

(2) 투표표본에 따른 지역의 특이성

사전전체득표율-당일득표율 차이가 (+)인 선거구 수와 (-)인 선거구 수가 지역에 따라 나타내는 특이성

<표 1-9a> 지역에 따른 사전전체득표율-당일득표율 차이가 (+)인 선거구 수와 (-)인 선거구 수

순번	지역	더불어민주당		국민의힘		기타		순번	지역	더불어민주당		국민의힘		기타	
		(+)	(−)	(+)	(−)	(+)	(−)			(+)	(−)	(+)	(−)	(+)	(−)
1	서울	48			48		21	9	전북	10			10	1	8
2	경기	60			60	1	25	10	전남	10			10	3	11
3	인천	14			14	1	7	11	대구		8	12		7	3
4	강원	8			8	3	1	12	경북		11	13		8	3
5	대전세종	8			9	1	9	13	부산	17			18	1	6
6	충북	8			8		5	14	울산	5			6	1	2
7	충남	11			11	1	7	15	경남	16			16	1	4
8	광주	8			8	3	15	16	제주	3			3		1
									계	245			254	32	128

〈표 1-9a〉는 사전전체득표율-당일득표율 차이가 (+)인 선거구 수와 (-)인 선거구 수를 지역별로 나타내고 있다. 이 표의 결과를 막대 그래프로 도시하면 그림 1-9a와 같다. 이 표에서 언급하는 사전전체투표는 관내, 관외, 거소선상 및 국외 투표의 합을 의미한다.

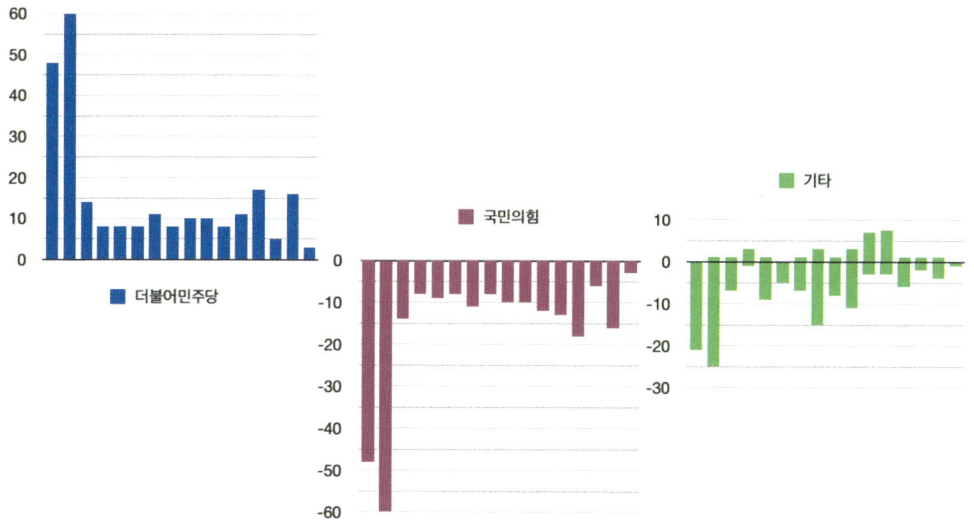

그림 1-9a. 정당별 선거지역에 따른 사전전체득표율-당일득표율 차이가 (+)인 선거구 수와 (-)인 선거구 수의 분포 특성 (사전전체 = 관내 + 관외 + 거소선상 + 국외)

〈표1-9a〉와 그림 1-9a의 결과는 다음과 같이 요약할 수 있다.
- 제22대 총선 17개 전 지역의 선거구에 대한 더불어민주당 후보의 사전전체득표율은 당일득표율 보다 높다. 즉, 사전전체득표율-당일득표율의 차이가 (+)이다.
- 제22대 총선 17개 전 지역의 선거구에 대한 국민의힘 후보의 사전전체득표율은 당일득표율 보다 낮다. 즉, 사전전체득표율-당일득표율의 차이가 (-)이다.
- 기타 후보의 경우 출마 총 선거구 160개 중 32개 선거구에서는 사전전체득표율-당일득표율의 차이가 (-)이며, 128개 선거구에서는 (+)이다.
- 위와 같은 선거결과는 정상적인 투표에서는 결코 발생할 수 없는 결과이다.

관내사전득표율-당일득표율 차이가 (+)인 선거구 수와 (-)인 선거구 수가 지역에 따라 나타내는 특이성

<표 1-9b>는 관내사전득표율-당일득표율 차이가 (+)인 선거구 수와 (-)인 선거구 수를 지역별로 나타내고 있다. 이 결과에 의하면 더불어민주당 후보인 경우 출마 총 245개 선거구에서 지역에 구분없이 관내사전득표율-당일득표율 차이가 모두 (+)이다. 반면 국민의힘 후보인 경우 출마 총 254개 선거구에서 지역에 구분없이 차이가 모두 (-)이다. 기타 후보인 경우 출마 총 선거구는 161개 이며 이중 차이값이 (+)인 선거구는 25개, (-)인 선거구는 136개 이다. 특히 차이값이 (+)인 선거구는 광주 5곳, 전남 3곳, 대구 6곳, 경북 7곳으로 광주, 전남, 대구, 경북에 편중되고 있다.

<표 1-9b> 지역에 따른 관내사전득표율-당일득표율 차이가 (+)인 선거구 수와 (-)인 선거구 수

순번	지역	더불어민주당		국민의힘		기타		순번	지역	더불어민주당		국민의힘		기타	
		(+)	(−)	(+)	(−)	(+)	(−)			(+)	(−)	(+)	(−)	(+)	(−)
1	서울	48			48		21	10	전북	10			10	1	8
2	경기	60			60		26	11	전남	10			10	3	11
3	인천	14			14		8	12	대구	8			12	6	4
4	강원	8			8		8	13	경북	11			13	7	4
5	대전	7			7		7	14	부산	17			18	1	6
6	세종	1			2	1	2	15	울산	5			6	1	2
7	충북	8			8		5	16	경남	16			16		5
8	충남	11			11		8	17	제주	3			3		1
9	광주	8			8	5	13	계		245			254	25	136

<표 1-9b>의 결과를 지역 순번에 따른 막대 그래프로 나타내면 그림 1-9b와 같다.

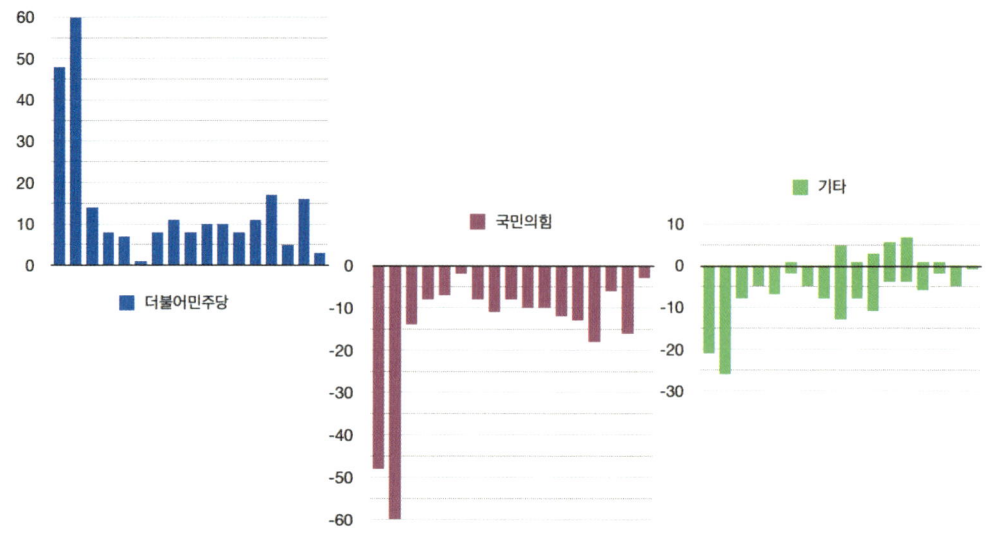

그림 1-9b. 정당별 선거지역에 따른 관내사전득표율-당일득표율 차이가
(+)인 선거구 수와 (−)인 선거구 수의 분포 특성

〈표 1-9b〉와 그림 1-9b의 결과를 요약하면 다음과 같다.
- 제22대 총선 17개 전 지역에서 더불어민주당 후보에 대한 관내사전득표율-당일득표율 차이는 모두 (+)이다.
- 제22대 총선 17개 전 지역에서 국민의힘 후보에 대한 관내사전득표율-당일득표율 차이는 모두 (−)이다.
- 기타 후보의 경우 출마 지역 선거구의 84.4%가 (−)의 차이를 나타내고 있다. 차이가 (+)인 선거수 수는 15.5% 이며, 주로 광주, 전남, 대구, 경북에 편중되어 있다.
- 〈표 1-9b〉의 결과는 정상적인 투표에서는 생성될 수 없는 결과이다.

관외사전득표율-당일득표율 차이가 (+)인 선거구 수와 (−)인 선거구 수가 지역에 따라 나타내는 특이성

〈표 1-9c〉는 관외사전득표율-당일득표율 차이가 (+)인 선거구 수와 (−)인 선거구 수를 지역별로 나타내고 있다. 더불어민주당 후보인 경우 전남지역의 1곳을 제외한 244개 선거구에서 차이가 (+)이다, 국민의힘 후보인 경우 광주지역 1곳, 전남지역 4곳에서 차이가 (+)이며 나머지 249 선거구에서는 (−) 이다. 기타 후보인 경우 총 출마 선거구 161곳 중 94개의 선거구에서 (+)로, 67개의 선거구에서는 (−)로 나타난다.

<표 1-9c> 지역에 따른 관외사전득표율-당일득표율 차이가 (+)인 선거구 수와 (-)인 선거구 수

순번	지역	더불어민주당		국민의힘		기타		순번	지역	더불어민주당		국민의힘		기타	
		(+)	(-)	(+)	(-)	(+)	(-)			(+)	(-)	(+)	(-)	(+)	(-)
1	서울	48		48		12	9	10	전북	10			10	3	6
2	경기	60		60		13	13	11	전남	9	1	4	6	5	9
3	인천	14		14		6	2	12	대구	8			12	9	1
4	강원	8		8		5		13	경북	11			13	8	3
5	대전	7		7		4	3	14	부산	17			18	6	1
6	세종	1		2		1	2	15	울산	5			6	2	1
7	충북	8		8		3	2	16	경남	16			16	2	3
8	충남	11		11		6	2	17	제주	3			3	1	
9	광주	8		1	7	8	10		계	244	5	249		94	67

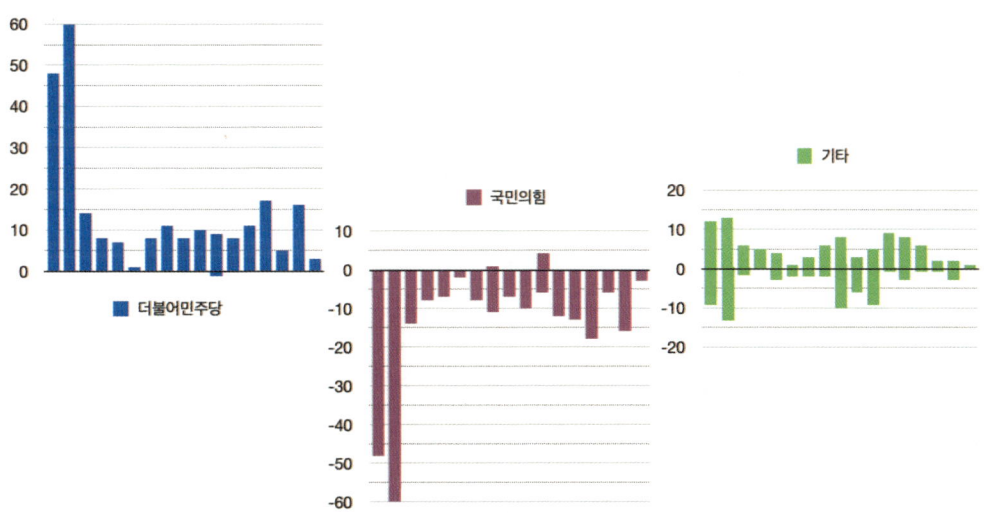

그림 1-9c. 정당별 선거지역에 따른 관외사전득표율-당일득표율 차이가 (+)인 선거구 수와 (-)인 선거구 수의 분포 특성

관외사전득표율-당일득표율 차이가 (+)인 선거구 수와 (-)인 선거구 수의 백분율은 다음과 같다.
- 더불어민주당 후보인 경우 (+)인 선거구 수는 총 출마 선거구 수 대비 99.6 % 이다.
- 국민의힘 후보인 경우 (-)인 선거구 수는 총 출마 선거구 수 대비 98% 이다.
- 기타 후보인 경우 총 출마 선거구 수 대비 (+)인 선거구 수는 58.4%, (-)인 선거구 수는 41.6%로 균형을 이루고 있다.
- 위의 선거결과는 정상적인 투표에서 발생하기 불가능한 결과이다.

거소선상사전득표율-당일득표율 차이가 (+)인 선거구 수와 (-)인 선거구 수가 지역에 따라 나타내는 특이성

〈표 1-9d〉는 거소선상득표율-당일득표율 차이가 (+)인 선거구 수와 (-)인 선거구 수를 지역별로 나타내고 있다.

<표 1-9d> 지역에 따른 거소선상득표율-당일득표율 차이가 (+)인 선거구 수와 (-)인 선거구 수

순번	지역	더불어민주당		국민의힘		기타		순번	지역	더불어민주당		국민의힘		기타	
		(+)	(-)	(+)	(-)	(+)	(-)			(+)	(-)	(+)	(-)	(+)	(-)
1	서울	43	5	5	43	18	3	9	전북	1	9	8	2	7	2
2	경기	41	19	16	44	22	4	10	전남	7	3	9	1	6	4
3	인천	9	5	3	11	6	1	11	대구	7	1	4	8	7	3
4	강원	7	1		8	5		12	경북	5	6	7	6	8	3
5	대전세종	4	4	3	6	3		13	부산	12	5	5	13	5	2
6	충북	4	4	4	4	5		14	울산	1	4	5	1	2	1
7	충남	7	4	2	9	4		15	경남	10	6	6	10	2	3
8	광주	3	5	6	2	11	7	16	제주	3			3	1	
									계	164	81	83	171	120	36

더불어민주당 후보인 경우 서울지역과 경기지역에서는 차이가 (+)인 선거구 수가 (-)인 선거구 수보다 많다. 나머지 지역에서는 몇 개의 지역을 제외하고 대부분 (+)인 선거구 수와 (-)인 선거구 수가 균형을 이룬다. 국민의힘 후보인 경우 서울지역과 경기지역에서는 (-)인 선거구 수가 (+)인 선거구 수보다 많다. 나머지 지역에 대하여서는 대부분 (+)인 선거구 수와 (-)인 선거구 수 차이가 크지 않다. 기타 후보인 경우 서울지역과 경기지

역에서는 차이가 (+)인 선거구 수가 (−)인 선거구 수 보다 많다. 특히 강원지역, 충북지역, 충남지역에서는 출마 선거구 모든 곳에서 차이가 (+)이다. 〈표 1-9d〉의 결과를 막대 그래프로 도시하면 그림 1-9d와 같다. 〈표 1-9d〉와 그림 1-9d로 부터 거소선상사전투표는 관내사전투표나 관외사전투표에 비하여 인위적 개입 정도가 심하지 않았다고 평가할 수 있다.

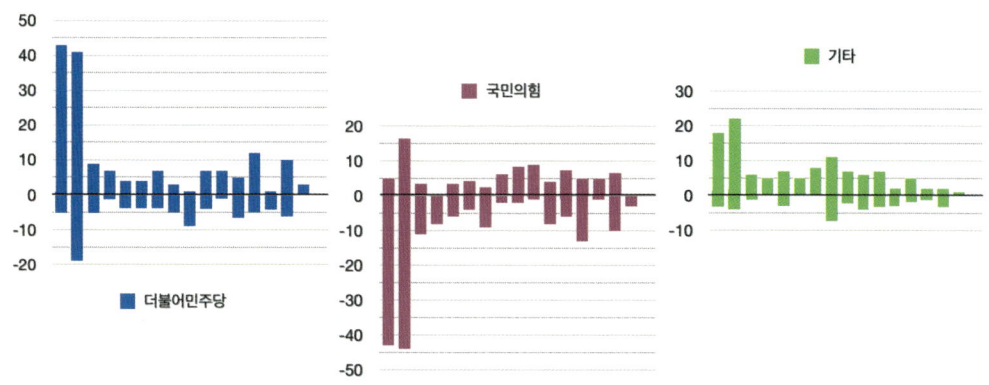

그림 1-9d. 정당별 선거지역에 따른 거소선상사전득표율-당일득표율 차이가 (+)인 선거구 수와 (−)인 선거구 수의 분포 특성

국외사전득표율-당일득표율 차이가 (+)인 선거구 수와 (−)인 선거구 수가 지역에 따라 나타내는 특이성

〈표 1-9e〉는 국외사전득표율-당일득표율 차이가(+)인 선거구 수와 (−)인 선거구 수를 지역별로 나타내고 있다. 국외사전투표인 경우 더불어민주당 후보와 국민의힘 후보에 대한 선거결과는 관내사전 및 관외사전 투표결과와 거의 동일하다. 그러나 기타 후보에 대한 국외사전득표율-당일득표율 차이가 (+)인 선거구 수와 (−)인 선거구 수는 다른 투표표본에 비하여 전지역에서 균형을 이루고 있다.

<표 1-9e> 지역에 따른 국외사전득표율-당일득표율 차이가 (+)인 선거구 수와 (-)인 선거구 수

순번	지역	더불어민주당		국민의힘		기타		순번	지역	더불어민주당		국민의힘		기타	
		(+)	(-)	(+)	(-)	(+)	(-)			(+)	(-)	(+)	(-)	(+)	(-)
1	서울	48			48	10	11	9	전북	9	1	2	8	2	7
2	경기	60			60	10	16	10	전남	9	1	6	4	2	12
3	인천	14			14	3	5	11	대구	8			12	8	2
4	강원	8			8	3	2	12	경북	11			13	7	4
5	대전세종	8			9	6	4	13	부산	17			18	3	4
6	충북	8			8	3	2	14	울산	5			6		1
7	충남	11			11	5	3	15	경남	16			16	2	3
8	광주	7	1	1	7	5	13	16	제주	3			3		3
									계	242	3	15	239	70	90

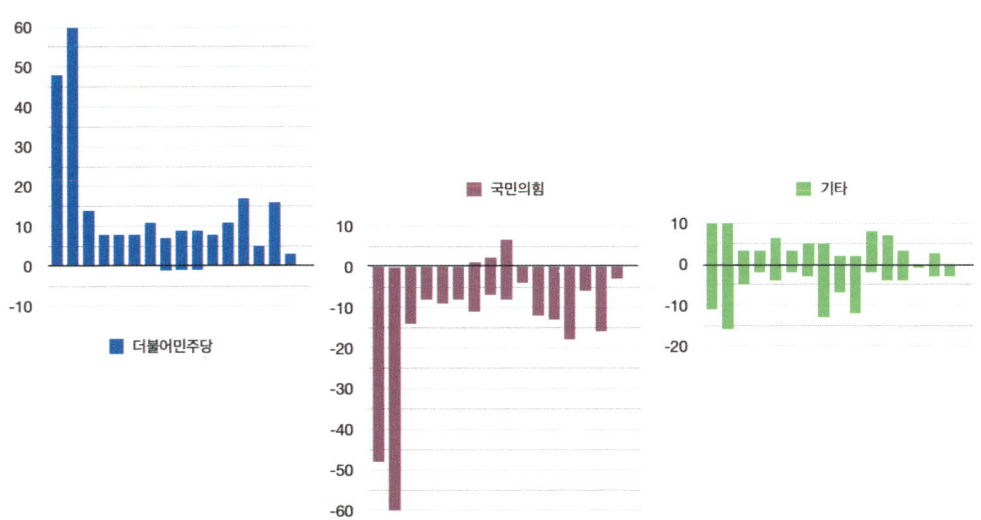

그림 1-9e. 정당별 선거지역에 따른 국외사전득표율-당일득표율 차이가 (+)인 선거구 수와 (-)인 선거구 수의 분포 특성

현재까지의 분석결과를 요약하면 다음과 같다.

- 관내, 관외, 거소선상 및 국외 사전투표에서 더불어민주당 후보와 국민의힘 후보에 대한 사전득표율-당일득표율 차이가 (+)인 선거구 수와 (-)인 선거구 수는 정반대의 경향을 보인다.
- 더불어민주당 후보의 경우 관내, 관외, 거소선상 및 국외 사전투표에서 지역에 관계없이 거의 모든 선거구에서 사전득표율-당일득표율 차이가 (+)이다.
- 국민의힘 후보인 경우 관내, 관외 거소선상 및 국외 사전투표에서 지역에 관계없이 거의 모든 선거구에서 사전득표율-당일득표율 차이가 (-)이다.
- 이와 같은 결과는 인위적 개입없이 결코 일어날 수 없다.

1-2. 선거동별 결과

A. 지역에 따른 선거동별 관내사전득표율-당일득표율

서울시 종로구에 대한 투표 인프라를 분석하면 〈표1-10〉과 같다.

<표 1-10> 종로구 투표 인프라   (발표 : O)

	투표동	동당 투표소 수	당일 투표소	당일 투표동	관내 투표소	관내 투표동	관외 투표소	관외 투표동	거소선상 투표소	거소선상 투표동	국외 투표소	국외 투표동
1	청운효자동	3	O	O		O						
2	사직동	2	O	O		O						
3	삼청동	1	O	O		O						
4	부암동	3	O	O		O						
5	평창동	5	O	O		O						
6	무악동	2	O	O		O						
7	교남동	3	O	O		O						
8	가회동	1	O	O		O						
9	종로1~4가동	2	O	O		O						
10	종로5,6가동	2	O	O		O						
11	이화동	2	O	O		O						
12	혜화동	5	O	O		O						
13	창신1동	2	O	O		O						
14	창신2동	3	O	O		O						
15	창신3동	2	O	O		O						
16	숭인1동	2	O	O		O						
17	숭인2동	3	O	O		O						
	계	43										
	선거구 결과						O		O		O	

종로구는 43개 투표소, 17개 선거동으로 구성되어 있다. 평균적으로 선거동 하나에 2~3개의 투표소가 설치되어 있다. <표 1-10>에서 알 수 있듯이 선관위가 발표한 투표종류별 최소단위는 서로 같지 않다. 당일투표에 대한 최소단위는 투표소이며, 관내사전투표에 대한 최소단위는 선거동이다. 관외사전투표, 거소선상사전투표 및 국외사전투표에 대한 최소단위는 선거구이다. 따라서 투표결과를 해석할 때 투표종류에 따른 최소단위의 결과를 사용해야 한다. 예를 들면 후보별 당일득표율과 관내사전득표율의 결과를 비교분석할 경우에는 동별 결과를 사용하거나 선거구 결과를 사용해야한다. 이제 서울지역에 대한 후보별 관내사전득표율-당일득표율의 차이가 (+)인 선거동 수와 (-)인 선거동 수에 대하여 분석해보자.

서울지역

<표1-10a>는 서울지역 425개 동에 대한 후보별 관내사전득표율-당일득표율 차이가 (+)인 선거동 수와 (-)인 선거동 수의 결과를 나타내고 있다. 더불어민주당 후보의 경우 425개 선거동 모두에서 관내사전득표율-단일득표율 차이가 (+)이며, 국민의힘 후보인 경우 425개 선거동 모두에서 차이가 (-)이다. 생성 불가능한 결과이다.

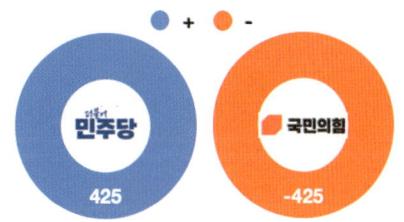

<표 1-10a> 서울지역 425개 선거동에 대한 관내사전득표율-당일득표율 차이가 (+)인 선거동 수와 (-)인 선거동 수

더불어민주당 후보			국민의힘 후보		
(+)인 선거동 수	(0)인 선거동 수	(-)인 선거동 수	(+)인 선거동 수	(0)인 선거동 수	(-)인 선거동 수
425	0	0	0	0	425

경기지역

<표 1-10b>는 경기지역 599개 선거동에 대한 후보별 관내사전득표율-단일득표율 차이가 (+)인 선거동 수와 (-)인 선거동 수를 나타내고 있다. 더불어민주당 후보인 경우 599개 선거동 모두에서 차이가 (+)이며, 국민의힘 후보인 경우 599개 선거동 모두에서 차이가 (-)이다. 불가능한 선거결과이다.

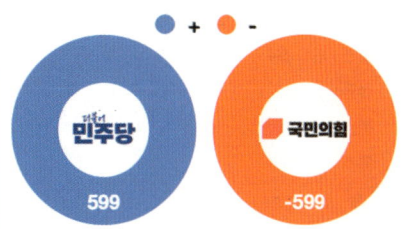

<표 1-10b> 경기지역 599개 선거동에 대한 관내사전득표율-당일득표율 차이가 (+)인 선거동 수와 (-)인 선거동 수

더불어민주당 후보			국민의힘 후보		
(+)인 선거동 수	(0)인 선거동 수	(-)인 선거동 수	(+)인 선거동 수	(0)인 선거동 수	(-)인 선거동 수
599	0	0	0	0	599

인천·강원·충청지역

<표 1-10c>는 인천·강원·충청지역 811개 선거동에 대한 더불어민주당 후보와 국민의힘 후보의 관내사전득표율-당일득표율 차이가 (+)인 선거동 수와 (-)인 선거동 수를 나타내고있다. 더불어민주당 후보인 경우 출마 총 동수 798개 중 794개 동에서 관내사전득표율-당일득표율 차이가 (+)이다. 국민의힘 후보인 경우 출마 총 동수 811개 중 806개 선거동에서 차이가 (-)이다. 불가능한 선거결과이다.

<표 1-10c> 인천·강원·충청지역 811개 선거동에 대한 관내사전득표율-당일득표율 차이가 (+)인 선거동 수와 (-)인 선거동수

	더불어민주당 후보			국민의힘 후보		
	(+)인 선거동 수	(0)인 선거동 수	(-)인 선거동 수	(+)인 선거동 수	(0)인 선거동 수	(-)인 선거동 수
인천	156					156
강원	187					187
대전	82		1	1		82
세종	11					24
충북	152		1	1		152
충남	206		2	3		205
계	794		4	5		806

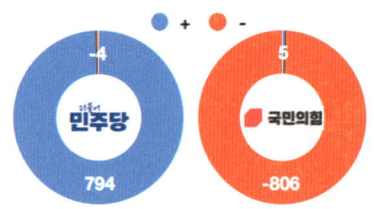

선거동	더불어민주당	국민의힘
(+) 비율	99.5%	0.6%
(-) 비율	0.5%	99.4%

호남·제주지역

<표 1-10d>는 호남·제주지역 679개 선거동에 대한 더불어민주당 후보와 국민의힘 후보의 관내사전득표율-당일득표율 차이가 (+)인 선거동 수와 (-)인 선거동 수를 나타내고있다. 더불어민주당 후보인 경우 출마 총 동수 679개 선거동 수 중 93.5%에 해당하는 635개 동에서 관내사전득표율-당일득표율 차이가 (+)이며, 국민의힘 후보인 경우 출마 총 동수 679개 선거동 수 중 95.9%에 대한 651개 선거동에서 차이가 (-)이다. 불가능한 선거결과이다.

<표 1-10d> 호남·제주지역 679개 선거동에 대한 관내사전득표율-당일득표율 차이가 (+)인 선거동 수와 (-)인 선거동 수

	더불어민주당 후보			국민의힘 후보		
	(+)인 선거동 수	(0)인 선거동 수	(-)인 선거동 수	(+)인 선거동 수	(0)인 선거동 수	(-)인 선거동 수
광주	94		2	1		95
전북	233	1	9	11	1	231
전남	265		32	15		282
제주	43					43
계	635	1	43	27	1	651

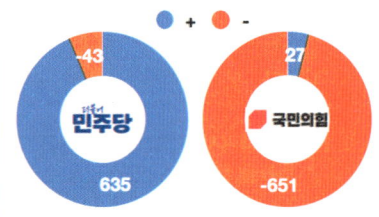

선거동	더불어민주당	국민의힘
(+) 비율	93.5%	4.0%
(-) 비율	6.3%	95.9%

대구·경북지역

〈표 1-10e〉는 대구·경북지역 472개 선거동에 대한 더불어민주당 후보와 국민의힘 후보의 관내사전득표율-당일득표율 차이가 (+)인 선거동 수와 (-)인 선거동 수를 나타내고 있다. 더불어민주당 후보인 경우 출마 선거동 359개 중 98.1%에 해당하는 352개 선거동에서 차이가 (+)이며, 국민의힘 후보의 경우 총 472개 선거동 중 94.5%에 해당하는 446개 선거동에서 (-)이다. 불가능한 선거결과이다.

<표 1-10e> 대구·경북지역 472개 선거동에 대한 관내사전득표율-당일득표율 차이가 (+)인 선거동 수와 (-)인 선거동수

	더불어민주당 후보			국민의힘 후보		
	(+)인 선거동 수	(0)인 선거동 수	(-)인 선거동 수	(+)인 선거동 수	(0)인 선거동 수	(-)인 선거동 수
대구	98			5		145
경북	254		7	20	1	301
계	352		7	25	1	446

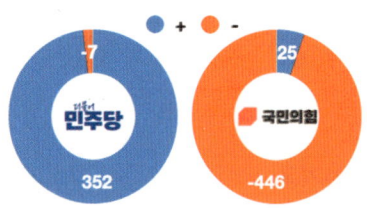

선거동	더불어민주당	국민의힘
(+) 비율	98.1%	5.3%
(-) 비율	1.9%	94.5%

부산·울산·경남지역

〈표 1-10f〉는 부산·울산·경남지역 565개 선거동에 대한 더불어민주당 후보와 국민의힘 후보의 관내사전득표율-당일득표율 차이가 (+)인 선거동 수와 (-)인 선거동 수를 나타내고 있다. 더불어민주당 후보인 경우 출마 544개 선거동 중 99.6%에 해당하는 542개 선거동에서 차이가 (+)이며, 국민의힘 후보인 경우 출마 565개 선거동 중 99.1%에 해당하는 560개 선거동에서 차이가 (-)이다. 불가능한 선거결과이다.

<표 1-10f> 부산·울산·경남지역 565개 선거동에 대한 관내사전득표율-당일득표율 차이가 (+)인 선거동 수와 (-)인 선거동수

	더불어민주당 후보			국민의힘 후보		
	(+)인 선거동 수	(0)인 선거동 수	(-)인 선거동 수	(+)인 선거동 수	(0)인 선거동 수	(-)인 선거동 수
부산	192					205
울산	47					55
경남	303		2	5		300
계	542		2	5		560

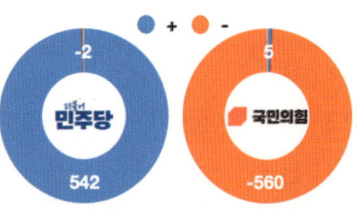

선거동	더불어민주당	국민의힘
(+) 비율	99.6%	0.9%
(-) 비율	0.4%	99.1%

B. 선거동별 결과의 종합

지역에 따른 관내사전득표율-당일득표율 차이가 (+)인 선거동 수와 (-)인 선거동 수에 대한 결과를 종합해보자.

관내사전득표율-당일득표율 차이가 (+), (0), (-)인 선거동 수의 종합

〈표 1-11a〉는 전국 17개 지역에 대한 관내사전득표율-당일득표율 차이가 (+),(0),(-)인 선거동 수를 종합한 결과이다. 총 17개 지역에 대한 선거동 수의 합은 3551개 이다.

<표 1-11a> 관내득표율-당일득표율 차이가 (+),(0),(-)인 선거동 수의 종합

선거동 수		더불어민주당 후보				국민의힘 후보			
		(+)	(0)	(-)	계	(+)	(0)	(-)	계
1	서울	425			425			425	425
2	부산	192			192			205	305
3	대구	98			98	5		145	150
4	인천	156			156			156	156
5	광주	94		2	96	1		95	96
6	대전	82			82			82	82
7	울산	47			47			55	55
8	세종	11			11			24	24
9	경기	599			599			599	599
10	강원	187		1	188	1		187	188
11	충북	152		1	153	1		152	153
12	충남	206		2	208	3		205	208
13	전북	233	1	9	243	11	1	231	243
14	전남	265		32	297	15		282	297
15	경북	254		7	261	20	1	301	322
16	경남	303		2	305	5		300	305
17	제주	43			43			43	43
	계	3,347	1	56	3,404	62	2	3,487	3,551

가장 많은 선거동 수의 지역은 경기지역으로 선거동수는 599개이며, 가장 적은 선거동 수의 지역은 세종지역으로 선거동 수는 24개이다. 더불어민주당에 대한 총 선거동 수가 3,404개로 국민의힘 후보에 대한 총 선거동 수 3,551개 보다 적은 것은 전국 254개 선거구 중 출마하지 않은 선거구가 있기 때문이다.

악의 숫자 +100%, -100%

<표 1-11b>는 전국 17개 지역 중 선거동 수에 대한 관내사전득표율-당일득표율 차이가 더불어민주당 후보는 모두 (+)이며, 국민의힘 후보는 모두 (-)인 지역을 나타내고 있다. 총 17개 지역 중 더불어민주당 후보에 대한 선거동의 관내사전득표율-당일득표율 차이가 모두 (+)인 지역은 서울, 부산, 경기등 총 9개 지역이며. 국민의힘 후보에 대한 차이가 모두 (-)인 지역은 서울, 부산, 경기 등 총 8개 지역이다.

<표 1-11b> 총 17개 지역 중 선거동의 관내사전득표율-당일득표율 차이가 더불어민주당 후보에게는 모두 (+), 국민의힘 후보에게는 모두 (-)인 지역

선거동 수 비율	더불어민주당 후보		국민의힘 후보	
	(+)	(-)	(+)	(-)
서울	100%			100%
부산	100%			100%
대구	100%			96.7%
인천	100%			100%
대전	100%			100%
울산	100%			100%
세종	100%			100%
경기	100%			100%
제주	100%			100%

전국 3,551 선거동에 대한 관내사전득표율-당일득표율

<표 1-11c>는 전국 3,551개 선거동에 대한 관내사전득표율-당일득표율 차이가 (+)인 선거동 수와 (-)인 선거동 수를 더불어민주당 후보와 국민의힘 후보에 대하여 분석한 결과이다. 더불어민주당 후보인 경우 출마 선거동 3,404개 중 관내사전득표율-당일득표율 차이가 (+)인 선거동 수가 3,347로 98.33% 이다. 국민의힘 후보인 경우 출마 선거동 3,551개 중 차이가 (-)인 선거동 수는 3,404로 98.2% 이다. 결코 발생할 수 없는 선거결과이다.

<표 1-11c> 전국 3,551 선거동에 대한 관내사전득표율-당일득표율 차이가 (+)인 선거동 수와 (-)인 선거동 수

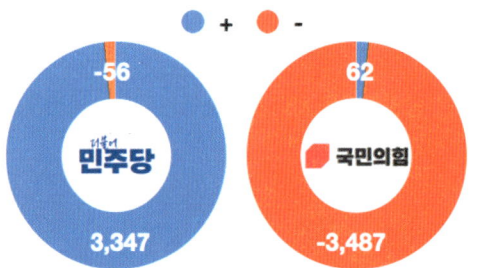

	더불어민주당	국민의힘
(+) 비율	98.33%	1.75%
(-) 비율	1.65%	98.20%

1-3. 투표소별 선거결과의 민낯 (서울지역 2,262 투표소 결과)

〈표 1-12a〉는 서울지역에 대한 제22대 총선 투표의 선거구조를 나타내고있다. 이 표에 의하면 선거투표의 최소 단위는 투표소이다. 이 최소 단위의 투표소가 모여 선거동을 형성하며 선거동이 모여 선거구를 구축한다. 서울지역인 경우 총 선거구 수는 48개이며, 이 48개 선거구를 구성하고 있는 선거동 수는 425개이고, 425개 선거동은 2,262개 투표소로 구성되어 있다.

제22대 총선은 선거 당일 치루어지는 당일투표와 당일투표 이전에 시행되는 사전투표로 이루어져 있다. 사전투표는 관내사전투표, 관외사전투표, 거소선상사전투표 및 국외사전투표의 네 종류로 구성되어있다. 중앙선거관리위원회는 당일투표 및 사전투표 네 종류에 대하여 후보별 선거구의 결과, 선거동의 결과 및 투표소의 결과를 발표하지 않는다. 중앙선거관리위원회는 통계시스템을 통하며 〈표 1-12a〉와 같이 투표종류에 따라 투표소, 선거동 및 선거구의 결과를 발표한다. 예를 들면 당일투표인 경우 투표소 및 선거동의 선거결과를 후보별로 발표한다. 관내사전투표인 경우 투표소의 결과는 발표하지 않고 선거동의 결과만 후보별로 발표한다. 관외, 거소선상 및 국외 사전투표인 경우 투표소 및 선거동의 선거결과는 발표하지 않고 선거구의 결과만 발표된다. 따라서 선거구조에 따른 후보별 득표수 및 득표율을 비교분석할 경우 투표 종류에 따라 선거구의 결과, 선거동의 결과 또는 투표소의 결과를 선택 사용해야한다. 당일투표인 경우, 투표소의 결과 및 선거동의 결과를 사용하여 후보별 득표수와 득표율을 비교할 수 있다. 관내사전투표인 경우 투표소에 따른 후보별 득표수 및 득표율을 비교 분석할 수 없다. 그러나 선거동에 따른 분석은 시행할 수 있다. 관외, 거소선상 및 국외 사전투표인 경우 투표소 및 선거동에 따른 후보별 득표수 및 득표율은 분석할 수 없으나 선거구에 따른 결과는 분석할 수 있다.

<표 1-12a> 서울지역의 선거구조 및 투표 종류에 따른 선거결과의 발표 여부 (O:발표)

	당일 투표결과	관내 투표결과	관외 투표결과	거소선상 투표결과	국외 투표결과	선거구 투표결과
선거구 (48)			O	O	O	
선거동 (425)	O	O				
투표소 (2,262)	O					
후보별 총 투표수			O	O	O	O

〈표 1-12b〉는 서울시 중구성동구갑 응봉동 선거동의 세 투표소에 대한 선거결과이다. 응봉동은 제1, 제2 및 제3 투표소로 구성되어있다. 이 표의 결과에 의하면 세 투표소에 대한 후보별 당일득표수는 발표되어 있으나 후보별 관내사전득표수는 발표되어 있지 않다. 관내사전투표인 경우 투표소별 결과는 발표되어 있지 않으나 응봉동에 대한 후보별 득표수는 발표되어 있다. 동일 선거동에 대하여 다음 식 (1-1)로 정의되는 후보별 선거동의 관내사전득표율과 투표소의 당일득표율의 차이가 나타내는 특이성을 분석해 보자.

차이 = 선거동의 관내사전투표율 − 투표소의 당일투표율 > 0 또는 < 0   (1-1)

<표 1-12b> 서울시 중구성동구갑 응봉동 선거동의 세 투표소에 대한 선거결과 (득표수)

투표 종류	구분	후보별 득표수		
		더불어민주당 후보	국민의힘 후보	계
관내사전투표	관내사전득표수	2,432	1,651	4,083
당일투표	제1투표소 당일득표수	537	674	1,211
	제2투표소 당일득표수	705	977	1,682
	제3투표소 당일득표수	659	900	1,559
소계 (사전 + 당일)	응봉동 득표수 계	4,333	4,202	8,535

〈표 1-12b〉에 대한 후보별 응봉 선거동의 관내사전득표율 및 투표소의 당일득표율을 계산하면 〈표 1-12c〉와 같다. 이 표의 득표율을 사용하여 후보별 식 (1-1)의 차이가 (+)인지 (−)인지를 계산하면 더불어민주당 후보인 경우 세 투표소 모두에 대하며 (+)이며 국민의힘 후보인 경우 모두 (−)이다.

<표 1-12c> 서울시 중구성동갑 응봉선거동 세 투표소의 후보별 관내사전득표율-당일득표율 차이

	더불어민주당 후보			국민의힘 후보		
	응봉동 관내 득표율 (1)	투표소 당일 득표율 (2)	(1) - (2)	응봉동 관내 득표율 (1)	투표소 당일 득표율 (2)	(1) - (2)
제1투표소	0.5956	0.4434	0.1522	0.4404	0.5566	-0.1522
제2투표소		0.4191	0.1765		0.5809	-0.1765
제3투표소		0.4227	0.1729		0.5773	-0.1729

　　동일한 과정을 서울지역 48개 선거구, 425개 선거동, 2,262 투표소에 적용하여 선거구별 식 (1-1)의 차이가 (+)인 투표소 수와 (-)인 투표소 수를 계산하면, 〈표 1-12d〉와 같다. 서울지역 48개 선거구에 대한 더불어민주당 후보의 선거동관내사전득표율-투표소당일득표율 차이가 모두 (+)인 선거구는 39개 이며, 국민의힘 후보의 선거동관내사전득표율-투표소당일득표율 차이가 (-)인 선거구는 38개 이다. 더불어민주당 후보인 경우 총 선거구 수 대비 차이가 100% (+)인 선거구 수의 백분율은 81%, 국민의힘 후보인 경우 차이가 100% (-)인 선거구 수의 백분율은 79% 이다. 〈표 1-12d〉에서 알 수 있듯이 선거동관내사전득표율-투표소당일득표율 차이가 모두 (+)이거나 (-)가 아닌 선거구는 10개 선거구이다. 이 10개 선거구에 대하며 총 투표소 수 대비 선거동관내사전득표율-투표소당일득표율 차이가 (+)인 투표소 수와 (-)인 투표소 수의 백분율을 계산하면 〈표 1-12e〉와 같다. 더불어민주당 후보는 선거구 당 총 투표소 대비 차이가 (+)인 투표소의 백분율은 95%를 상회 하였으며, 국민의힘 후보는 차이가 (-)인 투표소의 백분율이 95% 보다 컸다.

<표 1-12d> 서울지역 48개 선거구에 대한 선거동 수, 투표소 수 및 동별관내득표율 - 투표소별당일득표율 차이가 (+)인 투표소 수, (-)인 투표소 수 (투표소 수)

	선거구 명	선거동 수	투표소 수	더불어민주당 후보 (+)	더불어민주당 후보 (-)	국민의힘 후보 (+)	국민의힘 후보 (-)		선거구 명	선거동 수	투표소 수	더불어민주당 후보 (+)	더불어민주당 후보 (-)	국민의힘 후보 (+)	국민의힘 후보 (-)
1	종로구	17	43	43			43	25	도봉갑	7	38	38			38
2	성동갑	13	53	53			53	26	도봉을	7	41	41			41
3	성동을	19	63	63			63	27	동대문갑	8	43	43			43
4	중랑갑	8	40	40			40	28	동대문을	6	44	44			44
5	중랑을	8	48	48			48	29	동작갑	8	42	42			42
6	강남갑	7	43	41	2	2	41	30	동작을	7	40	40			40
7	강남을	8	47	45	2	2	45	31	마포갑	7	40	40			40
8	강남병	7	37	37			37	32	마포을	9	53	53		1	52
9	강동갑	10	52	52			52	33	서대문갑	7	38	38			38
10	강동을	8	46	46			46	34	서대문을	7	40	40			40
11	강북갑	7	39	39			39	35	은평갑	9	52	52			52
12	강북을	6	41	41			41	36	은평을	7	46	46			46
13	강서갑	6	40	40			40	37	용산	16	59	57	2	3	56
14	강서을	7	54	52	2	2	52	38	영등포갑	9	50	49	1	1	49
15	강서병	7	37	37			37	39	영등포을	9	47	47			47
16	관악갑	11	53	53			53	40	양천갑	9	55	55			55
17	관악을	10	48	48			48	41	양천을	9	50	50			50
18	광진갑	8	42	42			42	42	송파갑	9	37	37			37
19	광진을	7	42	42			42	43	송파을	8	48	45	3	3	45
20	구로갑	9	56	56			56	44	송파병	10	57	56	1	1	56
21	구로을	7	42	42			42	45	성북갑	11	49	49			49
22	금천구	10	61	60	1	1	60	46	성북을	9	47	47			47
23	노원갑	9	64	64			64	47	서초갑	9	42	39	3	3	39
24	노원을	10	54	54			54	48	서초을	9	53	53			53
									계	425	2,262	2,239	23	25	2,237

<표 1-12e> 총투표소 수 대비 선거동관내사전득표율-투표소당일득표율 차이가 (+)인 투표소 및 (-)인 투표소 수 백분율

	더불어민주당 후보		국민의힘 후보	
	차이가 (+)인 투표소 수 (%)	차이가 (-)인 투표소 수 (%)	차이가 (+)인 투표소 수 (%)	차이가 (-)인 투표소 수 (%)
강남갑	95.3%	4.7%	4.7%	95.3%
강남을	95.7%	4.3%	4.3%	95.7%
금천	98.4%	1.6%	1.6%	98.4%
마포을	100%		1.9%	98.1%
용산	96.6%	3.4%	5.1%	94.6%
영등포갑	98%	2%	2%	98%
송파을	93.8%	6.2%	6.2%	93.8%
송파병	98.2%	1.8%	1.8%	98.2%
서초갑	92.9%	7.1%	7.1%	92.9%
강서을	96.3%	3.7%	3.7%	96.3%

서울지역 48개 선거구를 구축하고 있는 총 투표소 수는 2,262개 이다. 이 투표소 중 더불어민주당 후보에 대한 선거동별관내사전득표율-투표소별당일득표율 차이가 (+)인 투표소 수는 2,239개로 총 투표소 수 대비 98.98% 이며, 국민의힘 후보에 대한 차이값이 (−)인 투표소 수는 2,237개로 총 투표소 수 대비 98.89% 이다.

<표 1-12f> 서울지역 2,262개 투표소에 대한 선거동별관내사전득표율−투표소별당일득표율 차이가 (+)인 투표소 수와 (−)인 투표소 수

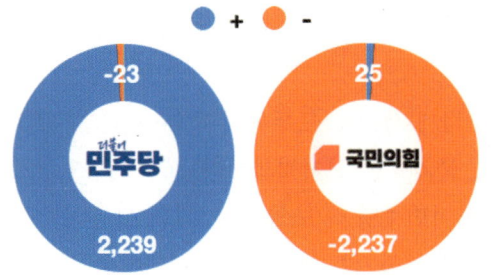

	더불어민주당	국민의힘
(+) 비율	98.98%	1.11%
(−) 비율	1.02%	98.89%

1-4. 제22대 총선의 민낯에 대한 결론

제22대 총선결과를 현상학적으로 분석하다 보면 배속 깊은 곳으로 부터 큰 슬픔이 밀려 올라온다. 대한민국의 번영이 한 세기도 지속되지 못하고 아득히 먼 곳으로 사라질 것만 같은 기우가 깊어진다. 혹자는 대한민국 국민의 IQ가 이스라엘과 경쟁하는 세계 톱이라고 한다. 우리의 다음 세대를 위하여 총명과 현명의 눈을 밝혀달라고 하나님께 간절히 호소드리고 싶다. 제22대 총선결과에 대한 현상학적 민낯을 요약해보자.

A. 전국 254개 선거구의 선거결과에 대한 결론

전국 254개 선거구에 대한 후보별 관내사전득표율-당일득표율, 관외사전득표율-당일득표율, 국외사전득표율-당일득표율, 사전전체득표율-당일득표율 차이가 (+)인 선거구 수와 (-)인 선거구 수를 정리하면 〈표 1-13a〉와 같다.

<표 1-13a> 후보별 사전득표율-당일득표율 차이가 (+) 인 선거구 수와 (-)인 선거구 수

	더불어민주당 후보			국민의힘 후보		
	(+)	(0)	(-)	(+)	(0)	(-)
관내사전득표율 - 당일득표율	245*					254
관외사전득표율 - 당일득표율	244		1	5		249
거소선상사전득표율 - 당일득표율	164		81	83		171
국외사전득표율 - 당일득표율	242		3	15		239
사전전체득표율 - 당일득표율	245					254

* 더불어민주당 후보는 전국 254개 선거구 중 245개 선거구에서만 출마함

총 네 종류의 사전투표에 대한 사전득표율-당일득표율 차이가 나타내는 특이성을 정리하면 다음과 같다.

- 관내사전득표율-당일득표율 차이가 출마 254개 선거구 모두에서 더불어민주당 후보의 경우 (+), 국민의힘 후보의 경우 (-)이다. 불가능한 선거결과이다.
- 관외사전득표율-당일득표율 차이 또한 더불어민주당 후보의 경우 거의 모든 선거구에서 (+), 국민의힘 후보의 경우 (-)이다. 이 또한 불가능한 선거결과이다.

- 거소선상사전득표율-당일득표율 차이는 더불어민주당 후보의 경우 (+)인 선거구 수가 (-)인 선거구 수의 2배 이다. 반면 국민의힘 후보의 경우 (-)인 선거구 수가 (+)인 선거구 수의 2배 이다. 거동이 불편하여 병원에 입원한 투표자 중 더불어민주당 지지 성향의 투표자가 국민의힘 지지 성향의 투표자보다 2배가 많다는 기이한 선거결과 이다.
- 국외사전득표율-당일득표율 차이는 더불어민주당 후보의 경우 거의 모든 선거구에서 (+), 국민의힘 후보의 경우 (-)이다. 이 또한 불가능한 선거결과이다. 외국주재 공관직원과 국외동포는 더불어민주당 지지 성향의 투표자가 254개 선거구에서 모두 국민의힘 지지 성향의 투표자보다 많다는 것도 기이한 현상이다.
- 관내+관외+거소선상+국외 사전투표에 대한 득표율과 당일득표율 차이는 더불어민주당 후보의 경우 출마 후보 245명 모두에 대하여 (+), 국민의힘 후보의 경우 출마지역 254개 선거구 모두에서 (-)이다. 있을 수 없는 사건이다.
- 위 결과로부터 제22대 총선에 대한 관내, 관외, 거소선상 및 국외 사전투표의 결과는 발생 불가능한 결과라는 결론에 도달할 수 있다. 인위적 개입없이는 발생할 수 없는 선거결과이다.

B. 전국 254개 선거구의 선거결과에 대한 결론

전국 254개 선거구를 구축하고 있는 선거동 수는 3,551개 이다. 서울지역인 경우 425개 선거동이 48개 선거구를 형성하고 있으며, 경기지역인 경우 599개 선거동이 60개 선거구를 형성하고 있다. 전국 17개 지역 중 선거동에 대한 관내사전득표율-당일득표율 차이가 더불어민주당 후보인 경우 100퍼센트 (+)이며, 국민의힘 후보인 경우 100퍼센트 (-)인 지역은 〈표 1-13b〉와 같이 9개 지역이다. 이 결과를 요약하면 다음과 같다.

- 전국 17개 선거지역 중 서울지역, 경기지역 등 총 9개 지역을 형성하고 있는 총 1,653개 선거동에 대한 관내사전득표율-당일득표율 차이가 더불어민주당 후보인 경우 100퍼센트 (+), 국민의힘 후보인 경우 100퍼센트 (-)로 나타난다.
- 이와 같은 결과는 정상적인 선거에서는 어느 곳에서도 발생할 수 없는 결과로 인위적 조작 없이는 불가능하다.
- 관내사전투표 결과는 조작없이는 설명할 수 없는 결과라고 결론지을 수 있다.

<표 1-13b> 선거동의 관내사전득표율-당일득표율 차이가 100퍼센트 (+) 이거나 (-)인 선거지역

	더불어민주당 후보		국민의힘 후보	
	(+)인 선거동 수	(+)인 선거동 수 백분율 (%)	(-)인 선거동 수	(-)인 선거동 수 백분율 (%)
서울지역	425	100%	425	100%
부산지역	192	100%	205	100%
대구지역	98	100%	145	96.7%
인천지역	156	100%	156	100%
대전지역	82	100%	82	100%
울산지역	47	100%	55	100%
세종지역	11	100%	24	100%
경기지역	599	100%	599	100%
제주지역	43	100%	43	100%
계	1,653	100%	1,734	99.7%

광주광역시를 포함한 호남지역과 영남지역에 대한 선거동의 후보별 관내사전득표율-당일득표율 차이가 (+)인 선거동 수와 (-)인 선거동 수 및 백분율을 분석하면 〈표 1-13c〉와 같다.

<표 1-13c> 호남 및 영남지역에 대한 후보별 선거동의 관내사전득표율-당일득표율 차이가 (+)인 선거동 수와 (-)인 선거동 수 및 백분율

	더불어민주당 후보			국민의힘 후보		
	(+)인 선거동 수	(-)인 선거동 수	(+)인 선거동 수 백분율(%)	(+)인 선거동 수	(-)인 선거동 수	(-)인 선거동 수 백분율(%)
광주지역	94	2	97.9%	1	95	99%
전북지역	233	9	95.9%	11	231	95.1%
전남지역	265	32	89.2%	15	282	94.9%
경북지역	254	7	97.3%	20	301	93.5%
경남지역	303	2	99.3%	5	300	98.4%

〈표 1-13c〉의 결과는 다음과 같이 요약할 수 있다.
- 더불어민주당 후보에 대한 지지 성향이 절대적인 광주광역시 호남지역에 대해서도 선거동의 관내사전득표율-당일득표율의 차이는 더불어민주당 후보인 경우 90% 이상이 (+), 국민의힘 후보인 경우 90% 이상이 (-)이다. 타지역의 선거결과와 동일하다.
- 국민의힘 후보에 대한 지지 성향이 절대적인 영남지역에 대해서도 선거동의 관내사전득표율-당일득표율의 차이가 더불어민주당 후보인 경우 90% 이상이 (+), 국민의힘 후보인 경우 90% 이상이 (-)이다. 타지역의 선거결과와 동일하다.
- 호남지역과 영남지역에 대한 관내사전투표 결과도 인위적 조작없이는 생성될 수 없는 선거결과이다.

〈표 1-13d〉는 전국 3,551개 선거동에 대한 선거동의 관내사전득표율-당일득표율 차이가 (+)인 선거동 수와 (-)인 선거동 수를 보여 준다. 더불어민주당 후보인 경우 후보로 참여한 총 3,404개 선거동 수 중 3,347개 선거동에서 관내사전득표율-당일득표율의 차이가 (+) 이며, 국민의힘 후보인 경우 후보로 참여한 3,551개 선거동에서 차이가 (-)인 선거동 수는 3,487 이다.

<표1-13d> 전국 3,551개 선거동에 대한 관내사전득표율-당일득표율 차이가 (+)인 선거동 수와 (-)인 선거동 수

더불어민주당 후보			국민의힘 후보		
(+)인 선거동 수	총 선거동 수	(+)인 선거동 수 백분율	(-)인 선거동 수	총 선거동 수	(-)인 선거동 수 백분율
3,347	3,404	98.3%	3,487	3,551	98%

이 결과를 요약하면 다음과 같다.
- 더불어민주당 후보가 참여한 총 3,404 선거동 중 관내사전득표율-당일득표율 차이가 (+)인 선거동 수는 3,347로, 총 선거동 수 3,404 대비 98.3% 이다. 거의 모든 선거들동에서 관내사전득표율이 당일득표율 보다 높다.
- 국민의힘 후보가 참여한 총 3,551개 선거동 중 관내사전득표율-당일득표율 차이가 (-)인 선거동 수가 3,487 이다. 총 선거동 수대비 98.2% 이다.
- 이와 같은 선거결과는 결코 발생할 수 없다.

C. 서울지역 2,262개 투표소의 선거결과에 대한 결론

서울지역의 선거구조는 48개 선거구, 425개 선거동 및 2,262개 투표소로 구축되어 있다. 〈표 1-13e〉는 서울지역 2,262개 투표소 수에 대한 선거동관내사전득표율-투표소당일득표율 차이가 (+)인 투표소 수와 (-)인 투표소 수를 나타내고 있다. 투표소에 대한 선거결과를 요약하면 다음과 같다.

- 서울지역 총 48개 선거구 중 더불어민주당 후보에 대한 선거동관내사전득표율-투표소당일득표율 차이가 모두 (+)인 선거구 수는 39개로 총 선거구 수 대비 81.3% 이며, 국민의힘 후보에 대한 차이가 (-)인 선거구 수는 38개로 총 선거구 수 대비 79.2% 이다.
- 더불어민주당 후보인 경우 선거참여 총 투표소 수 2,262개 중 2,239 투표소에서 선거동관내사전득표율-투표소당일득표율 차이가 (+)인 투표소는 2,239개로 총 투표소 수 대비 99% 이다. 불가능한 선거결과이다.
- 국민의힘 후보인 경우 선거참여 총 투표소 수 2,262개 중 2,237 투표소에서 선거동관내사전득표율-투표소당일득표율 차이가 (-)인 투표소가 2,237개로 총 투표소 수 대비 98.9% 이다. 역시 불가능한 선거결과이다.
- 어떤 관점에서 제22대 총선 결과를 분석해봐도 인위적 개입이 없는 관내사전투표 선거결과는 발생 불가능하다고 결론지을 수 있다.

<표1-13e> 서울지역 2,262개 투표소에 대한 선거동관내사전득표율 - 투표소당일득표율 차이가 (+)인 투표소수와 (-)인 투표소 수

더불어민주당 후보			국민의힘 후보		
(+)인 투표소 수	(-)인 투표소 수	총 투표소 수 대비 (+)인 투표소 수 백분율	(+)인 투표소 수	(-)인 투표소 수	총 투표소 수 대비 (-)인 투표소 수 백분율
2,239	23	99%	25	2,237	98.9%

Chapter 2

제22대 총선 결과에 대한 통계적 미스터리

전국 254개 선거구에서 치뤄진 제22대 총선의 투표는 당일투표, 관내사전투표, 관외사전투표, 거소선상사전투표 및 국외사전투표로 구성되어 있다. 이 다섯 종류의 투표 중 표본의 크기가 충분히 큰 표본은 당일투표, 관내사전투표 및 관외사전투표의 표본이다. 따라서 당일 표본, 관내사전 표본, 관외사전 표본 및 모집단인 선거구 전체의 득표율 사이에는 다음의 통계학적 공리가 충족되어야 한다.

더불어민주당 후보 : 당일득표율 ≒ 관내사전득표율 ≒ 관외사전득표율 ≒ 선거구득표율
국민의힘 후보 : 당일득표율 ≒ 관내사전득표율 ≒ 관외사전득표율 ≒ 선거구득표율

(2-1)

또한 더불어민주당 후보와 국민의힘 후보에 대한 당일득표율 대비 선거구 수 분포 특성은 관내사전득표율 대비 선거구 수 분포 특성 및 선거구득표율 대비 선거구 수 분포 특성과 동일하여야 한다. 더욱이 통계학적 공리가 충족된다면 후보별 당일득표율 대비 관내사전득표율, 관외사전득표율, 선거구득표율 차이는 다음 식과 같이 동일하게 0에 접근하여야 한다.

$$관내사전득표율 - 당일득표율$$
$$≒ 관외사전득표율 - 당일득표율$$
$$≒ 선거구득표율 - 당일득표율$$
$$≒ 0 \qquad (2-2)$$

식 (2-2)의 득표율 차이에 따른 선거구 수 분포 특성은 '관내사전득표율 - 당일득표율 = 0', '관외사전득표율 - 당일득표율 = 0', '선거구득표율 - 당일득표율 = 0'인 축을 중심으로 양쪽으로 분포된 정규분포를 형성해야 한다. 이제 지역별 표본의 종류에 따른 (1) 투표표본별 득표율 대비 선거구 수 분포, (2) 투표표본별득표율-당일투표율 차이 대비 선거구 수 분포 특성을 분석하여보자.

2-1. 투표표본별 득표율 대비 선거구 수 분포에 대한 통계적 미스터리

득표율에 따른 선거구 수 분포 특성을 고려하여, 전국 17개 선거지역을 서울, 경기, 인천, 강원, 충청, 제주·호남, 대구·경북 및 부산·울산·경남의 여덟개 지역으로 분류하여 득표율에 따른 선거구 수 분포특성을 분석하여보자.

서울지역

서울지역 48개 선거구의 투표표본별 득표율 구간에 따른 선거구 수를 분석하면 〈표 2-1〉과 같다.

<표 2-1> 서울지역 48개 선거구의 득표율 구간별 선거구 수 분포

득표율 구간		20~25	25~30	30~35	35~40	40~45	45~50	50~55	55~60	60~65	65~70	70~75	75~80
선거구 수	당일 더불어민주당	3	1	5	11	12	15	1					
	당일 국민의힘			5	17	12	7	3	2	2			
	관내사전 더불어민주당			1	2	2	6	16	14	7			
	관내사전 국민의힘		11	17	11	4	2	2	1				
	관외사전 더불어민주당					2	1	5	14	11	15		
	관외사전 국민의힘			20	16	6	3	1	2				
	선거구 더불어민주당			2	1	3	6	18	16	2			
	선거구 국민의힘				8	17	14	3	3	1	2		

이 표의 결과를 히스토그램으로 좌표 평면에 도시하면 그림 2-1과 같다. 이 결과로부터 당일투표, 관내사전투표, 관외사전투표 및 선거구투표에 대한 통계학적 문제점을 분석하면 다음과 같다.

- 경쟁력이 비슷한 후보들이 사전투표 및 선거구투표에서 획득한 득표율 대비 선거구 수 분포는 당일투표 결과와 같이 서로 유사한 분포 히스토그램으로 나타나야 한다. 국민의힘 후보와 더불어민주당 후보에 대한 당일득표율 대비 선거구 수 분포는 득표율 45~50% 구간을 중심으로 양쪽으로 분포된 정규 분포의 특성을 나타낸다.
- 관내사전투표에 대한 선거구 수 분포는 당일투표 분포 특성과 동일하지 않다. 국민의힘 후보인 경우 당일투표 분포가 약 10%가량 왼쪽으로 이동한 선거구 수 분포 특성을 나타낸다. 빈면 디불어민주딩 후보인 경우 당일투표 분포가 오른쪽으로 약 10% 이

동한 선거구 수 분포 특성을 나타낸다. 결과적으로 관내사전투표에 대한 더불어민주당 후보의 선거구 수 분포와 국민의힘 후보의 선거구 수 분포는 완전히 분리된 두 개의 정규 분포곡선을 나타낸다. 이 결과로부터 당일투표에 대한 모집단과 관내사전투표에 대한 모집단은 서로 전혀 다른 모집단이라고 추정할 수 있다. 만일 당일투표 표본과 관내사전투표 표본의 모집단이 동일하다면 당일 표본과 관내사전 표본 중 하나는 인위적으로 조작 되었다고 평가할 수 밖에 없다.

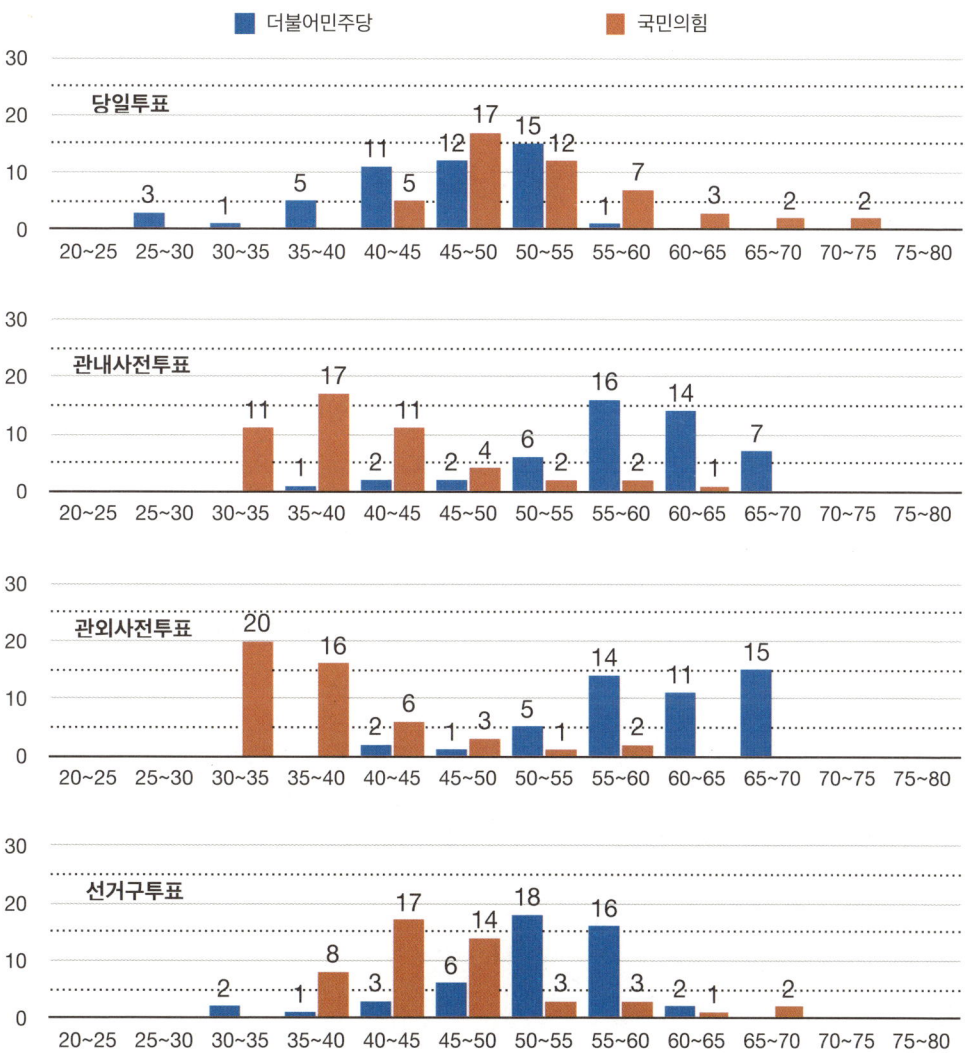

그림 2-1. 서울지역에 대한 당일투표, 관내사전투표, 관외사전투표 및 선거구투표의 득표율에 따른 선거구 수 분포 히스토그램

- 관외사전투표인 경우 국민의힘 후보와 더불어민주당 후보에 대한 득표율에 따른 선거구 수 분포 히스토그램의 분리현상은 더욱 분명하다. 국민의힘 후보인 경우 당일분포 곡선이 왼쪽으로 10% 이상 이동하며, 더불어민주당 후보인 경우 오른쪽으로 10% 이상 이동한다. 관외사전투표 표본의 모집단은 당일투표 표본의 모집단과 서로 다른 모집단이다. 만일 동일한 모집단이라면 당일투표 표본과 관외사전투표 표본 중 하나는 인위적으로 조작되었다고 평가할 수 있다.

- 당일투표, 관내사전투표 및 관외사전투표로 구성된 선거구 투표에 대한 득표율 대비 선거구 수 분포곡선은 국민의힘 후보인 경우 당일투표에 대한 선거구 수 분포곡선이 왼쪽으로 5% 내외 이동한 곡선이며, 더불어민주당 후보인 경우 당일투표 선거구 수 분포곡선이 오른쪽으로 5%내외 이동한 곡선이다. 이 결과 역시 더불어민주당 후보에 대한 선거구 수 분포곡선과 국민의힘 후보에 대한 선거구 수 분포곡선은 서로 분리되어있다.

- 득표율 대비 선거구 수 분포 히스토그램 그림 2-1로 부터 당일투표 표본의 결과는 정상적인 투표결과 이나 관내사전투표와 관외사전투표의 결과는 더불어민주당 후보에게는 정상적인 결과보다 득표율이 약 10% 내외 증가하고 국민의힘 후보에게는 득표율이 약 10% 감소하는 조작이 있었다고 추정할 수 있다. 위의 결과를 종합하면 최종 투표인 선거구 투표에 대한 더불어민주당 후보의 득표율은 당일득표율에 비하여 5%가 증가하고 국민의힘 후보의 득표율은 5% 가량 감소하도록 설계되었다고 평가할 수 있다.

<표 2-2> 경기지역 60개 선거구에 대한 득표율 구간에 따른 선거구 수 분포

득표율 구간		(%) 이상 ~ (%) 미만	20~25	25~30	30~35	35~40	40~45	45~50	50~55	55~60	60~65	65~70	70~75	75~80
선거구 수	당일	더불어민주당			1	1	9	17	24	9				
		국민의힘				2	14	28	8	8				
	관내사전	더불어민주당						2	5	15	31	6	1	
		국민의힘		2	14	33	6	4	1					
	관외사전	더불어민주당							1	4	16	28	11	
		국민의힘		3	20	25	10	2						
	선거구	더불어민주당					1		7	21	23	8		
		국민의힘					1	14	27	12	6			

경기지역

경기지역 60개 선거구에 대한 투표표본별 득표율 구간에 따른 선거구 수를 분석하면 〈표 2-2〉와 같다. 이 표의 결과를 투표표본별 득표율 대비 선거구 수 분포 히스토그램으로 좌표평면에 도시하면 그림 2-2와 같다.

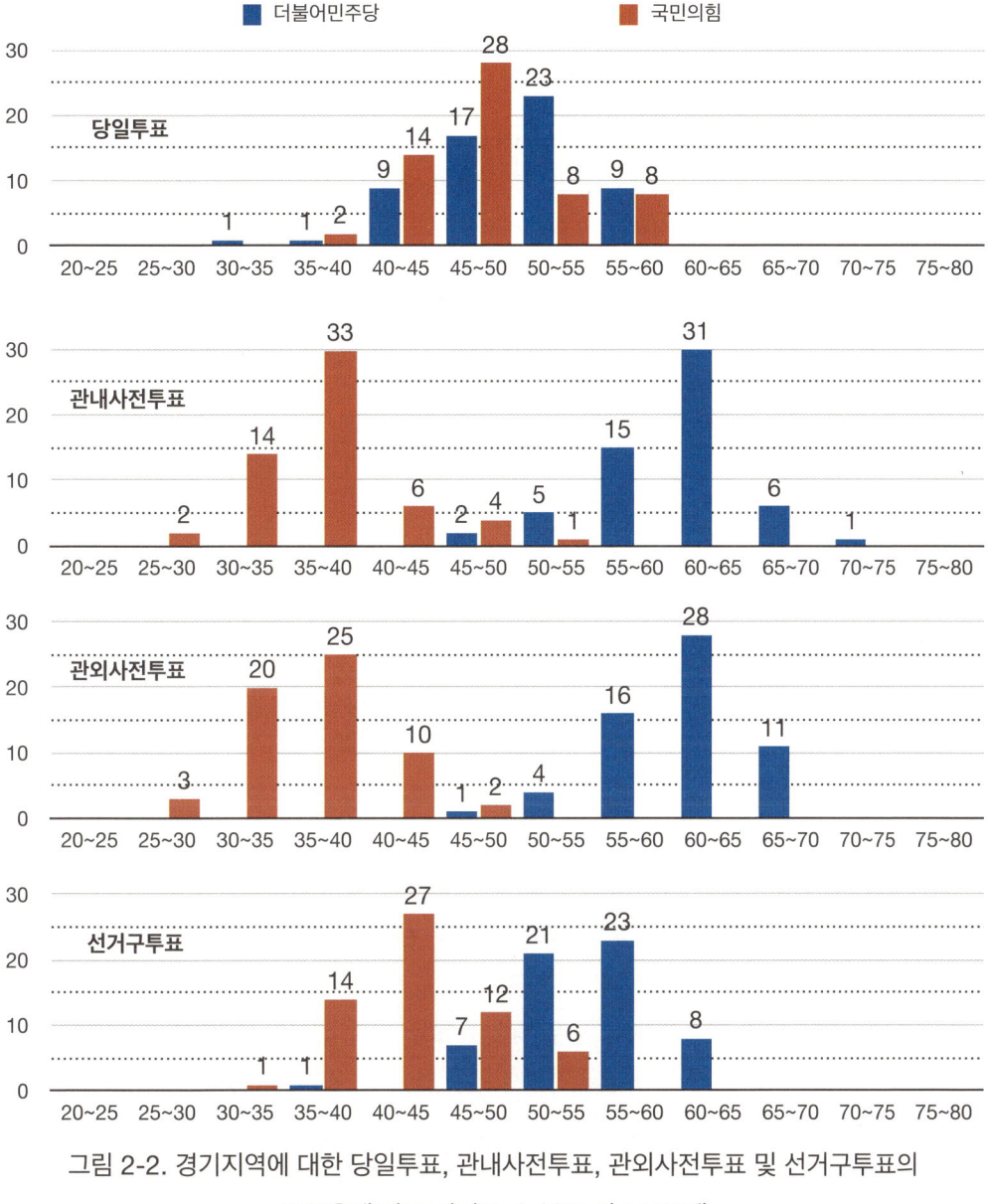

그림 2-2. 경기지역에 대한 당일투표, 관내사전투표, 관외사전투표 및 선거구투표의 득표율에 따른 선거구 수 분포 히스토그램

이 결과로부터 당일투표, 관내사전투표, 관외사전투표, 선거구투표에 대한 통계학적 문제점을 분석하면 다음과 같다.

- 경쟁력이 비슷한 두 후보에 대한 득표율 대비 선거구 수 분포 히스토그램은 투표 종류에 관계없이 서로 유사한 분포 특성을 나타내어야 할 것이다. 경기지역의 당일투표인 경우 더불어민주당 후보에 대한 당일득표율 대비 선거구 수 분포 그래프는 당일득표율 50~55% 구간을 중심으로 양쪽으로 분포된 정규분포 특성을 나타낸다. 국민의힘 후보에 대한 당일득표율 대비 선거구 수 분포 히스토그램은 득표율 45~50% 구간을 중심으로 양쪽으로 분포된 정규분포 특성을 나타낸다. 두 후보에 대한 당일득표율 대비 선거구 수 분포특성은 중심구간은 물론 분포 양상도 유사한 정규분포 특성을 나타낸다. 투표가 정상적으로 실행되었음을 확인할 수 있다.

- 관내사전투표인 경우 더불어민주당 후보에 대한 관내사전득표율 대비 선거구 수 분포는 당일 분포곡선이 오른쪽으로 10%정도 이동한 분포특성을 나타내며 국민의힘 후보에 대한 관내사전득표율 대비 선거구 수 분포는 당일투표 분포곡선이 왼쪽으로 10%정도 이동한 분포특성을 나타낸다. 이 결과 두 후보에 대한 관내사전득표율 대비 선거구 수 분포 히스토그램은 완전히 분리된 두 종류의 정규분포곡선을 형성한다. 이 결과로 부터 당일투표표본의 모집단과 관내사전투표표본의 모집단은 전혀 다른 모집단이라는 것이라고 확인할 수 있다. 이런 결과는 통계학적으로 불가능한 결과이다. 관내사전투표에 인위적 조작이 개입되었음을 확인할 수 있다.

- 관외사전투표에 대한 관외사전득표율 대비 선거구 수 분포특성은 관내사전투표에 대한 분포특성과 동일하다. 더불어민주당 후보인 경우 당일득표율 대비 선거구 수 분포 그래프가 오른쪽으로 10%, 국민의힘 후보인 경우 왼쪽으로 10% 이동한 분포그래프를 나타낸다. 관외사전투표표본에 대한 모집단과 당일투표표본에 대한 모집단 또한 서로 다른 모집단이다. 통계학적으로 불가능한 선거결과이다. 관외사전투표에 인위적 조작이 개입되었음을 확인할 수 있다.

- 관내사전투표 및 관외사전투표에 대한 인위적 조작결과로 인하여 경기지역 60개 선거구에 대한 선거구 득표율 대비 선거구 수 분포곡선은 당일투표 분포곡선과 차이를 나타낸다. 더불어민주당 후보인 경우 당일득표율 대비 선거구 수 분포곡선이 오른쪽으로 5% 정도 이동한 곡선이며 국민의힘 후보인 경우 왼쪽으로 5% 이동한 분포곡선을 나타낸다.

- 관내사전투표, 관외사전투표에 인위적인 조작의 개입으로 인하여 통계학적으로 설명 불가능한 결과가 관내사전, 관외사전, 선거구 투표의 선거구 수 분포를 형성하였다.

인천 지역

<표 2-3>은 인천 지역 14개 선거구에 대한 투표표본별 득표율 구간에 따른 선거구 수 분석결과 이다.

<표 2-3> 인천지역 14개 선거구에 대한 득표율 구간에 따른 선거구 수 분포

득표율 구간		(%) 이상 ~ (%) 미만	20~25	25~30	30~35	35~40	40~45	45~50	50~55	55~60	60~65	65~70	70~75	75~80
선거구 수	당일	더불어민주당				1		7	6					
		국민의힘					4	3	6		1			
	관내사전	더불어민주당							1	1	4	8		
		국민의힘			2	6	4	1	1					
	관외사전	더불어민주당								1	3	9	1	
		국민의힘				5	6	2	1					
	선거구	더불어민주당							1	1	6	6		
		국민의힘					2	5	5	1	1			

이 표의 결과를 투표표본별 득표율 대비 선거구 수 분포 히스토그램으로 나타내면 그림 2-3과 같다. 이 결과를 요약하면 다음과 같다.

- 당일투표인 경우 더불어민주당 후보와 국민의힘 후보에 대한 당일득표율 대비 선거구 수 분포는 당일득표율 45~50% 구간을 중심으로 양쪽으로 분포되는 정규분포의 특성을 나타낸다. 정상적인 투표라고 평가할 수 있다.
- 관내사전투표인 경우 더불어민주당 후보의 관내사전득표율 대비 선거구 수 분포는 당일투표에 비하여 오른쪽으로 10%, 국민의힘 후보의 선거구 수 분포는 당일투표에 비하여 왼쪽으로 10% 이동한 분포특성을 나타낸다. 이 결과는 당일투표 표본의 모집단과 관내사전투표 표본의 모집단이 서로 다르다는 것을 의미한다. 모집단이 동일한 선거구 투표인데 당일표본과 관내사전표본의 모집단이 서로 다르다는 통계학적 의미는 불가능한 결과이다. 따라서 당일표본 또는 관내사전표본 중 하나는 조작된 표본이라는 결론에 이르게 된다.
- 관외사전투표인 경우 국민의힘 후보에 대한 관외사전득표율 대비 선거구 수 분포는 당일투표에 비하여 왼쪽으로 10%, 더불어민주당 후보에 대한 선거구 수 분포는 당일투표에 비하여 오른쪽으로 10% 이동한 분포특성을 나타낸다. 관외사전투표 표본의 모집단 역시 당일투표 표본의 모집단과 서로 다르다. 이 또한 동일 선거구의 표본인 당

일투표 표본과 관외사전투표 표본의 모집단이 서로 다르다는 통계학적 결과는 불가능한 결과이다. 따라서 관외사전투표표본 또한 조작이 개입된 표본이라고 해석할 수 있다.

- 선거구 투표에 대한 선거구 수 분포는 서울지역, 경기지역과 동일하게 당일투표 선거구 수 분포가 국민의힘 후보인 경우 왼쪽으로 5%, 더불어민주당 후보인 경우 오른쪽으로 5% 이동한 분포이다. 이런 결과는 관내사전투표 및 관외사전투표에서 더불어민주당 후보의 득표율은 당일득표율에 비하여 10%가 증가하고 국민의힘 후보의 득표율은 10%가 감소하는 조작이 시행되었기 때문이다.
- 인천지역에 대한 득표율 대비 선거구 수 분포는 당일투표를 제외하고는 모두 비정상적인 분포특성을 나타낸다.

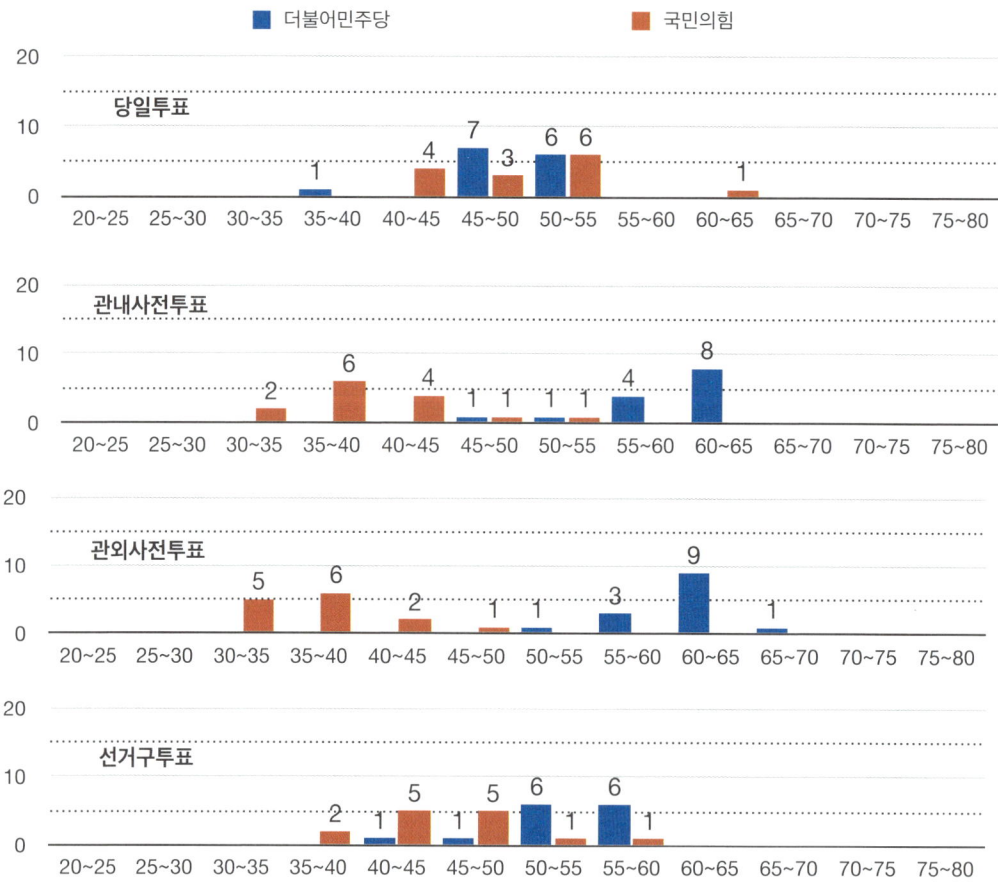

그림 2-3. 인천지역에 대한 당일투표, 관내사전투표, 관외사전투표 및 선거구투표의 득표율에 따른 선거구 수 분포 히스토그램

강원지역

<표 2-4>는 강원지역 8개 지역에 대한 투표표본별 득표율 구간에 따른 선거구 수 분포 특성을 나타내고 있다.

<표 2-4> 강원지역 8개 선거구에 대한 득표율 구간에 따른 선거구 수 분포

득표율 구간		(%) 이상 ~ (%) 미만	20~25	25~30	30~35	35~40	40~45	45~50	50~55	55~60	60~65	65~70	70~75	75~80
선거구 수	당일	더불어민주당			1	4	1	2						
		국민의힘							2	3	2	1		
	관내사전	더불어민주당				1		4	1	2				
		국민의힘				1	1	3	2	1				
	관외사전	더불어민주당								4	2	2		
		국민의힘			1	1	4	2						
	선거구	더불어민주당				1	4	1	2					
		국민의힘					2	1	2	2	1			

이 결과를 좌표평면에 히스토그램으로 나타내면 그림 2-4와 같다. 이 결과를 요약하면 다음과 같다.

- 당일투표인 경우 국민의힘 후보에 대한 지지도가 더불어민주당 후보에 대한 지지도보다 높다. 국민의힘 후보 8명의 당일득표율은 모두 50%를 초과하고 더불어민주당 후보의 8명에 대한 당일득표율은 모두 50% 미만이다. 따라서 당일득표율 대비 선거구 수 분포는 국민의힘 후보인 경우 모두 50% 이상의 범위에 분포하며 더불어민주당 후보인 경우 모두 50% 미만의 범위에 분포한다.

- 관내사전투표에 대한 관내사전득표율 대비 선거구 수 분포는 더불어민주당 후보인 경우 당일득표율 대비 10% 오른쪽으로 이동하며 국민의힘 후보인 경우 왼쪽으로 10% 이동한다. 다른 지역의 경우와 동일하게 당일투표 표본의 모집단과 관내사전투표 표본의 모집단은 서로 상이하다. 통계학적 관점에서 불가능한 선거결과로 당일투표와 관내사전투표 중 한 표본은 조작되었음을 알 수 있다.

- 관외사전투표인 경우 당일투표 대비 선거구 수 분포곡선의 이동이 더불어민주당 후보인 경우 오른쪽으로 15% 국민의힘 후보인 경우 왼쪽으로 15% 이동한다. 그 결과 더불어민주당 후보인 경우 선거구 수가 모두 득표율 50%를 초과한 범위에 분포하며 국민의힘 후보인 경우 선거구 수가 모두 50% 미만의 범위에 분포하여 당일투표에 대

한 분포곡선과 정반대의 경향을 나타낸다. 이 결과 또한 당일투표 표본의 모집단과 관외사전투표 표본의 모집단이 전혀 다르다는 것을 나타내고 있다. 통계학적 관점에서 볼때 관외사전투표 결과는 불가능한 결과이다.

- 선거구 투표에 대한 선거구 수 분포는 당일투표 대비 더불어민주당 후보인 경우 오른쪽으로 5%, 국민의힘 후보인 경우 왼쪽으로 5% 이동한다.

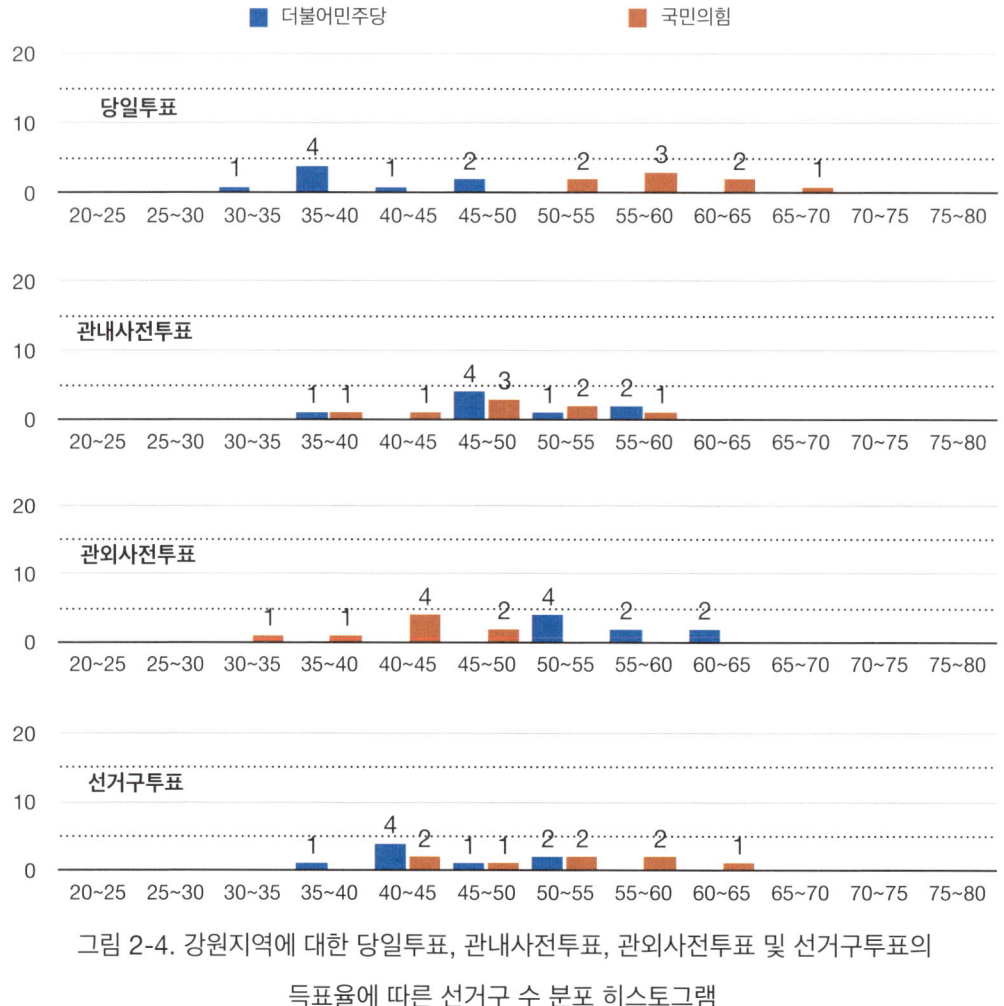

그림 2-4. 강원지역에 대한 당일투표, 관내사전투표, 관외사전투표 및 선거구투표의 득표율에 따른 선거구 수 분포 히스토그램

대전·세종·충북·충남지역

〈표 2-5〉는 대전·세종·충북·충남지역 28개 선거구에 대한 투표표본별 득표율 대비 선거구 수 분포를 나타내고 있다.

<표 2-5> 대전·세종·충북·충남지역 28개 선거구에 대한 득표율 구간에 따른 선거구 수 분포

득표율 구간		(%) 이상 ~ (%) 미만	20~25	25~30	30~35	35~40	40~45	45~50	50~55	55~60	60~65	65~70	70~75	75~80
선거구 수	당일	더불어민주당				2	5	12	8	1				
		국민의힘					3	11	9	4	1			
	관내 사전	더불어민주당						2	6	12	6	2		
		국민의힘			5	6	11	4	2					
	관외 사전	더불어민주당							2	11	15			
		국민의힘			8	13	6	1						
	선거구	더불어민주당					1	5	15	6	1			
		국민의힘				3	9	11	5					

그림 2-5는 〈표 2-5〉의 결과를 좌표평면에 히스토그램으로 도시한 그래프이다. 이들 결과를 요약 정리하면 다음과 같다.

- 당일투표에 대한 더불어민주당 후보의 선거구 수는 당일득표율 45~50% 구간을 중심 구간으로 한 정규분포 분포특성을 나타내며, 국민의힘 후보의 선거구 수는 당일득표율 50%를 중심 축으로 한 정규분포 특성을 나타낸다. 경쟁력이 비슷한 두 정당 후보에 대한 정상적인 선거결과라고 평가할 수 있다.

- 관내사전투표의 선거구 수 분포는 당일투표의 선거구 수 분포가 더불어민주당 후보는 오른쪽으로 10%, 국민의힘 후보는 왼쪽으로 10% 이동한 분포특성을 나타낸다. 이 결과로부터 당일투표에 대한 모집단과 관내투표에 대한 모집단을 동일하지 아니하다. 통계학적 관점에서는 불가능한 결과이다.

- 관외사전투표에 대한 선거구 수 분포는 관내사전투표에 대한 선거구 수 분포와 동일한 분포특성을 나타낸다. 당일투표에 대한 모집단과 관외사전투표에 대한 모집단은 동일하지 않다. 통계학적으로 불가능한 결과이다.

- 선거구 투표에 대한 선거구 수 분포는 더불어민주당 후보인 경우 당일투표에 대한 선거구 수 분포가 오른쪽으로 5%, 국민의힘 후보인 경우 왼쪽으로 5% 이동한 분포특성

을 나타낸다. 결론적으로 충청지역에 대한 당일투표는 정상적인 투표이나 관내투표와 관외투표는 인위적 조작이 개입된 선거라고 평가 할 수 있다.

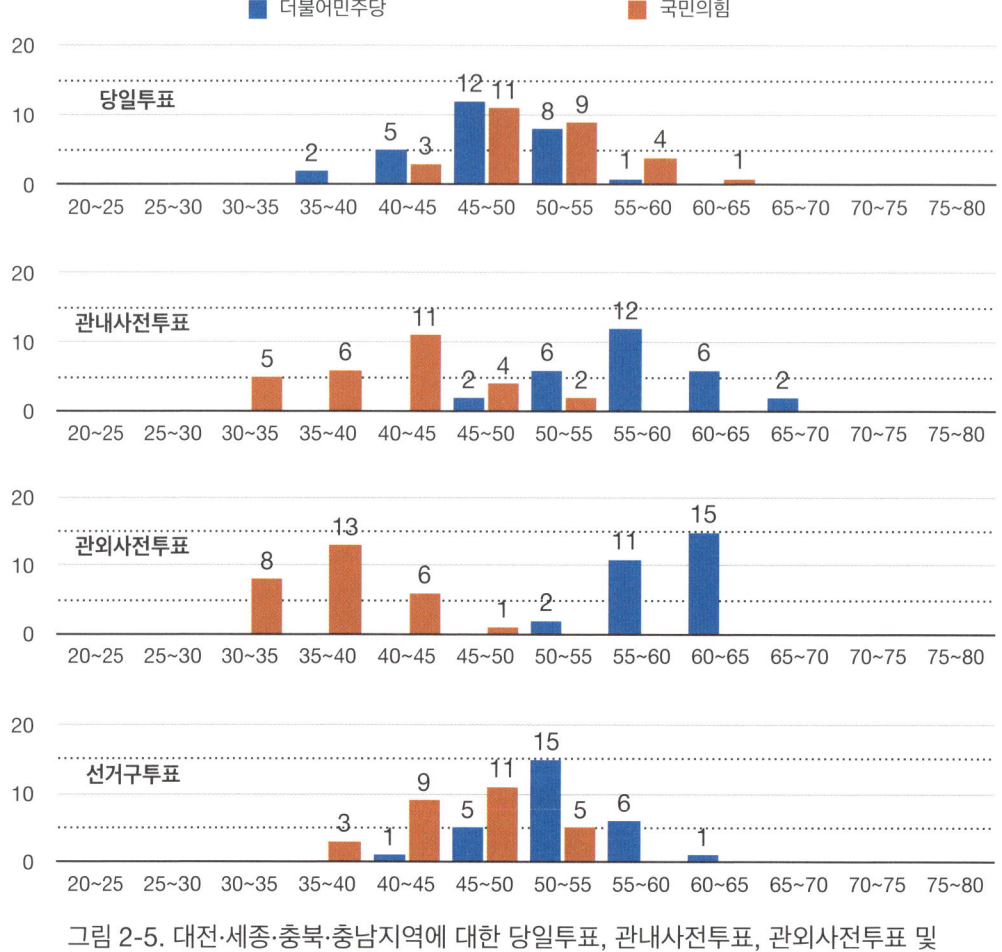

그림 2-5. 대전·세종·충북·충남지역에 대한 당일투표, 관내사전투표, 관외사전투표 및 선거구투표의 득표율에 따른 선거구 수 분포 히스토그램

광주·제주·호남지역

광주·제주·호남지역 31개 선거구에 대한 투표표본별 득표율 구간에 따른 선거구 수 분포를 분석하면 〈표 2-6〉과 같다.

<표 2-6> 광주·제주·호남지역 31개 선거구에 대한 득표율 구간에 따른 선거구 수 분포
x : 더불어민주당 후보 득표율 (%), y : 국민의힘 후보 득표율 (%).   * : 제주지역의 선거구 수

득표율 구간	(%) 이상 ~ (%) 미만	0~5	5~10	10~15	15~20	20~25	25~30	30~35	35~40	40~45	45~50	50~55	55~60	60~65	65~70	70~75	75~80	80~85	85~90	90~95	95~100
선거구 수																					
당일	더불어민주당										1*	1	1*	3 (1*)	9	3	1	8	3	1	
당일	국민의힘	1	9	15	2	1*	1*		1*	1*		1*									
관내사전	더불어민주당											2 (1*)		6 (2*)	7	2	3	7	4		
관내사전	국민의힘	4	19	3	1	1*	1*	1*		1*											
관외사전	더불어민주당											1*		5 (1*)	6 (1*)	6	5	7	1		
관외사전	국민의힘		14	12		1*	1*	1*		1*											
선거구	더불어민주당										1*	1	3 (2*)	4	6	3	5	6	2		
선거구	국민의힘	2	14	9	1	2*			1*	1*		1*									

이 표에 대한 히스토그램이 그림 2-6 이다. 이 결과를 요약하면 다음과 같다.

- 지역의 특성상 더불어민주당 후보와 국민의힘 후보의 경쟁력은 현저한 차이가 있다. 당일투표에 대한 당일득표율 대비 선거구 수 분포특성은 유권자의 투표성향을 뚜렷하게 반영하고 있다. 제주지역을 제외하면 국민의힘 후보에 대한 선거구 수는 당일득표율 20% 이하의 영역에 분포하며, 더불어민주당 후보에 대한 선거구 수는 60% 이상의 영역에 분포한다.

- 관내사전투표에 대한 국민의힘 후보의 선거구 수 분포는 당일투표의 선거구 수 분포가 왼쪽으로 약 5%, 더불어민주당 후보의 선거구 수 분포는 오른쪽으로 5% 이동한 분포특성을 나타낸다.
- 관외사전투표에 대한 국민의힘 후보의 선거구 수 분포는 당일투표의 선거구 수 분포가 왼쪽으로 5%, 더불어민주당 후보의 선거구 수 분포는 오른쪽으로 5% 이동한 분포특성을 나타낸다.
- 선거구투표에 대한 국민의힘 후보의 선거구 수 분포는 당일투표의 선거구 수 분포가 왼쪽으로 2~3%, 더불어민주당 후보의 선거구 수 분포는 당일투표의 선거구 수 분포가 오른쪽으로 2~3%가 이동한 분포특성을 나타낸다.

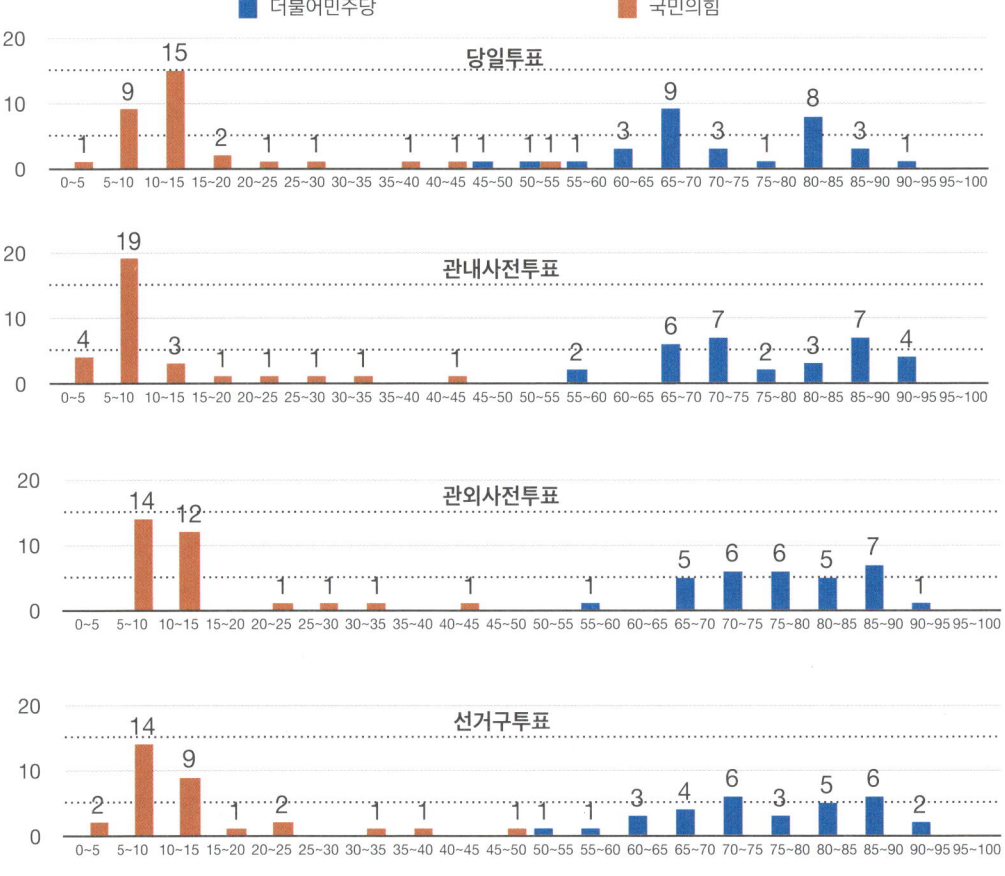

그림 2-6. 광주·제주·호남지역에 대한 당일투표, 관내사전투표, 관외사전투표 및 선거구투표의 득표율에 따른 선거구 수 분포 히스토그램

대구·경북 지역

<표 2-7>은 대구·경북 지역 25개 선거구에 대한 투표표본별 득표율 구간 대비 선거구 수 분포를 분석한 결과이다.

<표 2-7> 대구·경북 지역 25개 선거구에 대한 득표율 구간에 따른 선거구 수 분포

	득표율 구간	(%) 이상 ~ (%) 미만	0~5	5~10	10~15	15~20	20~25	25~30	30~35	35~40	40~45	45~50	50~55	55~60	60~65	65~70	70~75	75~80	80~85
선거구 수	당일	더불어민주당	2	2	5	9	6	1											
		국민의힘									1				1	7	5	9	2
	관내사전	더불어민주당	2		3	3	7	8	2										
		국민의힘								1			3	6	7	6	1	1	
	관외사전	더불어민주당		2		2	3	4	11	3									
		국민의힘								1	1	2	6	10	3	2			
	선거구	더불어민주당	2		5	4	11	3											
		국민의힘							1			1	2	7	9	4	1		

그림 2-7은 <표 2-7>의 결과를 좌표평면에 도시한 히스토그램이다. 이 결과를 요약하면 다음과 같다.

- 당일투표에 대한 선거구 수 분포특성은 유권자들의 정당지지 성향을 정확히 대변한 결과이다.
- 관내사전투표에 대한 선거구 수 분포는 더불어민주당 후보인 경우 당일투표에 대한 선거구 수 분포가 오른쪽으로 10%, 국민의힘 후보인 경우 왼쪽으로 10% 이동한 분포 특성을 나타내고 있다.

- 관외사전투표에 대한 선거구 수 분포는 더불어민주당 후보인 경우 당일투표의 선거구 수 분포가 오른쪽으로 15%, 국민의힘 후보인 경우 왼쪽으로 15% 이동한 분포특성을 나타내고 있다.
- 그 결과 선거구 투표에 대한 선거구 수 분포는 더불어민주당 후보인 경우 당일투표의 선거구 수 분포가 오른쪽으로 5%, 국민의힘 후보인 경우 왼쪽으로 5% 이동한 분포특성을 나타내고 있다.

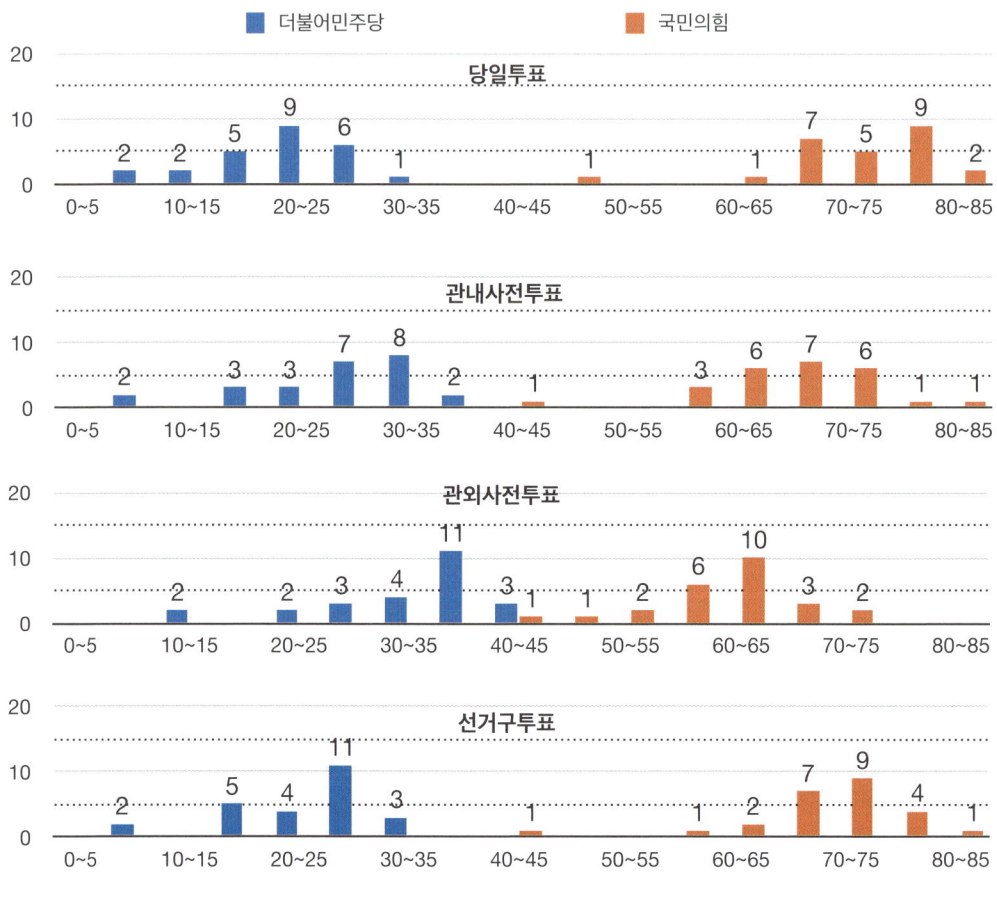

그림 2-7. 대구·경북지역에 대한 당일투표, 관내사전투표, 관외사전투표 및 선거구투표의 득표율에 따른 선거구 수 분포 히스토그램

부산·울산·경남지역

〈표 2-8〉은 부산·울산·경남지역 40개 선거구에 대한 투표표본별 득표율 구간 대비 선거구 수 분포 분석결과이다.

<표 2-8> 부산·울산·경남지역 40개 선거구에 대한 득표율 구간에 따른 선거구 수 분포

득표율 구간		(%) 이상 ~ (%) 미만	20~25	25~30	30~35	35~40	40~45	45~50	50~55	55~60	60~65	65~70	70~75	75~80
선거구 수	당일	더불어민주당		1	3	3	16	13	3	1				
		국민의힘						3	3	18	12	2	1	1
	관내사전	더불어민주당				3	1	3	13	13	5	2		
		국민의힘					1	2	7	14	11	3	1	1
	관외사전	더불어민주당						4	3	21	9	3		
		국민의힘							4	16	15	3	2	
	선거구	더불어민주당				1	3	2	17	13	2	2		
		국민의힘						2	4	18	12	2	1	1

이 결과를 좌표평면에 히스토그램으로 도시하면 그림 2-8과 같다. 부산·울산·경남지역에 대한 〈표 2-8〉과 그림 2-8의 결과를 요약 정리하면 다음과 같다.

- 당일투표인 경우 유권자들의 정당지지 성향을 정확히 대변한다. 더불어민주당 후보인 경우 40개 선거구의 대부분이 득표율 45% 이하의 영역에 분포하며, 국민의힘 후보인 경우 선거구의 대부분이 득표율 50% 이상의 영역에 분포한다.
- 관내사전투표에 대한 더불어민주당 후보의 선거구 수 분포는 당일투표 선거구 수 분포 대비 10% 오른쪽 이동하며, 국민의힘 후보의 선거구 수 분포는 당일투표 선거구 수 분포 대비 10% 왼쪽으로 이동한다.

- 관외사전투표에 대한 더불어민주당 후보의 선거구 수 분포는 당일투표 선거구 수 분포 대비 15% 오른쪽으로 이동하며, 국민의힘 후보의 선거구 수 분포는 당일투표 선거구 수 분포 대비 15% 왼쪽으로 이동한다.
- 그 결과 선거구투표에 대한 더불어민주당 후보의 선거구 수 분포는 당일투표 선거구 수 분포 대비 오른쪽으로 5% 이동하며, 국민의힘 후보의 선거구 수 분포는 당일투표 선거구 수 분포 대비 왼쪽으로 5% 이동한다.

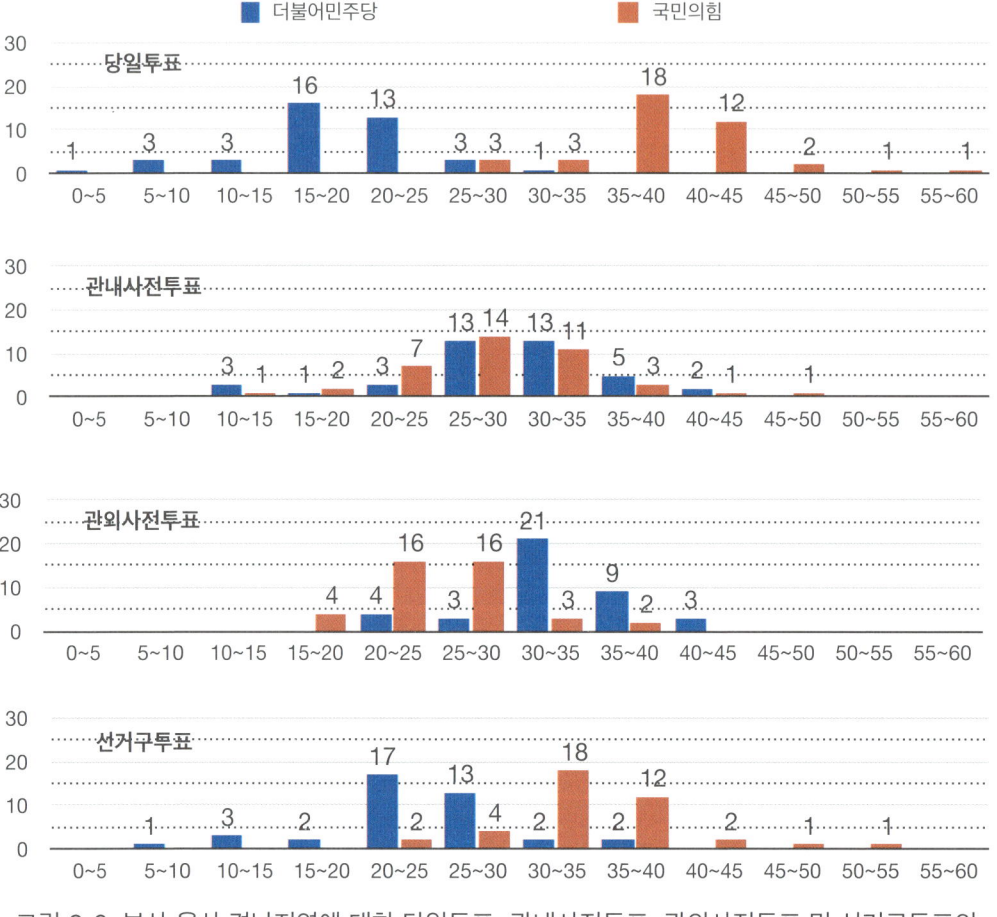

그림 2-8. 부산·울산·경남지역에 대한 당일투표, 관내사전투표, 관외사전투표 및 선거구투표의 득표율에 따른 선거구 수 분포 히스토그램

2-2. 관내사전득표율-당일득표율 차이가 나타내는 통계적 미스터리

A. 종로선거구의 17개 선거동과 서울지역 48개 선거구에 대한 선거 결과의 문제점

선거구 투표를 구축하고 있는 당일투표, 관내사전투표 및 관외사전투표 표본의 규모는 대단히 크다. 서울시 종로선거구의 모집단인 선거구의 총 투표자 수는 88,779 이다. 이 중에서 무효표를 제외하고, 당일투표 투표자 수는 41,640, 관내사전투표 투표자 수는 34,765, 관외사전투표 투표자 수는 10,369 로 모집단의 크기와 대비하여 모두 대단히 큰 표본들이다. 즉, 모집단 크기 대비 당일표본의 비율은 0.469, 관내사전표본의 비율은 0.392, 관외사전표본의 비율은 0.017로 일반적인 표본의 크기와 비교하면 상상할 수 없을 정도로 규모가 크다. 이 경우 식 (2-2)에서 언급했듯이 선거구득표율은 당일득표율, 관내사전득표율 및 관외사전득표율과 서로 동일하여야 한다는 것이 통계학의 공리이다. 이 공리는 많은 실험을 통하며 이미 증명된 이론이다.

제22대 총선이 정상적인 과정을 통하여 시행되었다면 그 결과는 식 (2-2)의 통계학적 공리를 충족시켰을 것이다. 선거지역에 따라 사전득표율-당일득표율 차이가 나타내는 심각한 문제점을 분석하기 전에 종로 선거구 17개 선거동과 서울지역 48개 선거구에 대한 관내사전득표율-당일득표율 차이가 나타내는 문제점을 분석해보자.

<표 2-9a> 서울시 종로선거구의 17개 선거동에 대한 더불어민주당 후보의 관내사전득표율 - 당일득표율 차이에 따른 선거동 수 분포

차이 %	$10 \leq \Delta p < 12$	$12 \leq \Delta p < 14$	$14 \leq \Delta p < 16$	$16 \leq \Delta p < 18$	$18 \leq \Delta p < 20$
선거동 수	1	3	6	3	4

<표 2-9b> 서울시 종로선거구의 17개 선거동에 대한 국민의힘 후보의 관내사전득표율 - 당일득표율 차이에 따른 선거동 수 분포

차이 %	$-24 \leq \Delta p < -22$	$-22 \leq \Delta p < -20$	$-20 \leq \Delta p < -18$	$-18 \leq \Delta p < -16$	$-16 \leq \Delta p < -14$	$-14 \leq \Delta p < -12$	$-12 \leq \Delta p < -10$
선거동 수	1	1	1	2	5	4	3

〈표 2-9〉는 서울시 종로선거구 17개 선거동에 대한 관내사전득표율-당일득표율 차이 구간에 따른 선거동 수 분포를 나타내고 있다. 〈표 2-9a〉는 서울시 종로선거구의 더불어민주당 후보에 대한 관내사전득표율-당일득표율 차이 구간 대비 선거동 수 분포를 나타내고 있다. 선거동 수가 가장 많은 구간은 14%~16% 구간으로 총 17개 선거동 수 중 6개 선거동이 이 구간에 포함된다. 국민의힘인 경우 선거동 수가 가장 많은 득표율

차이 구간은 '−16% ≤ 득표율 차이 < −14%'로 총 17개 선거동 수 중 5개 선거동이 이 구간에 분포된다.

관내사전득표율-당일득표율의 차이가 분포할 확률이 99%인 99% 오차범위 즉 99% 신뢰구간에 대하여 분석해보자. 식 (2-3)은 동일한 모집단으로 부터 추출된 두 표본의 득표율 차이값에 대한 99% 신뢰구간 산출식이다.

$$-2.58\left(\sqrt{\frac{x_A(1-x_A)}{n_A}}+\sqrt{\frac{x_B(1-x_B)}{n_B}}\right) \leq x_B - x_A \leq 2.58\left(\sqrt{\frac{x_A(1-x_A)}{n_A}}+\sqrt{\frac{x_B(1-x_B)}{n_B}}\right)$$

(2-3)

이 식에서 x_A는 표본 A의 득표율, x_B는 표본 B의 득표율, n_A는 표본 A의 크기, n_B는 표본 B의 크기이다. 식 (2-3)을 사용하여 종로선거구 17개 선거동에 대한 99% 오차범위를 구하고 오름차순으로 정리하면 〈표 2-9c〉와 같다.

<표 2-9c> 서울시 종로선거구 17개 선거동에 대한 99% 오차범위의 오름차순

$\Delta P_{99} = x_B - x_A$	선거동	$\Delta P_{99} = x_B - x_A$	선거동
(1) ±0.0371*	평창동	(10) ±0.0600	창신3동
(2) ±0.0381	혜화동	(11) ±0.0604	창신2동
(3) ±0.0452	청운효자동	(12) ±0.0631	창신1동
(4) ±0.0485	교남동	(13) ±0.0638	종로1,2,3,4가동
(5) ±0.0512	숭인2동	(14) ±0.0665	숭인1동
(6) ±0.0517	사직동	(15) ±0.0716	종로5,6가동
(7) ±0.0425	부암동	(16) ±0.0738	가회동
(8) ±0.0533	무악동	(17) ±0.1012	삼청동
(9) ±0.0553	이화동		

* ±0.0371 : −0.0371 ≤ $\Delta P_{99} = x_B - x_A$ ≤ 0.0371

그림 2-9는 〈표 2-9a〉~〈표 2-9c〉를 좌표평면에 도시한 그림이다. 종로선거구의 17개 선거동에 대한 선거결과는 더불어민주당 후보와 국민의힘 후보 모두에 대하여 통계학이 허용하는 99% 오차범위에서 크게 벗어났다. 사전투표에 인위적 조작이 개입되어 더불어민주당 후보의 관내득표율은 정상적인 득표율보다 15%가 증가되고 국민의힘 후보의 관내득표율은 정상적인 득표율 보다 15%가 낮아지는 결과를 초래했다고 평가할 수 있다. 서울시 종로선거구의 선거결과는 정상적인 투표에서는 불가능한 결과이다.

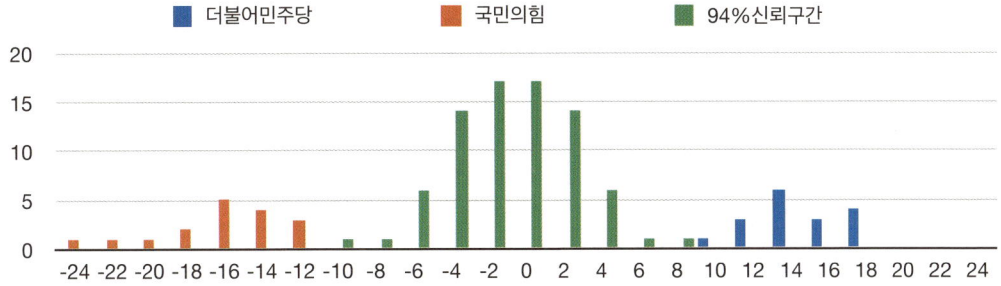

그림 2-9. 서울시 종로선거구 17개 선거동에 대한 관내사전득표율-당일득표율 차이에 따른 선거동 수 히스토그램

서울시 48개 선거구에 대하여 더불어민주당 후보와 국민의힘 후보의 관내사전득표율-당일득표율 차이 구간에 따른 선거구 수의 분포를 분석하면 〈표 2-10〉과 같다.

<표 2-10a> 서울시 48개 선거구에 대한 더불어민주당 후보의 관내사전득표율 - 당일득표율 차이 구간에 따른 선거구 수 분포

차이 %	$10 \leq \Delta p < 11$	$11 \leq \Delta p < 12$	$12 \leq \Delta p < 13$	$13 \leq \Delta p < 14$	$14 \leq \Delta p < 15$	$15 \leq \Delta p < 16$	계
선거동 수	2	13	9	15	6	3	48

<표 2-10b> 서울시 48개 선거구에 대한 국민의힘 후보의 관내득표율 - 당일득표율 차이 구간에 따른 선거구 수 분포

차이 %	$-15 \leq \Delta p < -14$	$-14 \leq \Delta p < -13$	$-13 \leq \Delta p < -12$	$-12 \leq \Delta p < -11$	$-11 \leq \Delta p < -10$	$-10 \leq \Delta p < -9$	계
선거동 수	2	6	11	10	13	6	48

더불어민주당 후보에 대하여 가장 많은 선거구 수가 분포되어 있는 관내사전득표율-당일득표율 차이 구간은 13~14%로 이 구간에 포함된 선거구는 총 48개 선거구 중 15개 선거구 이다. 반면 국민의힘 후보에 대하여 가장 많은 선거구가 분포되어 있는 관내사전득표율-당일득표율 차이 구간은 -11~-10% 사이의 구간으로 48개 선거구 중 13개 선거구가 이 구간에 분포되어 있었다. 또한 서울시 48개 선거구에 대한 식 (2-3)의 99% 신뢰구간을 계산하고 신뢰구간에 따른 선거구 수 분포를 도출하면 〈표 2-10c〉와 같다. 그리고 〈표 2-10a〉~〈표 2-10c〉를 좌표평면에 히스토그램으로 나타내면 그림 2-10과 같다.

<표 2-10c> 서울시 48개 선거구에 대한 관내사전득표율 - 당일득표율 차이값의 99% 신뢰구간에 따른 선거구 수 분포

	$-1 \leq \Delta P_{99} < 1$	$-1.1 \leq \Delta P_{99} < 1.1$	$-1.2 \leq \Delta P_{99} < 1.2$	$-1.3 \leq \Delta P_{99} < 1.3$	$-1.4 \leq \Delta P_{99} < 1.4$
선거구 (ΔP_{99})	관악갑(±0.98*) 송파갑(±0.99)	노원갑(±1.00) 노원을(±1.00) 강동갑(±1.01) 구로갑(±1.02) 은평갑(±1.03) 은평을(±1.03) 양천갑(±1.04) 성북갑(±1.06) 금천구(±1.06) 중랑을(±1.08) 영등포갑(±1.08) 관악을(±1.08) 강동을(±1.09) 용산(±1.09) 서초을(±1.09)	성동갑(±1.10) 동작갑(±1.11) 성동을(±1.12) 마포을(±1.12) 서초갑(±1.12) 강남을(±1.12) 성북을(±1.13) 양천을(±1.14) 강서을(±1.14) 동작을(±1.15) 강서갑(±1.16) 송파을(±1.16) 송파갑(±1.17) 강서병(±1.18)	동대문을(±1.20) 광진을(±1.21) 광진갑(±1.22) 서대문을(±1.23) 강남병(±1.23) 구로을(±1.24) 동대문갑(±1.26) 도봉을(±1.26) 영등포을(±1.26) 도봉갑(±1.27) 마포갑(±1.27) 강남갑(±1.29)	종로(±1.30) 성북갑(±1.33) 중랑갑(±1.35) 강북을(±1.37) 서대문갑(±1.38)
계	2	15	14	12	5

* ±0.98 : $-0.98 \leq \Delta P_{99} < 0.98$

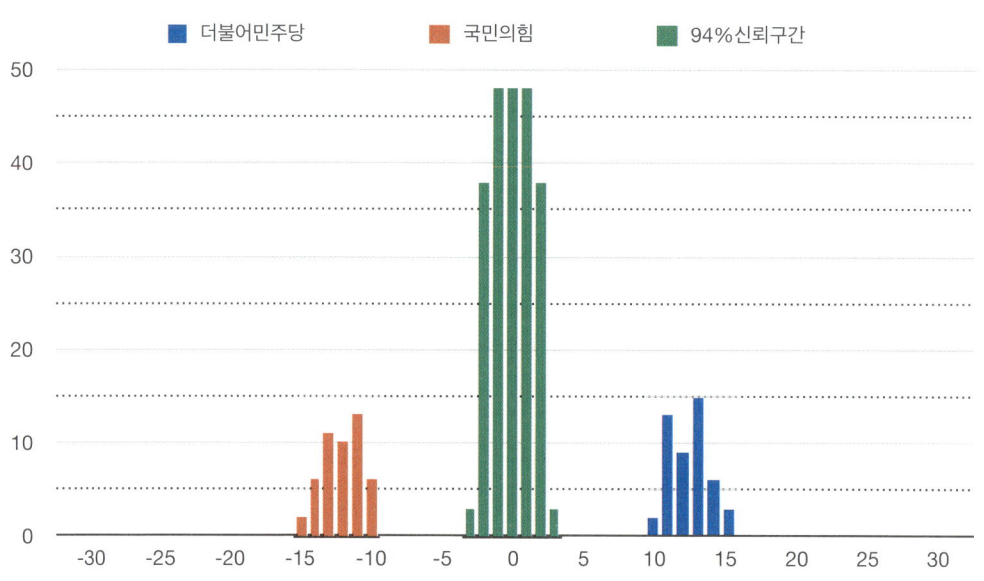

그림 2-10. 서울지역 48개 선거구에 대한 관내사전득표율-당일득표율 차이에 따른 선거구 수 분포 히스토그램

이 결과로 부터 선관위가 발표한 관내사전득표율-당일득표율 차이는 통계학이 제시하는 99% 오차범위를 10배 이상 벗어나고 있음을 알 수 있다. 종로선거구의 17개 선거동과 서울시 48개 선거구에 대한 분석결과를 요약정리하면 다음과 같다.

- 선관위가 발표한 서울시 종로선거구의 17개 선거동에 대한 더불어민주당 후보 및 국민의힘 후보의 관내사전득표율-당일득표율 차이는 통계학이 허용하는 99% 오차범위에서 모두 벗어나며 어떤 선거동의 결과는 99% 허용 오차범위의 10배 가량 벗어나기도 한다. 이런 결과는 발생 불가능한 결과이다.
- 선관위가 발표한 서울지역 48개 선거구에 대한 관내사전득표율-당일득표율 차이는 통계학이 제시하는 99% 오차범위로 부터 모두 크게 벗어난다. 선관위가 발효한 관내사전득표율-당일득표율 차이가 99% 오차범위를 벗어나는 정도를 분석하여 보면 작게는 99% 오차범위의 6~7배 크게는 15배 이상이다. 서울지역 48개 선거구에 대하여 선관위가 발표한 관내사전득표율-당일득표율 차이는 통계학적으로 설명이 불가능한 결과이다. 제22대 서울지역의 총선결과는 정상적인 선거결과가 아니라 조작된 결과라고 평가할 수 밖에 없다.
- 서울지역 48개 선거구에 대한 관내사전득표율-당일득표율 차이에 대한 99% 오차범위는 최대 $-1.4\% \leq \Delta P_{99} \leq 1.4\%$ 이다.

B. 서울지역 48개 선거구의 사전득표율-당일득표율 차이에 대한 선거 결과의 문제점

통계학적 공리에 따르면 동일한 모집단으로 부터 추출한 두 개 이상의 표본의 크기가 충분히 클 경우 각 표본의 득표율은 모집단의 득표율과 동일할 뿐만 아니라 표본간의 득표율도 서로 거의 같아야 한다. 앞에서도 언급하였듯이 한 선거구의 당일투표 크기, 관내사전투표 크기 및 관외사전투표 크기는 모집단인 선거구의 크기 대비 10% 이상이다. 따라서 당일투표, 관내사전투표 및 관외사전투표가 정상적으로 이루어졌다면 '당일득표율 ≒ 관내사전득표율 ≒ 관외사전득표율 ≒ 선거구득표율' 등식은 성립해야 한다.

서울지역 48개 선거구에 대하여 선관위가 발표한 선거결과가 '관내사전득표율 - 당일득표율 ≒ 0', '관외사전득표율 - 당일득표율 ≒ 0', '선거구득표율 - 당일득표율 ≒ 0'을 충족하는지 검증해보자.

〈표 2-11〉은 서울지역 48개 선거구에 대한 관내사전득표율-당일득표율 차이에 따른 선거구 수 분포, 관외사전득표율-당일득표율 차이에 따른 선거구 수 분포, 선거구 득표율-당일득표율 차이에 따른 선거구 수 분포를 나타내고 있다.

<표 2-11a> 서울 지역 48개 선거구의 관내사전득표율 - 당일득표율 차이 구간에 따른 선거구 수 분포
-m ~ -n : m 보다 크고, n 이하 구간.   m ~ n : m 이상, n 미만 구간

관내사전-당일 득표율 (%)		-15 ~ -14	-14 ~ -13	-13 ~ -12	-12 ~ -11	-11 ~ -10	-10 ~ -9	10 ~ 11	11 ~ 12	12 ~ 13	13 ~ 14	14 ~ 15	15 ~ 16
선거 구수	더불어 민주당							2	13	9	15	6	3
	국민의 힘	2	6	11	10	13	6						

<표 2-11b> 서울 지역 48개 선거구의 관외득표율 - 당일득표율 차이 구간에 따른 선거구 수 분포

관외사전- 당일득표율 (%)		-20 ~ -19	-19 ~ -18	-18 ~ -17	-17 ~ -16	-16 ~ -15	-15 ~ -14	-14 ~ -13	-13 ~ -12	10 ~ 11	11 ~ 12	12 ~ 13	13 ~ 14	14 ~ 15	15 ~ 16	16 ~ 17
선 거 구 수	더불 어민 주당									1	6	8	16	7	9	1
	국민 의힘	1	1	2	6	15	8	12	3							

<표 2-11c> 서울 지역 48개 선거구의 선거구득표율 - 당일득표율 차이 구간에 따른 선거구 수 분포

선거구 - 당일 득표율 (%)		-8 ~ -7	-7 ~ -6	-6 ~ -5	-5 ~ -4	5 ~ 6	6 ~ 7	7 ~ 8	8 ~ 9
선거 구수	더불어 민주당					11	26	10	1
	국민의힘	9	24	15					

투표가 정상적으로 치루어졌다면 선거구 수는 '관내사전득표율 − 당일득표율 = 0', '관외사전득표율 − 당일득표율 = 0', '선거구득표율 − 당일득표율 = 0'을 중심으로 (+)값과 (−)값의 양쪽으로 거의 균등하게 분포될 뿐만 아니라, 선거구 수가 분포하는 구간도 다음 식 (2-4)의 범주에 포함되어야 할 것이다. (앞절 참조)

$$-1.5\% < 관내사전득표율 - 당일득표율 < 1.5\%$$
$$-1.5\% < 관외사전득표율 - 당일득표율 < 1.5\% \quad (2-4)$$
$$-1.5\% < 선거구득표율 - 당일득표율 < 1.5\%$$

〈표 2-11〉의 결과는 식 (2-4)의 분포범위로 부터 48개 선거구가 모두 크게 벗어나고 있음을 확인할 수 있다. 〈표 2-11〉의 결과를 시각적으로 확인하기 위하며 좌표평면에 히스토그램으로 도시하면 그림 2-11과 같다.

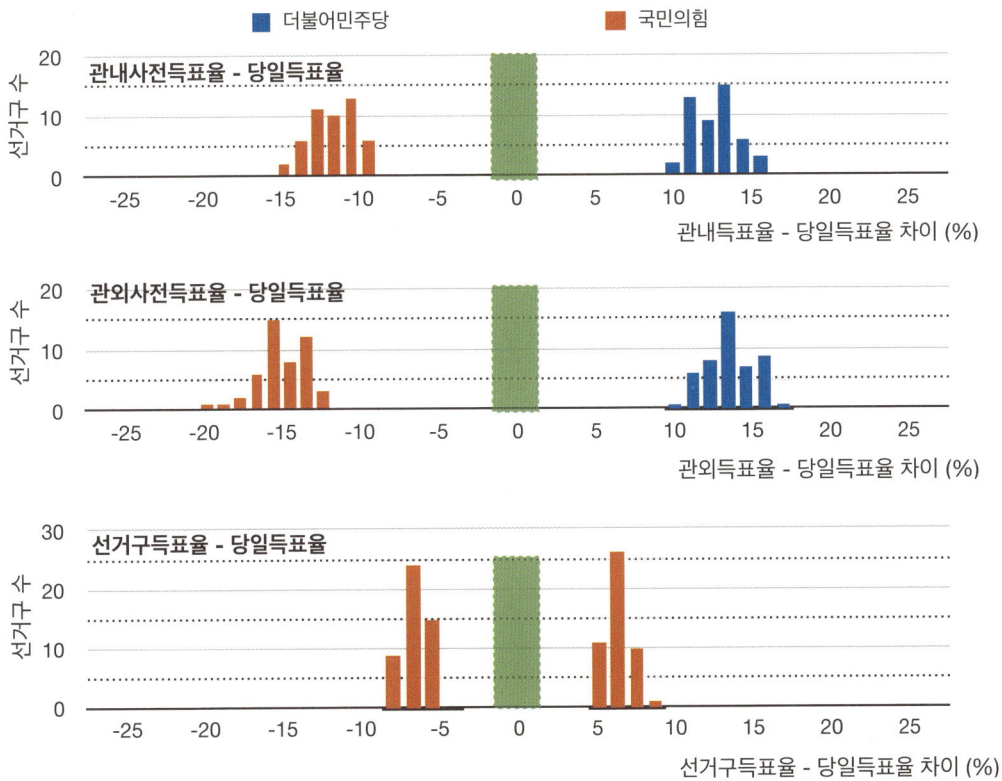

그림 2-11. 서울지역 48개 선거구에 대한
(관내사전,관외사전,선거구)득표율-당일득표율 차이에 따른 선거구 수 분포 히스토그램

이들 결과를 다음과 같이 요약 정리할 수 있다.
- 관내사전투표와 관외사전투표의 결과는 정상적 투표에서 발생 불가능한 결과이다.
- 관내사전 및 관외사전 득표율은 최소 8%에서 최대 15%까지 조작되었을 것으로 추정된다.
- 조작은 서울지역 48개 모든 선거구에서 시행되었다.
- 그 결과 더불어민주당 후보의 선거구득표율은 정상적인 결과보다 5%에서 9%까지 상향 조정되었고, 국민의힘 후보의 선거구득표율은 정상적인 결과보다 5%에서 8%까지 하향 조정되었다.

C. 경기지역 60개 선거구의 사전득표율-당일득표율 차이에 대한 선거 결과의 문제점

그림 2-12는 경기지역 60개 선거구에 대한 관내사전득표율-당일득표율, 관외사전득표율-당일득표율 및 선거구득표율-당일득표율 차이에 따른 선거구 수 분포 히스토그램이다.

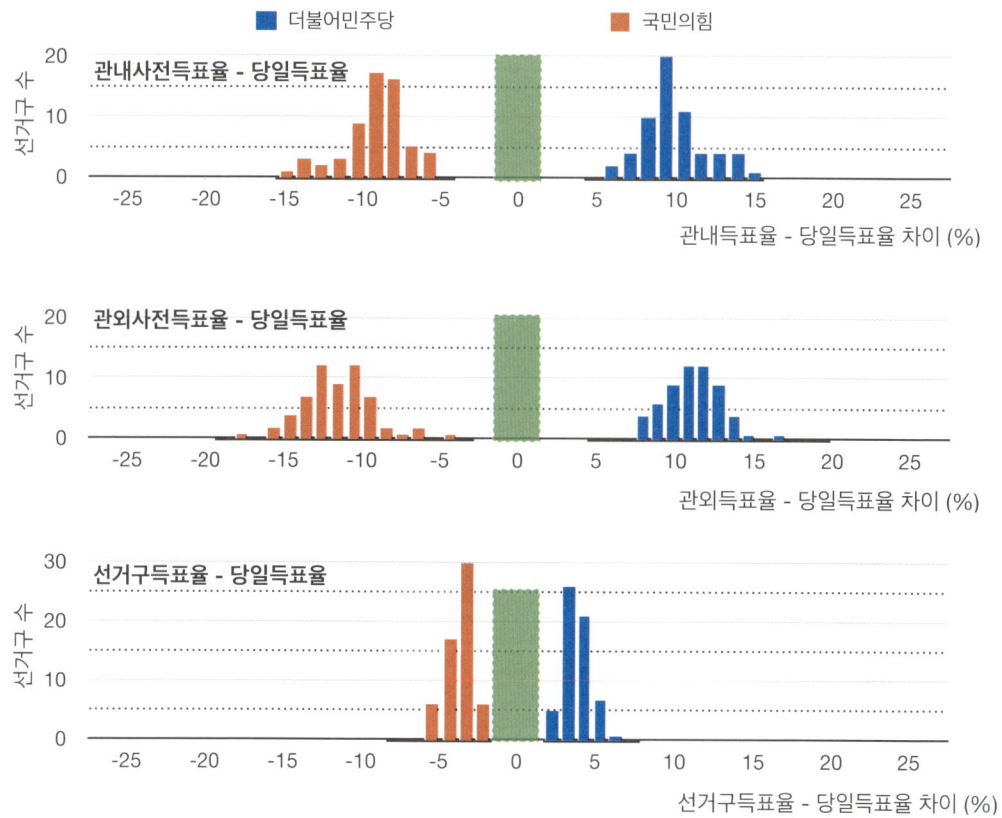

그림 2-12. 경기지역 60개 선거구에 대한
(관내사전,관외사전,선거구)득표율-당일득표율 차이에 따른 선거구 수 분포 히스토그램

총 60개 선거구의 모든 선거구에서 관내사전-당일, 관외사전-당일 및 선거구-당일 득표율 차이는 통계학이 제시하는 99%의 오차범위로 부터 크게 벗어난다. 이 결과를 요약하면 다음과 같다.

- 총 60개 선거구에 대한 관내사전득표율-당일득표율, 관외사전득표율-당일득표율 및 선거구득표율-당일득표율 차이는 모두 99% 오차범위로 부터 크게 벗어난다. 통계학적으로 설명이 불가능한 결과이다.
- 더불어민주당 후보인 경우 관내사전득표율-당일득표율, 관외사전득표율-당일득표율 차이는 대부분의 선거구에서 10% 보다 크나 국민의힘 후보인 경우 대부분의 선거구에서 -10% 보다 작다. 그 결과 더불어민주당 후보에 대한 선거구득표율은 당일득표율 대비 약 5% 증가하나 국민의힘 후보에 대한 선거구득표율은 당일득표율 대비 약 5%가 감소한다.
- 경기지역에 대한 관내사전, 관외사전 투표의 선거결과는 인위적 조작에 의하여 변형된 결과 이며 정상적인 투표에서는 생성 불가능한 결과이다.

D. 인천·강원·대전·세종·충청지역 50개 선거구의 사전득표율-당일득표율 차이에 대한 선거 결과의 문제점

그림 2-13은 인천·강원·대전·세종·충청지역 50개 선거구에 대한 관내사전득표율-당일득표율, 관외사전득표율-당일득표율 및 선거구득표율-당일득표율 차이에 따른 선거구 수 분포 히스토그램 이다. 당일득표율 대비 관내사전투표, 관외사전투표 및 선거구투표 득표율의 차이는 50개 모든 선거구에서 99%의 오차범위에서 크게 벗어났다. 이 결과를 요약하면 다음과 같다.

- 인천·강원·대전·세종·충청 50개 선거구에 대한 관내사전득표율-당일득표율, 관외사전득표율-당일득표율 및 선거구득표율-당일득표율 차이는 모두 99% 오차범위에서 크게 벗어난다. 통계학적으로 해석이 불가능한 결과이다.
- 더불어민주당 후보인 경우 관내사전득표율이 당일득표율 보다 6~12% 높으며 관외득표율은 당일득표율 보다 6~21%가 높다. 국민의힘 후보인 경우 관내사전득표율이 당일득표율보다 6~12%가 낮으며 관외사전득표율은 당일득표율 보다 6~21%가 낮다. 그 결과 더불어민주당 후보에 대한 선거구득표율은 당일득표율 보다 3~6%가 높으며, 국민의힘 후보에 대한 선거구득표율은 당일득표율 보다 3~6%가 낮다.
- 인천·강원·대전·세종·충청지역에 대한 관내사전 및 관외사전 선거결과는 인위적 조작에 의하여 변형된 결과이며 정상적인 투표에서는 생성 불가능한 결과이다.

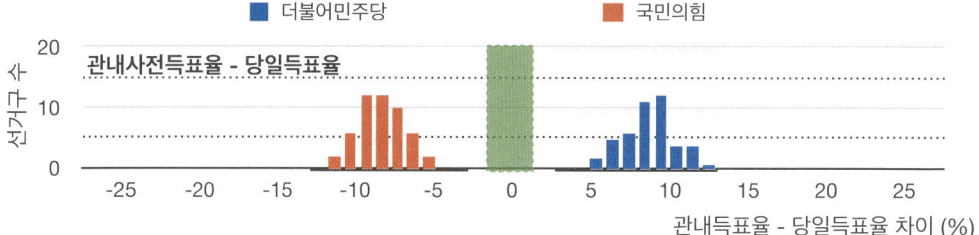
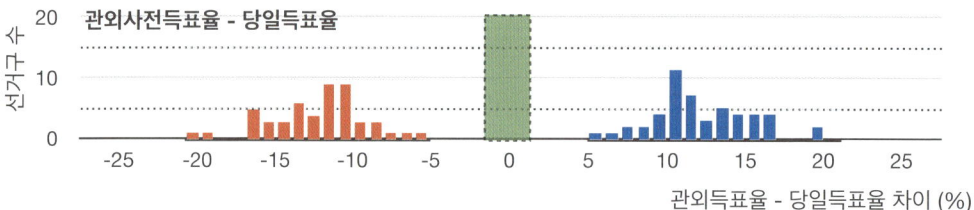
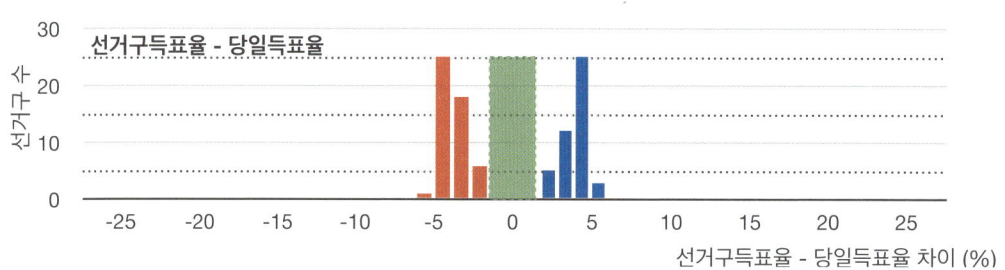

그림 2-13. 인천·강원·대전·세종·충청지역 50개 선거구에 대한 (관내사전,관외사전,선거구)득표율-당일득표율 차이에 따른 선거구 수 분포 히스토그램

E. 제주·광주·호남지역 31개 선거구의 사전득표율-당일득표율 차이에 대한 선거 결과의 문제점

그림 2-14는 제주·광주·호남지역 31개 선거구에 대한 관내사전득표율-당일득표율, 관외사전득표율-당일득표율 및 선거구득표율-당일득표율 차이에 따른 선거구 수 분포 히스토그램 이다. 그 결과를 요약하면 다음과 같다.
• 대부분의 선거구에 대한 더불어민주당 후보와 국민의힘 후보의 관내사전득표율-당일득표율 차이는 99% 오차범위로 부터 벗어나지만 관외사전득표율-당일득표율 차이인 경우 99% 오차범위 내에 포함되는 선거구도 다소 있었다.

- 더불어민주당 후보인 경우 모든 선거구에서 관내사전득표율이 당일득표율 보다 높으며, 관외사전득표율은 한 선거구를 제외한 30개 선거구에서 당일득표율 보다 높다. 그 결과 선거구득표율은 31개 모든 선거구에서 당일득표율 보다 높다.
- 국힘의힘 후보인 경우 관내사전득표율은 31개 모든 선거구에서 당일득표율보다 낮으며, 관외사전득표율은 5개 선거구를 제외한 26개 선거구에서 당일득표율 보다 낮다. 그 결과 선거구득표율은 31개 모든 선거구에서 당일득표율 보다 낮다.
- 제주·광주·호남지역의 관내사전-당일, 관외사전-당일 및 선거구-당일 득표율 차이는 통계학적으로 설명이 불가능한 결과이다.
- 관내사전 및 관외사전 투표는 인위적 조작이 개입된 선거였다.

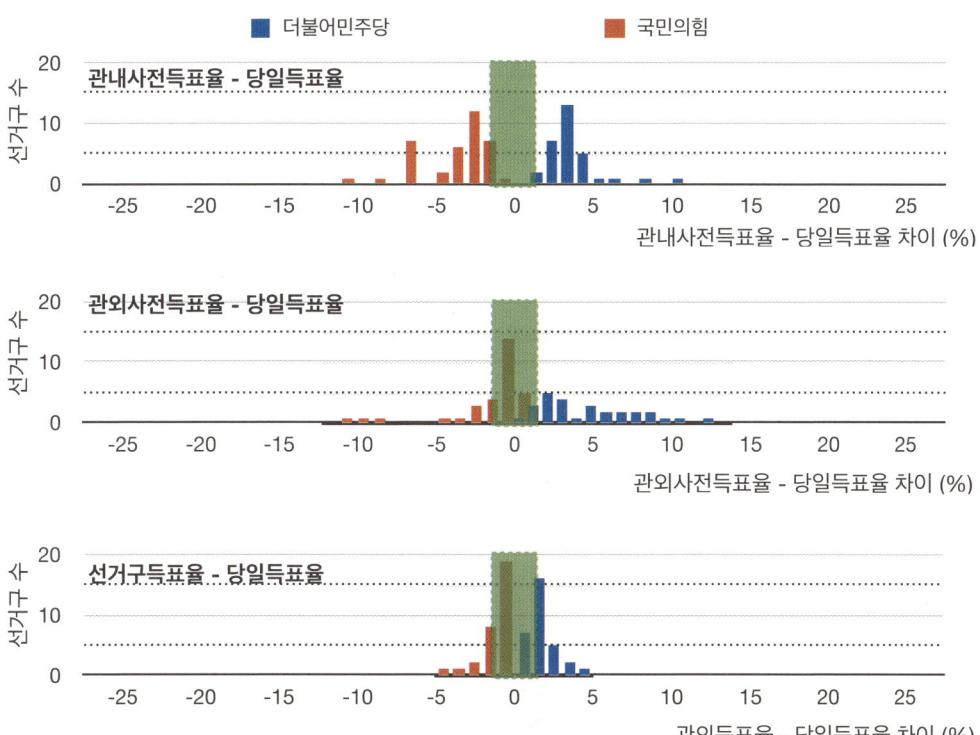

그림 2-14. 제주·광주·호남지역 31개 선거구에 대한
(관내,관외,선거구)득표율-당일득표율 차이에 따른 선거구 수 분포 히스토그램

F. 대구·부산·울산·영남지역 65개 선거구의 사전득표율-당일득표율 차이값에 대한 선거 결과의 문제점

그림 2-15는 대구·부산·울산·영남지역 65개 선거구에 대한 관내사전득표율-당일득 표율, 관외사전득표율-당일득표율 및 선거구득표율-당일득표율 차이에 따른 선거구 수 분포 히스토그램 이다.

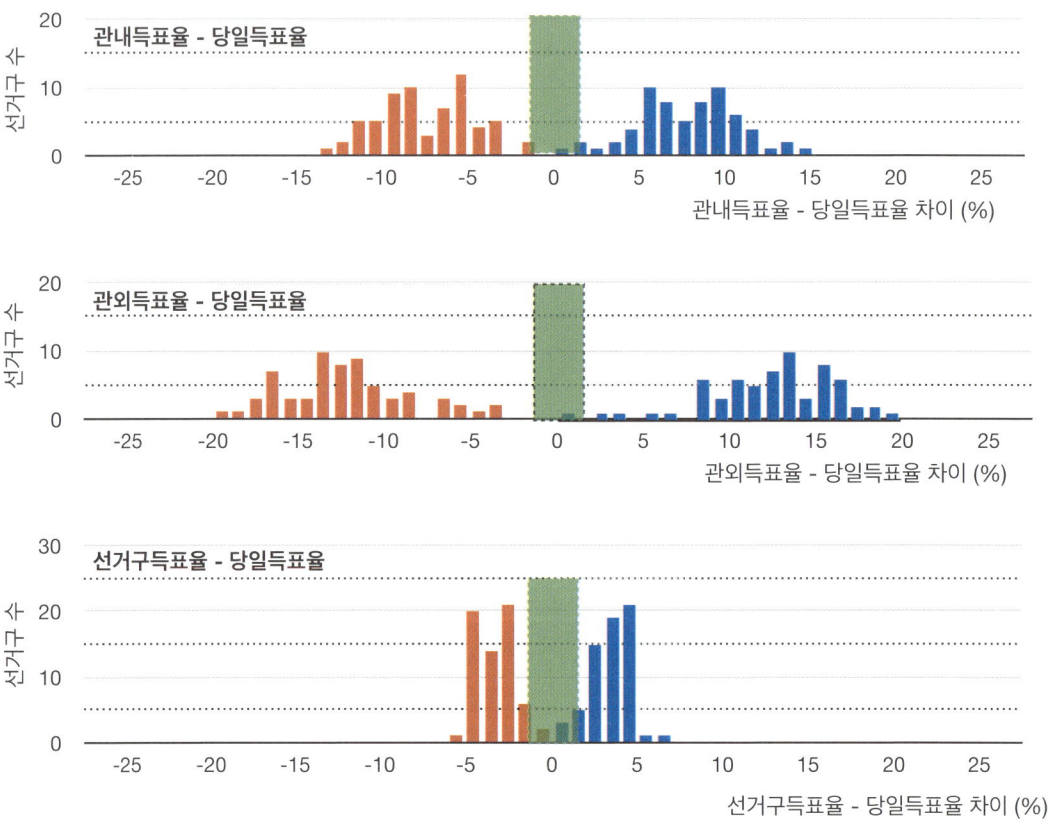

그림 2-15. 대구·부산·울산·영남지역 65개 선거구에 대한
(관내,관외,선거구)득표율-당일득표율 차이에 따른 선거구 수 분포 히스토그램

결과를 요약 정리하면 다음과 같다.
- 더불어민주당 후보에 대한 관내사전득표율, 관외사전득표율 및 선거구득표율은 모든 선거구에서 당일득표율 보다 높다. 대단히 미스터리한 결과이다.
- 국민의힘 후보에 대한 관내사전득표율, 관외사전득표율 및 선거구득표율은 모든 선거구에서 당일득표율 보다 낮다. 이 또한 해석이 불가능한 미스터리 이다.
- 더불어민주당 후보 및 국민의힘 후보 모두에 대한 관내사전-당일, 관외사전-당일 및 선거구-당일 득표율 차이는 65개 모든 선거구에서 (몇개 선거구를 제외하고는) 99% 오차범위에서 크게 벗어난다. 통계학적으로 해석 불가능한 선거결과이다.
- 대구·부산·울산·영남지역의 관내사전투표 및 관외사전투표의 결과는 조작에 의하여 변형된 결과이다.

2-3. 제22대 총선결과에 대한 통계학적 결론

투표표본별 득표율 대비 선거구 수 분포의 문제점에 대한 통계학적 결론

전국 8개 지역에 대한 투표표본별 득표율 구간 대비 선거구 수 분포결과인 〈표 2-1〉~〈표 2-8〉로 부터 각 지역의 평균득표율 표준편차를 분석해보자. 각 지역의 투표표본별 평균득표율은 다음 식을 사용하여 산출한다.

$$\overline{X} = \frac{\Sigma X_i}{\Sigma n_i} \qquad (2\text{-}5)$$

위 식에서 $\overline{X}$: 각 투표표본의 평균득표율, X_i : 득표율 구간의 중간값, n_i : 구간별 선거구 수이다. 분산은 다음 식을 사용한다.

$$\overline{S_X}^2 = \frac{\Sigma n_i (X_i - \overline{X})^2}{\Sigma n_i - 1} \qquad (2\text{-}6)$$

$\overline{S_X}^2$ 는 분산을 의미한다. 식 (2-6)의 분산으로 부터 표준편차는 다음 식으로 산출한다.

$$\sigma_X = \sqrt{\overline{S^2}} \qquad (2\text{-}7)$$

A. 투표표본별 평균득표율, 표준편차 및 특이성

위의 식 (2-5)~(2-7)을 사용하여 ⟨표 2-1⟩~⟨표 2-8⟩에 대한 8개 지역의 투표표본별 평균득표율과 표준편차를 도출하면 ⟨표 2-12⟩와 같다.

⟨표 2-12⟩ 전국 8개 지역에 따른 더불어민주당 및 국민의힘 후보의 당일, 관내사전, 관외사전 및 선거구 투표에 대한 평균득표율 및 표준편차 (단위 : %)

지역		더불어민주당 후보				국민의힘 후보			
		당일	관내	관외	선거구	당일	관내	관외	선거구
서울	평균득표율	45.5	58.3	60.9	52.2	52.5	40.3	37.8	46.2
	표준편차	5.85	6.87	6.61	6.64	6.27	7.21	6.47	7.35
경기	평균득표율	49.8	60.6	61.2	54.9	48.0	37.4	36.5	43.2
	표준편차	5.40	4.79	4.50	4.93	5.10	4.74	4.49	4.59
인천	평균득표율	48.9	59.3	61.1	53.6	49.3	40.0	37.1	45.4
	표준편차	4.13	4.64	3.63	4.46	5.75	5.46	4.58	5.43
강원	평균득표율	40.0	49.4	56.3	45.0	58.8	48.1	41.9	51.9
	표준편차	5.00	6.09	4.15	5.00	4.84	5.82	4.64	6.82
대전세종충청	평균득표율	46.7	57.5	59.8	52.7	50.5	41.1	37.5	45.7
	표준편차	4.82	5.10	3.19	4.19	4.88	5.75	4.08	4.56
광주제주호남	평균득표율	73.0	77.8	77.8	76.0	15.3	10.7	12.3	13.0
	표준편차	11.06	10.40	8.36	10.58	11.04	9.00	8.12	10.03
대구경북	평균득표율	21.1	26.5	32.7	23.7	72.3	66.3	60.5	69.7
	표준편차	6.38	7.59	8.75	6.81	7.43	7.95	6.92	7.92
부산울산경남	평균득표율	38.8	49.4	53.0	44.0	59.3	48.8	45.4	54.4
	표준편차	5.96	7.13	5.03	6.12	5.94	6.67	4.38	5.74

이 결과를 요약 정리하면 다음과 같다.
- 더불어민주당 후보인 경우 8개 지역에 대한 투표표본별 평균득표율은 다음과 같은 공통점을 나타낸다.

$$당일평균득표율 < 관내사전평균득표율$$
$$당일평균득표율 < 관외사전평균득표율$$
$$당일평균득표율 < 선거구평균득표율$$

- 국민의힘 후보인 경우 8개 지역에 대한 투표표본별 평균득표율은 다음과 같은 공통점을 나타낸다.

$$당일평균득표율 > 관대사전평균득표율$$
$$당일평균득표율 > 관외사전평균득표율$$
$$당일평균득표율 > 선거구평균득표율$$

- 더불어민주당 후보에 대한 조작은 관내사전투표 및 관외사전투표에서 실시되었으며 조작 방법은 관내 및 관외 사전득표율이 증가되는 방법으로 추진되었다.
- 국민의힘 후보에 대한 조작은 관내사전득표율 및 관외사전득표율이 감소하는 방법으로 추진되었다. 결과적으로 더불어민주당 후보의 선거구득표율은 유권자가 투표한 득표율 보다 높아졌으며 국민의힘 후보의 선거구득표율은 실제 득표율 보다 낮아졌다.

전국 8개 지역에 대한 투표표본별 분포특성을 나타내는 표준편차는 다음과 같은 공통점을 나타내고 있다.
- 전국 8개 지역 모두에서 더불어민주당 후보 및 국민의힘 후보에 대한 투표표본 사이의 표준편차 차이값은 크지 않다. 따라서 당일투표표본, 관내사전투표표본, 관외사전투표표본 및 선거구투표표본 집단에 대한 득표율 대비 선거구 수 분포특성은 서로 유사하다.
- 이런 결과는 관내사전투표 및 관외사전투표에 대한 조작 방법 및 조작 비율이 거의 동일하다고 추정할 수 있다.

B. 관내사전평균득표율-당일평균득표율, 관외사전평균득표율-당일평균득표율, 선거구평균득표율-당일평균득표율 차이의 특이성

〈표 2-13〉은 전국 8개 지역에 대한 더불어민주당 후보와 국민의힘 후보의 관내사전평균득표율-당일평균득표율, 관외사전평균득표율-당일평균득표율, 선거구평균득표율-당일평균득표율 차이를 나타낸 결과이다.

<표 2-13> 전국 8개 지역에 대한 관내사전평균득표율 - 당일평균득표율, 관외사전평균득표율 - 당일평균득표율, 선거구평균득표율- 당일평균득표율 차이 (단위 : %)

지역	더불어민주당 후보			국민의힘 후보		
	관내-당일	관외-당일	선거구-당일	관내-당일	관외-당일	선거구-당일
서울	12.8	15.4	6.7	-12.2	-14.7	-6.3
경기	10.8	11.4	5.1	-10.6	-11.5	-4.8
인천	10.4	12.2	4.7	-9.3	-12.2	-3.9
강원	9.4	16.3	5.0	-10.7	-16.9	-6.9
대전세종충청	10.8	13.1	6.0	-9.4	-13.0	-4.8
광주제주호남	4.8	4.8	3.0	-4.6	-3.0	-2.3
대구경북	5.4	11.6	2.6	-6.0	-11.8	-3.0
부산울산경남	10.6	14.2	5.2	-10.5	-13.9	-4.9

이 결과를 좌표평면에 막대 그래프로 나타내면 그림 2-16과 같다.

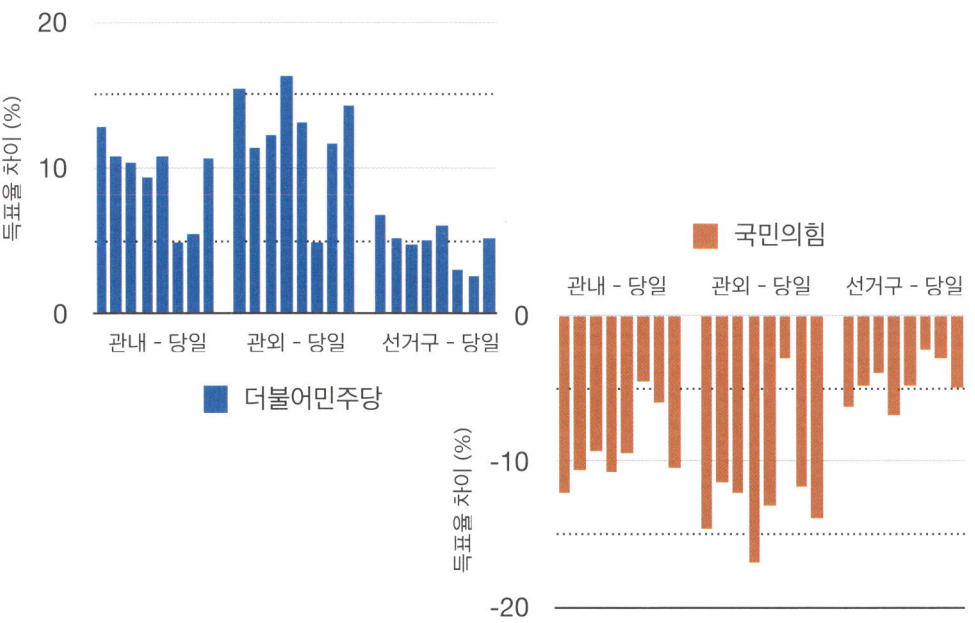

그림 2-16. 지역에 따른 관내사전, 관외사전 및 선거구 평균득표율-당일득표율 차이(%)
(지역 순번은 <표 2-12> 참조)

이 결과를 요약하면 다음과 같다.

- 더불어민주당 후보인 경우 전국 8개 지역에 대한 관내사전평균득표율-당일평균득표율, 관외사전평균득표율-당일평균득표율 및 선거구평균득표율-당일평균득표율 차이는 모두 (+)를 나타낸다.
- 국민의힘 후보인 경우 전국 8개 지역에 대한 관내사전평균득표율-당일평균득표율, 관외사전평균득표율-당일평균득표율 및 선거구평균득표율-당일평균득표율 차이는 모두 (-)를 나타낸다.
- 전국 8개 지역에 대한 당일 투표표본의 모집단은 관내사전투표표본의 모집단, 관외사전투표표본의 모집단과 서로 동일하지 않다.
- 선관위가 발표한 선거구 투표는 당일투표표본의 모집단이 아니다. (표준편차 참조)

C. 관외사전평균득표율 - 관내사전평균득표율 차이값의 특이성

<표 2-14>는 전국 8개 지역에 대한 더불어민주당 후보와 국민의힘 후보의 관외사전평균득표율-관내사전평균득표율 차이를 나타내고 있다.

<표 2-14> 전국 8개 지역에 대한 관외사전평균득표율 - 관내사전평균득표율 차이 (단위 : %)

	관외사전평균득표율 - 관내사전평균득표율							
	서울	경기	인천	강원	대전세종충청	제주광주호남	대구경북	부산울산경남
더불어민주당	2.6	0.6	1.8	6.9	2.3	-0.02	6.2	3.6
국민의힘	-2.5	-0.9	-2.9	-6.2	-3.6	1.6	-5.8	-3.8

이 결과를 막대그림으로 나타내면 그림 2-17과 같고, 요약하면 다음과 같다.

- 제주·광주·호남지역을 제외한 전국 7개 지역에 대한 더불어민주당 후보의 관외사전평균득표율-관내사전평균득표율 차이는 (+) 이며, 국민의힘 후보의 관외사전평균득표율-관내사전평균득표율 차이는 (-) 이다.
- 관내사전투표와 관외사전투표의 모집단은 서로 동일한 지역(서울, 경기, 인천, 충청, 호남, 부산, 경남)과 동일하지 않은 지역(강원, 대구·경북)으로 구분된다. (표준편차 참조)

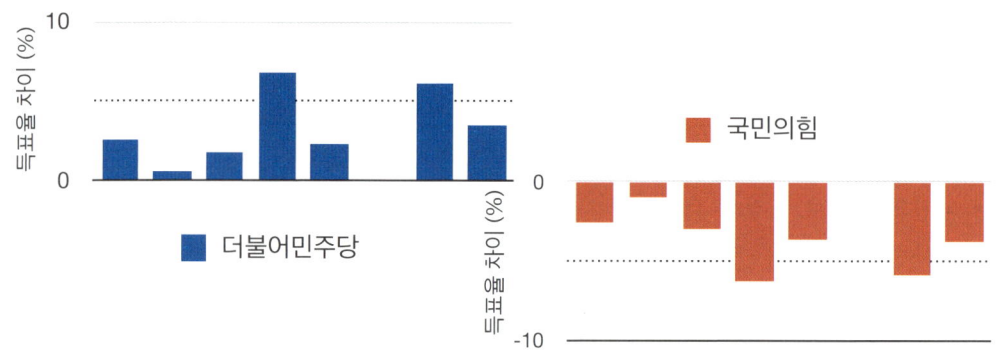

그림 2-17. 지역에 따른 관외사전평균득표율−관내사전평균득표율 차이 (%)

D. 당일평균득표율−선거구평균득표율, 관내사전평균득표율−선거구평균득표율 및 관외사전평균득표율−선거구평균득표율 차이의 특이성

<표 2-15>는 전국 8개 지역에 대한 더불어민주당 후보와 국민의힘 후보의 선거구평균득표율 대비 당일평균득표율, 관내사전평균득표율, 관외사전평균득표율 차이를 나타내고 있다.

<표 2-15> 전국 8개 지역에 대한 당일-선거구, 관내사전-선거구, 관외사전-선거구 득표율 차이 (단위 : %)

지역	더불어민주당 후보			국민의힘 후보		
	당일 - 선거구	관내 - 선거구	관외 - 선거구	당일 - 선거구	관내 - 선거구	관외 - 선거구
서울	-6.7	6.1	8.7	6.3	-5.9	-8.4
경기	-5.1	5.7	6.3	4.8	-5.8	-6.7
인천	-4.7	5.7	7.5	3.9	-5.4	-8.3
강원	-5	4.4	11.3	6.9	-3.8	-10
대전세종충청	-6	4.8	7.1	4.8	-4.6	-8.2
광주제주호남	-3	1.8	1.8	2.3	-2.3	-0.7
대구경북	-2.6	2.8	9	3	-3.4	-9.2
부산울산경남	-5.2	5.4	9	4.9	-5.6	-9

이 표의 결과를 좌표평면에 막대그림으로 도시하면 〈그림 2-18〉과 같다.

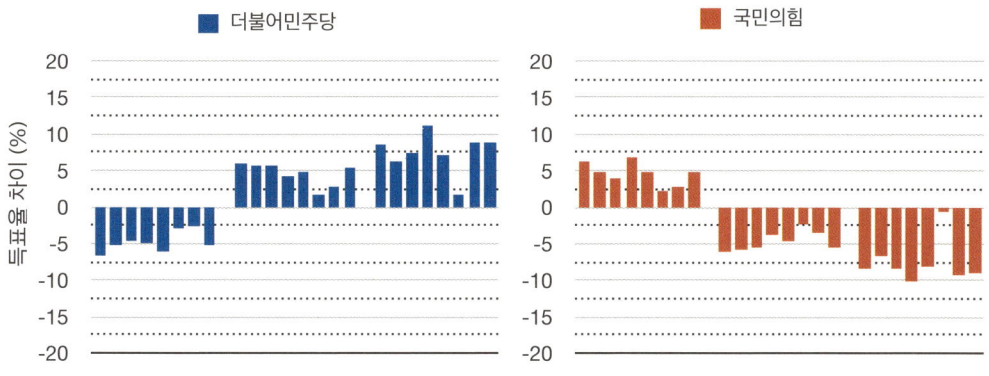

그림 2-18. 지역에 따른 당일-선거구, 관내사전-선거구, 관외사전-선거구 득표율 차이 (%)

이 결과를 요약 정리하면 다음과 같다.
- 더불어민주당 후보인 경우 전국 8개 지역에 대한 선거구평균득표율 대비 당일평균득표율, 관내사전평균득표율, 관외사전평균득표율 차이값에 대한 공통적인 특이성은 다음과 같다.

$$당일평균득표율 < 선거구평균득표율$$
$$관내사전평균득표율 > 선거구평균득표율$$
$$관외사전평균득표율 > 선거구평균득표율$$

- 호남지역을 제외한 더불어민주당 후보에 대한 선거구 투표집단은 당일투표, 관내사전투표, 관외사전투표 표본의 모집단이 아니다. (표준편차 참조)
- 국민의힘 후보인 경우 전국8개 지역에 대한 선거구평균득표율 대비 당일평균득표율, 관내사전평균득표율 및 관외사전평균득표율 차이값에 대한 공통적인 특이성은 다음과 같다.

$$당일평균득표율 > 선거구평균득표율$$
$$관내사전평균득표율 < 선거구평균득표율$$
$$관외사전평균득표율 < 선거구평균득표율$$

- 국민의힘 후보에 대한 선거구 투표집단은 당일투표, 관내사전투표, 관외사전투표 표본의 모집단이 아니다. (표준편차 참조)

E. 사전득표율-당일득표율 차이의 문제점에 대한 통계학적 결론

전국 5개 광역지역에 대한 관내사전득표율-당일득표율, 관외사전득표율-당일득표율 및 선거구득표율-당일득표율 차이에 대한 지역의 평균을 다음 식을 사용하여 계산하였다.

$$\Delta \overline{X} = \frac{\Sigma n_i \cdot \Delta X}{\Sigma n_i} \qquad (2-8)$$

위 식에서 ΔX : 그림 2-11 ~ 그림 2-15의 득표율 차이 구간의 중간값, n_i : 득표율 차이 구간에 포함된 선거구 수이다. 식 (2-8)을 사용하여 서울지역, 경기지역, 인천·춘천·대전·세종·충청남북지역, 제주·광주·전라남북지역 및 대구·부산·울산·경상남북지역에 대한 관내사전득표율-당일득표율, 관외사전득표율-당일득표율 및 선거구득표율-당일득표율 차이가 99% 오차범위에서 벗어나는 배수를 도출하면 〈표 2-16〉과 같다.

관내사전-당일, 관외사전-당일 및 선거구-당일 득표율 차이가 나타내는 99% 오차범위의 배수는 다음 식 (2-9)를 사용하였다. 이 식에서 사용한 99% 오차범위 1.5%는 최대값으로 식(2-4)에 제시되어 있다.

99% 오차범위에 대한
관내사전득표율-당일득표율 차이의 배수 = (관내사전득표율 - 당일득표율) ÷ 1.5
관외사전득표율-당일득표율 차이의 배수 = (관외사전득표율 - 당일득표율) ÷ 1.5
선거구득표율-당일득표율 차이의 배수 = (선거구득표율 - 당일득표율) ÷ 1.5   (2-9)

〈표 2-16〉의 결과를 좌표평면에 막대 그래프로 도시하면 그림 2-19와 같다.

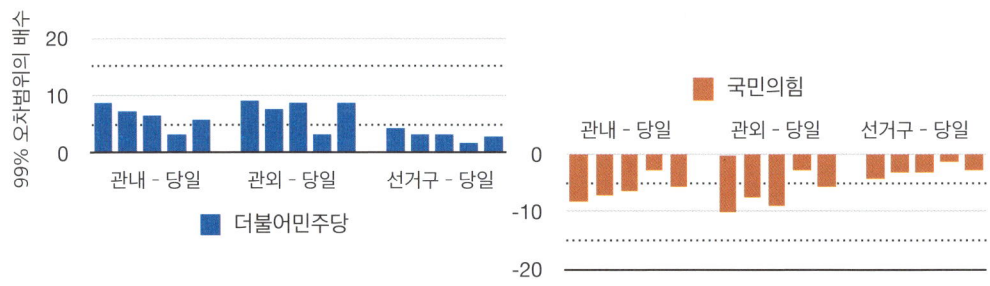

그림 2-19. 전국 5개 광역지역에 대한 관내사전-당일, 관외사전-당일 및 선거구-당일 득표율 차이가 99% 오차범위를 벗어나는 배수

⟨표 2-16⟩와 그림 2-19의 결과를 요약 정리하면 다음과 같다.
- 정상적인 투표라면 당일득표율, 관내사전득표율, 관외사전득표율 및 모집단인 선거구 득표율 사이에는 다음의 통계학적 공리가 충족되어야 한다.

$$당일득표율 \fallingdotseq 관내사전득표율 \fallingdotseq 관외사전득표율 \fallingdotseq 선거구득표율$$

- 그러나 제22대 총선결과는 통계학적으로 설명 불가능한 다음의 결과를 나타낸다.

더불어민주당 후보	국민의힘 후보
관내사전득표율 > 당일득표율	관내사전득표율 < 당일득표율
관외사전득표율 > 당일득표율	관외사전득표율 < 당일득표율
선거구득표율 > 당일득표율	선거구득표율 < 당일득표율

- 관내투표 및 관외투표에 대한 제22대 총선결과는 더불어민주당 후보에게는 정상적인 투표의 99% 오차범위의 5~10배가 증가된 조작이, 국민의힘 후보에게는 정상적인 투표의 99% 오차범위의 5~10배가 감소된 조작이 실행된 결과라고 추정할 수 있다
- 조작은 전국 5개 광역지역 모두에서 실행되었다.

Part II

기획 선거

나뭇잎 배

박홍근 작사
윤용하 작곡

낮에 놀다 두고온 나뭇잎 배는
엄마 곁에 누워도 생각이 나요
푸른 달과 흰구름 둥실 떠가는
연못에서 사알살 떠다니겠지

연못에다 띄워논 나뭇잎 배는
엄마 곁에 누워도 생각이 나요
살랑살랑 바람에 소곤거리는
갈잎 새를 혼자서 떠다니겠지

기획 선거에 대한 개괄

Part II는 기획 선거의 실상, 기획 선거의 결과 및 제22대 총선의 정당별 의석수에 대한 통계학적 해답 부분으로 구성되어 있다. 제22대 총선이 기획 선거라는 지표 중의 하나는 제21대 총선 결과와 제22대 총선 결과가 거의 동일하다는 것이다. 다음 표는 제21대 및 제22대 총선 결과를 나타내고 있다. 거의 동일한 결과이다.

(지역구 의원수)

	더불어민주당 후보 당선자 수	국민의힘 후보 당선자 수	계
제21대 총선	164*	89**	253
제22대 총선	163***	91	254
제22대 - 제21대	-1	2	1

  * 정의당 후보 1명 포함
  ** 무소속 후보 (당선후 국민의힘으로 입당) 5명 포함
  *** 새로운미래 1명, 개혁신당 1명, 진보당 1명 포함

위의 결과가 나온 배경에는 [더불어민주당 후보의 실제득표율 - 국민의힘 후보의 실제득표율] 차이가 일정한 값 이상이면 더불어민주당 후보가 당선되고 이 일정한 값 보다 낮아지면 낙선되도록 선거가 설계되어 있다는 것이다. 예를 들면 서울지역 48개 선거구인 경우 유권자가 실제로 투표한 투표수로 부터 획득한 [더불어민주당 후보의 당일득표율(x_A) - 국민의힘 후보의 당일득표율(y_A)] 차이가 -12.5% 이상이기만 하면, 당일투표에서는 국민의힘 후보에게 패하지만 더불어민주당 후보가 당선되었다. 반면 국민의힘 후보는 당일투표에서 더불어민주당 후보 보다 12.5% 이상 우세해야 당선되었다. 이 결과는 서울지역 48개 선거구에 모두 동일하게 적용된다. 다음 그림은 제22대 총선결과가 기획된 결과하는 것을 나타내는 서울지역 48개 선거구에 대한 함수관계 그래프이다. 이 그래프의 결과에 의하면 더불어민주당 후보가 당선되는 [더불어민주당 후보의 당일득표율(x_A) - 국민의힘 후보의 당일득표율(y_A)] 차이에 대한 변곡점이 존재한다는 것이다. 이 변곡점보다 작으면 더불어민주당 후보는 무조건 낙선이며, 이 변곡점보다 높으면 더불어민주당 후보가 실제로는 국민의힘 후보에게 뒤져도 선관위가 발표하는 선거결과에서는 당선이다. 이런 변곡점은 서울지역 48개 선거구에 대하여서는 물론 경기지역 60개 선거구, 전국 7개 선거지역 모두에 적용되는 놀라운 결과를 확인할 수 있다.

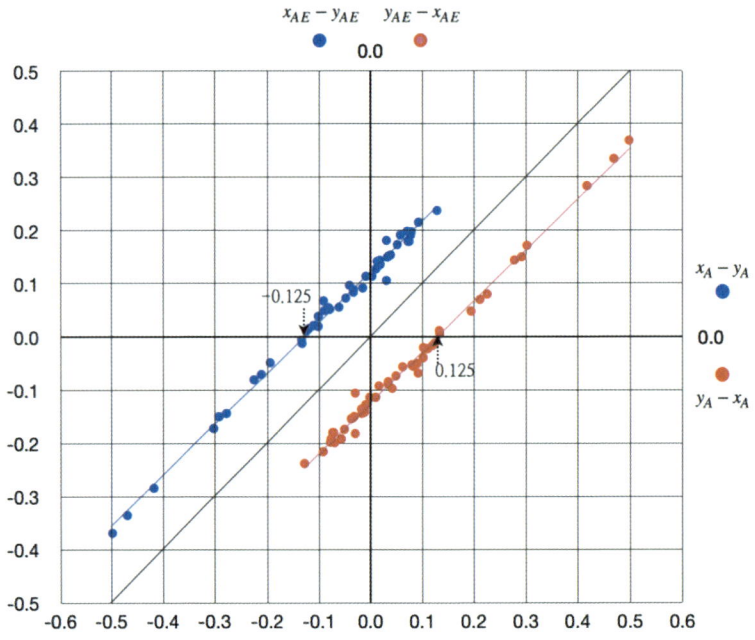

다음 표는 전국 7개 선거지역에 대하여 더불어민주당 후보가 무조건 낙선되는 $x_A - y_A$ 범위, 변곡점 $x_A - y_A$ 값, 그리고 더불어민주당 후보가 무조건 당선되는 $x_A - y_A$ 범위가 제시되어 있다.

지역	관내사전투표			관외사전투표			선거구투표		
	$\Delta P = x_A - y_A = $ 당일득표율 차이								
	낙선 범위	변곡점	당선 범위	낙선 범위	변곡점	당선 범위	낙선 범위	변곡점	당선 범위
서울	↓	-0.25	↑	↓	-0.32	↑	↓	-0.125	↑
경기	↓	-0.22	↑	↓	-0.26	↑	↓	-0.11	↑
인천·강원	↓	-0.19	↑	↓	-0.34	↑	↓	-0.1	↑
대전·세종·충청	↓	-0.18	↑	↓	-0.34	↑	↓	-0.11	↑
제주·광주·호남	↓	-0.21	↑	↓	-0.34	↑	↓	-0.1	↑
대구·경북	↓	-0.21	↑	↓	-0.29	↑	↓	-0.1	↑
부산·울산·경남	↓	-0.22	↑	↓	-0.2	↑	↓	-0.1	↑

↓ : 변곡점 미만, ↑ : 변곡점 초과

기획한 선거로인하여 생성되는 선거결과가 제 4장에 자세히 기술되어 있다. 이중 제 4장을 구성하는 두 기둥을 소개하면 다음과 같다. 첫 번째 기둥은 지역별 투표표본에 따른 더불어민주당 후보와 국민의힘 후보의 당선 비율로 다음 표와 같다.

지역별 당선 비율 (%)	당일투표		사전투표								선거구 투표	
			관내		관외		거소선상		국외			
	더불	국힘	더불	국힘	더불	국힘	더불	국힘	더불	국힘	더불	국힘
1. 서울	41.7	58.3	89.6	10.4	93.8	6.2	64.6	35.4	97.9	2.1	77.1	22.9
2. 경기	68.3	31.7	98.3	1.7	100	0	70	30	100	0	88.3	11.7
3. 인천	52	50	92.9	7.1	100	0	71.4	28.6	100	0	85.7	14.3
4. 강원	0	100	37.5	62.5	100	0	25	75	100	0	25	75
5. 대전·세종·충청	39.3	60.7	96.4	3.6	100	0	50	50	100	0	78.6	21.4
6. 제주·광주·호남	96.8	3.2	100.0	0	100	0	100	0	100	0	100	0
7. 대구·경북	0	100	0.0	100	0	100	0	100	100	0	0	100
8. 부산·울산·경남	5	95	55.0	40	82.5	17.5	12.5	87.5	100	0	15	85
계	43.7	56.3	78.0	21.7	86.2	13.8	53.1	46.5	99.6	0.4	64.2	35.8

이 표의 결과를 요약하면 다음과 같다.
- 당일투표에서 더불어민주당 후보가 당선된 비율은 43.7 %, 국민의힘 후보가 당선된 비율은 56.3 %로 국민의힘 후보의 당선 비율이 훨씬 높다.
- 관내사전투표에서 더불어민주당 후보가 당선된 비율은 78 %로 당일투표 당선비율 대비 34 %나 증가한다. 반면 국민의힘 후보가 당선된 비율은 21.7 %로 당일투표 당선율 대비 34 %가 감소한다.
- 관외사전투표에서 더불어민주당 후보가 당선된 비율은 86.2 %로 당일투표 당선율 대비 42.5 %나 증가한다. 반면 국민의힘 후보의 당선율은 13.8 %로 당일투표 당선율 대비 42.5 %가 감소한다. 특히 경기지역, 인천지역, 강원지역, 대전·세종·충청지역, 제주·광주 호남지역인 경우 더불어민주당 후보는 관외사전투표에서 100 % 당선이나 국민의힘 후보는 100 % 낙선이다. 당일투표와 기소선상사전투표를 제외한 관내사전투표, 관외사전투표 및 국외사전투표의 선거결과는 불가능한 결과이다.

제 4장의 두 번째 기둥은 정당별 당일투표에서 패한 후보가 관내, 관외, 거소선상 및 국외 사전투표에서 승자가 되는 비율과 패자가 되는 비율이다. 다음 표는 당일투표에서 패한 더불어민주당 후보가 관내, 관외, 거소선상 및 국외 사전투표에서 승리한 비율과 패한 비율이다.

더불어민주당 후보 : 승자비율, 패자비율 (%)

지역	사전투표								선거구 투표	
	관내		관외		거소선상		국외			
	승자	패자	승자	패자	승자	패자	승자	패자	승자	패자
서울	82.1	17.9	89.3	10.7	42.9	50	100	0	60.7	39.3
경기	94.7	5.3	100	0	26.3	73.7	100	0	63.2	36.8
인천	85.7	14.3	100	0	71.4	28.6	100	0	71.4	28.6
강원	37.5	62.5	100	0	25	75	100	0	25	75
대전·세종·충청	94.1	5.9	100	0	47.1	52.9	100	0	64.7	35.3
제주·광주·호남	100	0	100	0	100	0	100	0	100	0
대구·경북	0	100	0	100	0	100	96	4	0	100
부산·울산·경남	52.6	47.4	81.6	18.4	10.5	89.5	100	0	10.5	89.5
계	60.8	39.1	75.5	24.5	25.9	72.7	99.3	0.7	36.4	63.6

이 표의 결과를 요약하면 다음과 같다.

- 당일투표에서 패한 더불어민주당 후보가 관내사전투표에서 승리한 비율이 60.8 % 로 당일투표 대비 60.8 % 가 증가한다.
- 당일투표에서 패한 더불어민주당 후보가 관외사전투표에서 승리한 비율은 100 % 로 코믹한 선거결과이다. 이런 결과는 불가능한 결과일 뿐만아니라 전 세계의 웃음거리이다.
- 당일투표에서 패한 더불어민주당 후보가 국외사전투표에서 승리한 비율은 대구·경북지역 이외의 모든 지역에서 100 % 이다. 이 또한 대단히 부끄러운 결과이다. 이와 같은 결과는 해석이 불가능하다.

다음 표는 당일투표에서 패한 국민의힘 후보가 관내, 관외, 거소선상 및 국외 사전투표에서 승리한 비율과 패한 비율을 나타내고 있다.

국민의힘 후보 : 승자비율, 패자비율 (%)

지역	사전투표								선거구투표	
	관내		관외		거소선상		국외			
	승자	패자	승자	패자	승자	패자	승자	패자	승자	패자
서울	0	100	0	100	5	95	0	100	0	100
경기	0	100	0	100	9.8	90.2	0	100	0	100
인천	0	100	0	100	28.6	71.4	0	100	0	100
강원	-	-	-	-	-	-	-	-	-	-
대전·세종·충청	0	100	0	100	45.5	54.5	0	100	0	100
제주·광주·호남	0	100	0	100	0	100	0	100	0	100
대구·경북	-	-	-	-	-	-	-	-	-	-
부산·울산·경남	0	100	0	100	50	50	0	100	0	100
계	0	100	0	100	11.7	88.3	0	100	0	100

위 표의 결과를 요약하면 다음과 같다.
- 당일투표에서 패한 국민의힘 후보는 거소선상을 제외한 관내, 관외 및 국외 사전투표의 모든 지역에서 100% 패한다.
- 더불어민주당 후보의 결과와 비교하여 볼때 이런 결과는 인위적 개입없이는 불가능한 결과라고 평가할 수 있다.

Part II의 제5장에 대한 핵심 내용은 선관위가 발표한 낙선한 국민의힘 후보 중 당일투표에서 승리한 50명에 대한 통계학적 해답이다. 이 50명의 국민의힘 후보의 당선 여부에 대한 통계학적 답변은 다음 표와 같다.

지역	국민의힘 후보			지역	국민의힘 후보		
	당선 확실	검증필요	계		당선 확실	검증필요	계
1. 서울	16	1	17	7. 충남	4		4
2. 경기	11	1	12	8. 제주	1		1
3. 인천	2	2	4	9. 부산	1		1
4. 강원	2		2	10. 울산	1		1
5. 대전	3		3	11. 경남	2		2
6. 충북	3		4	계	46	4	50

이 표의 결과를 요약하면 다음과 같다.
- 통계학적으로 당선이 확실한 후보는 46명이다.
- 통계학적으로 당선으로 추정되지만, 단정하려면 추가 확인이 필요한 후보는 4명이다.
- 통계학적 해석에 의하면 국민의힘 후보 중 당일투표에서 승리하지만 선관위 발표에서 낙선한 50명은 모두 당선이다.

Chapter 3

기획 선거의 실상

3-1. 기획 선거의 목적과 목표

선거결과의 공정성에 대한 문제는 오래전부터 지적되어 왔다. 그러나 그 문제점은 사회적 이슈로 등장할 만큼 심각하지는 않았었던 것 같다. 그런데 제21대 총선을 기점으로 선거조작은 대담하고 체계화되었고, 그 결과 국가의 운영체계를 바꿀 정도로 심각해졌다. 제21대 총선에서의 문제점은 2022년에 실시한 3.9 대선은 물론 2024년 4.10 총선에서도 비슷한 패턴으로 나타났다. 도대체 어떤 세력이 이와 같은 선거를 기획 추진했으며 그들의 전략적 목적은 무엇일까? 선거결과 분석을 통하여 이 미지 세력의 선거에 대한 전략적 목적을 다음의 두 가지로 추정할 수 있다.

선거에 대한 전략적 목적

- 선거권력을 통하여 입법권력을 장악한다.
- 몇십년을 지속할 수 있는 미래권력을 창출한다.

제21대 총선을 통하여 위의 목적을 최초로 성공시켰다. 그렇다면 이 알 수 없는 세력이 위의 목적을 성취하기 위하여 설정해 놓았던 제22대 총선의 목표는 무엇 이었을까? 이 세력들이 기획추진했던 제22대 총선에 대한 전략적 목표를 다음과 같이 정의하여보았다.

제22대 총선에 대한 전략적 목표

- 제22대 총선결과는 제21대 총선결과와 유사하게 하도록 한다.

그들은 설정하고 추진했던 위의 목표에 도달할 수 있었을 것인가? 몇가지 측면에서 목표달성 여부를 분석하여보자.

A. 제21대 총선 및 제22대 총선에 대한 정당별 총 의석수

〈표 3-1〉은 제21대 총선과 제22대 총선에 대한 정당별 지역구 당선자 수를 나타내고 있다.

<표 3-1> 제21대 및 제22대 총선에 대한 정당별 지역구 당선자 수

	후보 당선자 수		
	더불어민주당	국민의힘	계
제21대 총선	164*	89**	253
제22대 총선	163***	91	254
차이	-1	+2	+1

* : 정의당 후보 1명 포함,   ** : 무소속 후보 (당선후 국민의힘으로 입당) 5명 포함
*** : 새로운미래당 1명, 개혁신당 1명, 진보당 1명 포함

이 표의 결과에 의하면 제21대 총선 결과와 제22대 총선 결과는 동일하다. 제21대 총선에서는 총 253개 선거구에서 더불어민주당 후보 163명과 정의당 후보 1명이 당선되어, 이 두 정당의 지역구 당선자는 총 164명이다. 반면 미래통합당은 최초 당선자는 84명인데 무소속 후보로 당선된 후 미래통합당 후보로 입당한 5명이 추가되어 최종 지역구 당선자 수는 89명이다. 제22대 총선에서는 지역구 의석수가 1석 증가하여 총 254석이다. 총 254석의 지역구 의석 중 더불어민주당 후보가 당선된 지역구 수는 160이며, 새로운미래당 후보가 당선된 지역구 수는 1, 개혁신당 후보가 당선된 지역구 수는 1, 그리고 진보당 후보가 당선된 지역구 수는 1이다. 그 결과 야당의 지역구 총 의석수는 163석이다. 여당인 국민의힘 후보의 당선 의석수는 제21대 총선에서는 89, 제22대 총선에서는 91이다. 위의 결과로부터 제21대 총선 결과와 제22대 총선 결과가 더불어민주당 후보 의석수와 국민의힘 의석수 측면에서 서로 동일하다는 것을 다음과 같이 요약할 수 있다.

- 제21대 총선과 제22대 총선에 대한 더불어민주당 후보(국민의힘 제외 기타 당 포함)의 당선 의석수는 164석 : 163석으로 동일하다 .
- 제21대 총선과 제22대 총선에 대한 국민의힘 후보의 당선 의석수는 89대 91로 서로 동일하다.
- 제22대 총선 결과는 미지의 세력이 설정하였던 목표에 도달하였다.

B. 제21대 총선 및 제22 대 총선에 대한 정당별 지역에 따른 의석수

<표 3-2>는 제21대 총선과 제22대 총선에서 더불어민주당 후보와 국민의힘 후보가 획득한 선거지역에 따른 당선자 수를 비교분석한 결과이다.

<표 3-2> 제21대 및 제22대 총선에서 더불어민주당과 국민의힘 후보가 획득한 지역별 당선자 수

당선자 수		더불어민주당 후보			국민의힘 후보			계		
		21대 (1)	22대 (2)	(2) - (1)	21대 (1)	22대 (2)	(2) - (1)	21대 (1)	22대 (2)	(2) - (1)
1	서울	41	37	-4	8	11	3	49	48	-1
2	경기	52*	53***	1	7	7	0	59	60	1
3	인천	11	12	1	2**	2	0	13	14	1
4	강원	3	2	-1	5**	6	1	8	8	0
5	대전	7	7	0	0	0	0	7	7	0
6	세종	2	2***	0	0	0	0	2	2	0
7	충북	5	5	0	3	3	0	8	8	0
8	충남	6	8	2	5	3	-2	11	11	0
9	광주	8	8	0	0	0	0	8	8	0
10	전북	9	10	1	1**	0	-1	10	10	0
11	전남	10	10	0	0	0	0	10	10	0
12	대구	0	0	0	12**	12	0	12	12	0
13	경북	0	0	0	13	13	0	13	13	0
14	부산	3	1	-2	15	17	2	18	18	0
15	울산	1	2***	1	5	4	-1	6	6	0
16	경남	3	3	0	13**	13	0	16	16	0
17	제주	3	3	0	0	0	0	3	3	0
	계	164	163	-1	89	91	2	253	254	1

* : 정의당 후보 1명 포함, ** : 무소속 후보 5명 포함 (당선후 국민의힘 입당),
*** : 각각 1명은 개혁신당, 새로운미래, 진보당 후보임

우선 총 17개 지역 중 제21대 총선에서의 당선자 수와 제22대 총선에서의 당선자 수가 동일한 지역을 분석해보자. 더불어민주당 후보인 경우 총 17개 지역 중 9개 지역 즉 대

전지역, 세종지역, 충북지역, 광주지역, 전남지역, 대구지역, 경북지역, 경남지역 및 제주지역에서 제21대 총선에서 의 당선자 수와 제22대 총선의 당선자 수가 동일하다. 국민의힘 후보인 경우 총 17개 지역 중 11개 지역 즉 경기지역, 인천지역, 대전지역, 세종지역, 충북지역, 광주지역, 전남지역, 대구지역, 경북지역, 경남지역 및 제주지역에서 제21대 총선과 제22대 총선에서의 당선자 수가 동일하다. <표 3-3>은 제21대 총선과 제22대 총선에서 정당별 당선자 수가 동일한 지역을 나타내고 있으며 괄호 안의 숫자는 당선자 수를 나타내고 있다.

<표 3-3> 제 21대 및 제 22대 총선에서 정당별 당선자 수가 동일한 지역

더불어민주당 후보	국민의힘 후보
대전지역(7), 세종지역(2), 충북지역(5), 광주지역(8), 전남지역(10), 대구지역(0), 경북지역(0), 경남지역(3), 제주지역(3)	경기지역(7), 인천지역(2), 대전지역(6), 세종지역(0), 충북지역(3), 광주지역(0), 전남지역(0), 대구지역(12), 경북지역(13), 경남지역(13), 제주지역(0)

제21대와 제22대 총선에서 당선자 수가 가장 큰 차이를 나타낸 지역은 서울지역 이다. 더불어민주당 후보에 대한 제22대 당선자 수는 제21대에 비하여 4석이 감소했으나 국민의힘 후보에 대한 당선자 수는 3석이 증가하였다. 그 다음으로 당선자 수의 차이가 큰 지역은 충남지역으로, 더불어민주당 후보인 경우 제22대 총선에서는 제21대에 비하여 2석이 증가한 총 8명의 후보가 당선되었으나 국민의힘 후보인 경우 2석이 감소한 총 3명이 당선되었다. 부산지역인 경우, 제22대 총선에서 더불어민주당 후보의 당선자 수는 제21대에 비하여 2석이 감소한 1명이나 국민의힘 후보의 당선자 수는 제21대에 비하여 2석이 증가한 17명이다. 미지의 세력이 설정하였던 제22대 총선의 지역별 목표치에 대한 분석결과를 요약하면 다음과 같다.

- 제21대 총선과 제22대 총선에서 더불어민주당 후보의 당선자 수가 동일한 지역은 총 17개 지역 중 9개 지역이고, 국민의힘 후보의 당선자 수가 동일한 지역은 11개 지역이다.
- 제21대 총선에 비하여 제22대 총선의 당선자 수가 가장 큰 차이를 나타낸 지역은 서울지역이다. 제22대 총선에서 더불어민주당 후보 당선자 수는 제21대 총선에 비하여 4명이 감소한 37명이나 국민의힘 후보의 당선자 수는 3석이 증가한 11명이다.
- 제22대 총선에서의 지역에 따른 정당별 당선자 수는 미지의 세력이 설정한 제21대 지역에 따른 정당별 당선자 수와 거의 동일하다.

3-2. 기획선거의 추진 전략

A. 기획선거의 추진전략에 대한 함수관계식

제22대 총선에 대한 목표는 어떤 추진전략에 의하여 달성 되었을까? 서울지역 48개 선거구에 대한 제22대 총선 결과로부터 추진전략의 실마리를 풀어보자. 그림 3-1은 서울지역 48개 선거구에 대한 더불어민주당 후보와 국민의힘 후보 사이의 당일득표율 차이 대비 선거구득표율 차이의 함수관계를 나타내고 있다.

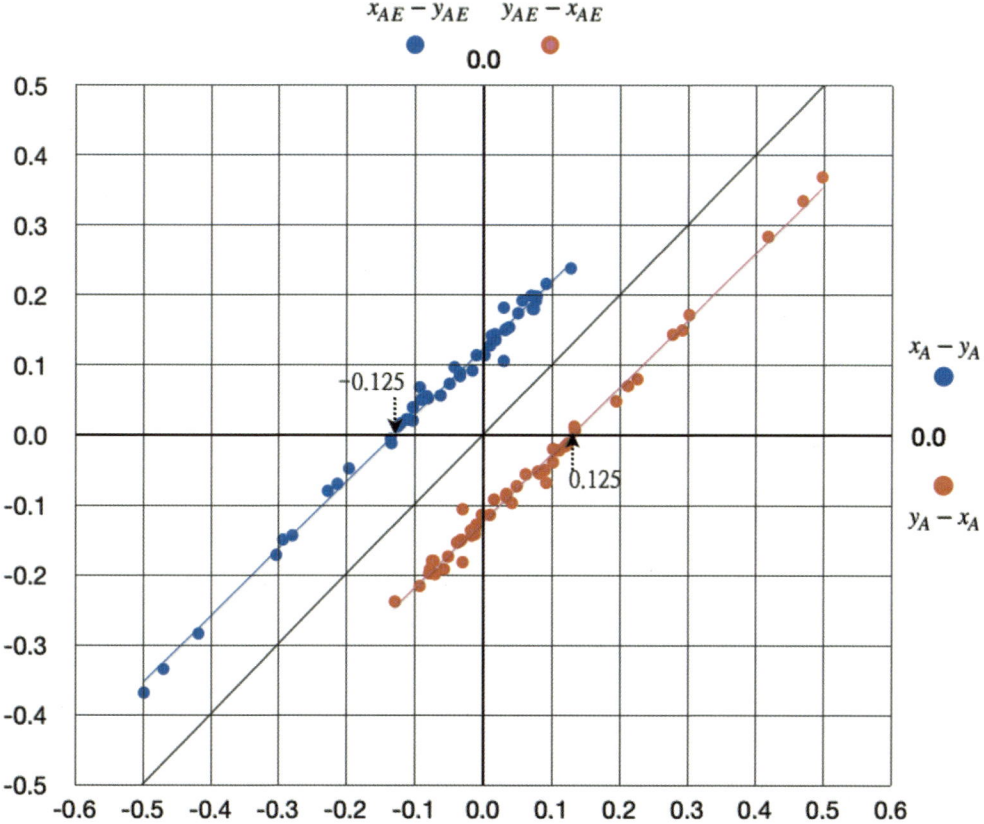

그림 3-1. 서울시 48개 선거구에 대한 더불어민주당과 국민의힘 후보 사이의 당일득표율 차이 대비 선거구득표율 차이의 함수관계.

x : 더불어민주당 후보 득표율, y : 국민의힘 후보 득표율, A : 당일투표, AE : 선거구투표

이 그림이 나타내는 [더불어민주당 후보의 당일득표율(x_A) - 국민의힘 당일득표율(y_A)]와 [더불어민주당 후보의 선거구득표율(x_{AE}) - 국민의힘 후보의 선거구득표율(y_{AE})] 사이의 함수관계로부터 다음의 특성을 확인할 수 있다.

- ($x_A - y_A$)와 ($x_{AE} - y_{AE}$) 사이의 함수관계는 선형함수이다.
- 이 함수식에 대한 ($x_A - y_A$)축의 절편은 -0.125 내외, ($x_{AE} - y_{AE}$)축의 절편은 +0.125 내외이다.

또한 [국민의힘 후보의 당일득표율(y_A) - 더불어민주당 후보의 당일득표율(x_A)]와 [국민의힘 후보의 선거구득표율(y_{AE}) - 더불어민주당 후보의 선거구득표율(x_{AE})] 사이의 함수관계도 다음의 두 가지 특성을 내포하고 있다.

- ($y_A - x_A$)와 ($y_{AE} - x_{AE}$) 사이의 함수관계는 선형함수이다.
- 이 함수식에 대한 ($y_A - x_A$)축의 절편은 +0.125 내외, ($y_{AE} - x_{AE}$)축의 절편은 -0.125 내외이다.

그림 3-1의 함수 관계식으로 부터 미지의 세력들이 수립 추진한 전략을 다음과 같이 추정할 수 있다.

- 제22대 총선에서 서울지역을 구성하고 있는 48개 선거구에 적용된 조작비율이 거의 동일하다는 것을 함수관계의 기울기로 부터 확인할 수 있다.
- ($x_A - y_A$)축의 절편으로 부터 더불어민주당 후보의 조작전 득표율이 국민의힘 후보의 득표율 보다 낮은 다음의 경우에도 더불어민주당 후보가 당선되도록 득표수 조작이 추진되었음을 확인할 수 있다.

    -12.5% < 더불어민주당 후보 실제득표율 - 국민의힘 후보 실제득표율 < 0%

- 만일 조작이 개입되지 않았다면 ($x_A - y_A$)과 ($x_{AE} - y_{AE}$) 사이의 함수관계는 선형함수이며, 기울기는 1이고, 원점을 지나야한다. ($x_A - y_A$)축의 절편과 ($x_{AE} - y_{AE}$)축의 절편이 원점으로 부터 벗어나고 기울기가 1보다 크거나 작은 경우는 조작이 개입된 경우이다.
- 서울 이외의 지역에 대한 조작개입여부는 그림 3-1과 같은 함수관계 그래프로 부터 확인할 수 있다.
- 결론적으로 더불어민주당 후보의 실제득표율과 국민의힘 후보의 실제득표율 사이의 차이가 다음 부등식과 같이 더불어민주당 후보가 국민의힘 후보에게 패한 경우에도 더불어민주당 후보가 당선되도록 추진전략이 설계되어 있었다.

    -10% < 더불어민주당 후보 실제득표율 - 국민의힘 후보 실제득표율 < 0%

- 따라서 목표달성 추진전략을 '10% 전략'으로 명명할 수 있다.

B. 기획선거의 추진과정

어떤 추진과정을 통하며 제22대 총선결과가 제21대 총선결과와 동일하게 형성될 수 있었을까? 이에 대한 질문은 득표수 조작이 비교적 용이한 사전투표 과정에서 찾을 수 있다. 사전투표는 관내사전투표, 관외사전투표, 거소선상사전투표 및 국외사전투표의 네 종류로 구성되어 있다. 이 네 종류의 투표결과에 대한 문제점이 제 1장과 제2장에 상세히 기술되어 있다. 제21대 총선결과와 제22대 총선결과 분석을 통하여 기획된 선거의 득표수 조작은 당일투표보다 사전투표에서 이루어졌으며 그 결과가 당선을 결정하는 선거구의 선거결과로 발표되었음을 확인할 수 있었다. 그림 3-2는 기획선거의 전략추진과정을 나타내고 있다.

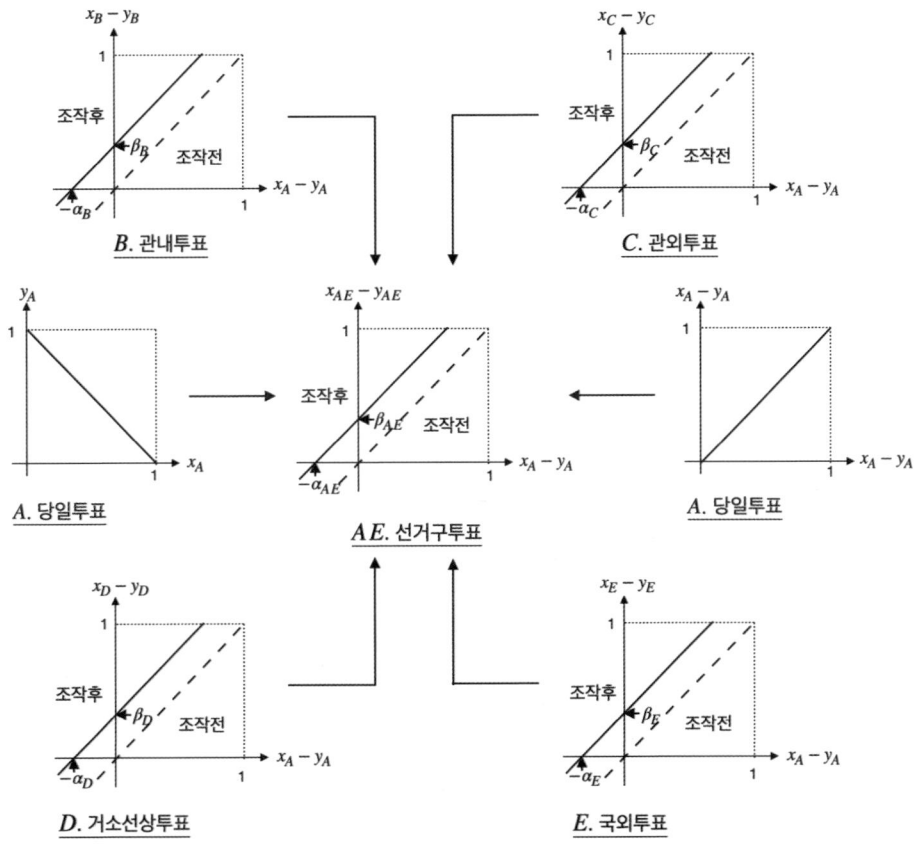

그림 3-2. 관내사전투표, 관외사전투표, 거소선상 및 국외사전투표에서의
득표수조작 결과와 당일투표 결과가 선거구투표 결과로 발현되는 과정.
x : 더불어민주당 후보 득표율, y : 국민의힘 후보 득표율

이 과정을 요약정리하면 다음과 같다.

- 득표수 조작은 관내사전투표, 관외사전투표 및 국외사전투표에서 실시되었다. 그 결과는 그림 3-2와 같이 $(x_A - y_A)$와 $(x_B - y_B)$, $(x_A - y_A)$와 $(x_C - y_C)$, $(x_A - y_A)$와 $(x_D - y_D)$ 및 $(x_A - y_A)$와 $(x_E - y_E)$ 사이의 함수관계로 표출되며, 함수관계는 선형함수관계이다.
- 관내, 관외 및 국외 투표에서 조작된 득표수는 최종 선거결과에 반영되어 제22대 총선에서 더불어민주당 후보의 당선자 수와 국민의힘 후보의 당선자 수가 결정되었다. 이 과정에 대한 결과 또한 $(x_A - y_A)$와 $(x_{AE} - y_{AE})$ 사이의 함수관계식으로 표현된다. 이 결과에 대한 함수관계 또한 선형함수 관계이다.
- 그림 3-2의 함수관계가 선형함수라는 것은 그 지역에 속한 모든 선거구에 적용한 조작비율이 거의 같으며 그 조작비율은 기울기로 표현됨을 알 수 있다.

3-3. 지역별 기획선거의 실상

전국을 서울지역, 경기지역, 인천·강원지역, 대전·세종·충청남북지역, 제주·광주, 전라남북지역, 대구·경북지역 및 부산·울산·경남지역의 7개 지역으로 구분하고, 이 7개 지역에 대한 기획선거의 실상을 규명해보자.

A. 서울지역

관내사전투표

그림 3-3은 서울지역 48개 선거구에 대한 [더불어민주당 후보 당일득표율(x_A) - 국민의힘 후보 당일득표율(y_A)]와 [더불어민주당 후보 관내사전득표율(x_B) - 국민의힘 후보 관내사전득표율(y_B)] 사이의 함수관계를 나타내고 있다. 함수관계는 선형함수이며 ($x_A - y_A$)축의 절편은 −0.27, ($x_B - y_B$) 축의 절편은 0.25이다.

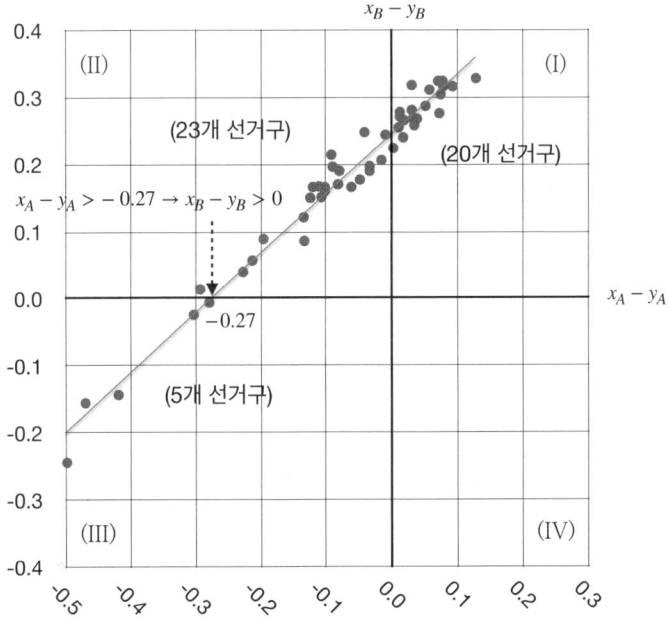

그림 3-3. 서울지역 48개 선거구에 대한 더불어민주당 후보와 국민의힘 후보의 당일득표율 차이 ($x_A - y_A$)와 관내사전득표율 차이 ($x_B - y_B$) 사이의 함수관계

x : 더불어민주당 후보 득표율, y : 국민의힘 후보 득표율, A : 당일투표, B : 관내투표

그림 3-3의 결과를 요약하면 다음과 같다.
- $(x_A - y_A)$와 $(x_B - y_B)$ 사이의 함수관계는 선형함수이다. 이 결과로부터 서울지역 48개 선거구의 관내사전투표에서 조작비율은 모든 선거구에서 거의 일정함을 확인할 수 있다.
- $(x_A - y_A)$축의 절편은 -0.27이다. 이 결과로부터 서울지역 관내사전투표에서 더불어민주당 후보가 다음 부등식의 범위에서 국민의힘 후보에게 패해도 선관위 발표 관내득표율은 국민의힘 후보의 관내사전득표율 보다 높게되도록 득표율이 조작되었음을 알 수 있다.

-27% < 더불어민주당 후보 실제관내득표율 $-$ 국민의힘 후보 실제관내득표율 < 0%
- $(x_B - y_B)$축의 절편은 0.25이다. 이 결과로부터 선관위 발표 더불어민주당 후보의 관내사전득표율은 더불어민주당 후보가 획득한 실제 관내사전득표율 보다 12.5% 증가하고 선관위 발표 국민의힘 후보의 관내사전득표율은 실제보다 12.5% 감소하도록 조작되었음을 확인할 수 있다.

관외사전투표

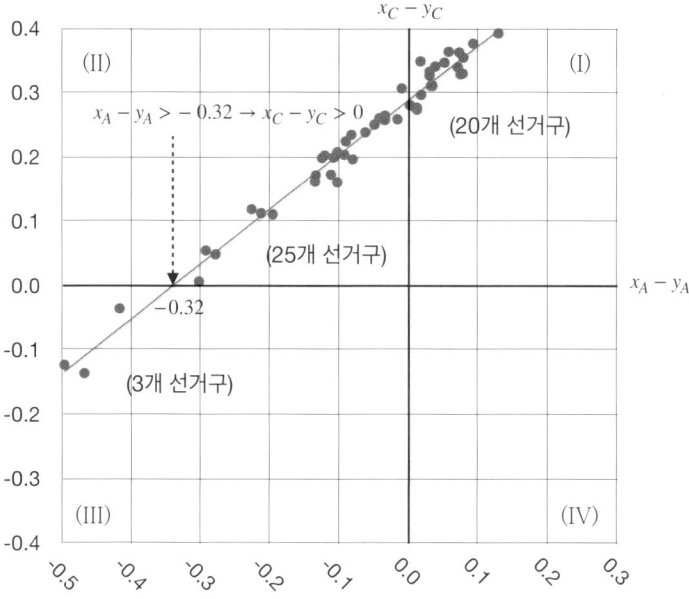

그림 3-4. 서울지역 48개 선거구에 대한 더불어민주당 후보와 국민의힘 후보의 당일득표율 차이 $(x_A - y_A)$와 관외사전득표율 차이 $(x_C - y_C)$ 사이의 함수관계
x : 더불어민주당 후보 득표율, y : 국민의힘 후보 득표율, A : 당일투표, C : 관외투표

그림 3-4는 서울지역 48개 선거구에 대한 [더불어민주당 후보 당일득표율(x_A) - 국민의힘 후보 당일득표율(y_A)]와 [더불어민주당 후보 관외사전득표율(x_C) - 국민의힘 후보 관외사전득표율(y_C)] 사이의 함수관계를 나타내고 있다. 함수관계는 선형함수이며 ($x_A - y_A$)축의 절편은 -0.32, ($x_C - y_C$)축의 절편은 0.29이다. 그림 3-4의 결과를 요약하면 다음과 같다.

- ($x_A - y_A$)와 ($x_C - y_C$) 사이의 함수관계는 선형함수이다. 이 결과로 부터 서울지역 48개 선거구의 관외사전투표에서 조작비율을 모든 선거구에서 거의 일정함을 알 수 있다.
- ($x_A - y_A$)축의 절편은 -0.32이다. 이 결과로 부터 서울지역 관외사전투표에서 더불어민주당 후보가 다음 부등식 범위에서 국민의힘 후보에게 패해도 선관위 발표 관외사전득표율은 국민의힘 후보의 관외사전득표율보다 높도록 득표율이 조작되었음을 확인할 수 있다.

$$-32\% < \text{더불어민주당 후보 실제 관외사전득표율} - \text{국민의힘 후보 실제 관외사전득표율} < 0\%$$

- ($x_C - y_C$)축의 절편은 0.29이다. 이 결과로부터 선관위 발표 더불어민주당 후보의 관외득표율은 더불어민주당 후보가 실제로 획득한 관외득표율보다 14.5% 증가하고 선관위 발표 국민의힘 후보의 관외득표율은 실제득표율 보다 14.5% 감소하도록 조작되었음을 알 수 있다.

거소선상사전투표

그림 3-5는 서울지역 48개 선거구에 대한 [더불어민주당 후보 당일득표율(x_A) - 국민의힘 후보 당일득표율(y_A)]와 [더불어민주당 후보 거소선상사전득표율(x_D) - 국민의힘 후보 거소선상사전득표율(y_D)] 사이의 함수관계를 나타내고 있다. 함수관계는 선형함수이며 ($x_A - y_A$)축의 절편은 -0.1, ($x_D - y_D$)축의 절편은 0.1 이다. 함수관계 결과를 요약하면 다음과 같다.

- ($x_A - y_A$)와 ($x_D - y_D$)의 함수관계는 선형함수이다. 관내투표와 관외투표에 비하여 다소 무작위적 특성을 나타낸다. 조작이 체계적이고 정교하지 않음을 알 수 있다.

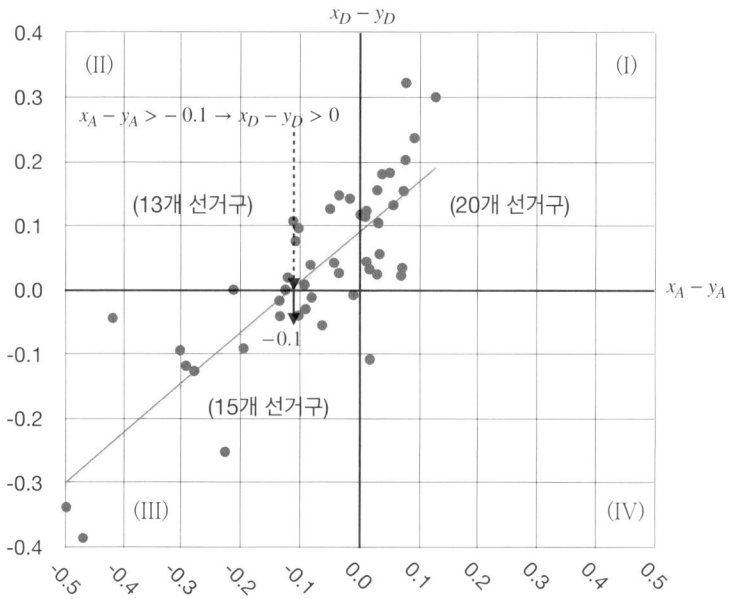

그림 3-5. 서울지역 48개 선거구에 대한 더불어민주당 후보와 국민의힘 후보의
당일득표율 차이 ($x_A - y_A$)와 거소선상사전득표율 차이 ($x_D - y_D$) 사이의 함수관계
x : 더불어민주당 후보 득표율, y : 국민의힘 후보 득표율, A : 당일투표, D : 거소선상투표

- ($x_A - y_A$)축의 절편은 -0.1이다. 이 결과로 부터 서울지역 48개 선거구의 선상투표에서 [더불어민주당 후보의 실제 거소선상사전득표율 − 국민의힘 후보의 실제 거소선상사전득표율] 차이가 -0.1 보다 크고 0보다 작은 경우에도 선관위 발표 득표율 차이는 0보다 높게 발표되었다. 이 관계를 부등식으로 나타내면 다음과 같다.

$$-10\% < x_A - y_A < 0\% \quad : \quad x_D - y_D > 0$$

- 거소선상사전투표인 경우 관내 및 관외 사전투표에 비하여 조작의 정도가 심하지 않았다는 것을 선관위 발표 선거결과에서도 찾아 볼 수 있다. 관내사전투표, 관외사전투표 및 거소선상사전투표에서 더불어민주당 후보의 득표율이 국민의힘 후보의 득표율보다 높은 선거구 수와 낮은 선거구 수를 비교하면 〈표 3-4〉와 같다. 이 결과에 의하면 더불어민주당 후보의 득표율이 국민의힘 후보의 득표율 보다 낮아 패한 선거구 수가 당일투표에서는 28개 선거구 이나 관내사전투표에서는 5개 선거구로 대폭 감소하고 관외투표에서는 3곳으로 더욱 감소한다. 그러나 거소선상사전투표에서는 15개 선거구로 증가한다. 거소선상 투표에서의 조작의 정도가 관내사전투표와 관외사전투표보다 심하지 않음을 확인할 수 있다.

<표 3-4> 관내, 관외 및 거소선상 사전투표에서 더불어민주당 후보의 득표율이 국민의힘 후보의 득표율 보다 높은 선거구 수와 낮은 선거구 수

	[더불어민주당 후보의 득표율 − 국민의힘 후보의 득표율] > 0 인 선거구 수 (I, II 분면)	[더불어민주당 후보의 득표율 − 국민의힘 후보의 득표율] < 0 인 선거구 수 (III 분면)
관내사전투표 ($x_B - y_B$)	43	5
관외사전투표 ($x_C - y_C$)	45	3
거소선상투표 ($x_D - y_D$)	33	15

국외사전투표

그림 3-6은 서울지역 48개 선거구에 대한 [더불어민주당 후보 당일득표율(x_A) − 국민의힘 후보 당일득표율(y_A)]와 [더불어민주당 후보 국외사전득표율(x_E) − 국민의힘 후보 국외사전득표율(y_E)] 사이의 함수관계를 나타내고 있다. 함수관계는 선형함수이며 ($x_A - y_A$) 축의 절편은 −0.48, ($x_E - y_E$) 축의 절편은 +0.48 이다.

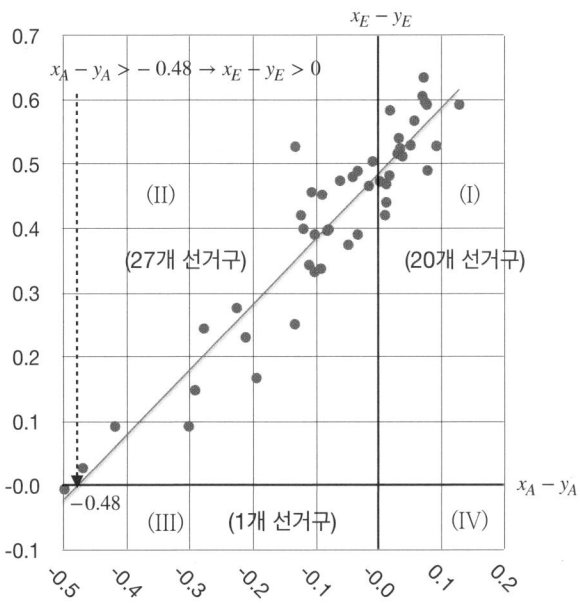

그림 3-6. 서울지역 48개 선거구에 대한 더불어민주당 후보와 국민의힘 후보의 당일득표율 차이 ($x_A - y_A$)와 국외사전득표율 차이 ($x_E - y_E$) 사이의 함수관계
x : 더불어민주당 후보 득표율, y : 국민의힘 후보 득표율, A : 당일투표, E : 국외투표

이 함수관계 결과를 요약하면 다음과 같다.
- $(x_A - y_A)$와 $(x_E - y_E)$ 사이의 함수관계는 선형함수이다. 서울지역 48개 선거구에 대한 조작비율 어느 범위내에서 일정함을 알 수 있다. 즉, 서울지역 48개 모든 선거구에서 조작이 실행되었음을 확인 할 수 있다.
- $(x_A - y_A)$축의 절편이 −0.48이다. 관내, 관외 및 거소선상사전투표에 비하여 휠씬 작은 값으로 조작이 가장 심각함을 알 수 있다.
- 조작의 심각성은 [관내, 관외, 거소선상 및 국외 사전투표에 대한 더불어민주당 후보 득표율 − 국민의힘 후보 득표율] 차이가 (+)인 선거구 수, (−)인 선거구 수 및 실제득표율 측면에서는 국민의힘 후보에게는 패하나 선관위 발표에서는 승리한 선거구 수에서 확인할 수 있다. 〈표 3-5〉는 투표표본별 앞의 결과를 나타내고 있다. 이 결과에 의하면 국외사전투표에서는 총 48개 선거구 중 더불어민주당 후보의 득표율이 국민의힘 후보의 득표율 보다 낮은 선거구는 1곳 뿐이다. 당일투표에서 더불어민주당 후보의 득표율이 국민의힘 후보의 득표율 보다 높은 곳이 20곳 이나 국외사전투표에서는 47곳으로 급격히 증가한다. 국외사전투표에 대한 조작의 심각성을 확인할 수 있다.

<표 3-5> 투표표본별 더불어민주당 후보 득표율 - 국민의힘 후보 득표율 차이가 (+)와 (-) 선거구 수

	[더불어민주당 후보의 득표율 - 국민의힘 후보의 득표율] > 0 인 선거구 수 (I, II 분면)	[더불어민주당 후보의 득표율 - 국민의힘 후보의 득표율] < 0 인 선거구 수 (III 분면)	조작전 득표율에서는 더불어민주당 후보가 패하였으나 선관위 발표에서는 승리한 선거구 수 (II 분면)
관내사전투표 $(x_B - y_B)$	43	5	23
관외사전투표 $(x_C - y_C)$	45	3	25
거소선상사전투표 $(x_D - y_D)$	33	15	13
국외사전투표 $(x_E - y_E)$	47	1	27

당일투표

그림 3-7은 서울지역 48개 선거구에 대한 더불어민주당 후보의 당일득표율(x_A)와 국민의힘 후보 당일득표율(y_A) 사이의 함수관계를 나타내고 있다. 이 두 후보의 당일득표율 사이의 함수관계식은 다음 식 (3-1)과 같이 표현된다.

$$x_A + y_A + z_A = 1 \qquad (3\text{-}1)$$

식 (3-1)에서 x_A는 더불어민주당 후보의 당일득표율, y_A는 국민의힘 후보의 당일득표율, z_A는 기타 후보의 당일득표율을 의미한다. 더불어민주당 후보의 당일득표율과 국민의힘 후보의 당일득표율에 비하여 기타 후보의 당일득표율은 대단히 작기때문에 식 (3-1)은 다음 식 (3-2) 같이 표현할 수 있다.

$$x_A + y_A \doteqdot 1 \qquad (3\text{-}2)$$

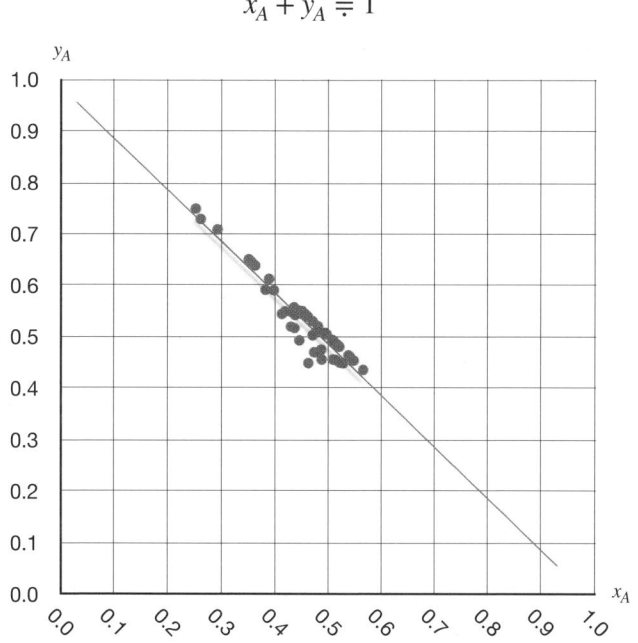

그림 3-7. 서울지역 48개 선거구에 대한 더불어민주당 후보의 당일득표율(x_A)과 국민의힘 후보의 당일득표율(y_A) 사이의 함수관계.

그림 3-7의 결과로부터 x_A와 y_A의 함수식이 식 (3-2)와 같음을 알 수 있다. 앞에서 언급했듯이 더불어민주당 후보와 국민의힘 후보에 대한 사전투표에서의 $(x_A - y_A)$와 $(x_B - y_B)$, $(x_A - y_A)$와 $(x_C - y_C)$, $(x_A - y_A)$와 $(x_D - y_D)$, $(x_A - y_A)$와 $(x_E - y_E)$, 그리고 x_A와 y_A의 함수식의 결과는 $(x_A - y_A)$와 $(x_{AE} - y_{AE})$의 함수관계식을 결정한다. 이 결과는 선관위가 발표한 더불어민주당 후보와 국민의힘 후보에 대한 선거구득표율로 나타난다.

선거구투표

그림 3-8은 선관위가 발표한 선거구에 따른 더불어민주당 및 국민의힘 후보의 선거구득표율 x_{AE}와 y_{AE}를 사용하여 도시한 그래프이다. 이 그래프는 다양한 정보를 내포하고 있다. 이 정보를 정리하면 다음과 같다.

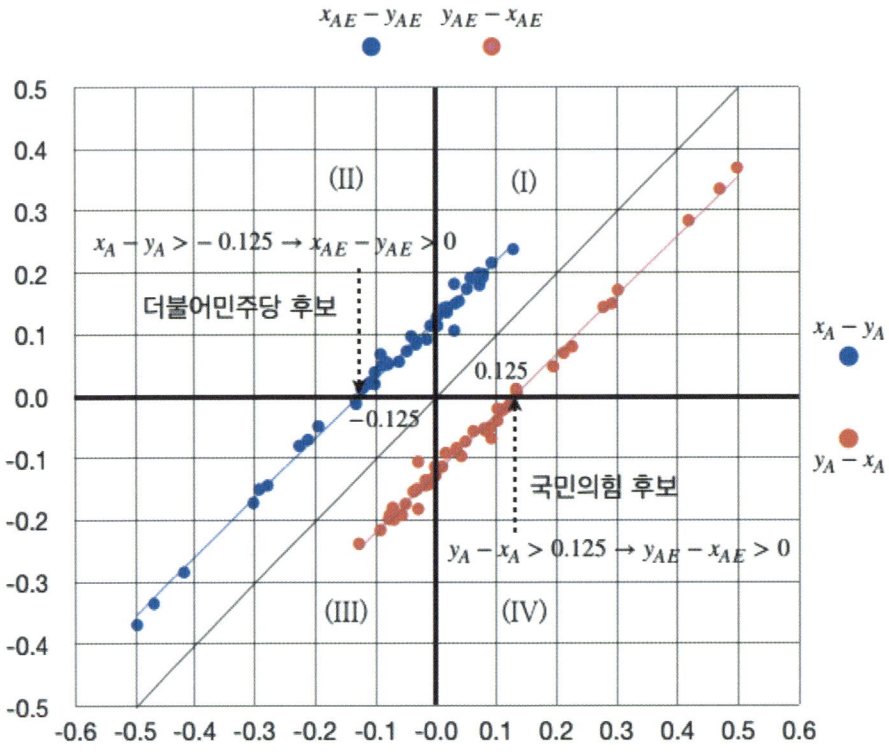

그림 3-8. 서울지역 48개 선거구에 대한 더불어민주당 후보와 국민의힘 후보 사이의 당일득표율 차이 대비 선거구득표율 차이의 함수관계.
x : 더불어민주당 후보 득표율, y : 국민의힘 후보 득표율, A : 당일투표, AE : 국외투표

그림 3-8로 부터 더불어민주당 후보가 당선에 필요한 국민의힘 후보와의 득표율 차이를 확인할 수 있다. 더불어민주당 후보에 대한 $(x_A - y_A)$축의 절편 값은 -0.125 이다. $(x_A - y_A)$의 값이 -0.125 보다 크면 더불어민주당 후보가 최종 당선에 필요한 다음 조건식을 만족하게 된다.

$$x_A - y_A > -0.125 \quad : \quad x_{AE} - y_{AE} > 0$$

더불어민주당 후보의 실제득표율이 국민의힘 후보의 실제득표율보다 -0.125 이하가 아니면 선관위가 발표한 최종 당선자는 더불어민주당 후보가 되도록 조작 작업이 추진되

었다. 예를 들면 더불어민주당 후보의 실제득표율이 국민의힘 후보의 실제득표율보다 9%가 낮더라도 선관위가 발표한 당선자는 더불어민주당 후보가 된다. 왜냐하면 [더불어민주당 후보 득표율 - 국민의힘 후보 득표율] 차이가 −9%로 −12.5%보다 크기 때문이다. 그림 3-8의 결과에 의하면 $x_A - y_A = -9$ 일때 $x_{AE} - y_{AE} > 0$ 이다. 따라서 선관위 발표결과는 $x_A - y_A = -9$ 일때 더불어민주당 후보가 당선되도록 기획되어 있었다.

　　그림 3-8의 더불어민주당 후보에 대한 그래프로 부터 좌표평면의 각 분면에 분포되어 있는 좌표점의 의미를 설명해보자. 그림 3-8의 제1사분면(I)에 분포되어 있는 좌표점에 해당하는 선거구는 20개로 조작 전과후 모두 더불어민주당 후보가 당선된다. 그림의 제2사분면(II)에 분포되어 있는 좌표점에 해당하는 선거구는 17개로 조작전에는 더불어민주당 후보가 낙선이나 조작후 선관위 발표에서는 더불어민주당 후보가 당선되었다. 그림의 제3사분면(III)에 분포되어 있는 좌표점에 해당하는 선거구는 11개로 조작전과후 모두 더불어민주당 후보가 낙선하였다. 〈표 3-6〉에서 각 사분면에 해당하는 선거구 명을 확인할 수 있다.

<표 3-6> 더불어민주당 후보에 대한 선거구 명 (그림 3-8).　　　승 : 당선, 패 : 낙선

	제1사분면 (I)	제2사분면 (II)	제3사분면 (III)	제4사분면 (IV)
조작전	더불어민주당 : 승	더불어민주당 : 패	더불어민주당 : 패	
조작후	더불어민주당 : 승	더불어민주당 : 승	더불어민주당 : 패	
선거구 명	중랑갑·은평갑 구로갑·노원을 노원갑·금천구 강서갑·관악을 은평을·중랑을 서대문을·양천을 강서병·성북갑 성북을·강북갑 마포을·관악갑 영등포갑·강북을	구로갑·동대문을 강동을·동대문갑 강서을·서대문갑 도봉을·성동갑 동작을·광진갑 종로·송파병 광진을·강동갑 성동을·양천갑 영등포을	도봉갑·마포갑 용산·송파갑 동작갑·송파을 서초을·강남을 강남갑·강남병 서초갑	
선거구 수	20	17	11	

　　그림 3-8로 부터 국민의힘 후보가 당선되는데 필요한 더불어민주당 후보와의 득표율 차이를 확인하여 보자. 국민의힘 후보에 대한 $(y_A - x_A)$축의 절편값은 0.125이다.

($y_A - x_A$)의 값이 0.125보다 크면 국민의힘 후보가 당선에 필요한 다음의 조건식 ($y_{AE} - x_{AE} > 0$)을 만족시킨다.

$$y_A - x_A > 0.125 \quad : \quad y_{AE} - x_{AE} > 0$$

국민의힘 후보가 당선되려면 조작전 국민의힘 후보의 득표율은 더불어민주당 후보의 득표율보다 12.5% 이상 높아야한다. 예를 들면 조작전 국민의힘 후보의 득표율이 더불어민주당 득표율보다 10% 높은 경우에도 선관위 발표 최종 당선자는 더불어민주당 후보가 된다. 왜냐하면 그림 3-6에서 $y_A - x_A = 0.1$ 일때 $y_{AE} - x_{AE} < 0$이 되어 선관위 발표 국민의힘 후보의 선거구득표율은 더불어민주당 후보의 선거구득표율보다 작게 되도록 설계되어 있기 때문이다.

그림 3-8의 국민의힘 후보에 대한 함수관계 그래프로 부터 좌표평면의 각 사분면에 분포되어 있는 좌표점의 의미를 설명해보자. 그림 3-8의 제1사분면(I)에 분포되어 있는 좌표점에 해당하는 선거구는 11개로 조작 전과후 모두 국민의힘 후보가 당선되는 선거구이다. 그림 3-8의 제4사분면에 포함되어있는 좌표점에 해당하는 선거구는 17개로 조작전에는 국민의힘 후보가 당선되었으나 조작후에는 더불어민주당 후보가 당선된 선거구이다. 그림 3-8의 제3사분면(III)에 분포되어 있는 좌표점에 해당하는 선거구는 20개로 조작 전과후 모두 국민의힘 후보가 낙선한 선거구이다. 〈표 3-7〉에서 각 분면에 해당하는 선거구를 확인할 수 있다.

<표 3-7> 국민의힘 후보에 대한 선거구 명 (그림 3-8).   승 : 당선, 패 : 낙선

	1-4분면(I)	2-4분면(II)	3-4분면(III)	4-4분면(IV)
조작전	국민의힘 : 승		국민의힘 : 패	국민의힘 : 승
조작후	국민의힘 : 승		국민의힘 : 패	국민의힘 : 패
선거구 명	서초갑·강남병 강남갑·강남을 서초을·송파을 동작을·송파갑 용산·마포갑 도봉갑		강북을·영등포갑 관악갑·마포을 강북갑·성북을 성북갑·강서병 양천을·서대문을 중랑을·은평을 관악을·강서갑 금천구·노원갑 노원을·구로을 은평갑·중랑갑	영등포을·양천갑 성동을·강동갑 광진을·송파병 종로·광진갑 동작갑·성동갑 도봉을·서대문갑 강서을·동대문갑 강동을·동대문을 구로갑
선거구 수	11		20	17

B. 경기지역

경기지역은 60개의 선거구로 구축되어있다. 각 선거구의 당선자는 선거구득표율이 가장 높은 후보가 된다. 선거구의 득표율은 당일투표, 관내사전투표, 관외사전투표, 거소선상사전투표 및 국외사전투표 득표율의 종합으로 결정된다. 이 경우 거소선상사전투표와 국외사전투표 표본은 그 크기가 당일, 관내사전 및 관외사전 투표의 크기에 비하여 대단히 작기 때문에 선거구득표율에 미치는 영향이 작다. 따라서 경기지역 부터는 관내사전투표득표율과 관외사전투표득표율에 대한 문제점과 선거구투표득표율에 대한 문제점을 집중 분석하고자 한다.

  문제점 분석을 시작하기 전에 통계학적 공리를 다시 확인하여 보자. 모집단인 선거구 투표 크기에 대한 당일투표표본, 관내사전투표표본 및 관외사전투표표본의 크기는 대단히 크다. 이 경우 다음의 등식이 성립해야 한다는 것이 오랜 역사를 통하여 정립되고 공인된 통계학적 공리이다.

$$\text{당일득표율} \fallingdotseq \text{관내사전득표율} \fallingdotseq \text{관외사전득표율} \fallingdotseq \text{선거구득표율}$$

관내사전투표

그림 3-9는 경기지역 60개 선거구에 대한 [더불어민주당 후보 당일득표율(x_A) − 국민의힘 후보 당일득표율(y_A)]와 [더불어민주당 후보 관내사전득표율(x_B) − 국민의힘 후보 관내사전득표율(y_B)] 사이의 함수관계를 나타내고 있다. 선형함수이며 ($x_A - y_A$)축의 절편은 −0.22, ($x_B - y_B$) 축의 절편은 0.22이다. 그림 3-9의 주요 내용을 정리하면 다음과 같다.

- ($x_A - y_A$)와 ($x_B - y_B$) 사이의 함수관계는 선형함수이다. 정상적인 투표라면, ($x_A - y_A$)와 ($x_B - y_B$) 사이의 함수관계는 선형함수이며 원점을 지나고 기울기는 1이어야 한다. 따라서 선관위가 발표한 경기지역의 관내사전투표 득표율은 더불어민주당 후보인 경우 조작전 득표율에 비하여 득표율이 11% 증가하고, 국민의힘 후보인 경우 조작전 득표율에 비하여 11% 감소한 결과이다. 이와같은 조작비율은 경기지역 총 60개 선거구 모두에게 동일하게 적용되었음을 그림 3-9의 선형함수식으로 부터 확인할 수 있다.

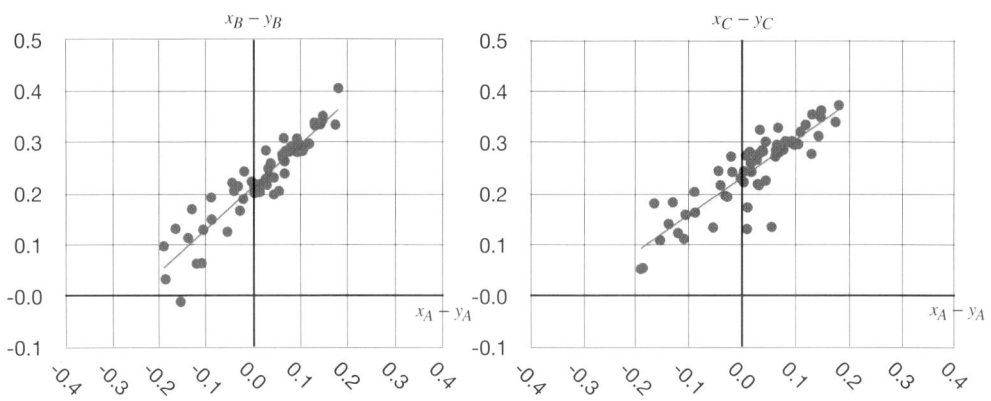

그림 3-9. 경기지역에 대한 더불어민주당 후보와 국민의힘 후보 사이의 당일득표율 차이 ($x_A - y_A$) 대비 관내사전득표율 차이 ($x_B - y_B$)의 함수관계

그림 3-10. 경기지역에 대한 더불어민주당 후보와 국민의힘 후보 사이의 당일득표율 차이 ($x_A - y_A$) 대비 관외사전득표율 차이 ($x_C - y_C$)의 함수관계

x : 더불어민주당 후보 득표율, y : 국민의힘 후보 득표율

관외사전투표

그림 3-10은 경기지역 60개 선거구에 대한 [더불어민주당 후보 당일득표율(x_A) - 국민의힘 후보 당일득표율(y_A)]와 [더불어민주당 후보 관외사전득표율(x_C) - 국민의힘 후보 관외사전득표율(y_C)] 사이의 함수관계를 나타내고 있다. 함수관계는 선형함수이며, ($x_A - y_A$)축의 절편은 -0.25, ($x_C - y_C$) 축의 절편은 0.25이다. 정리하면 다음과 같다.

- 선관위가 발표한 경기지역 60개 선거구에 대한 관외사전투표득표율은 더불어민주당 후보인 경우 조작전 득표율에 비하여 $\frac{25}{2}\%$ 가 증가하고, 국민의힘 후보인경우 $\frac{25}{2}\%$ 가 감소한다. 그리고 이 증가와 감소 비율은 경기지역 60개 선거구에 모두 적용되었음을 그림 3-10의 선형함수관계로부터 확인할 수 있다.

선거구투표

그림 3-11은 더불어민주당 후보와 국민의힘 후보의 당일, 관내 및 관외 득표율이 반영된 선거구 투표에 대한 [더불어민주당 후보 당일득표율(x_A) - 국민의힘 후보 당일득표율(y_A)]와 [더불어민주당 후보 선거구득표율(x_{AE}) - 국민의힘 후보 선거구득표율(y_{AE})] 사이의 함수관계를 나타내고 있다. 이 함수관계는 선형이며 ($x_A - y_A$)축의 절편은 -0.11, ($x_{AE} - y_{AE}$) 축의 절편은 0.11이다.

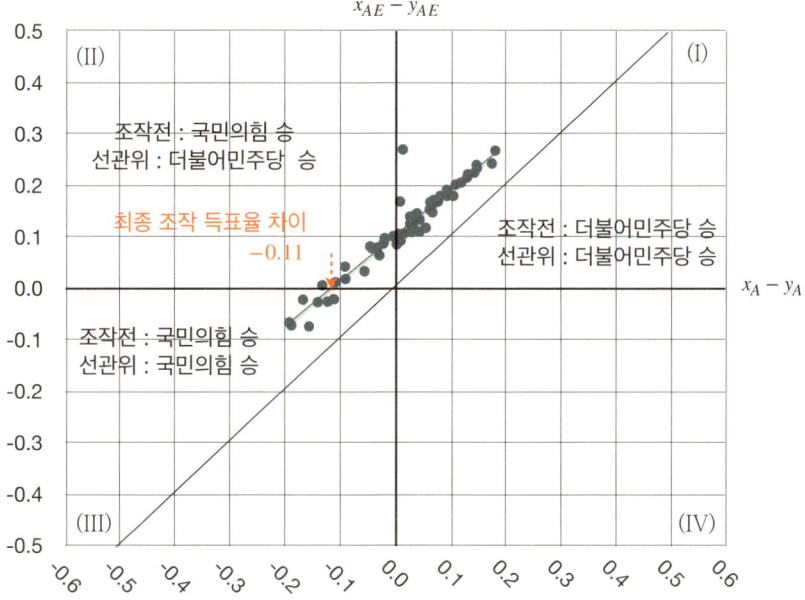

그림 3-11. 경기지역에 대한 더불어민주당 후보와 국민의힘 후보 사이의 당일득표율 차이 ($x_A - y_A$) 대비 선거구득표율 차이 ($x_{AE} - y_{AE}$)의 함수관계
x : 더불어민주당 후보 득표율, y : 국민의힘 후보 득표율

그림 3-11이 함축하고 있는 의미를 요약정리하면 다음과 같다.

- 선관위가 발표한 경기지역 60개 선거구에 대한 선거구득표율은 더불어민주당 후보인 경우 조작전 득표율에 비하여 $\frac{11}{2}\%$ 증가하고, 국민의힘 후보인 경우 조작전 득표율에 비하여 $\frac{11}{2}\%$ 감소한다. 이 감소와 증가의 비율은 경기지역 총 60개 선거구에 거의 일정하게 적용되었음을 그림 3-11의 선형함수관계로부터 확인할 수 있다.

    그림 3-11의 각 사분면에 분포되어있는 좌표점에 대하여 분석해보자. 그림 3-11의 제1사분면(I)에 분포되어있는 좌표점에 해당 선거구의 더불어민주당 후보는 조작 전 과후 모든 경우에 당선된 후보이다. 제2사분면(II)에 포함된 선거구의 더불어민주당 후보는 조작전에는 국민의힘 후보에게 패하나 선관위 발표결과에서는 당선된 후보이다. 제3사분면(III)에 분포되어 있는 선거구의 더불어민주당 후보는 조작 전과후 모두 낙선한 후보이다. 〈표 3-8〉에서 그림3-11의 각 분면에 분포되어 있는 좌표점에 해당하는 선거구를 확인할수 있다.

<표 3-8> 그림 3-11의 각 분면에 분포되어 있는 선거구 명   승 : 당선, 패 : 낙선

	1-4분면(I)	2-4분면(II)	3-4분면(III)
조작전	더불어민주당 : 승	더불어민주당 : 패	더불어민주당 : 패
조작후	더불어민주당 : 승	더불어민주당 : 승	더불어민주당 : 패
선거구 명	고양갑 · 파주을 · 김포갑 · 수원병 평택을 · 평택병 · 의정부갑 · 구리 의정부을 · 용인을 · 광주갑 · 김포을 안산갑 · 남양주병 · 안양만안 · 군포 안양동안갑 · 수원갑 · 안산병 · 화성갑 남양주갑 · 성남수정 · 남양주을 · 부천병 평택갑 · 광명갑 · 시흥을 · 부천을 수원무 · 광명을 · 안산을 · 오산 성남중원 · 동두천갑 · 화성정 · 부천갑 시흥갑 · 고양을 · 수원을 · 화성병 파주갑	용인병 · 하남갑 용인정 · 수원정 안성 · 고양병 안양동산을 · 하남을 용인갑 · 의왕과천 고양정 · 광주을	성남분당을 여주양평 분당을 동두천을 이천 포천가평 화성을
선거구 수	41	12	7

C. 인천·강원지역

그림 3-12는 인천·강원지역 22개 선거구에 대한 [더불어민주당 후보 당일득표율(x_A) - 국민의힘 후보 당일득표율(y_A)]와 (더불어민주당 후보 관내사전득표율(x_B) - 국민의힘 후보 관내사전득표율(y_B)] 사이의 함수관계를 나타내고 있다. 함수관계는 선형함수이다. 그림 3-13은 동일 지역에 대한 [더불어민주당 후보 당일득표율(x_A) - 국민의힘 후보 당일득표율(y_A)]와 [더불어민주당 후보 관외사전득표율(x_C) - 국민의힘 후보 관외사전득표율(y_C)] 사이의 함수관계이다. 이 또한 선형함수이다. 서울지역 및 경기지역의 선거결과와 동일한 경향을 나타내고 있다.

그림 3-14는 인천·강원지역 선거구에 대한 [더불어민주당 후보 당일득표율(x_A) - 국민의힘 후보 당일득표율(y_A)]와 [더불어민주당 후보 선거구득표율(x_{AE}) - 국민의힘 후보 선거구득표율(y_{AE})] 사이의 함수관계를 나타내고 있다. 함수관계는 선형함수이며, ($x_A - y_A$)축의 절편은 -0.1, ($x_{AE} - y_{AE}$)축은 0.1 이다. 정상적인 투표라면 ($x_A - y_A$)와 ($x_{AE} - y_{AE}$)의 함수관계 그래프는 선형함수이고 원점을 지나며 기울기가 1인 함수식일 것이다. 그림 3-14의 각 분면에 분포되어 있는 좌표점에 해당하는 선거구를 분석하며 〈표 3-9〉와 같다.

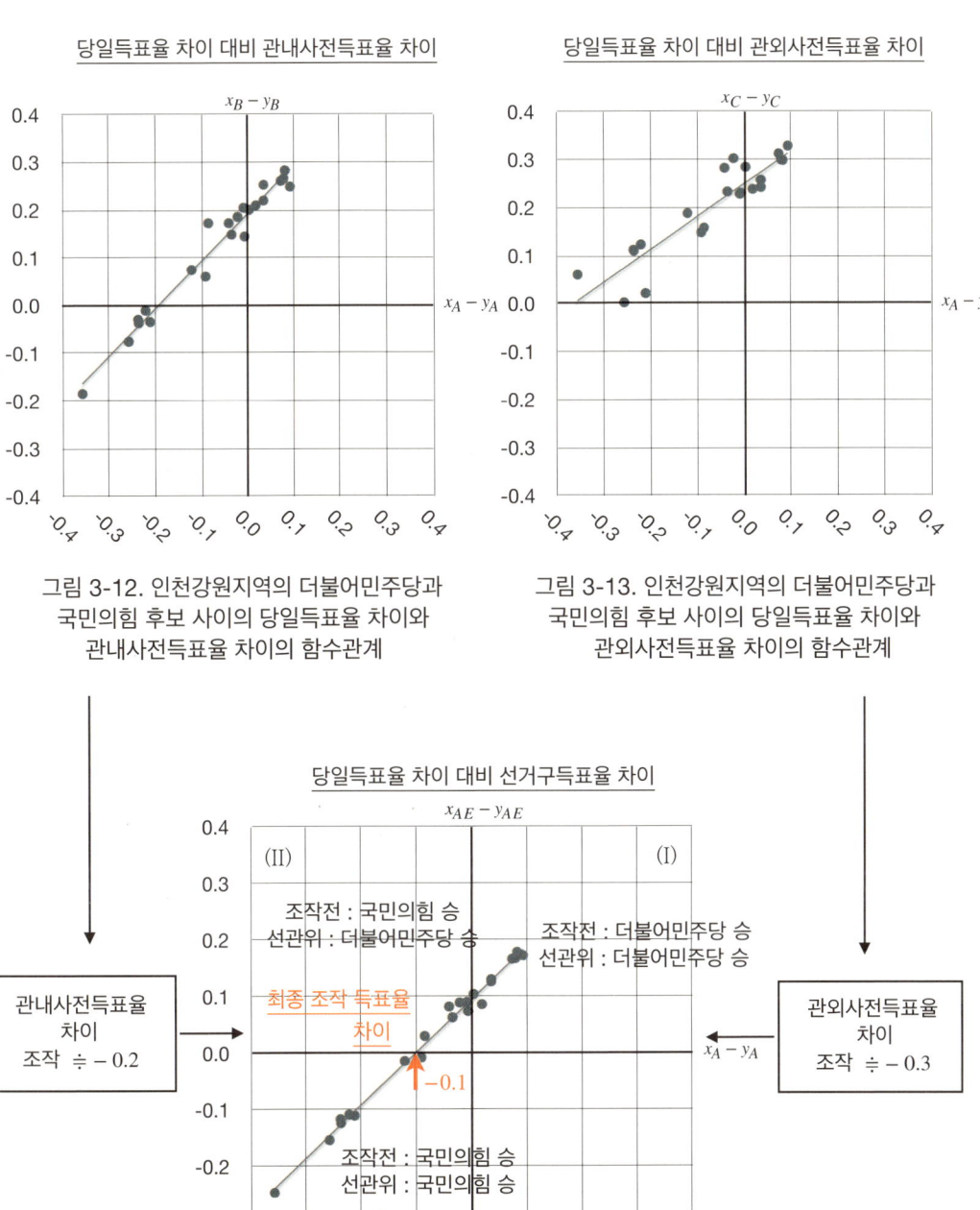

그림 3-12. 인천강원지역의 더불어민주당과 국민의힘 후보 사이의 당일득표율 차이와 관내사전득표율 차이의 함수관계

그림 3-13. 인천강원지역의 더불어민주당과 국민의힘 후보 사이의 당일득표율 차이와 관외사전득표율 차이의 함수관계

그림 3-14. 인천강원지역의 더불어민주당과 국민의힘 후보 사이의 당일득표율 차이 ($x_A - y_A$)와 선거구득표율 차이 ($x_{AE} - y_{AE}$)의 함수관계

<표 3-9> 그림 3-14의 각 분면에 분포되어 있는 선거구 명　　　　승 : 당선, 패 : 낙선

	1-4분면(I)	2-4분면(II)	3-4분면(III)
조작전	더불어민주당 : 승	더불어민주당 : 패	더불어민주당 : 패
조작후	더불어민주당 : 승	더불어민주당 : 승	더불어민주당 : 패
선거구 명	(인천) 부평갑 · 계양을 서구을 · 부평을 계양갑 · 남동갑 서구병 · 서구갑	(인천) 연수구을 · 연수구갑 남동구을 · 미추홀갑 (강원) 원주을 · 춘천갑	(인천) 중구강화 동구미추홀구 (강원) 동해태백 · 횡성 속초인제 · 춘천을 강릉 · 원주갑
선거구 수	8	6	8

D. 대전·세종·충청지역

그림 3-15는 대전·세종·충청지역 28개 선거구에 대한 [더불어민주당 후보 당일득표율(x_A) − 국민의힘 후보 당일득표율(y_A)]와 [(더불어민주당 후보 관내사전득표율(x_B) − 국민의힘 후보 관내사전득표율(y_B)] 사이의 함수관계를 나타내고 있다. 총 28개 선거구 중 충북지역의 청주상당구와 청주청원구, 충남지역의 아산갑, 증평진천, 천안을 및 아산을의 6개 선거구에 대한 ($x_A − y_A$)와 ($x_B − y_B$) 사이의 함수관계는 그림 3-15의 아래에 위치한 일차방정식 (3-3)으로 표현되며, 이들 6개 선거구를 제외한 22개 선거구에 대한 함수관계는 그림 3-15의 위에 위치한 일차방정식 (3-4)로 표현된다.

$$x_B - y_B = 1.2(x_A - y_A) + 0.132 \tag{3-3}$$

$$x_B - y_B = 1.22(x_A - y_A) + 0.213 \tag{3-4}$$

대전·세종·충청지역 28개 선거구에 대한 [더불어민주당 후보 관내사전득표율(x_B) − 국민의힘 후보 관내사전득표율(y_B)] 차이는 식 (3-3)과 식 (3-4)에 의하여 조작되었음을 알 수 있다.

그림 3-16은 대전·세종·충청지역에 대한 [더불어민주당 후보 당일득표율(x_A) − 국민의힘 후보 당일득표율(y_A)]와 [(더불어민주당 후보 관외사전득표율(x_C) − 국민의힘 후보 관외사전득표율(y_C)] 사이의 함수관계를 나타내고 있다. 총 28개 선거구 중 대전지역의 유성구을, 세종지역의 세종갑, 충북지역의 보은옥천, 충주, 청주흥덕구, 청주청원구,

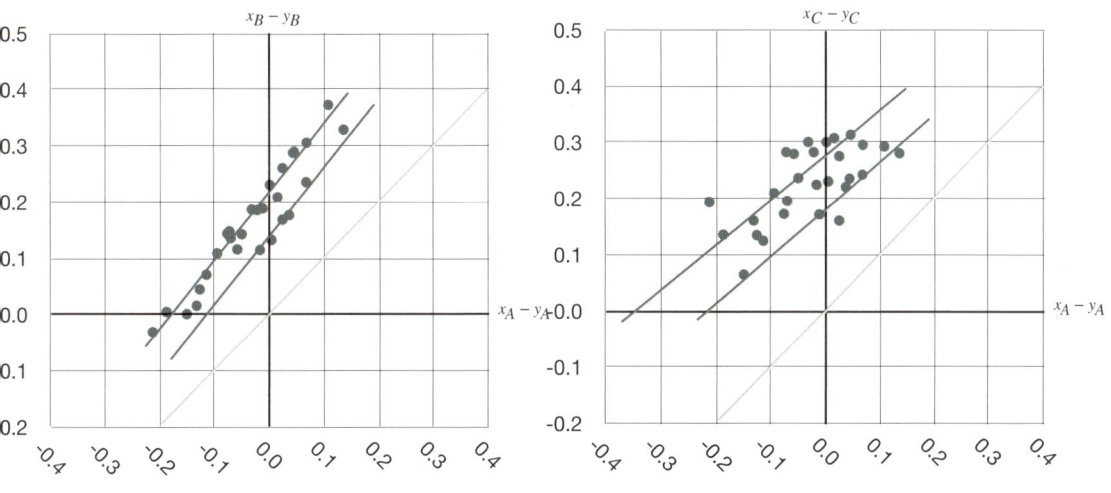

그림 3-15. 대전세종충청지역의 더불어민주당과 국민의힘 후보 사이의 당일득표율 차이와 관내사전득표율 차이의 함수관계.

그림 3-16. 대전세종충청지역의 더불어민주당과 국민의힘 후보 사이의 당일득표율 차이와 관외사전득표율 차이의 함수관계

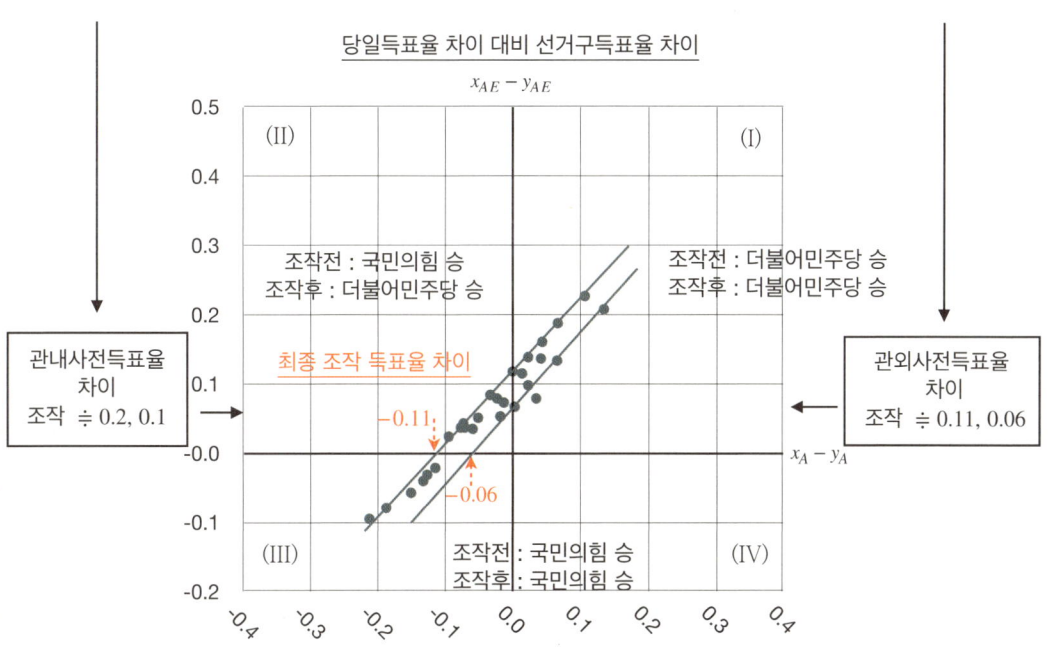

그림 3-17. 대전·세종·충청지역의 더불어민주당과 국민의힘 후보 사이의 당일득표율 차이 ($x_A - y_A$)와 선거구득표율 차이 ($x_{AE} - y_{AE}$)의 함수관계

증평진천, 그리고 충남지역의 천안병, 천안을 및 아산을의 10개 선거구에 대한 $(x_A - y_A)$와 $(x_C - y_C)$ 사이의 함수관계는 식 (3-5)로 표현된다. 총 28개 선거구 중 앞의 10개 선거구를 제외할 18개 선거구에 대한 함수관계는 식 (3-6)의 선형함수식으로 표현된다.

$$x_C - y_C = 0.85(x_A - y_A) + 0.18 \qquad (3\text{-}5)$$

$$x_C - y_C = 0.8(x_A - y_A) + 0.275 \qquad (3\text{-}6)$$

대전·세종·충청지역 28개 선거구에 대한 관외사전투표에서의 더불어민주당 후보 득표율과 국민의힘 후보 득표율 사이의 차이 $(x_C - y_C)$는 식(3-5)와 식 (3-6)에 의하여 조작되었음을 확인할 수 있다.

그림 3-17은 대전·세종·충청지역 28개 선거구에 대한 [더불어민주당 후보 당일득표율(x_A) - 국민의힘 후보 당일득표율(y_A)]와 [더불어민주당 후보 선거구득표율(x_{AE}) - 국민의힘 후보 선거구득표율(y_{AE})] 사이의 함수관계를 나타내고 있다. 이 함수관계는 두 개의 선형함수식으로 나타낼 수 있다. 총 28개 선거구 중 충북지역의 청주상당구와 청주청원구, 충남지역의 아산갑, 증평진천, 천안을, 아산을 및 천안병의 7개 선거구에 대한 $(x_A - y_A)$와 $(x_{AE} - y_{AE})$ 사이의 함수관계는 1차함수식 (3-7)로 표현되며, 7개 선거구를 제외한 21개 선거구에 대한 함수관계는 1차함수식 (3-8)로 표현된다.

$$x_{AE} - y_{AE} = 1.04(x_A - y_A) + 0.062 \qquad (3\text{-}7)$$

$$x_{AE} - y_{AE} = 1.04(x_A - y_A) + 0.115 \qquad (3\text{-}8)$$

대전·세종·충청지역 28개 선거구에 대한 더불어민주당 후보와 국민의힘 후보의 선거구득표율은 식 (3-7)과 식 (3-8)에 의하여 조작된 득표율임을 그림 3-17로 부터 확인할 수 있다. 그림 3-17로 부터 각 사분면에 속한 선거구 명과 각 사분면의 의미를 〈표 3-10〉으로 부터 확인할 수 있다. 그림 3-17의 제1사분면(I)에 속한 좌표점의 선거구에서는 조작 전과후에 더불어민주당 후보가 모두 당선된다. 제2사분면(II)에 분포된 좌표점의 선거구에서는 조작전에는 국민의힘 후보가 당선되나 선관위 발표에서는 더불어민주당 후보가 당선된다. 제3사분면(III)에 속한 선거구에서는 조작전후 모두 국민의힘 후보가 당선된다.

<표 3-10> 그림 3-17의 각 분면에 분포되어 있는 선거구 명   승 : 당선, 패 : 낙선

	1-4분면(I)	2-4분면(II)	3-4분면(III)
조작전	더불어민주당 : 승	더불어민주당 : 패	더불어민주당 : 패
조작후	더불어민주당 : 승	더불어민주당 : 승	더불어민주당 : 패
선거구 명	(대전) 서구갑·서구을 유성구갑·유성구을 (세종) 세종갑·세종을 (충북) 청주청원·증평진천 (충남) 천안을·천안병 아산갑·아산을	(대전) 동구·중구·대덕 (충북) 청주상당구 청주서원·청주흥덕 (충남) 청안갑·공주부여 논산계룡·당진	(충북) 청주 재천단양 보은옥천 (충남) 보령서천 서산태안 홍성예산
선거구 수	12	10	6

E. 제주·광주·호남지역

그림 3-18은 제주·광주·호남지역 31개 선거구에 대한 [더불어민주당 후보 당일득표율(x_A) − 국민의힘 후보 당일득표율(y_A)]와 [더불어민주당 후보 관내사전득표율(x_B) − 국민의힘 후보 관내사전득표율(y_B)] 사이의 함수관계를 나타내고 있다. 함수관계는 선형함수이며, 다음 식 (3-9)와 같이 일차함수로 표현된다.

$$x_B - y_B = 0.833(x_A - y_A) + 0.175 \qquad (3-9)$$

제주 서귀포시 선거구를 제외한 30개 선거구에 대한 좌표점은 모두 제1사분면에 분포되어 있다. 따라서 이들 30개 선거구에 대한 더불어민주당 후보의 당일득표율은 국민의힘 후보의 당일득표율 보다 높을 뿐만 아니라 관내사전득표율 또한 높다. 특히 더불어민주당 후보와 국민의힘 후보 사이의 관내사전득표율 차이 ($x_B - y_B$)는 당일득표율 차이 ($x_A - y_A$) 보다 17%~5%가 크다. 이 정보를 내포하고 있는 방정식이 식 (3-9)의 일차함수식이다.

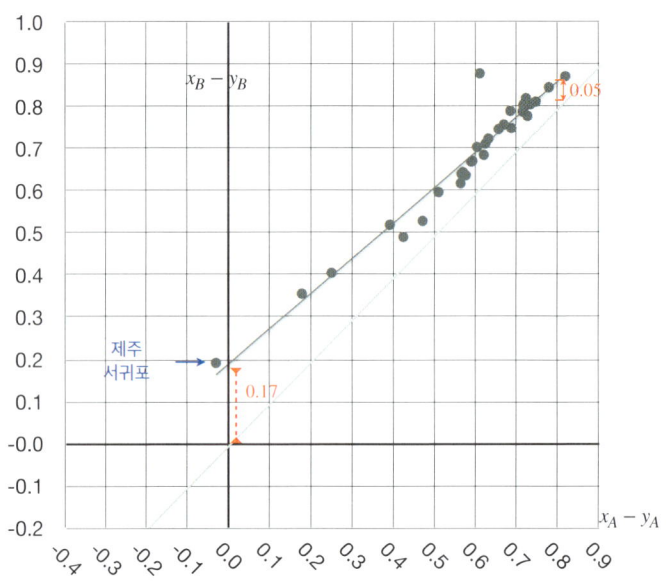

그림 3-18. 제주·광주·호남지역 31개 선거구에 대한 더불어민주당 후보와 국민의힘 후보 사이의 당일득표율 차이 ($x_A - y_A$)와 관외사전득표율 차이 ($x_B - y_B$)의 함수관계

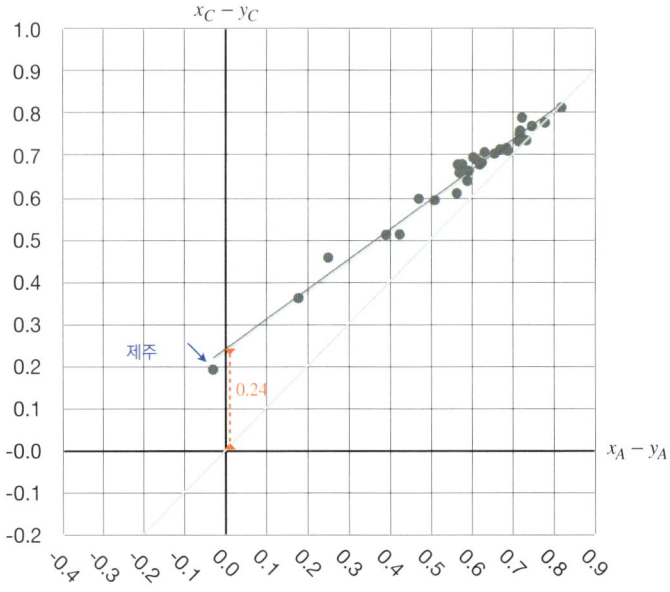

그림 3-19. 제주·광주·호남지역 31개 선거구에 대한 더불어민주당 후보와 국민의힘 후보 사이의 당일득표율 차이 ($x_A - y_A$)와 관외사전득표율 차이 ($x_C - y_C$)의 함수관계

그림 3-19는 제주·광주·호남지역 31개 선거구에 대한 더불어민주당 후보와 국민의힘 후보 사이의 당일득표율 차이 ($x_A - y_A$) 대비 관외사전득표율 차이 ($x_C - y_C$)의 함수관계를 나타내고 있다. 이 함수관계는 선형함수이며 다음 식 (3-10)으로 표현된다.

$$x_C - y_C = 0.716(x_A - y_A) + 0.24 \tag{3-10}$$

서귀포 선거구를 제외한 30개 선거구에 대한 좌표점들은 모두 제1사분면에 분포되어 있어 ($x_A - y_A$)는 물론 ($x_C - y_C$)도 모두 0 보다 크다. 특히 ($x_C - y_C$)는 ($x_A - y_A$)보다 0% 내지 22% 높다.

그림 3-20은 제주·광주·호남지역 31개 선거구에 대한 더불어민주당 후보와 국민의힘 후보 사이의 당일득표율 차이($x_A - y_A$) 대비 선거구득표율 차이($x_{AE} - y_{AE}$)의 함수관계를 나타내고 있다. 함수관계는 선형함수이며 다음 식 (3-11)으로 표현된다.

$$x_{AE} - y_{AE} = 0.925(x_A - y_A) + 0.095 \tag{3-11}$$

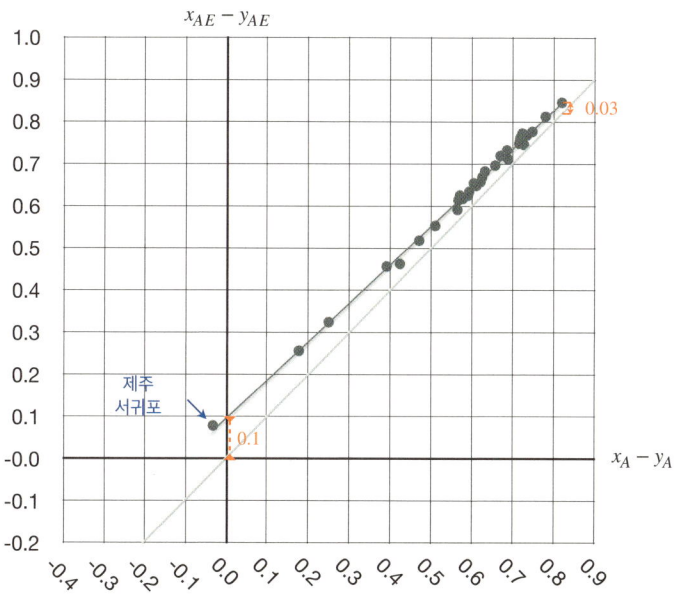

그림 3-20. 제주·광주·호남지역 31개 선거구에 대한 더불어민주당 후보와 국민의힘 후보 사이의 당일득표율 차이 ($x_A - y_A$)와 선거구득표율 차이 ($x_{AE} - y_{AE}$)의 함수관계

이 함수관계에 대한 결과를 요약하면 다음과 같다.

- ($x_A - y_A$)축의 절편은 −0.105이며, ($x_{AE} - y_{AE}$)축의 절편은 0.095이다. 더불어민주당 후보의 선거구득표율은 조작전 득표율 보다 $\frac{9.5}{2} \doteqdot 5\%$ 내지 $\frac{3}{2} \doteqdot 1.5\%$ 높으며 국민의힘 후보의 선거구득표율은 조작전득표율 보다 $\frac{9.5}{2} \doteqdot 5\%$ 내지 $\frac{3}{2} \doteqdot 1.5\%$ 낮다.

- 제주 서귀포 선거구인 경우 조작전 투표에서는 국민의힘 후보가 당선이나 선관위 발표에서는 더불어민주당 후보가 당선되었다.
- 제주 서귀포 선거구를 제외한 30개 모든 선거구에서 조작전후 모든 경우에 더불어민주당 후보가 당선되었다.
- 조작은 서울, 경기, 인천·강원, 대전·세종·충청지역은 물론 제주·광주·호남지역 31개 모든 선거구에도 적용되었다.

F. 대구·경북지역

그림 3-21은 대구·경북지역 25개 선거구에 대한 더불어민주당 후보와 국민의힘 후보 사이의 당일득표율 차이 $(x_A - y_A)$와 관내득표율 차이 $(x_B - y_B)$의 함수관계를 나타내고 있다. 함수관계는 선형함수이며, 다음 식 (3-12)로 표현된다.

$$x_B - y_B = 1.26\,(x_A - y_A) + 0.245 \tag{3-12}$$

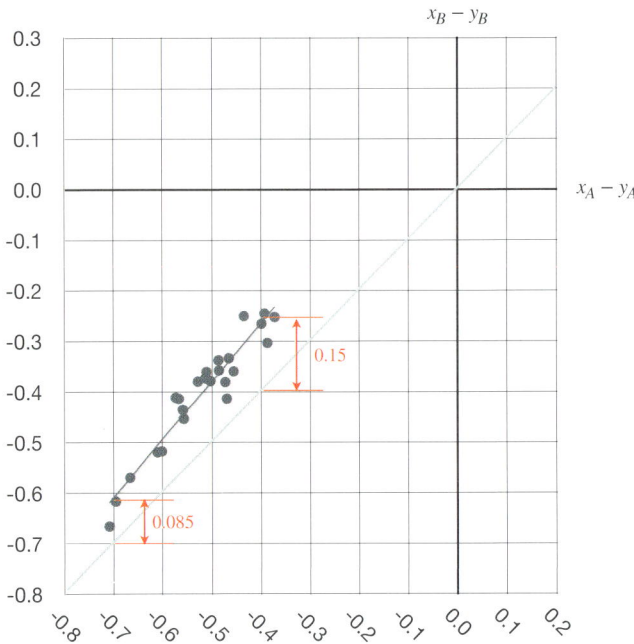

그림 3-21. 대구·경북지역 25개 선거구에 대한 더불어민주당 후보와 국민의힘 후보 사이의 당일득표율 차이 $(x_A - y_A)$와 관내사전득표율 차이 $(x_B - y_B)$의 함수관계

대구·경북지역 25개 선거구에 해당하는 좌표점들은 모두 제3사분면에 분포되어 있어 $(x_A - y_A < 0)$, $(x_B - y_B < 0)$ 이다. 따라서 대구·경북지역 25개 모든 선거구에서 더불어민주당 후보의 당일득표율은 국민의힘 후보의 당일득표율 보다 낮을 뿐만 아니라 관내득표율도 국민의힘 후보의 관내득표율 보다 낮다. 또한 선관위 발표 더불어민주당과 국민의힘 후보 사이의 관내득표율 차이 $(x_B - y_B)$는 조작전 관내득표율 차이보다 8.5% 내지 15% 크다. 이 결과로부터 대구·경북지역 25개 선거구의 관내사전투표에 대한 더불어민주당 후보의 득표율은 조작전 득표율 보다 $\frac{8.5}{2} \fallingdotseq 4.3\%$ 내지 $\frac{15}{2} \fallingdotseq 7.5\%$ 가 증가하는 조작이, 국민의힘 후보 에 대한 득표율은 조작전 득표율 보다 $\frac{8.5}{2} \fallingdotseq 4.3\%$ 내지 $\frac{15}{2} \fallingdotseq 7.5\%$ 가 감소하는 조작이 이루어졌음을 알 수 있다.

그림 3-22는 대구·경북지역 25개 선거구에 대한 더불어민주당 후보와 국민의힘 후보 사이의 당일득표율 차이 $(x_A - y_A)$와 관외사전득표율 차이 $(x_C - y_C)$의 함수관계이다. 함수관계는 선형함수이며 다음 식 (3-13)으로 표현된다.

$$x_C - y_C = 1.21\,(x_A - y_A) + 0.345 \qquad (3\text{-}13)$$

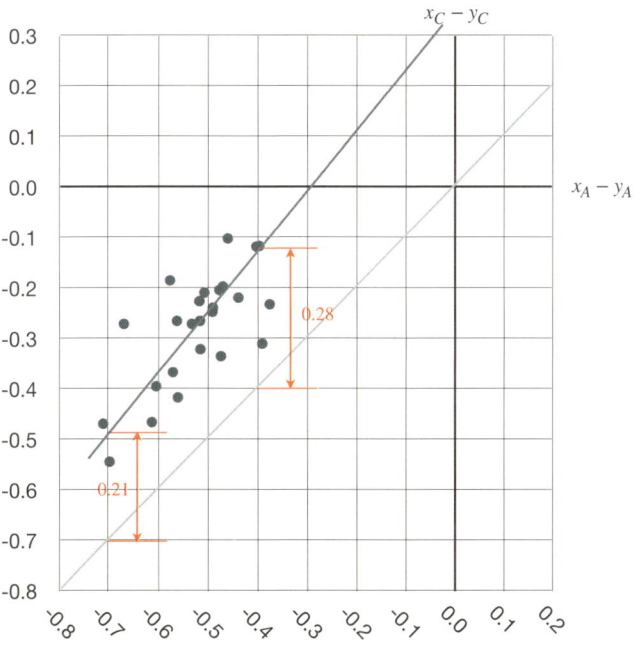

그림 3-22. 대구·경북지역 25개 선거구에 대한 더불어민주당 후보와 국민의힘 후보 사이의 당일득표율 차이 $(x_A - y_A)$와 관외사전득표율 차이 $(x_C - y_C)$의 함수관계

대구·경북지역 25개 선거구에 해당하는 좌표점들은 모두 제3사분면에 내포되어 있어 $x_A - y_A < 0$, $x_C - y_C < 0$ 이다. 대구·경북지역 25개 모든 선거구에서 더불어민주당 후보의 당일득표율은 국민의힘 후보의 당일득표율 보다 낮을 뿐만 아니라 관외사전득표율도 국민의힘 후보의 관외사전득표율보다 낮다. 선관위 발표 더불어민주당 후보와 국민의힘 후보 사이의 관외사전득표율 차이($x_C - y_C$)는 조작전 관외사전득표율 차이보다 21% 내지 28%가 크다. 이로 부터 대구·경북지역의 25개 선거구 관외사전투표에 대한 더불어민주당 후보의 득표율은 조작전 득표율보다 $\frac{21}{2} = 10.5\%$ 내지 $\frac{28}{2} = 14\%$ 가 증가하는 조작이, 국민의힘 후보의 득표율은 10.5% 내지 14%가 감소하는 조작이 실행되었음을 알 수 있다.

그림 3-23은 대구·경북지역 25개 선거구에 대한 더불어민주당 후보와 국민의힘 후보 사이의 당일득표율 차이 ($x_A - y_A$) 대비 선거구득표율 차이 ($x_{AE} - y_{AE}$)의 함수관계를 나타내고 있다. 함수관계는 선형함수이며 다음 식 (3-14)로 표현된다.

$$x_{AE} - y_{AE} = 1.11\,(x_A - y_A) + 0.105 \tag{3-14}$$

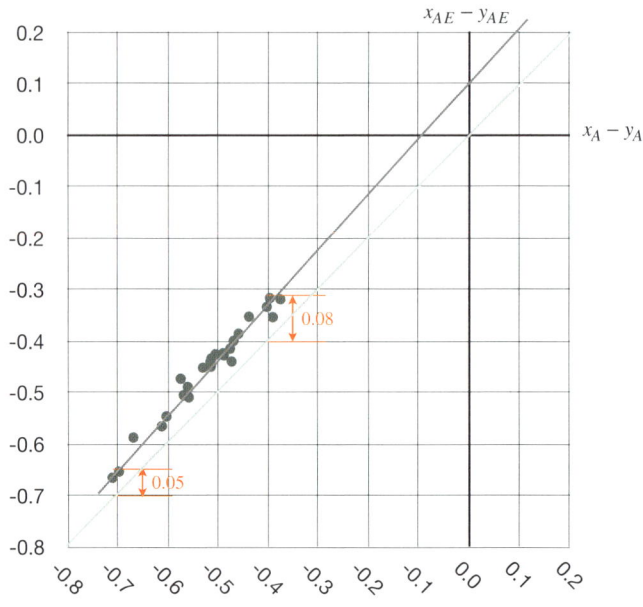

그림 3-23. 대구·경북지역 25개 선거구에 대한 더불어민주당 후보와 국민의힘 후보 사이의 당일득표율 차이 ($x_A - y_A$)와 선거구득표율 차이 ($x_{AE} - y_{AE}$)의 함수관계

좌표점들이 모두 제3사분면에 분포되어 있어 25개 모든 선거구에서 더불어민주당 후보의 당일득표율은 국민의힘 후보의 당일득표율 보다 낮을 뿐만 아니라 선거구득표율 차이 ($x_{AE} - y_{AE}$)는 조작전 선거구득표율 차이보다 5% 내지 8%가 높다. 이 결과로부터 대구·경북지역 25개 선거구의 선거구득표율은 더불어민주당 후보인 경우 조작전 득표율보다 $\frac{5}{2} = 2.5\%$ 내지 $\frac{8}{2} = 4\%$가 증가하고 국민의힘 후보인 경우 2.5% 내지 4%가 감소하는 조작이 실행되었음을 알 수 있다.

G. 부산·울산·경남지역

그림 3-24는 부산·울산·경남지역 40개 선거구에 대한 더불어민주당 후보와 국민의힘 사이의 당일득표율 차이 ($x_A - y_A$)와 관내득표율 차이 ($x_B - y_B$)의 함수관계를 나타내고 있다. 함수관계는 선형함수이며 다음 식 (3-15)로 표현된다.

$$x_B - y_B = 1.21\,(x_A - y_A) + 0.255 \qquad (3\text{-}15)$$

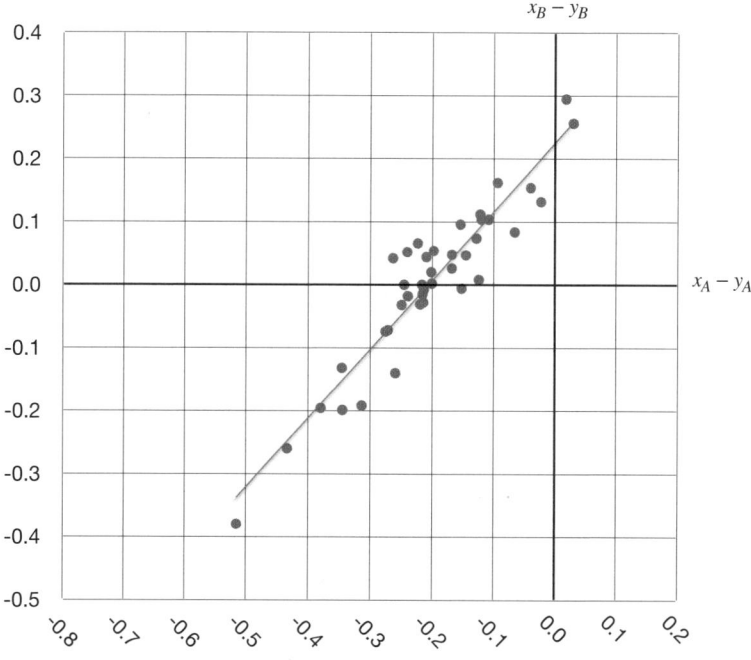

그림 3-24. 부산·울산·경남지역 40개 선거구에 대한 더불어민주당 후보와 국민의힘 후보 사이의 당일득표율 차이 ($x_A - y_A$)와 관내득표율 차이 ($x_B - y_B$)의 함수관계

($x_A - y_A$)축의 절편은 -0.21 이며 ($x_B - y_B$)축의 절편은 0.255이다. 따라서 부산·울산·경남지역 40개 선거구의 관내사전투표에 대하여 선관위가 발표한 더불어민주당 후보의 득표율은 조작전 득표율보다 $\frac{21}{2} = 10.5\%$ 내지 $\frac{25.5}{2} \fallingdotseq 12.8\%$ 가 증가하며 국민의힘 후보의 득표율은 10.5% 내지 12.8%가 감소한다. 그림 3-24의 각 분면에 분포되어 있는 선거구 수를 분석해보자. 관내사전투표에서 조작전후 모두 더불어민주당 후보가 승리한 선거구는 2곳으로 제1사분면에 분포되어 있다. 조작전에는 더불어민주당 후보가 패하나 선관위 발표에서는 승리한 선거구는 22곳으로 제2사분면에 포함되어 있는 선거구이다. 조작전후 모두 더불어민주당 후보가 패한 선거구는 16곳으로 제3사분면에 포함되어 있다.

그림 3-25는 부산·울산·경남지역 40개 선거구에 대한 더불어민주당 후보와 국민의힘 후보의 당일득표율 차이 ($x_A - y_A$)와 관외사전득표율 차이 ($x_C - y_C$)의 함수관계를 나타내고 있다. 함수관계는 다음 식 (3-16)으로 표현되는 선형함수이다.

$$x_C - y_C = 0.817 (x_A - y_A) + 0.245 \qquad (3-16)$$

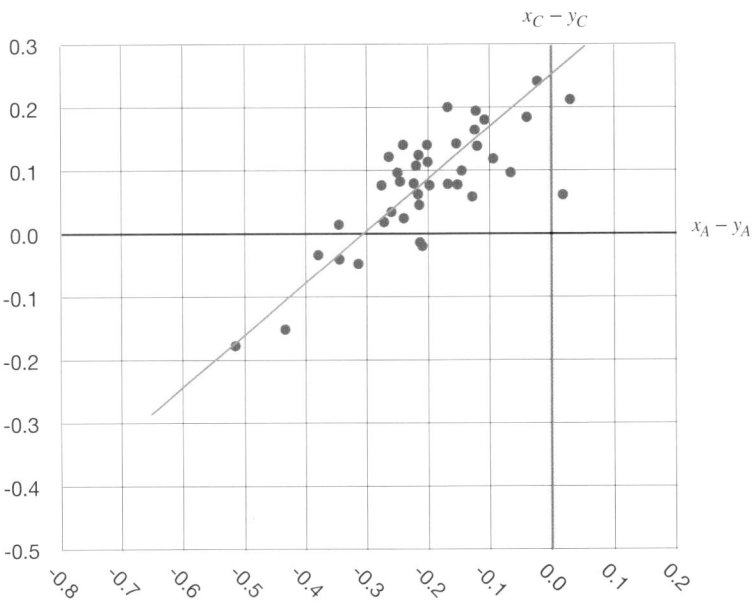

그림 3-25. 부산·울산·경남지역 40개 선거구에 대한 더불어민주당 후보와 국민의힘 후보 사이의 당일득표율 차이 ($x_A - y_A$)와 관외득표율 차이 ($x_C - y_C$)의 함수관계

이 함수식 (3-16)에 대한 $(x_A - y_A)$축의 절편은 -0.3 이고, $(x_C - y_C)$축의 절편은 0.245 이다. 따라서 선관위가 발표한 더불어민주당 후보의 관외사전득표율은 조작전 득표율보다 $\frac{24.5}{2} = 12.5\%$ 내지 $\frac{30}{2} = 15\%$ 높으며, 국민의힘 후보의 관외사전득표율은 조작전 득표율보다 12.5% 내지 15% 낮다. 그림 3-25에서 각 분면에 위치한 선거구 수를 분석해보면 다음과 같다. 조작 전후에 모두 더불어민주당 후보의 관외사전득표율이 국민의힘 후보의 득표율보다 높은 선거구는 2곳으로 제1사분면에 분포된 선거구이다. 조작전에는 국민의힘 후보의 관외사전득표율이 더불어민주당 후보의 관외사전득표율 보다 높으나 선관위 발표 결과에서는 더불어민주당 후보의 관외득표율이 국민의힘 후보의 관외득표율 보다 높은 선거구는 31곳으로 그림 3-25의 제2사분면에 포함되어 있다. 조작전후 더불어민주당 후보가 국민의힘 후보에게 모두 패한 선거구 수는 8곳으로 제4사분면에 분포되어 있다

그림 3-26은 부산·울산·경남지역 40개 선거구에 대한 더불어민주당 후보와 국민의힘 후보 사이의 당일득표율 차이$(x_A - y_A)$와 선거구득표율 차이$(x_{AE} - y_{AE})$의 함수관계를 나타내고 있다. 함수관계는 식 (3-17)의 선형함수이다.

$$x_{AE} - y_{AE} = (x_A - y_A) + 0.1 \quad (3-17)$$

식 (3-17)에 대한 $(x_A - y_A)$축의 절편은 -0.1이고 $(x_{AE} - y_{AE})$축의 절편은 0.1이다. 따라서 부산·울산·경남지역 40개 선거구에 대한 더불어민주당 후보의 선관위 발표 선거구득표율은 조작전 득표율 보다 5% 증가하며, 국민의힘 후보의 선관위 발표 선거구득표율은 5% 감소한다. 또한 그림 3-26에서 각 사분면에 분포하고 있는 선거구 수는 다음과 같다. 조작전후 더불어민주당 후보의 선거구 득표율이 모두 국민의힘 후보의 득표율보다 높아 당선된 선거구 수는 2곳으로 제1사분면에 분포되어 있다. 조작전에는 국민의힘 후보의 득표율이 더불어민주당 후보의 득표율 보다 높아 국민의힘 후보가 당선되나, 선관위 발표 결과에서 국민의힘 후보대신 더불어민주당 후보가 당선된 선거구 수는 4곳으로 제2사분면에 분포되어 있다. 총 40개 선거구 중 34개 선거구에서는 조작전후 모두 더불어민주당 후보가 낙선했으며 해당 선거구는 모두 제3사분면에 분포되어 있다.

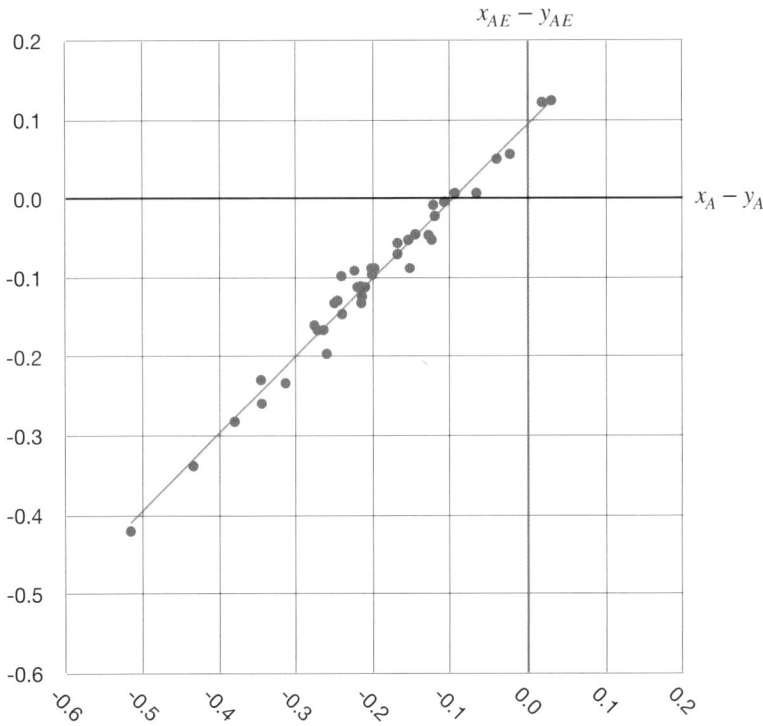

그림 3-26. 부산·울산·경남지역 40개 선거구에 대한 더불어민주당 후보와 국민의힘 후보 사이의 당일득표율 차이 ($x_A - y_A$)와 선거구득표율 차이 ($x_{AE} - y_{AE}$)의 함수관계

조작전에는 국민의힘 후보의 득표율이 더불어민주당 후보의 득표율 보다 높으나 선관위 발표에서는 국민의힘 후보의 득표율이 더불어민주당 후보의 득표율 보다 낮은 선거구 수는 투표표본에 따라서 서로 다르다. 〈표 3-11〉은 관내사전투표, 관외사전투표 및 선거구투표에서 조작전에는 더불어민주당 후보가 패하나 선관위 발표에서는 더불어민주당 후보가 승리한 선거구 명과 선거구 수를 나타내고 있다. 조작전에는 더불어민주당 후보가 패하나 조작후에는 승리한 선거구 수는 관내사전투표에서는 22개이나, 관외사전투표에서는 31개로 증가한다. 이 결과로 최종 선거구 투표에서는 4곳의 선거구가 되었다.

<표 3-11> 조작전에는 더불어민주당 후보가 패하나 선관위 발표에서는 당선한 선거구 명

		관외투표	선거구투표
조작전	국민의힘 : 승	국민의힘 : 승	국민의힘 : 승
조작후	더불어민주당 : 승	더불어민주당 : 승	더불어민주당 : 승
선거구 명	(경남) 창원성산·창원진해 창원진해·거제·양산을 (부산) 진구갑·진구을·남구 북구갑·북구을·해운대갑 해운대을·사하갑·강서구 연제구·수영구·사상구 기장군 (울산) 중구·남구갑 동구·을주군	(경남) 창원의창·창원성산 창원마산회원·창원진해 진주갑·통영고성 김해갑·거제 양산갑·양산을 (부산) 중구영도·서구동구 진구갑·진구을 동해구·남구 북구갑·북구을 해운대갑·해운대을 사하갑·사하을 금정구·연제구 기장 (울산) 중구·남구갑 동구·을주군	(경남) 창원성산 김해갑 (부산) 북구갑 (울산) 동구
선거구 수	22	31	4

3-4. 기획선거의 결론

통계 및 대수학적 분석결과에 의하면 조작전 투표에서는 더불어민주당 후보의 득표율이 국민의힘 후보의 득표율보다 낮으나 선관위 발표에서는 더불어민주당 후보의 득표율이 국민의힘 후보의 득표율보다 높게 되는 조건이 투표 종류및 지역에 따라 서로 동일하지 않게 나타난다. 모집단인 선거구투표에 대한 당일투표표본, 관내사전투표표본 및 관외사전투표표본의 크기가 클 경우 다음 식이 충족되어야 한다는 것이 통계학의 공리며 오랜 역사를 통하여 검증된 이론이다.

당일투표득표율 ≒ 관내사전투표득표율 ≒ 관외사전투표득표율 ≒ 선거구득표율

또한 전국 254개 선거구의 당일투표, 관내사전투표 및 관외사전투표의 득표율 결과분석을 통하여 당일투표에는 조작이 거의 개입되지 않았음을 확인할 수 있었다. 따라서 조작전 더불어민주당 후보와 국민의힘 후보 사이의 관내사전득표율 차이, 관외사전득표율 차이 및 선거구득표율 차이는 다음 식과 같이 당일득표율 차이와 거의 동일하게 된다.

$$(x_A - y_A) ≒ (x_B - y_B)_\text{전} ≒ (x_C - y_C)_\text{전} ≒ (x_{AE} - y_{AE})_\text{전} \qquad (3\text{-}18)$$

위 식에서 x : 더불어민주당후보득표율, y : 국민의힘후보득표율, A : 당일투표, B : 관내사전투표, C : 관외사전투표, AE : 선거구투표, 전 : 조작전투표결과를 의미한다.

조작전에는 더불어민주당 후보가 패하나 조작후에는 승리한 선거구에 대한 더불어민주당 후보득표율-국민의힘후보득표율 차이의 범위

〈표 3-12〉는 지역별 투표종류에 따라, 낙선한 더불어민주당 후보가 선관위 발표에서는 당선된 후보로 바뀌는, 조작전 민주당후보득표율-국민의힘후보득표율 차이의 범위와 조작후 민주당후보득표율-국민의힘후보득표율 차이의 범위를 나타내고 있다. 이 표는 앞절에서 지역별로 분석한 $(x_A - y_A)$ 대비 $(x_B - y_B)_\text{후}$, $(x_C - y_C)_\text{후}$ 및 $(x_{AE} - y_{AE})_\text{후}$의 함수관계 결과를 요약정리한 것이다. 〈표 3-12〉의 서울지역 경우를 예로 들어 결과를 설명해보자. 서울지역인 경우 그림 3-3으로 부터 더불어민주당후보당일득표율-국민의힘후보당일득표율 차이 $(x_A - y_A)$가 0보다 작으나 조작후 더불어민주당후보관내득표율-국민의힘후보관내득표율 차이 $(x_B - y_B)$가 0보다 크게 되는 $(x_A - y_A)$와 $(x_B - y_B)_\text{후}$의 범위는 다음과 같다.

$$-0.25 < (x_A - y_A) ≒ (x_B - y_B)_\text{전} < 0 \quad : \quad 0 < (x_B - y_B)_\text{후} < 0.25 \qquad (3\text{-}19)$$

식 (3-19)의 범위가 〈표 3-12〉에 정리되어 있다. 식 (3-19)의 범위는 그림 3-3의 제2사분면의 좌표점으로 형성된 구간이다. 이 범위에서는, 조작전 더불어민주당 후보의 관내득표율이 국민의힘 후보의 관내득표율 보다 낮아 국민의힘 후보에게 패하나, 조작후

<표 3-12> 낙선한 더불어민주당 후보가 당선한 더불어민주당 후보로 바뀌는 조작전 더불어민주당 후보 득표율 - 국민의힘 후보 득표율 차이의 범위와 조작후 더불어민주당 후보의 득표율 - 국민의힘 후보의 득표율 차이의 범위.   더불 = 더불어민주당, 국힘 = 국민의힘

지역		관내투표 범위 $x_B - y_B$		당선자	관외투표 범위 $x_C - y_C$		당선자	선거구투표 범위 $x_{AE} - y_{AE}$		당선자
		하한	상한		하한	상한		하한	상한	
서울	조작전	-0.25	0	국힘	-0.32	0	국힘	-0.125	0	국힘
	조작후	0	0.25	더불	0	0.29	더불	0	0.125	더불
경기	조작전	-0.22	0	국힘	-0.26	0	국힘	-0.11	0	국힘
	조작후	0	0.22	더불	0	0.24	더불	0	0.11	더불
인천·강원	조작전	-0.19	0	국힘	-0.34	0	국힘	-0.1	0	국힘
	조작후	0	0.19	더불	0	0.26	더불	0	0.1	더불
대전·세종·충청	조작전	-0.18	0	국힘	-0.34	0	국힘	-0.11	0	국힘
		-0.11	0	더불	-0.21	0	더불	-0.06	0	더불
	조작후	0	0.22	국힘	0	0.28	국힘	0	0.12	국힘
		0	0.13	더불	0	0.18	더불	0	0.06	더불
제주·광주·호남	조작전	-0.21	0	국힘	-0.34	0	국힘	-0.1	0	국힘
	조작후	0	0.17	더불	0	0.24	더불	0	0.1	더불
대구·경북	조작전	-0.21	0	국힘	-0.29	0	국힘	-0.1	0	국힘
	조작후	0	0.25	더불	0	0.34	더불	0	0.1	더불
부산·울산·경남	조작전	-0.21	0	국힘	-0.3	0	국힘	-0.1	0	국힘
	조작후	0	0.25	더불	0	0.24	더불	0	0.1	더불

선관위 발표 결과에서는 국민의힘 후보의 득표율보다 높아 국민의힘 후보에게 승리하게 된다. 광진을 선거결과를 분석해보자. 광진을의 당일투표에 대한 더불어민주당후보 당일득표율-국민의힘후보당일득표율 차이 ($x_A - y_A$)는 -0.102로 더불어민주당 후보가 당일투표 즉 조작전 관내사전투표에서는 10.2% 차이로 국민의힘 후보에게 패한다. 그러나 조작후 선관위 발표에서는 더불어민주당후보관내득표율-국민의힘후보관내득표율 차이 ($x_B - y_B$)후는 0.166이되어 더불어민주당 후보가 16.6% 차이로 국민의힘 후보에게 승리하였다. <표 3-12>로 부터 관내사전투표, 관외사전투표 및 선거구투표에서 조작

전에는 국민의힘 후보가 승리하나 조작후에는 승리후보가 더불어민주당 후보로 바뀌는 두 후보간 득표율 차이의 범위가 지역에 따라 서로 다르다는 것을 확인할 수 있다.

선관위 발표 더불어민주당후보득표율-국민의힘후보득표율 차이가 (-)에서 (+)로 변하는 변곡점

그림 3-3 ~ 그림 3-26으로 부터 관내사전투표, 관외사전투표 및 선거구투표에서 선관위 발표 더불어민주당후보득표율-국민의힘후보득표율 차이가 (-)에서 (+)로 바뀌는 두 후보간 당일득표율 차이를 변곡점이라고 정의하면, 이 값은 지역에 따라 고유한 값이 된다. 더불어민주당 후보와 국민의힘 후보 사이의 당일득표율 차이 대비 관내사전득표율 차이 함수관계, 당일득표율 차이 대비 관외사전득표율 차이 함수관계 및 당일득표율 차이 대비 선거구득표율 차이 함수관계 그래프 그림 3-3 ~ 그림 3-26으로 부터 변곡점을 정리하면 〈표 3-13〉와 같다.

〈표 3-13〉 관내사전투표, 관외사전투표 및 선거구투표에 대한 더불어민주당득표율-국민의힘득표율 차이가 (-)에서 (+)로 변하는 변곡점

지역	관내사전투표 $x_A - y_A = (x_B - y_B)_{조작전}$	관외사전투표 $x_A - y_A = (x_C - y_C)_{조작전}$	선거구투표 $x_A - y_A = (x_{AE} - y_{AE})_{조작전}$
서울	-0.25	-0.32	-0.125
경기	-0.22	-0.26	-0.11
인천·강원	-0.19	-0.34	-0.1
대전·세종·충청	-0.18, -0.11	-0.34, -0.21	-0.11, -0.06
제주·광주·호남	-0.21	-0.34	-0.1
대구·경북	-0.21	-0.29	-0.1
부산·울산·경남	-0.22	-0.3	-0.1

이 표의 변곡점이 함의하고 있는 내용을 요약하면 다음과 같다.
- 선관위가 공개한 더불어민주당 후보의 득표율은 조작전에 국민의힘 후보의 득표율보다 낮은 경우에도 조작을 통하여 국민의힘 후보의 득표를 보다 높게 발표되었다. '더불어민주당후보득표율 - 국민의힘후보득표율 < 0'에서 '더불어민주당후보득표율 - 국민의힘후보득표율 > 0'으로 변하는 기준점이 변곡점이다. 서울지역과 경기지역의 관내투표에 대한 변곡점의 예를 들면 다음과 같다.

지역	$x_A - y_A <$ 변곡점	변곡점	변곡점 $< x_A - y_A$
	$(x_B - y_B)_{조작후}$	$(x_B - y_B)_{조작후}$	$(x_B - y_B)_{조작후}$
서울	$x_A - y_A < -0.25$	$x_A - y_A = -0.25$	$-0.25 < x_A - y_A$
	$(x_B - y_B)_{조작후} < 0$	$(x_B - y_B)_{조작후} = 0$	$0 < (x_B - y_B)_{조작후}$
경기	$x_A - y_A < -0.22$	$x_A - y_A = -0.22$	$-0.22 < x_A - y_A$
	$(x_B - y_B)_{조작후} < 0$	$(x_B - y_B)_{조작후} = 0$	$0 < (x_B - y_B)_{조작후}$

x : 더불어민주당후보득표율, y : 국민의힘후보득표율, A : 당일투표, B : 관내사전투표

- 관내사전투표 및 관외사전투표에 대한 변곡점은 지역에 따라 서로 다른 고유한 값을 나타낸다.
- 선거구에 대한 변곡점은 지역에 관계없이 −0.1 부근의 값이다. 더불어민주당 후보가 최종 당선자가 되려면 더불어민주당 후보의 당일득표율이 국민의힘 후보의 당일득표율 보다 −0.1 즉 −10 % 를 초과하여야 한다. 더불어민주당 후보의 당일득표율이 국민의힘 후보의 당일득표율 보다 −10 더 낮으면 예를들어 ~13 % 이면 낙선한다.

$$\text{더불어민주당후보당일득표율 - 국민의힘후보당일득표율} > -10\%$$
$$\Rightarrow \text{더불어민주당후보 당선}$$
$$\text{더불어민주당후보당일득표율 - 국민의힘후보당일득표율} < -10\%$$
$$\Rightarrow \text{더불어민주당후보 낙선}$$

국민의힘 후보가 최종 당선되려면 국민의힘 후보의 당일득표율이 더불어민주당 후보의 당일득표율보다 10 % 를 초과하여야 한다. 만일 국민의힘 후보의 당일득표율이 더불어민주당 후보의 당일득표율보다 10 % 미만으로 높으면 국민의힘 후보는 낙선한다.

더불어민주당후보득표율−국민의힘후보득표율 차이에 따른 선거구 수 분포 및 당락 여부

더불어민주당 후보와 국민의힘 후보의 당일득표율 차이값 $(x_A - y_A)$를 좌표평면의 가로축, 관내사전득표율 차이 $(x_B - y_B)_{조작후}$, 관외사전득표율 차이 $(x_C - y_C)_{조작후}$ 및 선거구득표율 차이 $(x_{AE} - y_{AE})_{조작후}$를 좌표평면의 세로축 함수로 표시하면 좌표평면의 모든 점들은 제1사분면, 제2사분면 및 제3사분면에 분포된다. 제4사분면에 분포되는 좌표점은 존재하지 않는다. 그 결과는 그림 3-3 ~ 그림 3-26으로 부터 확인할 수 있다.

<표 3-14> 더불어민주당당일득표율 - 국민의힘당일득표율 차이에 따른 선거구 수 분포 및 당락 여부
O : 더불어민주당 당선, X : 더불어민주당 낙선

지역	사분면	관내투표				관외투표				선거구투표			
		제3	변곡점	제2	제1	제3	변곡점	제2	제1	제3	변곡점	제2	제1
서울	$\Delta\rho = x_A - y_A$	<-0.25	-0.25	-0.25<<0	>0	<-0.32	-0.32	-0.32<<0	>0	<-0.125	-0.125	-0.125<<0	>0
	조작전	X		X	O	X		X	O	X		X	O
	조작후	X		O	O	X		O	O	X		O	O
	선거구수	5		23	20	3		25	20	11		17	20
경기	$\Delta\rho = x_A - y_A$	<-0.22	-0.22	-0.22<<0	>0	<-0.26	-0.26	-0.26<<0	>0	<-0.11	-0.11	-0.11<<0	>0
	조작전	X		X	O	X		X	O	X		X	O
	조작후	X		O	O	X		O	O	X		O	O
	선거구수	1		18	41	0		19	41	7		12	41
인천·강원	$\Delta\rho = x_A - y_A$	<-0.19	-0.19	-0.19<<0	>0	<-0.34	-0.34	-0.34<<0	>0	<-0.1	-0.1	-0.1<<0	>0
	조작전	X		X	O	X		X	O	X		X	O
	조작후	X		O	O	X		O	O	X		O	O
	선거구수	6		8	8	0		14	8	8		6	8
대전·세종·충청	$\Delta\rho = x_A - y_A$	<-0.18	-0.18	-0.18<<0	>0	<-0.34	-0.34	-0.34<<0	>0	<-0.11	-0.11	-0.11<<0	>0
		<-0.11	-0.11	-0.11<<0	>0	<-021	-0.21	-0.21<<0	>0	<-0.06	-0.06	-0.06<<0	>0
	조작전	X		X	O	X		X	O	X		X	O
	조작후	X		O	O	X		O	O	X		O	O
	선거구수	1		15	12	0		16	12	6		10	12
제주·광주·호남	$\Delta\rho = x_A - y_A$	<-021	-0.21	-0.21<<0	>0	<-0.34	-0.34	-0.34<<0	>0	<-0.1	-0.1	-0.1<<0	>0
	조작전	X		X	O	X		X	O	X		X	O
	조작후	X		O	O	X		O	O	X		O	O
	선거구수	0		1	30	0		1	30	0		1	30
대구·경북	$\Delta\rho = x_A - y_A$	<-021	-0.21	-0.21<<0	>0	<-029	-0.29	-0.29<<0	>0	<-0.1	-0.1	-0.1<<0	>0
	조작전	X		X	O	X		X	O	X		X	O
	조작후	X		O	O	X		O	O	X		O	O
	선거구수	25		0	0	25		0	0	25		0	0
부산·울산·경남	$\Delta\rho = x_A - y_A$	<-021	-0.21	-0.21<<0	>0	<-0.3	-0.3	-0.3<<0	>0	<-0.1	-0.1	-0.1<<0	>0
	조작전	X		X	O	X		X	O	X		X	O
	조작후	X		O	O	X		O	O	X		O	O
	선거구수	16		22	2	7		31	2	34		4	2

$(x_A - y_A)$와 $(x_B - y_B)_{조작후}$, $(x_A - y_A)$와 $(x_C - y_C)_{조작후}$ 및 $(x_A - y_A)$와 $(x_{AE} - y_{AE})_{조작후}$의 선형함수관계 그래프 그림 3-3 ~ 그림 2-26으로 부터 $(x_A - y_A)$에 따른 좌표평면의 사분면 별 선거구 수, 좌표평면의 사분면 별 더불어민주당 후보의 당선과 낙선 및 변곡점을 정리하면 〈표 3-14〉와 같다. 이 표의 결과를 요약정리하면 다음과 같다.

- 변곡점은 $(x_A - y_A)$축의 절편값이다
- 제3사분면에 존재하는 좌표점의 선거구에서의 더불어민주당 후보는 조작전후 모두 낙선한다.
- 제2사분면에 존재하는 좌표점의 선거구에 대한 더불어민주당 후보는 조작전에는 낙선하나 조작후에는 당선한다.
- 제1사분면에 존재하는 선거구의 더불어민주당 후보는 조작전후 모두 당선한다.
- 투표표본별 더불어민주당 후보가 조작전후 모두 낙선, 조작전 낙선, 조작후 당선 및 조작전후 모두 당선된 선거구 수를 분석하면 다음과 같다.

선거구 수	더불어민주당 후보의 선거결과		
	조작전후 모두 낙선	조작전 낙선, 조작후 당선	조작전후 모두 당선
관내투표	54	87	113
관외투표	35	106	113
선거구투표	91	50	113

- 투표표본별 국민의힘 후보가 조작전후 모두 낙선, 조작전 당선, 조작후 낙선 및 조작전후 모두 당선된 선거구 수를 분석하면 다음과 같다.

선거구 수	국민의힘 후보의 선거결과		
	조작전후 모두 낙선	조작전 당선, 조작후 낙선	조작전후 모두 당선
관내투표	113	87	54
관외투표	113	106	35
선거구투표	113	50	91

Chapter 4

기획선거의 결과

현재까지의 분석을 통하여 평가해보면, 제22대 총선은 '10퍼센트 조작 전략'에 의하여 치루어진 선거라고 할 수 있다. 〈표 3-14〉에서 알 수 있듯이 전국 7개 광역지역에서 더불어민주당 후보는 실제 득표율이 국민의힘 후보에게 −10 % 이하로 패하지만 않으면 당선으로 발표되었기 때문이다. 반면 국민의힘 후보는 실제 득표율이 더불어민주당 후보의 득표율 보다 10 % 이상 높아야 당선으로 발표되었다. 예를들어 실제 득표율이 더불어민주당 후보보다 9 % 가 높은 국민의힘 후보는 낙선되었다. 국민의힘 후보의 득표율이 더불어민주당 후보의 득표율보다 10 % 이상 높지 않았기 때문이다. 이 '10퍼센트 조작 전략'은 사전투표에 주로 적용했으며, 당일투표는 조작 전략을 거의 적용하지 않았다.

이제 '10퍼센트 조작 전략'이 선거결과에 미치는 영향을 다음의 여러가지 측면에서 분석해보자.
- 투표표본별 승자의 수 및 비율
- 정당별 당일투표 승자수대비 투표표본별 승자 수와 패자 수의 비율
- 정당별 당일투표 패자수대비 투표표본별 승자 수와 패자 수의 비율
- 후보별 선거구에 대한 당일투표 득표율 대비 각 투표표본별 득표율 차이가 (+)인 선거구 수와 (−)인 선거구 수 및 그 비율
- 후보별 선거동에 대한 당일투표 득표율 대비 관내사전투표 득표율 차이가 (+)인 선거동 수와 (−)인 선거동 수 및 그 비율

4-1. 투표표본별 승자의 수 및 비율

A. 투표표본별 승자 수

제22대 총선에 대한 투표는 당일투표와 사전투표로 구성되어 있다. 사전투표는 관내사전투표, 관외사전투표, 거소선상사전투표 및 국외사전투표의 4 종류가 있다. 〈표 4-1〉은 전국 254개 선거구에 대한 지역별 투표표본별 더불어민주당 후보와 국민의힘 후보의 승자 수를 나타내고 있다. 이 결과에 의하면 당일투표의 경우 254개 선거구 중 더불어민주당 후보 111명, 국민의힘 후보 143명이 각각 승자가 되어 국민의힘 후보가 승리한 선거구가 더불어민주당 후보가 승리한 선거구보다 32곳 많다. 그러나 나머지 사전투표에서는 더불어민주당 후보가 승리한 선거구 수가 국민의힘 후보자 승리한 선거구 수보다 많다. 특히 국외사전투표인 경우 전국 254개 선거구 중 더불어민주당 후보가 승리한 선거구가 253곳이나 된다. 어떤 경우에도 설명이 불가능한 결과이다. 조작된 선거결과라고 해석할 수밖에 없다.

〈표 4-1〉 전국 254개 선거구에서 더불어민주당과 국민의힘 후보의 지역별 투표표본별 승자 수

지역	당일투표		사전투표								선거구 투표	
			관내		관외		거소선상		국외			
	더불	국힘	더불	국힘	더불	국힘	더불	국힘	더불	국힘	더불	국힘
1. 서울	20	28	43	5	45	3	31	16	47	1	37	11
2. 경기	41	19	59	1	60	0	42	18	60	0	53	7
3. 인천	7	7	13	1	14	0	10	4	14	0	12	4
4. 강원	0	8	3	5	8	0	2	6	8	0	2	6
5. 대전·세종·충청	11	17	27	1	28	0	14	14	28	0	22	6
6. 제주·광주·호남	30	1	31	0	31	0	31	0	31	0	31	0
7. 대구·경북	0	25	0	25	0	25	0	25	25	0	0	25
8. 부산·울산·경남	2	38	22	16	33	7	5	35	40	0	6	34
계	111	143	198	54	219	35	135	118	253	1	163	91

* 기타 정당의 당선자는 더불어민주당 후보로 고려함

⟨표 4-1⟩의 결과를 요약하면 다음과 같다.
- 당일투표에 대한 더불어민주당 후보 승자 수 대비 국민의힘 후보 승자 수의 비는 다음 식과 같으며 국민의힘 후보의 승자 수가 더불어민주당 후보의 승자 수보다 많다.

  더불어민주당 후보 승자 수 : 국민의힘 후보 승자 수 = 111 : 143
- 관내사전투표, 관외사전투표, 거소선상사전투표, 국외사전투표 및 선거구투표에 대한 더불어민주당 후보의 승자 수는 국민의힘 후보의 승자 수보다 많다. 특히 국외사전투표인 경우 더불어민주당 후보 승자 수 대비 국민의힘 후보 승자 수의 비는 다음 식과 같이 253 : 1로 서울지역 서초 선거구를 제외한 모든 선거구에서 국민의힘 후보가 모두 패하였다.

  더불어민주당 후보 승자 수 : 국민의힘 후보 승자 수 = 253 : 1
- 거소선상사전투표인 경우 관내, 관외 및 국외 사전투표와 달리 국민의힘 후보의 승자 수가 118명이나 되어 더불어민주당 후보 승자 수 대비 국민의힘 후보의 승자 수의 비는 다음 식과 같다.

  더불어민주당 후보 승자 수 : 국민의힘 후보 승자 수 = 135 : 118

〈표 4-1〉의 결과를 막대 그래프로 도시하면 그림 4-1a와 같다. 당일투표에 대한 더불어민주당 후보의 승자 수 대비 국민의힘 후보의 승자 수가 관내사전, 관외사전, 국외사전 및 선거구 투표에 비하여 확연하게 구별됨을 알 수 있다. 특히 국외사전투표의 결과는 다른 투표의 결과와 분명하게 차이가 나타났다. 거소선상사전투표의 결과는 관내, 관외 및 국외 사전투표에 비하여 조작이 조직적이고 체계적이지 않았을 뿐만 아니라 조작이 있었더라도 심하지 아니함을 알 수 있다. 거소선상사전투표의 결과는 관내, 관외 및 국외 사전투표의 결과보다는 당일투표의 결과에 가깝다는 것도 확인할 수 있다. 더불어민주당 후보인 경우 당일투표에서 승자가 111명 뿐이었지만, 관내, 관외, 거소선상 및 국외 사전투표를 합하면서 최종 당선자가 163명으로 발표되었고, 국민의힘 후보의 경우 당일투표에서 승자 143명이 관내, 관외, 거소선상 및 국외 사전투표를 거치면서 최종 당선자 91명으로 감소되어 발표되었다.

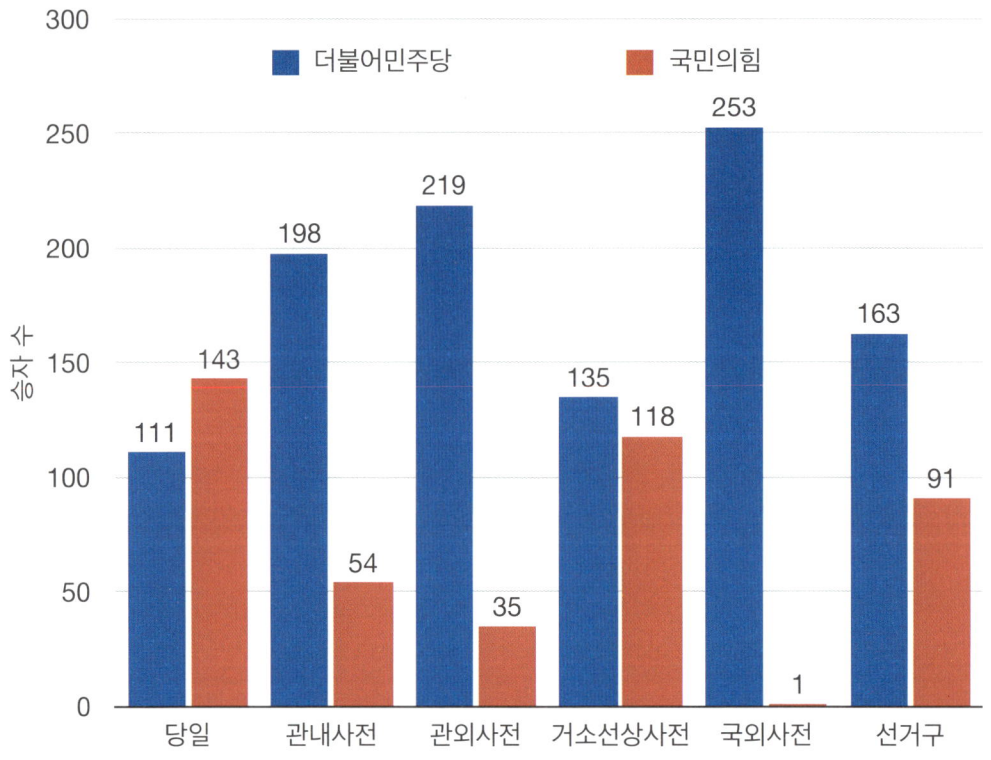

그림 4-1a. 전국 254개 선거구에서 더불어민주당 및 국민의힘 후보의 투표표본별 승자 수

그림 4-1b는 전국 254개 선거구에서 더불어민주당 후보와 국민의힘 후보의 투표표본별 승률을 백분율로 나타낸 그래프이다. 더불어민주당 후보인 경우 당일투표 승률이 43.7%로 전체 254명의 절반에 미치지 못했다. 그러나 관내사전투표에서는 승률이 78%까지, 관외사전투표에서는 86.2%까지 증가하였다. 특히 국외사전투표에서는 승률이 99.6%가 되었다. 국외사전투표에서는 총 254개 선거구 중 한 곳만 제외한 253개 선거구에서 더불어민주당 후보가 승리하였다. 그러나 거소선상사전투표에서는 승률이 53.1%로 국민의힘 46.5%와 비슷하였다.

국민의힘 후보인 경우 당일투표에서는 승률이 56.3%로 총 254 후보 중 절반이상인 143명이 승리하였다. 그러나 사전투표인 관내, 거소선상 및 국외 투표에서는 승률이 50% 미만으로 감소하였다. 관외사전투표에서는 승률이 13.8%, 국외사전투표에서는 0.4%에 불과하였다. 그 결과 선거구에서 최종 당선자 수 비율은 35.8% 이다. 정상적인 선거라면 더불어민주당 후보의 최종 당선자 수 비율은 당일투표 승률과 비슷하게 43%±1.5%, 국민의힘 후보의 최종 당선자 수 비율은 당일투표 승률과 유사하게 56%±1.5%로 나타나야 맞다.

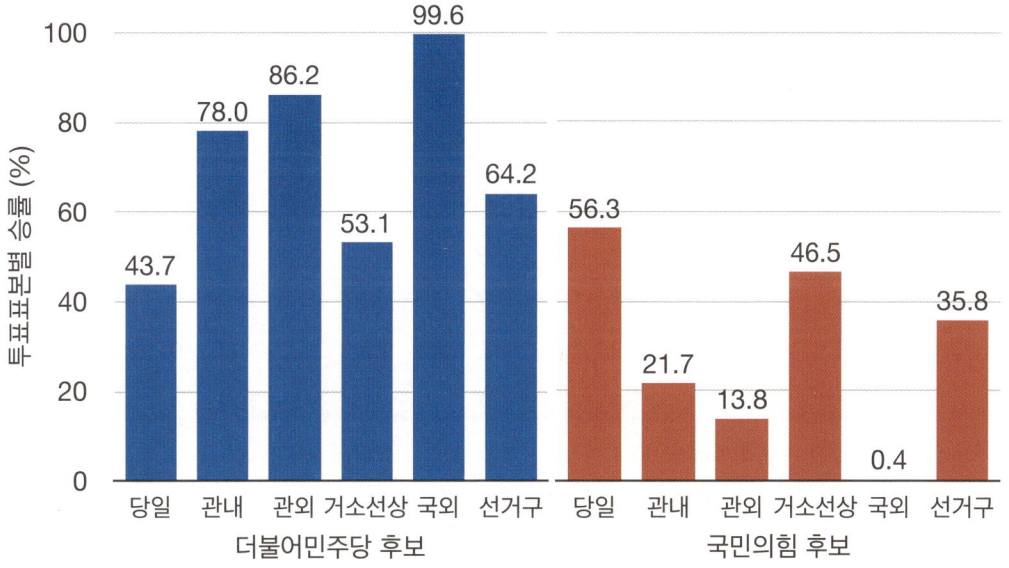

그림 4-1b. 전국 254개 선거구에서 더불어민주당 및 국민의힘 후보의 투표표본별 승률
(더불어민주당 및 국민의힘 후보 제외 기타 정당 당선자는 더불어민주당에 포함)

B. 투표표본별 승자 수의 비

⟨표 4-1⟩의 더불어민주당 후보와 국민의힘 후보의 지역에 따른 투표표본별 승자 수를 총 선거구 수에 대한 비율로 나타내면 ⟨표 4-2⟩와 같다. 전국 254개 선거구에 대한 후보별 투표표본별 승자 비율을 분석해보자. 더불어민주당 후보인 경우 당일투표에서는 승자의 비율이 43.7% 이지만, 당일투표 아닌 사전투표에서는 승률이 모두 50%를 초과한다. 특히 국외사전투표에서는 더불어민주당 후보의 승률이 99.6%이다. 최종 당선자를 결정하는 선거구투표에서는 254개 선거구의 64.2%에 해당하는 163개 선거구에서 더불어민주당 후보가 당선되었다. 반면 국민의힘 후보인 경우 전국 254개 선거구에서 당일투표에서는 승률이 56.3%로 과반의 선거구에서 국민의힘 후보가 승리하였다. 그러나 나머지 사전투표에서는 승률이 모두 50%미만 이었다. 특히 국외사전투표에서는 총 254개 선거구 중 1곳에서만 국민의힘 후보가 승리하며 승률이 0.4%에 불과하였다. 이제 투표표본별 선거지역에 따른 더불어민주당 후보의 승률과 국민의힘 후보의 승률을 비교분석하여보자.

⟨표 4-2⟩ 지역에 따른 투표표본별 더불어민주당 후보 승률과 국민의힘 후보 승률 (단위: %).

지역	당일투표		사전투표								선거구 투표	
			관내		관외		거소선상		국외			
	더불	국힘	더불	국힘	더불	국힘	더불	국힘	더불	국힘	더불	국힘
1. 서울	41.7	58.3	89.6	10.4	93.8	6.2	64.6	35.4	97.9	2.1	77.1	22.9
2. 경기	68.3	31.7	98.3	1.7	100	0	70	30	100	0	88.3	11.7
3. 인천	52	50	92.9	7.1	100	0	71.4	28.6	100	0	85.7	14.3
4. 강원	0	100	37.5	62.5	100	0	25	75	100	0	25	75
5. 대전·세종·충청	39.3	60.7	96.4	3.6	100	0	50	50	100	0	78.6	21.4
6. 제주·광주·호남	96.8	3.2	100.0	0	100	0	100	0	100	0	100	0
7. 대구·경북	0	100	0.0	100	0	100	0	100	100	0	0	100
8. 부산·울산·경남	5	95	55.0	40	82.5	17.5	12.5	87.5	100	0	15	85
계	43.7	56.3	78.0	21.7	86.2	13.8	53.1	46.5	99.6	0.4	64.2	35.8

당일투표에 대한 지역별 더불어민주당 후보의 승률과 국민의힘 후보의 승률

그림 4-2a는 당일투표에 대한 지역별 더불어민주당 후보의 승률과 국민의힘 후보의 승률을 나타내고 있다. 더불어민주당 후보인 경우 총 8개 지역 중 2번에 해당하는 경기지역과 6번에 해당하는 제주·광주·호남지역에서만 더불어민주당 후보의 승률이 50%를 초과 하며, 3번에 해당하는 인천지역에서는 승률이 50%이다. 이 세 지역을 제외한 다섯 지역에서는 승률이 50% 미만이다. 특히 4번인 강원지역과 7번인 대구·경북지역에서는 승률이 0%로 당일투표에서는 더불어민주당 후보가 한 명도 당선되지 못하였다. 그 결과 전국 254개 선거구의 당일투표에서 더불어민주당 후보의 승률은 43.7%로 254명의 후보 중 111명이 승자가 되었다.

국민의힘 후보인 경우 총 8개 지역 중 지역번호 1, 4, 5, 7 및 8번에 해당하는 다섯 지역에서 국민의힘 후보의 승률이 50%를 초과하며, 지역번호 3에 해당하는 인천지역에서는 승률이 50%이다. 총 8개 지역 중 승률이 50% 미만인 지역은 지역번호 2번에 해당하는 경기지역과 6번에 해당하는 제주·광주·호남지역 두 지역뿐 이다. 그 결과 전국 254개 선거구의 당일투표에서 국민의힘 후보의 승률은 56.3%로 총 254명의 후보 중 143명이 승자가 되었다.

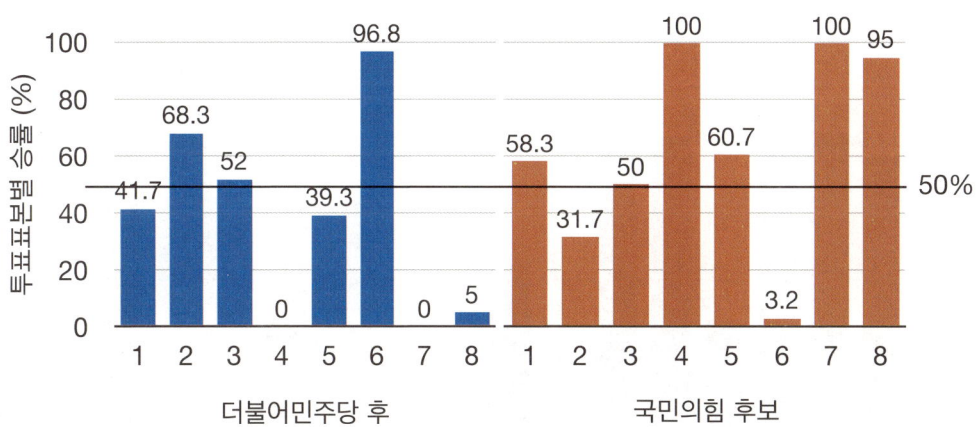

그림 4-2a. 전국 254개 선거구의 당일투표에 대한 지역별 승률 (%)

관내사전투표에 대한 지역별 더불어민주당 후보의 승률과 국민의힘 후보의 승률

그림 4-2b는 전국 254개 선거구의 관내사전투표에 대한 지역별 더불어민주당 후보의 승률과 국민의힘 후보의 승률을 나타내고 있다. 더불어민주당 후보인 경우 8개 지역 중 6개 지역구에서 승률이 50%를 초과한다. 여덟개 지역 중 6개 지역을 제외한 지역은 강원지역과 대구·경북지역이다. 지역번호 4인 강원지역의 승률은 37.5%이고 지역번호 7인 대구·경북지역의 승률은 0%이다. 위의 결과로 총 254개 선거구의 관내사전투표에 대한 더불어민주당 후보의 승률은 78%이다. 따라서 더불어민주당 후보는 관내사전투표에서 총 후보자 254명 중 198명이 승자가 되었다.

국민의힘 후보인 경우 총 8개 지역 중 지역번호 4인 강원지역과 지역번호 7인 대구·경북지역에서만 국민의힘 후보의 승률이 50%를 초과한다. 나머지 6개 지역에서는 국민의힘 후보의 승률이 50% 미만이다. 특히 지역번호 2인 경기지역에 대한 국민의힘 후보의 승률은 1.7%, 지역번호 3인 인천지역에 대한 승률은 7.1%, 지역번호 5인 대전·세종·충청지역에 대한 승률은 3.6%, 그리고 제주·광주·호남지역에 대한 승률은 0%이다. 관내사전투표에서 국민의힘 후보의 승률이 한 자리 수인 지역 수가 4곳이나 된다. 이러한 결과로 인하여 전국 254개 선거구의 관내사전투표에 대한 국민의힘 후보의 승률은 21.7%이고, 총 후보자 254명 중 55명만 승자가 되었다.

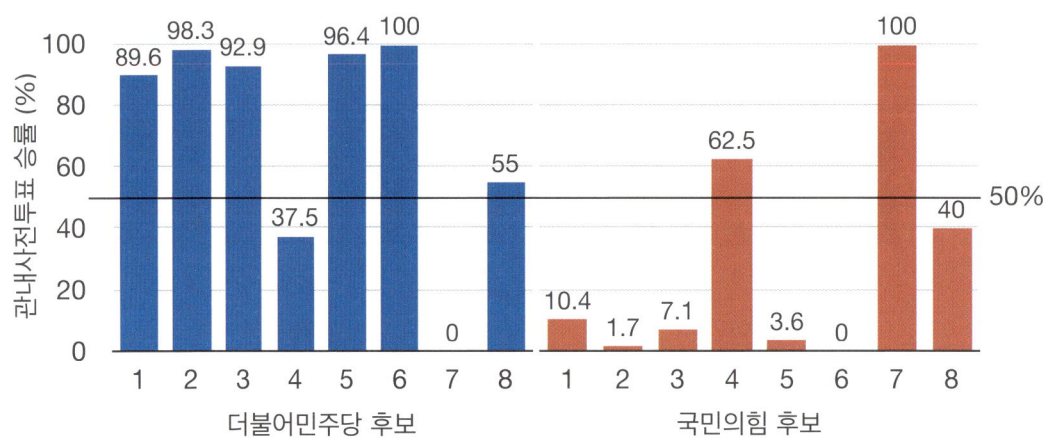

그림 4-2b. 전국 254개 선거구의 관내사전투표에 대한 지역별 승률 (%)

관외사전투표에 대한 지역별 더불어민주당 후보의 승률과 국민의힘 후보의 승률

그림 4-2c는 전국 254개 선거구의 관외사전투표에 대한 지역별 더불어민주당 후보의 승률과 국민의힘 후보의 승률을 나타내고 있다. 더불어민주당 후보와 국민의힘 후보의 결과는 극명한 차이를 나타낸다. 더불어민주당 후보인 경우 총 8개 지역 중 더불어민주당 후보의 승률이 100% 인 지역이 5곳이고, 90% ~ 100% 인 지역이 1곳이었다. 대구·경북 및 부산·울산·경남을 제외한 지역에서는 서울지역 3개의 선거구를 제외한 모든 선거구에서 더불어민주당 후보가 모두 승자가 되었으며 국민의힘 후보는 모두 패자가 되었다. 관외사전투표에서 더불어민주당 후보의 승률이 88% ~ 90% 인 지역은 부산·울산·경남지역 1곳이고, 승률이 0% 지역은 대구·경북지역이다. 이와 같은 결과로 인하여 총 254개 선거구에 대한 관외사전투표에서 더불어민주당 후보의 승률은 86.2%로 총 후보자 254명 중 219명이 승자가 되었다.

국민의힘 후보인 경우 총 8개 지역 중 지역순번 7에 해결하는 대구·경북지역에서는 국민의힘 후보의 승률이 100% 이다. 승률이 10% ~ 20% 인 지역은 지역순번 8인 부산·울산·경남지역이다. 특히 지역순번 2, 3, 4, 5 및 6인 경기, 인천, 강원, 대전·세종·충남 그리고 제주·광주·호남의 다섯 지역에서는 국민의힘 후보의 승률이 0% 이다. 이 다섯 지역의 모든 선거구에서 국민의힘 후보는 모두 패자가 되었다. 서울지역인 경우 국민의힘 후보의 승률은 6.2%로 총 48개 선거구 중 서초갑, 강남갑 및 강남병 세 곳의 선거구에서 만 승자가 되었다.

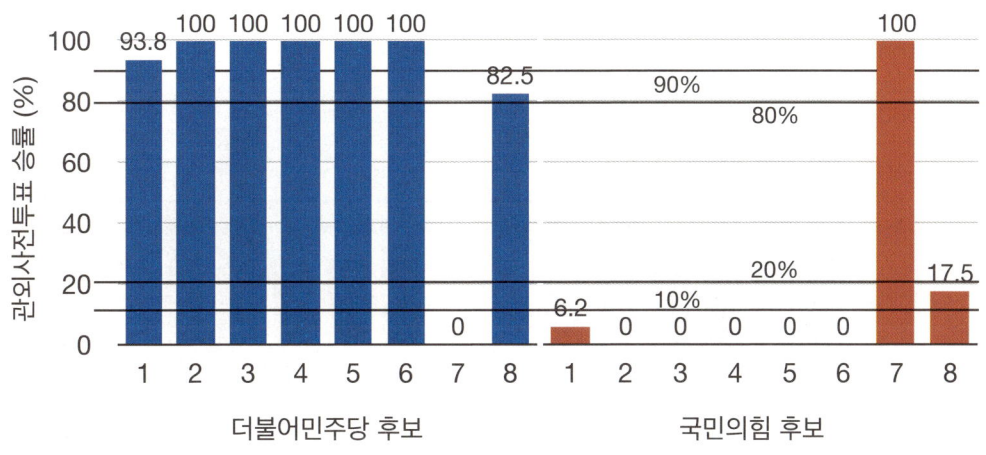

그림 4-2c. 전국 254개 선거구의 관외사전투표에 대한 지역별 승률 (%)

거소선상사전투표에 대한 지역별 더불어민주당 후보의 승률과 국민의힘 후보의 승률

그림 4-2d는 전국 254개 선거구의 거소선상사전투표에 대한 지역별 더불어민주당 후보의 승률과 국민의힘 후보의 승률을 나타내고 있다. 더불어민주당 후보인 경우 총 8개 지역 중 서울, 경기, 인천 및 제주·광주·호남의 4개 지역에서 더불어민주당 후보의 거소선상사전투표에 대한 승률이 50％를 초과한다. 지역순번 5인 대전·세종·충남지역에서는 더불어민주당 후보의 거소선상사전투표에 대한 승률이 50％ 이며, 강원, 대구·경북 및 부산·울산·경남지역에서는 더불어민주당 후보의 거소선상사전투표에 대한 승률이 50％ 미만이다. 특히 대구·경북지역에서의 더불어민주당 후보에 대한 승률은 0％로 모든 선거구에서 더불어민주당 후보는 패자가 되었다.

국민의힘 후보인 경우 총 8개 지역 중 강원지역, 대구·경북지역 및 부산·울산·경남지역에서 국민의힘 후보의 승률이 50％를 초과 하며, 대전·세종·충청지역에서는 승률이 50％ 이다. 반면 서울, 경기 및 인천 지역에서는 승률이 50％ 미만이다. 그리고 제주·광주·호남지역의 거소선상사전투표에 대한 국민의힘 후보의 승률은 0％ 이다.

거소선상사전투표인경우 관내 및 관외 투표와 달리 전국 254개 선거구의 거소선상사전투표에 대한 더불어민주당 후보의 승률은 53.1％, 국민의힘 후보의 승률은 46.5％로 그 비율이 비슷했을 뿐만 아니라 승자 수도 135명 대 118명으로 차이가 크지 않다. 따라서 거소선상사전투표에 대한 조작은 조직적 또는 체계적이지 아니하였음을 알 수 있다.

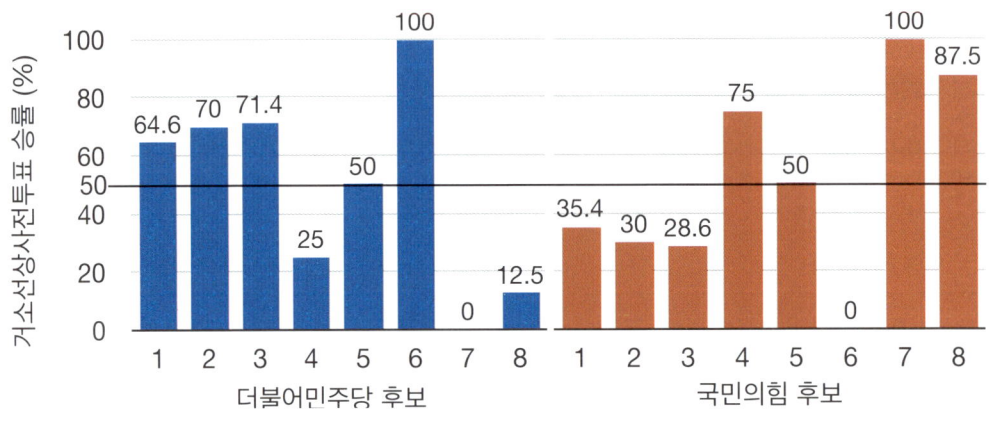

그림 4-2d. 전국 254개 선거구의 거소선상투표에 대한 지역별 승률 (%)

국외사전투표에 대한 지역별 더불어민주당 후보의 승률과 국민의힘 후보의 승률

그림 4-2e는 전국 254개 선거구의 국외사전투표에 대한 지역별 더불어민주당 후보의 승률과 국민의힘 후보의 승률을 나타내고 있다. 더불어민주당 후보인 경우 총 8개 지역 중 서울지역을 제외한 7개 지역의 국외사전투표에 대한 더불어민주당 후보의 승률이 모두 100%이다. 서울지역인 경우에도 48개 선거구 중 서초갑 선거구를 제외한 47개 선거구에서 더불어민주당 후보의 국외사전투표에 승률이 100%이다. 전국 254개 선거구 중에서 국외사전투표에서 더불어민주당 후보가 승리한 선거구는 253개 선거구로 이런 결과는 정상적인 투표에서는 생성될 수 없는 결과이다.

국민의힘 후보인 경우 총 8개 지역 중 서울지역을 제외한 7개 지역의 국외사전투표에 대한 국민의힘 후보의 승률은 모두 0%이다. 서울지역인 경우 48개 선거구 중 서초갑 선거구를 제외한 47개 선거구의 국외사전투표에서 국민의힘 후보는 모두 패자가 되었다.

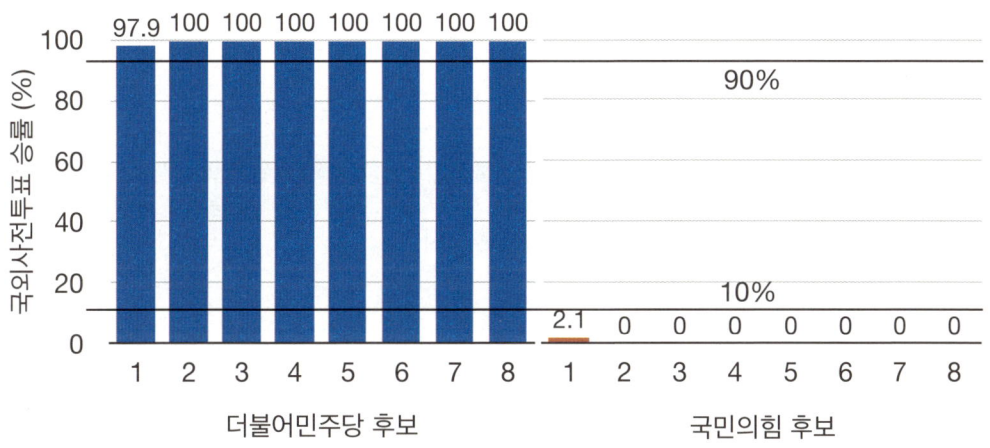

그림 4-2e. 전국 254개 선거구의 국외사전투표에 대한 지역별 승률 (%)

4-2. 정당별 당일투표 승자 수 대비 투표표본별 승자와 패자 수 및 비율

당일투표 승자 수 대비 투표표본별 승자 수 및 패자 수

지금까지의 분석 결과에 의하면 조작의 측면에서 볼때 가장 안전한 표본은 당일투표표본이다. 당일투표 결과를 기준으로 하여 기타 표본의 결과에 대한 변화 정도를 비교분석하여보자. 〈표 4-3〉은 전국 254개 선거구에 대한 지역별 더불어민주당 후보의 당일투표 승자 수 대비 그 외 투표표본의 승자 수와 패자 수를 나타내고 있다. 이 표의 결과에 의하면 더불어민주당 후보인 경우 당일투표에서 승리한 후보는 관내사전, 관외사전, 국외사전 및 선거구 투표에서도 모두 승리하게 된다. 전국 8개 지역에서 더불어민주당 후보가 당일투표에서 당선된 후보의 수는 111명이다. 이 111명 후보 모두는 관내사전, 관외사전, 국외사전 및 선거구 투표에서도 모두 승리하였다. 그러나 거소선상사전투표에서는 당일투표 승자가 모두 승리하지 못하고 111명 중 98명은 승자가 된 반면 13명은 패자가 되었다. 특히 대전·세종·충청지역인 경우 당일투표 승자 11명 중 거소선상사전투표에서 승자는 6명, 패자는 5명이 되어, 당일투표 승자 수 대비 거소선상사전투표에서 승자 수와 패자 수의 비율이 비슷하였다.

〈표 4-3〉 전국 254개 선거구에 대한 지역별 더불어민주당 후보의 당일투표 승자 수 대비 그외 투표의 승자 수와 패자 수 (당일투표에서 승리한 후보자와 그외 투표에서 승리 또는 패한 후보자는 동일한 후보자임)

지역	당일투표	사전투표								선거구투표	
		관내		관외		거소선상		국외			
	승자	승자	패자	승자	패자	승자	패자	승자	패자	승자	패자
1. 서울	20	20	0	20	0	19	1	20	0	20	0
2. 경기	41	41	0	41	0	37	4	41	0	41	0
3. 인천	7	7	0	7	0	5	2	7	0	7	0
4. 강원	0	0	0	0	0	0	0	0	0	0	0
5. 대전·세종·충청	11	11	0	11	0	6	5	11	0	11	0
6. 제주·광주·호남	30	30	0	30	0	30	0	30	0	30	0
7. 대구·경북	0	0	0	0	0	0	0	0	0	0	0
8. 부산·울산·경남	2	2	0	2	0	1	1	2	0	2	0
계	111	111	0	111	0	98	13	111	0	111	0

〈표 4-4〉는 전국 254개 선거구에 대한 지역별 국민의힘 후보 당일투표 승자 수 대비 그 외 투표표본의 승자 수와 패자 수를 나타내고 있다. 당일투표에서는 국민의힘 후보 254명 중 143명이 승리했으나 관내사전투표에서는 승자가 54명으로 감소하였고, 관외사전투표에서는 승자가 35명까지 감소하였고, 국외사전투표에서 승자가 1명 뿐이었다. 그러나 거소선상사전투표에서는 감소 폭이 줄어들어 당일투표 승자 143명 중 106명이 승리하였다. 그 결과 당일투표 승자 143명 중 최종 선거구 당선자는 91명, 낙선자는 52명 이었다. 〈표 4-4〉의 결과에서 특이사항 두 가지를 발견할 수 있다. 첫 번째 특이사항은 관외사전투표에서 찾을 수 있다. 전국 8개 지역 중 서울지역, 대구·경북지역 및 부산·울산·경남지역의 세 지역을 제외한 다섯개 지역에서 당일투표에서 당선된 후보 전원이 낙선했다는 것이다. 두 번째 특이사항은 국외사전투표에서 찾을 수 있다. 당일투표 당선자 143명 중 국외사전투표에서는 서울지역에서 1명, 대구·경북지역 1명이 당선되었을 뿐, 141명이나 낙선했다는 것이다. 설명이 불가능한 결과로 정상적인 선거에서는 일어날 수 없다.

〈표 4-4〉 전국 254개 선거구에대한 지역별 국민의힘 후보의 당일투표 승자 수 대비 그외 투표의 승자 수와 패자 수 (당일투표에서 승리한 후보자와 그외 투표에서 승리 또는 패한 후보자는 동일한 후보자임)

지역	당일투표	사전투표								선거구투표	
		관내		관외		거소선상		국외			
	승자	승자	패자	승자	패자	승자	패자	승자	패자	승자	패자
서울	28	5	23	3	25	16	12	1	27	11	17
경기	19	1	18	0	19	14	5	0	19	7	12
인천	7	1	6	0	7	2	5	0	7	2	5
강원	8	5	3	0	8	6	2	0	8	6	2
대전·세종·충청	17	1	16	0	17	9	8	0	17	6	11
제주·광주·호남	1	0	1	0	1	0	1	0	1	0	1
대구·경북	25	25	0	25	0	25	0	1	24	25	0
부산·울산·경남	38	16	22	7	31	34	4	0	38	34	4
계	143	54	89	35	108	106	37	2	141	91	52

당일투표 승자 수 대비 투표표본별 승자 수 비율 및 패자 수 비율

〈표 4-5〉는 더불어민주당 후보에 대한 당일투표 승자 수 대비. 투표표본별 승자 수 비율과 패자 수 비율을 백분율로 나타낸 것이다. 거소선상사전투표를 제외한 투표에서는 다음 식으로 정의되는 당일투표 승자 수 대비 그외 투표표본에서 승자 수 비율과 패자 수 비율의 백분율이 100％와 0％이다.

승자수비율(％) = (그외 투표표본에서 승자 수 ÷ 당일투표 승자 수) × 100 (4-1)

패자수비율(％) = (그외 투표표본에서 패자 수 ÷ 당일투표 승자 수) × 100 (4-2)

강원지역과 대구·경북지역에 출마한 더불어민주당 후보 중 당일투표에서 승리한 후보는 한명도 없었다. 당일투표에서 승리한 더불어민주당 후보는 거소선상사전투표 이외의 관내사전, 관외사전, 국외사전 및 선거구 투표에서 모두 승리하여 승자 수 비율은 모두 100％이다. 그러나 거소선상사전투표에서는 당일투표에서 승리한 더불어민주당 후보의 일부는 패하였다. 부산·울산·경남지역인 경우 당일투표에서 승리한 후보는 2명이며, 거소선상사전투표에서 승리한 후보는 1명, 패한 후보는 1명 이다. 따라서 승패의 비율이 각각 50％ 대 50％로 동일하다. 대전·세종·충청지역인 경우 당일투표 승자 11명 중 거소선상사전투표에서 승리한 후보는 6명 패한 후보는 5명이다. 따라서 승자 수

〈표 4-5〉 전국 254개 선거구에 대한 지역별 더불어민주당 후보의 당일투표 승자 수 대비 그외 투표의 승자 수 비율과 패자 수 비율 (당일투표에서 승리한 후보자와 그외 투표에서 승리 또는 패한 후보자는 동일한 후보자임) (단위: %)

지역	사전투표								선거구 투표	
	관내		관외		거소선상		국외			
	승자	패자	승자	패자	승자	패자	승자	패자	승자	패자
서울	100	0	100	0	95	5	100	0	100	0
경기	100	0	100	0	90.2	9.8	100	0	100	0
인천	100	0	100	0	71.4	28.6	100	0	100	0
강원	-	-	-	-	-	-	-	-	-	-
대전·세종·충청	100	0	100	0	54.5	45.5	100	0	100	0
제주·광주·호남	100	0	100	0	100	0	100	0	100	0
대구·경북	-	-	-	-	-	-	-	-	-	-
부산·울산·경남	100	0	100	0	50	50	100	0	100	0
계	100	0	100	0	88.3	11.7	100	0	100	0

비율과 패자 수 비율은 54.5% 대 45.5%이다. 제주·광주·호남지역인 경우 당일투표 승자 30명 전원이 거소선상사전투표에서도 모두 승리하여 승자 수 비율은 100%이다.

〈표 4-6〉은 전국 254개 선거구에 대한 지역별 국민의힘 후보의 당일투표 승자 수 대비 그 외 표본의 승자 수 비율과 패자 수 비율을 나타내고 있다. 이 표의 결과는 더불어민주당 후보에 대한 〈표 4-5〉의 결과와 거의 정반대 이다. 즉, 대구·경북지역을 제외한 모든 지역에서 승자 수 비율이 100%인 지역은 한 곳도 없다. 대구·경북지역인 경우 관내사전투표, 관외사전투표, 거소선상사전투표 및 선거구투표에서는 당일투표 승자가 모두 승리하여 승자 수 비율이 100%이지만, 국외사전투표에서는 25개 선거구 중 1곳에서만 승리하여 승자 수 비율은 4% 패자 수 비율은 96%가 된다. 대구·경북지역을 제외한 모든 지역에서는 승자 수 비율이 100%인 경우는 없다. 특히 관외사전투표에서는 서울지역, 대구·경북지역 및 부산·울산·경남지역을 제외한 5개 지역에서 승자 수 비율 대 패자수 비율이 0% 대 100%이다. 또한 국외사전투표에서는 서울지역과 대구·경북지역을 제외한 6개 지역에서 승자 수 비율 대 패자 수 비율이 0% 대 100%이다.

〈표 4-6〉 전국 254개 선거구에 대한 지역별 국민의힘 후보의 당일투표 승자 수 대비 그외 투표의 승자 수 비율과 패자 수 비율 (당일투표에서 승리한 후보자와 그외 투표에서 승리 또는 패한 후보자는 동일한 후보자임) (단위: %)

지역	사전투표								선거구 투표	
	관내		관외		거소선상		국외			
	승자	패자	승자	패자	승자	패자	승자	패자	승자	패자
서울	17.9	82.1	12	88	57.1	42.9	3.6	96.4	39.3	60.7
경기	5.3	94.7	0	100	73.7	26.3	0	100	36.8	63.2
인천	14.3	85.7	0	100	28.6	71.4	0	100	28.6	71.4
강원	62.5	37.5	0	100	75	25	0	100	75	25
대전·세종·충청	5.9	94.1	0	100	52.9	47.1	0	100	35.3	64.7
제주·광주·호남	0	100	0	100	0	100	0	100	0	100
대구·경북	100	0	100	0	100	0	4	46	100	0
부산·울산·경남	42.1	57.9	18.4	81.6	89.5	10.5	0	100	89.5	10.5
계	37.8	62.2	24.5	75.5	74.1	25.9	1.4	98.6	63.6	36.4

그림 4-3은 전국 254개 선거구에 대한 당일투표 승자 수 대비 각 투표표본의 승자 수 비율을 나타내고 있다. 더불어민주당 후보인 경우 거소선상사전투표를 제외한 모든 투표에서 승자 수 비율이 100％이다. 그러나 국민의힘 후보인 경우 거소선상사전투표와 선거구투표에서는 승자 수 비율이 50％ 이상이나, 관내, 관외 및 국외 사전투표에서는 50％ 미만이다. 특히 국외사전투표에서는 254개 선거구 중 2곳에서만 승리하여 승자 수 비율이 1.4％에 불과하다.

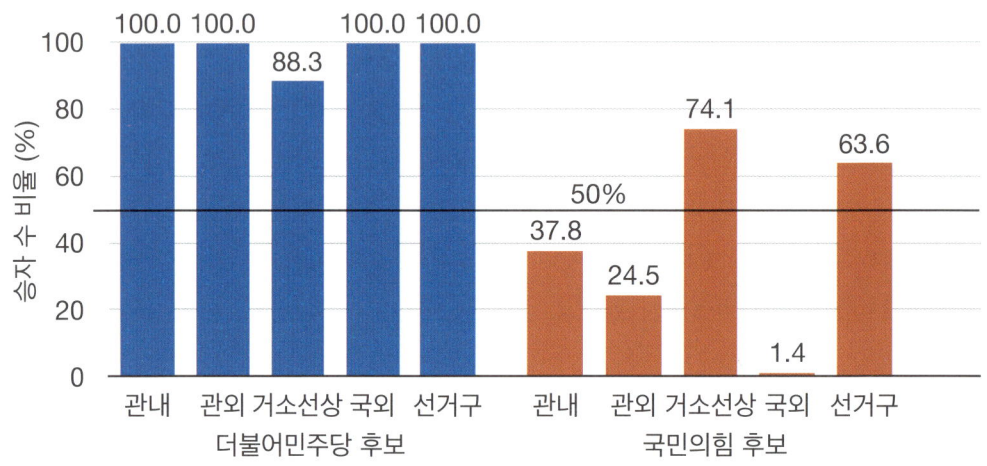

그림 4-3. 전국 254개 선거구에 대한 당일투표 승자 수 대비 타 투표표본 승자 수 비율 (%)

그림 4-4는 전국 254개 선거구에 대한 당일투표 당선자수 대비 타 투표표본의 패자 수 비율을 나타내고 있다. 더불어민주당 후보인 경우 거소선상사전투표를 제외한 모든 투표에서 패자수의 비율이 0％이다. 반면 국민의힘 후보인 경우 패자 수 비율이 50％ 이상인 투표는 관내, 관외 및 국외 사전투표 이다. 특히 국외사전투표에서는 254개 선거구 중 252개 선거구에서 패하여 패자 수 비율이 98.6％ 이다. 패자 수 비율이 50％ 미만인 투표는 거소선상사전투표와 선거구투표 이다. 거소선상사전투표에서는 당일투표에서 당선된 국민의힘 후보 143명 중 106명이 당선되고 37명이 낙선하여 패자수 비율은 25.9％이다. 최종 선거구투표에서는 143명 중 91명이 당선되고 52명이 낙선하여 패자 수 비율은 36.4％ 이다. 당일투표에서 승리한 더불어민주당 후보는 선거구투표에서도 모두 당선되어 선거구에 대한 당선자 수 비율은 100％ 패자 수 비율은 0％이다. 그러나 국민의힘 후보는 당일투표 승자 중 36.4％가 선거구투표에서 낙선하였다.

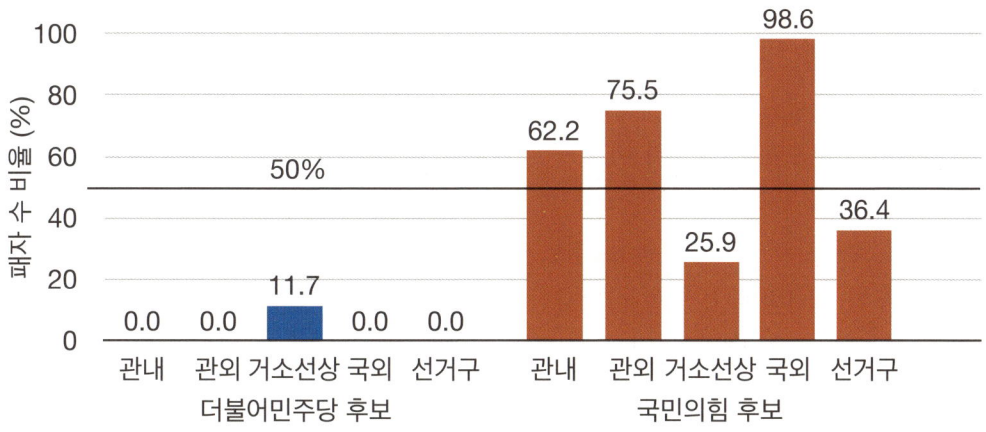

그림 4-4. 전국 254개 선거구에 대한 당일투표 승자 수 대비 타 투표표본 패자 수의 비율 (%)

4-3. 당일투표 패자 수 대비 투표표본별 승자와 패자 수 및 비율

<표 4-7> 전국 254개 선거구에 대한 지역별 더불어민주당 후보의 당일투표 패자 수 대비 그외 투표의 승자 수와 패자 수 (당일투표에서 승리한 후보자와 그외 투표에서 승리 또는 패한 후보자는 동일한 후보자임)

지역	당일투표	사전투표								선거구투표	
		관내		관외		거소선상		국외			
	승자	승자	패자	승자	패자	승자	패자	승자	패자	승자	패자
서울	28	23	5	25	3	12	14	28	0	17	11
경기	19	18	1	19	0	5	14	19	0	12	7
인천	7	6	1	7	0	5	2	7	0	5	2
강원	8	3	5	8	0	2	6	8	0	2	6
대전·세종·충청	17	16	1	17	0	8	9	17	0	11	6
제주·광주·호남	1	1	0	1	0	1	0	1	0	1	0
대구·경북	25	0	25	0	25	0	25	24	1	0	25
부산·울산·경남	38	20	18	31	7	4	34	38	0	4	34
계	143	87	56	108	35	37	104	142	1	52	91

당일투표 패자 수 대비 투표표본별 승자 수 및 패자 수

〈표 4-7〉는 전국 254개 선거구에 대한 지역별 더불어민주당 후보의 당일투표 패자 수 대비 각 투표표본별 승자 수와 패자 수를 나타내고 있다. 당일투표에서 패한 더불어민주당 후보 중 많은 후보가 그외 투표에서는 승리하였다. 특히 관외사전투표인 경우 서울지역, 대구·경북지역 및 부산·울산·경남지역을 제외한 5개 지역에서 당일투표에서 패한 후보 모두가 당선되었다. 또한 국외사전투표인 경우 대구·경북지역을 제외한 7개 지역에서 당일투표에서 패한 후보 모두가 당선되었다. 이와 같은 선거결과로 인하여 선거구 투표에서는 당일투표 패자 143명 중 52명이 당선, 91명이 낙선되었다.

〈표 4-8〉은 전국 254개 선거구에 대한 지역별 국민의힘 후보의 당일투표 패자 수 대비 각 투표표본 별 승자 수와 패자 수를 나타내고 있다. 거소선상사전투표를 제외한 관내사전, 관외사전 및 선거구 투표에서 당일투표 패자는 모두 낙선하였다. 거소선상사전투표인 경우 당일투표에서 패한 110명의 후보자 중 13명은 당선, 98명은 낙선되었다.

〈표 4-8〉 전국 254개 선거구에 대한 지역별 국민의힘 후보의 당일투표 패자 수 대비 그외 투표의 승자 수와 패자 수 (당일투표에서 승리한 후보자와 그외 투표에서 승리 또는 패한 후보자는 동일한 후보자임)

지역	당일투표	사전투표								선거구 투표	
		관내		관외		거소선상		국외			
	승자	승자	패자	승자	패자	승자	패자	승자	패자	승자	패자
서울	20	0	20	0	20	1	19	0	20	0	20
경기	41	0	41	0	41	4	37	0	41	0	41
인천	7	0	7	0	7	2	5	0	7	0	7
강원	0	-	-	-	-	-	-	-	-	-	-
대전·세종·충청	11	0	11	0	11	5	6	0	11	0	11
제주·광주·호남	30	0	30	0	30	0	30	0	30	0	30
대구·경북	0	-	-	-	-	-	-	-	-	-	-
부산·울산·경남	2	0	2	0	2	1	1	0	2	0	2
계	111	0	111	0	111	13	98	0	111	0	111

당일투표 패자 수 대비 투표표본별 승자 수 비율 및 패자 수 비율

<표 4-9>는 전국 254개 선거구에 대한 지역별 더불어민주당 후보의 당일투표 패자 수 대비 각 투표표본의 승자 수 비율과 패자 수 비율을 백분율로 나타낸 결과이다. 특이한 사항은 관외사전투표와 국외사전투표에서 찾아볼 수 있다. 관외사전투표인 경우 서울지역, 대구·경북지역 및 부산·울산·경남지역을 제외한 5개 지역에서 당일투표 패자수 대비 승자 수 비율이 모두 100%이다. 국외사전투표인 경우 대구·경북지역을 제외한 7개 지역에서 당일투표 패자수 대비 승자 수 비율이 모두 100%이다. 대구·경북지역인 경우에도 당일투표 패자 25명 중 1명만 국외사전투표에서 패 하였으며 나머지 24명은 승리하였다. 그 결과 국외사전투표에 대한 더불어민주당 후보의 승자 비율을 96%이다. 그 결과 최종 당선자를 결정짓는 선거구투표에서는 당일투표 패자 중 36.4%가 당선되었다.

<표 4-9> 전국 254개 선거구에 대한 지역별 더불어민주당 후보의 당일투표 패자 수 대비 그외 투표의 승자 수 비율과 패자 수 비율 (당일투표에서 패배한 후보자와 그외 투표에서 승리 또는 패한 후보자는 동일한 후보자임). (단위: %)

지역	사전투표								선거구 투표	
	관내		관외		거소선상		국외			
	승자	패자	승자	패자	승자	패자	승자	패자	승자	패자
서울	82.1	17.9	89.3	10.7	42.9	50	100	0	60.7	39.3
경기	94.7	5.3	100	0	26.3	73.7	100	0	63.2	36.8
인천	85.7	14.3	100	0	71.4	28.6	100	0	71.4	28.6
강원	37.5	62.5	100	0	25	75	100	0	25	75
대전·세종·충청	94.1	5.9	100	0	47.1	52.9	100	0	64.7	35.3
제주·광주·호남	100	0	100	0	100	0	100	0	100	0
대구·경북	0	100	0	100	0	100	96	4	0	100
부산·울산·경남	52.6	47.4	81.6	18.4	10.5	89.5	100	0	10.5	89.5
계	60.8	39.1	75.5	24.5	25.9	72.7	99.3	0.7	36.4	63.6

<표 4-10>은 전국 254개 선거구에 대한 지역별 국민의힘 후보의 당일투표 패자 수 대비 각 투표표본별 승자 수 비율과 패자 수 비율을 백분율로 나타낸 결과이다. 거소선상사전투표를 제외한 관내사전, 관외사전, 국외사전 및 선거구 투표에서 국민의힘 후보에 대한 패자 수 비율은 모두 100%이다 거소선상사전투표인 경우에도 서울과 경기

지역에서는 승자 수 비율이 10% 미만 이다. 승자 수 비율이 50% 근방인 지역은 대전·세종·충청지역과 부산·울산·경남지역으로 각각 45.5%와 50%이다. 그 결과 거소선상 사전투표에 대한 승자 수 비율은 11.7%, 패자 수 비율은 88.3%이다. 이와 같은 결과로 인하여 국민의힘 후보 중 당일투표에서 패한 후보는 선거구투표에서 100% 낙선되었다.

그림 4-5는 전국 254개 선거구에 대한 당일투표 패자 수 대비 각 투표표본별 승자

〈표 4-10〉 전국 254개 선거구에 대한 지역별 국민의힘 후보의 당일투표 패자 수 대비 그외 투표의 승자 수 비율과 패자 수 비율 (당일투표에서 패배한 후보자와 _ 의 투표에서 승리 또는 패한 후보자는 동일한 후보자임) (단위: %)-1

지역	사전투표								선거구 투표	
	관내		관외		거소선상		국외			
	승자	패자	승자	패자	승자	패자	승자	패자	승자	패자
서울	0	100	0	100	5	95	0	100	0	100
경기	0	100	0	100	9.8	90.2	0	100	0	100
인천	0	100	0	100	28.6	71.4	0	100	0	100
강원	-	-	-	-	-	-	-	-	-	-
대전·세종·충청	0	100	0	100	45.5	54.5	0	100	0	100
제주·광주·호남	0	100	0	100	0	100	0	100	0	100
대구·경북	-	-	-	-	-	-	-	-	-	-
부산·울산·경남	0	100	0	100	50	50	0	100	0	100
계	0	100	0	100	11.7	88.3	0	100	0	100

수 비율의 백분율을 막대 그래프로 나타낸 결과이다. 더불어민주당 후보인 경우 승자 수 비율이 50% 이상인 투표표본이 관내, 관외 및 국외 사전투표이다. 특히 국외사전투표인 경우 대구·경북지역 25개 선거구 중 1개 선거구에서 패했을 뿐 다른 선거구에서는 모두 승리하였다. 국민의힘 후보인 경우 거소선상사전투표를 제외하고는 관내사전, 관외사전, 국외사전 및 선거구 투표에서 당일투표 패자는 100% 낙선하였다. 거소선상사전투표에서도 당일투표 패자의 88.3%가 낙선하였다. 이 결과로부터 국민의힘 후보가 당일투표에서 패하면 관내사전, 관외사전, 거소선상사전, 국외사전 및 선거구 투표에서도 패했다고 해석할 수 있다. 그림 4-6은 전국 254개 선거구에 대한 당일투표 패자 수 대비 각 투표표본별 패자 수 비율의 백분율을 막대 그래프로 나타낸 결과이다.

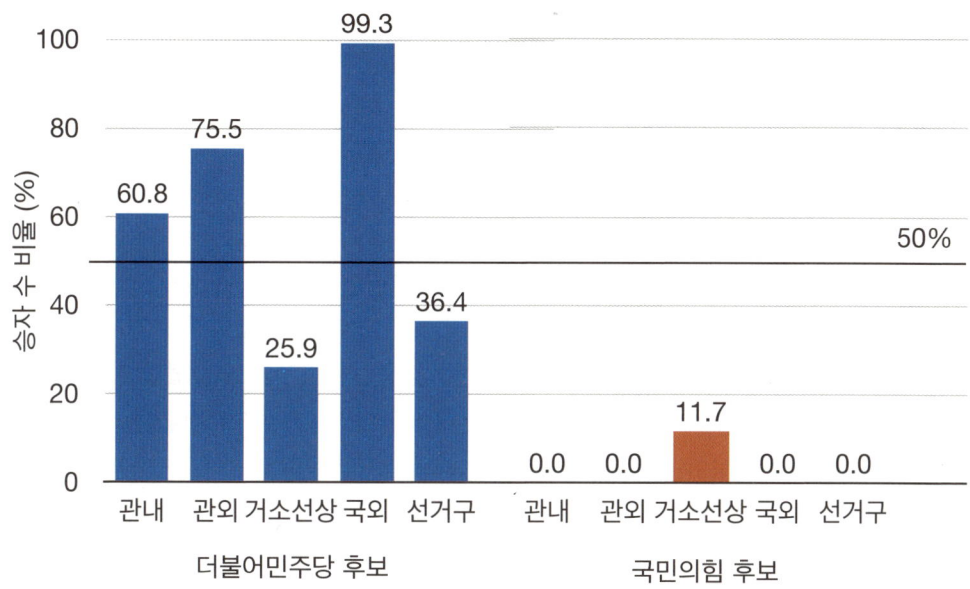

그림 4-5. 전국 254개 선거구에 대한 당일투표 패자 수 대비 타 투표표본 승자 수의 비율 (%)

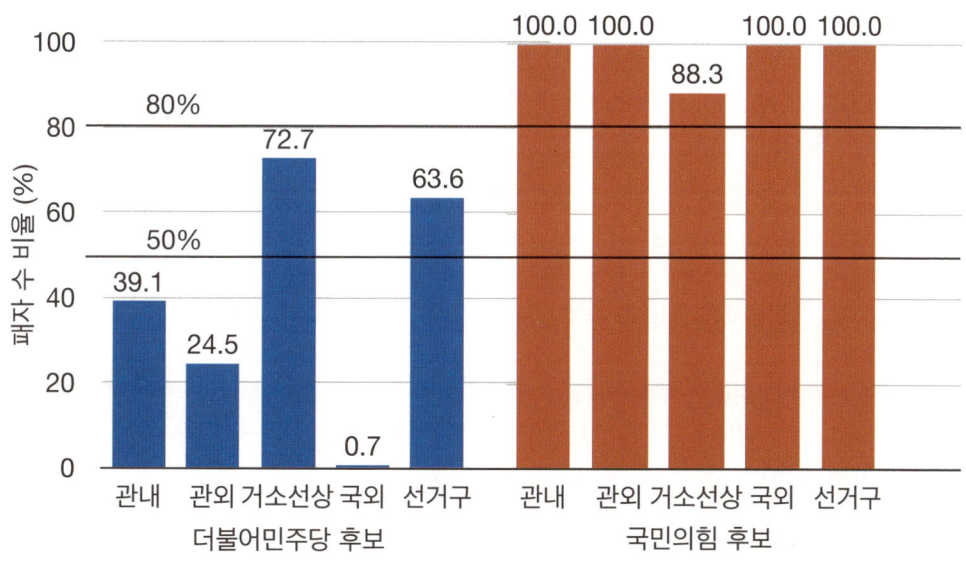

그림 4-6. 전국 254개 선거구에 대한 당일투표 패자 수 대비 타 투표표본 패자 수의 비율 (%)

4-4. 당일투표 득표율 대비 각 투표표본 득표율 차이가 (+)와 (−)인 선거구 수와 비율

〈표 4-11a〉는 전국 254개 선거구에 대한 당일득표율과 관내사전, 관외사전, 거소선상사전, 국외사전, 사전투표전체 및 선거구 득표율 사이의 차이값이 (+)인 선거구 수와 (−)인 선거구 수를 나타내고 있다. 더불어민주당 후보인 경우 전국 254개 선거구 중 245개 선거구에서만 출마하였다. 출마후보 대부분은 거소선상사전투표를 제외한 관내사전, 관외사전, 국외사전, 사전투표전체 및 선거구의 득표율이 당일득표율보다 높다. 관내사전 득표율인 경우 출마 245개 선거구 모두에서 관내사전득표율이 당일득표율 보다 높다. 관외사전득표율인 경우 출마 선거구 245개 중 1개의 선거구를 제외한 244개 선거구에서 관외사전득표율이 당일득표율 보다 높다. 국외사전득표율인 경우 242개 선거구에서, 사전전체득표율인 경우 245개 선거구에서, 그리고 선거구득표율인 경우 245개 선거구에서 득표율이 당일득표율 보다 높다. 그러나 거소선상사전득표율인 경우 거소선상사전득표율−당일득표율 차이가 (+)인 선거구 수는 164, (−)인 선거구 수는 81개 선거구이다.

반면 국민의힘 후보인 경우 더불어민주당 후보의 결과와 정반대의 경향을 나타낸다. 국민의힘 후보는 전국 254개 모든 선거구에 출마하여 총 후보자는 254명 이다. 관내사전득표율인 경우 출마지역 254개 모든 선거구에서 당일득표율 보다 낮다. 관내사전득표율−당일득표율 차이가 (−)인 선거구 수는 254이다. 관외사전득표율인 경우 당일득표율과 차이가 (−)인 선거구 수는 249, 국외사전득표율인 경우 차이가 (−)인 선거구 수는 239, 사전전체득표율인 경우 차이가 (−)인 선거구 수는 254, 그리고 선거구득표율인 경

<표 4-11a> 당일투표율 대비 각 투표표본의 득표율 차이가 (+)인 선거구 수와 (-)인 선거구 수

선거구 수	더불어민주당 후보		국민의힘 후보	
	(+)	(−)	(+)	(−)
1. 관내사전득표율 - 당일득표율	245	0	0	254
2. 관외사전득표율 - 당일득표율	244	1	5	249
3. 거소선상사전득표율 - 당일득표율	164	81	83	171
4. 국외사전득표율 - 당일득표율	242	3	15	239
5. 사전전체득표율 - 당일득표율	245	0	0	254
6. 선거구득표율 - 당일득표율	245	0	0	254

우 선거구득표율-당일득표율 차이가 (−)인 선거구 수는 254이다. 국민의힘 후보인 경우 대부분의 투표에 대한 득표율이 당일득표율 보다 낮다.

　이제 각 투표표본의 득표율과 당일득표율의 차이가 (+)인 선거구 수 비율과 (−)인 선거구수 비율에 대한 백분율을 분석하여보자. 〈표 4-11b〉는 더불어민주당 후보와 국민의힘 후보에 대한 [투표표본별 득표율 − 당일득표율] 차이가 (+)인 선거구 수 비율과 (−)인 선거구 수 비율을 나타내고 있다. 더불어민주당 후보인 경우 관내사전, 관외사전, 국외사전, 사전투표전체 및 선거구 투표에 대한 당일득표율과의 차이가 (+)인 선거구 수 비율이 100% 또는 100%에 근접한다. 반면 국민의힘 후보인 경우에는 차이가 (+)인 선거구 수의 비율이 거소선상사전득표율을 제외하고는 0% 또는 0% 근방 이다. 그림 4-7은 전국 254개 선거구에 대한 [투표표본별 득표율 − 당일득표율] 차이가 (+)인 선거구 수의 비율을 나타내고 있다. 거소선상사전투표를 제외한 관내사전, 관외사전, 국외사전, 사전전체 및 선거구 득표율과 당일득표율 차이가 (+)인 선거구 수의 비율이 더불어민주당 후보인 경우 100%, 국민의힘 후보인 경우 0%임을 확인할 수 있다. 그림 4-8은 전국 254개 선거구에 대한 [투표표본별 득표율 − 당일득표율] 차이가 (−)인 선거구 수의 비율을 나타내고 있다. 거소선상사전투표를 제외한 관내사전, 관외사전, 국외사전, 사전전체 및 선거구 투표에 대한 득표율과 당일득표율 차이가 (−)인 선거구 수 비율은 더불어민주당 후보인 경우 거의 0%이며, 국민의힘 후보인 경우 100%에 가깝다는 것을 확인할 수 있다.

<표 4-11b> 당일투표율 대비 각 투표표본의 득표율 차이가 (+)인 선거구 수 비율과 (-)인 선거구 수 비율 (단위: %)

선거구 수 비율 (%)	더불어민주당 후보		국민의힘 후보	
	(+)	(−)	(+)	(−)
1. 관내득표율 - 당일득표율	100	0	0	100
2. 관외득표율 - 당일득표율	99.6	0.4	2	98
3. 거소선상득표율 - 당일득표율	66.9	33.1	32.7	67.3
4. 국외득표율 - 당일득표율	98.8	1.2	5.7	94.1
5. 사전전체득표율 - 당일득표율	100	0	0	100
6. 선거구득표율 - 당일득표율	100	0	0	100

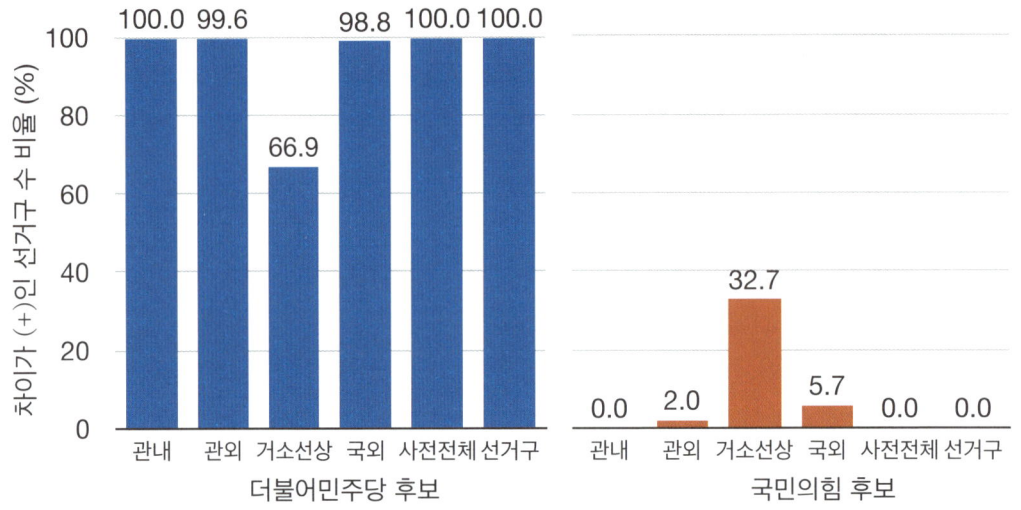

그림 4-7. 전국 254개 선거구에 대한
[각 투표표본별 득표율 − 당일득표율] 차이가 (+)인 선거구 수 비율 (%)

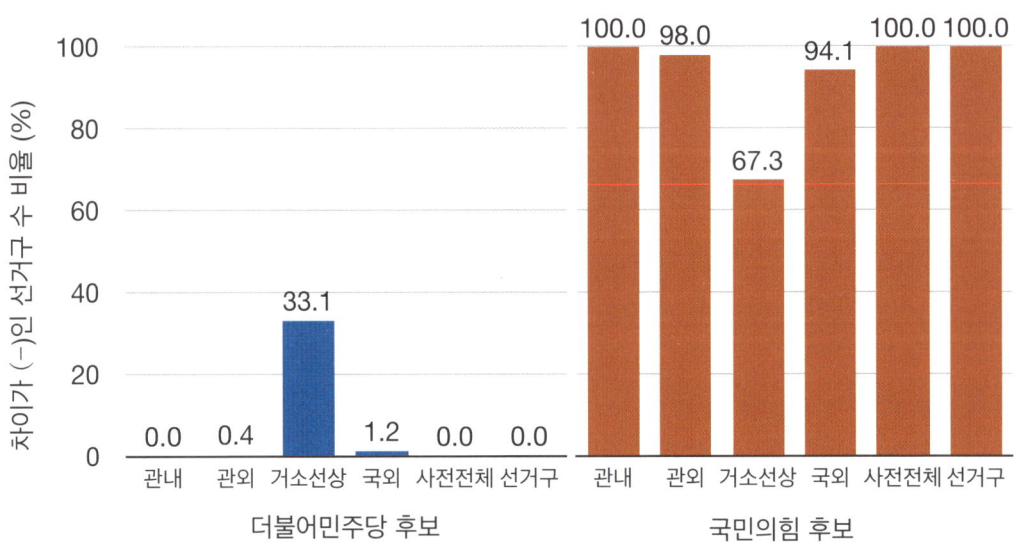

그림 4-8. 전국 254개 선거구에 대한
[각 투표표본별 득표율 − 당일득표율] 차이가 (−)인 선거구 수 비율 (%)

〈표 4-11b〉와 그림 4-7 및 그림 4-8의 결과로부터 제22대 총선결과는 오랜역사 과정에서 정립된 다음의 통계학적 공리에 완전히 위배된다는 것을 확인할 수 있다.

당일득표율 ≒ 관내사전득표율 ≒ 관외사전득표율 ≒ 선거구득표율

〈표 4-11〉의 결과는 정상적인 투표에서는 생성 불가능한 결과이며, 외부로 부터 조작이 개입되는 경우에만 가능한 결과라고 결론내릴 수 있다.

4-5. 전국 3,551개 선거동에 대한 당일득표율 대비 관내사전득표율 차이가 (+)와 (-)인 선거동 수 및 그 비율

제22대 총선에 대한 전국 선거구 수는 254개이며, 선거구를 구축하고 있는 선거동 수는 3,551개이다. 이 3,551개 선거동에 대한 더불어민주당 후보와 국민의힘 후보의 관내사전득표율-당일득표율 차이가 (+)인 선거동 수와 (-)인 선거동 수를 분석하여 보자. 〈표 4-12〉는 전국 17개 지역에 대한 지역별 더불어민주당 후보와 국민의힘 후보의 관내사전득표율-당일득표율 차이가 (+)인 선거동 수, (0)인 선거동 수, 그리고 (-)인 선거동 수를 나타내고 있다. 더불어민주당 후보인 경우 총 17개 지역 중 지역을 구성하고 있는 선거동에 대한 관내사전득표율-당일득표율 차이가 모두 (+)인지역은 서울, 부산, 대구, 인천, 경기 지역을 비롯한 총 9개 지역이다. 그외 지역에서도 차이가 (-)인 선거동 수는 대단히 적다. 그 결과 더불어민주당 후보가 출마한 총 3,404개의 선거동 중 3,347 선거동에서 관내사전득표율-당일득표율 차이가 (+)이다. 반면 차이가 (-)인 선거동 수는 56 이다.

국민의힘 후보인 경우 지역을 구성하고 있는 선거동의 관내사전득표율-당일득표율 차이가 모두 (-)인 지역은 총 17개 지역 중 서울, 부산 및 경기 지역을 포함한 8개 지역 이다. 국민의힘 후보가 17개 지역에서 출마한 총 선거동 수는 3,551개 선거동 이다. 이 3,551개 선거동 중 관내사전득표율-당일득표율 차이가 (-)인 선거동은 3,487개 이며, (+)인 선거동은 62개, (0)인 선거동은 2개 이다. 이 결과는 더불어민주당 후보의 결과와 정반대의 결과이며, 통계학적 공리에 완전히 위배되는 결과이다. 〈표 4-12〉로 부터 지역별 총 선거동 수 대비 관내사전득표율-당일득표율 차이가 (+)인 선거동 수 비율과 (-)인 선거동 수 비율을 계산하면 〈표 4-13〉과 같다.

〈표 4-12〉 전국 17개 지역에 대한 지역별 관내사전-당일 득표율 차이가 (+)와 (-)인 선거동 수

선거동 수	더불어민주당 후보 (관내득표율 - 당일득표율)				국민의힘 후보 (관내득표율 - 당일득표율)			
	(+)	0	(−)	계	(+)	0	(−)	계
1. 서울	425			425			425	425
2. 부산	192			192			205	205
3. 대구	98			98	5		145	150
4. 인천	156			156			156	156
5. 광주	94		2	96	1		95	96
6. 대전	82			82			82	82
7. 울산	47			47			55	55
8. 세종	11			11			24	24
9. 경기	599			599			599	599
10. 강원	187		1	188	1		187	188
11. 충북	152		1	153	1		152	153
12. 충남	206		2	208	3		205	208
13. 전북	233	1	9	243	11	1	231	243
14. 전남	265		32	297	15		282	297
15. 경북	254		7	261	20	1	301	322
16. 경남	303		2	305	5		300	305
17. 제주	43			43			43	43
계	3,347	1	56	3,404	62	1	3,487	3,551

〈표 4-13〉 지역별 총 선거동 수 대비 관내사전-당일 득표율 차이가 (+) 및 (-)인 선거동 수 비율
(단위: %)

선거동 수 비율 (%)	더불어민주당 후보 (관내사전득표율 - 당일득표율)				국민의힘 후보 (관내사전득표율 - 당일득표율)			
	(+)	0	(−)	계	(+)	0	(−)	계
1. 서울	100			100			100	100
2. 부산	100			100			100	100
3. 대구	100			100	3.3		97	100
4. 인천	100			100			100	100
5. 광주	97.9		2.1	100	1		99	100
6. 대전	100			100			100	100
7. 울산	100			100			100	100
8. 세종	100			100			100	100
9. 경기	100			100			100	100
10. 강원	99.5		0.5	100	0.5		99.5	100
11. 충북	99.3		0.7	100	0.7		99.3	100
12. 충남	99		1	100	1.4		98.6	100
13. 전북	95.9	0.4	3.7	100	4.5	0.4	95.1	100
14. 전남	89.2		10.8	100	5.1		94.9	100
15. 경북	97.3		2.7	100	6.2	0.3	93.5	100
16. 경남	99.3		0.7	100	1.6		98,4	100
17. 제주	100			100			100	100
계	98.3		1.6	100	1.7	0.1	98.2	100

4-6. 기획선거 결과에 대한 결론

기획선거의 결과로 생성된 제22대 총선결과는 통계학적 이론으로 설명 불가능한 결과이다. 앞에서 언급한 다섯가지 부분에 대한 선거결과를 요약정리하면 다음과 같다.

투표표본별 승자 수 비율과 패자 수 비율

통계학적 공리에 의하면 제22대 총선과 같이 모집단을 구성하고 있는 표본의 크기가 충분히 클 경우 표본의 득표율은 모집단의 득표율과 거의 같아야 한다. 따라서 다음의 등식이 충족되어야 한다.

$$당일득표율 ≒ 관내사전득표율 ≒ 관외사전득표율 ≒ 선거구득표율$$

위의 식이 성립되면 당일투표에 대한 정당별 당선자 수 비율과 관내사전, 관외사전 및 선거구 투표에 대한 당선자 비율이 다음 식과 같이 비슷해야 한다.

$$당일투표당선자비율 ≒ 관내사전투표당선자비율$$
$$≒ 관외사전투표당선자비율$$
$$≒ 선거구투표당선자비율$$

물론 당일투표에 대한 정당별 패자 수 비율도 관내사전, 관외사전 및 산거구 투표에 대한 패자 수 비율과 유사하여야 한다. 선거결과가 위의 수식으로 부터 크게 벗어날 경우 선거는 정상이 아니라고 평가할 수 있다.

〈표 4-14〉는 더불어민주당 후보와 국민의힘 후보에 대한 투표표본별 승자 수 비율을 나타내고 있다. 이 결과는 통계학적 공리에서 부터 크게 벗어났음을 확인할 수 있다. 관내, 관외 및 국외 사전투표에 조작이 심각하게 개입되었다고 평가할 수 있다.

〈표 4-14〉 더불어민주당 후보와 국민의힘 후보에 대한 투표표본별 승률 (단위: %)

	당일투표	사전투표				선거구 투표
		관내	관외	거소선상	국외	
더불어민주당	43.7	78	86.2	53.1	99.6	64.3
국민의힘	56.3	21.3	13.8	46.5	0.4	35.8

그림 4-9는 더불어민주당 후보와 국민의힘 후보에 대한 투표표본별 승률을 백분율로 나타낸 그래프이다. 당일투표가 가장 안전한 표본이기 때문에 관내사전, 관외사전, 거소선상사전, 국외사전 및 선거구 투표의 승률은 당일투표 승률과 비슷해야 한다. 관내사전, 관외사전, 국외사전, 선거구 투표에 대한 승률의 ±5％ 오차범위에 분포되어 있다고 추정하면 관내사전, 관외사전, 거소선상사전, 국외사전 및 선거구 투표에 대한 승률은 그림 4-9의 가운데 녹색 직사각형 박스 범위 내에 분포되어야 한다. 따라서 관내사전, 관외사전, 거소선상사전, 국외사전 투표에 대한 조작은 더불어민주당 후보에 대하여서는 조작전 득표율 보다 증가하는 방향으로 국민의힘 후보에 대하여서는 조작전 득표율 보다는 감소하는 방향으로 실행되었음을 확인할 수 있다.

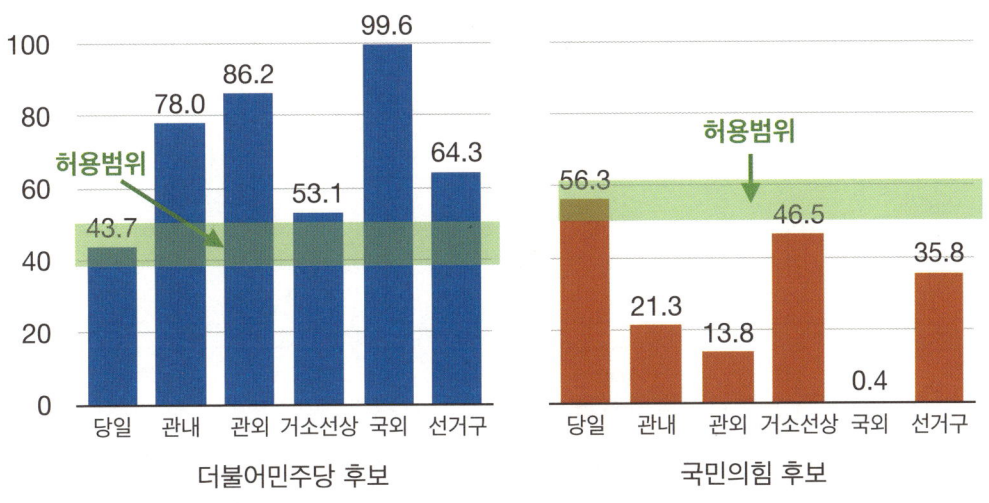

그림 4-9. 더불어민주당 후보와 국민의힘 후보에 대한 투표표본별 승률 (%)

당일투표 승자 수 대비 투표표본별 승자 수 비율 및 패자 수 비율

통계학 이론에 따르면 제22대 총선과 같이 투표표본의 크기가 클 경우 당일투표에서 승리한 후보는 관내사전, 관외사전 및 선거구 투표에서도 승리해야 한다. 그러나 제22대 총선결과는 통계학적 공리에 부합되지 않았다. 〈표 4-15a〉는 당일투표 승자 수 대비 투표표본별 승자 수 비율을 나타내고 있다. 이 결과에 의하면 더불어민주당 후보인 경우 당일투표 승자는 거소선상사전투표를 제외한 관내, 관외 및 국외 사전투표에서 모두 승리하였다. 그 결과 선거구투표에서도 당선되었다. 반면 국민의힘 후보인 경우 거소선상사전투표를 제외한 관내, 관외 및 국외 사전투표에서 당일투표 승자 수 대비 각 투표표본별 승자 수의 비율이 50 % 미만 이었다. 그 결과 선거구투표에서의 당선자 수 비율이 63.6 % 가 되는 비정상적인 결과가 생성되었다.

〈표 4-15a〉 당일투표 당선자 수 대비 각 투표표본별 승자 수 비율 (단위: %)

	사전투표				선거구 투표
	관내	관외	거소선상	국외	
더불어민주당	100	100	88.3	100	100
국민의힘	37.8	24.5	74.1	1.4	63.6

그림 4-10은 당일투표 승자 수 대비 투표표본별 승자 수 비율을 도시한 막대 그래프이다. 선거가 정상이라면 이 비율은 그림 4-10의 빗금 친 100 % 내지 100% ± 5 % 범위 내에 분포되어야 마땅하다. 더불어민주당 후보인 경우 거소선상사전투표를 제외한 모든 투표에서 당일투표 승자 수 대비 투표표본별 승자 수 비율이 허용범위 내에 분포되어 있었다. 그러나 국민의힘 후보인 경우 모든 투표에서 투표표본별 승자 수 비율이 허용범위로 부터 크게 벗어났다.

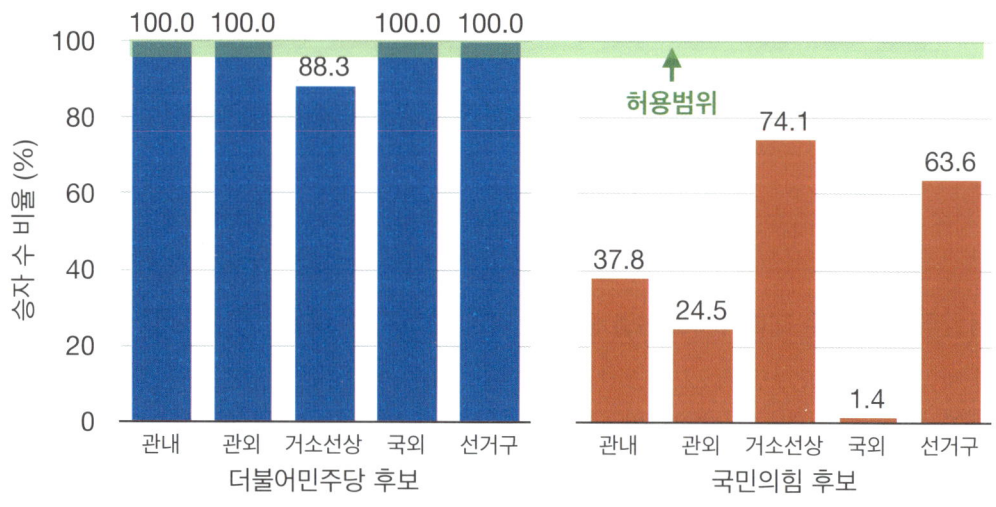

그림 4-10. 당일투표 승자 수 대비 투표표본별 승자 비율 (%)

〈표 4-15b〉는 당일투표 승자 수 대비 각 투표표본별 패자 수 비율을 백분율로 나타낸 결과이다. 투표가 정상적으로 시행되었다면 당일투표에서 승리한 후보는 적어도 95% 많게는 95% 이상 관내사전, 관외사전 및 선거구 투표에서도 승리해야 한다. 따라서 당일투표에서 승리한 후보자 중 관내사전, 관외사전 및 선거구 투표에서 패한 수의 비율을 5% 이하 이어야한다. 더불어민주당 후보인 경우 거소선상사전투표를 제외하면 모든 투표에서 패자 수의 비율이 0%가 되어 통계학적 공리에 부합된다. 반면 국민의힘 후보인 경우 모든 투표에서 투표표본별 낙선자 수의 비율은 통계학적 허용범위에서 크게 벗어난다. 그림 4-11은 당일투표 승자 수 대비 투표표본별 패자 수 비율을 좌표평면에 도시한 막대 그래프이다. 더불어민주당 후보인 경우 거소선상사전투표를 제외한 모든 투표에서 당일투표 승자 수 대비 각 투표표본의 패자 수 비율은 통계학적 허용범위 내에 분포되었다. 반면 국민의힘 후보인 경우 거소선상사전투표를 포함한 모든 투표에서 통계학적 범위로 부터 크게 벗어났다.

〈표 4-15b〉 당일투표 승자 수 대비 각 투표표본별 패자 수 비율 (단위: %)

	사전투표				선거구 투표
	관내	관외	거소선상	국외	
더불어민주당	0	0	11.7	0	0
국민의힘	62.2	75.5	25.9	98.6	36.4

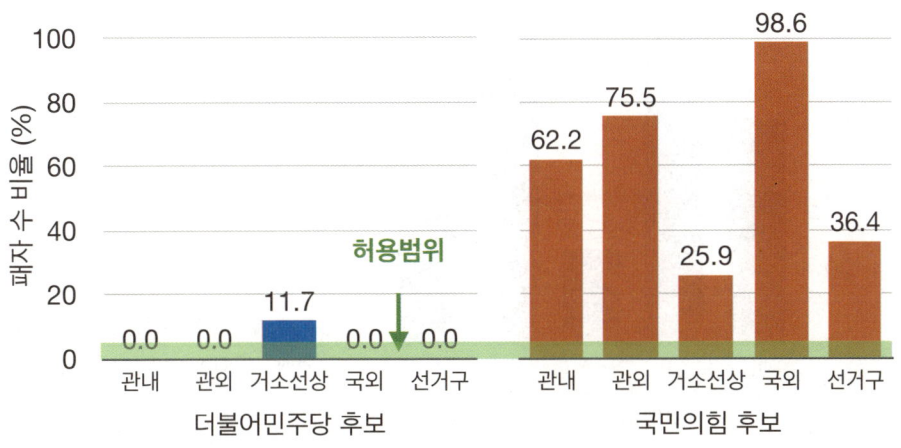

그림 4-11. 당일투표 승자 수 대비 투표표본별 패자 수 비율 (%)

당일투표 패자 수 대비 투표표본별 승자 수 비율 및 패자 수 비율

당일투표에서 패한 후보자는 관내사전, 관외사전 및 선거구 투표에서도 패하는 것이 정상적인 투표의 결과이다. 제22대 총선의 결과가 통상적인 선거결과를 반영하고 있는지 분석해보자. 〈표 4-16a〉는 당일투표 패자 수 대비 각 투표표본별 승자 수 비율을 나타내고 있다. 더불어민주당 후보인 경우 모든 투표에서 당일투표에서 패한 후보자가 당선되는 비율이 작지 아니하였다. 국외사전투표에서는 당일투표에서 패한 총 후보자의 99.3%가 승리하는 기이한 결과를 나타내었다. 또한 관내 및 관외 사전투표에서는 당일투표 패자 중 50% 이상이 승리하였다. 그 결과 선거구투표에서는 당일투표 패자 36.4%가 당선되는 결과가 생성되었다. 국민의힘 후보인 경우 거소선상사전투표를 제외한 모든 투표에서 당일투표 패자는 모두 낙선되었다. 통계학적 공리에 부합하는 결과이다.

〈표 4-16a〉 당일투표 패자 수 대비 각 투표표본별 승자 수 비율 (단위: %)

	사전투표				선거구투표
	관내	관외	거소선상	국외	
더불어민주당	60.8	75.5	25.9	99.3	36.4
국민의힘	0	0	17.7	0	0

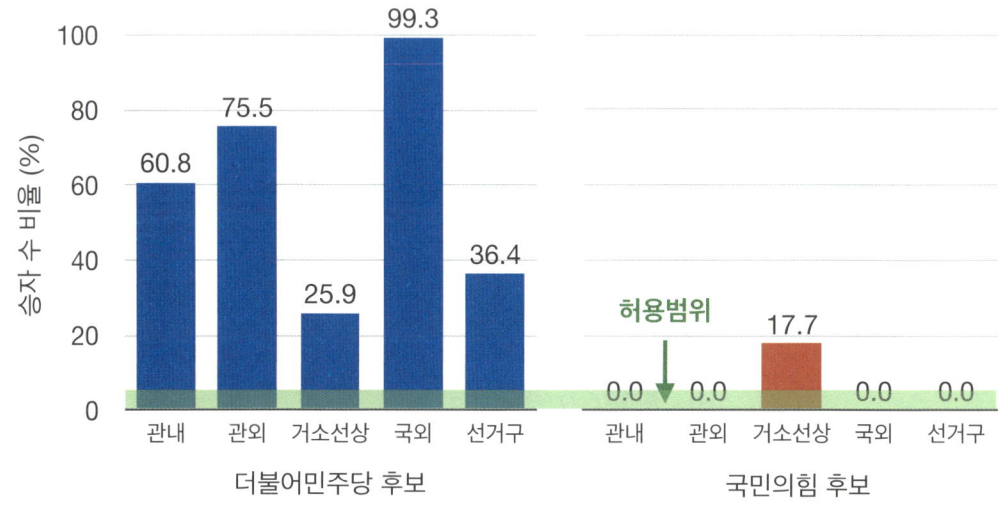

그림 4-12. 당일투표 패자 수 대비 투표표본별 승자 수 비율 (%)

그림 4-12는 당일투표 패자 수 대비 각 투표표본별 승자 수 비율을 백분율로 도시한 막대 그래프이다. 투표가 정상이라면 당일투표 패자 수 대비 각 투표표본의 승자 수 비율은 0％ ~ 5％ 범위 내에 분포할 것이다. 더불어민주당 후보인 경우 모든 투표에서 당일투표 패자 수 대비 승자 수 비율이 통계학이 허용하는 범위로 부터 크게 벗어났지만, 국민의힘 후보인 경우 거소선상사전투표를 제외한 모든 투표에서 승자 수 비율이 통계학의 허용범위 내에 분포되었다.

〈표 4-16b〉는 당일투표 패자 수 대비 각 투표표본의 패자 수 비율을 백분율로 나타낸 결과이다. 투표가 오염되지 아니하였다면 당일투표 패자는 다른 투표에서도 패하는 것이 정상적이다. 그러나 더불어민주당 후보에 대한 결과는 정상적인 결과로 부터 크게 벗어난 결과이다. 특히 국외사전투표에서는 당일투표 패자 중 0.7％ 만 패하였다. 관내 및 관외 사전투표에서도 패자 수 비율이 낮아 각각 39.1％ 와 24.5％ 에 불과하였다. 그 결과 당일투표 패자 중 63.6％ 가 선거구투표에서 낙선하였다. 국민의힘 후보의 경우 거소선상사전투표를 제외한 모든 투표에서 당일투표 패자는 모두 낙선하였다. 통계학적 공리와 일치하는 결과이다.

〈표 4-16b〉 당일투표 패자 수 대비 각 투표표본별 패자 수 비율 (단위: %)

	사전투표				선거구 투표
	관내	관외	거소선상	국외	
더불어민주당	39.1	24.5	72.7	0.7	63.6
국민의힘	100	100	88.3	100	100

그림 4-13은 당일투표 패자 수 대비 각 투표표본의 패자 수 비율을 백분율로 도시한 막대 그래프이다 정상적인 선거라면 패자 수 비율은 100％ 와 100％±5％ 의 범위 내에 분포할 것이다. 그러나 더불어민주당 후보인 경우 통계학의 허용범위에서 크게 벗어난 영역에 분포되었다. 반면 국민의힘 후보인 경우 거소선상사전투표를 제외한 모든 투표에서 통계학적 허용범위 내에 분포되었다.

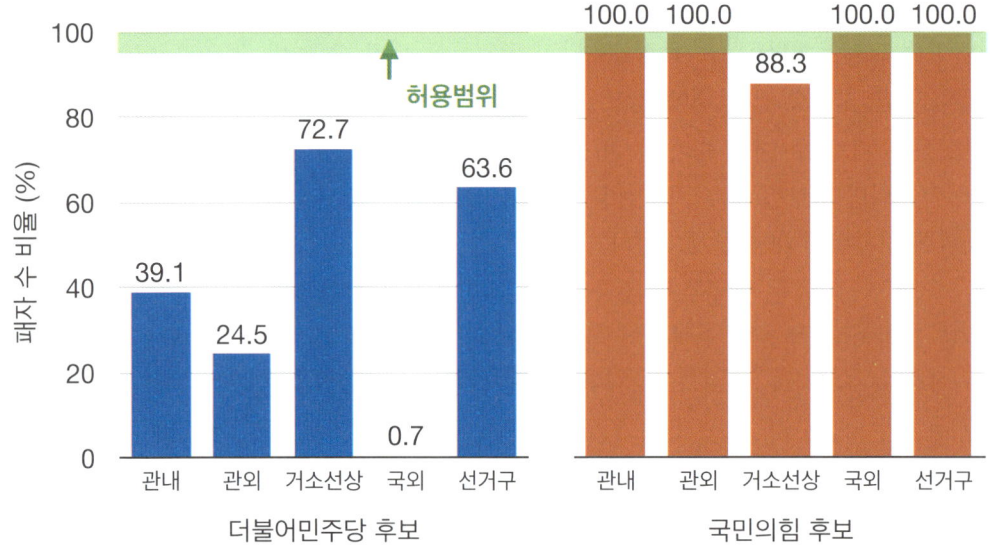

그림 4-13. 당일투표 패자 수 대비 투표표본별 패자 수 비율 (%)

전국 254개 선거구에 대한 당일투표 득표율 대비 각 투표표본의 득표율 차이가 (+)와 (−)인 선거구의 비율

제22대 총선의 254개 각 선거구를 구축하고 있는 당일투표, 관내사전투표 및 관외사전투표 표본의 크기는 만 단위의 크기이다. 각 표분의 크기가 대단히 크기 때문에 당일득표율, 관내사전득표율, 관외사전득표율 및 선거구득표율 사이에는 다음 식이 성립하여야 한다.

$$관내사전득표율 - 당일득표율 \fallingdotseq 0$$
$$관외사전득표율 - 당일득표율 \fallingdotseq 0$$
$$선거구득표율 - 당일득표율 \fallingdotseq 0$$

또한 각 투표표본의 득표율과 당일득표율 사이의 차이가 99% 존재할 확률이 99%인 신뢰구간 즉 오차범위는 다음 식과 같다.

$$-1.5\,\% < 관내사전득표율 - 당일득표율 < 1.5\,\%$$
$$-1.5\,\% < 관외사전득표율 - 당일득표율 < 1.5\,\% \qquad (4-3)$$
$$-1.5\,\% < 선거구득표율 - 당일득표율 < 1.5\,\%$$

관내사전-당일, 관외사전-당일 및 선거구-당일 득표율 차이는 위의 범위 내에서 (+)와 (−)를 랜덤하게 나타나야 한다.

제22대 총선의 254개 선거구에 대한 [투표표본별 득표율 – 당일득표율] 차이가 (+)와 (–)인 선거구 수의 비율을 분석하면 <표 4-17>과 같다.

<표 4-17> 전국 254개 선거구에 대한 [투표표본별 득표율 - 당일득표율] 차이가 (+)와 (-)인 선거구 수 비율 (단위: %)

선거구 수 비율 (%)	더불어민주당 후보		국민의힘 후보	
	(+)	(–)	(+)	(–)
1. 관내득표율 - 당일득표율	100	0	0	100
2. 관외득표율 - 당일득표율	99.6	0.4	2	98
3. 거소선상득표율 - 당일득표율	66.9	33.1	32.7	67.3
4. 국외득표율 - 당일득표율	98.8	1.2	5.7	94.1
5. 사전전체득표율 - 당일득표율	100	0	0	100
6. 선거구득표율 - 당일득표율	100	0	0	100

정상적인 투표라면 [투표표본별 득표율 – 당일득표율] 차이가 (+)인 선거구 수의 비율과 (–)인 선거구 수 비율은 50% ± 5% 범위 내에 분포되어야 할 것이다. 그러나 선거결과는 예상치와 전혀 다른 결과를 나타낸다. 더불어민주당 후보인 경우 거소선상사전투표를 제외한 [관내사전, 관외사전, 국외사전, 사전전체 및 선거구 득표율 – 당일득표율] 차이가 (+)인 선거구 수의 비율이 100%에 접근한다. 더불어민주당 후보에 대한 관내사전, 관외사전, 국외사전, 사전전체 및 선거구 득표율은 전국 254개 선거구에서 당일득표율보다 높다. 통계학적 공리에 전혀 부합되지 않는 결과이다. 국민의힘 후보인 경우 거소선상사전투표를 제외한 5개 투표에서 [투표표본별 득표율 – 당일득표율] 차이가 (+)인 선거구 수의 비율이 거의 0%이다. 국민의힘 후보에 대한 관내사전, 관외사전, 국외사전, 사전전체 및 선거구의 득표율은 전국 254개 선거구에서 당일득표율 보다 낮다.

그림 4-14는 [투표표본별 득표율 – 당일득표율] 차이가 (+)인 선거구 수의 비를 나타내고 있다. 더불어민주당 후보인 경우 모든 경우에 통계학이 허용하는 범위보다 (+)쪽으로 크게 벗어났으며, 국민의힘 후보인 경우 허용범위보다 (−)쪽으로 크게 벗어났다. 제22대 총선은 통계학적 이론으로는 설명 불가능한 결과이다.

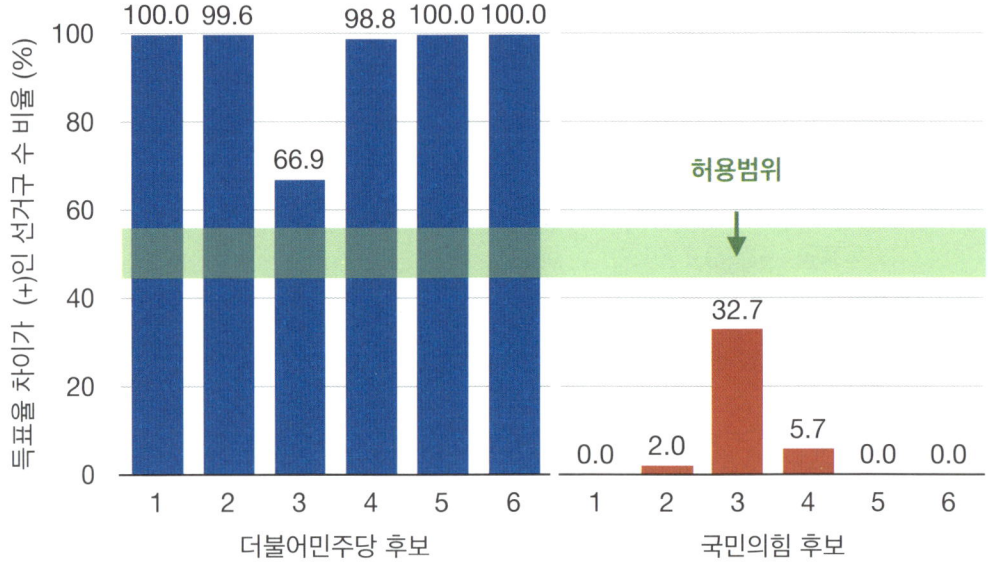

그림 4-14. 전국 254개 선거구에 대한 당일투표율 대비 각 투표표본의 득표율 차이가 (+)인 선거구 수 비율 (%)
1: 관내사전 - 당일, 2: 관외사전 - 당일, 3: 거소선상사전 - 당일, 4: 국외사전 - 당일, 5: 사전전체 - 당일, 6: 선거구 - 당일

〈표 4-17〉의 결과에 의해면 거소선상사전투표를 제외하면 관내사전-당일, 관외사전-당일, 국외사전-당일, 사전전체-당일 그리고 선거구-당일 득표율 차이가 (−)인 선거구 수 비율은 더불어민주당 후보인 경우 0 % 부근의 값이며, 국민의힘 후보인 경우 100 % 부근의 값이었다. 〈표 4-17〉의 결과는 표본의 크기가 클 경우 당일득표율과 관내사전, 관외사전, 사전전체 및 선거구 득표율은 서로 거의 동일할 뿐만 아니라 그 차이는 식 (4-3)과 같은 범위 내에서 (+)와 (−)가 되는 선거동 수가 서로 비슷하다는 통계학적 공리에서 크게 벗어나는 결과이다.

그림 4-15는 전국 254개 선거구에 대한 당일득표율 대비 각 투표표본의 득표율 차이가 (−)인 선거구 수 비율을 나타내고 있다. 정상적인 선거라면 득표율 차이가 (−)인 선거구 수 비율은 50% ± 5 % 범위에 분포되어 있어야 한다. 그러나 제22대총선 결과는 더불어민주당 후보는 (+) 방향으로 국민의힘 후보는 (−) 방향으로 크게 벗어나고 있음을 확인할 수 있다.

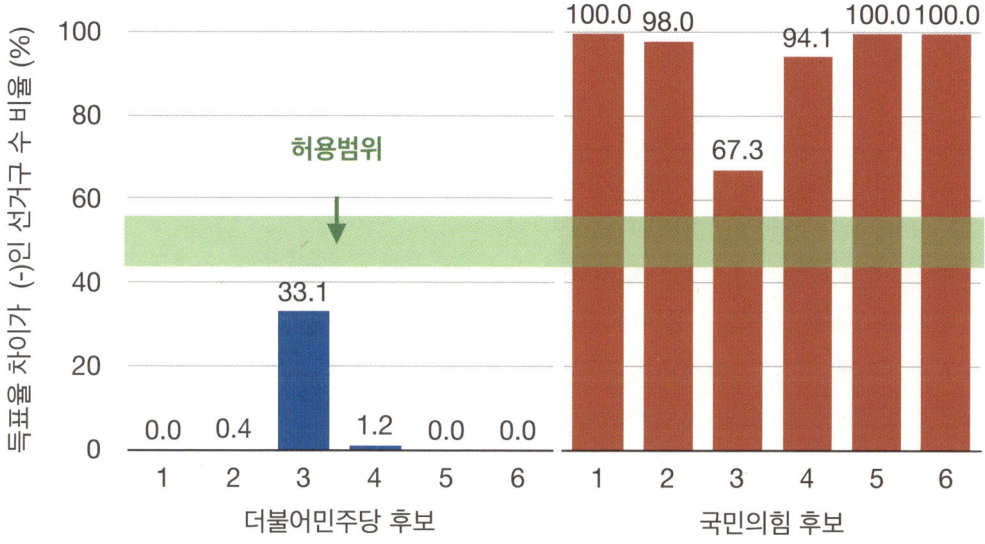

그림 4-15. 전국 254개 선거구에 대한 당일투표율 대비 각 투표표본의
득표율 차이가 (−)인 선거구 수 비율 (%)
1: 관내사전 - 당일, 2: 관외사전 - 당일, 3: 거소선상사전 - 당일, 4: 국외사전 - 당일,
5: 사전전체 - 당일, 6: 선거구 - 당일

전국 3,551개 선거동에 대한 당일득표율 대비 관내사전득표율 차이가 (+)와 (-)인 선거동 수 비율

전국 17개 지역을 구축하고 있는 3,551개 선거동에 대한 관내사전득표율-당일득표율 차이가 (+)인 선거동 수와 (-)인 선거동 수가 〈표 4-12〉에 제시되어 있다. 〈표 4-12〉의 결과를 사용하여 (1) 더불어민주당 후보에 대한 득표율 차이가 모두 (+)이고 국민의힘 후보에 대한 득표율 차이가 모두 (-)인 선거동 수, (2) 차이가 (+)이거나 (-)인 선거동이 하나라도 포함된 지역을 구분하면 〈표 4-18〉과 같다.

<표 4-18> 전국 3,551개 선거동에 대한 관내사전-당일 득표율 차이가 (+)와 (-)인 선거동 수

선거동 수	더불어민주당 후보			국민의힘 후보		
	(+)	(-)	계	(+)	(-)	계
서울, 부산, 인천, 대전, 울산, 세종, 경기, 제주 8개 지역	1,555	0	1,555	0	1,589	1,589
대구, 광주, 강원, 충북, 충남, 전북, 전남, 경북, 경남 9개 지역	1,792	56	1,848	62	1,898	1,960
계	3,347	56	3,404*	62	3,487	3,551**

* (0)인 선거동 수 1동 포함,   ** 0)인 선거동 수 2동 포함

〈표 4-18〉의 결과를 요약하면 다음과 같다.

- 서울, 부산, 인천, 경기 등 8개 지역에 대한 1,555개 선거동의 더불어민주당 후보의 관내사전득표율-당일득표율 차이가 모두 (+)이다. 불가능한 결과이다.
- 서울, 부산, 인천, 경기등 8개 지역에 대한 1,589개 선거동의 국민의힘 후보의 관내사전득표율-당일득표율 차이가 모두 (-)이다. 불가능한 결과이다.
- 더불어민주당 후보가 출마한 전국 3,404개 선거동에 대한 더불어민주당 후보의 관내사전득표율-당일득표율 차이가 (+)인 선거동 수는 3,347 이며 총 선거등수의 98.2 % 이다. 불가능한 결과이다.
- 국민의힘 후보가 출마한 총 3,551개 선거동에 대한 국민의힘 후보의 관내사전득표율-당일득표율 차이가 (-)인 선거동 수는 3,487이며 총 선거동 수의 98.2 % 이다. 불가능한 결과이다.

결론적으로 제22대 총선결과는 발생불가능한 결과이다.

Chapter 5

제22대 총선의 정당별 의석수에 대한 통계학적 해답

제22대 국회의원 선거가 종료된 후 6개월이 흘렀다. 그러나 아직 선거 결과를 승복하지 못하고 재판이 진행 중인 소송이 15건에 달하고 있다. 여러 시민단체가 제22대 총선은 부정선거이며 당락이 뒤바뀐 선거구가 수십 곳이 된다고 주장하고 있다. 이 주장을 학술적으로 분석하여 증명할 수 있을까? 한 걸음 더 나아가 당락이 뒤바뀐 선거구를 찾아낼 수 있을까? 찾아낼 수 있다면 몇 석이나 될까?

학술적으로 이 문제를 해결하려면 다음의 조건이 충족되어야 한다.
- 첫째로 문제해결에 사용하는 수식이나 이론이 공인된 것 이어야 한다.
- 둘째로 적용된 이론이나 수식의 사용 사례가 많아야 한다.
- 셋째로 분석에 사용한 자료가 확실하고 안전해야 한다.
- 마지막으로 도출되는 결과에 대한 신뢰성이 확보되어야 한다.

5-1. 득표율 추정에 사용하는 수식

통계학자들은 전국 초등학교 학생들의 연령별 키와 몸무게, 수학능력시험성적 등과 같은 사회적 문제, 강수량과 기온과 같은 자연현상 문제, 대통령지지율, 선거득표율 등과 같은 정치 문제에 대한 특성치(키, 몸무게, 지지율 등)의 분포가 종(bell) 모양의 특성을 나타내며 이에 대한 확률밀도함수가 다음 식으로 표현된다는 것을 발견하였다.

$$f(x) = \frac{1}{\sqrt{2\pi}\,\sigma} e^{-\frac{(x-m)^2}{2\sigma^2}} \tag{5-1}$$

이 식에서 x는 특성치의 값을, m은 특성치의 평균값을, σ는 표준편차를 의미한다. 식 (5-1)은 생산공정에서 제품의 불량률, 시청율, 대통령 정책 지지율, 유력대권후보자들의 지지율 추정 등 많은 문제들의 특성치 분포에 사용하는 식이다. 이 식은 자유민주주의국가, 사회주의 국가는 물론 공산주의 국가를 포함한 전세계 고등학교 수학책에 실려 학생들이 공부하는 수식이다. 이 식을 사용하여 제22대 총선의 임의의 선거구에 대한 당일투표 결과로 부터 모집단인 선거구의 득표율을 추정하는 식을 유도하면 다음 식 (5-2)와 같다.

<u>신뢰도 95%인 신뢰 구간</u>

더불어민주당 후보 : $x_A - 1.96\sqrt{\dfrac{x_A(1-x_A)}{n_A}} \leq x_{AE} \leq x_A + 1.96\sqrt{\dfrac{x_A(1-x_A)}{n_A}}$

국민의힘 후보 : $y_A - 1.96\sqrt{\dfrac{y_A(1-y_A)}{n_A}} \leq y_{AE} \leq y_A + 1.96\sqrt{\dfrac{y_A(1-y_A)}{n_A}}$

(5-2)

<u>신뢰도 99%인 신뢰 구간</u>

더불어민주당 후보 : $x_A - 2.58\sqrt{\dfrac{x_A(1-x_A)}{n_A}} \leq x_{AE} \leq x_A + 2.58\sqrt{\dfrac{x_A(1-x_A)}{n_A}}$

국민의힘 후보 : $y_A - 2.58\sqrt{\dfrac{y_A(1-y_A)}{n_A}} \leq y_{AE} \leq y_A + 2.58\sqrt{\dfrac{y_A(1-y_A)}{n_A}}$

위 식 (5-2)에서 x_A는 더불어민주당 후보의 당일득표율, y_A는 국민의힘 후보의 당일득표율, x_{AE}는 더불어민주당 후보의 선거구득표율, y_{AE}는 국민의힘 후보의 선거구득표율, 그리고 n_A는 당일투표 투표수이다.

식 (5-2)로 부터 [국민의힘 후보의 선거구득표율(y_{AE}) - 더불어민주당 후보 선거구득표율(x_{AE})]의 차이 추정에 대한 수식을 신뢰도 별로 유도하면 다음 식 (5-3)과 같다.

<u>신뢰도 95%인 신뢰 구간</u>

$(y_A - x_A) - 1.96\left(\sqrt{\dfrac{x_A(1-x_A)}{n_A}} + \sqrt{\dfrac{y_A(1-y_A)}{n_A}}\right) \leq y_{AE} - x_{AE} \leq (y_A - x_A) + 1.96\left(\sqrt{\dfrac{x_A(1-x_A)}{n_A}} + \sqrt{\dfrac{y_A(1-y_A)}{n_A}}\right)$

(5-3)

<u>신뢰도 99%인 신뢰 구간</u>

$(y_A - x_A) - 2.58\left(\sqrt{\dfrac{x_A(1-x_A)}{n_A}} + \sqrt{\dfrac{y_A(1-y_A)}{n_A}}\right) \leq y_{AE} - x_{AE} \leq (y_A - x_A) + 2.58\left(\sqrt{\dfrac{x_A(1-x_A)}{n_A}} + \sqrt{\dfrac{y_A(1-y_A)}{n_A}}\right)$

식 (5-3)로 부터 $y_{AE} - x_{AE}$에 대한 99% 신뢰구간 길이 ΔP_{99}를 다음 식 (5-4)로 표현할 수 있다.

$$\Delta P_{99} = 2.58 \left(\sqrt{\frac{x_A(1-x_A)}{n_A}} + \sqrt{\frac{y_A(1-y_A)}{n_A}} \right) \tag{5-4}$$

국민의힘 후보 당일득표율과 더불어민주당 후보 당일득표율 차이값 $y_A - x_A$를 99% 신뢰구간 길이 ΔP_{99}의 배수로 나타내면 다음 식 (5-5)과 같다.

$$n(\Delta P_{99}) = \frac{y_A - x_A}{\Delta P_{99}} \tag{5-5}$$

이 식 (5-5)의 의미를 좌표평면에 도시하면 그림 5-1과 같다.

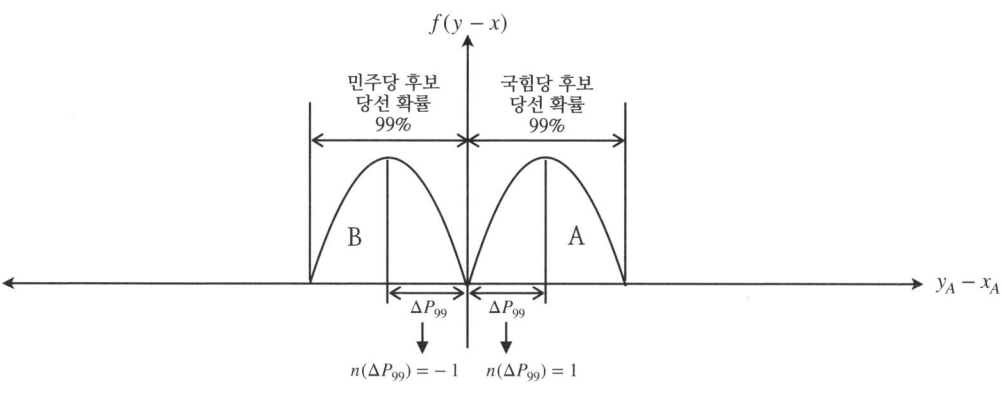

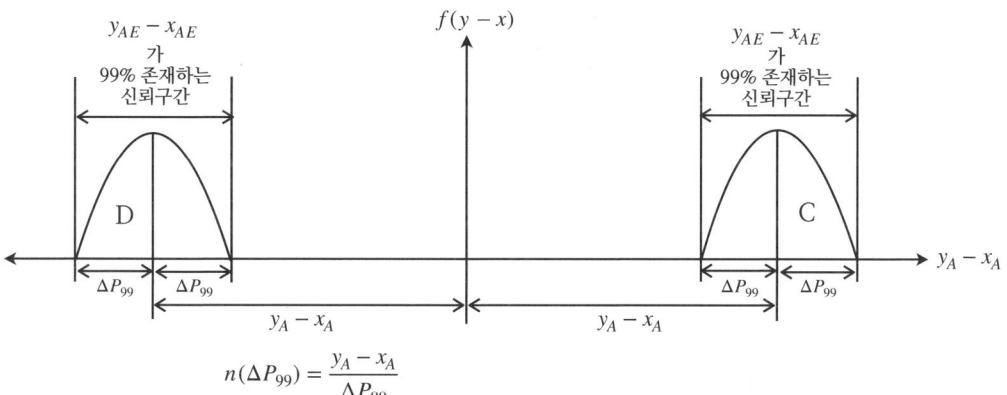

그림 5-1. $y_A - x_A$ 분포에 대한 확률밀도함수 그래프

그림 5-1의 A와 같이 $n(\Delta P_{99}) = 1$인 경우 국민의힘 후보의 당선확률은 99%이다. 그림 5-1의 B와 같이 $n(\Delta P_{99}) = -1$인 경우 더불어민주당 후보의 당선확률은 99%이다. 그림 5-1의 C와 같이 $n(\Delta P_{99}) > 1$인 경우 국민의힘 후보의 당선확률은 $99 \times n(\Delta P_{99})\%$ 이다. 그림 5-1의 D와 같이 $n(\Delta P_{99}) < -1$인 경우 더불어민주당 후보의 당선확률은 $99 \times |n(\Delta P_{99})|\%$ 이다.

5-2. 가장 안전한 투표 표본

제22대 총선은 당일투표, 관내사전투표, 관외사전투표, 거소선상사전투표, 국외사전투표로 구성되어 있다. 모집단에 해당하는 선거구 투표결과는 앞의 다섯 종류 투표의 합으로 결정된다. 따라서 당일투표와 네 종류의 사전투표는 모집단인 선거구 투표의 표본이 된다. 어느 표본의 득표율을 사용하여 모집단의, 득표율을 추정하는 것이 가장 안전할 것인가가 대단히 중요한 문제이다. 따라서 다섯 종류의 표본 중 가장 안전한 투표 표본을 규명하여야 한다.

후보간 경쟁력이 비슷할 경우 민주당 후보의 득표율과 국힘당 후보의 득표율 차이값이 (+)인 선거구 수와 (-)인 선거구 수를 사용하여 계산한 투표 표본의 발생확률 값을 사용하여 표본의 안전성을 검증하는 것이 용이한 방법이다. 두 후보 간의 득표율 차이값이 (+)와 (-)가 되는 것은 배반사건이며 각 선거구의 투표는 독립적으로 시행되기 때문에 차이값이 (+)인 선거구 수와 (-)인 선거구 수를 사용하여 투표결과가 도출될 확률은 다음 식 (5-6)을 사용하여 계산할 수 있다. 이 수식 또한 고등학교 수학책에 실려있는 공인된 수식이다.

$$\mathbb{P} = {}_nC_r \left(\frac{1}{2}\right)^r \left(\frac{1}{2}\right)^{n-r} \tag{5-6}$$

위 식 (5-6)에서 $\mathbb{P}$는 확률값, n은 총 선거구 수, r은 득표율 차이값이 (+)인 선거구 수를 의미한다.

서울 지역 48개 선거구에 대한 투표 표본 별 발생확률을 식 (5-6)을 사용하여 계산하면 〈표 5-1〉과 같다. 이 결과로부터 다섯 종류의 투표 표본 중 당일투표 표본이 가장 안전한 표본 임을 확인할 수 있다. 따라서 선거구에 대한 후보별 득표율 추정에 당일득표율을 사용하는 것이 합리적이다.

<표 5-1> 투표 표본 별 두 후보의 득표율 차이가 (+)인 선거구 수, (-)인 선거구 수 및 투표 표본의 발생 확률

투표 종류	더불어민주당 후보 득표율 − 국민의힘 후보 득표율			확률값 및 확률값 비교	
	(+)인 선거구 수	(−)인 선거구 수	계	확률값	당일 표본 확률 ÷ 각 표본의 확률
당일 (A)	20	28	48	$\mathbb{P}_A = 0.057$	$\mathbb{P}_A/\mathbb{P}_A = 1$
관내사전 (B)	43	5	48	$\mathbb{P}_B = \dfrac{1}{160,000,000}$	$\mathbb{P}_A/\mathbb{P}_B = 9,700,000$
관외사전 (C)	45	3	48	$\mathbb{P}_C = \dfrac{1}{16,200,000,000}$	$\mathbb{P}_A/\mathbb{P}_C = 960,000,000$
기소선상 사전(D)	30	16	46*	$\mathbb{P}_D = 0.0141$	$\mathbb{P}_A/\mathbb{P}_D = 4.2$
국외사전 (E)	47	1	48	$\mathbb{P}_E = \dfrac{1}{2,800,000,000,000}$	$\mathbb{P}_A/\mathbb{P}_E = 350,000,000,000$

* 민주당 후보 득표율 = 국힘당 후보 득표율 인 선거구 2 곳

5-3. 국민의힘 후보의 당락에 대한 통계학적 계산 결과

식 (5-5)를 사용하여 당일투표에서는 승리했으나 선거구투표에서 낙선한 국민의힘 후보 50명에 대한 통계학적 당락결과를 분석해보자. 〈표 5-2〉는 [당일투표에서는 승리했으나 최종 낙선한 국민의힘 후보 50명에 대한 국민의힘 후보 당일득표율(y_A) − 더불어민주당 후보 당일득표율(x_A)]의 차이 이다.

국민의힘 후보 당일득표율(y_A) − 더불어민주당 후보 당일득표율(x_A)			
$10\% \leq y_A - x_A$	$5\% \leq y_A - x_A < 10\%$	$1\% \leq y_A - x_A < 5\%$	$0\% < y_A - x_A < 1\%$
서울 지역 • 영등포갑(12.4) • 양천갑(12) • 성동을(11.1) • 강동갑(10.7) • 광진을(10.7) • 송파병(10.2) 경기 지역 • 용인병(13.2) • 하남갑(10.9)	서울 지역 • 종로(9.2) • 광진갑(9) • 동작갑(8.2) • 성동갑(8) • 도봉을(6.2) 경기 지역 • 용인정(9.1) • 수원정(9) • 안성(5.6) 인천 지역 • 연수을(8.4) 대전·충청 지역 • 대전중구(7.2) • 청주서원(5) • 천안갑(5.8) • 공주부여(9.4) • 논산계룡(7) • 당진(7.6) 경남·울산 지역 • 창원성산(9.4) • 울산동구(6.6)	서울 지역 • 서대문갑(4.9) • 강서을(4.2) • 동대문갑(3.4) • 강동을(3.4) • 동대문을(1.6) • 구로갑(1) 경기 지역 • 고양병(4.6) • 안양동안을(4.2) • 하남을(3.3) • 용인갑(2.9) • 의왕과천(2.2) • 고양정(2) 인천·강원 지역 • 연수갑(3.4) • 춘천갑(2.1) • 원주을(4) 대전·충청 지역 • 대전동구(3.2) • 대전대덕(2.2) • 청주상당(1.7) • 청주흥덕(1.2) 제주 지역 • 서귀포(3.2) 부산·경남 지역 • 부산북구갑(2.3) • 김해갑(4)	경기 지역 • 광주을(0.4) 인천 지역 • 미추홀갑(0.6) • 남동을(0.8)
8개 선거구	17개 선거구	22개 선거구	3개 선거구

()안이 수치는 [국민의힘 후보 당일득표율 − 더불어민주당 후보 당일득표율] 차이(%) 임

식 (5-5)와 〈표 5-2〉의 자료를 사용하여 〈표 5-2〉의 50개 선거구에 대한 $n(\Delta P_{99})$의 값을 구하면 〈표 5-3〉과 같다.

<표 5-3> 국민의힘 후보 중 당일투표에서는 승리했으나 선거구투표에서 패한 50개 선거구에 대한 $n(\Delta P_{99})$값

$10 \leq n(\Delta P_{99})$	$5 \leq n(\Delta P_{99}) < 10$	$1.3 \leq n(\Delta P_{99}) < 5$	$0 < n(\Delta P_{99}) < 1$
서울 지역 • 영등포을(11.1) • 양천갑(13.0) • 성동을(10.9) • 강동갑(11.5) • 송파병(11.6) 경기 지역 • 용인병(15.5) • 용인정(10.5) 인천 지역 • 연수을(11.0) 경남 지역 • 창원성산(10.8)	서울 지역 • 광진을(9.0) • 종로(7.3) • 광진갑(8.1) • 동작갑(8.0) • 성동갑(7.8) • 도봉을(5.3) 경기 지역 • 하남갑(9.1) • 수원정(9.8) • 안성(5.2) • 고양병(5.2) 대전·충남 지역 • 대전중구(7.4) • 천안갑(6.1) • 공주부여(8.9) • 논산계룡(6.7) • 당진(6.2) 울산 지역 • 동구(5.4)	서울 지역 • 서대문갑(4.1) • 강서을(4.6) • 동대문갑(3.0) • 강동을(3.4) • 동대문을(1.5) 경기 지역 • 안양동안을(3.7) • 하남을(2.8) • 용인갑(3.1) • 의왕과천(2.4) • 고양정(2.3) 인천·강원 지역 • 연수갑(3.2) • 춘천갑(2.1) • 원주을(3.4) 대전·충북 지역 • 대전동구(3.1) • 대전대덕(2.0) • 청주상당(1.6) • 청주서원(4.6) • 청주흥덕(1.3) 제주·부산·경남 지역 • 서귀포(2.8) • 부산북구갑(1.9) • 김해갑(4.4)	서울 지역 • 구로갑(1.08) 경기 지역 • 광주을(0.37) 인천 지역 • 미추홀갑(0.63) • 남동을(0.86)
9개 선거구 (당선확률 1,000% 이상) 낙선 불가능	16개 선거구 (당선확률 500% 이상 1,000% 미만) 낙선 불가능	21개 선거구 (당선확률 130% 이상 500% 미만) 당선 확실	4개 선거구 (당선확률 0% 초과 110% 미만) 검증 필요

( ) 안의 수치는 $n(\Delta P_{99})$의 값임

투표에 오염이 없었다면 국민의힘 후보가 당선 되었을 것임을 〈표 5-3〉의 결과를 보면 알 수 있다. 오염으로 인하여 낙선한 선거구 수를 지역별로 정리하면 〈표 5-4〉와 같다.

<표 5-4> 투표에 오염이 없었다면 당선 되었을 것으로 추정하는 국민의힘 후보의 지역별 선거구 수

지역	국민의힘 후보			지역	국민의힘 후보		
	당선 확실	검증필요	계		당선 확실	검증필요	계
1. 서울	16	1	17	7. 충남	4		4
2. 경기	11	1	12	8. 제주	1		1
3. 인천	2	2	4	9. 부산	1		1
4. 강원	2		2	10. 울산	1		1
5. 대전	3		3	11. 경남	2		2
6. 충북	3		4	계	46	4	50

5-4. 당락을 검증해야 할 더불어민주당 후보의 선거구

더불어민주당 후보 중 선관위 발표에서는 당선 되었으나 식 (5-5)의 값이 -1과 $+1$ 사이의 값을 나타내어 당선에 대한 99% 오차범위에 속한 선거구는 10곳이다. [이 10개 선거구에 대한 국민의힘 후보 당일득표율(y_A) – 더불어민주당 후보 당일득표율(x_A)]의 차이와 $n(\Delta P_{99})$ 값을 산출하면 〈표 5-5〉와 같다. 이 결과에 의하면 영등포갑 선거구에 대한 $n(\Delta P_{99})$ 값이 -1.033으로 -1보다 작으나 나머지 9개 선거구에 대한 $n(\Delta P_{99})$ 값은 $-1 < n(\Delta P_{99}) < 0$ 범위의 값으로 당락에 대한 검증이 필요한 선거구이다.

<표 5-5> 더불어민주당 후보의 당락을 검증해야 할 선거구에 대한 당일득표율 차이 및 $n(\Delta P_{99})$ 값

선거구	당일득표율 차이 (국힘 - 민주)	$n(\Delta P_{99})$	선거구	당일득표율 차이 (국힘 - 민주)	$n(\Delta P_{99})$
1. 강북을(서울)	-0.2%	-0.16	6. 수원병(경기)	-0.6%	-0.59
2. 영등포갑(서울)	-1%	-1.033	7. 평택을(경기)	-0.8%	-0.71
3. 고양갑(경기)	-0.2%	-0.23	8. 평택병(경기)	-0.9%	-0.87
4. 파주을(경기)	-0.2%	-0.2	9. 부평갑(인천)	-0.4%	-0.43
5. 김포갑(경기)	-0.2%	-0.22	10. 서구을(대전)	-0.1%	-0.1

5-5. 제22대 총선 결과에 대한 통계학적 분석 결과

제22대 총선의 254개 선거구에 대한 선관위 발표 결과는 국민의힘 91석 야당 163석 이었다. 이 결과가 합리적이고 공정한 선거 결과이냐 하는 담론은 우리 사회의 심각한 분열을 야기시켰다. 전 세계가 공인하고 전 세계의 거의 모든 국가의 고등학교 수학책에 실려있는 수식을 사용하여 선거 결과를 학술적으로 해석하면 <표 5-6>과 같다. 이 결과에 의하면 지역구 254석 중 야당은 113석, 국힘당은 141석을 획득하는 것으로 추정된다. 만일 선관위 결과가 진실이라면 통계학 이론을 재정립 해야 할 뿐만 아니라 전 세계 고등학교 수학 교과서의 통계 부분을 수정해야 하는 대단히 심각한 문제에 봉착할 것이다. 우리가 힘을 합쳐 함께 풀어야 할 국가적 과제라는 것을 제시하면서 결론을 맺는다.

<표 5-6> 2024년 4월 10일 총선에 대한 선관위 발표 결과와 통계학적 분석 결과

지역	선거구 수	선관위 발표		통계학적 분석 결과					
		더불어민주당 당선	국민의힘 당선	더불어민주당 당선			국민의힘 당선		
				당선확실	검증필요*	계	당선확실	검증필요*	계
서울	48	37	11	18	2	20	27	1	28
경기	60	53**	7	35	6	41	18	1	19
인천	14	12	2	7	1	8	4	2	6
강원	8	2**	6				8		8
대전	7	7		3	1	4	3		3
세종	2	2		2		2			
충북	8	5	3	1	1	2	6		6
충남	11	8	3	4		4	7		7
광주	8	8		8		8			
전북	10	10		10		10			
전남	10	10		10		10			
제주	3	3		2		2	1		1
대구	12		12				12		12
경북	13		13				13		13
부산	18	1	17				18		18
울산	6	2**	4	1		1	5		5
경남	16	3	13		1	1	15		15
계	254	163	91	102	11	113	137	4	141

* 두 후보에 대한 당일득표율 차이값으로 추정한 선거구득표율 차이값이 99% 신뢰구간의 오차범위 내에서 당선된 선거구
* 각각 1명 씩은 개혁신당, 새로운미래, 진보당 후보임

Part III

조작 메커니즘

꽃밭에서

어호선 작사
권길상 작곡

아빠하고 나하고 만든 꽃 밭에
채송화도 봉숭아도 한창입니다
아빠가 매어 놓은 새끼줄 따라
나팔꽃도 어울리게 피었습니다

애들하고 재밌게 뛰어 놀다가
아빠 생각나서 꽃을 봅니다
아빠는 꽃 보며 살자 그랬죠
날보고 꽃 같이 살자 그랬죠

표 조작 메커니즘에 대한 개괄

Part III은 표 조작 메커니즘 개념과 수학적 수식에 관한 제 6장과, 선거구별 지역별 선거 결과에 대한 조작 메커니즘 평가에 대한 제 7장으로 구성되어 있다. 제 6장에서는 다섯 가지 조작 메커니즘의 개념, 각 조작 메커니즘의 표수지식 및 함수관계식에 대한 이론적 배경과 유도된 수식들이 제시되어 있다. 다음 표는 각 조작 메커니즘에 대한 개념과 조작이 실행된 투표종류를 나타내고 있다.

다섯가지 조작 메커니즘과 각 조작 메커니즘이 적용된 투표 종류

조작 메커니즘	정의	조작이 주로 실행된 투표
표더하기 조작	유권자가 투표하지 아니한 유형표를 특정후보에게 첨가하여 특정후보사의 득표수를 증가시키는 조작	관내사전투표 관외사전투표 국외사전투표
표버리기 조작	유권자가 투표한 특정후보자 B의 표를 제거하여 특정후보자 B의 득표수를 감소시키는 조작	관외사전투표 국외사전투표
표바꾸기 조작	유권자가 투표한 특정후보자 B의 표를 특정후보자 A의 표로 바꾸어 특정후보자 B의 득표수는 감소시키고 특정후보자 A의 득표수는 증가시키는 조작	관내사전투표 관외사전투표 국외사전투표
표더하기+표바꾸기 조작	표더하기 조작과 표바꾸기 조작이 동시에 적용된 조작	관내사전투표 관외사전투표
표버리기+표바꾸기 조작	표버리기 조작과 표바꾸기 조작이 동시에 적용된 조작	관외사전투표

위의 다섯가지 종류의 조작 메커니즘에 대한 표수지식을 세우면 다음 표와 같다.

표더하기 조작 메커니즘에 따른 후보별 표수지식

조작 메커니즘	선관위 발표 총 득표수	더불어민주당 후보 득표수	국민의힘 후보 득표수	기타 후보 득표수
표더하기	$\bar{N} = N + \alpha N$	$\bar{N}\bar{x} = Nx_A + \alpha N$	$\bar{N}\bar{y} = Ny_A$	$\bar{N}\bar{z} = Nz_A$
표버리기	$\bar{N} = N - \beta N$	$\bar{N}\bar{x} = Nx_A$	$\bar{N}\bar{y} = Ny_A - \beta N$	$\bar{N}\bar{z} = Nz_A$
표바꾸기	$\bar{N} = N$	$\bar{N}\bar{x} = Nx_A + \gamma N$	$\bar{N}\bar{y} = Ny_A - \gamma N$	$\bar{N}\bar{z} = Nz_A$
표더하기+표바꾸기	$\bar{N} = N + \alpha N$	$\bar{N}\bar{x} = Nx_A + \alpha N + \gamma N$	$\bar{N}\bar{y} = Ny_A - \gamma N$	$\bar{N}\bar{z} = Nz_A$
표버리기+표바꾸기	$\bar{N} = N - \beta N$	$\bar{N}\bar{x} = Nx_A + \gamma N$	$\bar{N}\bar{y} = Ny_A - \beta N - \gamma N$	$\bar{N}\bar{z} = Nz_A$

기재된 표수지식의 변수와 계수 및 상수에 대한 기호의 의미를 설명하면 다음과 같다.

표더하기 조작 메커니즘

$\bar{N}$: 선관위 발표 사전투표 (관내, 관외, 거소선상, 국외) 총 득표수

N : 조작전 사전투표(관내, 관외, 거소선상, 국외) 총 득표수

x_A, y_A, z_A : 더불어민주당, 국민의힘 및 기타 후보의 당일득표율

$\bar{x}, \bar{y}, \bar{z}$: 더불어민주당, 국민의힘 및 기타 후보의 선관위 발표 사전투표득표율

α = 표더하기 조작표수비

    = 사전투표에 대한 표더하기 조작표수 ÷ 조작전 사전투표 총 득표수

표버리기 조작 메커니즘

β = 표버리기 조작표수 비

    = 사전투표에 대한 표버리기 조작표수 ÷ 조작전 사전투표 총 득표수

표바꾸기 조작 메커니즘

γ = 표바꾸기 조작표수 비

    = 사전투표에 대한 표바꾸기 조작표수 ÷ 조작전 사전투표 총 득표수

위 표수지식의 양변을 조작전 사전 총 득표수 N 으로 나누고 $\frac{\bar{N}}{N}$을 α와 β의 함수로 대체하면, 각 조작 메커니즘에 대한 후보별 당일득표율 대비 사전투표득표율에 대한 함수관계식을 유도할 수 있다. 다음 표는 조작 메커니즘에 대한 후보별 함수관계식을 나타내고 있다.

조작 메커니즘에 대한 후보별 당일득표율과 사전득표율 사이의 함수관계

조작 메커니즘	더불어민주당 후보	국민의힘 후보	기타 후보
표더하기	$\bar{x} = \dfrac{1}{1+\alpha}x_A + \dfrac{\alpha}{1+\alpha}$	$\bar{y} = \dfrac{1}{1+\alpha}y_A$	$\bar{z} = \dfrac{1}{1+\alpha}z_A$
표버리기	$\bar{x} = \dfrac{1}{1-\beta}x_A$	$\bar{y} = \dfrac{1}{1-\beta}y_A - \dfrac{\beta}{1-\beta}$	$\bar{z} = \dfrac{1}{1-\beta}z_A$
표바꾸기	$\bar{x} = x_A + \gamma$	$\bar{y} = y_A - \gamma$	$\bar{z} = z_A$
표더하기+표바꾸기	$\bar{x} = \dfrac{1}{1+\alpha}x_A + \dfrac{\alpha+\gamma}{1+\alpha}$	$\bar{y} = \dfrac{1}{1+\alpha}y_A - \dfrac{\gamma}{1+\alpha}$	$\bar{z} = \dfrac{1}{1+\alpha}z_A$
표버리기+표바꾸기	$\bar{x} = \dfrac{1}{1-\beta}x_A + \dfrac{\gamma}{1-\beta}$	$\bar{y} = \dfrac{1}{1-\beta}y_A - \dfrac{\beta+\gamma}{1-\beta}$	$\bar{z} = \dfrac{1}{1-\beta}z_A$

표더하기, 표버리기 및 표바꾸기 조작 메커니즘에 대한 당일득표율 대비 사전득표율 사이의 함수관계 그래프는 다음과 같다.

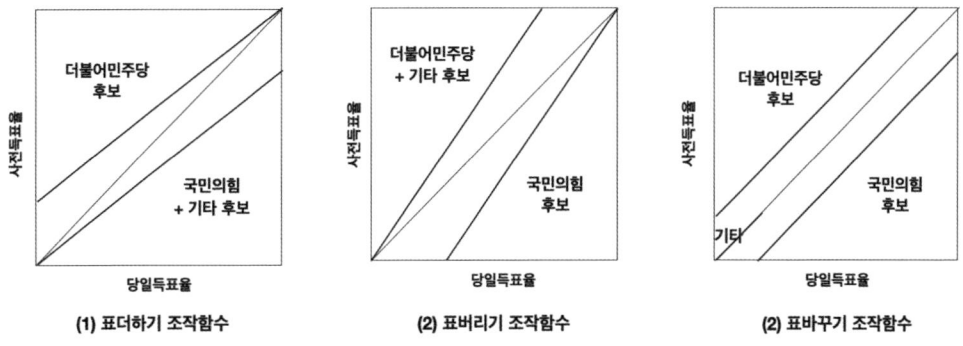

(1) 표더하기 조작함수
(2) 표버리기 조작함수
(2) 표바꾸기 조작함수

또한 표더하기+표바꾸기 조작 메커니즘과 표버리기+표바꾸기 조작 메커니즘에 대한 당일득표율 대비 사전득표율 사이의 함수관계 그래프는 다음과 같다.

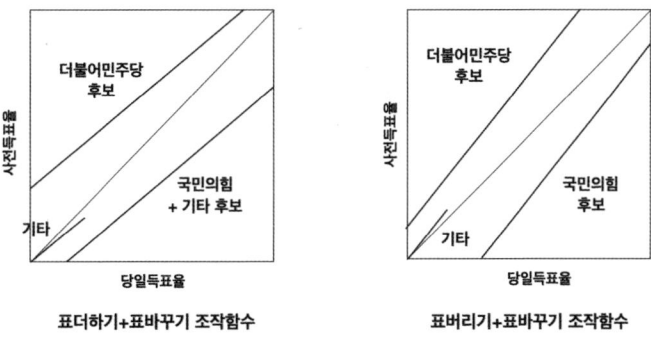

표더하기+표바꾸기 조작함수
표버리기+표바꾸기 조작함수

Part III의 제 7장에서는 선거구별 지역별 선거결과에 대한 조작 메커니즘을 규명하였다. 서울지역의 종로 및 성북구갑 선거구의 관내사전투표는 앞에서 유도한 함수관계식 으로 부터 표더하기 조작이 적용된 투표라는 것을 확인하였다. 또한 경기도의 수원시정, 성남분당을 및 하남시갑 선거구의 당일득표율 대비 관내사전득표율 함수관계로 부터 수원시정의 관내사전투표는 표더하기+표바꾸기 조작 메커니즘이 적용된 선거구이며, 성남분당을 선거구의 관내사전투표는 표바꾸기 조작 메커니즘이 적용된 선거구이고, 하남시갑 선거구의 관내사전투표는 표더하기 조작 메커니즘이 적용된 선거구라는 것을 규명하였다. 제 7장에서는 선거구로 구축된 지역의 선거결과에 적용된 조작 메커니즘도 규명하였다. 지역에 따른 관내투표, 관외투표 및 선거구투표에 적용된 조작 메커니즘을 정리하면 다음과 같다.

지역별 관내사전투표, 관외사전투표 및 선거구투표에 적용된 조작 메커니즘

지역	관내사전투표	관외사전투표	선거구투표
1. 서울	표더하기	표더하기+표바꾸기	표더하기+표바꾸기
2. 경기	표더하기+표바꾸기	표더하기	표더하기
3. 인천·강원	표더하기	표더하기+표바꾸기	표더하기+표바꾸기
4. 세종·대전·충청	표더하기 (확인요)	표더하기+표바꾸기	표더하기+표바꾸기
5. 제주·광주·호남	표더하기	표더하기	표더하기
6. 대구·경북	조작 메커니즘 확인요*	조작 메커니즘 확인요*	표더하기
7. 부산·울산·경남	표더하기	표더하기	표더하기

* 표더하기, 표버리기 또는 표바꾸기 조작 중 하나임

조작 메커니즘이 분명하지 아니할 경우 선거구를 구축하고 있는 선거동의 결과를 사용하여 당일득표율 대비 관내사전득표율 사이의 함수관계 그래프를 사용하여 관내사전투표에 적용된 조작 메커니즘을 규명할 수 있다. 또는 앞에서 제시한 후보별 표수지식의 1차 연립방정식방정식 풀이를 통하여서도 적용된 조작 메커니즘을 확인할 수 있다.

Chapter 6

표 조작 메커니즘

사전투표에서는 무슨 일이 발생했을까? 이를 규명하기 위한 과학적 방법 중의 하나는 관내, 관외, 거소선상, 국외 및 선거구 투표에 대한 득표율과 당일득표율 사이의 함수관계를 규명하는 것이다. 이를 위하여서는 다음의 통계학적 공리를 근거로 한 표수지방정식(Ballot Balance Equation)의 유도가 우선되어야 한다

$$\text{당일득표율} \fallingdotseq \text{관내득표율} \fallingdotseq \text{관외득표율} \fallingdotseq \text{선거구득표율} \tag{6-1}$$

표수지방정식을 유도하려면 표 조작 메커니즘이 정의되어야 한다. 그 다음 정의된 표 조작 메커니즘을 사용하여 사전투표득표율과 당일득표율 사이의 함수관계를 규명해야 하며, 마지막으로 선관위 발표 선거결과를 사용하여 유도된 함수관계식을 검증해야 한다.

득표수가 조작되었다면 다음의 다섯가지 조작 메커니즘을 고려할 수 있다. 첫 번째 조작 메커니즘은 유권자가 투표하지 아니한 유령표를 특정후보에게 첨가하여 주는 표더하기 조작 메커니즘이다. 두 번째 조작 메커니즘은 유권자가 투표한 특정후보자의 표를 제거하는 표버리기 조작 메커니즘이다. 세 번째 조작 메커니즘은 유권자가 투표한 특정후보자의 표를 다른 후보의 표로 바꾸는 표바꾸기 조작 메커니즘이다. 네 번째 조작 메커니즘은 표더하기 조작과 표바꾸기 조작이 결합된 표더하기+표바꾸기 조작 메커니즘이다. 다섯 번째 조작 메커니즘은 표버리기 조작과 표바꾸기 조작이 결합된 표버리기+표바꾸기 조작 메커니즘이다. 〈표 6-1〉은 다섯 가지 조작 메커니즘에 대한 정의와 각 조작 메커니즘이 적용된 투표에 대하여 정리한 표이다. 각 조작 메커니즘에 대한 실행방법, 실행위치, 표수지방정식 및 당일득표율과 사전득표율 사이의 함수관계식에 대하여 설명하여보자.

<표 6-1> 다섯가지 조작 메커니즘과 각 조작 메커니즘이 적용된 투표 종류

조작 메커니즘	정의	조작이 주로 실행된 투표
표더하기 조작	유권자가 투표하지 않은 유령표를 특정후보자 A에게 첨가하여 A의 득표수를 증가시키는 조작	관내투표 관외투표 국외투표
표버리기 조작	유권자가 투표한 특정후보자 B의 표를 제거하여 B의 득표수를 감소시키는 조작	관외투표 국외투표
표바꾸기 조작	유권자가 투표한 특정후보자 B의 표를 특정후보자 A의 표로 바꾸어 B의 득표수는 감소시키고 A의 득표수는 증가시키는 조작	관내투표 관외투표 국외투표
표더하기+표바꾸기 조작	표더하기 조작과 표바꾸기 조작이 동시에 적용된 조작	관내투표 국외투표
표버리기+표바꾸기 조작	표버리기 조작과 표바꾸기 조작이 동시에 적용된조작	관외투표

6-1. 표더하기 조작 메커니즘

표더하기 조작 메커니즘의 정의 및 실행방법

표더하기 조작 메커니즘은 더불어민주당 후보가 실제로 획득한 득표수에 외부로부터 유권자가 투표하지 아니한 유령표를 첨가하는 조작과정이다. 이 경우 더불어민주당 후보의 득표수는 조작으로 인하여 조작전 득표수보다 증가하나, 국민의힘 및 기타 후보의 득표수는 조작되지 않기 때문에 조작 전과후 변화가 없다. 따라서 선거구의 총 득표수는 실제 유권자가 투표한 투표수보다 증가한다. 표더하기 조작 메커니즘을 요약하면 〈표 6-2a〉와 같다.

<표 6-2a> 표더하기 조작에 의한 득표수 증가.

O : 있음 X : 없음	더불어민주당 득표수	국민의힘 득표수	기타 후보 득표수	총 득표수
득표수 조작	O	X	X	O
득표수 증가	O	X	X	O

표더하기 조작은 컴퓨터 프로그램에 의한 소프트웨어적 조작과 사람의 손으로 조작표를 사전투표함 또는 개표과정에 사용되는 분류기에 주입하는 하드웨어적 조작을 생각할 수 있다. 이 때 주입되는 조작표는 유권자가 투표한 투표지와는 확연하게 차이가 나는 신권다발과 같은 표이다. 표더하기 조작은 관내, 관외, 국외 투표 등 사전투표에서 실행되나 주로 관내사전투표에서 실행된다. 관내사전투표는 이틀동안 실시되며 선거관리위원회는 시간대별 투표자수를 컴퓨터에 입력한 후 (또는 기록한 후) 공표한다. 컴퓨터에 의한 소프트웨어적 조작은 바로 이틀동안 진행되는 사전투표수의 컴퓨터 저장 과정에서 이루어지는 것으로 추정할 수 있다. 컴퓨터는 유권자가 투표한 실제 투표수와 컴퓨터 프로그램에 의한 (또는 손으로 계산한) 유령표수를 합하여 시간대별 투표수로 저장한다. 관내사전투표가 종료되면 최종 투표수가 컴퓨터에 저장된다. 그리고 이 최종 투표수는 개표과정에서 분류기를 통과한 관내사전 투표수와의 동일여부를 확인하는데 사용되는 것으로 추정된다. 선관위가 발표한 총 투표수와 분류기를 통과한 표수가 동일하지 아니할 때 기권표수로 분류하여 발표하는 것으로 추정할 수 있다.

<표 6-2b> 성동구갑과 성동구을 선거구에 대한 관내사전투표 결과

성동구갑 선거구

읍면동 명	선거인수	투표수	후보자				무효표	기권표
			민주	국힘	기타	계		
왕십리동	3,865	3,863	2,458	1,370		3,828	35	2
행당2동	5,201	5,199	3,100	2,071		5,171	28	2
마장동	4,126	4,124	2,547	1,535		4,082	42	2

성동구을 선거구

읍면동 명	선거인수	투표수	후보자				무효표	기권표
			민주	국힘	기타	계		
다산동	2,360	2,359	1,396	933	8	2,337	22	1
동화동	2,815	2,813	1,587	1,197	11	2,795	18	2
황학동	2,373	2,372	1,433	904	10	2,347	25	1
중림동	2,597	2,595	1,549	1,014	12	2,575	20	2
옥수동	4,900	4,898	2,489	2,362	18	4,870	28	2

〈표 6-2b〉는 서울지역 성동구갑과 성동구을 선거구에 대한 관내사전투표의 선거인수, 투표수, 후보별 득표수, 무효표수 및 기권표수를 나타내고 있다. 선거인수는 관내

사전투표가 모두 종료된 후 선관위가 발표한 관내사전 투표자 수를 의미하며, 투표수는 개표 당일 분류기를 통과한 투표수를 의미하고, 기권수는 선관위가 발표한 관내사전 투표수와 분류기를 통과한 투표수 차이를 나타내는 것으로 추정할 수 있다.

    하드웨어적 조작은 사전투표가 종료된 후 개표전까지 사전투표함을 보관하는 과정에서 실행되는 것으로 추정할 수 있다. 선관위는 관내사전투표가 종료된 후 밀봉된 사전투표함을 개표소로 이동할 때까지 투표함 보관소에 보관한다. 이 기간동안 밀봉된 사전투표함을 개봉한 후 컴퓨터에 입력된 조작표수에 해당하는 유령표를 투표함에 주입하는 방식으로 하드웨어적 조작이 실행되는 것으로 추정할 수 있다. 그림 6-1은 관내사전투표에 대한 하드웨어적 조작의 흐름도를 나타내고 있다.

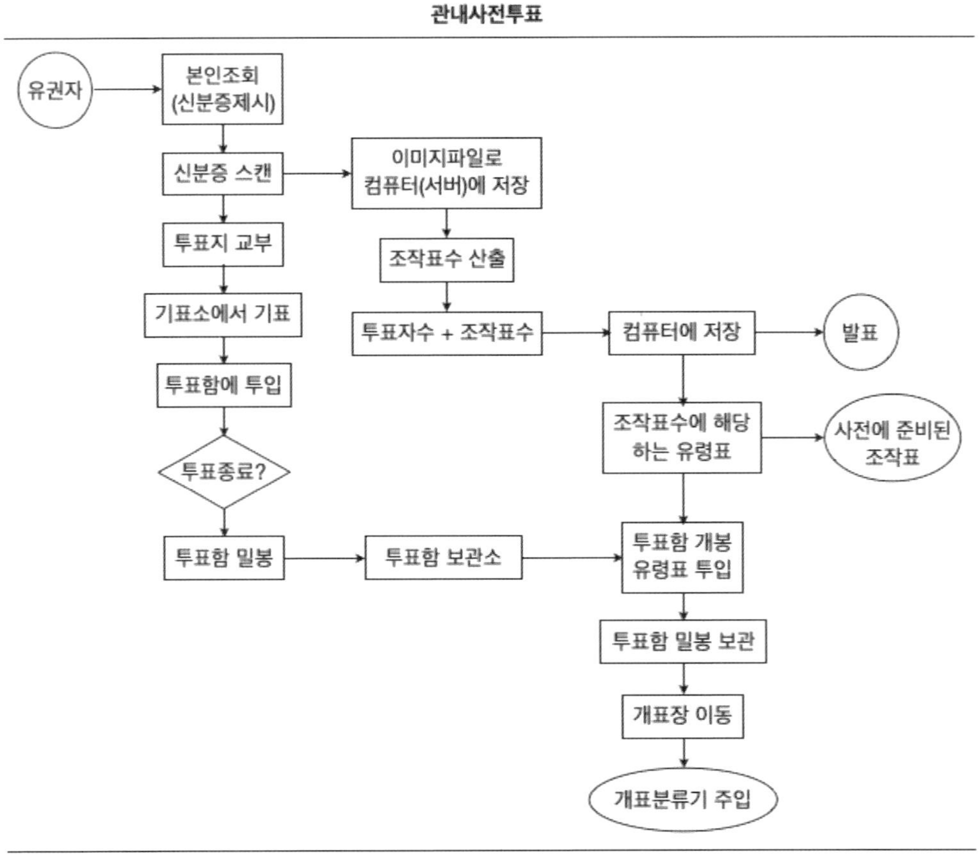

그림 6-1. 관내사전투표에 대한 하드웨어적 조작의 흐름도

표더하기 조작 메커니즘에 대한 표수지식

유권자가 투표한 득표수 이외에 외부로부터 더불어민주당 후보에 대한 조작표수가 주입되는 표더하기 조작이 실행될 경우, 선관위가 발표한 더불어민주당 후보의 득표수는 조작전 보다 증가하나 국민의힘 후보와 기타 후보의 득표수는 조작 전과후 동일하게 된다. 또한 통계학적 공리에 의하면 관내사전득표율, 관외사전득표율 및 선거구득표율은 당일득표율과 거의 동일해야 하므로 이 두가지 기반에 근거를 두고 총 득표수와 후보별 득표수에 대한 표수지식을 유도하면 다음과 같다.

선관위발표 총 득표수 = 조작전 총 득표수 + 조작표수 : $\bar{N}_i = N_i + \alpha_i N_i$ (6-2a)

선관위발표 더불어민주당후보 득표수 = 조작전 더불어민주당후보 득표수 + 조작표수 :
$$\bar{N}_i x_i = N_i x_A + \alpha_i N_i \quad (6\text{-}2b)$$

선관위발표 국민의힘후보 득표수 = 조작전 국민의힘후보 득표수 : $\bar{N}_i y_i = N_i y_A$ (6-2c)

선관위발표 기타후보 득표수 = 조작전 기타후보 득표수 : $\bar{N}_i z_i = N_i z_A$ (6-2d)

위 식에서 x, y, z는 더불어민주당후보, 국민의힘후보, 기타후보 득표율을 의미하며, i는 투표 종류로 $i = A$는 당일투표, $i = B$는 관내사전투표, $i = C$는 관외사전투표, $i = D$는 거소선상사전투표, $i = E$는 국외사전투표, 그리고 $i = AE$는 선거구투표를 의미한다. 또한 N_i는 조작전 i 투표의 총 득표수, $\bar{N}_i$는 선관위발표 i 투표의 총 득표수를 의미한다. 위 식의 α_i는 다음 식으로 정의되는 표더하기 조작득표수 비율을 나타낸다.

$\alpha_i = i$-투표에서의 표더하기 조작표수 ÷ i-투표에서의 조작전 총 득표수

예를 들면 관내사전투표인 경우 $i = B$ 이며, α_B는 관내사전투표에 대한 표더하기 조작 득표수 비율로 다음과 같이 정의된다.

α_i = 관내사전투표에서의 표더하기 조작표수
÷ 관내사전투표에서의 조작전 총 득표수
$$= \frac{\alpha_B N_B}{N_B}$$

〈표 6-3〉은 투표별 표더하기 조작 메커니즘에 대한 표수지식을 정리한 표이다.

<표 6-3> 투표별 표더하기 조작 메커니즘에 대한 표수지식

득표수	관내투표	관외투표	거소선상투표	국외투표	선거구투표
총 득표수	$\bar{N}_B = N_B + \alpha_B N_B$	$\bar{N}_C = N_C + \alpha_C N_C$	$\bar{N}_D = N_D + \alpha_D N_D$	$\bar{N}_E = N_E + \alpha_E N_E$	$\bar{N}_{AE} = N_{AE} + \alpha_{AE} N_{AE}$
더불어민주당 후보 득표수	$\bar{N}_B x_B = N_B x_A + \alpha_B N_B$	$\bar{N}_C x_C = N_C x_A + \alpha_C N_C$	$\bar{N}_D x_D = N_D x_A + \alpha_D N_D$	$\bar{N}_E x_E = N_E x_A + \alpha_E N_E$	$\bar{N}_{AE} x_{AE} = N_{AE} x_A + \alpha_{AE} N_{AE}$
국민의힘 후보 득표수	$\bar{N}_B y_B = N_B y_A$	$\bar{N}_C y_C = N_C y_A$	$\bar{N}_D y_D = N_D y_A$	$\bar{N}_E y_E = N_E y_A$	$\bar{N}_{AE} y_{AE} = N_{AE} y_A$
기타 후보 득표수	$\bar{N}_B z_B = N_B z_A$	$\bar{N}_C z_C = N_C z_A$	$\bar{N}_D z_D = N_D z_A$	$\bar{N}_E z_E = N_E z_A$	$\bar{N}_{AE} z_{AE} = N_{AE} z_A$

표더하기 조작 메커니즘에 대한 함수관계식

표더하기 조작 메커니즘에 대한 표수지식 (6-2a)~(6-2d)로 부터 당일득표율 대비 타 투표 득표율 사이의 함수관계식을 유도해보자. 식 (6-2a)를 (6-2b)~(6-2d)에 대입한 후 양변을 N_i로 나누면 후보별 당일득표율 대비 타 투표 득표율 사이의 함수관계식을 다음과 같이 유도할 수 있다.

더불어민주당 후보 : $\quad x_i = \dfrac{1}{1+\alpha_i} x_A + \dfrac{\alpha_i}{1+\alpha_i}$ (6-3a)

국민의힘 후보 : $\quad y_i = \dfrac{1}{1+\alpha_i} y_A$ (6-3b)

기타 후보 : $\quad z_i = \dfrac{1}{1+\alpha_i} z_A$ (6-3c)

위의 식 (6-3a)~(6-3c)의 함수식에 대한 기울기는 모두 $\dfrac{1}{1+\alpha_i}$ 로 동일하다. 따라서 세 후보에 대한 선형함수는 서로 평행함을 알 수 있다. 또한 식 (6-3b)와 식 (6-3c)의 함수관계식은 동일하기 때문에 국민의힘 후보와 기타 후보에 대한 당일득표율과 타 투표 득표율로 이루어진 함수관계 점들은 동일한 일차함수식 그래프 위의 점으로 표현된다. 식 (6-3a)~(6-3c)를 좌표평면에 도시하면 그림 6-2와 같다.

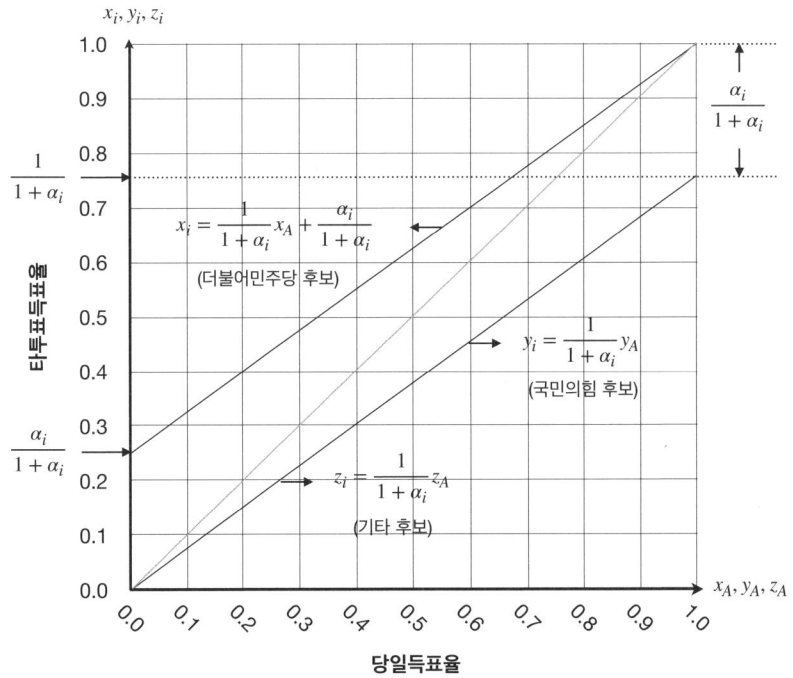

그림 6-2. 표더하기 조작에서 세 후보에 대한 당일득표율 대비 타 투표 득표율 사이의 함수관계

함수식 (6-3a)~(6-3c) 및 그림 6-2에 대한 특성을 요약하면 〈표 6-4〉와 같다. 더불어민주당 후보에 대한 함수식의 기울기는 $\dfrac{1}{1+\alpha_i}$로 1보다 작으며 세로축(y축)의 절편은 $\dfrac{\alpha_i}{1+\alpha_i}$로 0보다 크며 점 (1,1)을 지난다. 국민의힘 후보와 기타 후보에 대한 함수식의 기울기는 더불어민주당 후보에 대한 함수식의 기울기와 동일한 $\dfrac{1}{1+\alpha_i}$이고 세로축 절편에 대한 좌표는 (0,0)이며 점 $\left(1, \dfrac{1}{1+\alpha_i}\right)$을 지난다.

<표 6-4> 각 후보에 대한 당일득표율 대비 타 투표 득표율 사이의 함수관계식

후보	함수관계식	기울기	y축 절편 좌표점	당일득표율 = 1 일때 좌표점	타 투표 득표율* − 당일득표율
더불어 민주당	$x_i = \dfrac{1}{1+\alpha_i}x_A + \dfrac{\alpha_i}{1+\alpha_i}$	$\dfrac{1}{1+\alpha_i} < 1$	$\left(0, \dfrac{\alpha_i}{1+\alpha_i}\right)$	$(1,1)$	$x_i - x_A > 0$
국민의 힘	$y_i = \dfrac{1}{1+\alpha_i}y_A$	$\dfrac{1}{1+\alpha_i} < 1$	$(0,0)$	$\left(1, \dfrac{1}{1+\alpha_i}\right)$	$y_i - y_A < 0$
기타	$z_i = \dfrac{1}{1+\alpha_i}z_A$	$\dfrac{1}{1+\alpha_i} < 1$	$(0,0)$	$\left(1, \dfrac{1}{1+\alpha_i}\right)$	$z_i - z_A < 0$

* $i = B$는 관내사전투표, $i = C$는 관외사전투표, $i = D$는 거소선상사전투표, $i = E$는 국외사전투표, $i = AE$는 선거구투표

6-2. 표버리기 조작 메커니즘

표버리기 조작 메커니즘의 정의 및 실행방법

표버리기 조작 메커니즘은 더불어민주당 후보와 국민의힘 후보 제외 기타 후보의 득표수는 조작하지 않고 국민의힘 후보가 획득한 득표수 중 일부를 제거하는 과정으로 정의된다. 이 조작으로 인하여 투표의 총 득표수는 유권자가 실제로 투표한 총 득표수 보다 감소한다. 표버리기 조작에는 사람의 수작업에 의하여 물리적으로 실행되는 하드웨어적 조작과 컴퓨터 프로그램에 의한 소프트웨어적 조작이 있으며 주로 관외사전투표에서 실행되는 것으로 추정된다. 하드웨어적 조작인 경우 관외 및 국외 우편투표 봉투가 여러 지점을 거치는 과정 또는 각 선거구 관리위원회에 도착한 후 관외사전투표함에 투입되기 전 우편봉투를 개봉한 후 국민의힘 후보의 표와 봉투는 함께 버리고, 더불어민주당 후보의 표는 새로운 봉투에 주입한 후 봉하거나 개봉된 봉투를 재봉합하는 작업을 통하여 표버리기 조작이 실행되었을 것으로 추정된다.

〈표 6-5a〉는 서울시 성동구갑과 성동구을 선거구에 대한 관외, 거소선상 및 국외 사전투표에 대한 선관위발표 결과이다. 이 결과로부터 국외 사전투표에 대한 기권자 수는 관외 및 거소선상 사전투표에 대한 기권자 수보다 20배 내외로 크다는 것을 확인할 수 있다. 국외, 관외 및 거소선상 사전투표에 대한 선거인수 대비 기권자 수의 비를 비교

분석해보자. 성동구갑 선거구인 경우 국외투표 선거인수 대비 기권자 수의 비는 0.2844로 관외투표 및 거소선상투표에 대한 선거인수 대비 기권자 수의 비 0.0008 및 0.067의 355배와 4.2배 이다. 성북구을 선거구인 경우, 국외투표에 대한 선거인수 대비 기권자 수의 비는 0.2482로, 관외투표에 대한 비 0.006과 거소선상투표에 대한 비 0.0677의 414배및 3.7배 이다. 국외투표에 대한 선거인수가 관외투표에 대한 선거인수와 같은 의미의 선거인수라면 성동구갑 및 성동구을 선거구에 대한 기권자 수 223과 243은 설명이 불가능하다. 가능한 설명 중의 하나는 성동구갑인 경우 해외에서 투표한 유권자 784명의 투표지 중 기권자 수에 해당하는 223표의 국민의힘 후보 표를 버린다고 추정하는 것이다. 성동구을 선거구인 경우 해외에서 투표한 유권자 979명의 투표지 중 243표의 국민의힘 후보 표를 버린다고 추정할 수 있다.

<표 6-5a> 성동구갑 및 성동구을 선거구에 대한 관외, 거소선상 및 국외 사전투표 결과

성동구갑 선거구

	선거인수	투표수	후보자				무효표	기권표
			민주	국힘	기타	계		
관외	14,421	14,409	8,513	5,713		14,226	183	12
거소선상	194	181	84	86		170		13
국외	784	561	387	167		554	7	223

성동구을 선거구

	선거인수	투표수	후보자				무효표	기권표
			민주	국힘	기타	계		
관외	14,275	14,267	8,190	5,773	114	14,077	190	8
거소선상	192	179	96	77	3	176	3	13
국외	979	736	488	238	3	729	7	243

〈표 6-5b〉는 성동구갑과 성동구을 선거구에 대한 더불어민주당 후보와 국민의힘 후보 사이의 당일득표율 차이, 기권표를 고려하지 않을 때와 기권표를 국민의힘 후보의 표로 추정할 때에 대한 더불어민주당 후보와 국민의힘 후보 사이의 국외사전득표율 차이를 나타내고 있다. 성동갑인 경우 더불어민주당 후보와 국민의힘 후보 사이의 당일득표율 차이는 −8 %로 국민의힘 후보가 승리하였다. 그러나 선관위가 발표한 국외사전투표에 대한 더불어민주당 후보와 국민의힘 후보 사이의 득표율 차이는 39.21 %로 더불어민주당 후보가 크게 승리하였다. 이 결과는 납득하기 어려운 결과이다. 반면 기권표를

국민의힘 후보의 득표수로 고려할때 더불어민주당 후보의 국외사전득표율과 국민의힘 후보의 국외사전득표율 사이의 차이값은 −0.41 % 로 당일득표율 사이의 차이에 접근함을 알 수 있다. 성동을 선거구인 경우 더불어민주당과 국민의힘 후보에 대한 당일득표율 차이는 −11.1 % 이지만, 선관위 발표 국외사전득표율 차이는 +33.96 % 이다. 당일투표와 국외사전투표에 대한 더불어민주당 후보와 국민의힘 후보 사이의 차이가 위와 같이 크게 다르다는 것은 이해할 수 없는 결과이다. 반면 기권표를 국민의힘 후보의 득표수로 고려하면 국외사전투표에 대한 더불어민주당 후보와 국민의힘 후보 사이의 득표율 차이는 0.72 % 이다. 기권표를 제외했을 때에 비하여 비교적 합리적인 결과이다. 국외사전투표 결과로부터 표버리기 조작에 대한 예를 추정하여 보았다.

<표 6-5b> 성동구갑 및 성동구을 선거구에 대한 당일득표율과 국외사전득표율 (%)

%	당일득표율			국외사전득표율					
				기권표 제외			기권표 포함		
	민주	국힘	민주 - 국힘	민주	국힘	민주 - 국힘	민주	국힘	민주 - 국힘
성동구갑	46	54	-8	69.98	29.77	39.21	49.36	49.74	-0.41
성동구을	44.1	55.2	-11.1	66.30	32.34	33.96	49.85	49.13	0.72

표버리기 조작 메커니즘에 대한 표수지식

표버리기 조작인 경우 더불어민주당 후보와 기타 후보의 득표수는 조작 전과후 변하지 않는다. 그러나 국민의힘 후보의 득표수는 유권자가 투표한 실제 득표수에서 일부를 제거한 득표수 이기 때문에 선관위발표 국민의힘 후보의 득표수는 조작전 득표수보다 감소한다. 〈표 6-6〉은 표버리기 조작 메커니즘에 대한 후보별 득표수의 감소 또는 유지를 나타내고 있다.

<표 6-6> 표버리기 조작에 의한 후보별 득표수 감소

O : 있음 X : 없음	더불어민주당 득표수	국민의힘 득표수	기타 후보 득표수	총 득표수
득표수 조작	X	O	X	O
득표수 증가	X	O	X	O

표버리기 조작 메커니즘에 대한 〈표 6-6〉의 후보별 득표수 유지 또는 득표수 감소에 기반을 두고 총 득표수 및 후보별 득표수에 대한 표수지식을 수립하면 다음과 같다.

선관위발표 총 득표수 = 조작전 총 득표수 - 표버리기 조작표수 :
$$\bar{N}_i = N_i - \beta_i N_i \quad (6\text{-}2a)$$

선관위발표 더불어민주당후보 득표수 = 조작전 더불어민주당후보 득표수 :
$$\bar{N}_i x_i = N_i x_A \quad (6\text{-}2b)$$

선관위발표 국민의힘후보 득표수 = 조작전 국민의힘후보 득표수 - 표버리기 조작표수 :
$$\bar{N}_i y_i = N_i y_A - \beta_i N_i \quad (6\text{-}2c)$$

선관위발표 기타후보 득표수 = 조작전 기타후보 득표수 : $\bar{N}_i z_i = N_i z_A \quad (6\text{-}2d)$

위 식의 β_i는 다음 식으로 정의되는 i-투표에 대한 표버리기 조작득표수 비율을 의미한다.

$\beta_i = i$-투표에서의 표버리기 조작표수 ÷ i-투표의 조작전 총 득표수

예를 들면 관외사전투표인 경우 $i = C$이며, β_C는 관외사전투표에 대한 표버리기 조작득표수 비율로 다음 식과 같이 정의된다.

β_C = 관외사전투표에서 표버리기 조작표수 ÷ 관외사전투표의 조작전 총 득표수

식 (6-4a)~(6-4d)를 각 투표에 적용하면, 표버리기 조작 메커니즘에 대한 표수지식은 〈표 6-7〉과 같다.

<표 6-7> 투표별 표버리기 조작메커니즘에 대한 표수지식

득표수	관내투표	관외투표	거소선상투표	국외투표	선거구투표
총 득표수	$\bar{N}_B = N_B$ $-\beta_B N_B$	$\bar{N}_C = N_C$ $-\beta_C N_C$	$\bar{N}_D = N_D$ $-\beta_D N_D$	$\bar{N}_E = N_E$ $-\beta_E N_E$	$\bar{N}_{AE} = N_{AE}$ $-\beta_{AE} N_{AE}$
더불어민주당 후보 득표수	$\bar{N}_B x_B = N_B x_A$	$\bar{N}_C x_C = N_C x_A$	$\bar{N}_D x_D = N_D x_A$	$\bar{N}_E x_E = N_E x_A$	$\bar{N}_{AE} x_{AE} = N_{AE} x_A$
국민의힘 후보 득표수	$\bar{N}_B y_B = N_B y_A$ $-\beta_B N_B$	$\bar{N}_C y_C = N_C y_A$ $-\beta_C N_C$	$\bar{N}_D y_D = N_D y_A$ $-\beta_D N_D$	$\bar{N}_E y_E = N_E y_A$ $-\beta_E N_E$	$\bar{N}_{AE} y_{AE} = N_{AE} y_A$ $-\beta_{AE} N_{AE}$
기타 후보 득표수	$\bar{N}_B z_B = N_B z_A$	$\bar{N}_C z_C = N_C z_A$	$\bar{N}_D z_D = N_D z_A$	$\bar{N}_E z_E = N_E z_A$	$\bar{N}_{AE} z_{AE} = N_{AE} z_A$

표버리기 조작 메커니즘에 대한 함수관계식

표버리기 조작 메커니즘에 대한 표수지식 (6-4a)~(6-4d)로 부터 당일득표율 대비 타 투표 득표율 사이의 함수관계식을 유도하면 다음과 같다. 식 (6-4a)를 (6-4b)~(6-4d)에 대입한 후 양변을 N_i로 나누면 후보별 당일득표율 대비 타 투표 득표율 사이의 함수관계식을 다음과 같이 유도할 수 있다.

더불어민주당 후보 : $\quad x_i = \dfrac{1}{1-\beta_i} x_A \quad$ (6-5a)

국민의힘 후보 : $\quad y_i = \dfrac{1}{1-\beta_i} y_A - \dfrac{\beta_i}{1-\beta_i} \quad$ (6-5b)

기타 후보 : $\quad z_i = \dfrac{1}{1-\beta_i} z_A \quad$ (6-5c)

위의 식 (6-5a)~(6-5c)의 함수식에 대한 기울기는 모두 $\dfrac{1}{1-\beta_i}$로 동일하며 1보다 크다.

따라서 세 후보에 대한 선형함수 관계는 서로 평행하다. 또한 식 (6-5a)와 식 (6-5c)의 함수관계식은 동일하기 때문에 더불어민주당 후보와 기타 후보에 대한 당일득표율과 타 투표 득표율로 이루어진 함수관계 점들은 동일한 일차함수식 그래프 위의 점으로 표현된다. 식 (6-5a)~(6-5c)를 좌표평면에 도시하면 그림 6-3과 같다.

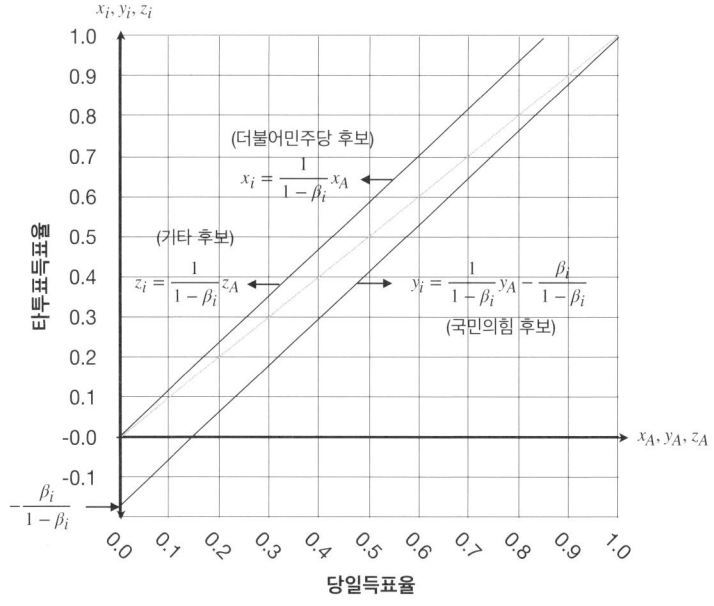

그림 6-3. 표버리기 조작에서 세 후보에 대한 당일득표율 대비 타 투표 득표율 사이의 함수관계

함수 식(6-5a)~(6-5c)와 그림 6-3에 대한 특성을 요약하면 〈표 6-8〉과 같다. 더불어민주당 후보 및 기타 후보에 대한 함수식의 기울기는 $\frac{1}{1-\beta_i}$로 1보다 크며, 원점 (0,0)을 지난다. 반면 국민의힘 후보에 대한 함수식의 기울기는 더불어민주당 후보 및 기타 후보에 대한 함수식의 기울기와 동일하나 y축의 절편은 $\left(0, -\frac{\beta_i}{1-\beta_i}\right)$이다. 특히 더불어민주당 후보에 대한 [타 투표 득표율(x_i) - 당일득표율(x_A)] 차이는 모두 (+), 국민의힘 후보에 대한 [타 투표 득표율(y_i) - 당일득표율(y_A)] 차이는 모두 (-), 기타 후보에 대한 [타 투표 득표율(z_i) - 당일득표율(z_A)] 차이는 모두 (+) 이다.

<표 6-8> 각 후보에 대한 당일득표율 대비 타투표득표율 사이의 함수관계식 및 특성

후보	함수관계식	기울기	y축 절편 좌표점	당일득표율 = 1 일때 좌표점	타 투표 득표율* - 당일득표율
더불어 민주당	$x_i = \frac{1}{1-\beta_i} x_A$	$\frac{1}{1-\beta_i} > 1$	(0,0)	$\left(1, \frac{\beta_i}{1-\beta_i}\right)$	$x_i - x_A > 0$
국민의 힘	$y_i = \frac{1}{1-\beta_i} y_A - \frac{\beta_i}{1-\beta_i}$	$\frac{1}{1-\beta_i} > 1$	$\left(0, -\frac{\beta_i}{1-\beta_i}\right)$	(1,1)	$y_i - y_A < 0$
기타	$z_i = \frac{1}{1-\beta_i} z_A$	$\frac{1}{1-\beta_i} > 1$	(0,0)	$\left(1, \frac{\beta_i}{1-\beta_i}\right)$	$z_i - z_A > 0$

* $i = B$는 관내사전투표, $i = C$는 관외사전투표, $i = D$는 거소선상사전투표, $i = E$는 국외사전투표, $i = AE$는 선거구투표

6-3. 표바꾸기 조작 메커니즘

표바꾸기 조작 메커니즘의 정의 및 실행방법

표바꾸기 조작 메커니즘은 국민의힘 후보가 획득한 득표수 중 일부를 제거한 후, 동일한 수의 유령표 수를 더불어민주당 후보의 득표수로 바꾸는 과정으로 정의된다. 이 경우 선관위가 발표한 더불어민주당 후보의 득표수는 유권자가 투표한 득표수보다 증가하나 국민의힘 후보의 득표수는 유권자가 투표한 실제 득표수보다 감소한다. 그러나 기타 후보의 득표수는 조작전후 변화가 없다. 국민의힘 후보의 득표수로 부터 제거한 득표수에 해당하는 유령표가 외부로부터 더불어민주당 후보에게 주입되기 때문에 선관위가 발표한 총 득표수는 조작전의 총 득표수와 동일하게 된다. 표바꾸기 조작 메커니즘에 의한 후보별 득표수 증감을 요약하면 〈표 6-9〉과 같다.

<표 6-9> 표바꾸기 조작에 의한 득표수 증감

O : 증감있음 X : 증감없음	더불어민주당 득표수		국민의힘 득표수		기타 후보 득표수		총 득표수	
	증가	감소	증가	감소	증가	감소	증가	감소
득표수	O	X	X	O	X	X	X	X

표바꾸기 조작 메커니즘은 컴퓨터프로그램에 의한 소프트웨어적 조작과 사람의 손으로 국민의힘 후보의 득표수를 제거하고 제거한 표수와 동일한 수의 더불어민주당 후보의 유령표를 사전투표함에 투입하는 하드웨어적 조작이 있을 수 있다. 하드웨어적 조작에 의하며 투입되는 유령표는 유권자가 투표한 투표지와는 색상이나 규격 등이 차이가 날 뿐 아니라 개표장에서 볼 수 있는 신권다발 같은 투표지이다.

소프트웨어적 조작방법에 대한 컴퓨터프로그램의 알고리즘은 여러가지가 있을 수 있다. 여기서는 두가지 알고리즘을 소개하고자 한다. 첫 번째 알고라즘은 투표지가 분류기를 통과 할 때 국민의힘 후보의 일정한 누적득표수 마다 1표를 더불어민주당 후보의 득표수로 분류하도록 컴퓨터프로그램을 작성하여 분류기를 작동시키는 것이다. 예를들면 국민의힘 후보의 누적득표수가 9표가 될 때마다 1표를 더불어민주당 후보의 득표수로 분류하도록 표바꾸기 조작이 설계되었다면 국민의힘 후보가 실제로 획득한 득표수로 100표 마다 10분의 1에 해당하는 10표가 더불어민주당 후보의 득표수로 바꾸어지게 된다. 이 결과 국민의힘 후보가 유권자로부터 획득한 총 득표수의 10분의 1이 더불어민주당 후보의 득표수로 계산된다. 따라서 선관위가 발표한 국민의힘 후보의 득표율은 실제 유권자가 투표한 국민의힘 후보의 득표율보다 감소하게 되고 더불어민주당 후보의 득표율은 유권자에 의한 실제 득표율보다 증가한다. 두 번째로 고려할 수 있는 컴퓨터프로그램에 대한 알고리즘은 국민의힘 후보인 경우 누적표수 시작점을 -4로 설정하면 실제 누적표수는 100표이나 컴퓨터에 저장되는 누적표수는 96표가 된다. 반면 더불어민주당 후보인 경우, 국민의힘 후보 실제 누적표수 100표당 4표를 더불어민주당 후보의 득표수에 더하여 주는 알고리즘이다.

표바꾸기 조작 메커니즘에 대한 표수지식

표바꾸기 조작 메커니즘에 대한 〈표 6-9〉의 개념에 기반을 두고 총 득표수 및 후보별 득표수에 대한 표수지식을 유도하면 다음과 같다.

선관위발표 총 득표수 = 조작전 총 득표수 : $\bar{N}_i = N_i$ (6-6a)

선관위발표 더불어민주당후보 득표수 = 조작전 더불어민주당후보 득표수 + 표바꾸기 조작표수: $\bar{N}_i x_i = N_i x_A + \gamma_i N_i$ (6-6b)

선관위발표 국민의힘후보 득표수 = 조작전 국민의힘후보 득표수 - 표바꾸기 조작표수 : $\bar{N}_i y_i = N_i y_A - \gamma_i N_i$ (6-6c)

선관위발표 기타후보 득표수 = 조작전 기타후보 득표수 : $\bar{N}_i z_i = N_i z_A$ (6-6d)

위 식에서 γ_i는 다음 식으로 정의되는 i-투표에 대한 표바꾸기 조작득표수 비율을 의미한다.

γ_i = i-투표에서의 표바꾸기 조작표수 ÷ i-투표의 조작전 총 득표수

예를 들면 국외사전투표인 경우 $i = E$이며, γ_E는 국외사전투표에 대한 표바꾸기 조작득표수 비율로 다음 식과 같이 정의된다.

γ_E = 국외사전투표에서 표바꾸기 조작표수 ÷ 국외사전투표의 조작전 총 득표수

식 (6-6a)~(6-6d)를 각 투표에 적용하면, 표바꾸기 조작 메커니즘에 대한 표수지식은 〈표 6-10〉과 같다.

<표 6-10> 투표별 표바꾸기 조작 메커니즘에 대한 표수지식

득표수	관내투표	관외투표	거소선상투표	국외투표	선거구투표
총 득표수	$\bar{N}_B = N_B$	$\bar{N}_C = N_C$	$\bar{N}_D = N_D$	$\bar{N}_E = N_E$	$\bar{N}_{AE} = N_{AE}$
더불어민주당 후보	$\bar{N}_B x_B = N_B x_A$ $+ \gamma_B N_B$	$\bar{N}_C x_C = N_C x_A$ $+ \gamma_C N_C$	$\bar{N}_D x_D = N_D x_A$ $+ \gamma_D N_D$	$\bar{N}_E x_E = N_E x_A$ $+ \gamma_E N_E$	$\bar{N}_{AE} x_{AE} = N_{AE} x_A$ $+ \gamma_{AE} N_{AE}$
국민의힘 후보	$\bar{N}_B y_B = N_B y_A$ $- \gamma_B N_B$	$\bar{N}_C y_C = N_C y_A$ $- \gamma_C N_C$	$\bar{N}_D y_D = N_D y_A$ $- \gamma_D N_D$	$\bar{N}_E y_E = N_E y_A$ $- \gamma_E N_E$	$\bar{N}_{AE} y_{AE} = N_{AE} y_A$ $- \gamma_{AE} N_{AE}$
기타 후보	$\bar{N}_B z_B = N_B z_A$	$\bar{N}_C z_C = N_C z_A$	$\bar{N}_D z_D = N_D z_A$	$\bar{N}_E z_E = N_E z_A$	$\bar{N}_{AE} z_{AE} = N_{AE} z_A$

표바꾸기 조작 메커니즘에 대한 함수관계식

표바꾸기 조작 메커니즘에 대한 표수지식 (6-6a)~(6-6d)로 부터 당일득표율 대비 타 투표 득표율 사이의 함수관계식을 유도하면 다음과 같다. 식(6-6a)를 (6-6b)~(6-6d)에 대입한 후 양변을 N_i로 나누면 후보별 당일득표율 대비 타 투표 득표율 사이의 함수관계식을 다음과 같이 도출할 수 있다.

더불어민주당 후보 : $\quad x_i = x_A + \gamma_i$ (6-7a)

국민의힘 후보 : $\quad y_i = y_A - \gamma_i$ (6-7b)

기타 후보 : $\quad z_i = z_A$ (6-7c)

위 식 (6-7a)~(6-7c)의 함수식에 대한 기울기는 모두 1로 서로 평행하다. 또한 기타 후보에 대한 함수관계식은 대각선으로 표현되며, 더불어민주당 후보에 대한 함수식은 대각선이 윗방향으로 γ_i 만큼 평행이동한 선형함수식이며, 국민의힘 후보에 대한 함수식은 대각선이 아래방향으로 γ_i 만큼 평행이동한 선형함수식이다. 식 (6-7a)~(6-7c)의 함수관계식을 좌표평면에 도시하면 그림 6-4와 같다.

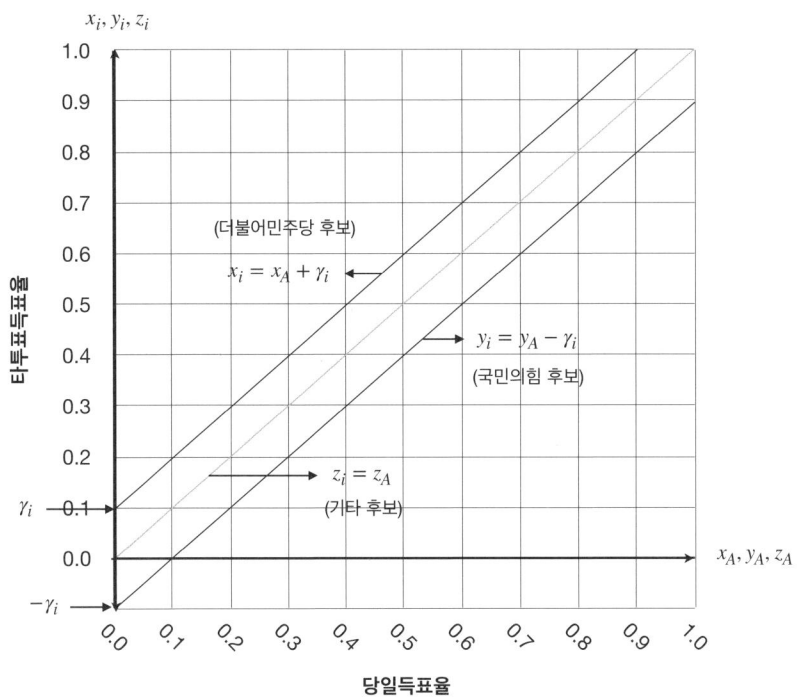

그림 6-4. 표바꾸기 조작에서 세 후보에 대한 당일득표율 대비 타투표득표율 사이의 함수관계

함수식 (6-7a)~(6-7c)와 그림 6-4에 대한 특성을 요약하면 〈표 6-9〉와 같다. 더불어민주당 후보인 경우 타투표득표율 x_i는 당일득표율 x_A 값이 세로축의 (+) 방향으로 γ_i만큼 평행이동한 값이고, 국민의힘 후보인 경우 타투표득표율 y_i는 당일득표율 y_A 값이 세로축의 (-) 방향으로 γ_i만큼 평행이동한 값이다. 기타 후보인 경우 타 투표 득표율 z_i는 z_A와 동일하여 z_i와 z_A의 함수관계는 대각선으로 표현된다. 더욱이 더불어민주당 후보에 대한 [타 투표 득표율(x_i) - 당일득표율(x_A)] 차이는 모두 (+), 국민의힘 후보에 대한 [타 투표 득표율(y_i) - 당일득표율(y_A)] 차이는 모두 (-), 기타 후보에 대한 [타 투표 득표율(z_i) - 당일득표율(z_A)] 차이는 0 이다. 〈표 6-11〉는 표바꾸기 조작 메커니즘에 대한 후보별 당일득표율 대비 타 투표 득표율 사이의 함수관계 및 그 특성을 나타내고 있다.

<표 6-11> 표바꾸기 조작에서 각 후보에 대한 당일득표율 대비 타투표득표율 사이의 함수관계식 및 특성

후보	함수관계식	기울기	y축 절편 좌표점	당일득표율 = 1 일때 좌표점	타 투표 득표율* - 당일득표율
더불어민주당	$x_i = x_A + \gamma_i$	1	$(0, \gamma_i)$	$(1, 1 + \gamma_i)$	$x_i - x_A > 0$
국민의힘	$y_i = y_A - \gamma_i$	1	$(0, -\gamma_i)$	$(1, 1 - \gamma_i)$	$y_i - y_A < 0$
기타	$z_i = z_A$	1	$(0,0)$	$(1,1)$	$z_i - z_A = 0$

* $i = B$는 관내사전투표, $i = C$는 관외사전투표, $i = D$는 거소선상사전투표, $i = E$는 국외사전투표, $i = AE$는 선거구투표

6-4. 표더하기+표바꾸기 조작 메커니즘

표더하기+표바꾸기 조작 메커니즘의 정의 및 실행방법

표더하기+표바꾸기 조작 메커니즘은 표더하기 조작과 표바꾸기 조작이 동시에 적용되는 조작 과정으로 정의된다. 이 경우 선관위 발표 더불어민주당 후보의 득표수는 유권자들이 실제로 투표한 득표수보다 증가하며, 국민의힘 후보의 득표수는 유권자들이 투표한 득표수보다 감소한다. 반면 기타 후보의 득표수는 조작전과후 동일하다. 표더하기+표바꾸기 조작 메커니즘에 대한 후보별 득표수 증감을 요약하면 〈표 6-12〉과 같다.

<표 6-12> 표더하기+표바꾸기 조작에 의한 득표수 증감. O : 증감있음, X : 증감없음

O : 증감있음 X : 증감없음	더불어민주당 득표수		국민의힘 득표수		기타 후보 득표수		총 득표수	
	증가	감소	증가	감소	증가	감소	증가	감소
득표수	O	X	X	O	X	X	O	X

표더하기+표바꾸기 조작 메커니즘에 대한 소프트웨어적 조작 및 하드웨어적 조작 실행 방법은 앞에서 언급한 표더하기 조작 및 표바꾸기 조작에 대한 방법이 결합한 방법이다. 따라서 여기서는 표더하기+표바꾸기 조작 메커니즘에 대한 소프트웨어적 조작 및 하드웨어적 조작에 대한 실행방법에 대한 설명은 생략하고자 한다.

표더하기+표바꾸기 조작 메커니즘에 대한 표수지식

〈표 6-12〉의 득표수 증감에 기반을 두고 표더하기+표바꾸기 조작 메커니즘에 대한 총 득표수 및 후보별 득표수에 대한 표수지식을 유도하면 다음과 같다.

선관위발표 총 득표수 = 조작전 총 득표수 + 표더하기 조작표수:
$$\bar{N}_i = N_i + \alpha_i N_i \quad (6\text{-}8a)$$

선관위발표 더불어민주당후보 득표수 = 조작전 더불어민주당후보 득표수 + 표더하기 조작표수 + 표바꾸기 조작표수:
$$\bar{N}_i x_i = N_i x_A + \alpha_i N_i + \gamma_i N_i \quad (6\text{-}8b)$$

선관위발표 국민의힘후보 득표수 = 조작전 국민의힘후보 득표수 − 표바꾸기 조작표수:
$$\bar{N}_i y_i = N_i y_A - \gamma_i N_i \quad (6\text{-}8c)$$

선관위발표 기타후보 득표수 = 조작전 기타후보 득표수: $\bar{N}_i z_i = N_i z_A \quad (6\text{-}8d)$

표더하기+표바꾸기 조작 메커니즘에 대한 함수관계식

식(6-8a)를 (6-8b)~(6-8d)에 대입하고 양변을 N_i로 나누면 후보별 당일득표율 대비 타 투표 득표율 사이의 함수관계식을 다음과 같이 유도할 수 있다.

더불어민주당 후보 :
$$x_i = \frac{1}{1+\alpha_i} x_A + \frac{\alpha_i + \gamma_i}{1+\alpha_i} \quad (6\text{-}9a)$$

국민의힘 후보 :
$$y_i = \frac{1}{1+\alpha_i} y_A - \frac{\gamma_i}{1+\alpha_i} \quad (6\text{-}9b)$$

기타 후보 :
$$z_i = \frac{1}{1+\alpha_i} z_A \quad (6\text{-}9c)$$

함수관계식 (6-9a)~(6-9c)를 좌표평면에 도시하면 그림 6-5와 같다.

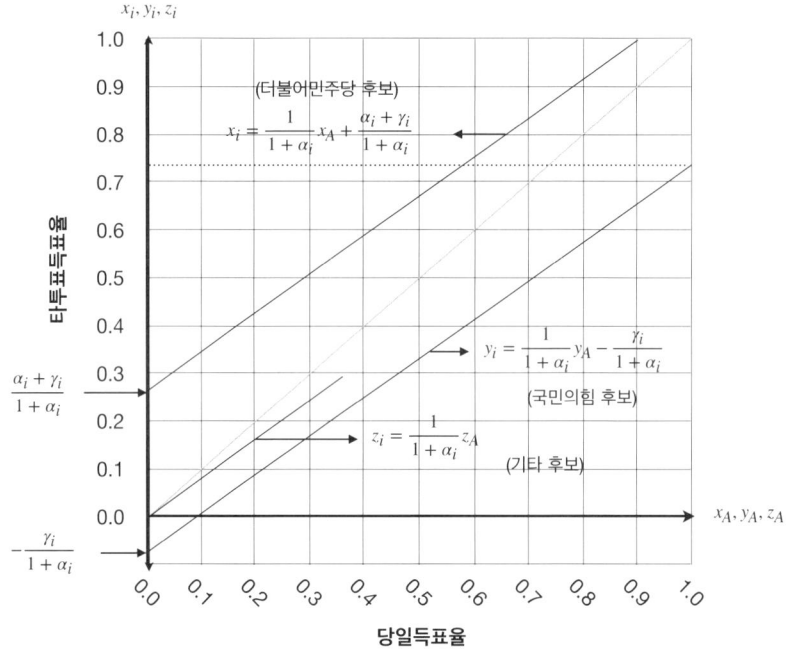

그림 6-5. 표더하기+표바꾸기 조작에서 세 후보에 대한 당일득표율 대비 타 투표 득표율 사이의 함수관계

이 그림으로부터 함수관계식의 특성을 분석하면 다음과 같다. 더불어민주당 후보, 국민의힘 후보 및 기타 후보에 대한 함수관계식의 기울기는 모두 $\dfrac{1}{1+\alpha_i}$로 동일하다. 따라서 세 선형함수의 그래프는 서로 평행하다. 또한 세 함수관계식에 대한 세로축의 절편은 더불어민주당 후보인 경우 $\dfrac{\alpha_i+\gamma_i}{1+\alpha_i}$, 국민의힘 후보인 경우 $-\dfrac{\gamma_i}{1+\alpha_i}$, 그리고 기타 후보인 경우 0 이다. 함수관계식의 특성을 요약정리하면 〈표 6-13〉과 같다.

<표 6-13> 표더하기+표바꾸기 조작에서 각 후보에 대한 당일득표율 대비 타 투표 득표율 사이의 함수 관계식 및 특성

후보	함수관계식	기울기	y축 절편 좌표점	당일득표율 = 1 일때 좌표점	타 투표 득표율* - 당일득표율
더불어 민주당	$x_i = \dfrac{1}{1+\alpha_i}x_A + \dfrac{\alpha_i + \gamma_i}{1+\alpha_i}$	$\dfrac{1}{1+\alpha_i}$	$\left(0, \dfrac{\alpha_i + \gamma_i}{1+\alpha_i}\right)$	$\left(1, \dfrac{1+\alpha_i + \gamma_i}{1+\alpha_i}\right)$	$x_i - x_A > 0$
국민의 힘	$y_i = \dfrac{1}{1+\alpha_i}y_A - \dfrac{\gamma_i}{1+\alpha_i}$	$\dfrac{1}{1+\alpha_i}$	$\left(0, -\dfrac{\gamma_i}{1+\alpha_i}\right)$	$\left(1, \dfrac{1-\gamma_i}{1+\alpha_i}\right)$	$y_i - y_A < 0$
기타	$z_i = \dfrac{1}{1+\alpha_i}z_A$	$\dfrac{1}{1+\alpha_i}$	$(0,0)$	$\left(1, \dfrac{1}{1+\alpha_i}\right)$	$z_i - z_A < 0$

* $i = B$는 관내사전투표, $i = C$는 관외사전투표, $i = D$는 거소선상사전투표, $i = E$는 국외사전투표, $i = AE$는 선거구투표

6-5. 표버리기+표바꾸기 조작 메커니즘

표버리기+표바꾸기 조작 메커니즘의 정의

표버리기+표바꾸기 조작 메커니즘은 표버리기 조작과 표바꾸기 조작이 동시에 적용되는 조작과정으로 정의된다. 이 경우 선관위 발표 더불어민주당 후보의 득표수는 유권자가 실제로 투표한 득표수보다 증가하나, 국민의힘 후보의 득표수는 유권자가 투표한 득표수보다 감소한다. 그러나 기타 후보의 득표수는 조작 전과후 동일하다. 표버리기+표바꾸기 조작 메커니즘에 대한 후보별 득표수 증감을 요약하면 〈표 6-14〉와 같다.

<표 6-14> 표버리기+표바꾸기 조작에 의한 득표수 증감

O : 증감있음 X : 증감없음	더불어민주당 득표수		국민의힘 득표수		기타 후보 득표수		총 득표수	
	증가	감소	증가	감소	증가	감소	증가	감소
득표수	O	X	X	O	X	X	X	O

표버리기+표바꾸기 조작 메커니즘에 대한 표수지식

〈표 6-14〉의 득표수 증감에 기반을 두고 표버리기+표바꾸기 조작 메커니즘에 대한 총 득표수 및 후보별 득표수에 대한 표수지식을 유도하면 다음과 같다.

선관위발표 총 득표수 : $\quad\bar{N}_i = N_i - \beta_i N_i \quad$ (6-10a)

선관위발표 더불어민주당후보 득표수 = 조작전 더불어민주당후보 득표수 + 표바꾸기 조작표수:
$$\bar{N}_i x_i = N_i x_A + \gamma_i N_i \quad (6\text{-}10\text{b})$$

선관위발표 국민의힘후보 득표수 = 조작전 국민의힘후보 득표수 − 표버리기 조작표수 − 표바꾸기 조작표수 :
$$\bar{N}_i y_i = N_i y_A - \beta_i N_i - \gamma_i N_i \quad (6\text{-}10\text{c})$$

선관위발표 기타후보 득표수 = 조작전 기타후보 득표수 :
$$\bar{N}_i z_i = N_i z_A \quad (6\text{-}10\text{d})$$

표버리기+표바꾸기 조작 메커니즘에 대한 함수관계식

식(6-10a)를 (6-10b)~(6-10d)에 대입하고 양변을 N_i로 나누면 후보별 당일득표율 대비 타 투표 득표율 사이의 함수관계식을 다음과 같이 유도할 수 있다.

더불어민주당 후보 : $\quad x_i = \dfrac{1}{1-\beta_i} x_A + \dfrac{\gamma_i}{1-\beta_i} \quad$ (6-11a)

국민의힘 후보 : $\quad y_i = \dfrac{1}{1-\beta_i} y_A - \dfrac{\beta_i + \gamma_i}{1-\beta_i} \quad$ (6-11b)

기타 후보 : $\quad z_i = \dfrac{1}{1-\beta_i} z_A \quad$ (6-11c)

함수관계식 (6-11a)~(6-11c)를 좌표평면에 도시하면 그림 6-6과 같다.

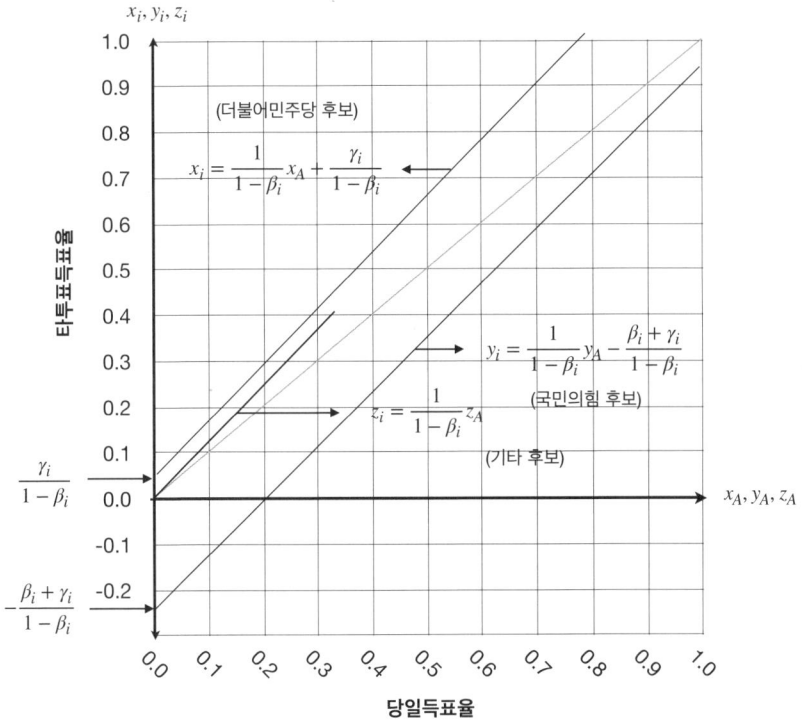

그림 6-6. 표버리기+표바꾸기 조작에서 세 후보에 대한
당일득표율 대비 타 투표 득표율 사이의 함수관계

이 그림으로 부터 세 후보에 대한 득표율 함수식의 특성을 분석하면 다음과 같다. 더불어민주당 후보, 국민의힘 후보 및 기타 후보에 대한 선형함수그래프의 기울기는 모두 $\dfrac{1}{1-\beta_i}$로 동일하며 1보다 크다. 따라서 세 선형함수그래프는 서로 평행하다. 더불어민주당 후보에 대한 함수식의 세로축 절편은 $\dfrac{\gamma_i}{1-\beta_i}$ 로 0보다 크다. 국민의힘 후보에 대한 함수식의 세로축 절편은 $-\dfrac{\beta_i+\gamma_i}{1-\beta_i}$ 로 0보다 작다. 기타 후보에 대한 함수식의 세로축 절편은 0 으로 원점 (0,0)을 지난다. 위의 결과를 요약정리하면 〈표 6-15〉과 같다.

<표 6-15> 표버리기+표바꾸기 조작에서 각 후보에 대한 당일득표율 대비 타 투표 득표율 사이의 함수 관계식 및 특성

후보	함수관계식	기울기	y축 절편 좌표점	당일득표율 = 1 일때 좌표점	타 투표 득표율* - 당일득표율
더불어 민주당	$x_i = \dfrac{1}{1-\beta_i}x_A + \dfrac{\gamma_i}{1-\beta_i}$	$\dfrac{1}{1-\beta_i} > 1$	$\left(0, \dfrac{\gamma_i}{1-\beta_i}\right)$	$\left(1, \dfrac{1+\gamma_i}{1-\beta_i}\right)$	$x_i - x_A > 0$
국민의 힘	$y_i = \dfrac{1}{1-\beta_i}y_A - \dfrac{\beta_i+\gamma_i}{1-\beta_i}$	$\dfrac{1}{1-\beta_i} > 1$	$\left(0, -\dfrac{\beta_i+\gamma_i}{1-\beta_i}\right)$	$\left(1, \dfrac{1-\beta_i-\gamma_i}{1-\beta_i}\right)$	$y_i - y_A < 0$
기타	$z_i = \dfrac{1}{1-\beta_i}z_A$	$\dfrac{1}{1-\beta_i} > 1$	$(0,0)$	$\left(1, \dfrac{1}{1-\beta_i}\right)$	$z_i - z_A > 0$

Chapter 7

선거구별, 지역별 선거결과에 대한 조작 메커니즘 평가

앞 장에서 언급한 다섯 가지의 조작 메커니즘의 적용에 대한 실례를 다음의 두 단계로 분석하여보자. 첫 번째 단계로 전국 254개 선거구 중 지역별로 몇개의 선거구를 선정한 후 이선거구에 적용된 조작 메커니즘을 분석한다. 그 다음 단계로 전국을 서울지역, 경기지역, 인천·강원지역, 대전·세종·충북·충남지역, 제주·광주·전북·전남지역, 대구·경북지역 및 부산·울산·경남지역으로 구분하고 이 지역에 적용된 조작 메커니즘을 분석한다.

7-1. 선거구에 적용된 조작 메커니즘

서울 및 경기지역에 대하여 <표 7-1>의 각 경우에 대한 선거구를 세 개 선정한 후, 선정된 선거구에 적용된 조작 메커니즘을 분석하여보자.

<표 7-1> 선거구 선정 기준

O : 승리 X : 패배	당일투표		관내투표	
	더불어민주당 후보	국민의힘 후보	더불어민주당 후보	국민의힘 후보
1	X	O	X	O
2	X	O	O	X
3	O	X	O	X

A. 서울지역

서울지역 48개 선거구 중 <표 7-1>에 해당하는 선거구로 종로구, 용산구 및 마포구을 선거구를 선정하여 각 선거구에 적용된 조작 메커니즘을 규명하여보자.

종로구

서울시 종로 선거구는 17개 선거동으로 구성되어 있으며, 출마 후보자는 더불어민주당, 국민의힘, 새로운미래 등 총 7명의 후보자가 경합을 벌였다. 그리고 선거결과는 다음과 같다. 당일투표에서는 국민의힘 후보가 승리하였으나, 선관위발표 관내투표에서는 더불

<표 7-2a> 서울시 종로구 17개 선거동에 대한 후보별 당일득표율

	더불어민주당	국민의힘	새로운미래	개혁신당	특권폐지	대한국민	민주민중	계
1. 청운효자동	0.4471	0.4988	0.0178	0.0368	0.0000	0.0015	0.0030	1
2. 사직동	0.3541	0.5763	0.0154	0.0498	0.0004	0.0015	0.0022	1
3. 삼청동	0.3579	0.6030	0.0120	0.0241	0.0000	0.0000	0.0033	1
4. 부암동	0.4238	0.5236	0.0159	0.0149	0.0014	0.0014	0.0020	1
5. 평창동	0.3261	0.6284	0.0102	0.0322	0.0004	0.0016	0.0011	1
6. 무악동	0.4067	0.5386	0.0756	0.0426	0.0013	0.0009	0.0022	1
7. 교남동	0.3897	0.5402	0.0165	0.0490	0.0010	0.0010	0.0023	1
8. 가회동	0.4396	0.5286	0.0151	0.0112	0.0009	0.0019	0.0019	1
9. 종로1~4가동	0.3778	0.5678	0.0175	0.0304	0.0023	0.0006	0.0035	1
10. 종로5,6가동	0.4410	0.5130	0.0141	0.0260	0.0000	0.0015	0.0045	1
11. 이화동	0.4889	0.4447	0.0197	0.0399	0.0014	0.0005	0.0024	1
12. 혜화동	0.4570	0.4777	0.0152	0.0451	0.0006	0.0004	0.0040	1
13. 창신1동	0.4828	0.4835	0.0086	0.0188	0.0008	0.0024	0.0024	1
14. 창신2동	0.5170	0.4533	0.0081	0.0150	0.0008	0.0020	0.0037	1
15. 창신3동	0.4680	0.4948	0.0129	0.0204	0.0010	0.0005	0.0025	1
16. 숭인1동	0.4759	0.4867	0.0095	0.0209	0.0006	0.0025	0.0038	1
17. 숭인2동	0.5267	0.4319	0.0119	0.0249	0.0004	0.0014	0.0028	1
계	0.4288	0.5210	0.0136	0.0319	0.0007	0.0012	0.0027	1

어민주당 후보가 승리하였다. <표 7-2a>와 <표 7-2b>는 종로구 17개 선거동에 대한 후보별 당일득표율과 관내사전득표율을 나타내고 있다.

<표 7-2b> 서울시 종로구 17개 선거동에 대한 후보별 관내사전득표율

	더불어민주당	국민의힘	새로운미래	개혁신당	특권폐지	대한국민	민주민중	계
1. 청운효자동	0.6076	0.3405	0.0175	0.0305	0.0003	0.0006	0.0029	1
2. 사직동	0.4892	0.4494	0.0129	0.0460	0.0000	0.0005	0.0019	1
3. 삼청동	0.5519	0.3945	0.0190	0.0346	0.0000	0.0000	0.0000	1
4. 부암동	0.6176	0.3367	0.0080	0.0351	0.0000	0.0011	0.0016	1
5. 평창동	0.5101	0.4484	0.0097	0.0300	0.0008	0.0003	0.0008	1
6. 무악동	0.5661	0.3958	0.0095	0.0277	0.0004	0.0000	0.0004	1
7. 교남동	0.5449	0.3975	0.0088	0.0467	0.0000	0.0012	0.0008	1
8. 가회동	0.6239	0.3400	0.0084	0.0230	0.0000	0.0015	0.0031	1
9. 종로1~4가동	0.5234	0.4393	0.0115	0.0244	0.0000	0.0000	0.0014	1
10. 종로5,6가동	0.5672	0.3957	0.0082	0.0272	0.0008	0.0008	0.0000	1
11. 이화동	0.6145	0.3364	0.0120	0.0320	0.0005	0.0023	0.0037	1
12. 혜화동	0.5982	0.3451	0.0120	0.0414	0.0005	0.0002	0.0026	1
13. 창신1동	0.6442	0.3226	0.0103	0.0181	0.0005	0.0015	0.0029	1
14. 창신2동	0.6779	0.3079	0.0008	0.0110	0.0000	0.0016	0.0008	1
15. 창신3동	0.6245	0.3455	0.0125	0.0157	0.0006	0.0000	0.0013	1
16. 숭인1동	0.6194	0.3496	0.0118	0.0170	0.0000	0.0000	0.0022	1
17. 숭인2동	0.6333	0.3307	0.0122	0.0192	0.0005	0.0019	0.0023	1
계	0.5825	0.3732	0.0111	0.0303	0.0003	0.0008	0.0018	1

이 결과를 좌표평면에 도시하면 그림 7-1과 같다.

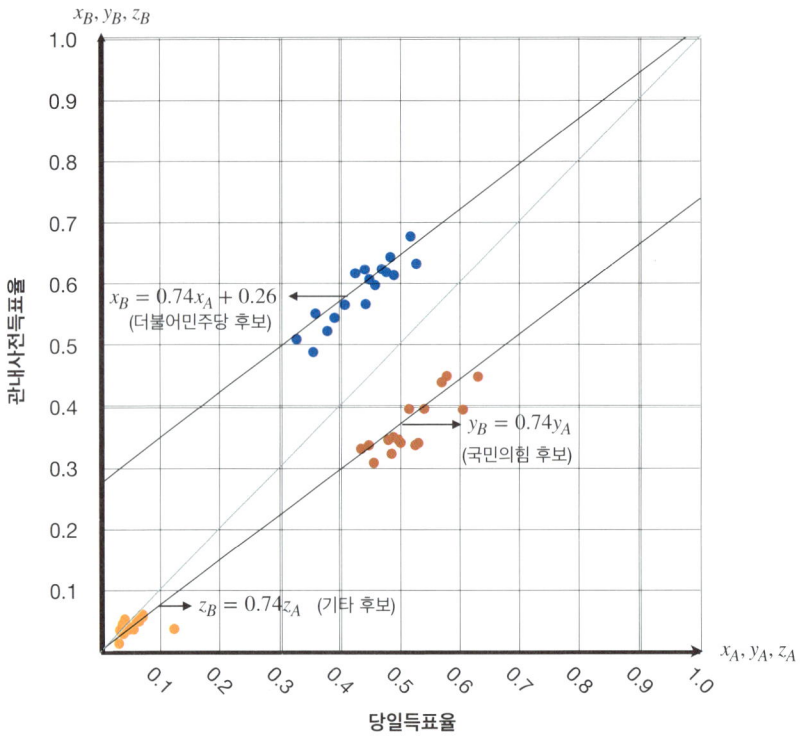

그림 7-1. 서울시 종로구 17개 선거동에 대한 후보별
당일득표율(x_A, y_A, z_A) 대비 관내사전득표율(x_B, y_B, z_B) 함수 관계

x, y, z : 더불어민주당후보득표율, 국민의힘후보, 기타후보 득표율, A : 당일투표, B : 관내사전투표

이 그림으로 부터 더불어민주당 후보, 국민의힘 후보 및 기타 후보에 대한 당일득표율과 관내사전득표율 사이의 함수관계식을 유도하면 식 (7-1)과 같다.

$$\begin{aligned} \text{더불어민주당 후보}: \quad & x_B = 0.74x_A + 0.26 \\ \text{국민의힘 후보}: \quad & y_B = 0.74y_A \\ \text{기타 후보}: \quad & z_B = 0.74z_A \end{aligned} \quad (7-1)$$

위 식은 표더하기 조작 메커니즘에 대한 당일득표율과 관내사전득표율 사이의 함수식 (6-3a)~(6-3c)와 동일하다. 식 (7-1)과 식 (6-3)에 대한 함수식의 특성을 비교하면 〈표 7-2c〉와 같다.

<표 7-2c> 표더하기 조작 메커니즘에 대한 함수식과 종로구에 대한 함수식 (7-1)의 특성 비교

함수식	함수관계식			기울기			세로축절편		
	민주	국힘	기타	민주	국힘	기타	민주	국힘	기타
표더하기 조작 (1)	$x_B = \dfrac{1}{1+\alpha_B}x_A + \dfrac{\alpha_B}{1+\alpha_B}$	$y_B = \dfrac{1}{1+\alpha_B}y_A$	$z_B = \dfrac{1}{1+\alpha_B}z_A$	$\dfrac{1}{1+\alpha_B}$ < 1	$\dfrac{1}{1+\alpha_B}$ < 1	$\dfrac{1}{1+\alpha_B}$ < 1	$\dfrac{\alpha_B}{1+\alpha_B}$ > 0	0	0
종로구 (2)	$x_B = 0.74x_A + 0.26$	$y_B = 0.74y_A$	$z_B = 0.74z_A$	0.74 < 1	0.74 < 1	0.74 < 1	0.2670	0	0
(1)과 (2)의 비교	동일	동일	동일	동일	동일	동일	동일	동일	동일

위의 〈표 7-2c〉의 결과에 의하면 서울시 종로선거구 17개 선거동에 적용된 조작은 표더하기 조작이다. 표더하기 조작 검증의 마지막 단계인 다음의 특성을 분석하여보자.

<표 7-2d> 표더하기 조작인 경우 후보별 관내사전득표율 - 당일득표율 차이값이 나타내는 특성

더불어민주당 후보	국민의힘 후보	기타 후보
관내득표율 - 당일득표율 > 0 $x_B - x_A > 0$	관내득표율 - 당일득표율 < 0 $y_B - y_A < 0$	관내득표율 - 당일득표율 < 0 $z_B - z_A < 0$

〈표 7-2e〉는 서울시 종로선거구 17개 선거동에 대한 후보별 관내사전득표율-당일득표율 차이가 나타내는 특성이다. 더불어민주당 후보인 경우 17개 모든 선거동에서 관내사전득표율-당일득표율 차이가 +10% 이상이다. 반면 국민의힘 후보인 경우 17개 모든 선거동에서 −10% 보다 낮다. 기타 후보는 5명의 후보가 출마하였다. 새로운미래, 개혁신당, 특권폐지, 대한국민, 민주민중의 다섯 정당에서 후보가 출마하였다. 다섯 후보는 17개 선거동 중 3 또는 4 선거동을 제외한 선거동에서 관내사전득표율-당일득표율 차이

가 (-) 이다. 다음 표는 종로선거구에 출마한 후보별 관내사전득표율-당일득표율 차이가 (+)인 선거동 수와 (-)인 선거동 수를 나타내고 있다. 그림 7-1, 〈표 7-2c〉와 〈표 7-2f〉로 부터 종로선거구의 관내사전투표는 표더하기 조작에 의하여 실행된 선거라고 결론지을 수 있다.

<표 7-2e> 서울시 종로구 17개 선거동에 대한 후보별 관내사전득표율 - 당일득표율 차이값

	더불어민주당	국민의힘	새로운미래	개혁신당	특권폐지	대한국민	민주민중	계
1. 청운효자동	+0.1605	-0.1583	-0.0003	-0.0013	+0.0003	-0.0009	-0.0001	0
2. 사직동	+0.1351	-0.1269	-0.0025	-0.0038	-0.0004	-0.001	-0.0003	0
3. 삼청동	+0.1940	-0.2085	+0.007	+0.0105	0	0	-0.0033	0
4. 부암동	+0.1938	-0.1869	-0.0079	+0.0202	-0.0014	-0.0003	-0.0004	0
5. 평창동	+0.1840	-0.1800	-0.0005	-0.0022	-0.0004	-0.0013	-0.0003	0
6. 무악동	+0.1594	-0.1428	-0.0661	-0.0149	-0.0009	-0.0009	-0.0018	0
7. 교남동	+0.1552	-0.1427	-0.0077	-0.0023	-0.0010	+0.0002	-0.0015	0
8. 가회동	+0.1843	-0.1886	-0.0670	+0.0118	-0.0009	-0.0004	+0.0012	0
9. 종로1~4가동	+0.1456	-0.1285	-0.0060	-0.006	-0.023	-0.0006	-0.0021	0
10. 종로5,6가동	+0.1262	-0.1173	-0.0059	+0.0012	+0.0008	-0.0007	-0.0045	0
11. 이화동	+0.1256	-0.1083	-0.0077	-0.0079	-0.0009	+0.0018	+0.0013	0
12. 혜화동	+0.1412	-0.1326	-0.0032	-0.0037	-0.0001	-0.0002	-0.0014	0
13. 창신1동	+0.1614	-0.1609	+0.0017	-0.0007	-0.0003	-0.0009	+0.0005	0
14. 창신2동	+0.1609	-0.1454	-0.0073	-0.0004	-0.0004	-0.0004	-0.0029	0
15. 창신3동	+0.1565	-0.1493	-0.0004	-0.0047	-0.0004	-0.0005	-0.0012	0
16. 숭인1동	+0.1435	-0.1371	-0.0004	-0.0039	-0.0006	-0.0025	-0.0016	0
17. 숭인2동	+0.1066	-0.1012	+0.0003	-0.0057	+0.0001	+0.0005	-0.0005	0
계	+0.1537	-0.1478	-0.0028	-0.0006	-0.0004	-0.0004	-0.0009	0

<표 7-2f> 서울시 종로선거구에 출마한 후보별 관내사전득표율 - 당일득표율 차이값이 (+)인 선거동 수와 (-)인 선거동 수

더불어민주당		국민의힘		새로운미래		개혁신당		특권폐지		대한국민		민주민중	
(+)	(−)	(+)	(−)	(+)	(−)	(+)	(−)	(+)	(−)	(+)	(−)	(+)	(−)
17		17	3	14	4	13	3	14	3	14	3	14

다음은 결론에 대한 요약이다.

- 더불어민주당 후보에 대한 당일득표율과 관내사전득표율 사이의 함수관계는 대각선보다 높은 위치에서 선형함수로 표현된다.
- 국민의힘 후보와 기타 후보 5명에 대한 당일득표율과 관내사전득표율 사이의 함수관계는 대각선보다 아래 위치에서 동일한 선형함수로 표현된다. 모든 후보에 대한 선형함수의 기울기는 동일하다.
- 더불어민주당 후보에 대한 세로축 절편은 0.26으로 0보다 크고, 국민의힘 후보와 기타 후보에 대한 세로축 절편은 0이고 원점 (0,0)을 지난다.
- 더불어민주당 후보인 경우 17개 동 모두에서 관내사전득표율이 당일득표율보다 10% 이상 높으며, 국민의힘 후보인 경우 17개 동 모두에서 관내사전득표율이 당일득표율보다 −10% 이하 낮다. 기타 후보인 경우 17개 선거동 중 3~4개 선거동을 제외하고 관내사전득표율이 당일득표율보다 낮다.
- 종로 선거구의 17개 선거동에 대한 조작 메커니즘은 표더하기 조작이다.

용산구

서울시 용산 선거구는 16개 선거동으로 구성되어 있다. 그림 7-2는 용산구에 출마한 더불어민주당, 국민의힘 및 무소속 후보에 대한 당일득표율과 관내사전득표율 사이의 함수관계를 나타내고 있다. 이 그림에 의하면 용산구 16개 선거동에 적용된 조작 메커니즘은 다음과 같이 표더하기 조작 함수식이 나타내는 특성을 모두 가지고 있다.

- 더불어민주당, 국민의힘 및 기타 후보에 대한 당일득표율과 관내사전득표율 사이의 함수식은 다음과 같으며, 함수식의 기울기는 0.7로 동일하고 1보다 작다.

  더불어민주당 후보 : $x_B = 0.77 x_A + 0.23$

  국민의힘 후보 : $y_B = 0.77 y_A$

  기타 후보 : $z_B = 0.77 z_A$

- 더불어민주당 후보에 대한 세로축 절편은 0.23으로 0보다 크며, 국민의힘 후보와 기타 후보에 대한 세로축 절편은 0이고 원점 (0,0)을 지난다.
- 국민의힘 및 기타 후보에 대한 함수식은 동일하다.

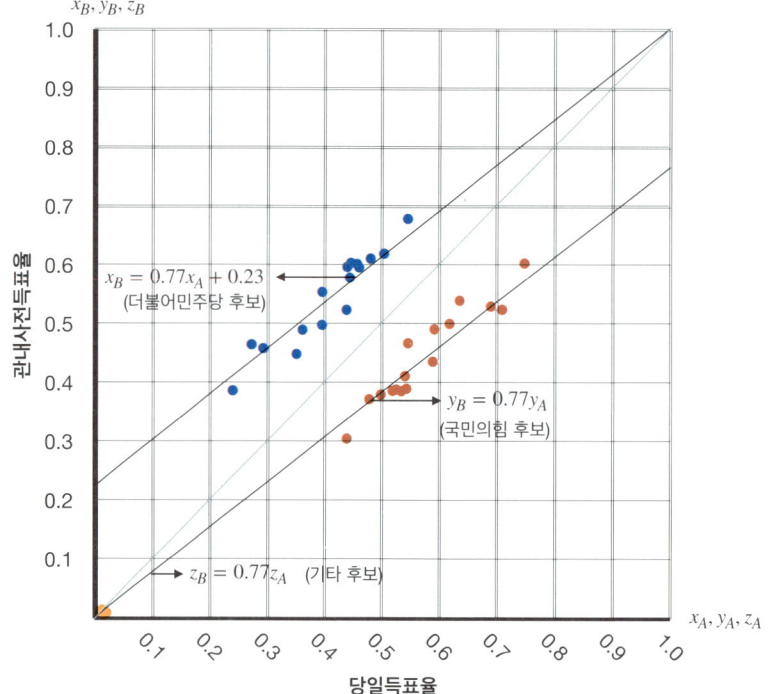

그림 7-2. 서울시 용산구 16개 선거동에 대한 후보별 당일득표율(x_A, y_A, z_A) 대비 관내사전득표율(x_B, y_B, z_B) 함수 관계

x, y, z : 더불어민주당후보, 국민의힘후보, 기타후보 득표율, A : 당일투표, B : 관내사전투표

<표 7-3> 서울시 용산구 16개 선거동에 대한 후보별 관내사전득표율 - 당일득표율 차이

	더불어민주당 후보 (%)	국민의힘 후보 (%)	무소속 후보 (%)
1. 후암동	+11.7	-10.87	-0.83
2. 용산2가동	+13.22	-12.13	-1.08
3. 남영동	+14.65	-13.52	-1.13
4. 청파동	+13.5	-13.68	+0.18
5. 원효로1동	+15.89	-15.58	-0.3
6. 원효로2동	+13.6	-13.19	-0.41
7. 효창동	+15.95	-15.09	-0.86
8. 용문동	+13.73	-13.96	+0.23
9. 한강로동	+9,96	-9.87	-0.09
10. 이촌1동	+14.81	-14.74	-0.08
11. 이촌2동	+10.42	-10.33	-0.08
12. 이태원1동	+13.03	-12.04	-1.0
13. 이태원2동	+15.96	-15.55	-0.41
14. 한남동	+16.77	-16.32	-0.45
15. 서빙고동	+19.41	-18.81	-0.6
16. 보광동	+8.69	-8.14	-0.56
계	+14.39	-14.01	-0.38

또한 세 후보에 대한 관내사전득표율-당일득표율 차이가 나타내는 특성은 표더하기 조작이 나타내는 다음의 특성과 동일함을 확인할 수 있다.

더불어민주당 후보 : 관내사전득표율 − 당일득표율 > 0

국민의힘 후보 : 관내사전득표율 − 당일득표율 < 0

기타 후보 : 관내사전득표율 − 당일득표율 < 0

<표 7-3>은 서울시 용산 선거구 16개 선거동에 대한 후보별 관내사전득표율-당일득표율 차이를 나타내고 있다. 더불어민주당 후보인경우 16개 동에서 관내사전득표율-당일득표율 차이가 대부분 +10% 이상이나, 국민의힘 후보인 경우 16개 동에서 차이가 대부분 −10% 이하이다. 무소속 후보인 경우 16개 선거동 중 2개 선거동을 제외한 14개 동에서 관내사전득표율-당일득표율 차이는 (−)이다.

성북갑

서울시 성북갑 선거구는 11개 선거동으로 구성되어 있다. 더불어민주당, 국민의힘 및 새로운미래 후보 세 명이 출마하였다. 이 세 후보에 대한 당일득표율과 관내사전득표율 사이의 함수관계를 좌표평면에 도시하면 그림 7-3과 같다. 이 그림으로부터 세 후보에 대한 함수식은 표더하기 조작 메커니즘의 특성을 다음과 같이 모두 내포하고 있음을 확인할 수 있다.

- 더불어민주당, 국민의힘 및 새로운미래 후보에 대한 당일득표율과 관내사전득표율 사이의 함수식은 다음과 같으며, 세 후보에 대한 함수식의 기울기는 0.74로 1보다 작다. 함수식 및 기울기 모두 표더하기 조작 메커니즘의 특성이다.

$$\text{더불어민주당 후보 : } x_B = 0.74 x_A + 0.26$$
$$\text{국민의힘 후보 : } y_B = 0.74 y_A$$
$$\text{새로운미래 후보 : } z_B = 0.74 z_A$$

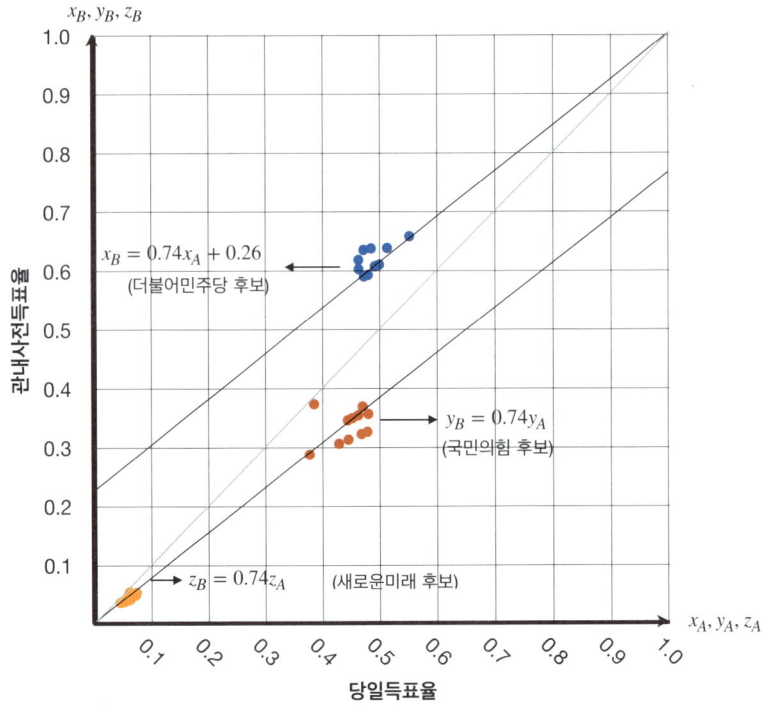

그림 7-3. 서울시 성북갑 11개 선거동에 대한 후보별 당일득표율(x_A, y_A, z_A) 대비 관내사전득표율(x_B, y_B, z_B) 함수 관계

x, y, z : 더불어민주당후보, 국민의힘후보, 새로운미래후보 득표율, A : 당일투표, B : 관내사전투표

- 더불어민주당 후보에 대한 세로축 절편은 0.27로 0보다 크며, 국민의힘 후보와 새로운미래 후보에 대한 세로축 절편은 0이고 원점 (0,0)을 지난다.
- 국민의힘 및 새로운미래 후보에 대한 함수식은 동일하다.

또한 성북갑 선거구를 구성하는 11개 선거동에 대한 더불어민주당, 국민의힘 및 새로운미래 후보의 관내사전득표율-당일득표율 차이가 나타내는 특성은 표더하기 조작이 나타내는 특성과 동일하다. 〈표 7-4〉는 11개 선거동에 대한 세 후보의 관내사전득표율-당일득표율 차이에 대한 백분율이다. 위의 결과로 부터 서울시 성북갑 선거구의 11개 선거동에 대한 관내사전투표의 선거결과는 표더하기 조작에 의한 선거결과라고 결론지을 수 있다.

<표 7-4> 서울시 성북갑 11개 선거동에 대한 후보별 관내사전득표율 - 당일득표율 차이값

	더불어민주당 후보 (%)	국민의힘 후보 (%)	새로운미래 후보 (%)
1. 성북동	+15.73	-15.28	-0.45
2. 삼선동	+12.71	-12.33	-0.38
3. 동선동	+10.85	-9.06	-1.78
4. 돈암2동	+14.15	-12.42	-0.49
5. 안암동	+15.45	-13.29	-2.16
6. 보문동	+11.28	-9.88	-1.4
7. 정릉1동	+11.44	-10.32	-1.12
8. 정릉2동	+11.44	-10.15	-1.29
9. 정릉3동	+11.96	-11.26	-0.69
10. 정릉4동	+11.77	-10.87	-0.89
11. 길음1동	+16.54	-14.61	-1.94
계	+13.26	-11.99	-1.27

B. 경기지역

경기지역 60개 선거구 중 〈표 7-1〉에 해당하는 선거구로 수원정, 성남분당을 및 하남갑 선거구를 선정하여 각 선거구에 적용된 조작 메커니즘을 규명하여보자.

수원정

그림 7-4는 경기도 수원정 선거구에 대한 더불어민주당과 국민의힘 후보의 당일득표율과 관내사전득표율 사이의 함수관계를 나타내고 있다. 그림 7-4의 두 후보에 대한 선형함수식은 표더하기+표바꾸기 조작 메커니즘과 동일한 특성을 나타내고 있다.

- 더불어민주당 후보와 국민의힘 후보에 대한 당일득표율 대비 관내사전득표율 함수식은 선형함수이며, 기울기는 0.87로 동일하고 1보다 작다.

  더불어민주당 후보 : $x_B = 0.87x_A + 0.17$

  국민의힘 후보 : $y_B = 0.87y_A - 0.04$

- 더불어민주당 후보에 대한 세로축 절편은 +0.17로 0보다 크며, 국민의힘 후보에 대한 세로축 절편은 −0.04로 0보다 작다.
- 8개 선거동에 대한 더불어민주당 후보의 관내사전득표율 − 당일득표율 차이값은 모두 (+)이며, 국민의힘 후보의 관내사전득표율 − 당일득표율 차이값은 모두 (−)이다.

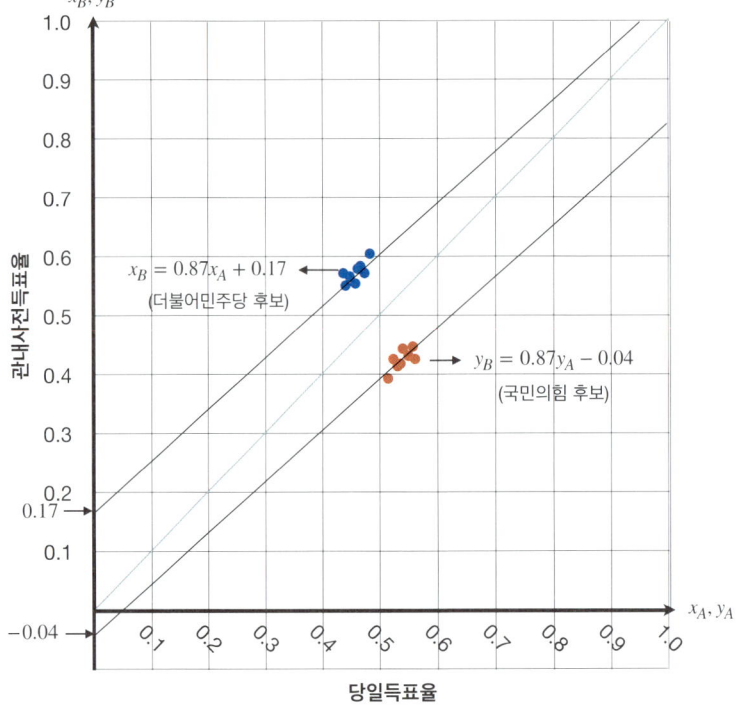

그림 7-4. 경기도 수원정 선거구 8개 선거동에 대한 후보별
당일득표율(x_A, y_A)과 관내사전득표율(x_B, y_B) 사이의 함수 관계

x : 더불어민주당후보득표율, y : 국민의힘후보득표율, A : 당일투표, B : 관내사전투표

위의 결과로부터 경기도 수원정 선거구의 관내사전 선거결과는 표더하기+표바꾸기 조작에 의한 선거결과라고 결론지을 수 있다.

성남분당을

그림 7-5는 경기도 성남분당을 선거구에 대한 더불어민주당과 국민의힘 후보의 당일득표율과 관내사전득표율 사이의 함수관계를 나타내고 있다. 그림 7-5의 두 후보에 대한 선형함수식은 표바꾸기 조작 메커니즘과 동일한 특성을 나타내고 있다.

- 더불어민주당 후보와 국민의힘 후보에 대한 당일득표율 대비 관내사전득표율 함수식은 선형함수이며, 기울기는 모두 1로 대각선과 평행하다.

더불어민주당 후보 : $x_B = x_A + 0.15$

국민의힘 후보 : $y_B = y_A - 0.15$

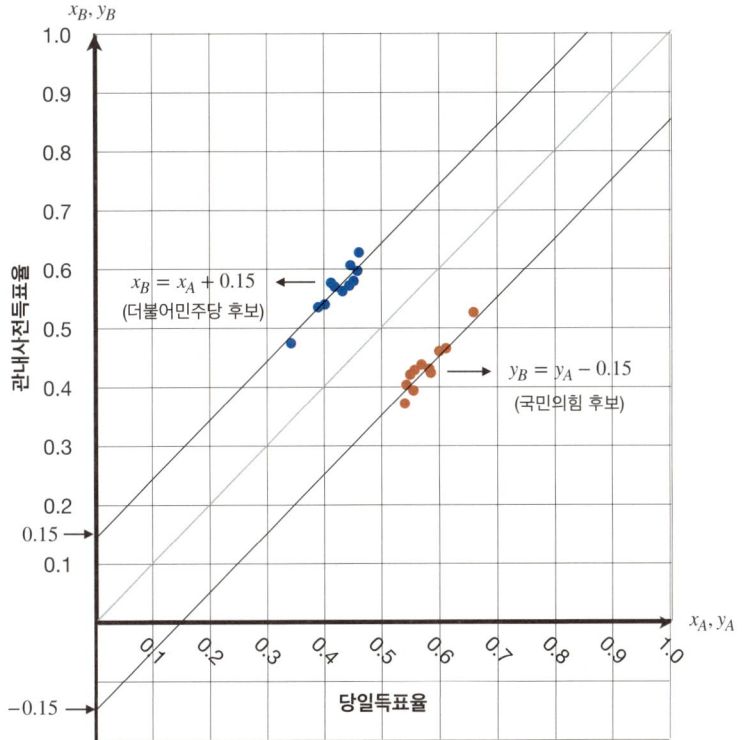

그림 7-5. 경기도 성남분당을 선거구 11개 선거동에 대한 후보별
당일득표율(x_A, y_A)과 관내사전득표율(x_B, y_B) 사이의 함수 관계
x : 더불어민주당후보득표율, y : 국민의힘후보득표율, A : 당일투표, B : 관내사전투표

- 더불어민주당 후보에 대한 세로축 절편은 +0.15로 0보다 크며, 국민의힘 후보에 대한 세로축 절편은 −0.15로 0보다 작다.
- 성남분당을 11개 선거동에 대한 더불어민주당 후보의 관내사전득표율−당일득표율 차이는 모두 +15％로 0보다 높으며, 국민의힘 후보의 관내사전득표율−당일득표율 차이는 모두 −15％로 0보다 낮다.

위의 결과로부터 경기도 성남분당을 선거구의 관내사전 선거결과는 표바꾸기 조작에 의한 선거결과라고 평가할 수 있다.

하남갑

그림 7-6은 경기도 하남갑 선거구에 대한 더불어민주당과 국민의힘 후보의 당일득표율과 관내사전득표율 사이의 함수관계를 나타내고 있다. 그림 7-6의 후보별 함수관계식은 표더하기 조작 메커니즘에 대한 특성을 모두 나타내고 있다.

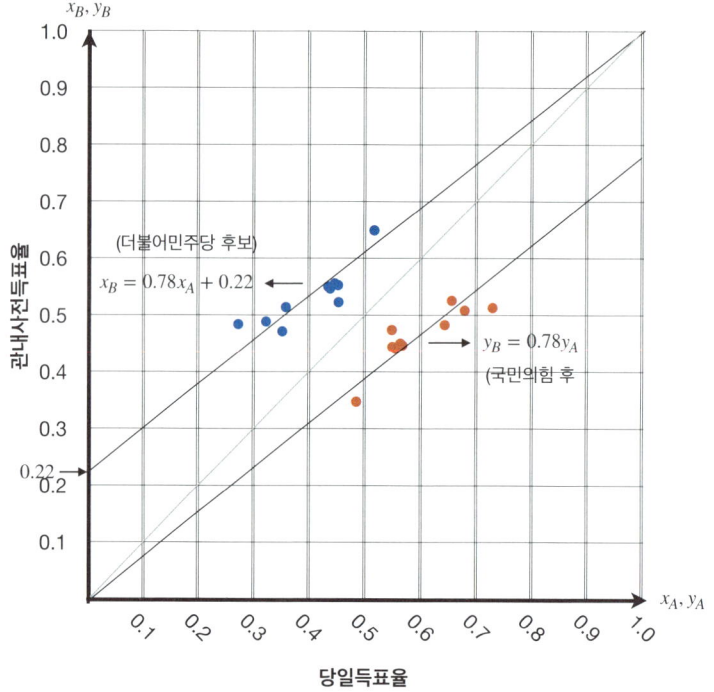

그림 7-6. 경기도 하남갑 선거구 11개 선거동에 대한 후보별 당일득표율(x_A, y_A)과 관내사전득표율(x_B, y_B) 사이의 함수 관계

x : 더불어민주당후보득표율, y : 국민의힘후보득표율, A : 당일투표, B : 관내사전투표

- 더불어민주당 후보와 국민의힘 후보에 대한 당일득표율 대비 관내사전득표율 함수식은 선형함수이며, 두 후보에 대한 기울기는 모두 0.78로 동일하며 1보다 작다.

$$x_B = 0.78x_A + 0.22$$
더불어민주당 후보 :

$$y_B = 0.78y_A$$
국민의힘 후보 :

- 더불어민주당 후보에 대한 세로축 절편은 +0.22로 0보다 크며, 국민의힘 후보에 대한 세로축 절편은 0이며 원점 (0,0)을 지난다.
- 하남갑 10개 선거동에 대한 더불어민주당 후보의 관내사전득표율-당일득표율 차이는 모두 (+)이며, 국민의힘 후보의 관내사전득표율-당일득표율 차이는 모두 (-)이다.

위의 결과로부터 경기도 하남갑 선거구의 관내사전 선거결과는 표더하기 조작에 의한 선거결과라고 결론지을 수 있다.

7-2. 지역에 적용된 득표수 조작 메커니즘

전국을 서울지역, 경기지역, 인천·강원지역, 대전·세종·충청지역, 제주·광주·호남지역, 대구·경북지역 및 부산·울산·경남지역 8개 지역으로 구분하고, 각 지역에 대한 관내, 관외, 거소선상, 국외 사전투표 및 선거구투표에 적용된 조작 메커니즘을 규명하여보자.

A. 서울지역

서울지역 48개 선거구에 대한 관내사전투표, 관외사전투표 및 선거구투표가 제 6장에서 기술한 다섯 가지 조작 메커니즘 중 어느 조작 메커니즘에 의하여 실행된 선거인지 분석하여보자.

관내사전투표

그림 7-7a는 서울지역 48개 선거구에 대한 당일득표율 대비 관내사전득표율 사이의 함수관계를 나타내고 있다. 이 결과에 의하면 더불어민주당 후보와 국민의힘 후보에 대한 당일득표율과 관내사전득표율 사이의 함수관계는 다음과 같이 표더하기 조작 메커니즘의 함수관계 특성을 모두 나타내고 있다.

- 더불어민주당 후보와 국민의힘 후보에 대한 당일득표율과 관내사전득표율 사이의 함수관계는 다음 식으로 표현되는 선형함수이다.

$$x_B = 0.78x_A + 0.22$$
더불어민주당 후보 :

$$y_B = 0.78y_A$$
국민의힘 후보 :

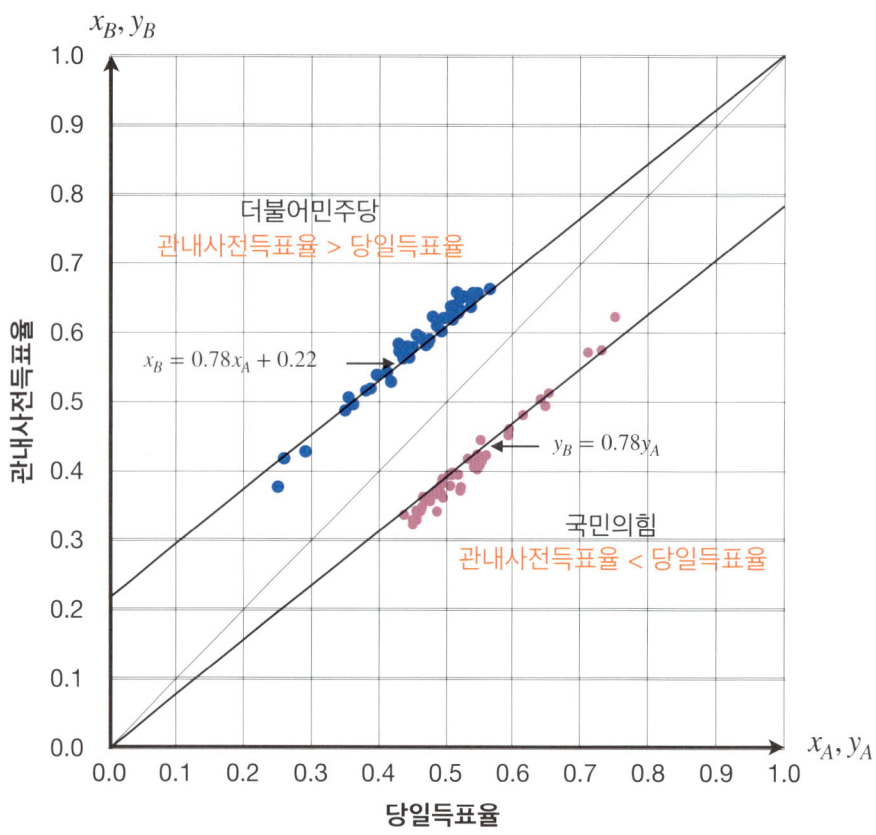

그림 7-7a. 서울지역 48개 선거구에 대한 당일득표율(x_A, y_A) 대비 관내사전득표율(x_B, y_B) 함수 관계
x : 더불어민주당후보득표율, y : 국민의힘후보득표율, A : 당일투표, B : 관내사전투표

- 두 후보에 대한 선형함수의 기울기는 0.78로 동일하며 1보다 작다. 실제 유권자가 투표한 관내사전투표 수 대비 표더하기 조작표 수의 비율이 48개 선거구에 대하여 거의 동일함을 확인할 수 있다.
- 더불어민주당 후보에 대한 세로축 절편은 +0.22로 0보다 크고, 국민의힘 후보에 대한 세로축 절편은 0이며 원점 (0,0)을 지난다.
- 관내사전득표율-당일득표율 차이에 대한 결과는 다음과 같으며 표더하기 조작 메커니즘의 주요한 특성이다.

	관내사전득표율 − 당일득표율		
	(+)인 선거구 수	(−)인 선거구 수	계
더불어민주당 후보	48	0	48
국민의힘 후보	0	48	48

- 서울지역 48개 선거구에 대한 관내사전투표는 표더하기 조작이 실행된 선거이다.

관외사전투표

그림 7-7b는 서울지역 48개 선거구에 대한 당일득표율 대비 관외사전득표율 함수관계를 나타내고 있다. 이 함수관계는 표더하기+표바꾸기 조작 메커니즘의 특성을 나타내고 있다.

- 더불어민주당 후보와 국민의힘 후보에 대한 당일득표율과 관외사전득표율 사이의 함수관계는 선형함수로 다음 식으로 표현된다.

$$더불어민주당\ 후보: \quad x_B = 0.8 x_A + 0.23$$
$$국민의힘\ 후보: \quad y_B = 0.8 y_A - 0.03$$

- 두 후보에 대한 선형함수의 기울기는 0.8로 동일하다. 실제 유권자가 투표한 관외사전투표 수 대비 표더하기 조작표 수와 표바꾸기 조작표 수의 비율이 48개 선거구에 대하여 거의 동일함을 알 수 있다.
- 더불어민주당 후보에 대한 세로축 절편은 +0.23, 국민의힘 후보에 대한 세로축 절편은 −0.03 이다. 표더하기+표바꾸기 조작 메커니즘의 특성 중의 하나이다.
- 관외사전득표율−당일득표율 차이에 대한 결과는 다음과 같으며 표더하기+표바꾸기 조작 메커니즘의 주요한 특성이다.

	관외사전득표율 − 당일득표율		
	(+)인 선거구 수	(−)인 선거구 수	계
더불어민주당 후보	48	0	48
국민의힘 후보	0	48	48

- 서울지역 48개 선거구에 대한 관외사전투표는 표더하기+표바꾸기 조작에 의하여 실행된 선거라고 추정할 수 있다.

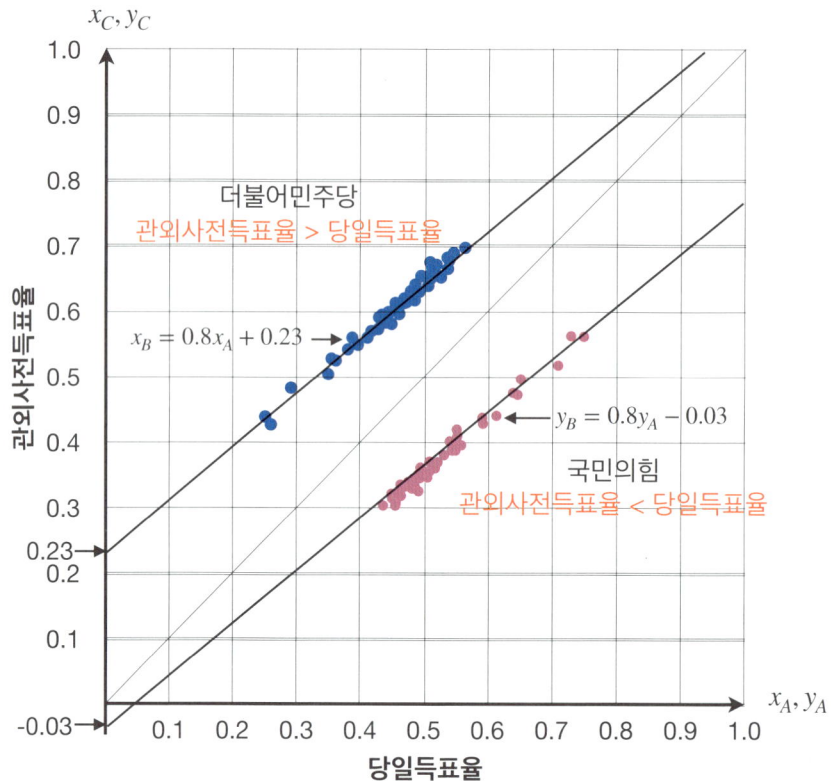

그림 7-7b. 서울지역 48개 선거구에 대한 당일득표율(x_A, y_A) 대비 관외사전득표율(x_C, y_C) 함수 관계
x : 더불어민주당후보득표율, y : 국민의힘후보득표율, A : 당일투표, C : 관외사전투표

선거구투표

그림 7-7c는 서울지역 48개 선거구에 대한 당일득표율 대비 선거구득표율 함수관계 그래프이다. 이 그림의 함수관계식은 표더하기+표바꾸기 조작 메커니즘의 특성을 모두 나타내고 있다.

- 더불어민주당 및 국민의힘 후보에 대한 당일득표율과 선거구득표율 사이의 함수관계는 다음 식으로 표현되는 선형함수이다.

  더불어민주당 후보 : $x_B = 0.94 x_A + 0.08$
  국민의힘 후보 : $y_B = 0.94 y_A - 0.02$

- 두 함수의 기울기는 0.94로 동일하며 1보다 작다. 실제 유권자가 투표한 선거구투표 수 대비 표더하기 조작표 수 및 표바꾸기 조작표 수의 비율이 48개 선거구에 대하여 거의 동일함을 알 수 있다.

- 더불어민주당 후보에 대한 세로축 절편은 +0.08, 국민의힘 후보에 대한 세로축 절편은 −0.02 이다. 표더하기+표바꾸기 조작 메커니즘의 특성 중의 하나이다.
- 관내사전득표율−당일득표율 차이에 대한 결과는 다음과 같으며 표더하기+표바꾸기 조작 메커니즘의 주요한 특성이다.

	선거구득표율 − 당일득표율		
	(+)인 선거구 수	(−)인 선거구 수	계
더불어민주당 후보	48	0	48
국민의힘 후보	0	48	48

- 서울지역 48개 선거구에 대한 선거구투표는 표더하기+표바꾸기 조작에 의하여 실행된 선거라고 추정할 수 있다.

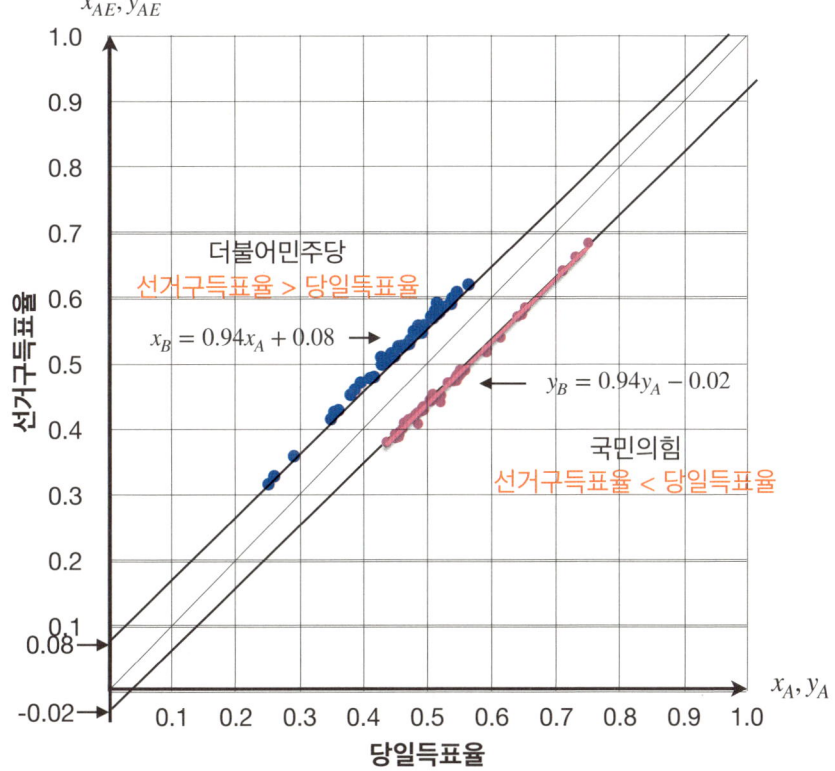

그림 7-7c. 서울지역 48개 선거구에 대한 당일득표율(x_A, y_A) 대비 선거구득표율(x_{AE}, y_{AE}) 함수 관계 x : 더불어민주당후보득표율, y : 국민의힘후보득표율, A : 당일투표, AE : 선거구투표

B. 경기지역

경기지역 60개 선거구에 대한 관내투표, 관외투표 및 선거구투표가 다섯 가지의 조작 메커니즘 중 어느 조작 메커니즘에 의하여 실행된 선거인지 분석하여보자.

관내사전투표

그림 7-8a는 경기지역 60개 선거구에 대한 당일득표율 대비 관내사전득표율 사이의 함수관계를 나타내고 있다. 이 결과는 표더하기 조작 메커니즘의 특성을 모두 나타내고 있다.

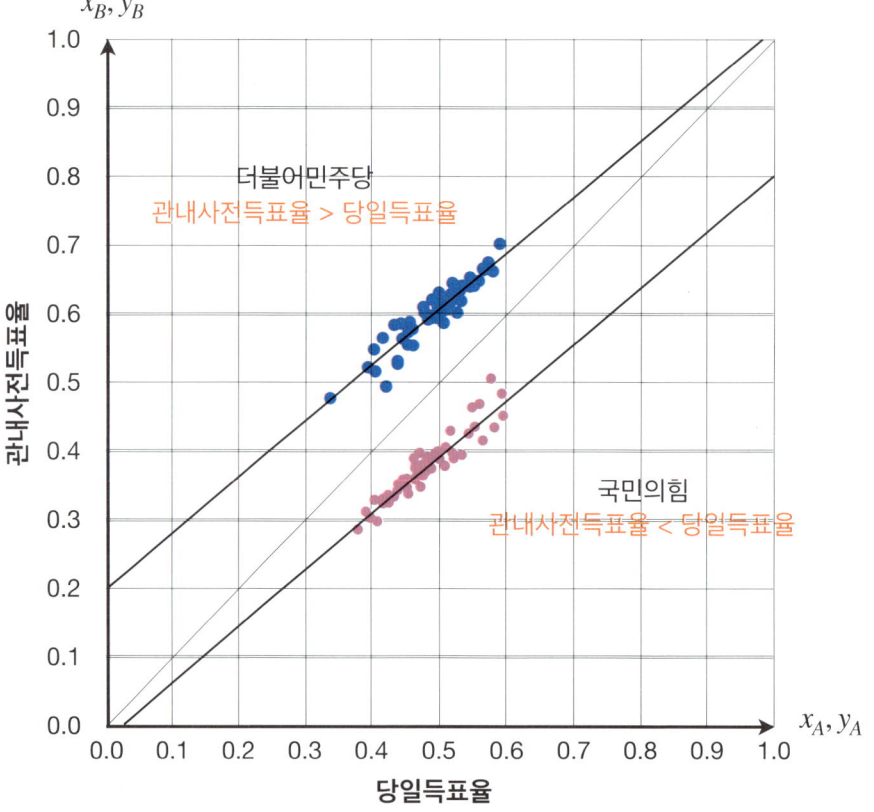

그림 7-8a. 경기지역 60개 선거구에 대한 당일득표율(x_A, y_A) 대비 관내사전득표율(x_B, y_B) 함수 관계

x : 더불어민주당후보득표율, y : 국민의힘후보득표율, A : 당일투표, B : 관내사전투표

- 더불어민주당 및 국민의힘 후보에 대한 당일득표율과 관내사전득표율 사이의 함수관계는 선형함수이다. 두 함수의 기울기는 동일하며 1보다 작다. 더불어민주당 후보에 대한 세로축 절편은 0보다 크며, 국민의힘 후보에 대한 세로축 절편은 0이며 원점 (0,0)을 지난다.
- 유권자가 투표한 관내사전투표 수 대비 표더하기 조작표 수의 비율은 60개 선거구에 대하여 비슷하나 일정하지는 않다. 선거구별 정확한 표더하기 조작표 수 비율은 표수지방정식의 답을 구하여 얻을 수 있다.
- 총 60개 선거구 모두에 대하여 관내사전득표율-당일득표율 차이가 나타내는 특성을 보면 다음과 같이 표더하기 조작 메커니즘의 특성이다.

	관내사전득표율 − 당일득표율		
	(+)인 선거구 수	(−)인 선거구 수	계
더불어민주당 후보	60	0	60
국민의힘 후보	0	60	60

관외사전투표

그림 7-8b는 경기지역 60개 선거구에 대한 당일득표율 대비 관외사전득표율 사이의 함수관계를 나타내고 있다. 이 함수관계는 표더하기 조작 메커니즘의 특성을 나타내고 있다.

- 더불어민주당 및 국민의힘 후보에 대한 당일득표율과 관외사전득표율 사이의 함수관계는 선형함수이다. 두 함수의 기울기는 동일하며 1보다 작다. 더불어민주당 후보에 대한 세로축 절편은 0보다 크며, 국민의힘 후보에 대한 세로축 절편은 0이며 원점 (0,0)을 지난다.
- 유권자가 투표한 관외사전투표수 대비 표더하기 조작표 수의 비율은 60개 선거구에 대하여 비슷하나 일정하지는 않다. 선거구별 정확한 조작 메커니즘과 조작표 수 비율은 표수지방정식의 풀이를 통하여 확인할 수 있다.
- 총 60개 선거구 모두에 대하여 관외사전득표율-당일득표율 차이가 나타내는 특성은 다음 표와 같이 표더하기 조작 특성을 나타내고 있다.

	관외사전득표율 − 당일득표율		계
	(+)인 선거구 수	(−)인 선거구 수	
더불어민주당 후보	60	0	60
국민의힘 후보	0	60	60

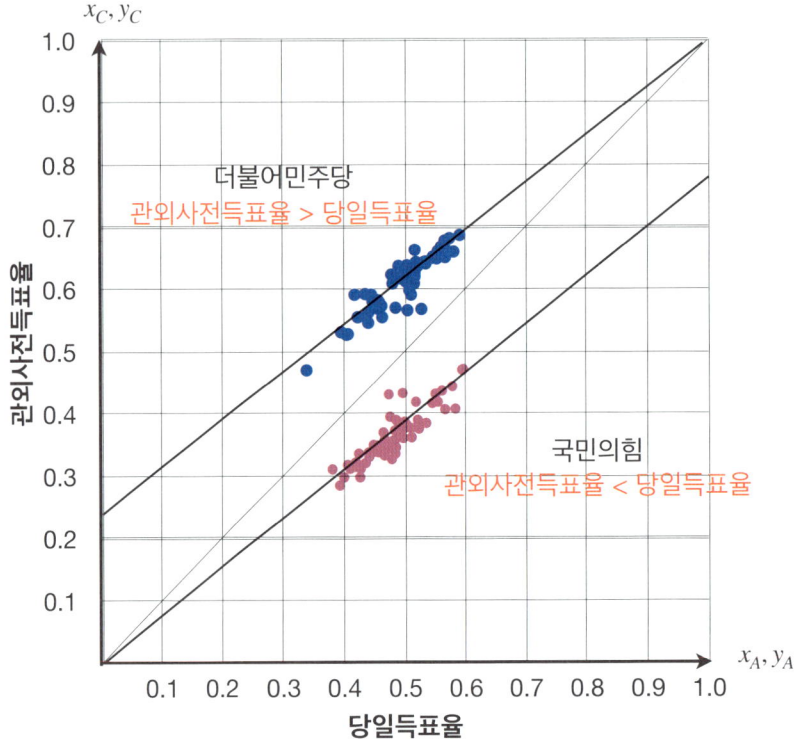

그림 7-8b. 경기지역 60개 선거구에 대한 당일득표율(x_A, y_A) 대비 관외사전득표율(x_C, y_C) 함수 관계
x : 더불어민주당후보득표율, y : 국민의힘후보득표율, A : 당일투표, C : 관외사전투표

선거구투표

그림 7-8c는 경기지역 60개 선거구에 대한 당일득표율 대비 선거구득표율 함수관계를 나타내고 있다. 표더하기 조작 메커니즘의 특성을 모두 나타내고 있다.

- 두 함수의 기울기는 동일하며 1보다 작다. 또한 더불어민주당 후보에 대한 세로축 절편은 0보다 크고, 국민의힘 후보에 대한 세로축 절편은 0이며 원점 (0,0)을 지난다.
- 유권자가 투표한 선거구투표수 대비 표더하기 조작표 수의 비율은 60개 선거구에 대하여 거의 일정하다.

- 총 60개 선거구 모두에 대하여 선거구득표율-당일득표율 차이가 나타내는 특성은 다음 표와 같이 표더하기 조작 특성을 나타내고 있다.

	선거구득표율 − 당일득표율		
	(+)인 선거구 수	(−)인 선거구 수	계
더불어민주당 후보	60	0	60
국민의힘 후보	0	60	60

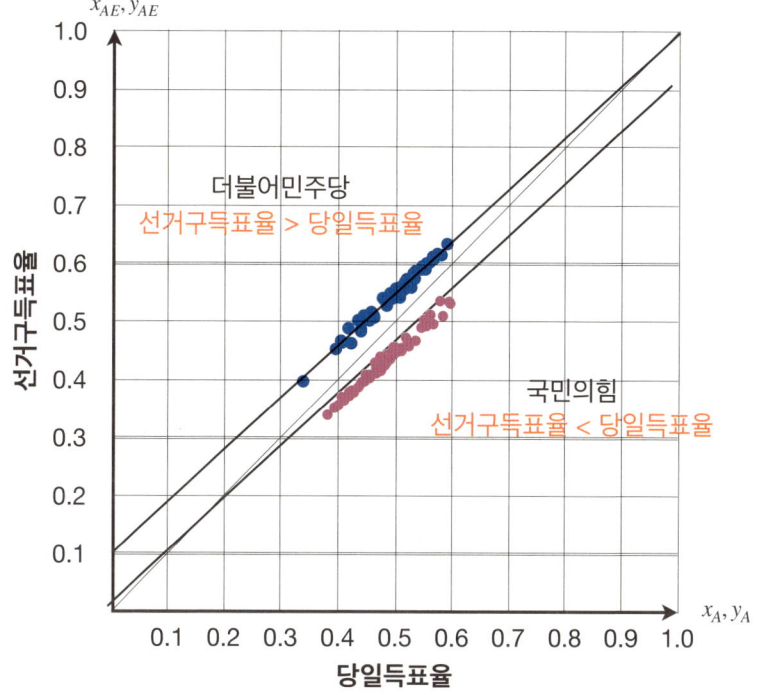

그림 7-8c. 경기지역 60개 선거구에 대한 당일득표율(x_A, y_A) 대비 선거구득표율(x_{AE}, y_{AE}) 함수 관계

x : 더불어민주당후보득표율, y : 국민의힘후보득표율, A : 당일투표, AE : 선거구투표

C. 인천·춘천지역

인천·춘천지역 22개 선거구의 관내사전투표, 관외사전투표 및 선거구투표에 적용된 조작 메커니즘을 규명하여보자.

관내사전투표

그림 7-9a는 인천·춘천지역 22개 선거구에 대한 당일득표율 대비 관내사전득표율 사이의 함수관계를 나타내고 있다. 이 결과는 표더하기 조작 메커니즘의 특성을 모두 나타내고 있다.

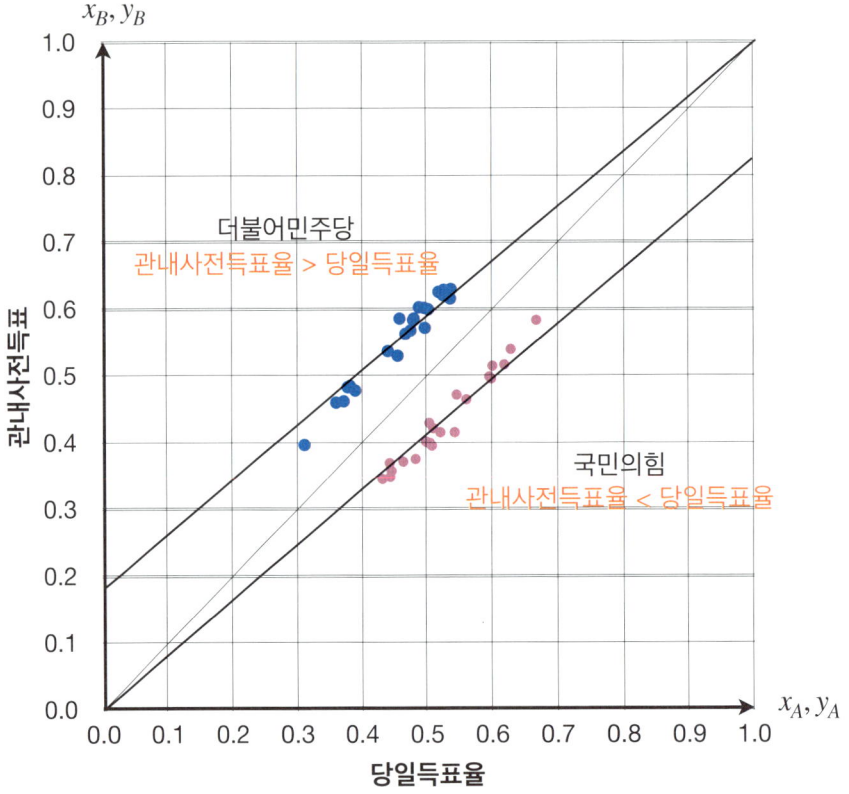

그림 7-9a. 인천·춘천지역 22개 선거구에 대한 당일득표율(x_A, y_A) 대비 관내사전득표율(x_B, y_B) 함수 관계

x : 더불어민주당후보득표율, y : 국민의힘후보득표율, A : 당일투표, B : 관내사전투표

- 더불어민주당 및 국민의힘 후보에 대한 당일득표율과 관내사전득표율 사이의 함수관계는 선형함수이다. 두 함수의 기울기는 동일하며 1보다 작다. 더불어민주당 후보에 대한 세로축 절편은 0보다 크고, 국민의힘 후보에 대한 세로축 절편은 0이며 원점 (0,0)을 지난다.
- 유권자가 투표한 관내사전 투표수 대비 표더하기 조작표 수의 비율은 총 22개 선거구에 대하여 거의 일정하다.
- 총 22개 선거구에 대한 관내사전득표율-당일득표율 차이가 나타내는 특성은 다음 표와 같이 표더하기 조작의 특성이다.

	관내사전득표율 − 당일득표율		
	(+)인 선거구 수	(−)인 선거구 수	계
더불어민주당 후보	22	0	22
국민의힘 후보	0	22	22

관외사전투표

그림 7-9b는 인천·춘천지역 22개 선거구에 대한 당일득표율 대비 관외사전득표율 함수관계를 나타내고 있다. 이 함수관계는 표더하기+표바꾸기 조작 메커니즘의 특성을 나타내고 있다.

- 더불어민주당 및 국민의힘 후보에 대한 당일득표율과 관외사전득표율 사이의 함수관계는 선형함수이다. 두 함수의 기울기는 동일하며 1보다 작다. 더불어민주당 후보에 대한 세로축 절편은 0보다 크며, 국민의힘 후보에 대한 세로축 절편은 0보다 작다. 표더하기+표바꾸기 조작 메커니즘의 특성 중의 하나이다.
- 유권자가 투표한 관외사전 투표수 대비 표더하기 조작표 수 및 표바꾸기 조작표 수의 비율은 22개 선거구에 대하여 비슷하나 일정하지는 않다. 선거구별 정확한 조작 메커니즘과 조작표 수 비율은 표수지연립방정식의 풀이를 통하여 확인할 수 있다.
- 총 22개 선거구 모두에 대하여 관외사전득표율-당일득표율 차이가 나타내는 특성은 다음 표와 같이 표더하기+표바꾸기 조작 특성을 나타내고 있다.

	관외사전득표율 − 당일득표율		
	(+)인 선거구 수	(−)인 선거구 수	계
더불어민주당 후보	22	0	22
국민의힘 후보	0	22	22

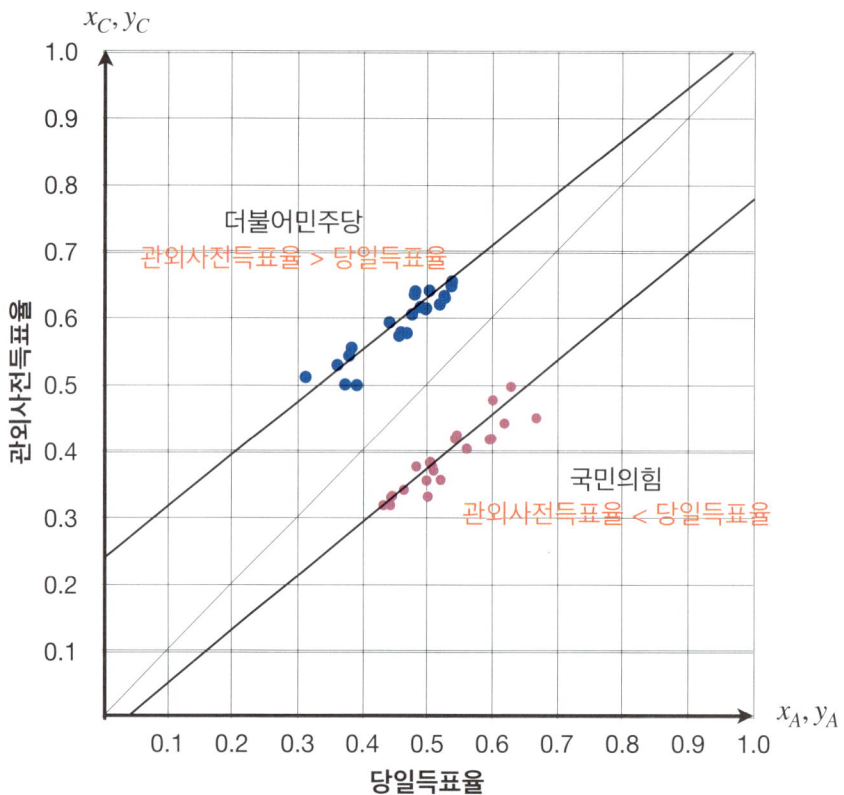

그림 7-9b. 인천·춘천지역 22개 선거구에 대한 당일득표율(x_A, y_A) 대비 관외사전득표율(x_C, y_C) 함수 관계.
x : 더불어민주당후보득표율, y : 국민의힘후보득표율, A : 당일투표, C : 관외사전투표

선거구투표

그림 7-9c는 인천·춘천지역 22개 선거구에 대한 당일득표율 대비 선거구득표율 함수관계를 나타내고 있다. 표더하기+표바꾸기 조작 메커니즘의 특성을 모두 나타내고 있다.

- 두 함수의 기울기는 동일하며 1보다 작다. 또한 더불어민주당 후보에 대한 세로축 절편은 0보다 크고, 국민의힘 후보에 대한 세로축 절편은 0보다 작다. 표더하기+표바꾸기 조작의 주요한 특성이다.
- 유권자가 투표한 선거구투표수 대비 표더하기 조작표수 비율, 표바꾸기 조작표수 비율은 22개 선거구에 대하여 거의 일정하다.

- 인천·춘천지역 22개 선거구 모두에 대하여 선거구득표율-당일득표율 차이는 다음 표와 같이 표더하기+표바꾸기 조작 특성을 나타내고 있다.

	선거구득표율 – 당일득표율		
	(+)인 선거구 수	(−)인 선거구 수	계
더불어민주당 후보	22	0	22
국민의힘 후보	0	22	22

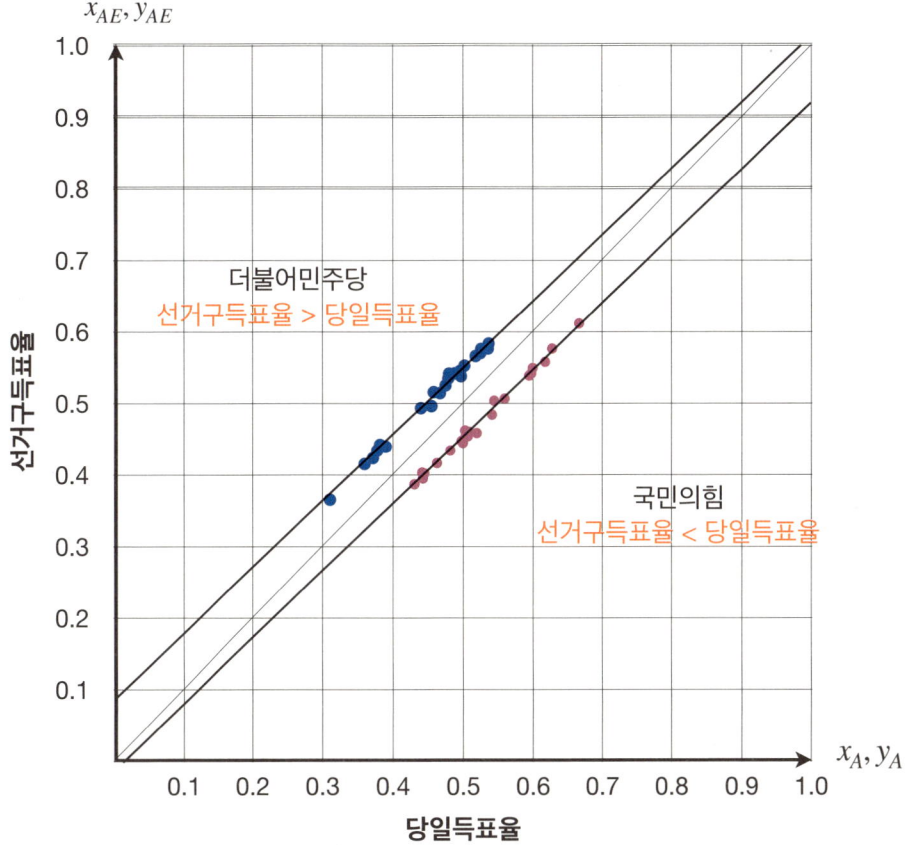

그림 7-9c. 인천·춘천지역 22개 선거구에 대한 당일득표율(x_A, y_A) 대비 선거구득표율(x_{AE}, y_{AE}) 함수 관계

x : 더불어민주당후보득표율, y : 국민의힘후보득표율, A : 당일투표, AE : 선거구투표

D. 대전·세종·충청지역

대전·세종·충청지역 28개 선거구의 관내사전투표, 관외사전투표 및 선거구투표에 적용된 조작 메커니즘을 규명하여보자.

관내사전투표

그림 7-10a는 대전·세종·충청지역 28개 선거구에 대한 당일득표율과 관내사전득표율 사이의 함수관계를 나타내고 있다.

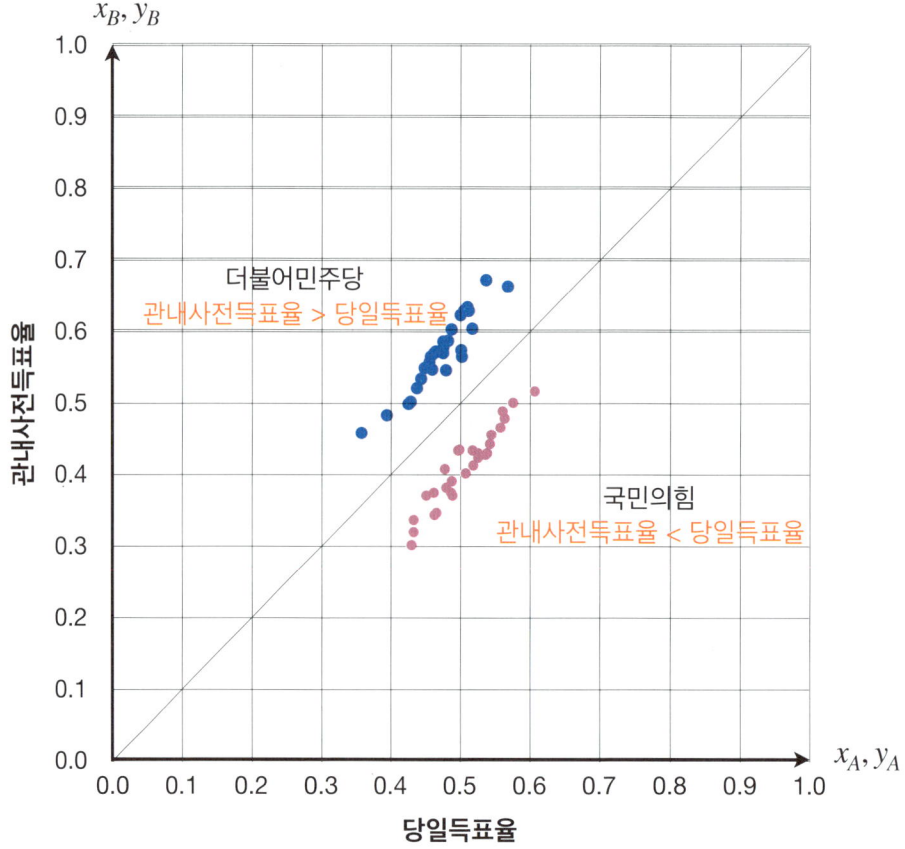

그림 7-10a. 대전·세종·충청지역 28개 선거구에 대한
당일득표율(x_A, y_A) 대비 관내사전득표율(x_B, y_B) 함수 관계.
x : 더불어민주당후보득표율, y : 국민의힘후보득표율, A : 당일투표, B : 관내사전투표

총 선거구에 공통적으로 적용되는 조작 메커니즘을 그림 7-10a로 부터 단정하기는 어렵다. 그러나 조작 메커니즘에 대한 특성을 살펴보면 다음과 같다.

- 대전·세종·충청지역 28개 모든 선거구에 공통적으로 적용되는 조작 메커니즘을 정의하기는 쉽지 않다. 선거구별 조작 메커니즘은 표수지연립방정식 풀이를 통하여 규명할 수 있다.
- 그러나 표더하기, 표바꾸기, 표버리기 조작 메커니즘의 다음의 특성을 확인하였다.

	관내사전득표율 − 당일득표율		
	(+)인 선거구 수	(−)인 선거구 수	계
더불어민주당 후보	28	0	28
국민의힘 후보	0	28	28

관외사전투표

그림 7-10b는 대전·세종·충청지역 28개 선거구에 대한 당일득표율 대비 관외사전득표율 함수관계를 나타내고 있다. 이 함수관계는 표더하기+표바꾸기 조작 메커니즘의 특성이다.

- 더불어민주당 및 국민의힘 후보에 대한 당일득표율과 관외사전득표율 사이의 함수관계는 선형함수이다. 두 함수의 기울기는 동일하며 1보다 작다. 더불어민주당 후보에 대한 세로축 절편은 0보다 크며, 국민의힘 후보에 대한 세로축 절편은 0보다 작다. 표더하기+표바꾸기 조작 특성이다.
- 관외투표에 대한 표더하기 조작 비율과 표바꾸기 조작 비율은 28개 선거구에 대하여 일정하지는 않다. 선거구별 정확한 조작 비율은 표수지연립방정식의 풀이를 통하여 규명할 수 있다.
- 총 28개 선거구에 대한 관외사전득표율−당일득표율 차이에 대한 다음 표의 특성은 표더하기+표바꾸기 조작의 특성을 나타내고 있다.

	관외사전득표율 − 당일득표율		
	(+)인 선거구 수	(−)인 선거구 수	계
더불어민주당 후보	28	0	28
국민의힘 후보	0	28	28

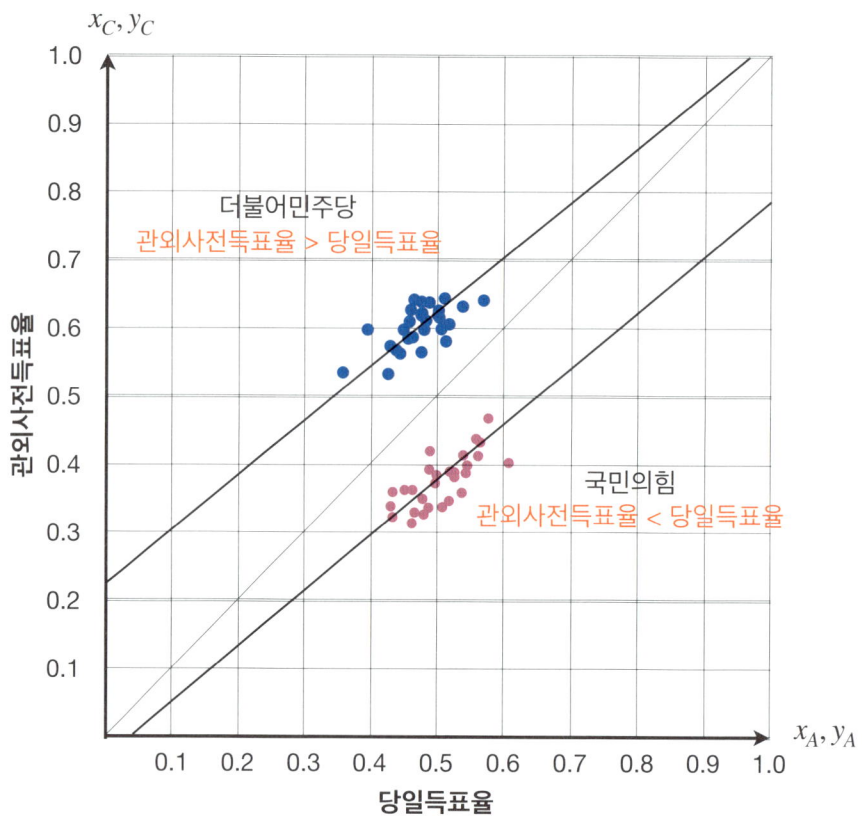

그림 7-10b. 대전·세종·충청지역 28개 선거구에 대한 당일득표율(x_A, y_A) 대비 관외사전득표율(x_C, y_C) 함수 관계

x : 더불어민주당후보득표율, y : 국민의힘후보득표율, A : 당일투표, C : 관외사전투표

선거구투표

그림 7-10c는 대전·세종·충청지역 28개 선거구에 대한 당일득표율 대비 선거구득표율 함수관계를 나타내고 있다. 함수관계는 표더하기+표바꾸기 조작 메커니즘의 특성을 보여 준다.

- 두 함수의 기울기는 동일하며 1보다 작다. 또한 더불어민주당 후보에 대한 세로축 절편은 0보다 크고, 국민의힘 후보에 대한 세로축 절편은 0보다 작다. 표더하기+표바꾸기 조작의 주요 특성이다.
- 선거구에 대한 표더하기 조작표 비율 및 표바꾸기 조작표 비율은 28개 선거구에 대하여 거의 일성하다.

- 대전·세종·충청지역 28개 선거구 모두에 대하여 선거구득표율-당일득표율 차이가 나타내는 특성은 다음 표와 같이 표더하기+표바꾸기 조작 특성을 나타낸다.

	선거구득표율 − 당일득표율		
	(+)인 선거구 수	(−)인 선거구 수	계
더불어민주당 후보	28	0	28
국민의힘 후보	0	28	28

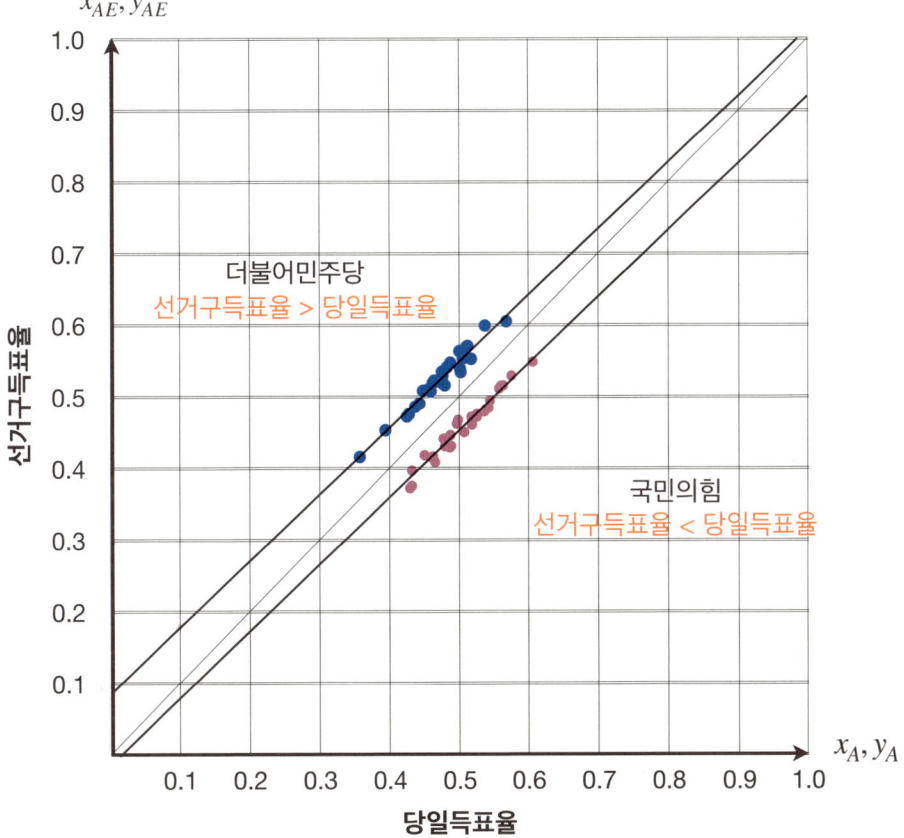

그림 7-10c. 대전·세종·충청지역 28개 선거구에 대한
당일득표율(x_A, y_A) 대비 선거구득표율(x_{AE}, y_{AE}) 함수 관계.
x : 더불어민주당후보득표율, y : 국민의힘후보득표율, A : 당일투표, AE : 선거구투표

E. 제주·광주·호남지역

제주·광주·호남지역 31개 선거구의 관내사전투표, 관외사전투표 및 선거구투표에 적용된 조작 메커니즘을 규명하여보자.

관내사전투표

그림 7-11a는 제주·광주·호남지역 31개 선거구에 대한 당일득표율 대비 관내사전득표율 함수관계를 나타내고 있다. 표더하기 조작 메커니즘의 특성을 나타내고 있다.

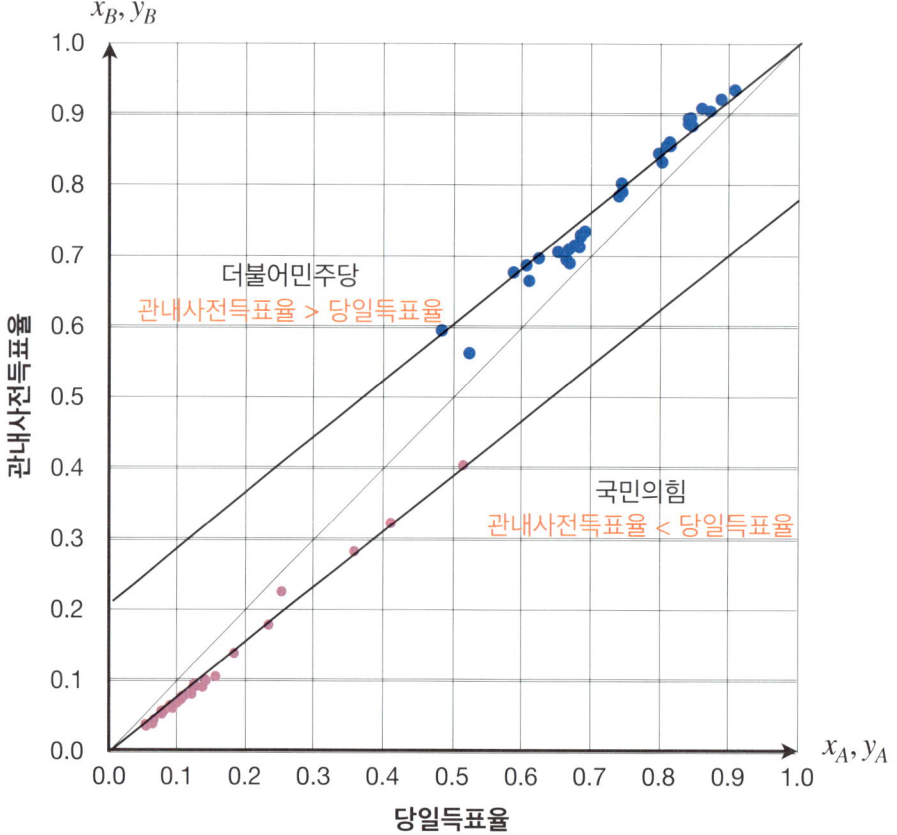

그림 7-11a. 제주·광주·호남지역 31개 선거구에 대한 당일득표율(x_A, y_A) 대비 관내사전득표율(x_B, y_B) 함수 관계

x는 더불어민주당후보득표율, y는 국민의힘후보득표율, A는 당일투표, B는 관내사전투표

- 더불어민주당 및 국민의힘 후보에 대한 함수관계는 선형함수이며, 기울기는 동일하고 1보다 작다. 더불어민주당 후보에 대한 세로축 절편은 0보다 크고, 국민의힘 후보에 대한 세로축 절편은 0이고 원점 (0,0)을 지난다.
- 표더하기 조작 비율은 31개 선거구에 대하여 거의 일정하다.
- 총 31개 선거구에 대한 관내사전득표율-당일득표율 차이는 표더하기 조작 특성을 나타낸다.

	관내사전득표율 - 당일득표율		
	(+)인 선거구 수	(−)인 선거구 수	계
더불어민주당 후보	31	0	31
국민의힘 후보	0	31	31

관외사전투표

그림 7-11b는 제주·광주·호남지역 31개 선거구에 대한 당일득표율 대비 관외사전득표율 함수관계를 나타내고 있다. 이 함수관계는 다음과 같이 표더하기 조작 메커니즘의 특성을 나타내고 있다.

- 더불어민주당 및 국민의힘 후보에 대한 당일득표율과 관외사전득표율 사이의 함수관계는 선형함수이다. 두 함수의 기울기는 1보다 작으며 동일하다. 더불어민주당 후보에 대한 세로축 절편은 0보다 크며, 국민의힘 후보에 대한 세로축 절편은 0이며 원점 (0,0)을 지난다. 표더하기 조작 특성 중의 하나이다.
- 관외사전투표에 대한 표더하기 조작 비율은 31개 선거구에서 거의 동일하다.
- 관외사전득표율-당일득표율 차이는 다음 표와 같이 표더하기 조작의 특성을 나타낸다.

	관외사전득표율 - 당일득표율		
	(+)인 선거구 수	(−)인 선거구 수	계
더불어민주당 후보	31	0	31
국민의힘 후보	0	31	31

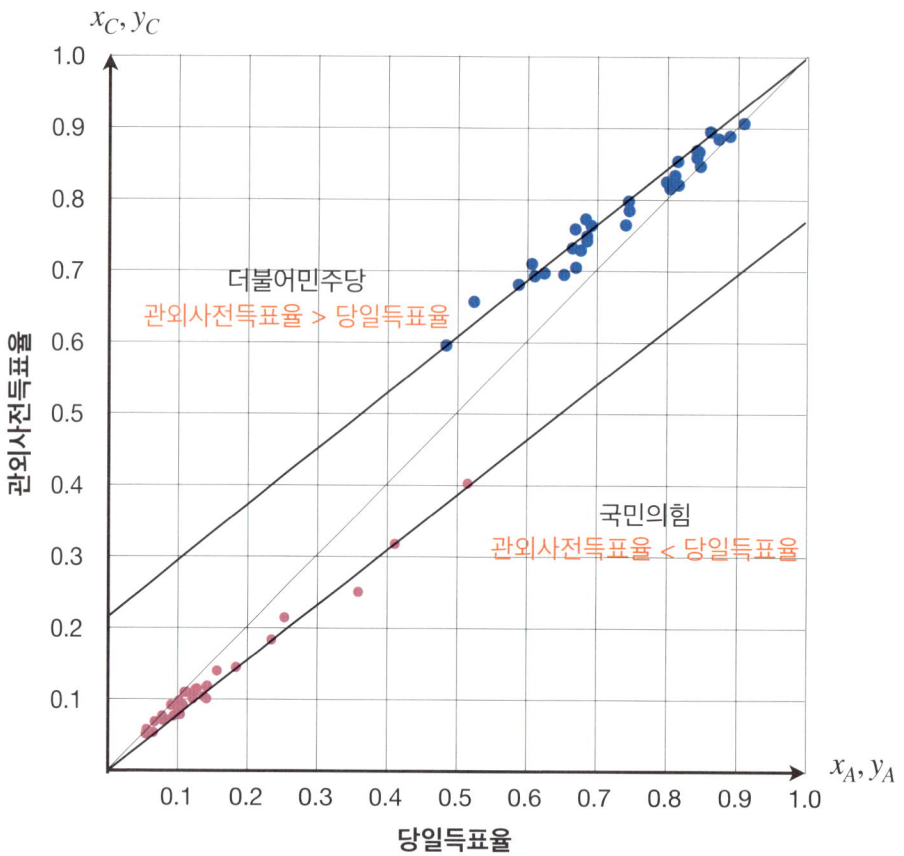

그림 7-11b. 제주·광주·호남지역 31개 선거구에 대한
당일득표율(x_A, y_A) 대비 관외사전득표율(x_C, y_C) 함수 관계
x : 더불어민주당후보득표율, y : 국민의힘후보득표율, A : 당일투표, C : 관외사전투표

선거구투표

그림 7-11c는 제주·광주·호남지역 31개 선거구에 대한 당일득표율 대비 선거구득표율 함수관계를 나타내고 있다.

- 두 함수의 기울기는 동일하며 1보다 작다. 더불어민주당 후보에 대한 세로축 절편은 0보다 크고, 국민의힘 후보에 대한 세로축 절편은 0이며 원점 (0,0)을 지난다. 표더하기 조작의 주요 특성이다.
- 표더하기 조작표수 비율 31개 선거구에 대하여 거의 일정하다.
- 제주·광주·호남지역 31개 선거구 모두에 대하여 선거구득표율−당일득표율 차이가 나타내는 특성은 다음 표와 같이 표바꾸기 조작 특성을 나타낸다.

	선거구득표율 - 당일득표율		
	(+)인 선거구 수	(−)인 선거구 수	계
더불어민주당 후보	31	0	31
국민의힘 후보	0	31	31

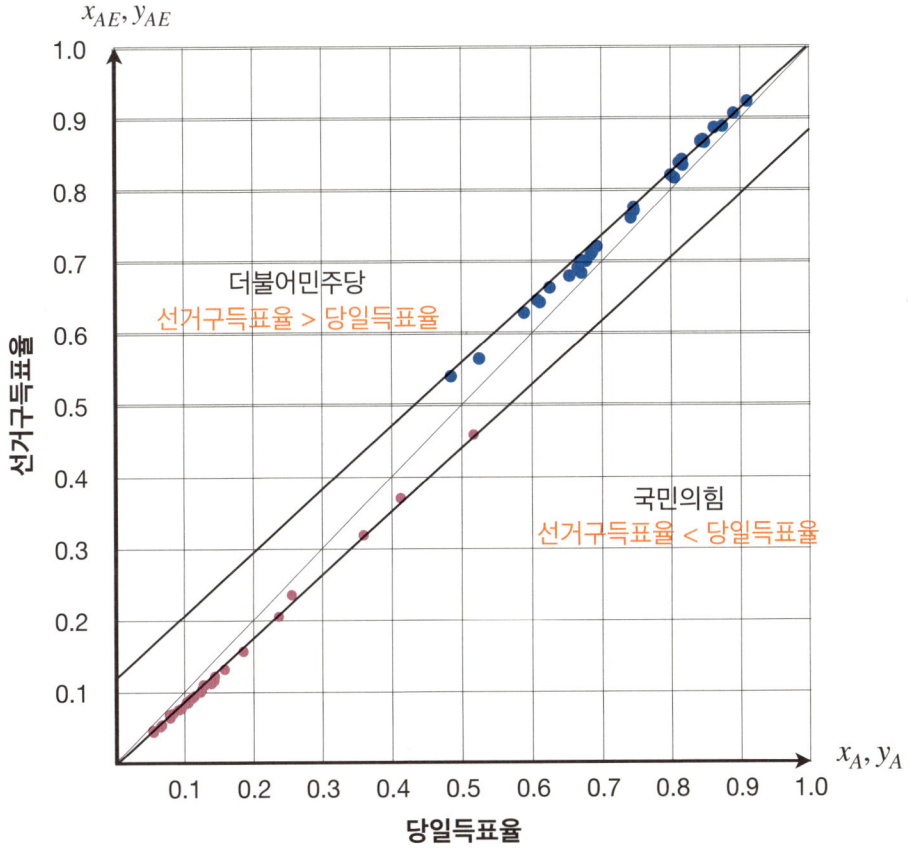

그림 7-11c. 제주·광주·호남지역 31개 선거구에 대한
당일득표율(x_A, y_A) 대비 선거구득표율(x_{AE}, y_{AE}) 함수 관계
x : 더불어민주당후보득표율, y : 국민의힘후보득표율, A : 당일투표, AE : 선거구투표

F. 대구·경북지역

대구·경북지역 25개 선거구의 관내사전투표, 관외사전투표 및 선거구투표에 적용된 조작 메커니즘을 규명하여보자.

관내사전투표

그림 7-12a는 대구·경북지역 25개 선거구에 대한 당일득표율과 관내사전득표율 사이의 함수관계를 나타내고 있다.

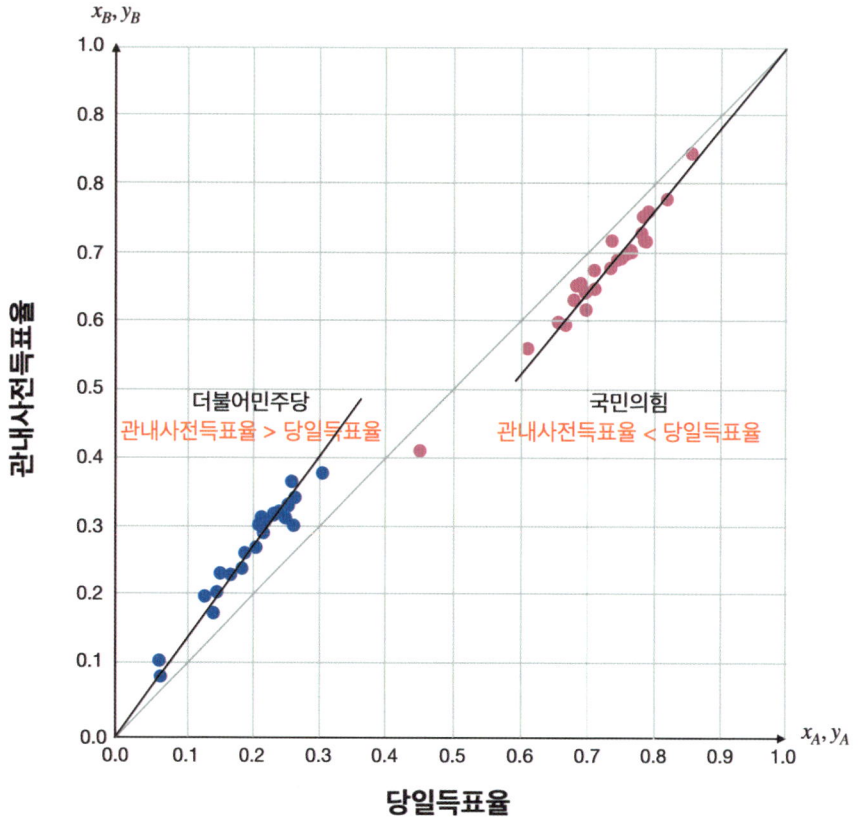

그림 7-12a. 대구·경북지역 25개 선거구에 대한
당일득표율(x_A, y_A) 대비 관내사전득표율(x_B, y_B) 함수 관계
x, y : 더불어민주당, 국민의힘 후보 득표율, A : 당일투표, B : 관내사전투표

총 25개 선거구의 관내사전투표에 적용된 외형적 조작 메커니즘은 표버리기 조작 메커니즘으로 보이나, 공통적으로 적용되는 조작 메커니즘을 정확히 단정하기는 어렵다. 정확한 조작 메커니즘은 선거구별 선거동에 따른 당일득표율과 관내사전득표율 사이의 함수관계로 부터 규명하여야 한다. 그러나 조작 메커니즘에 대한 다음 표의 특성을 나타내고 있다.

	관내사전득표율 − 당일득표율		
	(+)인 선거구 수	(−)인 선거구 수	계
더불어민주당 후보	25	0	25
국민의힘 후보	0	25	25

관외사전투표

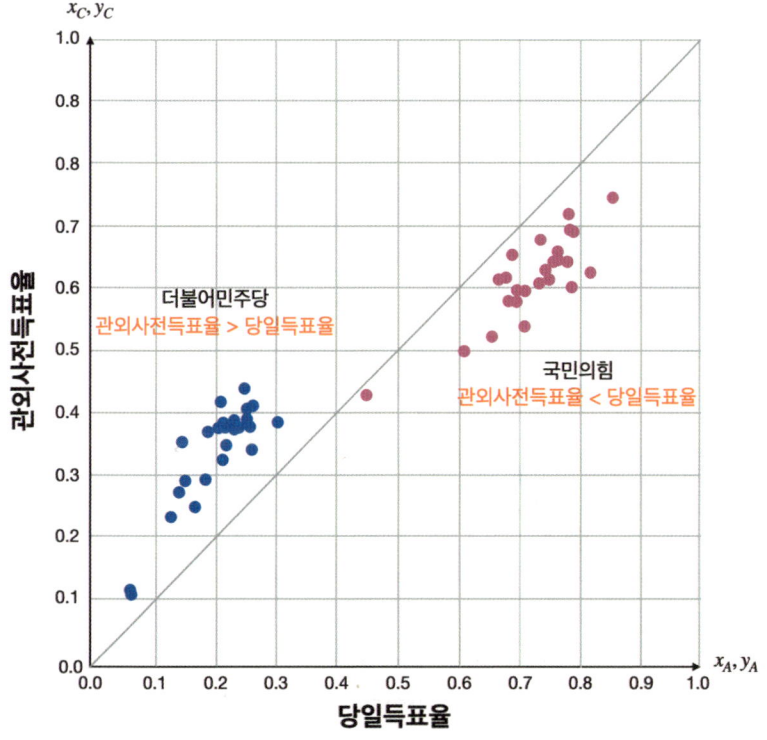

그림 7-12b. 대구·경북지역 25개 선거구에 대한
당일득표율(x_A, y_A) 대비 관외사전득표율(x_C, y_C) 함수 관계
x, y : 더불어민주당, 국민의힘 후보 득표율, A: 당일투표, C: 관외사전투표

그림 7-12b는 대구·경북지역 25개 선거구에 대한 당일득표율과 관외사전득표율 사이의 함수관계를 나타내고 있다. 총 25개 선거구의 관외사전투표에 공통적으로 적용된 조작 메커니즘을 정확히 단정하기는 어렵다. 정확한 조작 메커니즘은 선거구별 선거동에 따른 당일득표율과 관외사전득표율 사이의 함수관계와 표수지연립방정식 풀이를 통하여 규명하여야 한다. 그러나 조작 메커니즘에 대한 다음 표의 특성을 확인할 수 있었다.

	관외사전득표율 − 당일득표율		
	(+)인 선거구 수	(−)인 선거구 수	계
더불어민주당 후보	25	0	25
국민의힘 후보	0	25	25

선거구투표

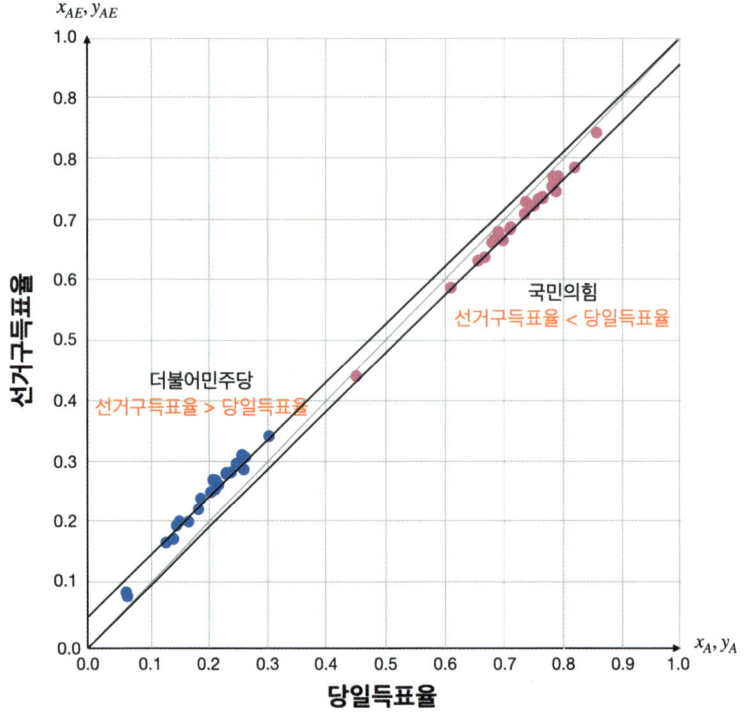

그림 7-12c. 대구·경북지역 25개 선거구에 대한
당일득표율(x_A, y_A) 대비 선거구득표율(x_{AE}, y_{AE}) 함수 관계
x, y : 더불어민주당, 국민의힘 후보 득표율, A : 당일투표, AE : 선거구투표

그림 7-12c는 대구·경북지역 25개 선거구에 대한 당일득표율과 선거구득표율 사이의 함수관계를 나타내고 있다. 총 25개 선거구투표에 적용되는 공통 조작 메커니즘은 표더하기 조작 메커니즘의 특성을 나타내고 있다.

- 더불어민주당 후보 및 국민의힘 후보에 대한 함수관계는 선형함수이다. 두 후보에 대한 함수식의 기울기는 동일하며 1보다 작다. 더불어민주당 후보에 대한 세로축의 절편은 0보다 크고, 국민의힘 후보에 대한 세로축의 절편은 0이고 원점 (0,0)을 지난다. 표더하기 조작의 특성이다.
- 표더하기 조작 비율은 25개 선거구에 대하여 일정하다.
- 대구·경북지역 25개 선거구에 대하여 선거구득표율-당일득표율 차이가 나타내는 특성은 다음 표와 같이 표더하기 조작 특성을 나타낸다.

	선거구득표율 − 당일득표율		
	(+)인 선거구 수	(−)인 선거구 수	계
더불어민주당 후보	25	0	25
국민의힘 후보	0	25	25

G. 부산·울산·경남지역

부산·울산·경남지역 40개 선거구의 관내사전투표, 관외사전투표 및 선거구투표에 적용된 조작 메커니즘을 규명하여보자.

관내사전투표

그림 7-13a는 부산·울산·경남지역 40개 선거구에 대한 당일득표율과 관내사전득표율 사이의 함수관계를 나타내고 있다. 총 40개 선거구에 적용된 외형적 조작 메커니즘은 표버리기 조작 메커니즘이며 다음의 표버리기 조작 특성이 나타난다.

- 더불어민주당 후보 및 국민의힘 후보에 대한 당일득표율과 관내사전득표율 사이의 함수관계는 선형함수이다. 두 후보에 대한 선형함수의 기울기는 1보다 크다. 더불어민주당 후보에 대한 세로축의 절편은 0이며 원점 (0,0)을 지난다.
- 총 40개의 선거구에 대한 표버리기 조작표수 비율은 일정하지 아니하다.
- 정확한 조작 메커니즘은 선거구별 선거동에 따른 함수관계와 표수지연립방정식의 풀이를 통하여 규명하여야 한다.
- 표버리기 조작 메커니즘에 대한 다음의 특성을 나타낸다.

	관내사전득표율 − 당일득표율		
	(+)인 선거구 수	(−)인 선거구 수	계
더불어민주당 후보	40	0	40
국민의힘 후보	0	40	40

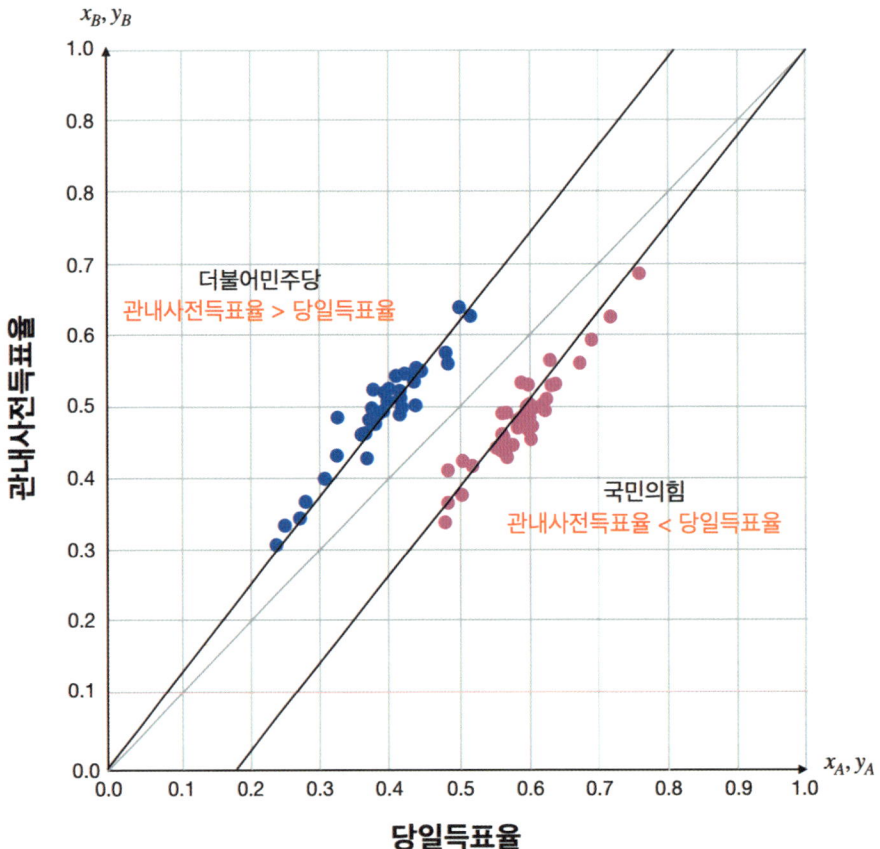

그림 7-13a. 부산·울산·경남지역 40개 선거구에 대한
당일득표율(x_A, y_A) 대비 관내사전득표율(x_B, y_B) 함수 관계
x, y : 더불어민주당, 국민의힘 후보 득표율, A : 당일투표, B : 관내사전투표

관외사전투표

그림 7-13b는 부산·울산·경남지역 40개 선거구에 대한 당일득표율과 관외사전득표율 사이의 함수관계를 나타내고 있다.

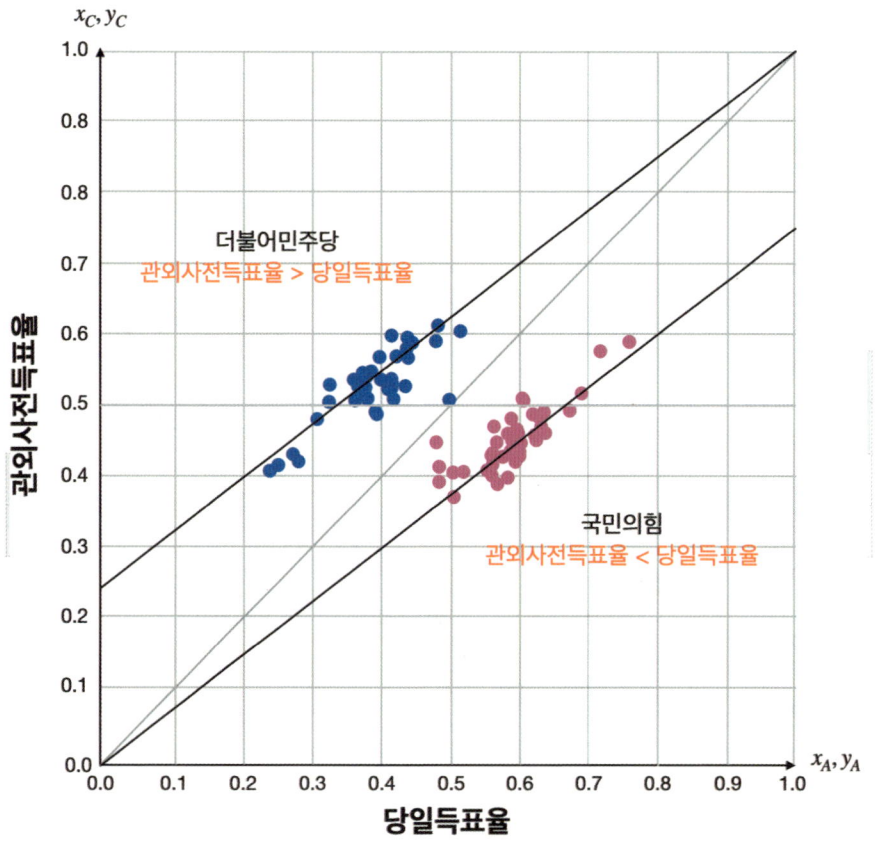

그림 7-13b. 부산·울산·경남지역 40개 선거구에 대한
당일득표율(x_A, y_A) 대비 관외사전득표율(x_C, y_C) 함수 관계
x, y : 더불어민주당, 국민의힘 후보 득표율, A : 당일투표, C : 관외사전투표

그림 7-13b의 함수관계는 다음과 같이 표더하기 조작 메커니즘의 특성을 나타낸다.
- 더불어민주당 후보 및 국민의힘 후보에 대한 당일득표율과 관외사전득표율 사이의 함수관계는 선형함수이고 두 후보에 대한 기울기는 동일하고 1보다 작다. 더불어민주당 후보에 대한 세로축의 절편은 0보다 크며, 국민의힘 후보에 대한 세로축의 절편은 0이고 원점 (0,0)을 지난다.
- 표더하기 조작표수 비율은 40개 선거구에 대하여 일정하지 아니하다.

- 관외사전득표율-당일득표율 차이는 다음 표와 같이 표더하기 조작 특성을 나타낸다.

	관외사전득표율 − 당일득표율		
	(+)인 선거구 수	(−)인 선거구 수	계
더불어민주당 후보	40	0	40
국민의힘 후보	0	40	40

선거구투표

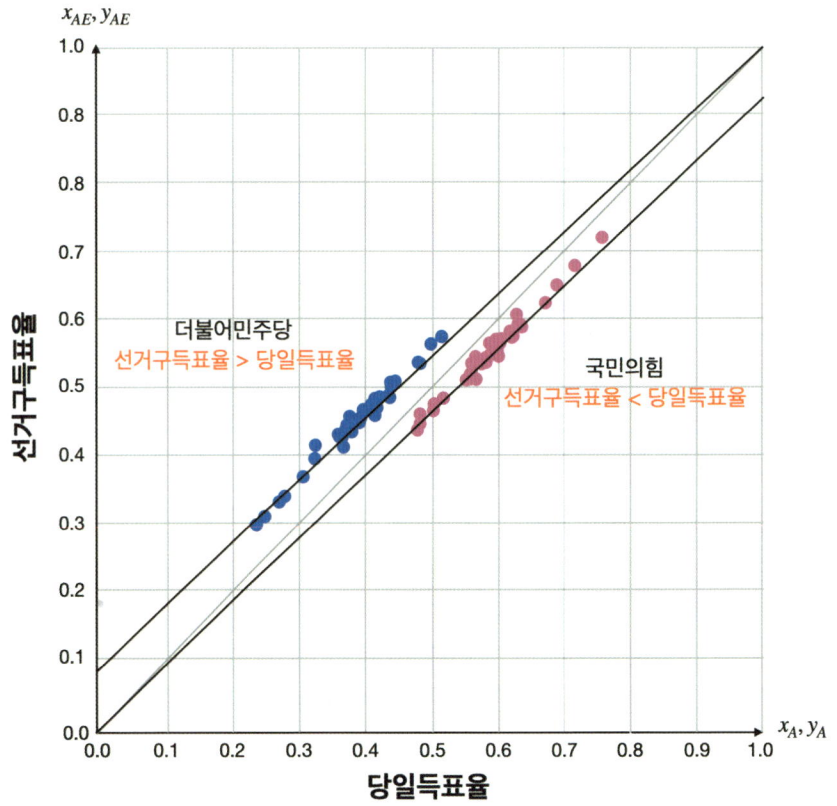

그림 7-13c. 부산·울산·경남지역 40개 선거구에 대한
당일득표율(x_A, y_A) 대비 선거구득표율(x_{AE}, y_{AE}) 함수 관계
x, y : 더불어민주당, 국민의힘 후보 득표율, A : 당일투표, AE : 선거구투표

그림 7-13c의 부산·울산·경남지역 40개 선거구에 대한 당일득표율과 선거구득표율 사이의 함수관계는 다음과 같이 표더하기 조작 메커니즘의 특성을 나타낸다.

- 더불어민주당 후보 및 국민의힘 후보에 대한 당일득표율과 선거구득표율 사이의 함수관계는 선형함수이다. 두 후보에 대한 함수식의 기울기는 동일하며 1보다 작다. 더불어민주당 후보에 대한 세로축의 절편은 0보다 크며, 국민의힘 후보에 대한 세로축의 절편은 0이며 원점 (0,0)을 지난다. 표더하기 조작 메커니즘의 특성이다.
- 총 40개 선거구에 대한 표더하기 조작표수 비율은 거의 일정하였다.
- 후보별 선거구득표율-당일득표율 차이는 다음 표와 같이 표더하기 조작 메커니즘의 특성을 나타낸다.

	선거구득표율 − 당일득표율		
	(+)인 선거구 수	(−)인 선거구 수	계
더불어민주당 후보	40	0	40
국민의힘 후보	0	40	40

Part IV

대수의 법칙 검증

흰 구름 푸른 구름

강소천 작사
한용희 작곡

마음이 갑갑할 땐 언덕에 올라
푸른 하늘 바라보자 구름을 보자
저 산 너머 하늘 아랜 그 누가 사나
나도 어서 저 산을 넘고 싶구나

푸른 구름 흰 구름에 흰 돛을 달아
산 너머 저 하늘에 띄워 보내자
내 마음 펄럭이는 흰 돛이 되어
달나라 별나라를 맘대로 가자

Part IV에 대한 개괄

선관위는 선거가 종료되면 선거통계시스템이라는 데이터베이스를 통하여 선거결과를 공포한다. Part IV에서는 선관위가 발표한 선거통계시스템 자료를 사용하여 통계학적 공리(대수의 법칙)를 체계적으로 규명한다. 그 규명과정을 요약 정리하면 다음과 같다.

1. 조작 메커니즘에 대한 당일득표율과 사전득표율 사이의 함수관계

제21대 및 제22대 총선결과의 분석을 통하여 규명한 기본 조작 메커니즘에는 표더하기, 표버리기 및 표바꾸기 조작 메커니즘이 있으며, 복합 조작 메커니즘에는 표더하기+표바꾸기 조작 메커니즘과 표버리기+표바꾸기 조작 메커니즘이 있다. 각 기본 조작 메커니즘은 당일득표율과 사전득표율 사이에 대하여 다음과 같은 특이한 함수관계를 나타낸다.

조작 메커니즘에 따른 당일득표율과 사전득표율 사이의 함수관계

당일득표율 - 사전득표율 차이	더불어민주당 후보	국민의힘 후보	기타 후보
표더하기 조작 메커니즘	+	−	−
표버리기 조작 메커니즘	+	−	+
표바꾸기 조작 메커니즘	+	−	0

2. 통계학적 공리 (대수의 법칙) 검증 과정

제21대 총선결과와 제22대 총선결과를 분석하면 관내사전투표에서의 주된 조작 메커니즘은 표더하기 조작 메커니즘이며, 관외사전투표에서의 주된 조작 메커니즘은 표버리기 조작 메커니즘과 표더하기 조작 메커니즘이다. 표더하기 조작 메커니즘은 유권자가 투표한 실제 투표수 이외에 외부로부터 유령표가 더불어민주당 후보에게 첨가되는 조작 메커니즘이다. 이 경우 국민의힘 후보와 기타 후보의 득표수는 조작 전과후에 변화가 없다. 표버리기 조작 메커니즘은 국민의힘 후보가 유권자로부터 획득한 실제득표수 중 일부를 제거하는 조작으로, 국민의힘 후보의 득표수는 조직전 득표수보다 조작후 득표수는 감소한다. 반면 더불어민주당 후보와 기타 후보의 득표수는 조작전후 변화가 없다. 표바꾸기 조작 메커니즘은 국민의힘 후보가 실제로 획득한 득표수 중 일부를 제거하고

동일한 표 수를 더불어민주당 후보에게 첨가하여 주는 조작이다. 그러나 기타 후보의 득표수는 변하지 않는다. 그 결과 선관위가 발표한 더불어민주당 후보의 득표수는 조작전 득표수보다 증가하나 국민의힘 후보의 득표수는 조작전 득표수보다 감소하며, 기타 후보의 득표수는 조작전후 변화가 없다.

조작 메커니즘이 적용된 선거구의 선거결과로부터 통계학적 공리(대수의 법칙)를 검증하는 과정은 세 단계의 과정으로 구축되어 있으며, 이 과정을 통하여 대수의 법칙을 검증한다. 첫 번째 과정은 조작이 적용된 선거구의 투표결과로부터 조작이 적용된 더불어민주당 후보와 조작이 없는 기타 후보로 구성된 표더하기 조작표본과 조작이 없는 국민의힘 후보와 기타 후보로 구성된 조작없는 표본으로 분리하는 과정이다. 두 번째 과정은 조작 표본과 조작이 없는 표본에 대한 후보별 당일득표율과 사전득표율을 산출하는 과정이다. 마지막 과정은 조작이 있는 표본에 대한 후보별 당일득표율과 사전득표율이 서로 동일하지 않다는 것을 규명하는 과정과 조작이 없는 표본에 대한 후보별 당일득표율과 사전득표율이 서로 동일하다는 것을 규명하는 과정이다. 다음 표는 이 과정을 요약 정리한 것이다.

통계학적 공리 (대수의법칙) 검증 과정

	조작이 있는 표본		조작이 없는 표본	
	구성 후보	당일득표율 대비 사전득표율	구성 후보	당일득표율 대비 사전득표율
표더하기 조작	더불어민주당 + 기타	더불어민주당 후보 당일득표율 < 사전득표율 기타 후보 당일득표율 > 사전득표율	국민의힘 + 기타	국민의힘 후보 당일득표율 ≒ 사전득표율 기타 후보 당일득표율 ≒ 사전득표율
표버리기 조작	국민의힘 + 기타	국민의힘 후보 당일득표율 > 사전득표율 기타 후보 당일득표율 < 사전득표율	더불어민주당 + 기타	더불어민주당 후보 당일득표율 ≒ 사전득표율 기타 후보 당일득표율 ≒ 사전득표율
평가	조작이 있는 표본인 경우 후보별 당일득표율 ≒ 사전득표율 이라는 대수의 법칙이 성립되지 아니한다		조작이 없는 표본인 경우 후보별 당일득표율 ≒ 사전득표율 이라는 대수의 법칙이 성립한다	
검증과정 종합	다음 페이지에 통계학적 공리 검증이 종합적으로 제시되어 있다			

통계학적 공리 (대수의 법칙) 검증과정 종합

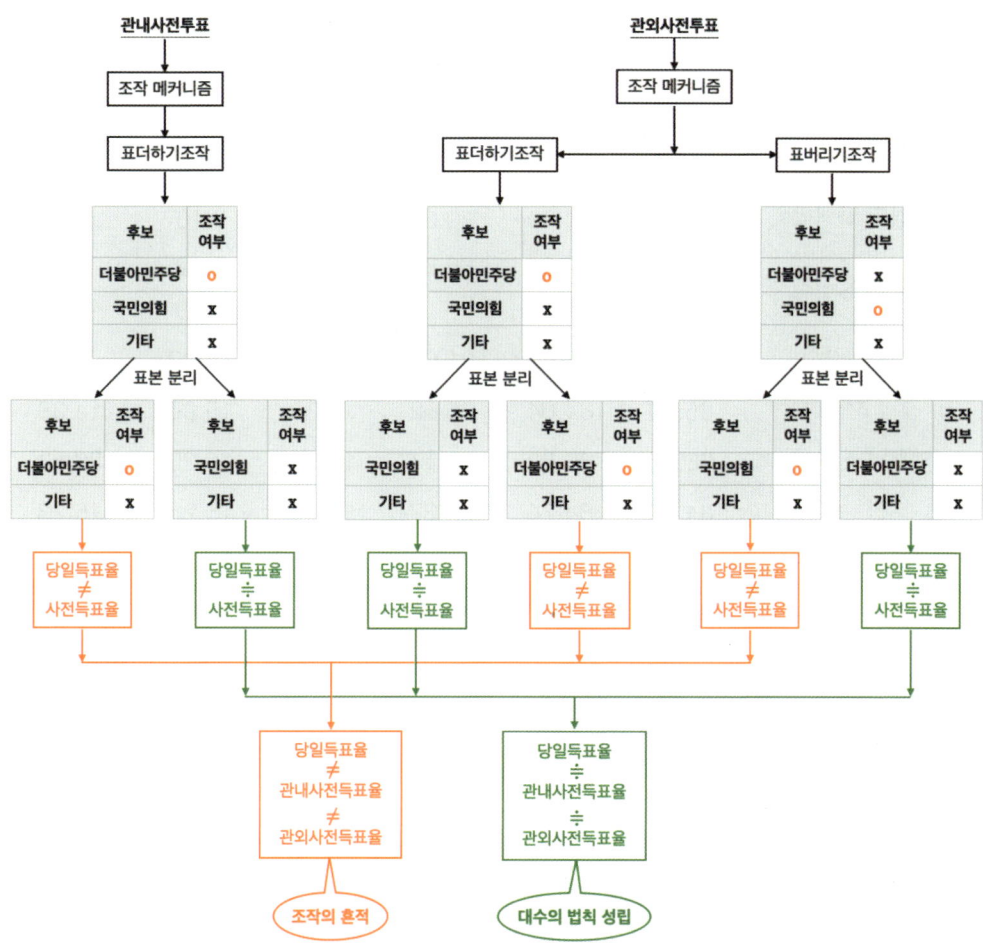

3. 당일득표율 ≒ 관내득표율 ≒ 관외득표율의 실례

표더하기 조작이 적용된 선거구 선정 조건

(+, 0, −)	더불어민주당 후보	국민의힘 후보	기타 후보
관내사전득표율 - 당일득표율	+	−	−
관외사전득표율 - 당일득표율	+	−	−

관내 및 관외 사전투표에 대하여 위의 조건을 만족시키는 표더하기 조작 선거구 13곳을 선정하면 다음 표와 같다.

당일득표율 ≒ 관내사전득표율 ≒ 관외사전득표율의 대수의 법칙이 성립하는 선거구 사례

득표율 (%)	국민의힘 후보			기타 후보		
	당일	관내	관외	당일	관내	관외
1. 서울 성북갑	88.79	88.22	86.41	11.21	11.78	13.59
2. 경기 양산을	86.46	88.05	84.90	13.54	11.95	15.10
3. 경기 하남을	90.14	90.90	90.59	9.86	9.10	9.41
4. 경기 용산갑	88.53	87.64	86.85	6.17	6.52	7.80
				5.30	5.83	5.36
5. 경북 경주	87.87	87.80	91.05	12.13	12.20	8.95
6. 경남 창원성산	85.70	84.04	85.62	14.30	15.96	14.38
7. 경남 진주을	80.36	80.80	79.17	19.64	19.20	20.83
8. 부산 수영구	84.69	84.74	83.27	15.31	15.26	16.73
9. 대구 중구남구	78.16	79.19	78.63	21.84	20.81	21.37
10. 대전 유성을	92.66	92.27	91.79	7.34	7.73	8.21
11. 울산 남구갑	94.72	94.39	94.09	5.28	5.61	5.91
12. 세종 세종을	86.81	85.24	85.06	10.12	11.45	11.06
				3.07	3.31	3.88
13. 충북 제천단양	84.62	84.07	85.63	7.18	7.28	7.08
				8.20	8.65	7.28

이 표와 같이 선거구에 대한 조작이 없는 표본의 후보별 당일, 관내사전 및 관외사전 득표율을 산출하면 다음의 통계학적 공리인 대수의 법칙이 성립함을 확인할 수 있다.

당일득표율 ≒ 관내사전득표율 ≒ 관외사전득표율

Chapter 8

대수의 법칙 검증에 대한 개념

전국 254개 선거구에 대한 후보별 관내사전득표율-당일득표율 차이를 분석해보면, 더불어민주당 후보인 경우 총 출마 245개 선거구에서 +10% 내외의 차이를 나타내며, 국민의힘 후보인 경우 총 출마 254개 선거구에서 -10% 내외의 차이를 나타낸다. 관외사전득표율-당일득표율 차이인 경우에도 더불어민주당 후보의 차이는 전 출마 선거구에서 +10% 내외를, 국민의힘 후보의 차이는 -10% 내외를 나타낸다. 이와같은 결과는 전국 254개 모든 선거구에서 다음의 대수의 법칙에 크게 위배되는 결과이다.

당일득표율 ≒ 관내사전득표율 ≒ 관외사전득표율

따라서 관내사전투표 및 관외사전투표에 대하여 위의 대수의 법칙이 충족된다는 사실을 규명하려면, (1) 관내사전투표와 관외사전투표에 적용된 조작 메커니즘을 규명하여야 하며, (2) 관내사전투표 및 관외사전투표에서 조작이 적용되지 않은 후보로 구성된 표본을 구축한 후, (3) 이 표본에 대한 대수의 법칙을 검증하는 과정이 필요하다.

<표 8-1> 득표수 조작 메커니즘, 조작 방법 및 조작이 적용되지 않은 후보

	조작 방법	조작이 적용되지 않은 후보
표더하기 조작	외부로부터 더불어민주당 후보에게 유령후보를 첨가하는 조작	국민의힘 후보 기타 후보
표버리기 조작	국민의힘 후보의 득표수 중 일부를 제거하는 조작	더불어민주당 후보 기타 후보
표바꾸기 조작	국민의힘 후보의 득표수 중 일부를 제거한 후 동일한 표수의 유령표를 더불어민주당 후보에 첨가하는 조작	기타 후보
표더하기+표바꾸기 조작	표더하기조작과 표바꾸기 조작이 동시에 실행되는 조작	기타 후보
표바꾸기+표바꾸기 조작	표버리기조작과 표바꾸기 조작이 동시에 실행되는 조작	기타 후보

〈표 8-1〉은 다섯 가지 조작 메커니즘에 대한 조작 방법과 조작이 적용되지 않은 후보를 정리한 표이다. 다섯 종류의 조작 중 주된 조작은 표더하기 조작, 표버리기 조작 및 표바꾸기 조작이다. 이 세 가지 조작에 대한 대수의 법칙을 다음의 과정으로 검증하고자 한다. 첫째로 대수의 법칙 검증 과정에 대한 개념을 정립한다. 둘째로 정립된 개념을 사용하여 선거구의 선거결과에 대한 대수의 법칙을 규명한다. 셋째로 정립된 개념을 사용하여 선거지역의 선거결과에 대한 대수의 법칙을 규명한다.

8-1. 표더하기 조작

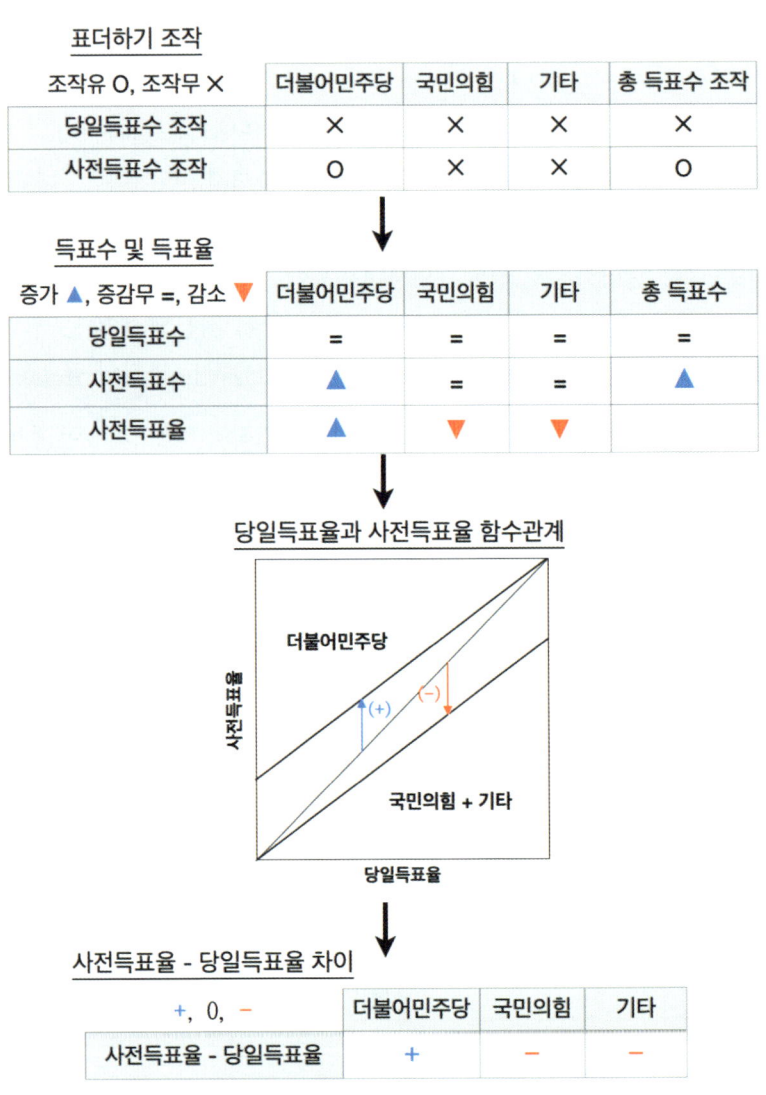

표더하기 조작 과정에 대한 개념

〈표 8-2〉는 표더하기 조작 과정에 대한 개념도이다. 표더하기 조작은 사전투표에서 실행되며 조작이 적용되는 후보는 더불어민주당 후보이다. 유권자가 투표하지 않은 유령투표지가 더불어민주당 후보에게 첨가되어 총 득표수는 유권자가 투표한 실제득표수 보다 증가하게 된다. 그 결과 더불어민주당에 대한 선관위 발표 사전득표율은 유권자가 투표한 실제득표율보다 증가하게 되고, 국민의힘 후보와 기타 후보에 대한 선관위 발표 사전득표율은 유권자가 투표한 실제득표율보다 감소하게 된다. 선관위가 발표한 선거결과를 사용하여 더불어민주당 후보와 국민의힘 후보 및 기타 후보에 대한 당일득표율 대비 사전득표율 사이의 함수관계를 좌표평면에 도시하면 〈표 8-2〉의 함수관계 그래프와 같은 결과를 얻게 된다. 표더하기 조작이 적용된 함수관계 그래프이다. 더불어민주당 후보인 경우 당일득표율과 사전득표율 사이의 함수관계는 다음 식과 같이 일차함수로 표현된다.

$$\bar{x} = ax_A + b \tag{8-1a}$$

위 식에서 $\bar{x}$: 사전득표율, x_A : 당일득표율 이다. a는 기울기로 $0 < a < 1$의 범위의 값으로 1보다 작다. b는 0보다 크다. 또한 당일득표율의 값이 1인 경우 사전득표율 값도 1이 되어 a와 b 사이에는 다음 관계식이 성립하게 된다.

$$a + b = 1 \tag{8-1b}$$

국민의힘 후보와 기타 후보에 대한 당일득표율 대비 사전득표율 함수관계식은 다음 식 (8-2a)와 같이 표현되는 선형함수식이다.

$$\bar{y} = ay_A$$
$$\bar{z} = az_A \tag{8-2a}$$

위 식에서 $\bar{y}, \bar{z}$: 국민의힘 후보와 기타 후보에 대한 사전득표율, y_A, z_A : 국민의힘 후보와 기타 후보에 대한 당일득표율 이다. 식 (8-2a)에서 기울기 a는 식 (8-1a)에서의 기울기 a와 동일한 값이다. 두 함수식 (8-1a)와 (8-2a)의 그래프는 서로 평행하게 된다.

표더하기 조작의 결과는 후보별 사전득표율-당일득표율 차이에서 나타난다. 더불어민주당 후보인 경우 사전득표율-당일득표율 차이는 해당 선거구의 모든 선거동 또는 해당 지역 모든 선거구에서 (+)를 나타낸다, 반면 국민의힘 후보와 기타 후보인 경우 그 차이는 해당 선거구 모든 선거동 또는 해당 지역 모든 선거구에서 (-)를 나타낸다. 이런 결과는 Part I에서 분석한 254개 선거구에 대한 관내사전득표율-당일득표율 차이의 결과는 물론 전국 3,551개 선거동에 대한 관내사전득표율-당일득표율 차이의 결과에서 확인할 수 있다.

표더하기 조작에 대한 대수의 법칙 검증

〈표 8-3〉은 표더하기 조작이 실행된 투표표본에 대한 대수의 법칙을 검증하는 과정을 나타내고 있다.

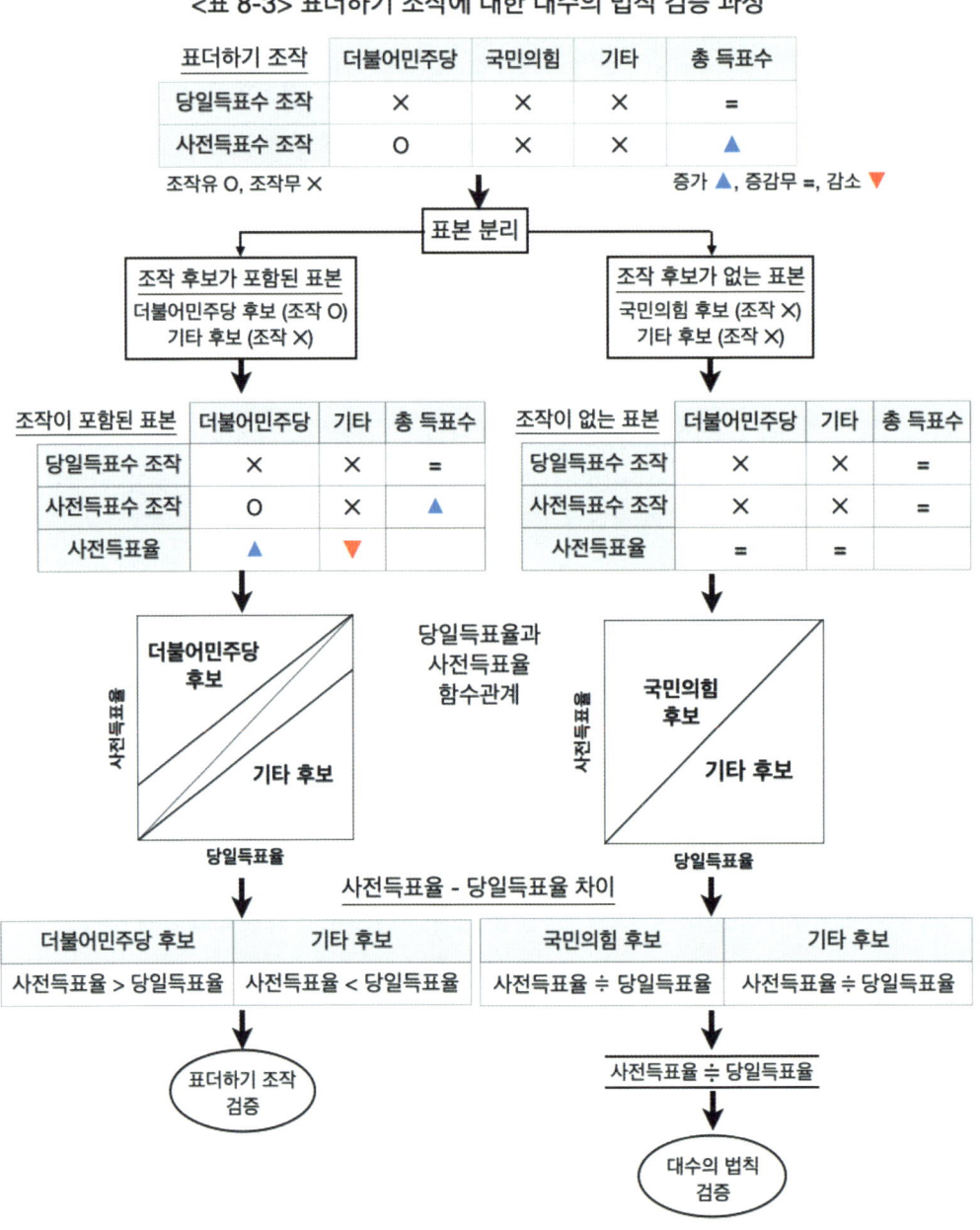

표더하기 조작은 당일투표에서는 실행되지 아니하고 사전투표에서 만 실행된다. 표더하기 조작은 유권자가 투표하지 아니한 유령표를 더불어민주당 후보에게만 첨가하는 조작이기 때문에 선관위 발표 더불어민주당 후보의 득표수는 유권자가 실제로 투표한 득표수보다 크다. 반면 선관위가 발표한 국민의힘 후보와 기타 후보의 득표수는 실제 유권자가 투표한 득표수와 동일하다.

더불어민주당 후보, 국민의힘 후보 및 기타 후보로 구성된 당일투표 및 사전투표 표본을 표더하기 조작이 적용된 더불어민주당 후보와 조작이 적용되지 않은 기타 후보로 구성된 표본과, 표더하기 조작이 적용되지 않은 국민의힘 후보와 기타 후보로 구성된 표본으로 분리한다. 더불어민주당 후보와 기타 후보로 형성된 투표표본과 국민의힘 후보와 기타 후보로 구성된 투표표본은 각기 다음의 특성을 나타낸다. 더불어민주당 후보와 기타 후보로 구성된 투표표본인 경우 선관위 발표 더불어민주당 후보의 사전득표수는 조작전 득표수 보다 증가하나 기타 후보의 득표수는 조작전후 변화가 없다. 따라서 더불어민주당 후보의 사전득표율은 조작전 득표율 보다 증가하나 기타 후보의 사전득표율은 조작전 득표율 보다 감소한다. 반면 국민의힘 후보와 기타 후보로 구축된 투표표본인 경우 선관위 발표 국민의힘 후보와 기타 후보의 사전득표수는 조작전후 변화가 없다. 따라서 국민의힘 후보와 기타 후보에 대한 사전득표율은 조작전후 변화가 없다.

투표표본에 대한 당일득표율과 사전득표율 사이의 함수관계 특성을 분석하면 다음과 같다. 더불어민주당 후보와 기타 후보로 구성된 투표표본인 경우 당일득표율과 사전득표율 사이의 함수관계는 〈표 8-3〉의 왼쪽 함수관계 그래프와 같이 표더하기 조작에 대한 함수관계 특성과 동일하다. 그 결과 더불어민주당 후보와 기타 후보에 대한 당일득표율과 사전득표율 사이에는 다음의 관계가 성립된다.

더불어민주당 후보 : 당일득표율 < 사전득표율

기타 후보 : 당일득표율 > 사전득표율

결론적으로 조작이 적용된 투표표본인 경우 대수의 법칙이 성립하지 아니함을 확인할 수 있다.

국민의힘 후보와 기타 후보로 구성된 투표표본인 경우 당일득표율과 사전득표율 사이의 함수관계는 〈표 8-3〉의 오른쪽 함수관계 그래프와 같다. 그 결과 국민의힘 후보와 기타 후보에 대한 당일득표율과 사전득표율 사이에는 다음 관계가 성립된다.

국민의힘 후보 : 당일득표율 ≒ 사전득표율

기타 후보 : 당일득표율 ≒ 사전득표율

결론적으로 조작이 적용되지 않은 후보로 구축된 투표표본인 경우 대수의 법칙이 성립됨을 확인할 수 있다.

8-2. 표버리기 조작

<표 8-4> 표버리기 조작 과정에 대한 개념도

표버리기 조작

조작유 O, 조작무 X	더불어민주당	국민의힘	기타	총 득표수 조작
당일득표수 조작	X	X	X	X
사전득표수 조작	X	O	X	O

↓

득표수 및 득표율

↓

당일득표율과 사전득표율 함수관계

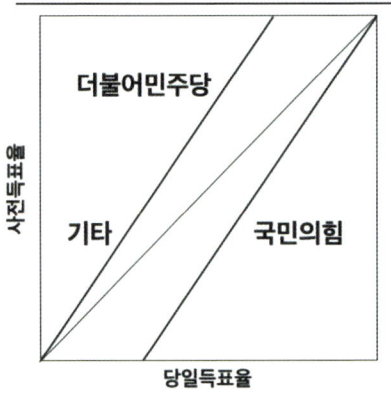

↓

사전득표율 - 당일득표율 차이

+, 0, −	더불어민주당	국민의힘	기타
사전득표율 - 당일득표율	+	−	+

표버리기 조작 과정에 대한 개념

〈표 8-4〉는 표버리기 조작 과정에 대한 개념도이다. 표버리기 조작은 사전투표 특히 관외사전투표에서 실행되며 조작이 적용되는 후보는 국민의힘 후보이다. 표버리기 조작은 유권자가 투표한 국민의힘 후보의 득표수 중 일부를 제거하여 버리는 조작으로 선관위가 발표한 총 득표수는 유권자가 투표한 실제득표수보다 감소하게 된다. 그 결과 국민의힘 후보에 대한 선관위 발표 사전득표율은 유권자가 투표한 실제득표율보다 낮아지게 되고 더불어민주당 및 기타 후보의 사전득표율은 실제득표율 보다 증가한다.

선관위가 발표한 선거결과를 사용하여 더불어민주당 후보, 국민의힘 후보 및 기타 후보에 대한 당일득표율 대비 사전득표율 사이의 함수관계를 좌표평면에 도시하면 〈표 8-4〉의 함수관계 그래프와 같은 결과를 얻게된다. 더불어민주당 후보와 기타 후보인 경우 당일득표율과 사전득표율 사이의 함수관계는 다음 식과 같은 일차함수로 표현된다.

$$\bar{x} = a x_A \qquad (8\text{-}3a)$$

위 식에서 $\bar{x}$는 사전득표율, x_A는 당일득표율을 의미한다. 그리고 a는 기울기로 1보다 크다. 국민의힘 후보 인 경우 당일득표율과 사전득표율 사이의 함수관계는 식 (8-3b)와 같은 일차함수이다.

$$\bar{y} = a y_A - b \qquad (8\text{-}3b)$$

위 식에서 $\bar{y}$는 국민의힘 후보 사전득표율, y_A는 당일득표율을 의미하며, a는 기울기로 식 (8-3a)의 기울기와 동일한 값으로 식 (8-3a)와 식 (8-3b)는 서로 평행하다.

표버리기 조작의 결과는 후보별 사전득표율-당일득표율 차이에서 나타난다. 더불어민주당 후보와 기타 후보인 경우 사전득표율-당일득표율 차이는 해당 선거구의 모든 선거동 또는 해당 지역 모든 선거구에서 (+)를 나타낸다. 반면 국민의힘 후보인 경우 그 차이는 해당 선거구의 모든 선거동 또는 해당 지역의 모든 선거구에서 (-)를 나타낸다.

표버리기 조작에 대한 대수의 법칙 검증

〈표 8-5〉는 표버리기 조작이 실행된 투표표본에 대한 대수의 법칙을 검증하는 과정을 나타내고 있다. 표버리기 조작은 당일투표에서는 실행되지 않고 사전투표 특히 관외투표에서 실행되었다. 더불어민주당 후보, 국민의힘 후보 및 기타 후보로 구성된 투표표본으로 부터 표버리기 조작이 적용되지 않은 더불어민주당 후보와 기타 후보로 형성된 표본과 표버리기 조작이 적용된 국민의힘 후보와 기타 후보로 형성된 표본으로 분리한다. 이 경우 더불어민주당 후보와 기타 후보로 구축된 표본에 대한 당일투표 득표수와 사전투표 득표수는 조작하지 않는다. 따라서 선관위 발표 후보별 득표율은 유권자가 투표한

득표율이다. 반면 국민의힘 후보와 기타 후보로 구축된 표본인 경우 선관위 발표 국민의힘 후보의 사전득표수는 유권자가 투표한 득표수보다 작게된다. 따라서 선관위 발표 국민의힘 후보의 사전득표율은 유권자에 의한 사전득표율보다 작으나, 선관위 발표 기타 후보의 사전득표율은 유권자에 의한 사전득표율보다 크게 된다.

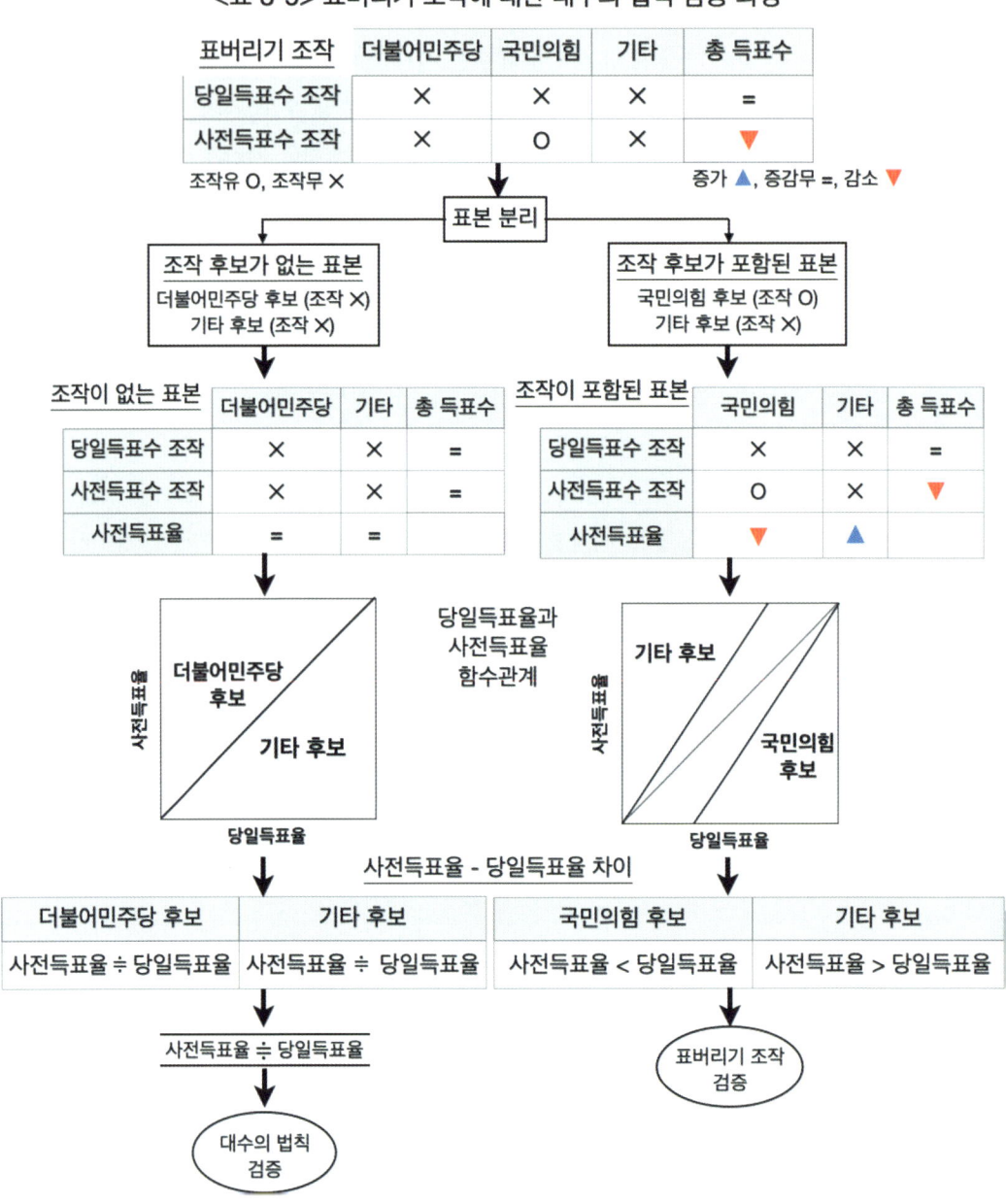

분리된 두 표본에 대한 당일득표율과 사전득표율 사이의 함수관계를 분석하면 다음과 같다. 더불어민주당 후보와 기타 후보로 구성된 표본인 경우 당일득표율과 사전득표율 사이의 함수관계는 다음 식 (8-4)와 같이 일차함수이다.

$$\bar{x} = x_A$$
$$\bar{z} = z_A \qquad (8-4)$$

위 식에서 $\bar{x}$와 $\bar{z}$는 더불어민주당 후보와 기타 후보에 대한 사전득표율, x_A와 z_A는 더불어민주당 후보와 기타 후보에 대한 당일득표율이다. 국민의힘 후보와 기타 후보로 구성된 표본인 경우 당일득표율과 사전득표율 사이의 함수관계는 다음과 같다.

국민의힘 : $\bar{y} = ay_A - b$ \qquad (8-5a)

기타 후보 : $\bar{z} = az_A$ \qquad (8-5b)

위 식에서 $\bar{y}$는 국민의힘 후보의 사전득표율, y_A는 기타 후보의 당일득표율을 의미한다.
    위의 결과로부터 표버리기 조작이 적용되지 않은 후보로 형성된 투표표본에 대한 후보별 득표율은 다음과 같이 대수의 법칙이 성립됨을 확인할 수 있다.

더불어민주당 후보 : 당일득표율 ≒ 사전득표율

기타 후보 : 당일득표율 ≒ 사전득표율

반면 표버리기 조작이 적용된 후보와 그렇지 않은 후보로 형성된 투표표본에 대한 후보별 득표율은 다음과 같이 대수의 법칙이 성립되지 아니함을 확인할 수 있다.

국민의힘 후보 : 당일득표율 > 사전득표율

기타 후보 : 당일득표율 < 사전득표율

8-3. 표바꾸기 조작

표바꾸기 조작 과정에 대한 개념

〈표 8-6〉은 표바꾸기 조작 과정에 대한 개념도이다. 표바꾸기 조작은 사전투표에서 실행되며 조작이 적용되는 후보는 더불어민주당과 국민의힘 후보이다. 표바꾸기 조작은 국민의힘 후보가 유권자의 투표로 부터 획득한 득표수 중 일부를 제거한 후 제거한 득표수와 동일한 수의 유령표를 더불어민주당 후보에게 첨가하는 조작으로 후보자들이 획득한 총 득표수는 변하지 않는다.
    표바꾸기 조작의 결과 선관위 발표 더불어민주당 후보의 득표율은 실제득표율 보다 증가하고, 선관위 발표 국민의힘 후보의 득표율은 실제득표율 보다 감소하나, 선관위 발표 기타 후보의 득표율은 실제득표율과 동일하게 된다. 선관위가 발표한 선거결과를

<표 8-6> 표바꾸기 조작 과정에 대한 개념도

표바꾸기 조작

조작유 O, 조작무 X	더불어민주당	국민의힘	기타	총 득표수 조작
당일득표수 조작	X	X	X	X
사전득표수 조작	O	O	X	X

득표수 및 득표율

증가 ▲, 증감무 =, 감소 ▼	더불어민주당	국민의힘	기타	총 득표수
당일득표수	=	=	=	=
사전득표수	▲	▼	=	=
사전득표율	▲	▼	=	

당일득표율과 사전득표율 함수관계

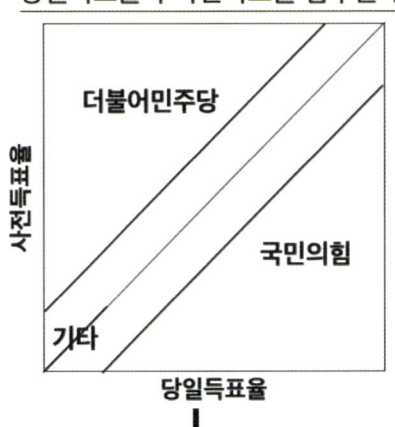

사전득표율 - 당일득표율 차이

+, 0, −	더불어민주당	국민의힘	기타
사전득표율 - 당일득표율	+	−	0

사전득표율 ÷ 당일득표율

대수의 법칙 검증

사용하여 더불어민주당 후보, 국민의힘 후보 및 기타 후보에 대한 당일득표율 대비 사전득표율 사이의 함수관계를 좌표평면에 도시하면 〈표 8-6〉의 함수관계 그래프와 같은 결과를 얻게 된다. 이 함수관계를 수식으로 표현하면 다음과 같다.

$$\text{더불어민주당 후보 : } \bar{x} = x_A + \beta \tag{8-6a}$$

$$\text{국민의힘 후보 : } \bar{y} = y_A - \beta \tag{8-6b}$$

$$\text{기타 후보 : } \bar{z} = z_A \tag{8-6c}$$

위 식에서 $\bar{x}, \bar{y}$ 및 $\bar{z}$는 더불어민주당 후보, 국민의힘 후보 및 기타 후보의 사전득표율을 나타내며, x_A, y_A 및 z_A는 더불어민주당 후보, 국민의힘 후보 및 기타 후보에 대한 당일득표율을 나타낸다. 식 (8-6a)~(8-6c)의 선형함수에 대한 기울기는 1로 서로 평행하다.

위의 결과로 부터 표바꾸기 조작이 적용된 두 후보에 대한 당일득표율과 사전득표율 사이의 관계는 다음과 같이 통계학적 공리가 성립되지 아니함을 확인할 수 있다.

더불어민주당 후보 : 당일득표율 < 사전득표율

국민의힘 후보 : 당일득표율 > 사전득표율

반면 표바꾸기 조작의 영향을 받지 않은 기타 후보에 대한 당일득표율과 사전득표율 사이의 관계는 통계학적 공리가 성립됨을 확인할 수 있다.

기타 후보 : 당일득표율 ≒ 사전득표율

표바꾸기 조작에 대한 대수의 법칙 검증

〈표 8-7〉는 표바꾸기 조작이 실행된 투표표본에 대한 대수의 법칙을 검증하는 과정을 나타내고 있다. 더불어민주당 후보, 국민의힘 후보 및 기타 후보로 구성된 투표표본으로부터 분리된 더불어민주당 후보와 기타 후보로 구성된 표본은 표더하기 조작 표본이며, 국민의힘 후보와 기타 후보로 구성된 표본은 표버리기 표본이 된다. 따라서 더불어민주당 후보와 기타 후보로 구성된 표본에 대한 당일득표율과 사전득표율 사이의 함수관계는 〈표 8-7〉의 왼쪽 그래프로 표현되며 함수관계식은 다음과 같다.

$$\text{더불어민주당 후보 : } \bar{x} = ax_A + b \tag{8-7a}$$

$$\text{기타 후보 : } \bar{z} = az_A \tag{8-7b}$$

위의 식은 표더하기 조작 표본에 대한 당일득표율과 사전득표율 사이의 함수관계식이다. 반면 국민의힘 후보와 기타 후보로 구축된 표본에 대한 당일득표율과 사전득표율 사이의 함수관계는 〈표 8-7〉의 오른쪽 그래프로 표현되며 함수관계식은 다음과 같다.

$$\text{국민의힘 후보 : } \bar{y} = ay_A - b \tag{8-8a}$$

$$\text{기타 후보 : } \bar{z} = az_A \tag{8-8b}$$

위의 식은 표버리기 조작 표본에 대한 당일득표율과 사전득표율 사이의 함수관계식이다.

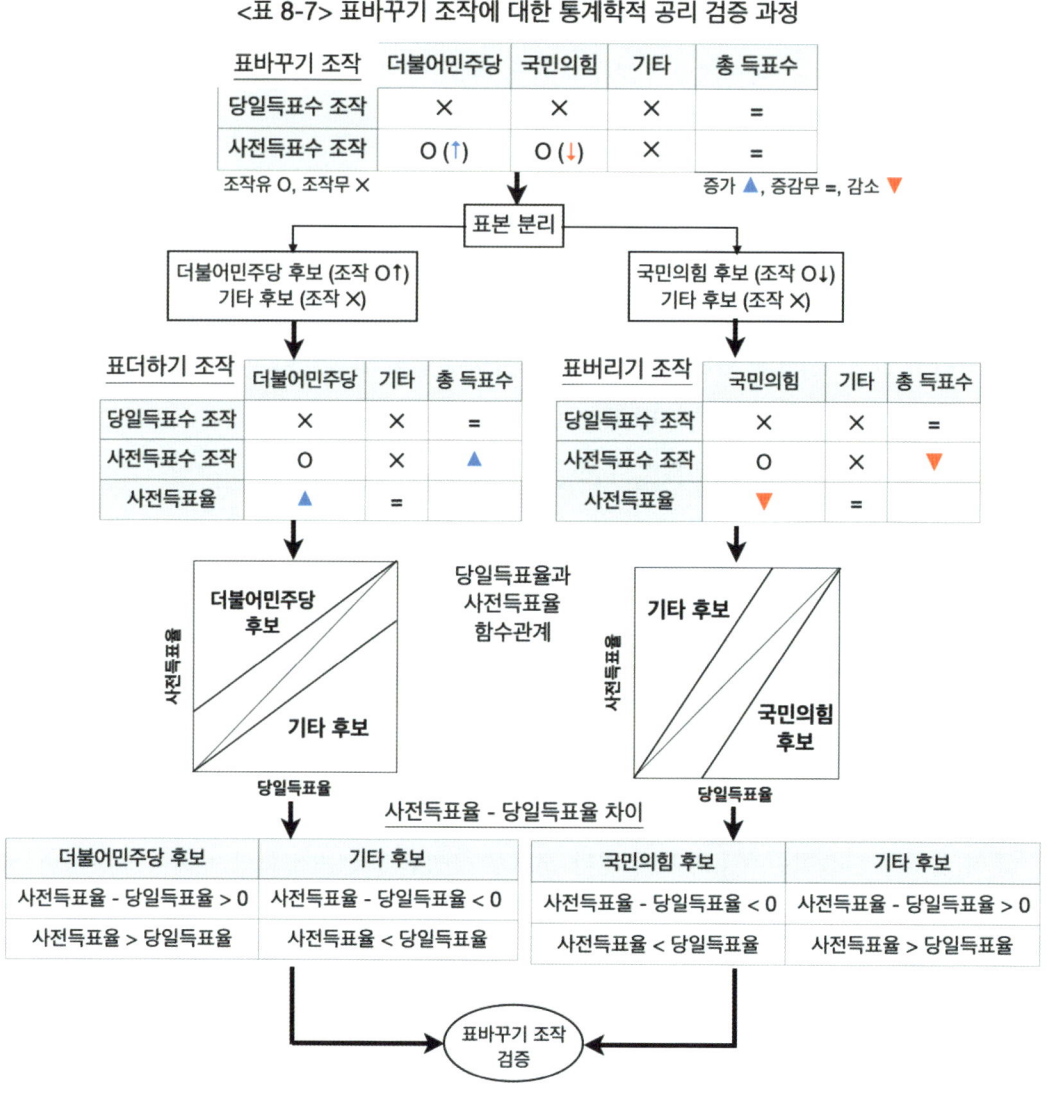

표바꾸기 조작이 실행된 경우 조작이 적용된 후보는 더불어민주당 후보와 국민의힘 후보이다. 표바꾸기 조작은 국민의힘 후보가 획득한 실제득표수 중 일부를 제거하고 제거한 득표수와 동일한 유령표 수를 더불어민주당 후보에게 첨가하는 조작이다. 그러므로 더불어민주당 후보와 기타 후보로 형성된 투표표본은 표더하기 조작 표본이다. 따

라서 이 표본에 대한 당일득표율과 사전득표율 사이의 관계는 다음과 같이 대수의 법칙이 성립하지 아니한다.

더불어민주당 후보 : 당일득표율 < 사전득표율
기타 후보 : 당일득표율 > 사전득표율

국민의힘 후보와 기타 후보로 형성된 투표표본은 표버리기 조작 표본이다. 따라서 이 표본에 대한 당일득표율과 사전득표율 사이의 함수관계는 다음 식과 같이 대수의 법칙이 성립하지 아니한다.

국민의힘 후보 : 당일득표율 > 사전득표율
기타 후보 : 당일득표율 < 사전득표율

Chapter 9

선거구에 대한 대수의 법칙 검증

제 8장에서 언급한 다섯 가지 조작 메커니즘 중 표더하기 조작 메커니즘, 표버리기 조작 메커니즘 및 표바꾸기 조작 메커니즘 검증 과정에 대한 개념을 자세하게 설명하였다. 제 9장에서는 254개 선거구 중 서울지역 2곳의 선거구와 경기지역 1곳의 선거구를 선정하여 각 선거구의 선거결과에 대한 조작 메커니즘과 대수의 법칙을 검증하여보자.

9-1. 서울시 성북구갑 선거구에 대한 대수의 법칙 검증

후보별 당일득표율, 관내득표율 및 관내득표율-당일득표율 차이 분석

〈표 9-1a〉는 서울시 성북구갑 선거구에 대한 더불어민주당 후보, 국민의힘 후보 및 새로운미래 후보의 당일득표율, 관내사전득표율 및 관내사전득표율-당일득표율 차이를 나타내고 있다. 이 표의 결과에 의하면 더불어민주당 후보인 경우 관내사전득표율-당일득표율 차이가 11개 모든 선거동에 대하여 (+)를 나타내지만, 국민의힘 후보 및 기타 후보인 경우 11개 모든 선거동에 대하여 (-)를 나타낸다. 〈표 9-1a〉의 결과를 선거동 순번에 따른 관내사전득표율-당일득표율 차이의 막대 그래프로 나타내면 그림 9-1과 같다.

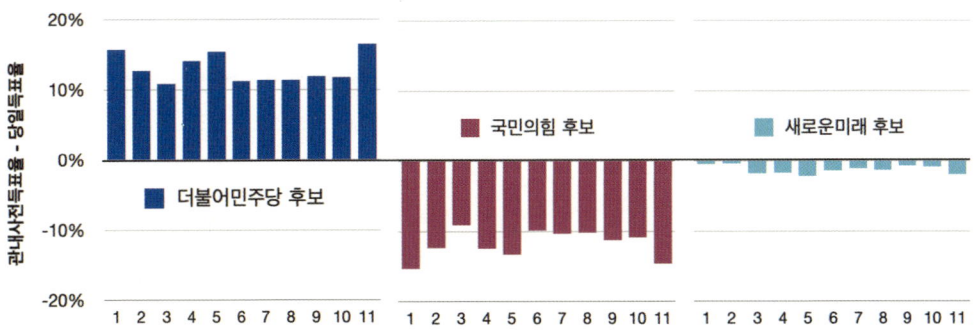

그림 9-1. 서울시 성북구갑 선거동에 따른 후보별 관내사전득표율-당일득표율 차이 (%)

<표 9-1a> 서울시 성북구갑 선거구에 대한 후보별
당일득표율, 관내사전득표율 및 관내사전득표율-당일득표율 차이

득표율	더불어민주당 후보			국민의힘 후보			새로운미래 후보		
	당일(1)	관내(2)	(2)-(1)	당일(1)	관내(2)	(2)-(1)	당일(1)	관내(2)	(2)-(1)
1. 성북동	0.4613	0.6186	0.1573	0.4790	0.3262	-0.1528	0.0597	0.0552	-0.0045
2. 삼선동	0.5115	0.6386	0.1271	0.4293	0.3060	-0.1233	0.0592	0.0554	-0.0038
3. 동선동	0.5499	0.6584	0.1085	0.3780	0.2874	-0.0906	0.0720	0.0542	-0.0178
4. 돈암2동	0.4615	0.6030	0.1415	0.4805	0.3563	-0.1242	0.0580	0.0407	-0.0173
5. 안암동	0.4834	0.6379	0.1545	0.4458	0.3129	-0.1329	0.0708	0.0492	-0.0216
6. 보문동	0.4977	0.6105	0.1128	0.4445	0.3457	-0.0988	0.0578	0.0438	-0.0140
7. 정릉1동	0.4921	0.6085	0.1144	0.4525	0.3493	-0.1032	0.0534	0.0422	-0.0112
8. 정릉2동	0.4781	0.5930	0.1144	0.4705	0.3690	-0.1015	0.0509	0.0380	-0.0129
9. 정릉3동	0.4708	0.5904	0.1196	0.4857	0.3731	-0.1126	0.0435	0.0366	-0.0069
10. 정릉4동	0.4899	0.6076	0.1177	0.4628	0.3541	-0.1087	0.0472	0.0383	-0.0089
11. 길음1동	0.4701	0.6355	0.1654	0.4685	0.3224	-0.1461	0.0614	0.0420	-0.0194
계	0.4859	0.6185	0.1326	0.4565	0.3366	-0.1199	0.0576	0.0449	-0.0127

각 후보에 대한 관내사전득표율-당일득표율 차이가 나타내는 경향을 시각적으로 확인할 수 있다. 또한 〈표 9-1a〉의 결과를 표로 정리하면 〈표 9-1b〉와 같다.

<표 9-1b> 서울시 성북구갑 11개 선거동에 대한 후보별
관내사전득표율 - 당일득표율 차이가 (+)인 선거구 동수 및 (-)인 선거구 동수

	더불어민주당 후보		국민의힘 후보		새로운미래 후보	
관내득표율 - 당일득표율 차이	(+)	(−)	(+)	(−)	(+)	(−)
선거동 수	11	0	0	11	0	11

〈표 9-1b〉의 선거결과는 표더하기 조작에 의한 결과라는 것이 제6장, 제7장 및 제8장에 자세히 언급되어 있다.

통계학적 공리 (대수의 법칙) 검증

서울시 성북구갑 11개 선거동에 대한 후보별 당일득표율과 관내사전득표율 사이의 함수관계를 사용하여 선관위 발표 성북구갑의 관내사전투표 결과는 표더하기 조작에 의하여 생성된 결과라는 것을 규명해보자.

그림 9-2는 서울시 성북구갑 선거구에 대한 더불어민주당 후보, 국민의힘 후보 및 새로운미래 후보의 당일득표율과 관내사전득표율 사이의 함수관계를 나타내고 있다.

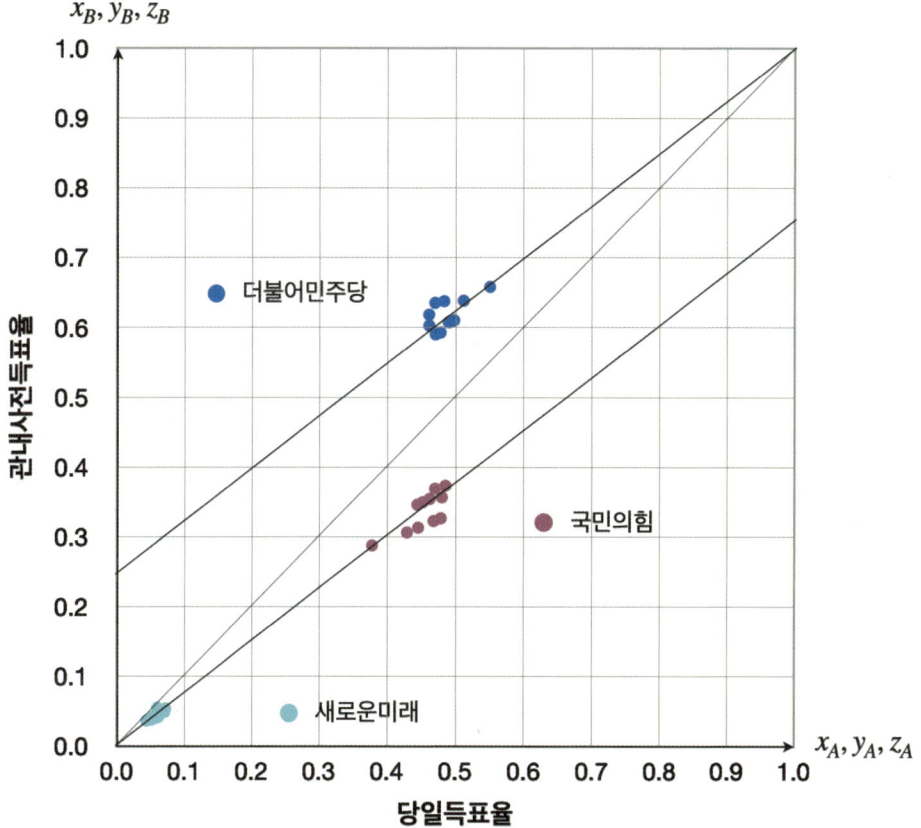

그림 9-2. 서울시 성북구갑 선거구의 11개 선거동에 대한

당일득표율(x_A, y_A, z_A)과 관내사전득표율(x_B, y_B, z_B) 사이의 함수관계

x, y, z : 더불어민주당, 국민의힘, 새로운미래 후보 득표율, A : 당일투표, B : 관내사전투표

이 그림의 결과로 부터 세 후보에 대한 당일득표율과 관내사전득표율 사이의 함수관계를 수식으로 나타내면 다음과 같다.

$$x_B = 0.75x_A + 0.25 \tag{9-1a}$$

$$y_B = 0.75 y_A \qquad (9\text{-}1\text{b})$$
$$z_B = 0.75 z_A \qquad (9\text{-}1\text{c})$$

위 식에서 x, y 및 z는 더불어민주당 후보, 국민의힘 후보 및 새로운미래 후보의 득표율을 나타내며, A는 당일투표, B는 관내사전투표를 의미한다.

식 (9-1)의 함수관계는 제 8장의 표더하기 조작에 대한 함수관계식 (8-1a)와 (8-2a)와 동일하다. 즉, 세 후보에 대한 선형함수식의 기울기는 0.75로 동일하여 서로 평행할 뿐만 아니라 국민의힘 후보와 기타 후보에 대한 선형함수식도 동일하고 더불어민주당 후보에 대한 함수식의 세로축 절편은 0.25로 0보다 크다. 이 결과를 요약하면 〈표 9-2〉와 같다.

<표 9-2> 표더하기 조작 메커니즘에 대한 이론적 함수관계식과 성북구갑 선거구에 대한 함수관계식의 비교

	표더하기 조작 메커니즘에 대한 이론적 함수관계식	성북구갑 선거구에 대한 함수관계식
선형함수식	더불어민주당 후보 $x_B = a x_A + b$ $0 < a < 1, \quad b > 0$	더불어민주당 후보 $x_B = 0.75 x_A + 0.25$ $0 < 0.75 < 1, \quad 0.25 > 0$
	국민의힘 후보 $y_B = a y_A$ $0 < a < 1$	국민의힘 후보 $y_B = 0.75 y_A$ $0 < 0.75 < 1$
	기타 후보 $z_B = a z_A$ $0 < a < 1$	녹색정의당 후보 $z_B = 0.75 z_A$ $0 < 0.75 < 1$
선형함수 기울기	더불어민주당 후보 $= a$ 국민의힘 후보 $= a$ 　 서로 평행 기타 후보 $= a$	더불어민주당 후보 $= 0.75$ 국민의힘 후보 $= 0.75$ 　 서로 평행 녹색정의당 후보 $= 0.75$
함수관계식 사이의 특성	더불어민주당 후보 더불어민주당 후보에 대한 함수관계식은 국민의힘 후보와 기타 후보에 대한 함수관계식이 세로축의 (+) 방향으로 b 만큼 평행 이동 국민의힘 후보와 기타 후보 함수관계가 동일	더불어민주당 후보 국민의힘 후보와 기타 후보에 대한 함수관계식이 세로축의 (+) 방향으로 0.25 만큼 평행 이동 만큼 평행 이동 국민의힘 후보와 기타 후보 함수관계가 동일

이 결과로부터 선관위가 발표한 서울시 성북구갑 선거구의 관내사전투표는 표더하기 조작에 의한 결과임을 확인할 수 있다. 이제 표더하기 조작이 이루어진 더불어민주당 후보와 조작이 없는 새로운미래 후보로 구성된 표본과 조작이 없는 국민의힘 후보와 새로운미래 후보로 구축된 표본으로 분리한 후, 각 표본에 대한 당일득표율과 관내사전득표율 사이의 함수관계를 규명해보자. 그리고 투표표본에 대한 함수관계 그래프로 부터 표더하기 조작표본과 조작이 없는 표본에 대한 대수의 법칙 성립여부를 평가해보자.

<표 9-3> 더불어민주당 후보와 새로운미래 후보로 구성된 투표표본에 대한 당일득표율, 관내사전득표율 및 관내사전득표율 - 당일득표율 차이 (서울시 성북구갑)

득표율	더불어민주당 후보			새로운미래 후보		
	당일(1)	관내(2)	(2) - (1)	당일(1)	관내(2)	(2) - (1)
1. 성북동	0.8853	0.9181	0.0328	0.1147	0.0819	-0.0328
2. 삼선동	0.8962	0.9201	0.0239	0.1038	0.0799	-0.0239
3. 동선동	0.8842	0.9240	0.0398	0.1158	0.0760	-0.0398
4. 돈암2동	0.8884	0.9368	0.0484	0.1116	0.0632	-0.0484
5. 안암동	0.8723	0.9283	0.0560	0.1277	0.0717	-0.0560
6. 보문동	0.8960	0.9331	0.0371	0.1040	0.0669	-0.0371
7. 정릉1동	0.9024	0.9352	0.0328	0.0976	0.0648	-0.0328
8. 정릉2동	0.9039	0.9398	0.0359	0.0961	0.0602	-0.0359
9. 정릉3동	0.9154	0.9417	0.0263	0.0846	0.0583	-0.0263
10. 정릉4동	0.9120	0.9408	0.0288	0.0880	0.0592	-0.0288
11. 길음1동	0.8845	0.9379	0.0534	0.1155	0.0621	-0.0534
계	0.8940	0.9323	0.0383	0.1060	0.0677	-0.0384

<표 9-3>은 표더하기 조작이 적용된 더불어민주당 후보와 조작이 적용되지 않은 새로운미래 후보로 구성된 투표표본에 대한 후보별 당일득표율, 관내사전득표율 및 관내사전득표율-당일득표율 차이를 나타내고 있다. 표더하기 조작이 적용된 더불어민주당 후보의 경우 관내사전득표율-당일득표율 차이가 모든 선거동에서 (+)로 나타나며, 새로운미래 후보인 경우 차이가 모든 선거동에서 (-)로 나타난다. 이 결과는 표더하기 조작이 적용된 투표라는 것을 확인시켜주고 있다. 이 결과에 대한 당일득표율과 관내사전득표율 사이의 함수관계는 다음과 같다.

더불어민주당 후보 : 관내사전득표율 > 당일득표율

새로운미래 후보 : 관내사전득표율 < 당일득표율

따라서 조작이 적용된 투표표본에서는 통계학적 공리 즉 대수의 법칙이 성립되지 않는 다는 것을 11개 모든 선거동에서 확인할 수 있다.

〈표 9-3〉의 결과를 사용하여 조작이 적용된 투표표본인 경우 대수의 법칙이 성립될 수 없다는 것을 막대 그래프로 나타내면 그림 9-3과 같다.

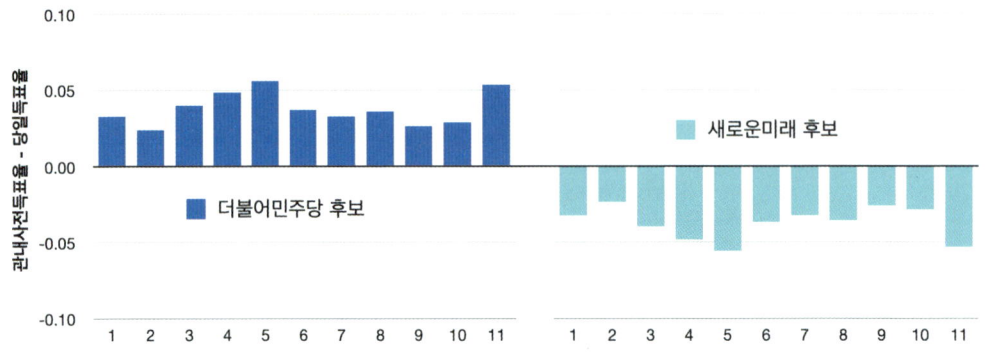

그림 9-3. 서울시 성북구갑 선거동에 따른 후보별 관내사전득표율 - 당일득표율 차이 (%)

서울시 성북구갑 11개 선거동 모두에 대하여 더불어민주당 후보인 경우 '관내사전득표율 > 당일득표율' 이며, 새로운미래 후보인 경우 '관내사전득표율 < 당일득표율' 이라는 것을 시각적으로 확인할 수 있다.

〈표 9-3〉의 결과를 좌표평면에 도시하여 후보별 당일득표율과 관내사전득표율 사이의 함수관계가 표더하기 조작 메커니즘의 함수관계와 동일하다는 것을 규명해보자. 그림 9-4는 서울시 성북구갑 선거구에 대한 더불어민주당 후보와 새로운미래 후보로 구축된 투표표본의 후보별 당일득표율과 관내사전득표율 사이의 함수관계를 나타내고 있다. 두 후보에 대한 함수식은 선형함수로 다음 식으로 표현된다.

$$x_B = ax_A + b = 0.68x_A + 0.32 \tag{9-2a}$$

$$z_B = az_A = 0.68z_A \tag{9-2b}$$

위 식에서 x, y : 더불어민주당 후보, 새로운미래 후보 득표율, A : 당일투표, B : 관내사전투표를 의미한다. 위 식에서 $0 < a < 1$이며, $b > 0$이고, 더불어민주당 후보와 새로운미래 후보에 대한 기울기 a는 0.68로 동일하다. 그림 9-4로 부터 표더하기 조작은 더불어민주당 후보에게 적용되었으나 새로운미래 후보에게는 적용되지 아니하였음 확인할 수 있다. 또한 이 결과로 부터 표더하기 조작이 적용된 투표표본에 대해서는 대수의 법칙이 성립되지 아니함을 알 수 있다.

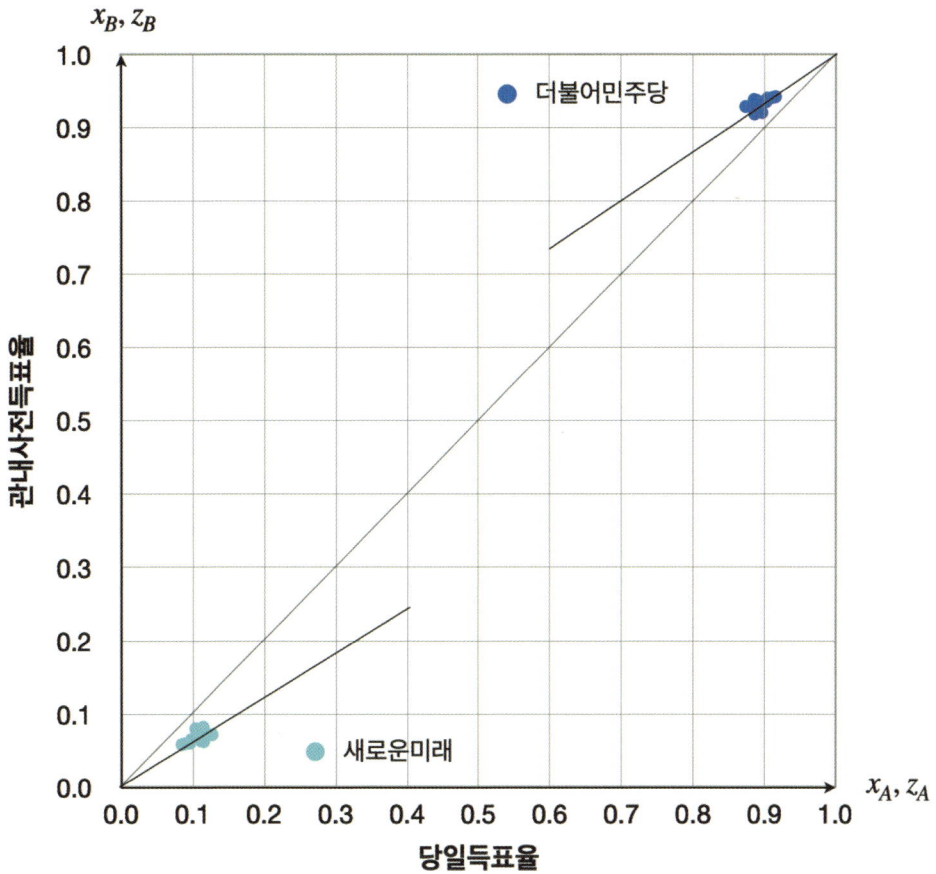

그림 9-4. 더불어민주당 후보와 새로운미래 후보로 구성된 성북구갑 선거구의
당일득표율(x_A, z_A)과 관내사전득표율(x_B, z_B) 사이의 함수관계
x, z : 더불어민주당, 새로운미래 후보 득표율, A : 당일투표, B : 관내사전투표

〈표 9-4〉는 조작이 적용되지 않은 국민의힘 후보와 새로운미래 후보로 구성된 표본에 대한 후보별 당일득표율, 관내사전득표율 및 관내사전득표율-당일득표율 차이를 나타내고 있다.

<표 9-4> 조작이 없는 국민의힘 후보와 새로운미래 후보의 투표표본에 대한 후보별 당일득표율, 관내득표율 및 관내득표율-당일득표율 차이 (서울시 성북구갑)

득표율	국민의힘 후보			새로운미래 후보		
	당일(1)	관내(2)	(2) - (1)	당일(1)	관내(2)	(2) - (1)
1. 성북동	0.8891	0.8553	-0.0338	0.1109	0.1447	0.0338
2. 삼선동	0.8788	0.8466	-0.0322	0.1212	0.1534	0.0322
3. 동선동	0.8399	0.8414	0.0015	0.1601	0.1586	-0.0015
4. 돈암2동	0.8924	0.8975	0.0051	0.1076	0.1025	-0.0051
5. 안암동	0.8630	0.8640	0.0010	0.1370	0.1360	-0.0010
6. 보문동	0.8850	0.8875	0.0025	0.1150	0.1125	-0.0025
7. 정릉1동	0.8944	0.8923	-0.0021	0.1056	0.1077	0.0021
8. 정릉2동	0.9024	0.9067	0.0043	0.0976	0.0933	-0.0043
9. 정릉3동	0.9178	0.9107	-0.0071	0.0822	0.0893	0.0071
10. 정릉4동	0.9074	0.9025	-0.0049	0.0926	0.0975	0.0049
11. 길음1동	0.8841	0.8846	0.0005	0.1159	0.1154	-0.0005
계	0.8879	0.8822	-0.0057	0.1121	0.1178	0.0057

이 표의 결과에 따르면 국민의힘 후보 및 새로운미래 후보에 대하며 관내사전득표율-당일득표율 차이가 (+)인 선거동이 5개, (-)인 선거동 역시 5~6개로 균형을 이루고 있을 뿐만아니라, 그 차이에 대한 절대값이 0에 가깝다. 이 결과는 조작이 없는 경우 후보별 당일득표율과 관내사전득표율 서로 유사하다는 다음의 대수의 범칙이 성립함을 확인 시켜주고 있다.

국민의힘 후보 : 당일득표율 ≒ 관내사전득표율

새로운미래 후보 : 당일득표율 ≒ 관내사전득표율

〈표 9-4〉의 결과를 좌표평면에 도시하면 그림 9-5와 같다. 국민의힘 후보와 새로운미래 후보에 대한 당일득표율 대비 관내사전득표율 함수식은 다음 식 (9-3)과 같이 선형함수로 기울기는 1 이다.

국민의힘 후보 : $y_B = y_A$ (9-3a)

새로운미래 후보 : $z_B = z_A$ (9-3b)

통계학적 공리 즉 대수의 법칙이 성립함을 확인할 수 있다.

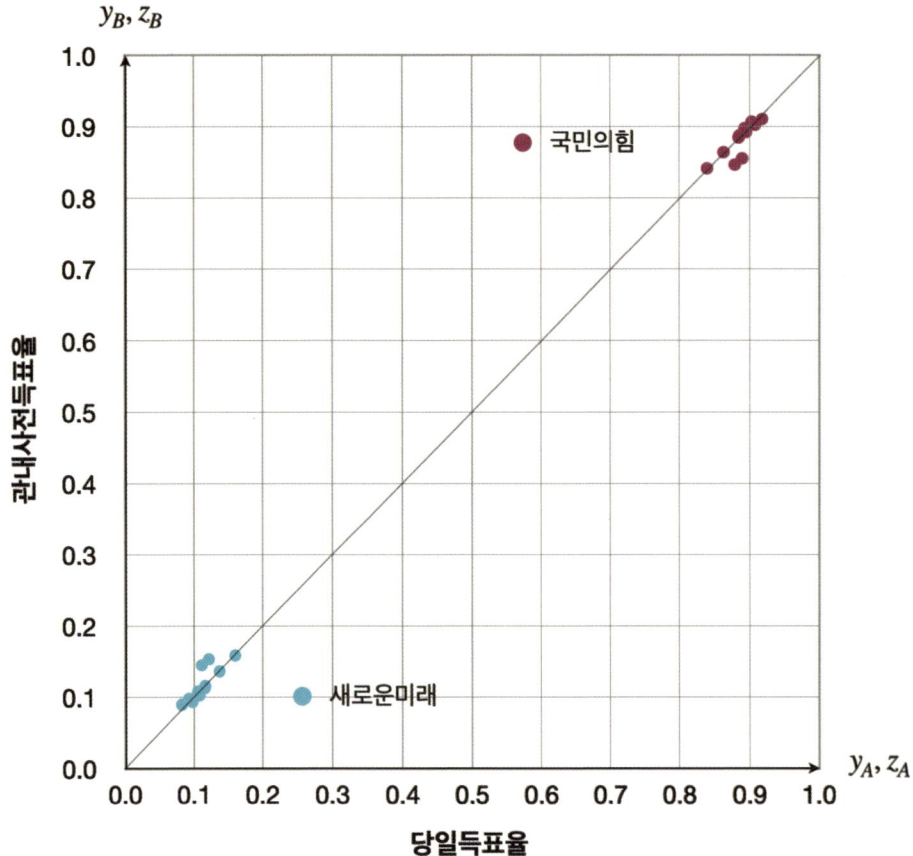

그림 9-5. 국민의힘 후보와 새로운미래 후보로 구성된 성북구갑 선거구의 당일득표율(y_A, z_A)과 관내사전득표율(y_B, z_B) 사이의 함수관계

y, z : 국민의힘, 새로운미래 후보 득표율, A : 당일투표, B : 관내사전투표

9-2. 서울시 마포구을 선거구에 대한 대수의 법칙 검증

후보별 당일득표율, 관내사전득표율 및 관내사전득표율-당일득표율 차이 분석

〈표 9-5〉는 서울시 마포구을 선거구 9개 동에 대한 후보별 당일득표율, 관내사전득표율 및 관내사전득표율-당일득표율 차이를 나타내고 있다.

<표 9-5> 서울시 마포구을 선거구에 대한 후보별
당일득표율, 관내사전득표율 및 관내사전득표율-당일득표율 차이

득표율	더불어민주당 후보			국민의힘 후보			녹색정의당 후보		
	당일(1)	관내(2)	(2) - (1)	당일(1)	관내(2)	(2) - (1)	당일(1)	관내(2)	(2) - (1)
1. 서강동	0.4161	0.5678	0.1517	0.5054	0.3639	-0.1416	0.0785	0.0684	-0.0101
2. 서교동	0.4320	0.5906	0.1586	0.4700	0.3115	-0.1585	0.0980	0.0980	0.0000
3. 합정동	0.4432	0.5938	0.1506	0.4555	0.3120	-0.1435	0.1013	0.0941	-0.0072
4. 망원1동	0.4808	0.5838	0.1030	0.4214	0.3301	-0.0913	0.0979	0.0861	-0.0118
5. 망원2동	0.4832	0.6201	0.1369	0.4300	0.2998	-0.1302	0.0868	0.0801	-0.0067
6. 연남동	0.4486	0.5970	0.1484	0.4675	0.3186	-0.1489	0.0837	0.0845	0.0008
7. 성산1동	0.4863	0.6091	0.1228	0.4065	0.2841	-0.1224	0.1072	0.1067	-0.0005
8. 성산2동	0.4740	0.5830	0.1090	0.4360	0.3400	-0.0960	0.0896	0.0770	-0.0126
9. 상암동	0.4761	0.5971	0.1210	0.4402	0.3230	-0.1172	0.0837	0.0799	-0.0038
계	0.4606	0.5926	0.1320	0.4488	0.3200	-0.1288	0.0906	0.0845	-0.0052

더불어민주당 후보에 대한 관내사전득표율-당일득표율 차이는 평균 13.2% 이고, 9개 모든 선거동에서 13.2% 내외의 값을 나타낸다. 반면 국민의힘 후보에 대한 관내사전득표율-당일득표율 차이는 평균 -12.88% 이며, 9개 모든 선거동에서 -12.88% 내외를 나타낸다. 그러나 녹색정의당 후보에 대한 관내사전득표율-당일득표율 차이는 평균 -0.52% 이고 9개 모든 선거동에서 0 근방의 값을 나타낸다. 특히 녹색정의당의 9개 선거동에 대한 당일득표율과 관내사전득표율 사이의 함수관계는 다음 식과 같이 대수의 법칙에 부합한다.

녹색정의당 후보 : 당일득표율 ≒ 관내사전득표율

위의 결과로부터 서울시 마포구을 선거구는 관내사전투표는 표바꾸기 조작에 의한 결과라고 추정할 수 있다. 이제 마포구을 선거구의 관내사전투표에 적용된 조작 메커니즘을 규명해보자.

대수의 법칙 검증

그림 9-6은 서울시 마포구을 선거구에 대한 후보별 당일득표율과 관내사전득표율 사이의 함수관계를 나타내고 있다. 이 그림의 결과로 부터 세 후보에 대한 당일득표율과 관내사전득표율 사이의 함수관계를 수식으로 표현하면 다음과 같다.

더불어민주당 후보 : $x_B = x_A + 0.132$ (9-4a)

국민의힘 후보 : $y_B = y_A - 0.1288$ (9-4b)

녹색정의당 후보 : $z_B = z_A$ (9-4c)

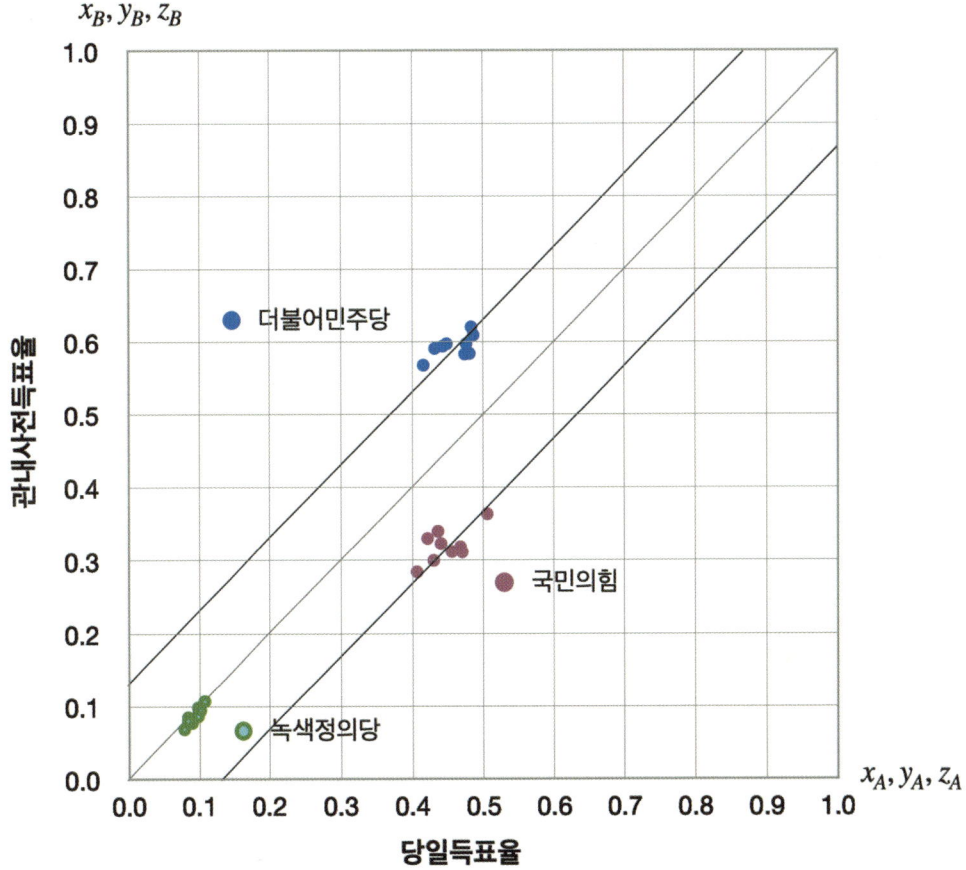

그림 9-6. 서울시 마포구을 선거구의 9개 선거동에 대한
당일득표율(x_A, y_A, z_A)과 관내사전득표율(x_B, y_B, z_B) 사이의 함수관계
x, y, z는 더불어민주당, 국민의힘, 녹색정의당 후보 득표율,
A : 당일투표, B : 관내사전투표

위의 식 (9-4)의 함수관계식은 제 8장의 표바꾸기 조작 메커니즘에 대한 함수관계식 (8-6)과 동일하다. 세 후보에 대한 기울기는 1로 함수관계는 서로 평행하다. 또한 더불어민주당 후보에 대한 세로축의 절편을 0.132로 (+)를, 국민의힘 후보에 대한 세로축의 절편은 -0.1288로 (-)를, 그리고 녹색정의당 후보에 대한 세로축의 절편은 0 이다. 표바꾸기 조작 메커니즘에 대하여 이론적으로 유도한 함수관계식과 서울시 마포구을 선거구에 대한 함수관계식을 비교하면 〈표 9-6〉과 같다.

<표 9-6> 표바꾸기 조작 메커니즘에 대한 이론적 함수관계식과 마포구을 선거구에 대한 함수관계식의 비.

	표바꾸기 조작 메커니즘에 대한 이론적 함수관계식	마포구을 선거구에 대한 함수관계식
선형함수식	더불어민주당 후보 $x_B = x_A + \beta$ 기울기 $= 1$, $\beta > 0$ 국민의힘 후보 $y_B = y_A - \beta$ 기울기 $= 1$, $-\beta < 0$ 기타 후보 $z_B = z_A$ 기울기 $= 1$, 세로축 절편 $= 0$	더불어민주당 후보 $x_B = x_A + 0.132$ 기울기 $= 1$, $0.132 > 0$ 국민의힘 후보 $y_B = y_A - 0.1288$ 기울기 $= 1$, $-0.1288 < 0$ 녹색정의당 후보 $z_B = z_A$ 기울기 $= 1$, 세로축 절편 $= 0$
선형함수기울기	더불어민주당 후보 $= 1$ 국민의힘 후보 $= 1$ 서로 평행 기타 후보 $= 1$	더불어민주당 후보 $= 1$ 국민의힘 후보 $= 1$ 서로 평행 녹색정의당 후보 $= 1$
함수관계식 사이의 특성	더불어민주당 후보와 국민의힘 후보 • 더불어민주당 후보에 대한 함수관계식은 대각선으로 부터 세로축의 (+) 방향으로 β 만큼 평행 이동 • 국민의힘 후보에 대한 함수관계식은 대각선으로 부터 세로축의 (-) 방향으로 β 만큼 평행 이동 기타 후보 • 기타 후보에 대한 함수관계식은 정비례 관계로 대각선으로 표현	더불어민주당 후보와 국민의힘 후보 • 더불어민주당 후보에 대한 함수관계식은 대각선으로 부터 세로축의 (+) 방향으로 0.132 만큼 평행 이동 • 국민의힘 후보에 대한 함수관계식은 대각선으로 부터 세로축의 (-) 방향으로 0.1288 만큼 평행 이동 기타 후보 • 기타 후보에 대한 함수관계식은 정비례 관계로 대각선으로 표현

마포구을 선거구 관내사전투표에 대한 조작은 표바꾸기 조작 메커니즘과 동일하다는 것을 그림 9-6과 〈표 9-6〉의 결과로 부터 확인할 수 있다.

　서울시 마포구을 선거구에 대하여 다음의 두 가지 표본으로 분리한 후 각 표본에 대한 조작 조작 메커니즘을 규명해보자. 첫 번째 표본은 표바꾸기 조작으로 인하여 유권자가 투표한 실제득표수보다 득표수가 증가한 더불어민주당 후보와 조작이 적용되지 않은 녹색정의당 후보로 구축된 표본이다. 이 표본은 더불어민주당 후보에게 표가 첨가된 표더하기 조작이다. 두 번째 표본은 표바꾸기 조작에 의하여 유권자가 투표한 실제득표수보다 득표수가 감소한 국민의힘 후보와 표 조작이 적용되지 않은 녹색정의당 후보로 구성된 포본이다. 이 표본은 국민의힘 후보의 표가 감소한 표버리기 조작 표본이다.

　첫 번째 표본인 표더하기 조작 표본에 대하여 분석해보자. 〈표 9-7〉은 더불어민주당 후보와 녹색정의당 후보로 구축된 표더하기 조작 표본에 대한 선거동별, 후보별 당일득표율, 관내사전득표율 및 관내사전득표율-당일득표율 차이를 나타내고 있다. 더불어민주당 후보인 경우 9개 동 모두에서 관내사전득표율-당일득표율 차이가 +3%보다 크다. 반면 녹색정의당 후보인 경우 9개 동 모두에서 관내사전득표율-당일득표율 차이가 -3%보다 작다. 표더하기 조작 표본 임을 알 수 있다.

<표 9-7> 더불어민주당 후보 + 녹색정의당 후보 표본에 대한 후보별
당일득표율, 관내사전득표율 및 관내사전득표율-당일득표율 차이 (서울시 마포구을 선거구)

득표율	더불어민주당 후보			녹색정의당 후보		
	당일(1)	관내(2)	(2) - (1)	당일(1)	관내(2)	(2) - (1)
1. 서강동	0.8414	0.8925	0.0511	0.1586	0.1075	-0.0511
2. 서교동	0.8152	0.8577	0.0425	0.1848	0.1423	-0.0425
3. 합정동	0.8140	0.8632	0.0492	0.1860	0.1368	-0.0492
4. 망원1동	0.8309	0.8715	0.0406	0.1692	0.1285	-0.0406
5. 망원2동	0.8478	0.8856	0.0378	0.1522	0.1144	-0.0378
6. 연남동	0.8428	0.8761	0.0333	0.1572	0.1239	-0.0333
7. 성산1동	0.8174	0.8509	0.0315	0.1806	0.1491	-0.0315
8. 성산2동	0.8410	0.8834	0.0424	0.1590	0.1166	-0.0424
9. 상암동	0.8505	0.8820	0.0315	0.1495	0.1180	-0.0315
계	0.8356	0.8740	0.0384	0.1644	0.1260	-0.0384

〈표 9-7〉의 결과가 표더하기 조작 표본의 결과라는 것을 재확인하기 위하여 후보별 당일득표율과 관내사전득표율 사이의 함수관계 점을 좌표평면에 도시하면 그림 9-7과 같다. 이 그래프의 후보별 함수관계를 수식으로 표현하면 다음 식과 같다.

더불어민주당 후보 : $x_B = 0.77x_A + 0.23$ (9-5a)

녹색정의당 후보 : $z_B = 0.77z_A$ (9-5b)

두 함수식에 대한 기울기는 0.77로 동일하여 서로 나란 하다. 더불어민주당 후보에 대한 선형함수식의 세로축 절편은 0.23으로 0보다 크며 녹색정의당 후보에 대한 선형함수식의 세로축 절편은 0으로 원점 (0,0)을 지난다. 식 (9-5a)의 두 선형함수는 표더하기 조작 표본에 대한 함수라는 것을 확인할 수 있다.

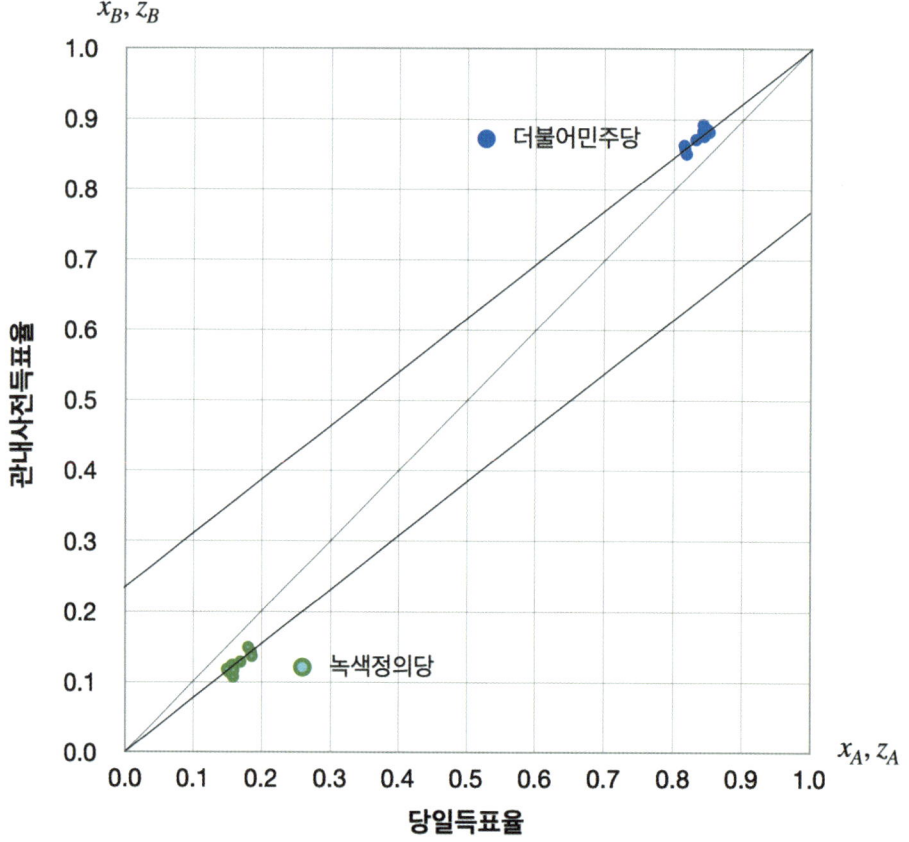

그림 9-7. 서울시 마포구을 9개 선거동에 대한

당일득표율(x_A, z_A)과 관내사전득표율(x_B, z_B) 사이의 함수관계

x, z : 더불어민주당, 녹색정의당 후보 득표율, A : 당일투표, B : 관내사전투표

〈표 9-7〉과 그림 9-7로 부터 표더하기 조작이 적용된 더불어민주당 후보와 조작이 없는 녹색정의당 후보로 구축된 표본은 다음과 같이 대수의 법칙이 성립하지 않는다는 것을 확인할 수 있다.

더불어민주당 후보 : 당일득표율 < 관내사전득표율, 당일득표율 ≠ 관내사전득표율

녹색정의당 후보 : 당일득표율 > 관내사전득표율, 당일득표율 ≠ 관내사전득표율

두 번째 표본의 조작 메커니즘에 대하여 분석해보자 표바꾸기 조작에 의하여 국민의힘 후보의 득표수는 유권자가 투표한 실제득표수보다 감소한다. 따라서 표버리기 조작이 이루어진 국민의힘 후보와 조작이 없는 녹색정의당 후보로 구성된 표본은 표버리기 조직표본이다. 그러므로 이 표본에 대한 국민의힘 후보와 녹색정의당 후보에 대한 당일득표율과 관내사전득표율 사이의 함수관계는 다음과 같다.

국민의힘 후보 : 당일득표율 > 관내사전득표율

녹색정의당 후보 : 당일득표율 < 관내사전득표율

서울시 마포구을 선거구의 선거결과로부터 구축한 국민의힘 후보와 녹색정의당 후보 표본에 대한 후보별 당일득표율, 관내사전득표율 및 관내사전득표율-당일득표율 차이가 〈표 9-8〉에 제시되어 있다.

<표 9-8> 국민의힘 후보 + 녹색정의당 후보 표본에 대한 후보별
당일득표율, 관내사전득표율 및 관내사전득표율 - 당일득표율 차이 (서울시 마포구을 선거구)

득표율	더불어민주당 후보			녹색정의당 후보		
	당일(1)	관내(2)	(2) - (1)	당일(1)	관내(2)	(2) - (1)
1. 서강동	0.8656	0.8418	-0.0238	0.1344	0.1582	0.0238
2. 서교동	0.8275	0.7607	-0.0668	0.1725	0.2393	0.0668
3. 합정동	0.8181	0.7682	-0.0499	0.1819	0.2318	0.0499
4. 망원1동	0.8115	0.7932	-0.0183	0.1885	0.2068	0.0183
5. 망원2동	0.8321	0.7892	-0.0429	0.1679	0.2108	0.0429
6. 연남동	0.8481	0.7904	-0.0577	0.1518	0.2096	0.0577
7. 성산1동	0.7913	0.7269	-0.0644	0.2087	0.2731	0.0644
8. 성산2동	0.8295	0.8154	-0.0141	0.1705	0.1846	0.0141
9. 상암동	0.8402	0.8018	-0.0384	0.1598	0.1982	0.0384
계	0.8320	0.7903	-0.0417	0.1680	0.2097	0.0417

이 결과에 의하면 국민의힘 후보인 경우 9개 모든 선거구에서 관내사전득표율-당일득표율 차이가 (-)이다. 반면 녹색정의당인 경우 9개 모든 선거구에서 관내사전득표율-당일득표율 차이가 (+)이다. 표버리기 조작이 적용된 후보가 포함된 표버리기 조작 표본에서는 통계학적 공리인 대수의 법칙이 국민의힘 후보는 물론 녹색정의당 후보에게도 성립하지 않는다는 것을 확인할 수 있다.

표버리기 조작표본 : 당일득표율 ≠ 관내사전득표율

표버리기 조작 표본에 대한 당일득표율과 사전득표율 사이의 함수관계식의 특성을 규명 함으로써 조작이 적용된 표본에서는 통계학적 공리인 대수의 법칙이 성립하지 아니함을 재확인해보자. 그림 9-8은 표버리기 조작표본에 대한 후보별 당일득표율과 관내득표율 사이의 함수관계를 나타내고 있다.

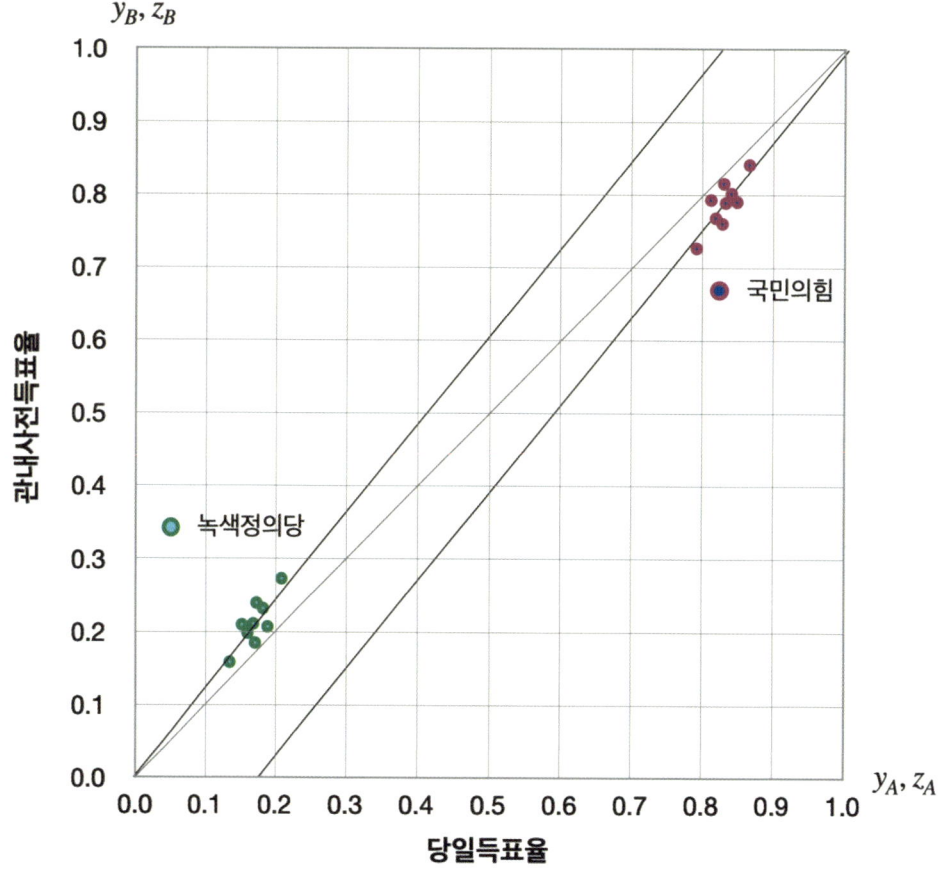

그림 9-8. 서울시 마포구을 9개 선거동에 대한

당일득표율(y_A, z_A)과 관내사전득표율(y_B, z_B) 함수관계

y, z : 국민의힘, 녹색정의당 후보 득표율, A는 당일투표, B는 관내사전투표

두 후보에 대한 함수관계를 수식으로 표현하면 다음과 같다.

국민의힘 후보 : $y_B = 1.205x_A - 0.205$ (9-6a)

녹색정의당 후보 : $z_B = 1.205z_A$ (9-6b)

위의 식 (9-6)은 표버리기 조작 메커니즘에 대한 함수관계식 (8-8)과 동일하다. 두 후보에 대한 함수식의 기울기는 1보다 큰 1.205이며, 국민의힘 후보에 대한 함수식의 세로축 절편은 -0.205로 0보다 작다. 또한 녹색정의당 후보에 대한 세로축 절편은 0이며 원점 (0,0)을 지난다. 〈표 9-9〉는 표버리기 조작 메커니즘에 대한 후보별 함수관계식의 특성과 서울시 마포구을 선거구의 표버리기 표본에 대한 함수관계식의 특성을 비교 분석한 표이다. 그림 9-8과 〈표 9-9〉의 함수관계식의 특성으로 부터 표버리기 조작표본인 경우 대수의 법칙이 성립할 수 없다는 것을 다시 확인할 수 있다.

<표 9-9> 표버리기 조작 메커니즘에 대한 함수식 특성과
마포구을 표버리기 조작 표본에 대한 함수식 특성의 비교 분석

	표버리기 조작 메커니즘에 대한 이론적 함수식	마포구을 선거구의 표버리기 조작 표본에 대한 함수식
선형함수식	국민의힘 후보 $y_B = ay_A - \gamma$ 기울기 : $a > 1$, 절편 : $-\gamma < 0$	국민의힘 후보 $y_B = 1.205y_A - 0.205$ 기울기 : $1.205 > 1$, 절편 : $-0.205 < 0$
	기타 후보 $z_B = az_A$ 기울기 : $a > 1$, 절편 : 원점 (0,0)	녹색정의당 후보 $z_B = 1.205z_A$ 기울기 : $1.205 > 1$, 절편 : 원점 (0,0)
선형함수기울기	국민의힘 후보 : $a > 1$ 서로 평행 기타 후보 : $a > 1$	국민의힘 후보 : $1.205 > 1$ 서로 평행 기타 후보 : $1.205 > 1$

표바꾸기 조작표수 계산

표바꾸기 조작 메커니즘 적용된 표본에 대한 표바꾸기 조작표수를 계산해보자. 총 득표수, 더불어민주당 후보 득표수, 국민의힘 후보 득표수 및 녹색정의당 후보 득표수에 대하여 표수지식을 세우면 다음과 같다.

$$\text{총 득표수}: N = \bar{N} \tag{9-7a}$$

$$\text{더불어민주당 후보 득표수}: Nx_A + \beta N = \bar{N}x_B \tag{9-7b}$$

$$\text{국민의힘 후보 득표수}: Ny_A - \beta N = \bar{N}y_B \tag{9-7c}$$

$$\text{녹색정의당 후보 득표수}: Nz_A = \bar{N}z_B \tag{9-7d}$$

위 식에서 N : 조작전 관내사전 총 득표수, $\bar{N}$: 선관위 발표 관내사전 총 득표수, x, y, z : 더불어민주당, 국민의힘 및 녹색정의당 후보 득표율, A : 당일투표, B : 관내사전투표를 의미한다. 그리고 β는 관내사전투표 표바꾸기 득표수 비로 다음 식으로 정의된다.

$$\beta = \text{표바꾸기 조작표 수} \div \text{조작전 관내사전 총 득표수} \tag{9-7e}$$

먼저 선관위 발표 동별 관내사전투표 총 득표수와 식 (9-7b)와 식(9-7c)로 부터 이론적 동별 관내사전투표 총 득표수를 산출하며 보자. 총 9개 선거동 중 서강동에 대한 관내사전 총 득표수 계산 예를 제시하면 다음과 같다.

　　　기반자료

　　　　　$x_A = 0.4161, y_A = 0.5054,$

　　　　　선관위 발표 더불어민주당 후보의 관내사전득표수 $= \bar{N}x_B = 2{,}691$

　　　　　선관위 발표 국민의힘 후보의 관내사전득표수 $= \bar{N}y_B = 1{,}724$

　　　표수지식

　　　　　더불어민주당 후보 : $0.4161N + \beta N = 2{,}691$

　　　　　국민의힘 후보 : $0.5054N - \beta N = 1{,}724$

　　　　　　+ ：　$0.9251N = 4{,}415$

　　　　　　　　$N = 4{,}791$

위의 계산과정으로 서강동 관내투표에 대한 관내사전 총 득표수는 4,791 이다. 동일한 방법으로 나머지 선거동에 대한 관내사전 총 득표수를 산출한 후 선관위 발표 총 득표수를 비교하면 〈표 9-10〉과 같다.

<표 9-10> 서울시 마포구을 선거구에 대한 선관위 발표 관내사전 총 득표수와 계산 총 득표수 비교

득표수	선관위발표 (1)	계산값 (2)	(1) - (2)		선관위발표 (1)	계산값 (2)	(1) - (2)
1. 서강동	4,739	4,791	-52	6. 연남동	3,836	3,824	2
2. 서교동	4,235	4,235	0	7. 성산1동	4,160	4,162	-2
3. 합정동	4,865	4,904	-39	8. 성산2동	6,235	6,324	-89
4. 망원1동	5,344	5,413	-69	9. 상암동	5,071	5,092	-21
5. 망원2동	4,320	4,352	-32	계	42,805	43,049	-244

이 표의 결과에 의하면 총 9개 선거동에 대한 관내사전 총 득표수 계산값과 선관위 발표값이 거의 동일하다. 이런 결과로 부터 마포구을 선거구의 관내사전투표에 대한 득표수 조작은 표바꾸기 조작에 의하여 실행되었음을 확인할 수 있다. 이제 각 선거동별 표바꾸기 조작표 수를 계산해보자. 서강동에 대한 기반 자료를 사용하여 표바꾸기 조작표수를 계산하면 다음과 같다.

<u>표바꾸기 조작표수</u>   더불어민주당 후보 : $0.4161N + \beta N = 2{,}691$

$$0.4161 \times 4791 + \beta N = 2{,}691 \quad \underline{\beta N = 697}$$

국민의힘 후보 : $0.5054N - \beta N = 1{,}724$

$$0.5054 \times 4791 - \beta N = 1{,}724 \quad \underline{\beta N = 697}$$

서강동에 대한 표바꾸기 조작표수는 697표 이다. 국민의힘 후보가 유권자로 부터 획득한 실제 득표수 중 697표를 제거한 후 동일한 표수 697표를 더불어민주당 후보에게 첨가하는 조작이 실행되었다고 추정할 수 있다. 동일한 방법으로 나머지 선거동에 대한 표바꾸기 조작표수를 계산하면 <표 9-11>과 같다.

<표 9-11> 선거동별 표바꾸기 조작표수 및 표바꾸기 조작표수 비

	표바꾸기 조작표수	표바꾸기 조작표수 비 (β)		표바꾸기 조작표수	표바꾸기 조작표수 비 (β)
1. 서강동	697	0.1455	6. 연남동	570	0.1487
2. 서교동	671	0.1584	7. 성산1동	510	0.1225
3. 합정동	715	0.1458	8. 성산2동	637	0.1007
4. 망원1동	517	0.0955	9. 상암동	604	0.1186
5. 망원2동	576	0.1324	계	5,539	0.1287

표바꾸기 조작으로 인하여 선관위 발표 국민의힘 후보의 관내사전투표 총 득표수는 실제로 획득한 득표수 보다 5,539표가 감소한 반면 더불어민주당 후보의 관내사전투표 총 득표수는 실제 득표수 보다 5,539표가 증가하였다. 한 선거동 마다 평균 615표가 국민의힘 후보로 부터 더불어민주당 후보로 이동하였다.

9-3. 경기도 고양시갑 선거구에 대한 대수의 법칙 검증

후보별 당일득표율, 관내사전득표율 및 관내사전득표율-당일득표율 차이 분석

경기도 고양시갑 선거구에는 더불어민주당, 국민의힘, 녹색정의당 및 무소속 후보의 4명이 출마하였다. 특히 더불어민주당, 국민의힘 및 녹색정의당의 세 후보는 경쟁력이 우수한 후보들로 당일투표와 관내사전투표에 대한 득표수가 커서 득표율의 오차범위가 작다는 강점이 있다. 〈표 9-12〉는 경기도 고양시갑 선거구에 대한 후보별 당일득표율, 관내사전득표율 및 관내사전득표율-당일득표율 차이의 백분율을 나타내고 있다.

<표 9-12> 경기도 고양시갑 선거구에 대한 후보별
당일득표율, 관내사전득표율 및 관내사전득표율 - 당일득표율 차이 (%)

%	더불어민주당 후보			국민의힘 후보			녹색정의당 후보			무소속 후보		
	당일 (1)	관내 (2)	(2)-(1)	당일 (1)	관내 (2)	(2)-(1)	당일 (1)	관내 (2)	(2)-(1)	당일 (1)	관내 (2)	(2)-(1)
1. 주교동	39.06	50.00	+10.94	37.49	30.73	-6.76	20.70	17.18	-3.52	1.07	1.36	+0.29
2. 원신동	39.50	53.89	+14.39	36.74	29.01	-7.73	22.03	16.14	-5.89	0.73	0.52	-0.21
3. 흥도동	37.52	48.75	+11.23	29.16	26.66	-2.50	31.72	23.89	-7.83	0.78	0.20	-0.58
4. 성사1동	39.51	51.30	+11.79	36.92	29.60	-7.32	21.49	17.82	-3.67	0.83	0.70	-0.13
5. 성사2동	38.62	51.97	+13.35	35.31	27.96	-7.35	24.29	18.90	-5.39	1.07	0.77	-0.30
6. 고양동	37.24	49.26	+12.02	41.07	32.44	-8.63	19.54	16.87	-2.67	0.98	0.76	-0.22
7. 관산동	39.03	50.46	+11.43	40.93	33.60	-7.33	17.97	14.68	-3.29	0.93	0.60	-0.33
8. 화정1동	39.14	52.10	+12.96	42.70	32.23	-10.47	16.23	14.21	-2.02	1.07	0.94	-0.13
9. 화정2동	42.19	56.78	+14.59	38.16	27.27	-10.89	17.47	14.66	-2.81	1.10	0.74	-0.36
10. 식사동	38.66	53.21	+14.55	-45.27	33.76	-11.51	13.76	11.74	-2.02	1.41	0.87	-0.54

더불어민주당 후보인 경우 10개 동 모두에서 관내사전득표율-당일득표율 차이가 +10% 보다 크다. 반면 국민의힘 후보와 녹색정의당 후보인 경우 10개 동 모두에서 차이는 (-)를 나타낸다. 특히 무소속 후보인 경우 득표수가 앞의 세 후보보다 대단히 작으나 관내사전득표율-당일득표율 차이는 주교동을 제외한 9개 동 모두 (-)를 나타낸다. 경기도 고양시갑 선거구의 관내사전투표는 표더하기 조작이 개입된 선거라는 것을 확인할 수 있다.

표더하기 조작 메커니즘에 대한 함수관계 특성을 규명하기 위하여 〈표 9-12〉의 후보별 당일득표율 대비 관내사전득표율의 함수관계 점을 좌표평면에 도시하면 그림 9-9와 같다.

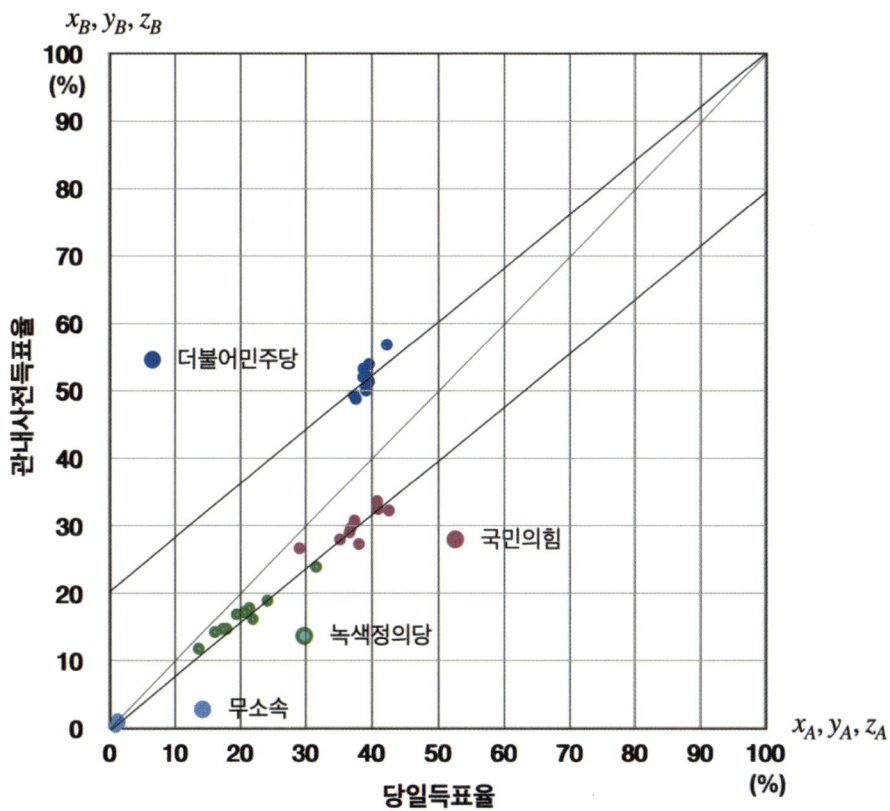

그림 9-9. 경기도 고양시갑 선거구에 대한 당일득표율과 관내사전득표율 사이의 함수관계
x, y, z : 더불어민주당, 국민의힘, 녹색정의당 후보 득표율, A : 당일투표, B : 관내사전투표

후보별 함수관계를 수식으로 표현하면 다음식과 같다.

$$더불어민주당\ 후보: x_B = 0.8x_A + 0.2 \quad (9\text{-}8a)$$
$$국민의힘\ 후보: y_B = 0.8y_A \quad (9\text{-}8b)$$
$$녹색정의당,\ 무소속\ 후보: z_B = 0.8z_A \quad (9\text{-}8c)$$

위의 함수식들은 표더하기 조작 메커니즘에 대한 함수식의 특성과 동일하였다. 특히 더불어민주당 후보를 제외한 국민의힘 후보, 녹색정의당 후보 및 무소속 후보에 대한 함수관계가 식 (9-8b) 및 (9-8c)와 같이 동일한 함수로 표현되어 표더하기 조작 메커니즘에 대한 이론적 함수식과 동일하다는 것을 확인할 수 있다.

대수의 법칙 검증

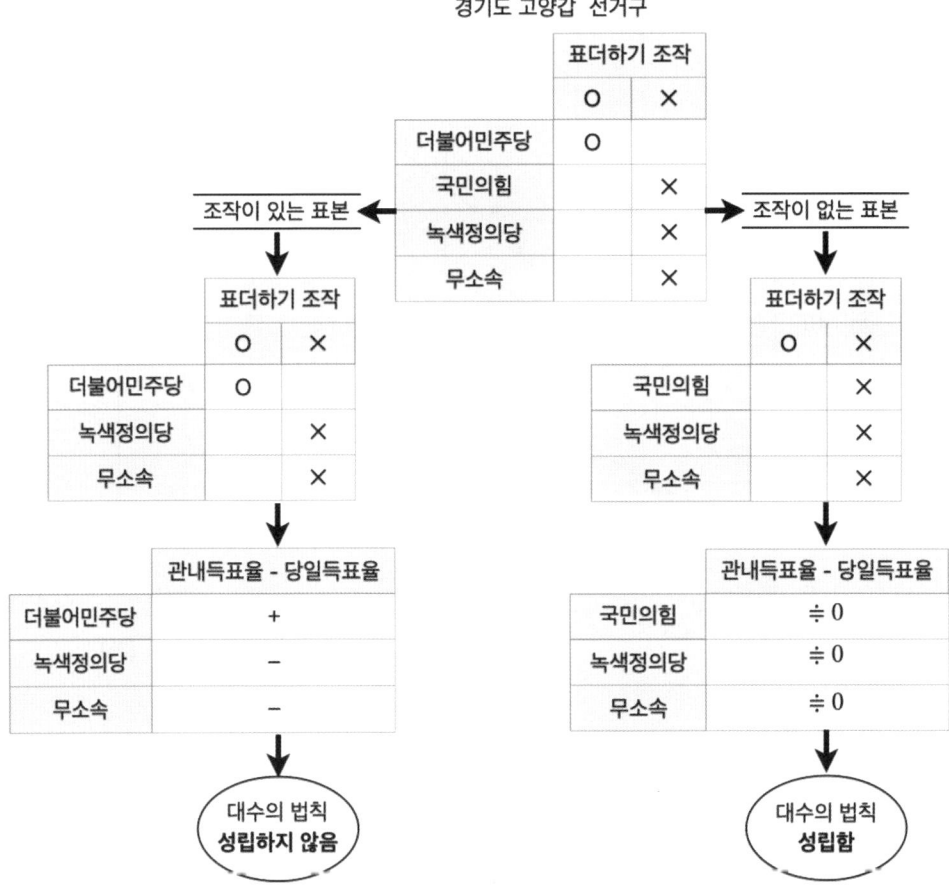

<표 9-13> 경기도 고양갑 선거구에 대한 통계학적 공리 (대수법칙) 검증 과정

<표 9-13>과 같이 표더하기 조작이 있는 후보가 포함된 투표표본과 표더하기 조작이 없는 후보로만 구성된 투표표본으로 분리한 후 두 표본에 대한 대수법칙의 성립여부를 검증해보자. 표더하기 조작은 더불어민주당 후보에게만 적용된다. 따라서 표더하기 후보가 포함된 투표표본은 더불어민주당 후보, 녹색정의당 후보 및 무소속 후보로 구성된 투표표본이며, 표더하기 조작이 없는 후보로만 구성된 투표표본은 국민의힘 후보, 녹색정의당 후보 및 무소속 후보로 구성된 표본이다. 선관위 발표 후보별 득표수를 사용하여 두 표본에 대한 당일득표율과 관내득표율을 계산한 후 표조작 후보가 포함된 투표표본인 경우 대수법칙이 성립하지 아니하며, 표조작이 없는 후보만으로 구성된 투표표본인 경우 대수법칙이 성립하는 것을 규명해보자.

<표9-14>는 경기로 고양시갑 선거구 투표에서 국민의힘 후보를 제외한 후보로 구축된 표본에 대한 후보별 당일득표율, 관내사전득표율 및 관내사전득표율-당일득표율 차이의 백분율을 나타내고 있다.

<표 9-14> 더불어민주당 + 녹색정의당 + 무소속 후보로 구성된 표본에 대한 후보별 득표율 (경기도 고양시갑 선거구)

%	더불어민주당 후보			녹색정의당 후보			무소속 후보		
	당일(1)	관내(2)	(2) - (1)	당일(1)	관내(2)	(2) - (1)	당일(1)	관내(2)	(2) - (1)
1. 주교동	62.49	72.19	+9.70	33.12	24.81	-8.31	1.71	1.97	+0.26
2. 원신동	62.44	75.92	+13.48	34.82	22.73	-12.09	1.15	0.74	-0.41
3. 흥도동	52.97	66.47	+13.50	44.77	32.58	-12.19	1.10	0.27	-0.83
4. 성사1동	62.64	72.88	+10.24	34.06	25.31	-8.75	1.32	0.99	-0.33
5. 성사2동	59.70	72.15	+12.45	37.55	26.23	-11.32	1.65	1.07	-0.58
6. 고양동	63.19	72.90	+9.71	33.17	24.97	-8.20	1.67	1.12	-0.55
7. 관산동	66.07	76.00	+9.93	30.42	22.11	-8.31	1.57	0.90	-0.67
8. 화정1동	68.29	76.87	+8.58	28.33	20.96	7.37	1.86	1.38	-0.48
9. 화정2동	68.21	78.07	+9.86	28.25	20.16	-8.09	1.77	1.02	-0.75
10. 식사동	70.65	80.33	+9.68	25.14	17.73	7.41	2.57	1.31	-1.26

표더하기 조작이 있는 더불어민주당 후보인 경우 관내사전득표율-당일득표율 차이가 10개 선거동 모두에서 (+)를, 녹색정의당 후보인 경우 10개 동 모두에서 차이가 (-)를, 무소속 후보인 경우 주교동을 제외한 9개 선거동에서 모두 (-)를 나타낸다. 이 표본은 표더하기 조작 표본임을 확인할 수 있다. 이 표본에 대하여서는 다음과 같이 대수의 법칙이 성립하지 않는다.

더불어민주당 후보 : 관내사전득표율 − 당일득표율 > 0,
관내사전득표율 ≠ 당일득표율

녹색정의당, 무소속 후보 : 관내사전득표율 − 당일득표율 < 0,
관내사전득표율 ≠ 당일득표율

〈표 9-14〉의 함수관계를 좌표평면에 도시하여 이 표에 대한 함수관계식이 표더하기 조작 메커니즘에 대한 함수관계식의 특성과 일치하는지 비교분석해보자.

그림 9-10은 〈표 9-14〉의 결과를 좌표평면에 도시한 함수관계 그래프이다. 후보별 함수관계를 선형함수식으로 표현하면 다음과 같다.

$$더불어민주당 후보 : x_B = 0.7x_A + 0.3 \quad (9\text{-}9a)$$

$$녹색정의당, 무소속 후보 : z_B = 0.7z_A \quad (9\text{-}9b)$$

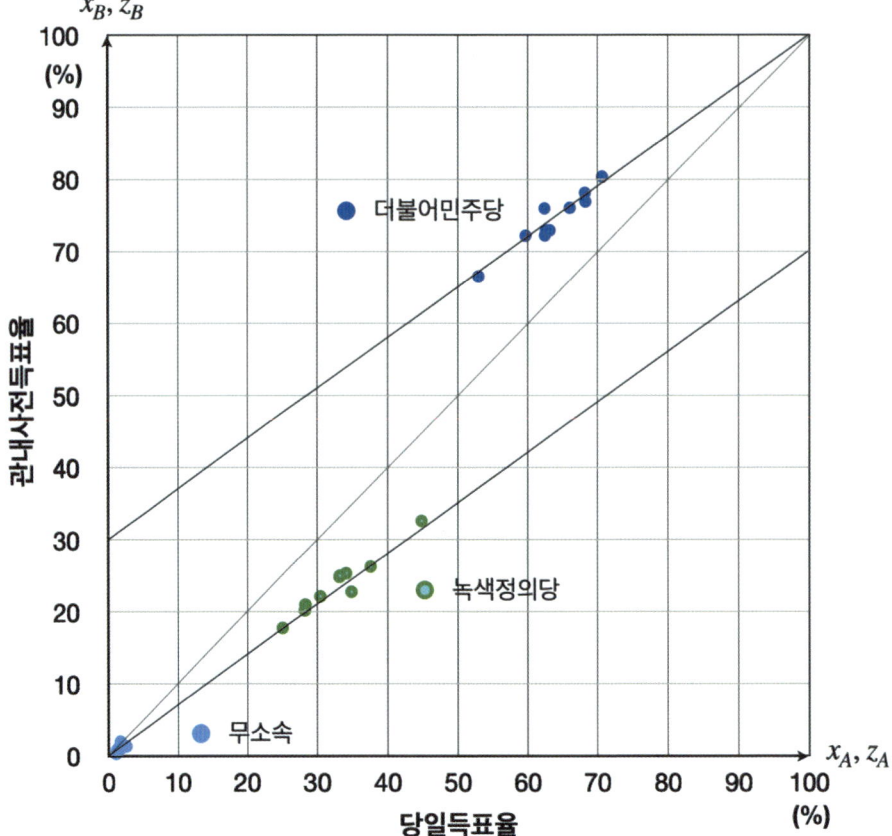

그림 9-10. 더불어민주당, 녹색정의당, 무소속 후보로 구축된 표본에 대한 당일득표율과 관내사전득표율 사이의 함수관계 (경기도 고양시갑)

x, z는 더불어민주당, 녹색정의당, 무소속 후보 득표율, A는 당일투표, B는 관내사전투표

식 (9-9a)와 (9-9b)의 선형함수식에 대한 기울기는 0.7로 동일하여 두 그래프는 서로 평행하다. 또한 더불어민주당 후보에 대한 함수식의 세로축 절편은 0.3으로 0보다 크며, 녹색정의당, 무소속 후보에 대한 세로축의 절편은 0이며 원점 (0.0)을 지난다. 이 결과는 표더하기 조작 메커니즘에 대한 함수식의 특성과 동일하다. 그림 9-10의 함수관계식의 결과로부터 경기도 고양시갑 선거구에 출마한 더불어민주당 후보의 득표수는 표더하기 조작에 의하여 유권자가 투표한 실제득표수 보다 증가한다는 것을 확인할 수 있다. 또한 이 증가한 표 수는 외부로부터 주입된 유령표 수이다.

  표더하기 조작이 적용되지 않은 후보로만 구축된 표본에 대한 당일득표율과 관내사전득표율 사이의 함수관계는 어떻게 표현될 것인가? 이 함수관계를 규명하기 위하여 국민의힘 후보, 녹색정의당 후보 및 무소속 후보로 이루어진 표본에 대한 선거동별 당일득표율, 관내사전득표율 및 관내사전득표율-당일득표율 차이를 도출하면 〈표 9-15〉와 같다.

<표 9-15> 국민의힘, 녹색정의당, 무소속 후보로 구성된 투표표본에 대한 선거동별 당일, 관내 사전 득표율 (경기도 고양시갑 선거구)

%	국민의힘 후보			녹색정의당 후보			무소속 후보		
	당일(1)	관내(2)	(2) - (1)	당일(1)	관내(2)	(2) - (1)	당일(1)	관내(2)	(2) - (1)
1. 주교동	61.53	61.47	-0.06	33.97	34.37	+0.40	1.76	2.73	+0.97
2. 원신동	60.73	62.92	+2.19	36.41	35.00	-1.41	1.20	1.13	-0.07
3. 흥도동	46.67	52.02	+5.35	50.76	46.62	-4.14	1.24	0.39	-0.85
4. 성사1동	61.04	60.79	-0.25	35.52	36.59	+1.07	1.38	1.43	+0.05
5. 성사2동	57.52	58.22	+0.70	39.58	39.35	-0.23	1.74	1.60	-0.14
6. 고양동	65.44	63.92	-1.52	31.14	33.25	+2.11	1.57	1.50	-0.07
7. 관산동	67.13	67.82	+0.69	29.47	29.64	+0.17	1.53	1.21	-0.32
8. 화정1동	70.15	67.28	-2.87	26.67	29.65	+2.98	1.75	1.96	+0.21
9. 화정2동	66.00	63.10	-2.90	30.22	33.92	+3.70	1.90	1.72	-0.18
10. 식사동	73.81	72.15	-1.66	22.43	25.09	+2.66	2.29	1.86	-0.43

국민의힘 후보에 대한 관내사전득표율-당일득표율 차이는 선거동에 따라서 (+)와 (-)로 나타나며, 차이에 대한 절대값은 작다. 녹색정의당 후보에 대한 관내사전득표율-당일득표율 차이 또한 선거동에 따라서 (+)와 (-)로 나타나고 그 차이의 절대값은 작다. 무소속 후보에 대한 차이 역시 선거동에 따라 (+)와 (-)로 나타나고 그 차이의 절대값은

작다. 이 결과로부터 당일득표율과 관내사전득표율 사이의 함수관계는 다음 식으로 표현할 수 있다.

국민의힘 후보 : 관내사전득표율 − 당일득표율 ≒ 0,

관내사전득표율 ≒ 당일득표율

녹색정의당, 무소속 후보 : 관내사전득표율 − 당일득표율 ≒ 0,

관내사전득표율 ≒ 당일득표율

위의 결과는 조작이 없는 표본인 경우 당일득표율과 관내사전득표율이 거의 동일하다는 통계학적 공리인 대수의 법칙이 성립한다는 것을 나타내고 있다.

〈표 9-15〉의 결과를 좌표평면에 도시하여 후보별 당일득표율과 관내사전득표율 사이의 함수관계를 그래프와 수식으로 표현해보자. 그림 9-11은 국민의힘 후보, 녹색정의당 후보 및 무소속 후보에 대한 당일득표율과 관내사전득표율 사이의 함수관계 그래프이다.

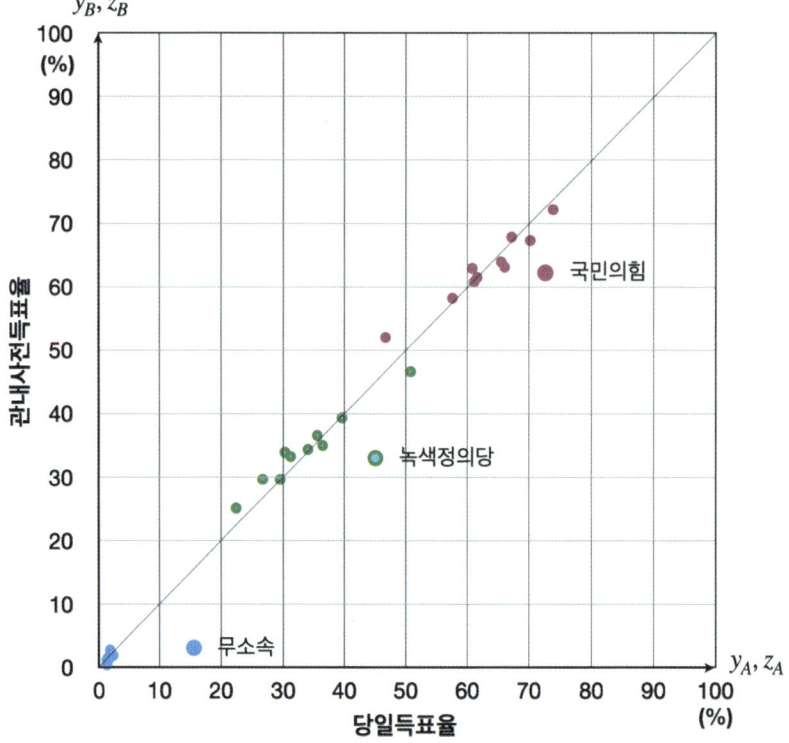

그림 9-11. 국민의힘, 녹색정의당·무소속 후보로 구축된 표본에 대한
당일득표율과 관내사전득표율 사이의 함수관계 (경기도 고양시갑)

y, z는 국민의힘, 녹색정의당·무소속 후보 득표율, A는 당일투표, B는 관내사전투표

이 그래프를 수식으로 표현하면 다음 식과 같다.

$$\text{국민의힘 후보: } y_B = y_A \qquad (9\text{-}10a)$$

$$\text{녹색정의당, 무소속 후보: } z_B = z_A \qquad (9\text{-}10b)$$

그림 9-11과 식 (9-10)으로 부터 조작이 없는 투표표본에 대한 후보별 당일득표율과 관내사전득표율이 서로 동일하다는 대수의 법칙을 확인할 수 있다.

$$\text{당일득표율} \fallingdotseq \text{관내사전득표율} \qquad (\text{대수의 법칙})$$

Chapter 10

선거 권역의 관내사전투표에 대한 대수의 법칙 검증

10-1. 표더하기 조작 메커니즘에 대한 기본 개념

전국 권역 중 서울·경기권역, 인천·강원·충청권역 및 영남권역에 대한 통계학적 공리를 검증하려고 한다. 관내사전투표인 경우 득표수 조작은 주로 표더하기 조작에 의하여 실행되었다. 따라서 관내사전투표에 대한 대수의 법칙 검증은 표더하기 조작 메커니즘에 무게중심을 두고 진행하는 것이 합리적이다. 대수의 법칙 검증을 시작하기 전에 표더하기 조작 메커니즘에 대한 개념을 기술해보자. 그림 10-1은 표더하기 조작 메커니즘과 표더하기+표바꾸기 조작 메커니즘에 대한 기본 개념을 도식적으로 나타낸 것이다.

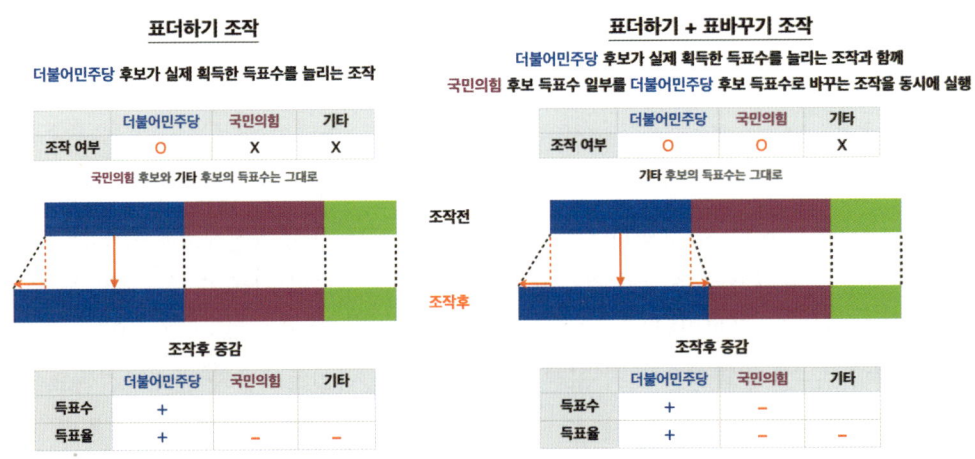

그림 10-1. 관내사전투표에 대한 표더하기 조작 및 표더하기+표바꾸기 조작 메커니즘

표더하기 조작은 유권자가 투표한 투표지 이외의 유령표가 외부로부터 더불어민주당 후보에게 첨가하는 조작이다. 국민의힘 후보와 기타 후보의 득표수는 조작되지 않는다. 표더하기 조작으로 인하여 더불어민주당 후보의 득표수가 실제득표수 보다 증가하기 때문

에 선관위 발표 더불어민주당 후보의 관내사전득표율은 실제득표율 보다 증가하나 국민의힘 후보와 기타 후보의 득표율은 실제득표율 보다 감소한다. 표본의 크기가 클 경우 당일득표율과 관내사전득표율이 거의 동일하다는 것이 대수의 법칙이다. 따라서 각 후보에 대한 당일득표율과 관내사전득표율 사이의 관계는 다음 식과 같다.

더불어민주당 후보 : 관내사전득표율 − 조작전관내사전득표율

= 관내사전득표율 − 당일득표율 > 0

국민의힘 후보 : 관내사전득표율 − 조작전관내사전득표율

= 관내사전득표율 − 당일득표율 < 0

기타 후보 : 관내사전득표율 − 조작전관내사전득표율

= 관내사전득표율 − 당일득표율 < 0   (10-1)

표더하기+표바꾸기 조작 메커니즘인 경우 선관위 발표 더불어민주당 후보의 득표수는 유권자가 투표한 실제득표수에 외부로부터 첨가한 유령표와 국민의힘 후보의 득표수 중 일부를 더불어민주당 후보의 득표수로 바꾼 득표수를 합한 득표수이다.

선관위 발표 더불어민주당 후보의 득표수 = 유권자가 투표한 실제득표수

+ 유령표수 (외부로부터첨가)

+ 국민의힘 후보의 득표수   (10-2)

반면 선관위가 발표한 국민의힘 후보의 득표수는 유권자가 투표한 실제 투표에서 더불어민주당 후보로 바꾼 득표수를 제거한 득표수이다. 따라서 선관위 발표 국민의힘 후보의 득표수는 실제 득표수 보다 감소한다. 기타 후보의 득표수는 조작되지 않은 실제 득표수이다. 위와 같은 조작으로 선관위 발표 후보별 득표율은 식 (10-1)과 같이 된다.

    권역별 관내사전투표에 대한 통계학적 공리 즉 대수법칙을 검증하는 과정은 그림 10-2에 자세히 도식화 되어 있다. 검증과정은 다음의 세 가지 과정으로 구성되어 있다. 첫 번째 과정은 표더하기 조작이 적용된 더불어민주당 후보와 기타 후보로 구성된 조작 표본과 조작이 없는 국민의힘 후보와 기타 후보로 구성된 조작이 없는 표본으로 분리하는 과정이다. 두 번째 과정은 조작 표본에 대한 후보별 당일득표율과 관내사전득표율이 서로 동일하지 아니하여, 조작표본은 대수의 법칙이 성립되지 아니한다는 것을 검증하는 과정이다. 세 번째 과정은 조작이 없는 표본에 대한 후보별 당일득표율과 관내사전득표율이 서로 동일하여, 조작이 없는 표본은 대수의 법칙이 성립된다는 것을 검증하는 과정이다. 이 과정을 그림 10-2에서 확인할 수 있다.

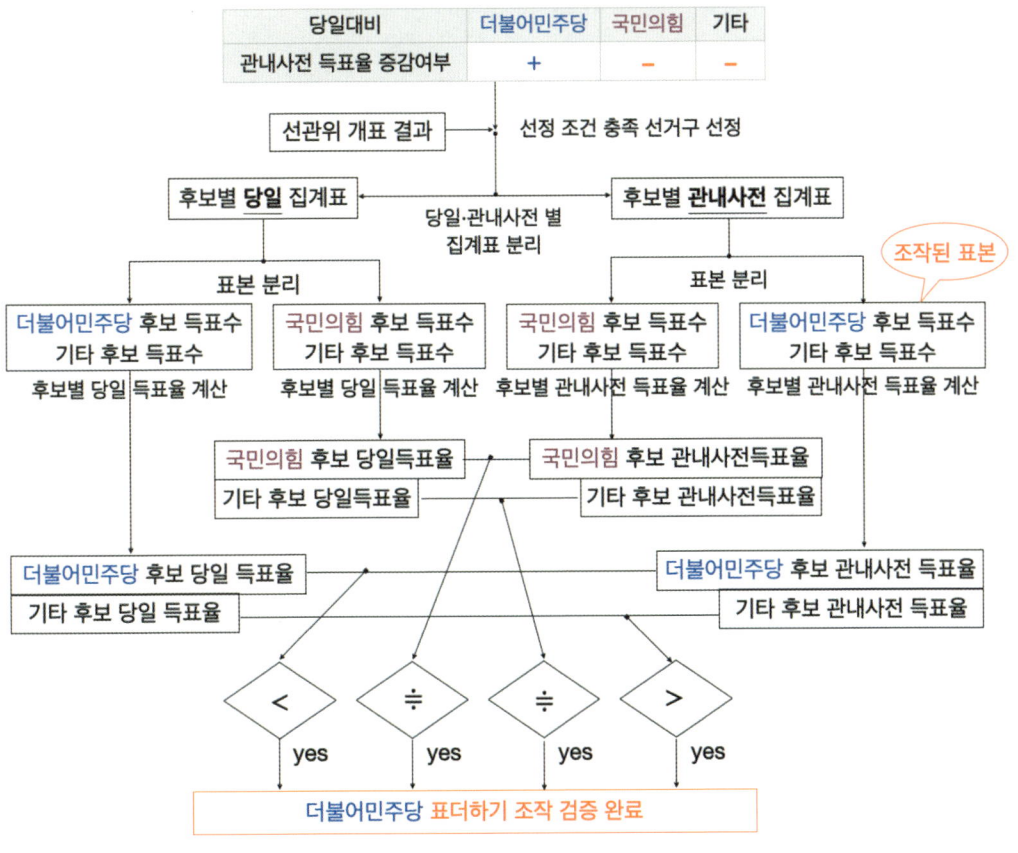

그림 10-2. 표더하기 조작이 적용된 관내사전투표에 대한
통계학적 공리인 대수의 법칙 검증 과정

두 번째 및 세 번째 과정을 요약하면 다음과 같다.

<u>조작 표본 (더불어민주당+기타 후보)</u>

더불어민주당 후보 : 관내사전득표율 − 당일득표율 > 0, 당일득표율 ≠ 관내사전득표율

기타 후보 : 관내사전득표율 − 당일득표율 < 0, 당일득표율 ≠ 관내사전득표율

<u>조작이 없는 표본 (국민의힘+기타 후보)</u>

국민의힘 후보 : 관내사전득표율 − 당일득표율 ≒ 0, 당일득표율 ≒ 관내사전득표율

기타 후보 : 관내사전득표율 − 당일득표율 ≒ 0, 당일득표율 ≒ 관내사전득표율

10-2. 서울·경기권역의 관내사전투표에 대한 대수의 법칙 검증

표더하기 조작표본에 대한 대수의 법칙 검증

서울·경기권역에 속한 선거구 중 표더하기 조작이 실행된 선거구에 대한 더불어민주당 후보의 관내사전득표율은 실제 득표율보다 증가하나, 국민의힘 후보와 기타 후보의 득표율은 실제 득표율보다 감소하게 된다. 따라서 표더하기 조작 표본은 〈표 10-1〉의 특성을 나타낸다. 즉 더불어민주당 후보의 관내사전득표율-당일득표율 차이는 (+)이고, 국민의힘 후보와 기타 후보의 관내사전득표율-당일득표율 차이는 (-)이다.

<표 10-1> 표더하기 조작이 실행된 투표표본의 특성

(+, 0, -)	더불어민주당 후보	국민의힘 후보	기타 후보
관내득표율 - 당일득표율	+	-	-

서울지역 48개 선거구와 경기지역 60개 선거구 중 기타 후보가 출마하지 않은 선거구가 많다. 따라서 〈표 10-1〉의 특성을 나타내는 선거구는 서울지역에서 19개, 경기지역에서 23개 이다. 이 42개 선거구에 대하여 국민의힘 후보를 제외한 더불어민주당 후보와 기타 후보로 구축된 투표표본의 더불어민주당 후보에 대한 관내사전득표율-당일득표율 차이는 모두 (+)이며, 기타 후보에 대한 득표율 차이는 모두 (-)이다. 표더하기 조작이 적용되었음을 확인할 수 있다. 〈표 10-2〉의 선거구에 따른 관내사전득표율-당일득표율 차이를 좌표평면에 막대 그래프로 나타내면 그림 10-3과 같다.

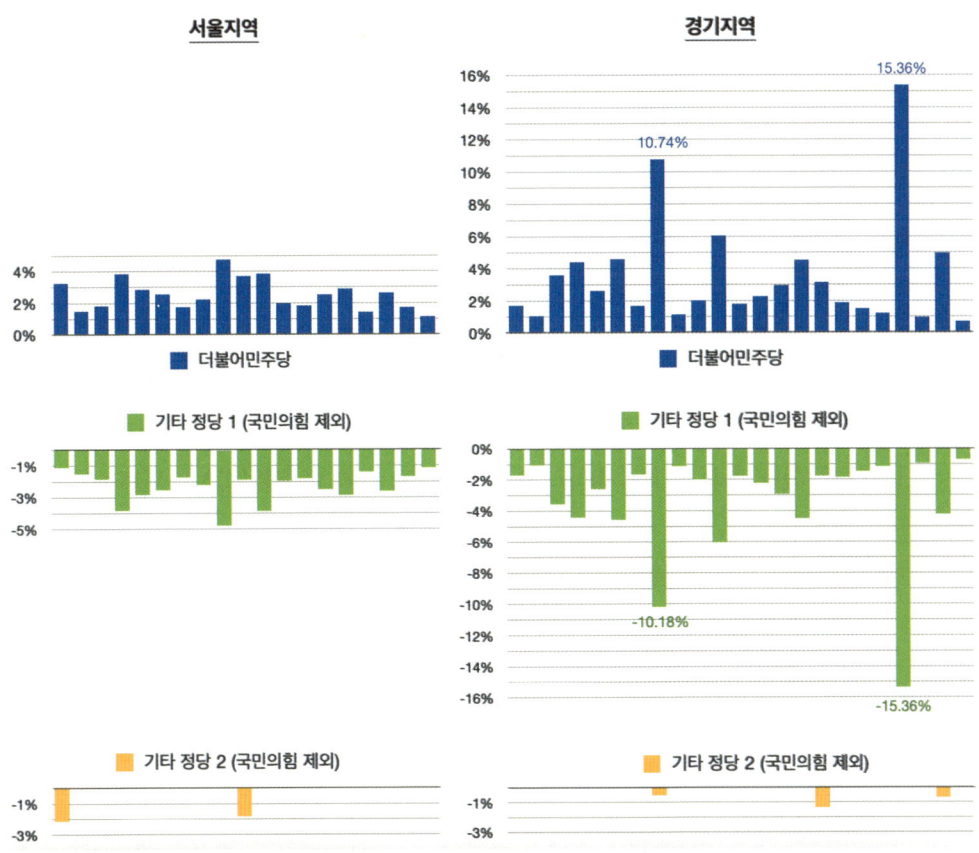

그림 10-3. 서울·경기권역 42개 표더하기 조작 선거구의 관내사전-당일 득표율 차이

〈표 10-2〉와 그림 10-3의 결과를 요약정리하면 다음과 같다.

더불어민주당 후보 : 관내사전득표율 − 당일득표율 > 0

기타 후보 : 관내사전득표율 − 당일득표율 < 0

서울·경기권역 총 108개 선거구 중 42개 선거구의 관내사전투표는 표더하기 조작이 적용되었으며 이 조작 표본은 대수의 법칙이 다음과 같이 성립하지 아니함을 확인할 수 있다.

당일득표율 ≠ 관내사전득표율

〈표 10-2〉의 결과를 사용하여 후보별 당일득표율과 관내사전득표율 사이의 함수관계를 구하면 그림 10-4와 같다.

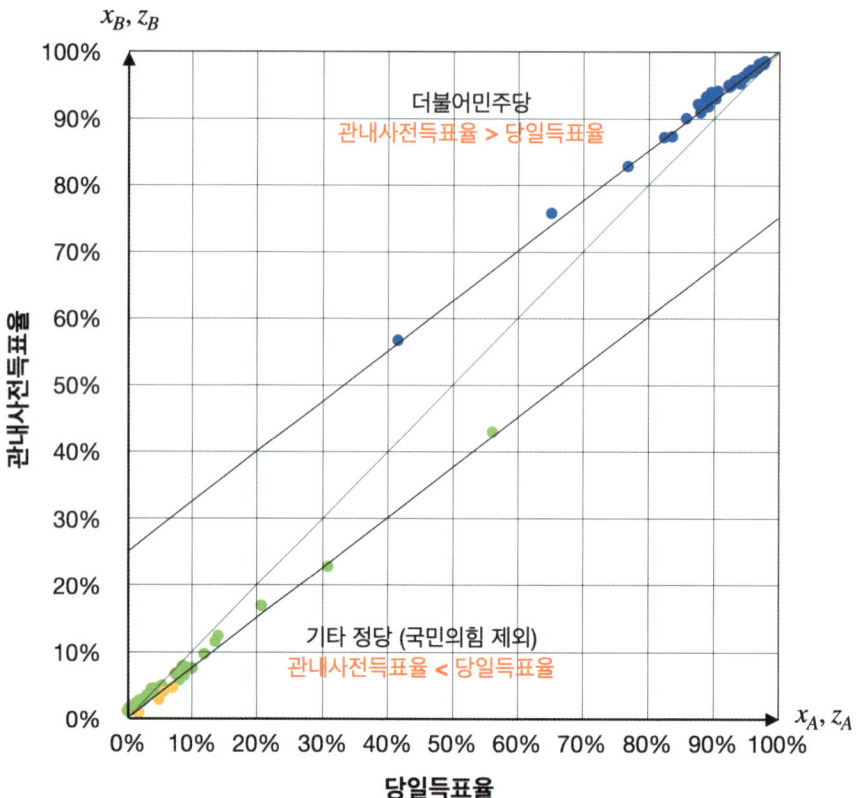

그림 10-4. 서울·경기지역 108개 선거구 중 표더하기 조작이 있는 42개 선거구에 대한 후보별 당일득표율과 관내사전득표율 사이의 함수관계

x, z : 더불어민주당 및 기타 후보 득표율, A : 당일투표, B : 관내사전투표

이 함수관계로 부터 조작 표본인 경우 대수의 법칙이 성립하지 않는다는 것을 규명하여 보자. 그림 10-4의 함수관계를 수식으로 표현하면 식 (10-3)과 같이 선형함수이다.

$$더불어민주당 후보 : x_B = 0.74x_A + 0.26 \quad (10\text{-}3a)$$

$$기타 후보 : z_B = 0.74z_A \quad (10\text{-}3b)$$

위의 함수관계식은 표더하기 조작 메커니즘에 대한 함수관계식이다. 〈표 10-2〉의 42개 선거구에 대한 더불어민주당 후보의 관내사전득표율(x_B)은 당일득표율(x_A) 보다 크며, 기타 후보의 관내사전득표율(z_B)은 당일득표율(z_A) 보다 작다는 것을 확인할 수 있다. 따라서 조작 표본에 대한 당일득표율과 관내사전득표율 사이의 함수관계식은 대수의 법칙을 대변하는 다음 식과 동일하지 않음을 확인할 수 있다.

<표 10-2> 서울·경기권역 표더하기 조작 선거구의 후보별 관내사전-당일 득표율 차이

순번	시도	지역구	더불어민주당 (X)			기타1 (Z)			정당	기타2 (Z)			정당
			당일 X_A	관내 X_B	관내 - 당일 $X_B - X_A$	당일 Z_A	관내 Z_B	관내 - 당일 $Z_B - Z_A$		당일 Z_A	관내 Z_B	관내 - 당일 $Z_B - Z_A$	
1	서울	종로구	90.17%	93.43%	3.25%	2.86%	1.76%	-1.10%	새로운미래	6.96%	4.81%	-2.15%	개혁신당
2		용산구	96.76%	98.27%	1.51%	3.24%	1.73%	-1.51%	무소속				
3		동대문갑	94.54%	96.38%	1.84%	5.46%	3.62%	-1.84%	개혁신당				
4		성북갑	89.40%	93.23%	3.83%	10.60%	6.77%	-3.83%	새로운미래				
5		강북을	89.05%	91.89%	2.84%	10.95%	8.11%	-2.84%	새로운미래				
6		도봉갑	92.70%	95.25%	2.55%	7.30%	4.75%	-2.55%	녹색정의당				
7		노원을	95.61%	97.35%	1.74%	4.39%	2.65%	-1.74%	무소속				
8		은평을	93.33%	95.55%	2.22%	6.67%	4.45%	-2.22%	녹색정의당				
9		서대문갑	87.48%	92.25%	4.77%	12.52%	7.75%	-4.77%	개혁신당				
10		마포갑	90.50%	94.21%	3.71%	4.66%	2.78%	-1.88%	개혁신당	4.84%	3.01%	-1.83%	녹색정의당
11		마포을	83.55%	87.40%	3.86%	16.45%	12.60%	-3.86%	녹색정의당				
12		양천갑	95.07%	97.03%	1.96%	4.93%	2.97%	-1.96%	무소속				
13		강서갑	94.62%	96.44%	1.82%	5.38%	3.56%	-1.82%	새로운미래				
14		영등포갑	92.42%	94.95%	2.53%	7.58%	5.05%	-2.53%	개혁신당				
15		동작갑	90.18%	93.07%	2.90%	9.82%	6.93%	-2.90%	새로운미래				
16		관악을	93.92%	95.34%	1.42%	6.08%	4.66%	-1.42%	진보당				
17		송파갑	93.15%	95.79%	2.64%	6.85%	4.21%	-2.64%	개혁신당				
18		강동갑	95.43%	97.13%	1.70%	4.57%	2.87%	-1.70%	개혁신당				
19		강동을	96.38%	97.52%	1.14%	3.62%	2.48%	-1.14%	개혁신당				
1	경기	수원갑	95.43%	97.13%	+1.70%	4.57%	2.87%	-1.70%	개혁신당				
2		의정부갑	96.67%	97.75%	+1.08%	3.33%	2.25%	-1.08%	개혁신당				
3		부천을	88.52%	92.11%	+3.59%	11.48%	7.89%	-3.59%	새로운미래				
4		부천병	85.68%	90.11%	+4.43%	14.32%	9.89%	-4.43%	새로운미래				
5		평택병	92.21%	94.83%	+2.62%	7.79%	5.17%	-2.62%	새로운미래				
6		안산을	88.73%	93.33%	+4.60%	11.27%	6.67%	-4.60%	무소속				
7		안산병	94.59%	96.28%	+1.69%	5.41%	3.72%	-1.69%	개혁신당				
8		고양갑	65.12%	75.86%	+10.74%	33.20%	23.02%	-10.18%	녹색정의당	1.68%	1.12%	-0.56%	무소속
9		고양을	97.30%	98.44%	+1.14%	2.70%	1.56%	-1.14%	무소속				
10		구리	94.35%	96.35%	+2.00%	5.65%	3.65%	-2.00%	개혁신당				
11		남양주갑	76.84%	82.89%	+6.05%	23.16%	17.11%	-6.05%	개혁신당				
12		남양주을	95.58%	97.38%	+1.79%	4.42%	2.63%	-1.79%	개혁신당				
13		남양주병	93.67%	95.91%	+2.25%	6.33%	4.09%	-2.25%	개혁신당				
14		시흥을	92.17%	95.10%	+2.94%	7.83%	4.90%	-2.94%	새로운미래				
15		하남을	89.51%	94.03%	+4.52%	10.49%	5.97%	-4.52%	새로운미래				
16		용인갑	87.89%	91.01%	+3.12%	6.52%	4.75%	-1.77%	개혁신당	5.59%	4.24%	-1.35%	무소속
17		용인을	94.95%	96.80%	+1.86%	5.05%	3.20%	-1.86%	개혁신당				
18		용인정	95.44%	96.94%	+1.50%	4.56%	3.06%	-1.50%	새로운미래				
19		안성	95.87%	97.08%	+1.20%	4.13%	2.92%	-1.20%	개혁신당				
20		화성을	41.43%	56.79%	+15.36%	58.57%	43.21%	-15.36%	개혁신당				
21		화성병	97.70%	98.66%	+0.96%	2.30%	1.34%	-0.96%	무소속				
22		화성정	82.34%	87.28%	+4.94%	16.00%	11.75%	-4.25%	개혁신당	1.66%	0.96%	-0.70%	무소속
23		포천가평	97.53%	98.25%	+0.72%	2.47%	1.75%	-0.72%	개혁신당				

<u>대수의 법칙</u>

더불어민주당 후보 : $x_B = x_A$

기타 후보 : $z_B = z_A$ (10-4)

<u>4.10 총선 결과</u>

더불어민주당 후보 : $x_B > x_A,\ x_B \neq x_A$

기타 후보 : $z_B < z_A,\ z_B \neq z_A$ (10-5)

조작이 없는 표본에 대한 대수의 법칙 검증

서울·경기권역에 대한 〈표 10-2〉의 선거구에 대하여 조작이 적용된 후보는 더불어민주당 후보이다. 그러나 나머지 후보는 조작이 적용되지 않았다. 이 42개 선거구에서 표더하기 조작이 적용되지 않은 국민의힘 후보와 기타 후보로 구성된 투표표본에 대한 후보별 당일득표율, 관내사전득표율 및 관내사전득표율-당일득표율 차이를 나타내면 〈표 10-3〉과 같다.

이 결과로부터 후보별 관내사전득표율-당일득표율 차이는 다음 식과 같음을 확인할 수 있다.

국민의힘 후보 : 관내사전득표율 − 당일득표율 ≑ 0

기타 후보 : 관내사전득표율 − 당일득표율 ≑ 0

따라서 조작이 없는 〈표 10-3〉의 선거구 투표표본에 대해서는 다음과 같은 대수의 법칙을 검증할 수 있다.

당일득표율 ≑ 관내사전득표율

〈표 10-3〉의 결과를 당일득표율 대비 관내사전득표율 좌표평면에 도시하여 후보별 함수관계식을 유도하고 그 결과로부터 대수의 법칙을 규명해보자.

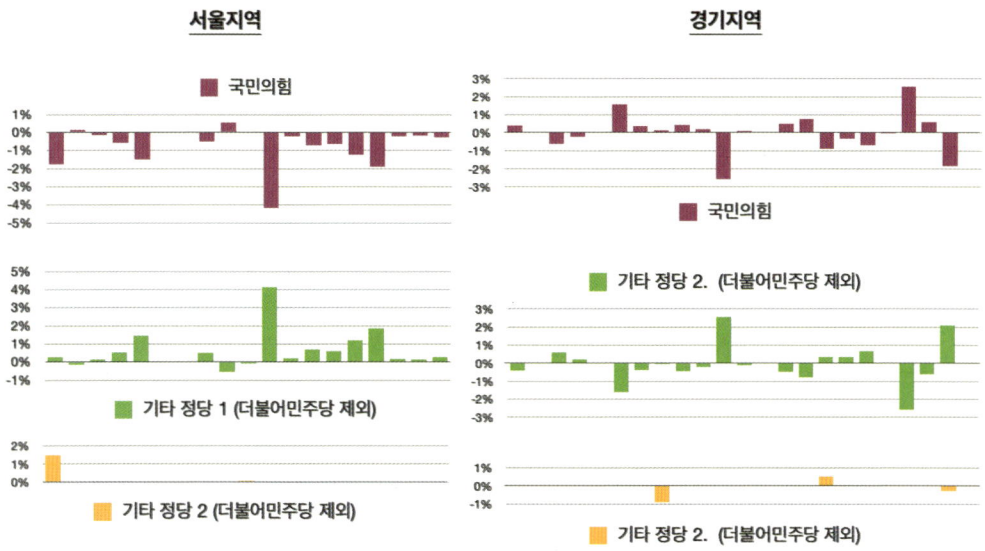

그림 10-5. 서울·경기권역 108개 선거구 중 조작이 없는 42개 선거구 투표표본에 대한 선거구 순번에 따른 후보별 관내사전-당일 득표율 차이

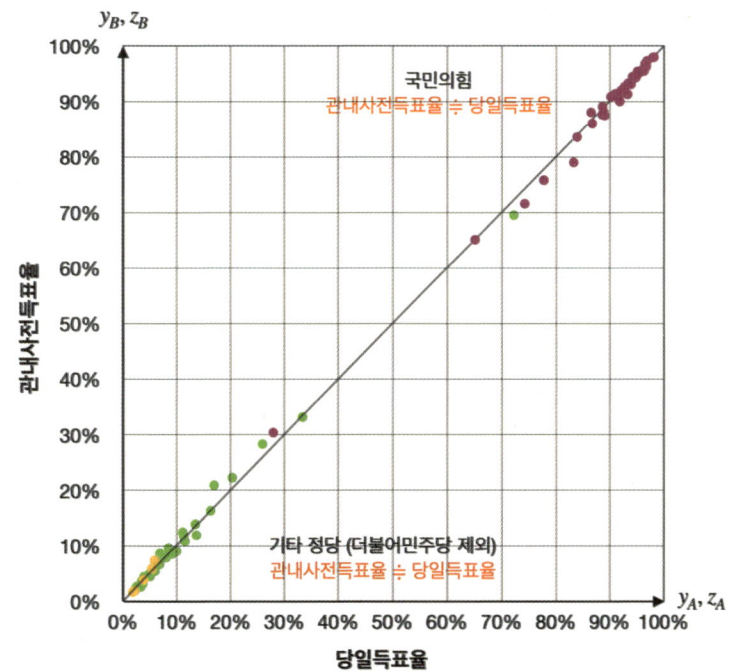

그림 10-6. 서울·경기권역 108개 선거구 중 표더하기 조작이 없는 42개 선거구 투표표본에 대한 후보별 당일득표율과 관내사전득표율 사이의 함수관계

y, z : 국민의힘 및 기타 후보 득표율, A : 당일투표, B : 관내사전투표

그림 10-5는 서울 및 경기 지역 42개 선거구에 대한 조작이 없는 표본의 후보별 관내사전득표율-당일득표율 차이를 나타내며, 그림 10-6은 당일득표율과 관내사전득표율 사이의 함수관계를 나타내고 있다. 이 그림의 함수관계를 수식으로 표현하면 다음 식과 같으며, 바로 이 함수관계는 대수의 법칙을 나타내는 함수식이다.

$$\text{국민의힘 후보 : } y_B = y_A$$
$$\text{기타 후보 : } z_B = z_A \tag{10-6}$$

그림 10-6과 식 (10-6)으로 부터 조작이 없는 투표표본에 대해서는 함수관계식으로 부터도 당일득표율은 관내사전득표율과 동일하다는 대수의 법칙을 규명할 수 있다.

10-3. 인천·강원·충청권역에 대한 대수의 법칙 검증

표더하기 조작표본에 대한 대수의 법칙 검증

인천·강원·충청권역 선거구 중에서 표더하기 조작이 실행된 투표표본의 특성인 〈표 10-1〉이 충족되는 선거구는 27개이다. 이 27개 선거구의 투표표본으로 부터 더불어민주당 후보와 기타 후보로 표더하기 조작 표본을 구축하고, 국민의힘 후보와 기타 후보로 표더하기 조작이 없는 표본을 구축한 후, 표더하기 조작표본에 대한 후보별 당일득표율, 관내사전득표율 및 관내사전득표율-당일득표율 차이를 산출하면 〈표 10-4〉와 같다. 이 표의 관내사전득표율-당일득표율 차이를 선거구 순번에 따라 막대 그래프로 나타내면 그림 10-7과 같다.

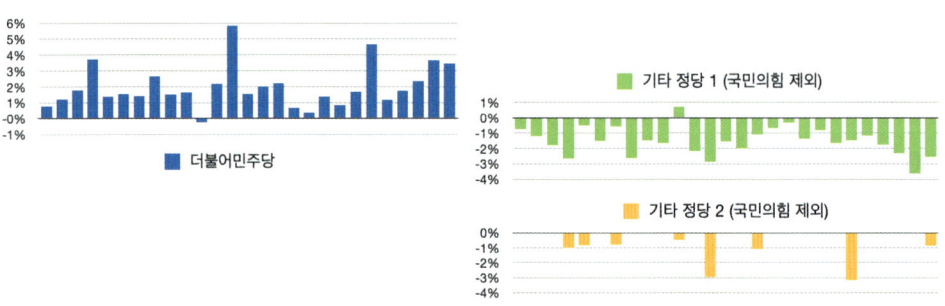

그림 10-7. 〈표 10-4〉의 27개 선거구의 표더하기 조작표본(더불어민주당+기타 후보)에 대한 선거구 순번에 따른 관내사전-당일 득표율 차이

<표 10-3> 서울·경기권역 조작 없는 선거구 표본의 후보별 관내사전-당일 득표율 차이

| 순번 | 시도 | 지역구 | 국민의힘 (Y) | | | 기타1 (Z) | | | 정당 | 기타2 (Z) | | | 정당 |
			당일 Y_A	관내 Y_B	관내-당일 $Y_B - Y_A$	당일 Z_A	관내 Z_B	관내-당일 $Z_B - Z_A$		당일 Z_A	관내 Z_B	관내-당일 $Z_B - Z_A$	
1	서울	종로구	91.77%	90.02%	-1.75%	2.40%	2.68%	+0.28%	새로운미래	5.83%	7.31%	+1.47%	개혁신당
2		용산구	97.81%	97.94%	+0.13%	2.19%	2.06%	-0.13%	무소속				
3		동대문갑	94.89%	94.73%	-0.16%	5.11%	5.27%	+0.16%	개혁신당				
4		성북갑	88.79%	88.22%	-0.57%	11.21%	11.78%	+0.57%	새로운미래				
5		강북을	88.99%	87.50%	-1.50%	11.01%	12.50%	+1.50%	새로운미래				
6		도봉갑	94.36%	94.38%	+0.02%	5.64%	5.62%	-0.02%	녹색정의당				
7		노원을	94.90%	94.88%	-0.02%	5.10%	5.12%	+0.02%	무소속				
8		은평을	92.64%	92.12%	-0.52%	7.36%	7.88%	+0.52%	녹색정의당				
9		서대문갑	88.58%	89.11%	+0.53%	11.42%	10.89%	-0.53%	개혁신당				
10		마포갑	92.66%	92.67%	+0.01%	3.60%	3.52%	-0.08%	개혁신당	3.74%	3.81%	+0.07%	녹색정의당
11		마포을	83.19%	79.03%	-4.15%	16.81%	20.97%	+4.15%	녹색정의당				
12		양천갑	96.11%	95.88%	-0.23%	3.89%	4.12%	+0.23%	무소속				
13		강서갑	93.83%	93.13%	-0.71%	6.17%	6.87%	+0.71%	새로운미래				
14		영등포갑	92.28%	91.64%	-0.64%	7.72%	8.36%	+0.64%	개혁신당				
15		동작갑	91.61%	90.39%	-1.22%	8.39%	9.61%	+1.22%	새로운미래				
16		관악을	93.21%	91.32%	-1.88%	6.79%	8.68%	+1.88%	진보당				
17		송파갑	95.49%	95.29%	-0.21%	4.51%	4.71%	+0.21%	개혁신당				
18		강동갑	96.30%	96.13%	-0.18%	3.70%	3.87%	+0.18%	개혁신당				
19		강동을	96.61%	96.32%	-0.29%	3.39%	3.68%	+0.29%	개혁신당				
1	경기	수원갑	95.04%	95.44%	+0.41%	4.96%	4.56%	-0.41%	개혁신당				
2		의정부갑	96.59%	96.61%	+0.03%	3.41%	3.39%	-0.03%	개혁신당				
3		부천을	86.67%	86.04%	-0.62%	13.33%	13.96%	+0.62%	새로운미래				
4		부천병	83.83%	83.61%	-0.22%	16.17%	16.39%	+0.22%	새로운미래				
5		평택병	92.06%	92.04%	-0.02%	7.94%	7.96%	+0.02%	새로운미래				
6		안산을	86.46%	88.05%	+1.59%	13.54%	11.95%	-1.59%	무소속				
7		안산병	94.12%	94.48%	+0.36%	5.88%	5.52%	-0.36%	개혁신당				
8		고양갑	65.03%	65.15%	+0.11%	33.28%	33.23%	-0.05%	녹색정의당	1.69%	1.62%	-0.06%	무소속
9		고양을	96.40%	96.83%	+0.43%	3.60%	3.17%	-0.43%	무소속				
10		구리	94.17%	94.37%	+0.20%	5.83%	5.63%	-0.20%	개혁신당				
11		남양주갑	74.18%	71.62%	-2.56%	25.82%	28.38%	+2.56%	개혁신당				
12		남양주을	94.99%	95.09%	+0.10%	5.01%	4.91%	-0.10%	개혁신당				
13		남양주병	93.28%	93.28%	-0.00%	6.72%	6.72%	+0.00%	개혁신당				
14		시흥을	90.93%	91.40%	+0.48%	9.07%	8.60%	-0.48%	새로운미래				
15		하남을	90.14%	90.90%	+0.76%	9.86%	9.10%	-0.76%	새로운미래				
16		용인갑	88.53%	87.64%	-0.88%	6.17%	6.52%	+0.35%	개혁신당	5.30%	5.83%	+0.54%	무소속
17		용인을	94.68%	94.34%	-0.35%	5.32%	5.66%	+0.35%	개혁신당				
18		용인정	96.19%	95.50%	-0.69%	3.81%	4.50%	+0.69%	새로운미래				
19		안성	96.30%	96.25%	-0.05%	3.70%	3.75%	+0.05%	개혁신당				
20		화성을	27.84%	30.40%	+2.56%	72.16%	69.60%	-2.56%	개혁신당				
21		화성병	96.75%	97.33%	+0.59%	3.25%	2.67%	-0.59%	무소속				
22		화성정	77.68%	75.84%	-1.84%	20.22%	22.33%	+2.10%	개혁신당	2.10%	1.83%	-0.27%	무소속
23		포천가평	98.02%	98.01%	-0.00%	1.98%	1.99%	+0.00%	개혁신당				

<표 10-4> 인천·강원·충청권역 표더하기 조작 선거구의 후보별 관내사전-당일 득표율 차이

순번	시도	지역구	더불어민주당 (X)			기타1 (Z)				기타2 (Z)			
			당일 X_A	관내 X_B	관내-당일 $X_B - X_A$	당일 Z_A	관내 Z_B	관내-당일 $Z_B - Z_A$	정당	당일 Z_A	관내 Z_B	관내-당일 $Z_B - Z_A$	정당
1	인천	중구강화옹진	97.40%	98.16%	+0.77%	2.60%	1.84%	−0.77%	무소속				
2		연수구갑	96.76%	97.98%	+1.22%	3.24%	2.02%	−1.22%	무소속				
3		남동구갑	94.63%	96.43%	+1.79%	5.37%	3.57%	−1.79%	개혁신당				
4		부평구을	82.10%	85.81%	+3.72%	14.81%	12.13%	−2.68%	새로운미래	3.09%	2.06%	−1.04%	녹색정의당
5		서구갑	96.16%	97.52%	+1.37%	2.01%	1.49%	−0.53%	개혁신당	1.83%	0.99%	−0.84%	무소속
6		서구병	95.50%	97.03%	+1.54%	4.50%	2.97%	−1.54%	개혁신당				
7	강원	춘천철원화천양구갑	95.78%	97.20%	+1.42%	2.18%	1.58%	−0.60%	새로운미래	2.04%	1.21%	−0.82%	무소속
8		춘천철원화천양구을	88.76%	91.41%	+2.64%	11.24%	8.59%	−2.64%	무소속				
9		강릉	94.02%	95.52%	+1.50%	5.98%	4.48%	−1.50%	개혁신당				
10		동해태백삼척정선	93.36%	95.03%	+1.66%	6.64%	4.97%	−1.66%	개혁신당				
11	충북	청주상당구	96.79%	96.53%	−0.26%	1.72%	2.45%	+0.73%	녹색정의당	1.49%	1.02%	−0.48%	무소속
12		청주흥덕구	92.61%	94.81%	+2.20%	7.39%	5.19%	−2.20%	개혁신당				
13		제천단양	78.34%	84.18%	+5.84%	10.11%	7.23%	−2.88%	새로운미래	11.55%	8.59%	−2.96%	무소속
14	충남	천안갑	95.09%	96.64%	+1.55%	4.91%	3.36%	−1.55%	개혁신당				
15		천안을	93.98%	96.00%	+2.01%	6.02%	4.00%	−2.01%	무소속				
16		천안병	93.81%	96.01%	+2.21%	3.36%	2.23%	−1.13%	개혁신당	2.83%	1.76%	−1.07%	녹색정의당
17		공주부여청양	97.96%	98.64%	+0.68%	2.04%	1.36%	−0.68%	무소속				
18		보령서천	98.64%	99.01%	+0.37%	1.36%	0.99%	−0.37%	무소속				
19		아산갑	95.67%	97.07%	+1.39%	4.33%	2.93%	−1.39%	새로운미래				
20		논산계룡금산	95.89%	96.74%	+0.85%	4.11%	3.26%	−0.85%	무소속				
21	대전	동구	96.30%	97.97%	+1.67%	3.70%	2.03%	−1.67%	개혁신당				
22		서구갑	88.25%	92.92%	+4.67%	4.61%	3.11%	−1.50%	새로운미래	7.14%	3.97%	−3.17%	무소속
23		서구을	95.86%	97.05%	+1.19%	4.14%	2.95%	−1.19%	개혁신당				
24		유성구갑	95.28%	97.04%	+1.76%	4.72%	2.96%	−1.76%	개혁신당				
25		유성구을	94.05%	96.39%	+2.34%	5.95%	3.61%	−2.34%	새로운미래				
26		대덕구	87.80%	91.44%	+3.64%	12.20%	8.56%	−3.64%	새로운미래				
27	세종	세종을	88.41%	91.87%	+3.46%	8.90%	6.31%	−2.59%	개혁신당	2.70%	1.82%	−0.87%	무소속

〈표 10-4〉의 결과에 의하면 더불어민주당 후보인 경우 충북 청주상당구를 제외한 26개 선거구에서 관내사전득표율−당일득표율 차이가 모두 (+)이고, 기타 후보인 경우 총 35명의 후보 중 충북 청주상당구 후보를 제외한 34명의 후보에 대한 관내사전득표율−당일득표율 차이가 (−)로 나타난다. 표더하기 조작 표본임을 확인할 수 있을 뿐만 아니라, 후보별 관내사전득표율과 당일득표율 사이에는 다음의 부등식이 성립한다.

$$더불어민주당\ 후보 : 관내사전득표율 - 당일득표율 > 0$$

$$기타\ 후보 : 관내사전득표율 - 당일득표율 < 0$$

위의 관계는 표더하기 조작표본인 경우 관내득표율 ≒ 당일득표율 이라는 대수의 법칙이 성립하지 않는다는 것을 나타내고 있다.

⟨표 10-4⟩의 후보별 당일득표율 대비 관내사전득표율 함수관계로부터 대수의 법칙이 성립하지 않는다는 것을 규명해보자. 그림 10-8은 표더하기 조작 표본인 ⟨표 10-4⟩의 당일득표율과 관내사전득표율 사이의 함수관계를 나타내는 일차함수 그래프이다.

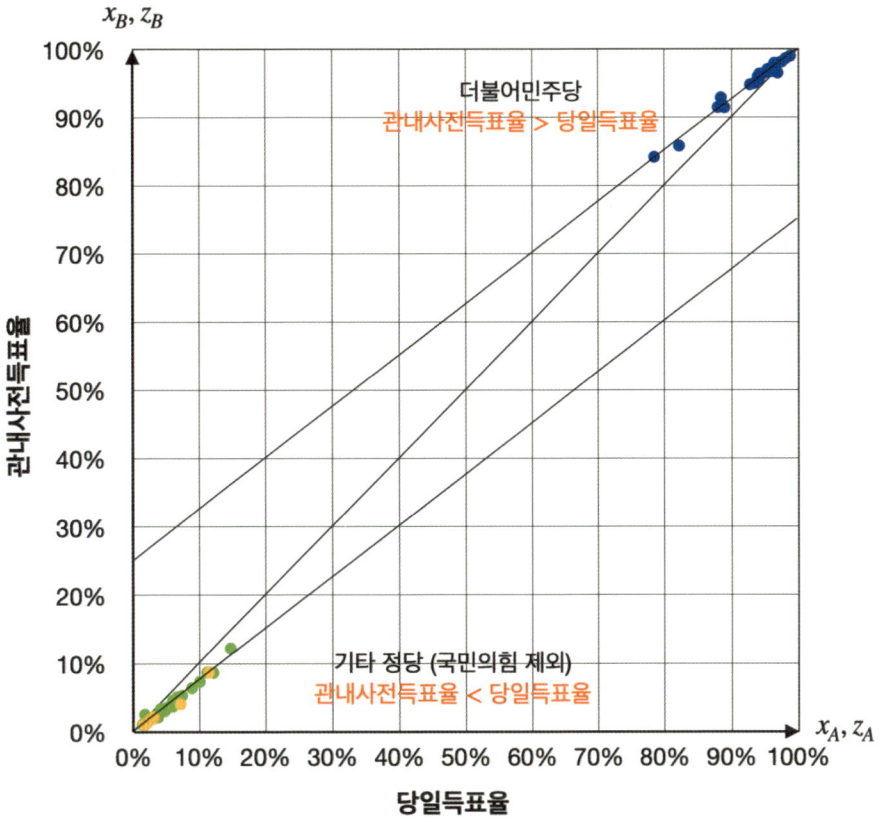

그림 10-8. 인천·강원·충청지역 27개 표더하기 조작 선거구 투표표본에 대한
후보별 당일득표율과 관내사전득표율 사이의 함수관계
x, z : 더불어민주당 및 기타 후보 득표율, A : 당일투표, B : 관내사전투표

이 선형함수를 수식으로 표현하면 다음 식과 같다.

$$\text{더불어민주당 후보} : x_A = 0.75 x_A + 0.25 \tag{10-7a}$$

$$\text{기타 후보} : z_A = 0.75 z_A \tag{10-7b}$$

위의 두 식은 표더하기 조작 메커니즘에 대한 함수관계식이다. 이 두 함수식으로 부터 당일득표율과 관내사전득표율 사이의 크기를 비교하면 다음과 같다.

4.10 총선 결과

더불어민주당 후보 : $x_B > x_A, x_B \neq x_A$

기타 후보 : $z_B < z_A, z_B \neq z_A$ (10-8)

식 (10-8)은 대수의 법칙에 대한 다음의 함수관계식 (10-9)에 부합되지 않는다.

대수의 법칙

더불어민주당 후보 : $x_B = x_A$

기타 후보 : $z_B = z_A$ (10-9)

식 (10-7), (10-8) 및 (10-9)의 함수관계식으로 부터 표더하기 조작 표본인 경우 통계학적 공리인 대수의 법칙이 성립되지 않는다는 것을 확인할 수 있다.

조작이 없는 표본에 대한 대수의 법칙 검증

인천·강원·충청권역 선거구 중 조작이 적용되지 않은 국민의힘 후보와 기타 후보로 구축된 27개 선거구에 대한 당일득표율, 관내사전득표율 및 관내사전득표율-당일득표율 차이를 산출하면 〈표 10-5〉와 같다. 또한 〈표 10-5〉의 관내사전득표율-당일득표율 차이를 선거구 순번에 따라 막대 그래프로 도시하면 그림 10-9과 같다.

그림 10-9. 인천·강원·충청권역 선거구 중 조작이 없는 27개 선거구 투표표본에 대한 선거구 순번에 따른 후보별 관내사전-당일 득표율 차이

〈표 10-5〉와 그림 10-9로 부터 조작이 없는 표본에 대한 후보별 관내사전득표율-당일득표율은 다음 식으로 나타낼 수 있다.

더불어민주당 후보 : 관내사전득표율 - 당일득표율 ≒ 0

기타 후보 : 관내사전득표율 - 당일득표율 ≒ 0

따라서 조작이 없는 투표표본에 대한 관내사전득표율과 당일득표율 사이에는 다음 식과 같이 대수의 법칙이 성립함을 확인할 수 있다.

당일득표율 ≒ 관내사전득표율

<표 10-5> 인천·강원·충청지역 조작 없는 선거구 표본의 후보별 관내사전-당일 득표율 차이

순번	시도	지역구	국민의힘 당일 X_A	국민의힘 관내 X_B	국민의힘 관내 - 당일 $X_B - X_A$	기타1 당일 Z_A	기타1 관내 Z_B	기타1 관내 - 당일 $Z_B - Z_A$	정당	기타2 당일 Z_A	기타2 관내 Z_B	기타2 관내 - 당일 $Z_B - Z_A$	정당
1	인천	중구강화옹진	98.29%	98.29%	-0.01%	1.71%	1.71%	+0.01%	무소속				
2		연수구갑	96.97%	97.28%	+0.32%	3.03%	2.72%	-0.32%	무소속				
3		남동구갑	93.73%	93.94%	+0.21%	6.27%	6.06%	-0.21%	개혁신당				
4		부평구을	80.86%	78.73%	-2.14%	15.83%	18.19%	+2.36%	새로운미래	3.30%	3.08%	-0.22%	녹색정의당
5		서구갑	95.38%	95.92%	+0.55%	2.42%	2.45%	+0.03%	개혁신당	2.20%	1.63%	-0.57%	무소속
6		서구병	94.69%	94.76%	+0.06%	5.31%	5.24%	-0.06%	개혁신당				
7	강원	춘천철원화천양구갑	95.96%	95.96%	+0.00%	2.09%	2.29%	+0.20%	새로운미래	1.95%	1.75%	-0.20%	무소속
8		춘천철원화천양구을	92.88%	91.99%	-0.90%	7.12%	8.01%	+0.90%	무소속				
9		강릉	96.13%	95.62%	-0.51%	3.87%	4.38%	+0.51%	개혁신당				
10		동해태백삼척정선	96.80%	96.56%	-0.24%	3.20%	3.44%	+0.24%	개혁신당				
11	충북	청주상당구	96.90%	95.66%	-1.24%	1.66%	3.07%	+1.41%	녹색정의당	1.44%	1.27%	-0.17%	무소속
12		청주흥덕구	92.77%	92.50%	-0.26%	7.23%	7.50%	+0.26%	개혁신당				
13		제천단양	84.62%	84.07%	-0.55%	7.18%	7.28%	+0.10%	새로운미래	8.20%	8.65%	+0.45%	무소속
14	충남	천안갑	95.62%	95.78%	+0.16%	4.38%	4.22%	-0.16%	개혁신당				
15		천안을	93.16%	93.62%	+0.46%	6.84%	6.38%	-0.46%	무소속				
16		천안병	93.27%	92.91%	-0.36%	3.65%	3.96%	+0.31%	개혁신당	3.07%	3.12%	+0.05%	녹색정의당
17		공주부여청양	98.31%	98.31%	+0.01%	1.69%	1.69%	-0.01%	무소속				
18		보령서천	98.96%	98.98%	+0.02%	1.04%	1.02%	-0.02%	무소속				
19		아산갑	95.46%	95.90%	+0.44%	4.54%	4.10%	-0.44%	새로운미래				
20		논산계룡금산	96.42%	95.74%	-0.68%	3.58%	4.26%	+0.68%	무소속				
21	대전	동구	96.53%	97.05%	+0.52%	3.47%	2.95%	-0.52%	개혁신당				
22		서구갑	87.91%	89.40%	+1.49%	4.75%	4.65%	-0.09%	새로운미래	7.35%	5.94%	-1.40%	무소속
23		서구을	95.85%	95.33%	-0.52%	4.15%	4.67%	+0.52%	개혁신당				
24		유성구갑	94.86%	94.70%	-0.15%	5.14%	5.30%	+0.15%	개혁신당				
25		유성구을	92.66%	92.27%	-0.40%	7.34%	7.73%	+0.40%	새로운미래				
26		대덕구	88.28%	87.80%	-0.48%	11.72%	12.20%	+0.48%	새로운미래				
27	세종	세종을	86.81%	85.24%	-1.57%	10.12%	11.45%	+1.33%	개혁신당	3.07%	3.31%	+0.24%	무소속

조작이 없는 표본에 대한 대수의 법칙 성립여부를 검증하기 위하여 <표 10-5>의 관내사전득표율을 당일득표율의 함수로 좌표평면에 도시하면 그림 10-10과 같다. 이 그림의 함수관계를 수식으로 표현하면 다음 식과 같다.

$$\text{국민의힘 후보}: y_B = y_A$$

$$\text{기타 후보}: z_B = z_A \qquad (10\text{-}10)$$

위의 식은 대수의 법칙에 대한 함수관계식 (10-6)과 동일하다. 조작이 없는 경우 후보에 관계없이 당일득표율 ≒ 관내사전득표율 이라는 통계학적 공리, 대수의 법칙이 성립함을 확인할 수 있다.

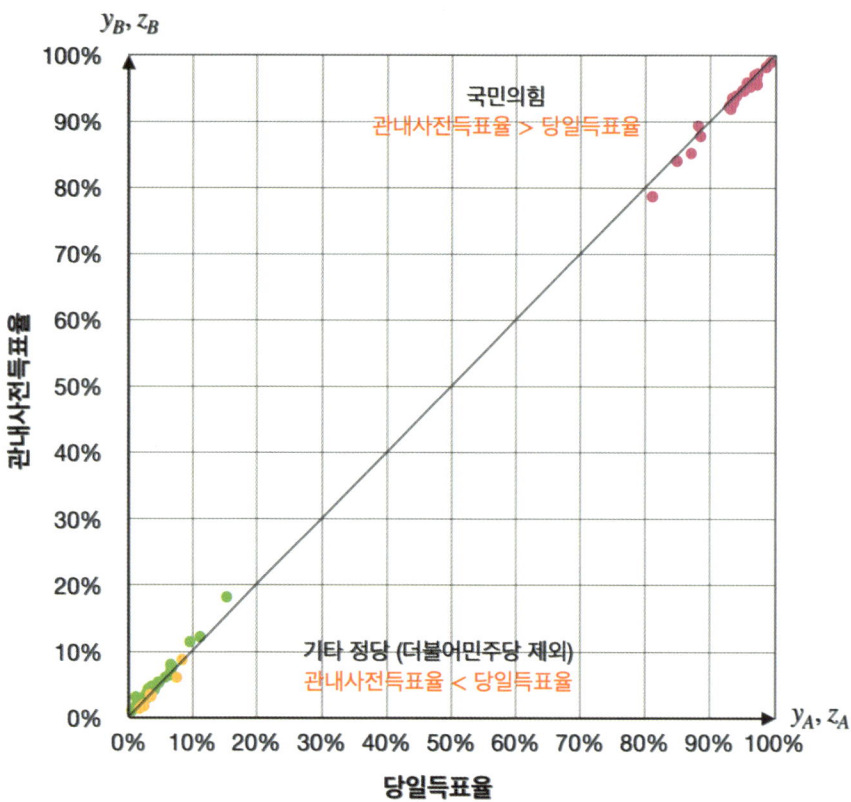

그림 10-10. 인천·강원·충청지역 선거구 중 조작이 없는 투표표본 27개에 대한 후보별 당일득표율과 관내사전득표율 사이의 함수관계

y, z : 국민의힘 및 기타 후보 득표율, A : 당일투표, B : 관내사전투표

10-4. 영남권역에 대한 대수의 법칙 검증

표더하기 조작표본에 대한 대수의 법칙 검증

대구·경북·부산·울산·경남지역으로 구성된 영남권역의 선거구 중 더불어민주당 후보의 관내사전득표율-당일득표율 차이가 (+)이고, 국민의힘 후보의 차이가 (-), 기타 후보의 차이가 (-)인 선거구는 17개 선거구이다. 더불어민주당 후보와 기타 후보로 구축된 표더하기 조작 표본에 대한 후보별 당일득표율, 관내사전득표율 및 관내사전득표율-당일득표율 차이를 제시하면 〈표 10-6〉과 같다. 이 표의 후보별 관내사전득표율-당일득표율 차이를 선거구 순번에 따라 막대 그래프로 도시하면 그림 10-11과 같다.

<표 10-6> 영남지역 표더하기 조작 선거구의 후보별 관내사전-당일 득표율 차이

순번	시도	지역구	더불어민주당			기타			정당
			당일 X_A	관내 X_B	관내 - 당일 $X_B - X_A$	당일 Z_A	관내 Z_B	관내 - 당일 $Z_B - Z_A$	
1	대구	중구남구	55.88%	67.79%	+11.91%	44.12%	32.21%	−11.91%	무소속
2	경북	경주	68.92%	74.56%	+5.64%	31.08%	25.44%	−5.64%	무소속
3		안동예천	92.86%	94.43%	+1.57%	7.14%	5.57%	−1.57%	무소속
4		영천청도	94.69%	96.93%	+2.23%	5.31%	3.07%	−2.23%	무소속
5		고령성주칠곡	89.36%	92.01%	+2.65%	10.64%	7.99%	−2.65%	무소속
6	부산	중구영도구	95.61%	97.32%	+1.71%	4.39%	2.68%	−1.71%	녹색정의당
7		동래구	93.51%	95.90%	+2.39%	6.49%	4.10%	−2.39%	개혁신당
8		북구갑	97.87%	98.53%	+0.66%	2.13%	1.47%	−0.66%	개혁신당
9		해운대구갑	95.54%	97.57%	+2.03%	4.46%	2.43%	−2.03%	무소속
10		사하구을	94.70%	96.78%	+2.08%	5.30%	3.22%	−2.08%	무소속
11		수영구	76.11%	86.15%	+10.04%	23.89%	13.85%	−10.04%	무소속
12	울산	남구갑	91.91%	94.39%	+2.48%	8.09%	5.61%	−2.48%	새로운미래
13	경남	창원성산구	82.98%	88.23%	+5.25%	17.02%	11.77%	−5.25%	녹색정의당
14		진주을	63.45%	72.55%	+9.10%	36.55%	27.45%	−9.10%	무소속
15		사천남해하동	66.96%	75.32%	+8.36%	33.04%	24.68%	−8.36%	무소속
16		거제	95.34%	96.51%	+1.18%	4.66%	3.49%	−1.18%	개혁신당
17		양산갑	96.16%	97.67%	+1.51%	3.84%	2.33%	−1.51%	개혁신당

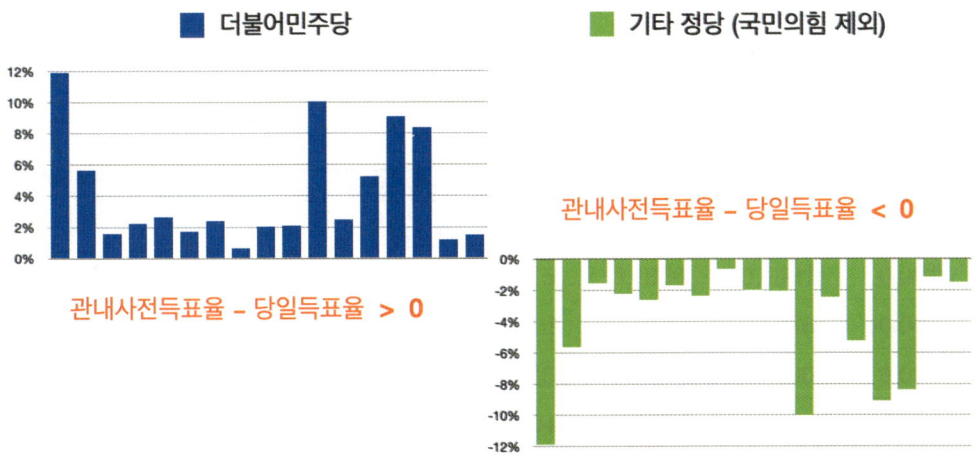

그림 10-11. 영남권역 17개 선거구 <표 10-6> 순번에 따른 후보별 관내사전-당일 득표율 차이

⟨표 10-6⟩과 그림 10-11의 결과로 부터 표더하기 조작 표본에 대하여서는 다음과 같이 대수의 법칙이 성립하지 않음을 확인할 수 있다.

더불어민주당 후보 : 관내사전득표율 − 당일득표율 > 0, 당일득표율 ≠ 관내사전득표율
　　　　　기타 후보 : 관내사전득표율 − 당일득표율 < 0, 당일득표율 ≠ 관내사전득표율

당일득표율 대비 관내사전득표율 함수관계로 부터 조작 표본인 경우 대수의 법칙이 성립하지 않는다는 것을 규명해보자.

⟨표 10-6⟩의 결과를 사용하여 후보별 당일득표율 대비 관내사전득표율의 함수관계를 좌표평면에 도시하면 그림 10-12와 같다.

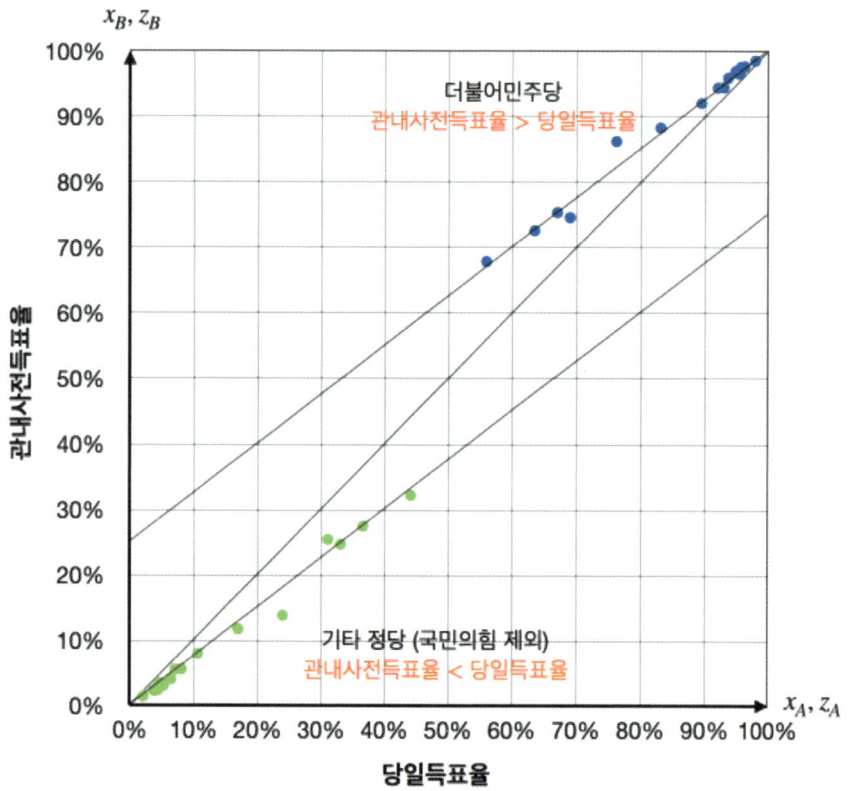

그림 10-12. 영남권역 17개 선거구의 표더하기 투표표본(더불어민주당+기타 후보)에 대한 후보별 당일득표율 대비 관내사전득표율 함수관계

x, z : 더불어민주당 및 기타 후보 득표율, A : 당일투표, B : 관내사전투표

더불어민주당 후보와 기타 후보에 대한 함수식은 식 (10-11)과 같이 일차함수이다.

$$\text{더불어민주당 후보}: x_B = 0.75x_A + 0.25 \quad (10\text{-}11a)$$

$$\text{기타 후보}: z_B = 0.75z_A \quad (10\text{-}11b)$$

위의 함수관계식으로 부터 더불어민주당 후보와 기타 후보에 대한 당일득표율과 관내사전득표율 사이의 크기를 비교하면 다음과 같다.

$$\text{더불어민주당 후보}: x_B > x_A, x_B \neq x_A$$

$$\text{기타 후보}: z_B < z_A, z_B \neq z_A$$

위의 식으로 부터 표더하기 조작 표본은 대수의 법칙인 다음 식에 부합하지 않아서 대수의 법칙이 성립하지 않음을 확인할 수 있다.

<u>대수의 법칙</u>

$$\text{더불어민주당 후보}: x_B = x_A$$

$$\text{기타 후보}: z_B = z_A$$

<u>4.10 총선 결과</u>

$$\text{더불어민주당 후보}: x_B \neq x_A$$

$$\text{기타 후보}: z_B \neq z_A$$

조작이 없는 표본에 대한 대수의 법칙 검증

영남권역 선거구 중 17개 선거구에 대하여 표더하기 조작이 없는 국민의힘 후보와 기타 후보로 구성된 투표표본의 후보별 당일득표율, 관내사전득표율 및 관내사전득표율-당일득표율 차이를 나타내면 〈표 10-7〉과 같다. 이 표의 결과인 관내사전득표율-당일득표율 차이를 〈표 10-7〉의 선거구 순번에 따라 막대 그래프로 나타내면 그림 10-13과 같다. 〈표 10-7〉과 그림 10-13의 결과를 요약정리하면 다음과 같다.

국민의힘 후보 : 당일득표율 ≒ 관내사전득표율

기타 후보 : 당일득표율 ≒ 관내사전득표율

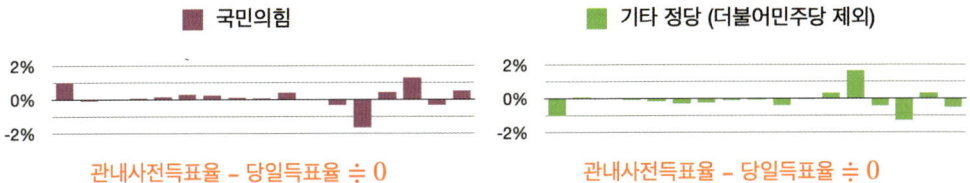

그림 10-13. 영남권역 17개 선거구의 조작이 없는 표본에 대한 후보별 선거구 순번에 따른 관내사전-당일 득표율 차이

<표 10-7> 영남권역 조작 없는 선거구 표본의 후보별 관내사전-당일 득표율 차이

순번	시도	지역구	국민의힘 (Y)			기타1 (Z)			정당
			당일 Y_A	관내 Y_B	관내 - 당일 $Y_B - Y_A$	당일 Z_A	관내 Z_B	관내 - 당일 $Z_B - Z_A$	
1	대구	중구남구	78.16%	79.19%	+1.03%	21.84%	20.81%	-1.03%	무소속
2	경북	경주	87.87%	87.80%	-0.08%	12.13%	12.20%	+0.08%	무소속
3		안동예천	97.34%	97.37%	+0.03%	2.66%	2.63%	-0.03%	무소속
4		영천청도	98.72%	98.80%	+0.08%	1.28%	1.20%	-0.08%	무소속
5		고령성주칠곡	97.25%	97.40%	+0.15%	2.75%	2.60%	-0.15%	무소속
6	부산	중구영도구	97.17%	97.48%	+0.31%	2.83%	2.52%	-0.31%	녹색정의당
7		동래구	95.76%	96.02%	+0.25%	4.24%	3.98%	-0.25%	개혁신당
8		북구갑	97.96%	98.08%	+0.12%	2.04%	1.92%	-0.12%	개혁신당
9		해운대구갑	97.15%	97.23%	+0.08%	2.85%	2.77%	-0.08%	무소속
10		사하구을	96.54%	96.95%	+0.41%	3.46%	3.05%	-0.41%	무소속
11		수영구	84.69%	84.74%	+0.04%	15.31%	15.26%	-0.04%	무소속
12	울산	남구갑	94.72%	94.39%	-0.33%	5.28%	5.61%	+0.33%	새로운미래
13	경남	창원성산구	85.70%	84.04%	-1.65%	14.30%	15.96%	+1.65%	녹색정의당
14		진주을	80.36%	80.80%	+0.44%	19.64%	19.20%	-0.44%	무소속
15		사천남해하동	81.29%	82.59%	+1.29%	18.71%	17.41%	-1.29%	무소속
16		거제	96.50%	96.18%	-0.32%	3.50%	3.82%	+0.32%	개혁신당
17		양산갑	97.16%	97.70%	+0.54%	2.84%	2.30%	-0.54%	개혁신당

위의 결과는 당일득표율 ≒ 관내사전득표율 이라는 대수의 법칙과 일치하는 결과이다. 조작이 없는 표본인 경우 후보에 관계없이 대수의 법칙이 성립함을 확인할 수 있다.

　　조작이 없는 표본에 대한 당일득표율 대비 관내사전득표율 함수관계를 좌표평면에 도시하면 그림 10-14와 같다. 당일득표율 대비 관내사전득표율 함수관계를 수식으로 표현하면 식 (10-12)와 같다. 정확히 대수의 법칙과 동일하다.

<u>대수의 법칙</u>

국민의힘 후보 : $y_B = y_A$ 　　　　　　　(10-12a)

기타 후보 : $z_B = z_A$ 　　　　　　　(10-12b)

조작이 없는 표본인 경우 당일득표율 ≒ 관내득표율 이라는 대수의 법칙이 성립함을 확인할 수 있다.

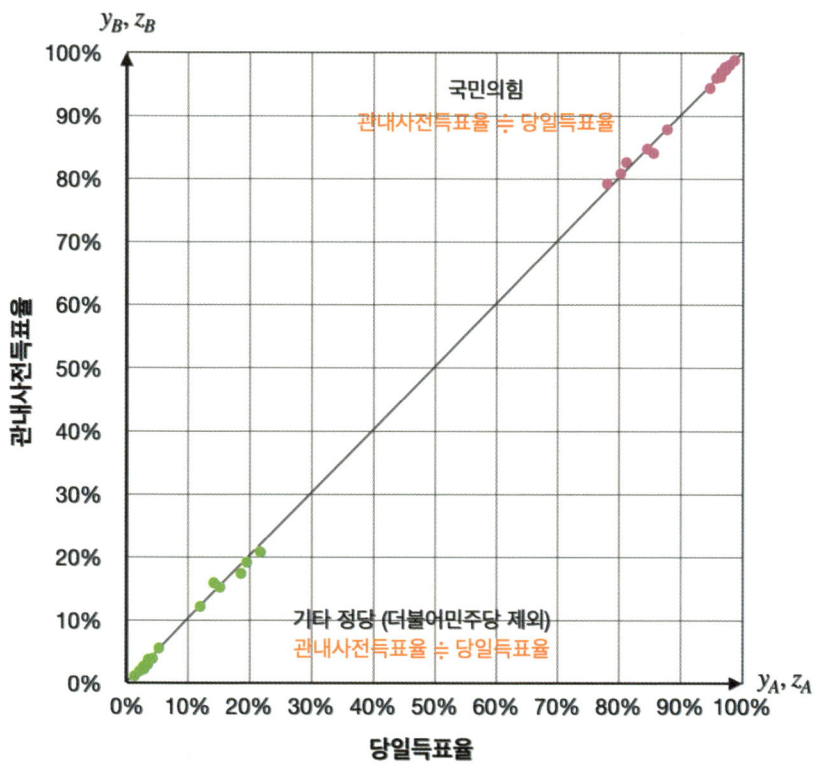

그림 10-14. 영남권역 17개 선거구의 조작이 없는 투표표본(국민의힘+기타 후보)에 대한 후보별 당일득표율 대비 관내사전득표율 함수관계

y, z : 국민의힘 및 기타 후보 득표율, A : 당일투표, B : 관내사전투표

10-5. 전국 선거구에 대한 대수의 법칙 검증

표더하기 조작표본에 대한 대수의 법칙 검증

서울·경기권역, 인천·강원·충청권역 및 영남권역에 대한 표더하기 조작 표본의 결과를 종합해보자. 세 권역에 대한 총 선거구 수는 223개 이다. 이 223개 선거구 중 다음 표의 표더하기 조작 메커니즘 특성을 나타내는 선거구는 총 84개 선거구이다.

	표더하기 조작 메커니즘의 특성		
(+, 0, −)	더불어민주당 후보	국민의힘 후보	기타 후보
관내득표율 − 당일득표율	+	−	−

표더하기 조작이 적용된 84개 선거구에서 표더하기 조작이 적용된 더불어민주당 후보와 조작이 적용되지 않은 기타 후보를 분리하여 표더하기 조작 투표표본을 구축한다. 그 다음 이 조작 표본에 대한 후보별 당일득표율, 관내사전득표율 및 관내사전득표율-일득표율 차이를 산출한다. 관내사전득표율-당일득표율 차이를 선거구 순번에 따라 막대 그래프로 도시하면 그림 10-15와 같다.

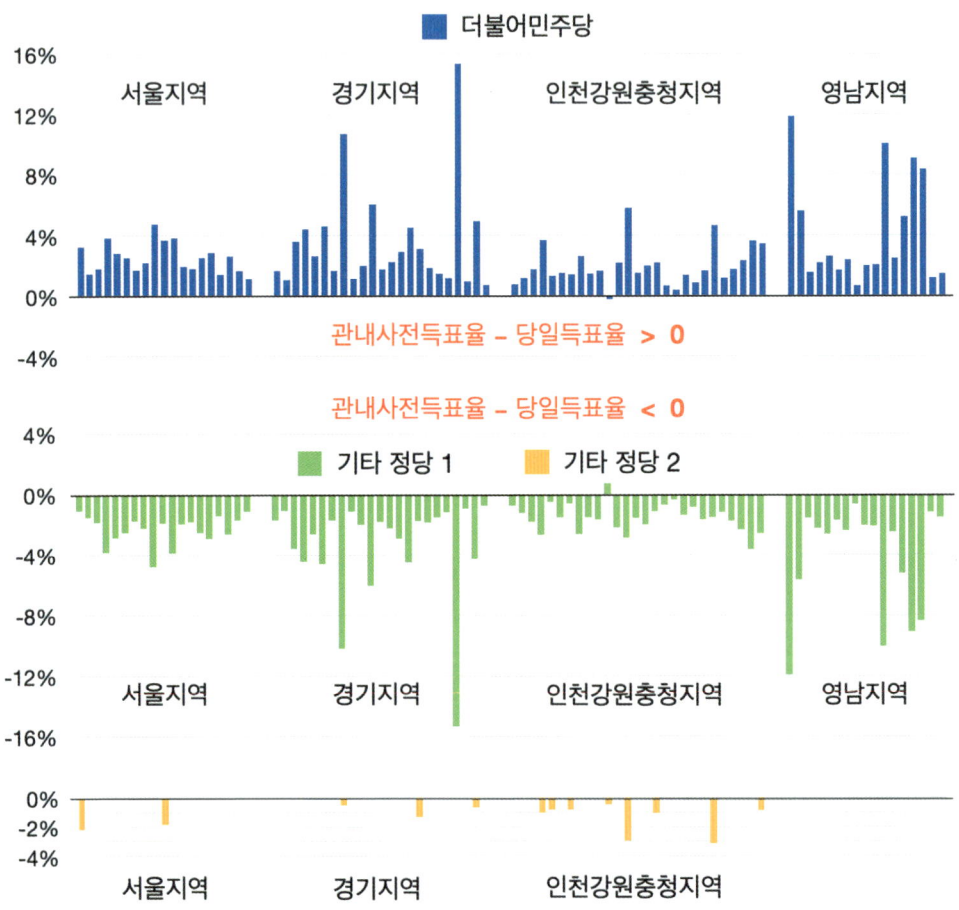

그림 10-15. 서울·경기권역, 인천·강원·충청권역 및 영남권역의 선거구 중 표더하기 조작이 적용된 조작 표본 84개에 대한 후보별 선거구 순번에 따른 관내사전-당일 득표율 차이

총 84개 선거구 중 더불어민주당 후보의 관내사전득표율-당일득표율 차이가 (-)이고 기타 후보의 차이가 (+)인 선거구는 충북 청주상당구 한 곳 뿐이었다. 총 84개 선거구 중 83개 선거구에서 더불어민주당 후보의 관내사전득표율-당일득표율 차이는 모두 (+)이

고, 기타 후보에 대한 차이는 모두 (-)이다. 표더하기 조작 메커니즘을 나타내고 있다. 그림 10-15의 결과를 요약하면 다음과 같다.

더불어민주당 후보 : 관내사전득표율 - 당일득표율 > 0, 당일득표율 ≠ 관내사전득표율

　　　기타 후보 : 관내사전득표율 - 당일득표율 < 0, 당일득표율 ≠ 관내사전득표율

위의 결과는 당일득표율 ≑ 관내사전득표율 이라는 대수의 법칙을 위배하고 있다. 따라서 조작 표본에서 통계학적 공리인 대수의 법칙이 성립하지 않음을 확인할 수 있다.

　표더하기 조작 표본인 경우 대수의 법칙이 성립하지 않음을 당일득표율 대비 관내사전득표율 사이의 함수관계식을 사용하여 규명하여보자. 그림 10-15의 84개 선거구에 대한 후보별 당일득표율과 관내사전득표율 사이의 함수관계를 좌표평면에 도시하면 그림 10-16과 같다.

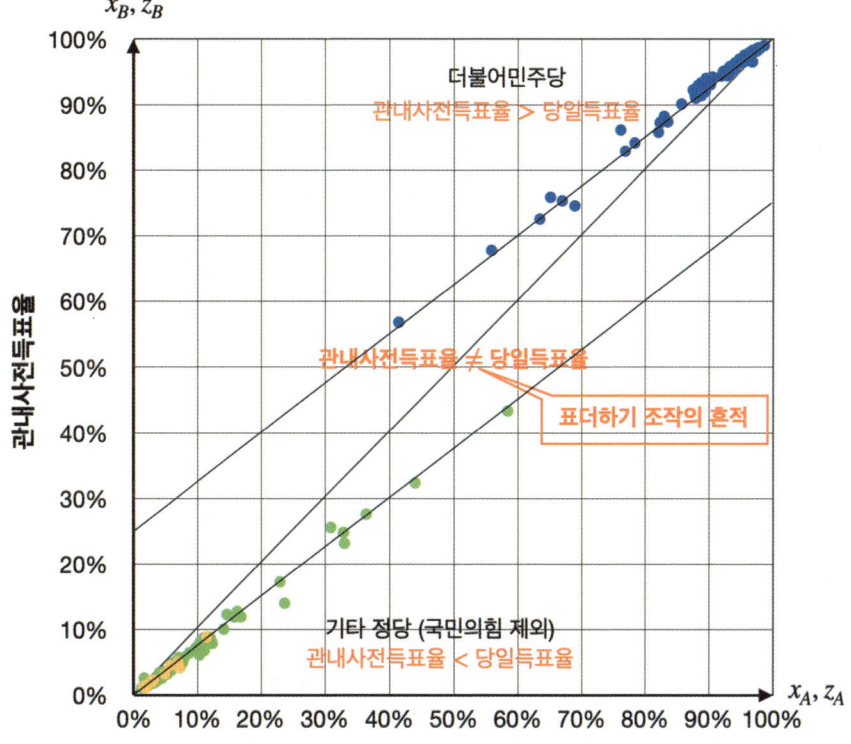

그림 10-16. 서울·경기권역, 인천·강원·충청권역 및 영남권역의 총 233개 선거구 중 표더하기 조작 84개 선거구에 대한 후보별 당일득표율 대비 관내사전득표율 함수관계

x, z : 더불어민주당 및 기타 후보 득표율, A : 당일투표, B : 관내사전투표

이 그림의 함수관계를 수식으로 표현하면 다음과 같다.

$$더불어민주당 후보 : x_B = 0.74x_A + 0.26 \qquad (10\text{-}11a)$$

$$기타 후보 : z_B = 0.74z_A \qquad (10\text{-}11b)$$

두 후보에 대한 당일득표율과 관내사전득표율 사이의 함수관계와 대수의 법칙에 대한 함수관계를 비교하면 다음과 같다. 함수관계식으로 부터도 조작 표본인 경우 대수의 법칙이 성립하지 않는다는 것을 규명할 수 있다.

대수의 법칙

$$더불어민주당 후보 : x_B = x_A$$

$$기타 후보 : z_B = z_A$$

4.10 총선 결과

$$더불어민주당 후보 : x_B > x_A, \ x_B \neq x_A$$

$$기타 후보 : z_B < z_A, \ z_B \neq z_A$$

조작이 없는 표본에 대한 대수의 법칙 검증

앞의 84개 선거구에서 조작이 없는 국민의힘 후보와 기타 후보로 구성된 조작이 없는 투표표본을 구축한다. 그 다음 이 표본에 대한 후보별 관내사전득표율-당일득표율 차이를 선거구 순번에 따라 막대 그래프로 나타내면 그림 10-17과 같다.

그림 10-17. 서울·경기, 인천·강원·충청 및 영남 권역의 선거구 중 표더하기 조작이 적용된 84개 선거구로 부터 추출된 조작이 없는 투표표본에 대한 후보별 관내사전-당일 득표율 차이

이 그림의 결과를 다음과 같이 요약할 수 있다.

국민의힘 후보 : 관내사전득표율 ≒ 당일득표율

기타 후보 : 관내사전득표율 ≒ 당일득표율

위의 결과는 대수의 법칙과 일치한다. 조작이 없는 투표표본인 경우 대수의 법칙이 성립한다는 것을 당일득표율 대비 관내사전득표율 함수관계식을 사용하여 규명해보자. 앞의 총 84개 선거구에서 추출한 조작이 없는 투표표본에 대한 국민의힘과 기타 후보의 당일득표율 대비 관내사전득표율 함수관계를 좌표평면에 도시하면 그림 10-18과 같다.

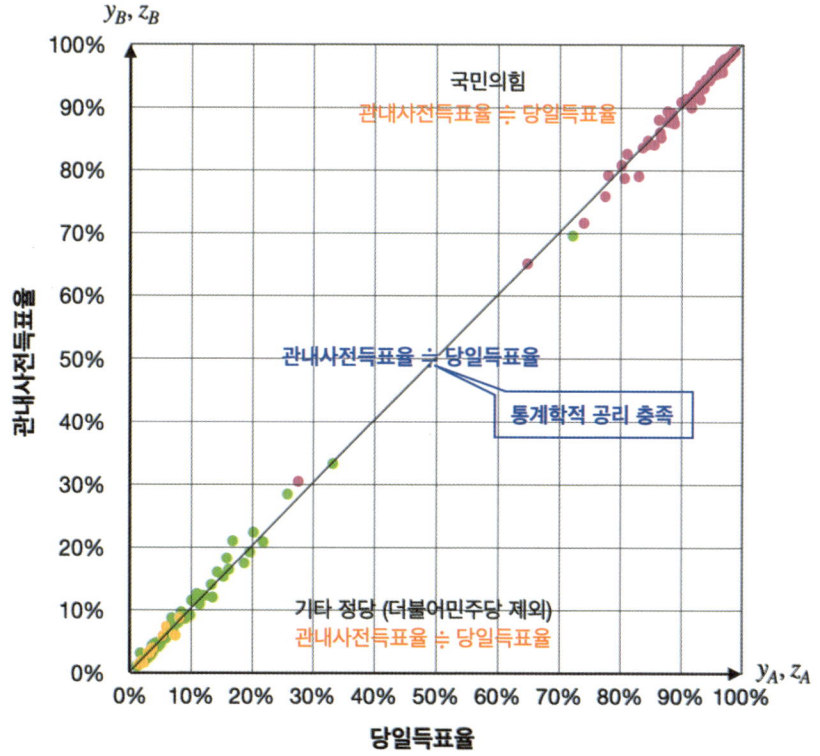

그림 10-18. 서울·경기권역, 인천·강원·충청권역 및 영남권역 233개 선거구 중 표더하기 조작 84개 선거구로 부터 추출된 조작이 없는 투표표본에 대한 후보별 당일득표율 대비 관내사전득표율 함수관계

y, z : 국민의힘 및 기타 후보 득표율, A : 당일투표, B : 관내사전투표

이 결과를 수식으로 표현하면 다음과 같다.

$$국민의힘\ 후보: y_B = y_A \qquad (10\text{-}13a)$$
$$기타\ 후보: z_B = z_A \qquad (10\text{-}13b)$$

위의 두 식은 대수의 법칙에 해당하는 다음의 함수관계와 일치한다.

$$당일득표율 ≒ 관내사전득표율$$

따라서 조작이 없는 투표표본인 경우 대수의 법칙이 성립된다는 것이 함수관계식으로부터도 규명할 수 있다고 결론지을 수 있다.

10-6. 대수의 법칙 검증에 대한 결론

표더하기 조작 메커니즘이 적용된 선거구로 부터 추출된 더불어민주당 후보(조작있음)와 기타 후보(조작없음)로 구축된 표더하기 조작 표본과 국민의힘 후보(조작없음)와 기타 후보(조작없음)로 구축된 조작이 없는 표본에 대한 통계학적 공리의 성립여부는 다음과 같다.

- 표더하기 조작이 적용된 더불어민주당 후보와 기타 후보로 구축된 표본에 대한 당일득표율과 관내사전득표율 사이의 관계는 다음과 같다.
$$당일득표율 ≠ 관내사전득표율$$
- 표더하기 조작이 적용되지 않은 국민의힘 후보와 기타 후보로 구축된 표본에 대한 당일득표율과 관내사전득표율 사이의 관계는 통계학적 공리인 다음 조건을 충족하였다.
$$당일득표율 ≒ 관내사전득표율$$

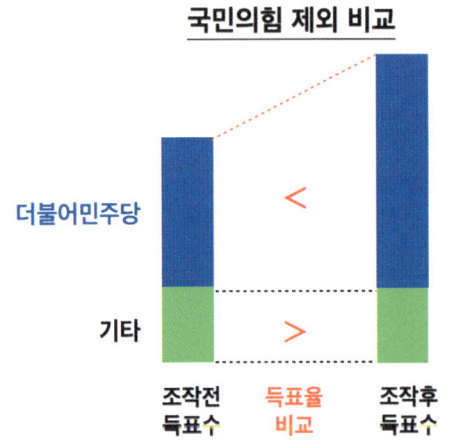
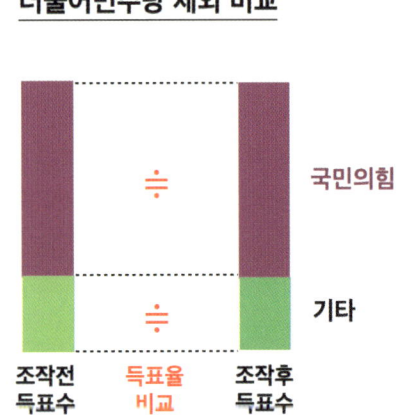

Chapter 11

전국 선거구의 관외사전투표에 대한 대수의 법칙 검증

전국 254개 선거구의 관외사전투표에는 유권자가 투표하지 않은 유령투표지가 더불어민주당 후보에게 첨가되는 표더하기 조작은 물론 국민의힘 후보가 획득한 득표수로 부터 일정 부분을 제거하는 표버리기 조작도 실행되었다. 그러나 어떤 경우에도 기타 후보의 득표수는 조작되지 않았다. 이 장에서는 관외사전투표 조작 메커니즘에 대한 개념, 표버리기 조작 선거구에 대한 통계학적 공리 (대수의 법칙)의 검증, 그리고 표더하기 조작 선거구에 대한 통계학적 공리 (대수의 법칙)에 대하여 분석·평가하고자 한다.

11-1. 관외사전투표에 대한 조작 메커니즘에 대한 개념

그림 11-1. 관외사전투표에 대한 표버리기 조작과 표더하기 조작의 기본 개념

관외사전투표에 대한 조작 메커니즘에 대한 개념

그림 11-1은 관외사전투표에 대한 표버리기 조작과 표더하기 조작에 대한 기본 개념을 나타내고 있다. 표버리기 조작은 국민의힘 후보가 획득한 득표수로 부터 일정 부분의 득표수를 버리는 조작이다. 그 결과 선관위가 발표한 국민의힘 후보의 득표수는 실제 득표수보다 감소할 뿐만 아니라 총 득표수도 감소한다. 반면 더불어민주당 후보와 기타 후보의 득표수는 조작되지 않는다. 이로 인하여 더불어민주당 후보와 기타 후보에 대한 선관위 발표 득표율은 실제 득표율 보다 증가하나 국민의힘 후보에 대한 선관위 발표 득표율은 실제 득표율 보다 감소한다.

표버리기 조작의 검증 과정

관외사전투표에 대한 표버리기 조작의 검증 과정이 그림 11-2에 제시되어 있다.

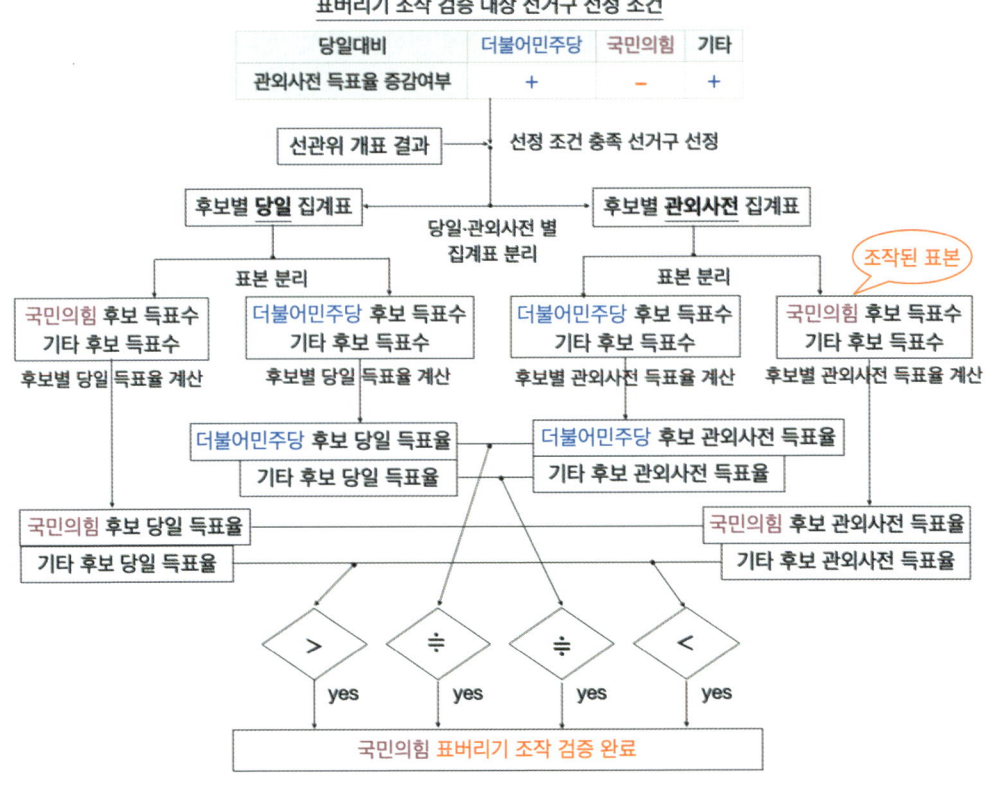

그림 11-2. 표버리기 조작의 검증 과정

검증 과정은 세 단계로 구성되어 있다. 첫 번째 검증 과정은 표버리기 조작이 적용된 선거구의 선정 과정이다. 표버리기 조작이 적용된 선거구인 경우 후보별 관외사전득표율-당일득표율 차이는 〈표 11-1〉의 특이한 특성을 나타낸다.

<표 11-1> 표버리기 조작 메커니즘이 적용된 선거구의 관외사전-당일 득표율 차이의 특이성

(+, 0, −)	더불어민주당 후보	국민의힘 후보	기타 후보
관외사전득표율 − 당일득표율	+	−	+

더불어민주당 후보에 대한 관외사전득표율-당일득표율 차이는 (+)를, 국민의힘 후보에 대한 차이는 (−)를, 기타 후보에 대한 차이는 (+)를 나타낸다. 두 번째 검증 과정은 선거구의 선거결과를 표버리기 조작이 적용되지 않은 더불어민주당 후보와 기타후보로 구성된 투표표본과 표버리기 조작이 적용된 국민의힘 후보로 구성된 조작 표본으로 분리하는 과정이다. 세 번째 과정은 조작 없는 표본에 대한 후보별 당일득표율, 관외사전득표율 및 관외사전득표율-당일득표율 차이를 산출하는 과정이다. 네 번째 과정은 조작이 없는 표본과 표버리기 조작 표본에 대한 후보별 당일득표율과 관외사전득표율 차이의 크기를 비교분석하여 대수의 법칙 성립여부를 검증하는 과정이다. 위의 네 과정을 통하여 표버리기 조작 표본에는 대수의 법칙이 성립하지 않으나, 조작이 없는 표본에는 대수의 법칙이 성립한다는 결론에 이르게 된다.

표더하기 조작의 검증 과정

관외사전투표에 대한 표더하기 조작에 대한 검증과정이 그림 11-3에 제시되어 있다.

표더하기 조작 검증과정은 네 단계로 구성되어 있다. 첫 번째 검증과정은 선관위 선거결과를 사용하여 선거구별 후보별 당일득표율, 관외사전득표율 및 관외사전득표율-당일득표율 차이를 산출하고, 관외사전득표율-당일득표율 차이가 〈표 11-2〉의 특이성을 나타내는 표더하기 조작 선거구를 선정하는 과정이다.

<표 11-2> 표더하기 조작 메커니즘이 적용된 선거구의 관외사전-당일 득표율 차이의 특이성

(+, 0, −)	더불어민주당 후보	국민의힘 후보	기타 후보
관외사전득표율 − 당일득표율	+	−	−

두 번째 검증은 표더하기 조작 선거구의 결과를 표더하기 조작이 적용된 더불어민주당 후보와 조작이 없는 기타후보로 구성된 표더하기 조작 표본과 조작이 없는 국민의힘 후보와 기타 후보로 구성된 조작이 없는 투표표본으로 분리하는 과정이다. 세 번째 과정은 표더하기 조작 표본과 조작이 없는 표본에 대한 후보별 당일득표율, 관외사전득표율 및 관외사전득표율-당일득표율 차이를 산출하는 과정이다. 네 번째 과정은 표더하기 조작 표본과 조작이 없는 표본에 대한 후보별 관외사전득표율-당일득표율 차이를 사용하여 투표표본에 대한 통계학적 공리(대수의 법칙) 성립여부를 분석·평가하는 과정이다. 이 과정을 통하여 표더하기 조작 표본에는 대수의 법칙이 성립되지 않으나 조작이 없는 표본에는 대수의 법칙이 성립한다는 결론에 이르게 된다.

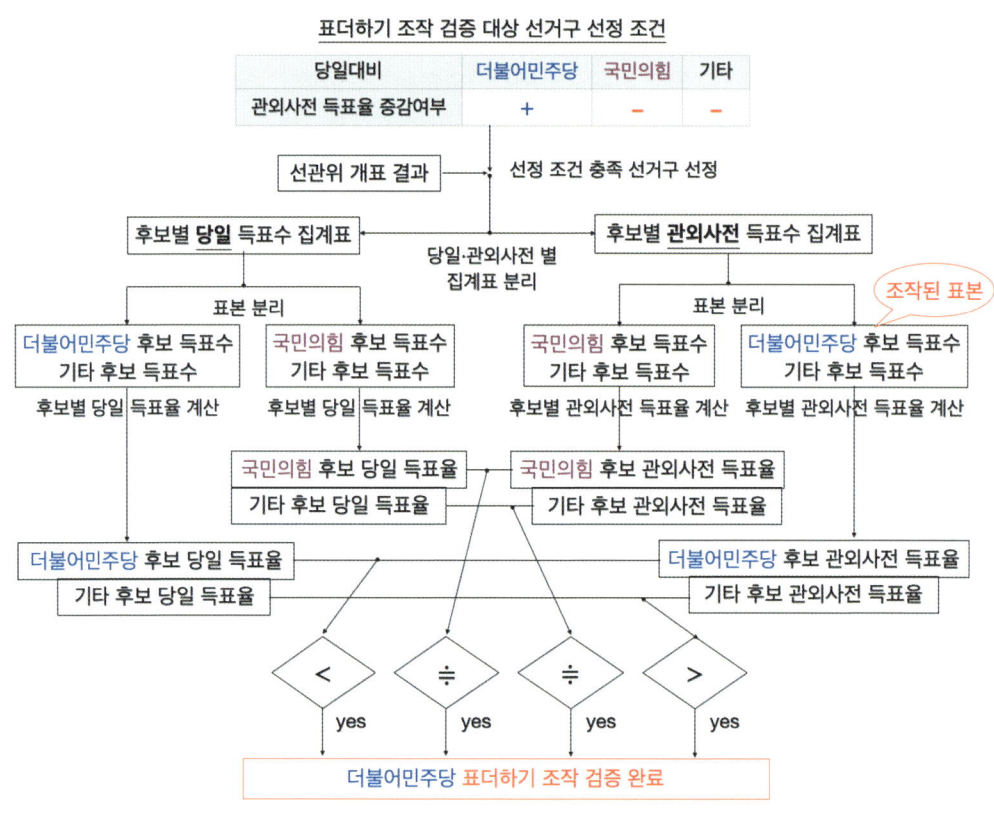

그림 11-3. 표더하기 조작의 검증 과정

11-2. 표버리기 조작이 적용된 선거구에 대한 대수의 법칙 검증

표버리기 조작 표본에 대한 대수의 법칙 검증

전국 254개 선거구 중 관외사전투표에서 〈표 11-1〉의 조건을 충족시키는 선거구 수는 총 48개 이다. 이 48개 선거구의 관외사전투표는 표버리기 조작이 적용된 선거구이다. 이 선거구에 대한 선관위 발표 투표결과로 부터 표버리기 조작이 적용된 국민의힘 후보와 기타 후보로 구성된 표버리기 조작 투표표본을 구축한다. 그리고 이 표버리기 조작 투표표본에 대한 국민의힘 후보 및 기타 후보의 당일득표율, 관외사전득표율 및 관외득표율-당일득표율 차이를 산출하면 〈표 11-3〉과 같다. 국민의힘 후보인 경우 48개 선거구에 대하여 관외사전득표율-당일득표율 차이가 모두 (-)를 나타낸다. 반면 기타 후보인 경우 48개 선거구에 출마한 53명의 후보자에 대하여 관외사전득표율-당일득표율 차이가 모두 (+)를 나타낸다. 전형적인 표버리기 조작에 의한 선거결과이다. 〈표 11-3〉의 결과를 사용하여 선거구 순번에 따른 후보별 관외사전득표율-당일득표율 차이를 막대그래프로 도시하면 그림 11-4와 같다.

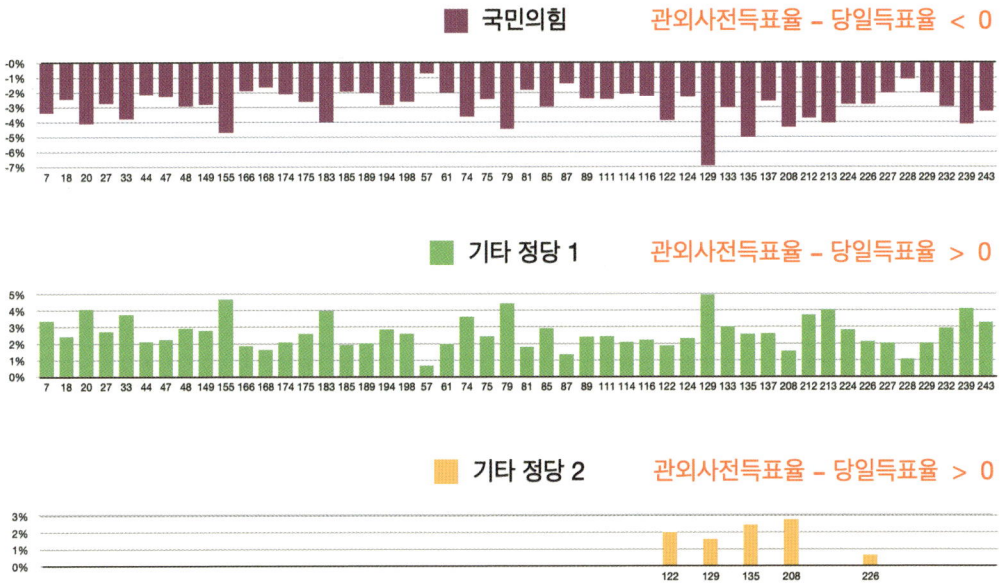

그림 11-4. 전국 254개 선거구 중 관외사전투표에서 표버리기 조작이 적용된 48개 선거구에서 추출된 표버리기 조작 표본(국민의힘+기타후보)에 대한 선거구 순번에 따른 관외사전- 당일 득표율 차이

<표 11-3a> 전국 254개 선거구 중 관외사전투표에서 표버리기 조작이 적용된 48개 선거구에서 추출한 표버리기 조작 표본(국민의힘+기타)에 대한 후보별 득표율

순번	시도	지역구	국민의힘 (Y)			기타1 (Z)			기타2 (Z)		
			당일	관외	관외 - 당일	당일	관외	관외 - 당일	당일	관외	관외 - 당일
1	서울	동대문갑	94.89%	91.51%	-3.38%	5.11%	8.49%	+3.38%			
2		노원을	94.90%	92.45%	-2.45%	5.10%	7.55%	+2.45%			
3		은평을	92.64%	88.54%	-4.10%	7.36%	11.46%	+4.10%			
4		강서갑	93.83%	91.10%	-2.74%	6.17%	8.90%	+2.74%			
5		영등포갑	92.28%	88.51%	-3.77%	7.72%	11.49%	+3.77%			
6		송파갑	95.49%	93.36%	-2.13%	4.51%	6.64%	+2.13%			
7		강동갑	96.30%	94.03%	-2.27%	3.70%	5.97%	+2.27%			
8		강동을	96.61%	93.69%	-2.92%	3.39%	6.31%	+2.92%			
9	경기	의정부갑	96.59%	93.79%	-2.80%	3.41%	6.21%	+2.80%			
10		부천을	86.67%	81.95%	-4.72%	13.33%	18.05%	+4.72%			
11		안산병	94.12%	92,25%	-1.88%	5.88%	7.75%	+1.88%			
12		고양을	96.40%	94.75%	-1.65%	3.60%	5.25%	+1.65%			
13		남양주을	94.99%	92,91%	-2.09%	5.01%	7.09%	+2.09%			
14		남양주병	93.28%	90.66%	-2.62%	6.72%	9.34%	+2.62%			
15		용인을	94.68%	90.68%	-4.00%	5.32%	9.32%	+4.00%			
16		용인정	96.19%	94.27%	-1.92%	3.81%	5.73%	+1.92%			
17		안성	96.30%	94.25%	-2.04%	3.70%	5.75%	+2.04%			
18		화성병	96.75%	93.89%	-2.86%	3.25%	6.11%	+2.86%			
19		포천가평	98.02%	95.40%	-2.62%	1.98%	4.60%	+2.62%			
20	경북	영천청도	98.72%	98.02%	-0.70%	1.28%	1.98%	+0.70%			
21		고령성주칠곡	97.25%	95.24%	-2.00%	2.75%	4.76%	+2.00%			
22	경남	거제	96.50%	92.87%	-3.63%	3.50%	7.13%	+3.63%			
23		양산갑	97.16%	94.70%	-2.46%	2.84%	5.30%	+2.46%			
24	제주	제주을	91.15%	86.69%	-4.46%	8.85%	13.31%	+4.46%			

표버리기 조작표본에 대한 〈표 11-3〉의 결과와 그림 11-4의 결과를 요약정리하면 다음과 같다.

    국민의힘 후보 : 관외사전득표율 - 당일득표율 < 0, 관외사전득표율 ≠ 당일득표율

    기타 후보 : 관외사전득표율 - 당일득표율 > 0, 관외사전득표율 ≠ 당일득표율

위의 결과는 관외사전득표율 ≒ 당일득표율 이라는 대수의 법칙에 부합하지 않는다. 따라서 표버리기 조작이 적용된 투표표본에는 대수의 법칙이 성립하지 않는다는 것을 확인할 수 있다.

<표 11-3b> 전국 254개 선거구 중 관외사전투표에서 표버리기 조작이 적용된 48개 선거구에서 추출한 표버리기 조작 표본(국민의힘+기타후보)에 대한 후보별 득표율

순번	시도	지역구	국민의힘 (Y)			기타1 (Z)			기타2 (Z)		
			당일	관외	관외 - 당일	당일	관외	관외 - 당일	당일	관외	관외 - 당일
25	부산	중구영도구	97.17%	95.37%	-1.80%	2.83%	4.63%	+1.80%			
26		동래구	95.76%	92.82%	-2.94%	4.24%	7.18%	+2.94%			
27		북구갑	97.96%	96.59%	-1.37%	2.04%	3.41%	+1.37%			
28		해운대구갑	97.15%	94.71%	-2.43%	2.85%	5.29%	+2.43%			
29	인천	중구강화옹진	98.29%	95.84%	-2.45%	1.71%	4.16%	+2.45%			
30		연수구갑	96.97%	94.86%	-2.10%	3.03%	5.14%	+2.10%			
31		남동구갑	93.73%	91.50%	-2.23%	6.27%	8.50%	+2.23%			
32		서구갑	95.38%	91.49%	-3.88%	2.42%	4.29%	+1.87%	2.20%	4.21%	+2.01%
33		서구병	94.69%	92.36%	-2.33%	5.31%	7.64%	+2.33%			
34	광주	북구갑	55.72%	48.81%	-6.91%	32.73%	38.03%	+5.30%	11.55%	13.16%	+1.61%
35	대전	동구	96.53%	93.51%	-3.02%	3.47%	6.49%	+3.02%			
36		서구갑	87.91%	82.87%	-5.04%	4.75%	7.31%	+2.57%	7.35%	9.82%	+2.47%
37		유성구갑	94.86%	92.24%	-2.61%	5.14%	7.76%	+2.61%			
38	강원	춘천철원화천양구갑	95.96%	91.61%	-4.34%	2.09%	3.64%	+1.55%	1.95%	4.74%	+2.79%
39		강릉	96.13%	92.38%	-3.75%	3.87%	7.62%	+3.75%			
40		동해태백삼척정선	96.80%	92.74%	-4.06%	3.20%	7.26%	+4.06%			
41	충남	천안갑	95.62%	92.78%	-2.83%	4.38%	7.22%	+2.83%			
42		천안병	93.27%	90.47%	-2.80%	3.65%	5.79%	+2.14%	3.07%	3.73%	+0.66%
43		공주부여청양	98.31%	96.28%	-2.03%	1.69%	3.72%	+2.03%			
44		보령서천	98.96%	97.88%	-1.08%	1.04%	2.12%	+1.08%			
45		아산갑	95.46%	93.42%	-2.04%	4.54%	6.58%	+2.04%			
46		논산계룡금산	96.42%	93.47%	-2.95%	3.58%	6.53%	+2.95%			
47	전북	군산김제부안을	76.36%	72.24%	-4.12%	23.64%	27.76%	+4.12%			
48		남원장수임실	86.02%	82.73%	-3.29%	13.98%	17.27%	+3.29%			

대수의 법칙은 표버리기 조작 표본에 대해서는 성립되지 않는다는 것을 당일득표율 대비 관외사전득표율 사이의 함수관계로 부터 규명해보자. 그림 11-5는 후보별 당일득표율과 관외사전득표율 사이의 함수관계를 나타내고 있다. 이 함수관계를 수식으로 표현하면 다음과 같이 일차함수이다.

국민의힘 후보 : $y_C = 1.11 y_A - 0.11$ (11-1a)

기타 후보 : $z_C = 1.11 z_A$ (11-1b)

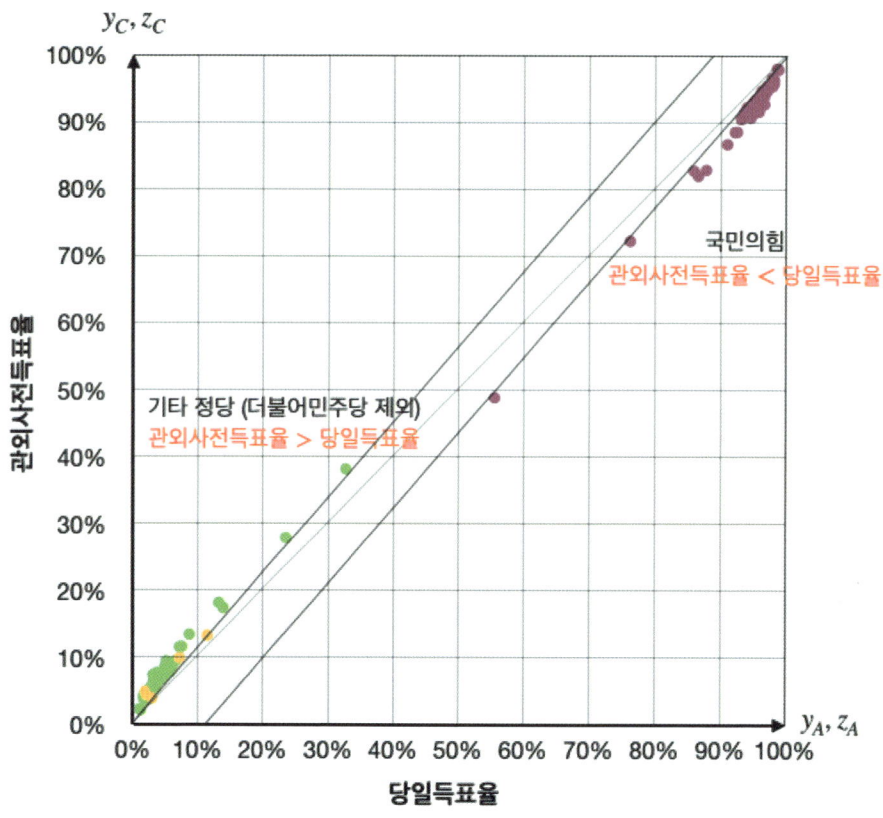

그림 11-5. 전국 254개 선거구 중 관외사전투표에서 표버리기 조작이 적용된 48개 선거구에서 추출된 표버리기 조작 표본(국민의힘+기타후보)에 대한 당일득표율 대비 관외사전득표율 함수관계

y, z : 국민의힘, 기타 후보 득표율, A : 당일투표, C : 관외사전투표

위의 두 식으로 부터 국민의힘 후보와 기타 후보에 대한 당일득표율과 관외사전득표율 사이의 크기와 대수의 법칙에 대한 크기를 비교분석하면 다음과 같다.

<u>대수의 법칙</u>　　　국민의힘 후보 : $y_C = y_A$, 관외사전득표율 = 당일득표율

　　　　　　　　　　기타 후보 : $z_C = z_A$, 관외사전득표율 = 당일득표율

<u>4.10 총선 결과</u>　　국민의힘 후보 : $y_C < y_A$, 관외사전득표율 < 당일득표율

　　　　　　　　　　기타 후보 : $z_C > z_A$, 관외사전득표율 > 당일득표율

표버리기 조작 표본은 대수의 법칙이 성립되지 않는다는 것을 함수관계식으로 부터도 규명할 수 있다.

조작이 없는 표본에 대한 대수의 법칙 검증

표버리기 조작이 적용되지 아니한 더불어민주당 후보와 기타 후보의 득표수로 구성된 표본에 대한 후보별 당일득표율, 관외사전득표율 및 관외사전득표율-당일득표율 차이를 산출하면 〈표 11-4〉와 같다.

<표 11-4a> 전국 254개 선거구 중 관외투표에서 표버리기 조작이 적용된 48개 선거구에서 추출한 조작이 없는 표본(더불어민주당+기타후보)에 대한 후보별 득표율

순번	시도	지역구	더불어민주당 (X)			기타1 (Z)			기타2 (Z)		
			당일	관외	관외 - 당일	당일	관외	관외 - 당일	당일	관외	관외 - 당일
1	서울	동대문갑	94.54%	94.88%	+0.34%	5.46%	5.12%	−0.34%			
2		노원을	95.61%	96.12%	+0.50%	4.39%	3.88%	−0.50%			
3		은평을	93.33%	94.26%	+0.93%	6.67%	5.74%	−0.93%			
4		강서갑	94.62%	95.50%	+0.88%	5.38%	4.50%	−0.88%			
5		영등포갑	92.42%	93.32%	+0.90%	7.58%	6.68%	−0.90%			
6		송파갑	93.15%	94.66%	+1.51%	6.85%	5.34%	−1.51%			
7		강동갑	95.43%	95.97%	+0.54%	4.57%	4.03%	−0.54%			
8		강동을	96.28%	96.28%	−0.10%	3.62%	3.72%	+0.10%			
9	경기	의정부갑	96.67%	96.48%	−0.20%	3.33%	3.52%	+0.20%			
10		부천을	88.52%	89.95%	+1.43%	11.48%	10.05%	−1.43%			
11		안산병	94.59%	95.05%	+0.46%	5.41%	4.95%	−0.46%			
12		고양을	97.30%	97.45%	+0.14%	2.70%	2.55%	−0.14%			
13		남양주을	95.58%	96.09%	+0.51%	4.42%	3.91%	−0.51%			
14		남양주병	93.67%	94.64%	+0.97%	6.33%	5.36%	−0.97%			
15		용인을	94.95%	94.50%	−0.44%	5.05%	5.50%	+0.44%			
16		용인정	95.44%	96.18%	+0.74%	4.56%	3.82%	−0.74%			
17		안성	95.87%	95.59%	−0.28%	4.13%	4.41%	+0.28%			
18		화성병	97.70%	96.95%	−0.75%	2.30%	3.05%	+0.75%			
19		포천가평	97.53%	96.31%	−1.22%	2.47%	3.69%	+1.22%			
20	경북	영천청도	94.69%	95.88%	+1.18%	5.31%	4.12%	−1.18%			
21		고령성주칠곡	89.36%	89.37%	+0.00%	10.64%	10.63%	−0.00%			
22	경남	거제	95.34%	94.14%	−1.20%	4.66%	5.86%	+1.20%			
23		양산갑	96.16%	95.47%	−0.70%	3.84%	4.53%	+0.70%			
24	제주	제주을	94.57%	94.84%	+0.27%	5.43%	5.16%	−0.27%			
25	부산	중구영도구	95.61%	96.26%	+0.65%	4.39%	3.74%	−0.65%			
26		동래구	93.51%	94.39%	+0.87%	6.49%	5.61%	−0.87%			
27		북구갑	97.87%	97.91%	+0.04%	2.13%	2.09%	−0.04%			
28		해운대구갑	95.54%	95.48%	−0.06%	4.46%	4.52%	+0.06%			

<표 11-4b> 전국 254개 선거구 중 관외투표에서 표버리기 조작이 적용된 48개 선거구에서 추출한 조작이 없는 표본(더불어민주당+기타)에 대한 후보별 득표율

순번	시도	지역구	더불어민주당 (X)			기타1 (Z)			기타2 (Z)		
			당일	관외	관외-당일	당일	관외	관외-당일	당일	관외	관외-당일
29	인천	중구강화옹진	97.40%	96.01%	-1.39%	2.60%	3.99%	+1.39%			
30		연수구갑	96.76%	96.77%	+0.01%	3.24%	3.23%	-0.01%			
31		남동구갑	94.63%	95.32%	+0.69%	5.37%	4.68%	-0.69%			
32		서구갑	96.16%	95.60%	-0.55%	2.01%	2.22%	+0.20%	1.83%	2.18%	+0.35%
33		서구병	95.50%	95.81%	+0.32%	4.50%	4.19%	-0.32%			
34	광주	북구갑	90.94%	89.99%	-0.95%	6.70%	7.44%	+0.74%	2.36%	2.57%	+0.21%
35	대전	동구	96.30%	96.45%	+0.15%	3.70%	3.55%	-0.15%			
36		서구갑	88.25%	90.54%	+2.29%	4.61%	4.04%	-0.57%	7.14%	5.42%	-1.72%
37		유성구갑	95.28%	95.87%	+0.58%	4.72%	4.13%	-0.58%			
38	강원	춘천철원화천양구갑	95.78%	95.41%	-0.37%	2.18%	1.99%	-0.19%	2.04%	2.60%	+0.56%
39		강릉	94.02%	94.00%	-0.02%	5.98%	6.00%	+0.02%			
40		동해태백삼척정선	93.36%	93.54%	+0.17%	6.64%	6.46%	-0.17%			
41	충남	천안갑	95.09%	95.88%	+0.79%	4.91%	4.12%	-0.79%			
42		천안병	93.81%	93.99%	+0.18%	3.36%	3.66%	+0.29%	2.83%	2.36%	-0.48%
43		공주부여청양	97.96%	97.55%	-0.41%	2.04%	2.45%	+0.41%			
44		보령서천	98.64%	98.46%	-0.18%	1.36%	1.54%	+0.18%			
45		아산갑	95.67%	96.20%	+0.53%	4.33%	3.80%	-0.53%			
46		논산계룡금산	95.89%	95.56%	-0.34%	4.11%	4.44%	+0.34%			
47	전북	군산김제부안을	95.99%	95.22%	-0.77%	4.01%	4.78%	+0.77%			
48		남원장수임실	97.21%	97.11%	-0.09%	2.79%	2.89%	+0.09%			

이 표의 결과로부터 후보별 관외사전득표율-당일득표율 차이를 선거구 순번에 따라 막대 그래프로 도시하면 그림 11-6과 같다.

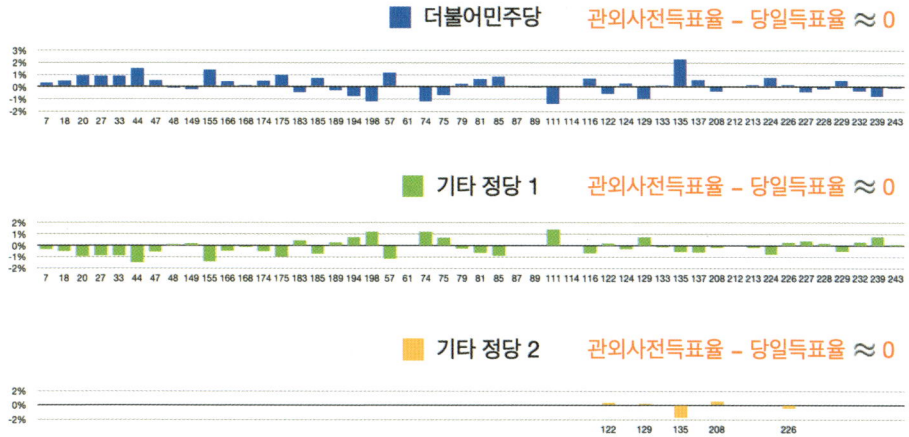

그림 11-6. 전국 254개 선거구 중 관외사전투표에서 표버리기 조작이 적용된 48개 선거구에서 추출된 조작이 없는 표본(더불어민주당+기타후보)에 대한 선거구 순번에 따른 관외사전-당일 득표율 차이

〈표 11-4〉의 결과에 의하면 48개 선거구에 대한 더불어민주당 후보의 관외사전득표율-당일득표율 차이는 29개 선거구에서 (+)를 19개 선거구에서 (-)를 나타낸다. 또한 기타 후보의 관외사전득표율-당일득표율 차이는 19개 선거구에서 (+)를 29개 선거구에서 (-)를 나타낸다. 또한 더불어민주당 후보에 대한 관외사전득표율-당일득표율 차이의 절대값은 48개 선거구 중 서울 송파갑, 경기 부천을, 경기 포천가평, 경북 영천청도, 경남 거제, 인천 중구강화옹진, 대전 서구갑의 7개 선거구를 제외한 41개 선거구에서 1% 미만이었다. 특히 차이의 절대값이 2%를 초과한 선거구는 대전 서구갑의 2.29% 이외에는 어떤 선거구도 없었다. 기타 후보인 경우 관외사전득표율-당일득표율 차이에 대한 절대값이 1% 초과 2% 이하인 선거구는 인천 중구강화옹진, 대전 서구갑, 서울 송파갑, 경기 부천을, 경기 포천가평, 경북 영천청도, 경남 거제의 7개 선거구이며 나머지 41개 선거구에서는 1% 미만이었다.

〈표 11-4〉와 그림 11-6의 결과를 요약정리하면 다음과 같다.
더불어민주당 후보 : 관외사전득표율 - 당일득표율 ≒ 0, 관외사전득표율 ≒ 당일득표율
　　　　　기타 후보 : 관외사전득표율 - 당일득표율 ≒ 0, 관외사전득표율 ≒ 당일득표율
위의 결과는 관외사전득표율 ≒ 당일득표율 이라는 통계학적 공리(대수의 법칙)에 정확히 부합되었다. 조작이 없는 투표표본에 대해서는 대수의 법칙이 성립한다는 것을 확인할 수 있다.

조작이 없는 투표표본에 대한 후보별 당일득표율 대비 관외사전득표율 사이의 함수관계를 좌표평면에 도시하면 그림 11-7과 같다.

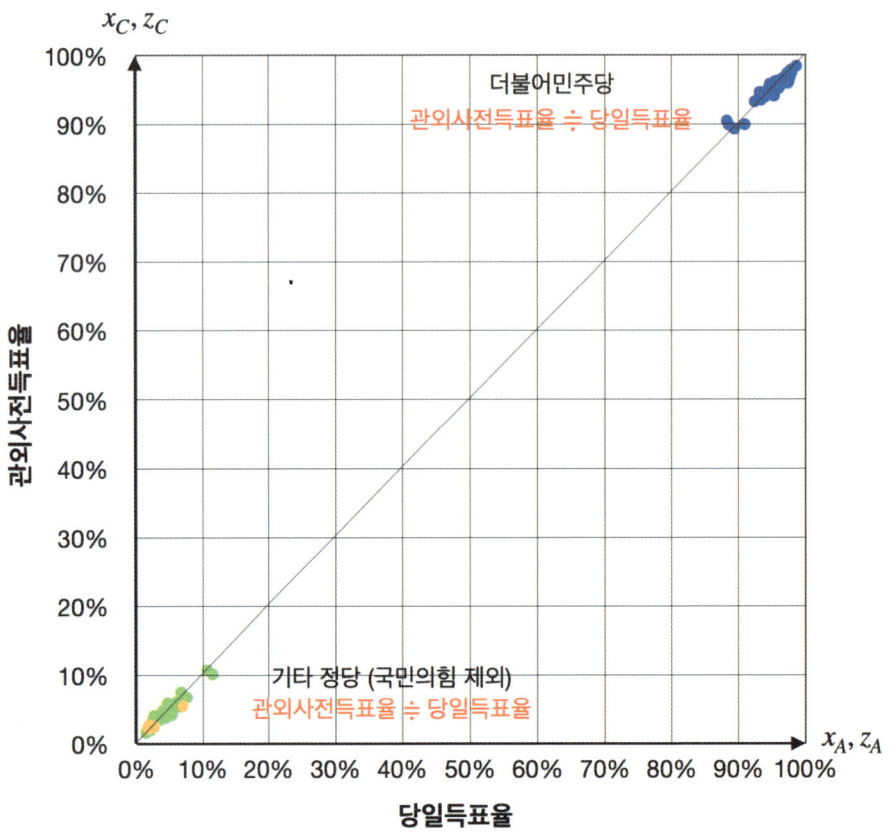

그림 11-7. 전국 254개 선거구 중 관외사전투표에서 표버리기 조작이 적용된 48개 선거구에서 추출된 조작이 없는 표본(더불어민주당+기타후보)에 대한 당일득표율 대비 관외사전득표율 함수관계

x, z : 더불어민주당, 기타 후보 득표율, A : 당일투표, C : 관외사전투표

조작이 적용되지 않은 더불어민주당과 기타 후보에 대한 당일득표율과 관외사전득표율 사이의 함수관계는 기울기가 1이며 원점을 지나는 일차함수로 다음 수식으로 표현된다.

$$\text{더불어민주당 후보 : } x_C = x_A \quad (11\text{-}2a)$$

$$\text{기타 후보 : } z_C = z_A \quad (11\text{-}2b)$$

위의 식은 당일득표율 ≒ 관외사전득표율 이라는 대수의 법칙과 동일하다. 조작이 없는 표본인 경우 대수의 법칙이 성립된다는 것을 확인할 수 있다.

11-3. 표더하기 조작이 적용된 선거구에 대한 대수의 법칙 검증

전국 254개 선거구 중 관외사전투표에서 표더하기 조작이 적용된 선거구는 20개이다. 이 20개 선거구에서 표더하기 조작이 적용된 후보는 더불어민주당 후보이다. 표더하기 조작이 적용된 선거구로 부터 조작이 있는 더불어민주당 후보와 조작이 없는 기타 후보로 구성된 표더하기 조작 표본과 조작이 적용되지 않은 국민의힘 후보와 기타 후보로 구성된 조작없는 투표표본으로 분리한 후 두 표본에 대한 통계학적 공리(대수의 법칙)를 검증해보자.

표더하기 조작 투표표본에 대한 대수의 법칙 검증

<표 11-5> 총 254개 관외사전투표 선거구 중 표더하기 조작이 적용된 20개 선거구에서 추출한 표더하기 조작 투표표본에 대한 후보별 득표율

순번	시도	지역구	더불어민주당 (X)			기타1 (Z)			기타2 (Z)		
			당일	관외	관외 - 당일	당일	관외	관외 - 당일	당일	관외	관외 - 당일
11	서울	성북갑	89.40%	92.90%	+3.51%	10.60%	7.10%	-3.51%			
165	경기	안산을	88.73%	91.52%	+2.80%	11.27%	8.48%	-2.80%			
181		하남을	89.51%	93.59%	+4.08%	10.49%	6.41%	-4.08%			
182		용인갑	87.89%	90.94%	+3.06%	6.52%	5.37%	-1.15%	5.59%	3.69%	-1.91%
195		화성정	72.01%	85.86%	+13.85%	13.99%	12.37%	-1.62%	13.99%	1.77%	-12.23%
51	경북	경주	68.92%	86.75%	+17.83%	31.08%	13.25%	-17.83%			
52		김천	63.36%	83.77%	+20.41%	36.64%	16.23%	-20.41%			
63	경남	창원성산구	82.98%	88.54%	+5.56%	17.02%	11.46%	-5.56%			
68		진주을	63.45%	77.64%	+14.19%	36.55%	22.36%	-14.19%			
96	부산	수영구	76.11%	87.16%	+11.05%	23.89%	12.84%	-11.05%			
99	대구	중구남구	55.88%	73.77%	+17.89%	44.12%	26.23%	-17.89%			
127	광주	서구갑	92.91%	93.71%	+0.80%	7.09%	6.29%	-0.80%			
128		서구을	76.12%	80.73%	+4.61%	1.75%	2.15%	+0.39%	17.22%	13.09%	-4.14%
138	대전	유성구을	94.05%	95.42%	+1.37%	5.95%	4.58%	-1.37%			
201	울산	남구갑	91.91%	94.83%	+2.92%	8.09%	5.17%	-2.92%			
207	세종	세종을	88.41%	91.59%	+3.18%	8.90%	6.23%	-2.67%	2.70%	2.19%	-0.51%
221	충북	제천단양	78.34%	88.86%	+10.52%	10.11%	5.49%	-4.62%	11.55%	5.65%	-5.90%
236	전북	전주을	82.49%	86.18%	+3.69%	16.12%	12.21%	-3.91%	1.39%	1.62%	+0.22%
240		익산갑	85.04%	87.42%	+2.39%	6.00%	5.17%	-0.82%	8.97%	7.41%	-1.56%
247	전남	여수을	69.79%	73.54%	+3.75%	5.17%	3.99%	-1.18%	25.04%	22.47%	-2.58%

〈표 11-5〉는 표더하기 조작 투표표본에 대한 후보별 당일득표율, 관외사전득표율 및 관외사전득표율-당일득표율 차이를 나타내고 있다. 총 20개 선거구에서 더불어민주당 후보에 대한 관외사전득표율-당일득표율 차이는 모두 (+)를 나타내지만, 기타 후보에 대한 차이는 출마 후보 29명 중 광주 서구을의 후보를 제외한 28명의 후보에 대하여서는 (-)를 나타낸다. 표더하기 조작 메커니즘이 적용된 전형적인 투표표본이다. 〈표 11-5〉의 결과로부터 관외사전득표율-당일득표율의 차이를 선거구 순번에 따라 막대 그래프로 나타내면 그림 11-8과 같다.

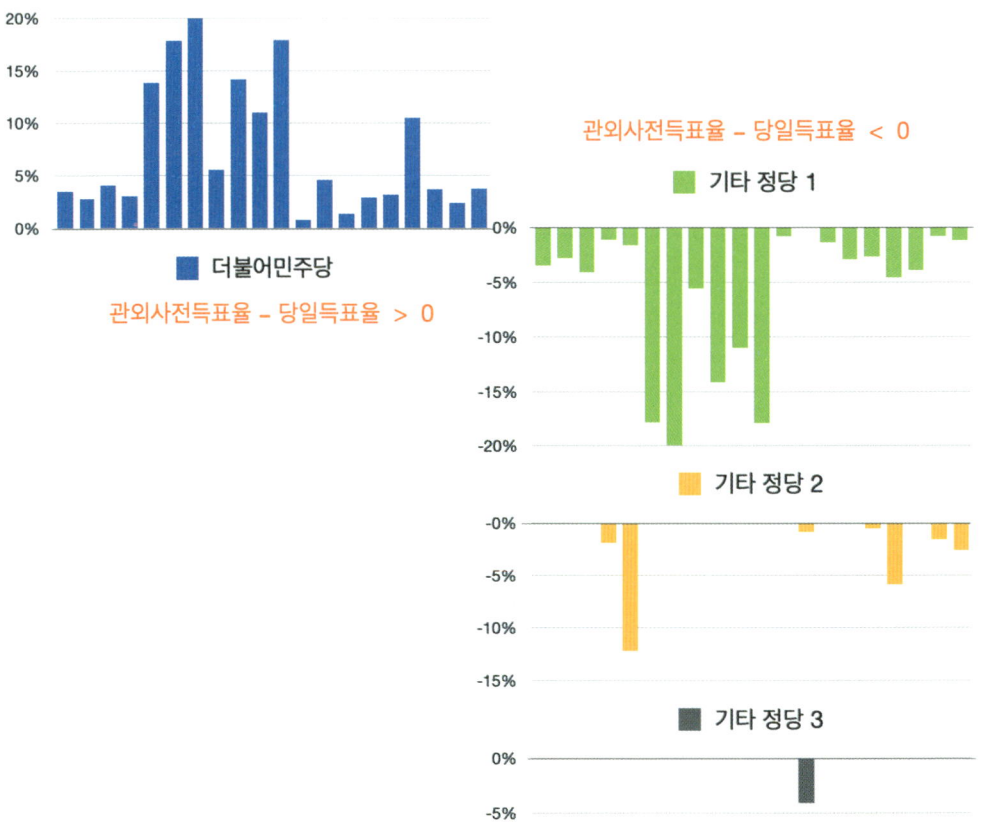

그림 11-8. 전국 254개 선거구 중 관외사전투표에서 표더하기 조작이 적용된 20개 선거구로 부터 추출한 표더하기 조작 투표표본에 대한 선거순번에 따른 후보별 관외사전-당일 득표율 차이

〈표 11-5〉과 그림 11-8로 부터 후보별 관외사전득표율-당일득표율의 차이에 대한 결과를 요약하면 다음과 같다.

더불어민주당 후보 : 관외사전득표율 - 당일득표율 > 0, 관외사전득표율 ≠ 당일득표율

기타 후보 : 관외사전득표율 - 당일득표율 < 0, 관외사전득표율 ≠ 당일득표율

위의 결과는 당일득표율 ≒ 관외사전득표율 이라는 통계학적 공리(대수의 법칙)에 위배된다. 조작된 표본인 경우 대수의 법칙이 성립되지 않음을 확인할 수 있다.

표더하기 조작 투표표본인 경우 대수의 법칙이 성립하지 않는다는 것을 당일득표율 대비 관외사전득표율 사이의 함수관계식으로 부터 규명하여보자. 〈표 11-5〉의 결과를 사용하여 당일득표율과 관외사전득표율 사이의 함수관계를 좌표평면에 도시하면 그림 11-9과 같다.

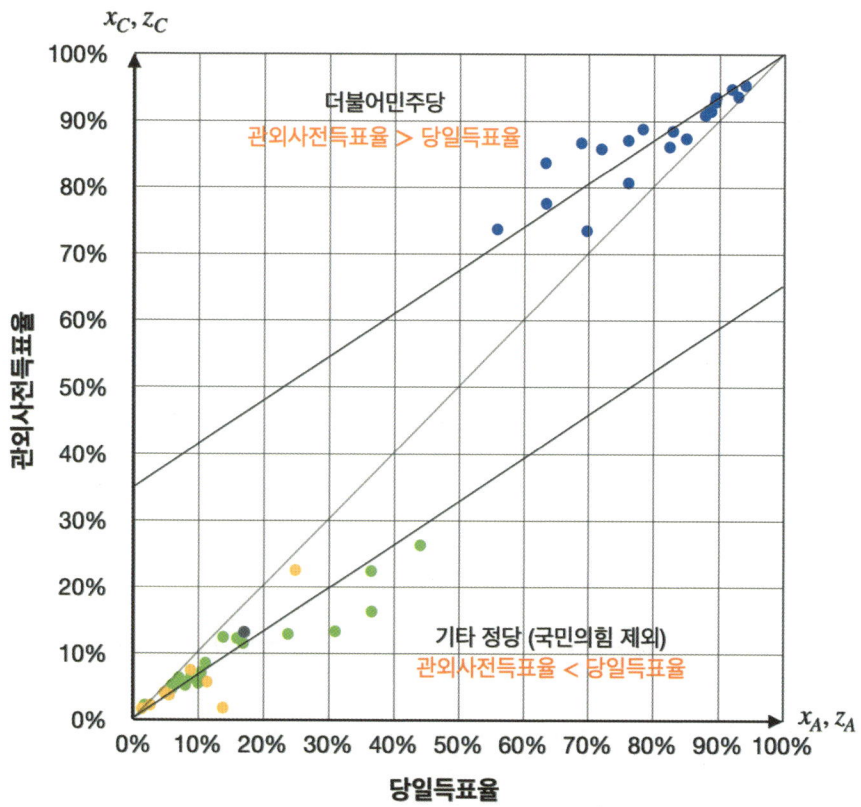

그림 11-9. 전국 254개 선거구 중 관외사전투표에서 표더하기 조작이 적용된 20개 선거구로 부터 추출한 표더하기 조작 투표표본에 대한 후보별 당일득표율 대비 관외사전득표율 사이의 함수관계
x, z : 더불어민주당, 기타 후보 득표율, A : 당일투표, C : 관외사전투표

그림 11-9의 결과를 당일득표율 대비 관외사전득표율 사이의 함수관계식으로 표현하면 다음 식과 같이 일차함수이다.

$$\text{더불어민주당 후보 : } x_C = 0.66x_A + 0.34 \quad (11\text{-}3a)$$

$$\text{기타 후보 : } z_C = 0.66z_A \quad (11\text{-}3b)$$

위의 함수로 부터 표더하기 조작 투표표본에 대한 관외사전득표율-당일득표율 차의 크기와 대수의 법칙에 의한 차이의 크기를 비교하면 다음과 같다.

<u>대수의 법칙</u>　　더불어민주당 후보 : $x_C - x_A \doteq 0$, $x_C \doteq x_A$

　　　　　　　　기타 후보 : $z_C - z_A \doteq 0$, $z_C \doteq z_A$ 　　(11-4)

<u>4.10 총선 결과</u>　더불어민주당 후보 : $x_C - x_A > 0$, $y_C \neq y_A$

　　　　　　　　기타 후보 : $z_C - z_A < 0$, $z_C \neq z_A$ 　　(11-5)

함수식 (11-4)와 (11-5)는 일치하지 않는다. 환언하면 표더하기 조작 투표표본인 경우 당일득표율 대비 관외사전득표율 사이의 함수관계식으로 부터도 대수의 법칙이 성립되지 않는다는 것을 검증할 수 있다.

조작이 없는 투표표본에 대한 대수의 법칙 검증

전국 254개 선거구의 관외사전투표 중 표더하기 조작이 적용된 선거구는 20개이다. 이 선거구로 부터 조작이 적용되지 않은 후보로 구축된 표본을 구축한 후 각 후보별 당일득표율, 관외사전득표율, 관외사전득표율-당일득표율 차이값을 산출하면 〈표 11-6〉과 같다. 이 표의 결과로 부터 후보별 관외사전득표율-당일득표율 차이를 선거구 순번에 따라 막대 그래프로 도시하면 그림 11-10과 같다.

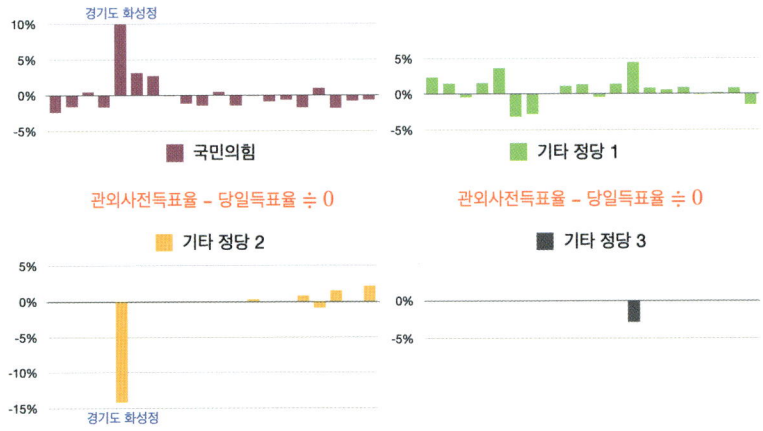

그림 11-10. 전국 254개 선거구 중 관외사전투표에서 표더하기 조작이 적용된 20개 선거구로부터 추출한 조작이 없는 투표표본에 대한 선거순번에 따른 후보별 관외사전-당일 득표율 차이

<표 11-6> 총 254개 관외투표 선거구 중 표더하기 조작이 적용된 20개 선거구에서 추출한 조작이 없는 표본에 대한 후보별 득표율

순번	시도	지역구	국민의힘 (Y)			기타1 (Z)			기타2 (Z)		
			당일	관외	관외 - 당일	당일	관외	관외 - 당일	당일	관외	관외 - 당일
11	서울	성북갑	88.79%	86.41%	-2.38%	11.21%	13.59%	+2.38%			
165	경기	안산을	86.46%	84.90%	-1.56%	13.54%	15.10%	+1.56%			
181		하남을	90.14%	90.59%	+0.45%	9.86%	9.41%	-0.45%			
182		용인갑	88.53%	86.85%	-1.68%	6.17%	7.80%	+1.62%	5.30%	5.36%	+0.06%
195		화성정	65.76%	76.23%	+10.47%	17.12%	20.80%	+3.68%	17.12%	2.97%	-14.15%
51	경북	경주	87.87%	91.05%	+3.17%	12.13%	8.95%	-3.17%			
52		김천	86.24%	89.03%	+2.79%	13.76%	10.97%	-2.79%			
63	경남	창원성산구	85.70%	85.62%	-0.07%	14.30%	14.38%	+0.07%			
68		진주을	80.36%	79.17%	-1.19%	19.64%	20.83%	+1.19%			
96	부산	수영구	84.69%	83.27%	-1.42%	15.31%	16.73%	+1.42%			
99	대구	중구남구	78.16%	78.63%	+0.47%	21.84%	21.37%	-0.47%			
127	광주	서구갑	67.89%	66.46%	-1.44%	32.11%	33.54%	+1.44%			
128		서구을	30.66%	30.57%	-0.09%	10.20%	14.64%	+4.45%	50.02%	47.16%	-2.86%
138	대전	유성구을	92.66%	91.79%	-0.87%	7.34%	8.21%	+0.87%			
201	울산	남구갑	94.72%	94.09%	-0.63%	5.28%	5.91%	+0.63%			
207	세종	세종을	86.81%	85.06%	-1.75%	10.12%	11.06%	+0.94%	3.07%	3.88%	+0.81%
221	충북	제천단양	84.62%	85.63%	+1.02%	7.18%	7.08%	-0.10%	8.20%	7.28%	-0.92%
236	전북	전주을	64.05%	62.29%	-1.77%	33.09%	33.31%	+0.22%	2.86%	4.41%	+1.55%
240		익산갑	48.33%	47.49%	-0.84%	20.70%	21.59%	+0.89%	30.97%	30.92%	-0.05%
247	전남	여수을	18.62%	17.98%	-0.64%	13.92%	12.38%	-1.54%	67.46%	69.64%	+2.19%

〈표 11-6〉과 그림 11-10의 결과로부터 국민의힘 후보와 기타 후보에 대한 관외사전득표율-당일득표율 차이의 크기를 비교하면 다음과 같다.

국민의힘 후보 : 관외사전득표율 – 당일득표율 ≒ 0, 관외사전득표율 ≒ 당일득표율

기타 후보 : 관외사전득표율 – 당일득표율 ≒ 0, 관외사전득표율 ≒ 당일득표율

위의 선거결과는 대수의 법칙인 당일득표율 ≒ 관외사전득표율 을 충족시키고 있다. 조작이 없는 투표표본인 경우 통계학적 공리인 대수의 법칙이 성립됨을 확인할 수 있다.

조작이 없는 투표표본에 대한 당일득표율 대비 관외사전득표율 사이의 함수관계식으로 부터 조작이 없는 경우 대수의 법칙이 성립함을 규명해보자. 〈표 11-6〉의 결과를 사용하여 당일득표율 대비 관외사전득표율 함수관계를 좌표표면에 도시하면 11-11과 같다.

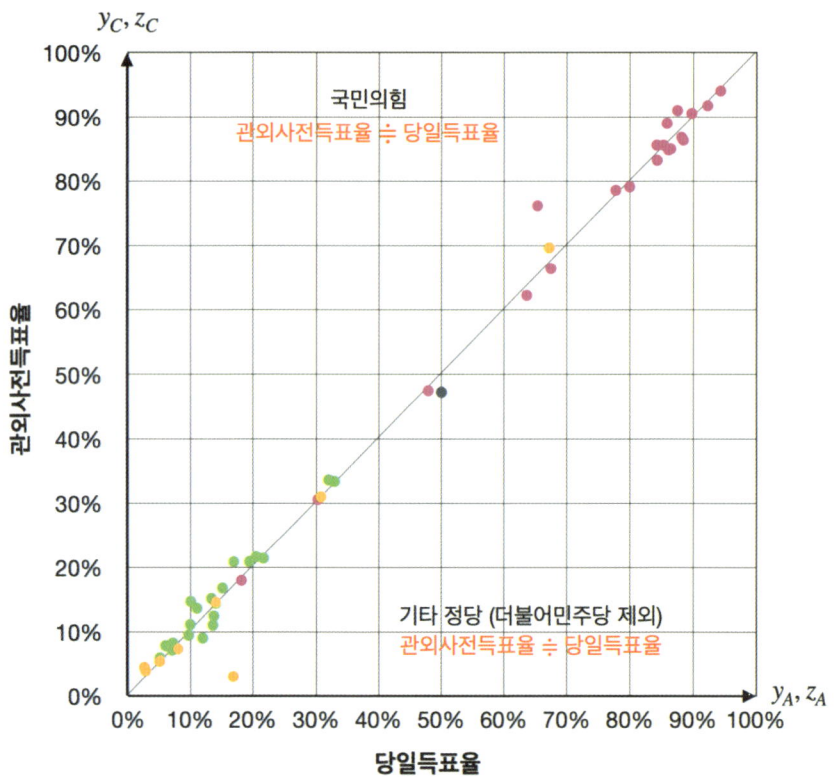

그림 11-11. 전국 254개 선거구 중 관외사전투표에서 조작이 없는 20개 선거구로 부터 추출한 표본에 대한 후보별 당일득표율 대비 관외사전득표율 사이의 함수관계
x, z : 더불어민주당   1, 기타 후보 득표율, A : 당일투표, C : 관외사전투표

4.10 총선 결과 (표더하기 조작이 없는 투표표본)

더불어민주당 후보 : $y_C = y_A$

기타 후보 : $z_C = z_A$ (11-6)

대수의 법칙

더불어민주당 후보 : $y_C = y_A$

기타 후보 : $z_C = z_A$ (11-7)

표더하기 조작이 없는 투표표본에 대한 후보별 당일득표율 대비 관외사전득표율 함수관계식 (11-6)은 대수의 법칙에 의한 함수관계식 (11-7)과 일치한다. 이 결과로 부터 조작이 없는 표본에 대하여 대수의 법칙이 성립한다는 것은 당일득표율 대비 관외사전득표율의 함수관계시을 사용해도 증명할 수 있음을 확인할 수 있다.

11-4. 관외사전투표에 대한 통계학적 공리 검증의 결론

결론 1. 표버리기 조작이 적용된 선거구에 대한 후보별 관외사전득표율–당일득표율 차이가 (+)인 선거구 수와 (−)인 선거구 수

표버리기 조작은 국민의힘 후보에게만 적용된다. 따라서 더불어민주당 후보와 기타 후보로 구성된 투표표본에서의 관외사전득표율–당일득표율 차이는 (+)와 (−)를 균형있게 나타내어야 한다. 그 결과 차이가 (+)인 선거구 수와 (−)인 선거구 수도 균형을 이루어야 한다. 실제 결과도 다음과 같이 (+)와 (−)의 선거구 수가 균형을 이룬다.

(+, 0, −)	더불어민주당 후보		기타 후보	
	(+)인 선거구 수	(−)인 선거구 수	(+)인 선거구 수	(−)인 선거구 수
관외사전득표율 − 당일득표율	20	28	30	23

국민의힘 후보와 기타 후보로 이루어진 표본은 표버리기 조작표본이다. 따라서 국민의힘 후보에 대한 관외사전득표율–당일득표율 차이는 (−)를 기타 후보에 대한 차이는 (+)를 나타내어야 한다. 그 결과로 국민의힘 후보에 대하여서는 차이가 (−)인 선거구 수가 대부분이며 기타 후보에 대하여서는 차이가 (+)인 선거구 수가 대부분이어야 한다. 실제 결과도 다음 표와 같이 동일하다.

(+, 0, −)	국민의힘 후보		기타 후보	
	(+)인 선거구 수	(−)인 선거구 수	(+)인 선거구 수	(−)인 선거구 수
관외사전득표율 − 당일득표율		48	53	

결론 2. 표더하기 조작이 적용된 선거구에 대한 후보별 관외사전득표율-당일득표율 차이가 (+)인 선거구 수와 (-)인 선거구 수

표더하기 조작은 더불어민주당 후보에게만 적용된다. 따라서 더불어민주당 후보와 기타 후보로 구성된 표본에서의 더불어민주당 후보에 대한 관외사전득표율-당일득표율 차이는 (+)이며, 기타 후보에 대한 차이는 (-)이어야 한다. 다음 표는 더불어민주당 후보와 기타 후보에 대하여 차이가 (+)인 선거구 수와 (-)인 선거구 수에 대한 22대 총선 결과이다.

(+, 0, −)	더불어민주당 후보		기타 후보	
	(+)인 선거구 수	(−)인 선거구 수	(+)인 선거구 수	(−)인 선거구 수
관외사전득표율 − 당일득표율	20			29

국민의힘 후보와 기타 후보로 구성된 조작이 없는 표본인 경우 관외사전득표율-당일득표율 차이가 (+)인 선거구 수와 (-)인 선거구 수는 균형을 이루어야 한다. 제22대 총선 결과도 (+)와 (-)인 선거구 수가 다음 표와 같이 한쪽으로 치우치지 않는다.

(+, 0, −)	더불어민주당 후보		기타 후보	
	(+)인 선거구 수	(−)인 선거구 수	(+)인 선거구 수	(−)인 선거구 수
관외사전득표율 − 당일득표율	5	15	21	8

결론 3. 표버리기 조작인 경우 관외사전득표율-당일득표율 차이에 따른 선거구 수 분포 특성

표버리기 조작이 적용된 선거구의 조작 투표표본과 조작이 없는 투표표본에 대한 관외사전득표율-당일득표율 차이에 따른 선거구 수의 분포는 다음 표와 같다.

차이범위 (%)	-20 / -18	-18 / -16	-16 / -14	-14 / -12	-12 / -10	-10 / -8	-8 / -6	-6 / -4	-4 / -2	-2 / 0	0 / 2	2 / 4	4 / 6	6 / 8	8 / 10	10 / 12	12 / 14	14 / 16	16 / 18	18 / 20
국민의힘							1	7	33	7										
기타											11	36	6							
더불어민주당									20	28										
기타									30	23										

국민의힘 후보와 기타 후보로 이루어진 조작표본인 경우 관외사전득표율-당일득표율 차이에 따른 선거구 수는 국민의힘 후보인 경우 (-) 영역에 기타 후보인 경우 (+) 영역에 분포되어 두 분포는 (+) 영역과 (-) 영역으로 완전 분리되었다. 반면 더불어민주당 후보와 기타 후보로 구성된 조작이 없는 경우 더불어민주당 후보와 기타 후보에 대한 선거구 수 분포는 0을 중심으로 (+) 영역과 (-) 영역에 균형있게 분포되어 정규분포의 특성이 나타난다. 위의 표의 결과를 히스토그램으로 그리면 다음과 같다.

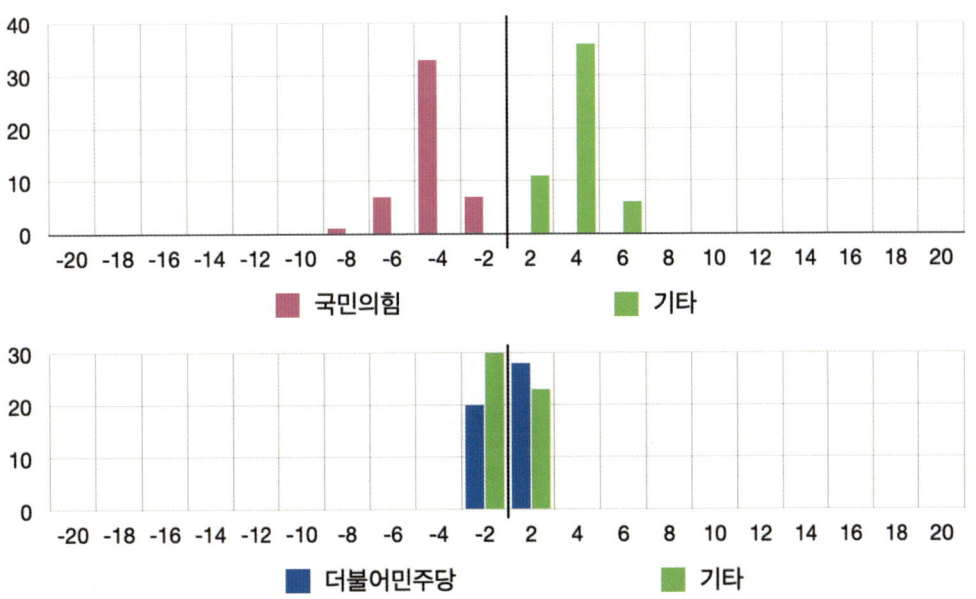

결론 4. 표더하기 조작인 경우 관외사전득표율-당일득표율 차이에 따른 선거구 수 분포 특성

다음 표는 표더하기 조작이 적용된 선거구의 조작 표본과 조작이 없는 표본에 대한 관외사전득표율-당일득표율 차이에 따른 선거구 수 분포특성을 나타내고 있다. 더불어민주당 후보와 기타 후보로 구성된 조작 표본에 대한 선거구 수 분포는 더불어민주당 후보인 경우 관외사전득표율-당일득표율 차이가 (+)인 영역에 기타 후보인 경우 (−)인 영역에 분포되어 두 후보에 대한 분포가 완전히 분리되었다. 반면 조작이 없는 표본인 경우 국민의힘 후보와 기타 후보에 대한 선거구 수 분포는 관외사전득표율-당일득표율 차이가 0을 중심으로 (+)와 (−) 영역에 분포되었다.

차이범위 (%)	-22~-20	-20~-18	-18~-16	-16~-14	-14~-12	-12~-10	-10~-8	-8~-6	-6~-4	-4~-2	-2~0	0~2	2~4	4~6	6~8	8~10	10~12	12~14	14~16	16~18	18~20	20~22
더불어민주당												2	9	3			2		1	2		1
기타	1		2		1				5	8	8	3										
국민의힘											1	14	3	2								
기타										3	5	18	3									

위 표의 결과를 히스토그램으로 나타내면 다음과 같다.

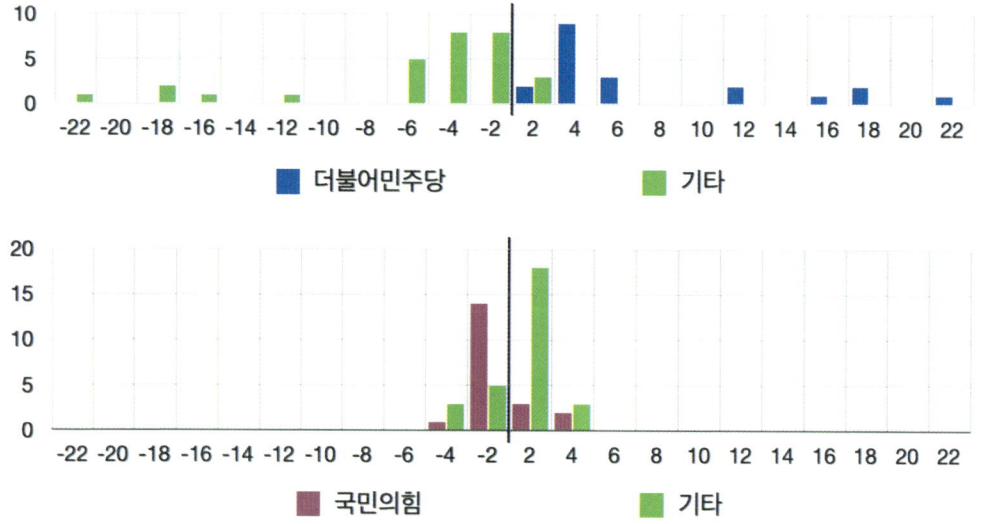

결론 5. 조작 전과후 후보별 득표수의 변화

표버리기 조작인 경우 국민의힘 후보가 유권자로 부터 획득한 실제 득표수 중 일부를 제거하기 때문에 선관위가 발표한 국민의힘 후보의 득표수는 실제 득표수 보다 감소한다. 그러나 더불어민주당 후보와 기타 후보의 득표수는 조작 전과후 변화가 없다. 다음 그림은 표버리기 조작에 대한 조작 전과후 득표수의 변화를 보여준다.

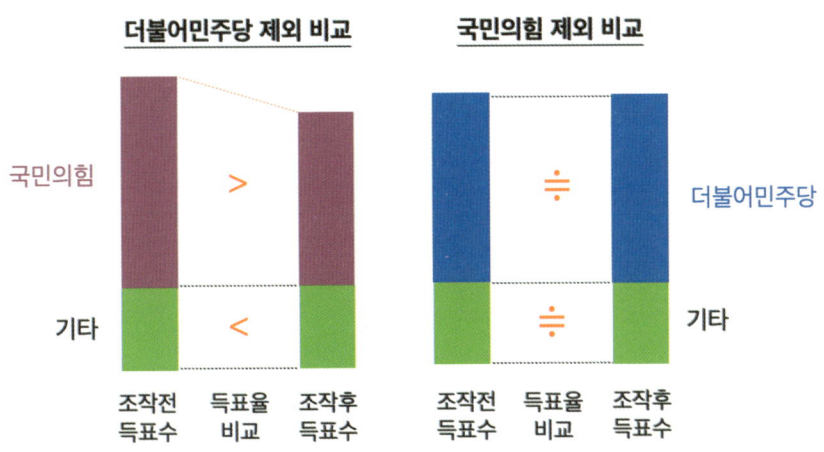

표더하기 조작인 경우 유권자가 투표하지 않은 유령표를 더불어민주당 후보에게 첨가하여 주기때문에 선관위가 발표한 더불어민주당 후보의 득표수는 유권자로 부터 획득한 실제 득표수 보다 증가한다. 반면 국민의힘 후보와 기타 후보는 조작 전과후 득표수의 변화가 없다. 다음 그림은 표더하기 조작에 대한 조작 전과후 득표수의 변화를 보여준다.

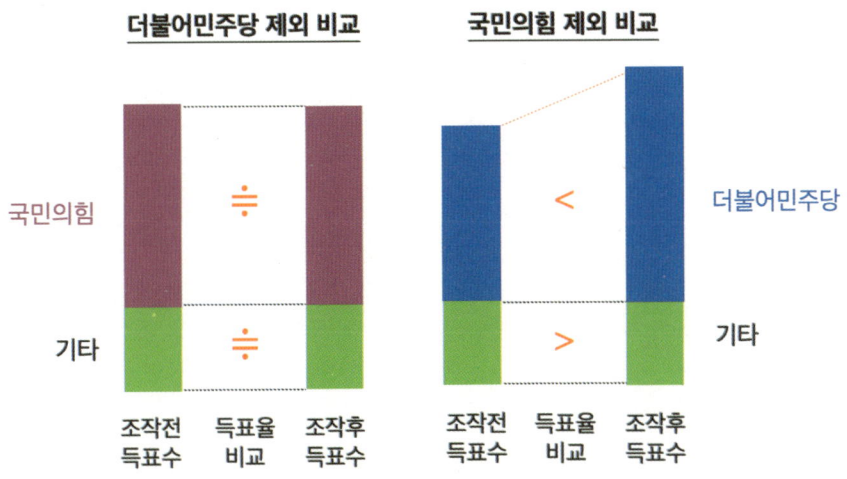

Part V

조작표수 계산방정식

봄

오수경 작사
박재훈 작곡

엄마 엄마 이리와 요것 보셔요
병아리 떼 뽕뽕뽕뽕 놀고 간 뒤에
미나리 파란 싹이 돋아났어요
미나리 파란 싹이 돋아났어요

엄마 엄마 요기 좀 바라보셔요
노랑나비 호랑나비 춤추는 곳에
민들레 예쁜 꽃이 피어났어요
민들레 예쁜 꽃이 피어났어요

조작표수 계산방정식에 대한 개괄

Part V의 조작표수 계산방정식은 조작표수 계산방정식 유도, 선거결과가 뒤바뀐 50개 선거구에 대한 조작표수 산출 및 전국 254개 선거구에 대한 관내사전투표 조작표수 산출 부분으로 구성되어 있다. 제 12장에서는 총 득표수, 후보별 득표수에 대한 표수지식으로 부터 각 조작 메커니즘에 대한 조작표수 계산방정식을 유도한다. 다음 표는 조작 메커니즘에 따른 조작표수 계산방정식을 나타내고 있다. 유도과정은 제 12장에 자세히 기술되어 있다.

조작 메커니즘에 따른 조작표수 계산방정식

조작 메커니즘	조작표수 계산방정식	기호의 의미
표더하기	$\text{표더하기 조작표수} = \left(\dfrac{\bar{x} - x_A}{1 - x_A}\right)\bar{N}$ $= \left(1 - \dfrac{\bar{y}}{y_A}\right)\bar{N} = \left(1 - \dfrac{\bar{z}}{z_A}\right)\bar{N}$ $= \left(\bar{x} - \dfrac{\bar{y}}{y_A}x_A\right)\bar{N} = \left(\bar{x} - \dfrac{\bar{z}}{y_A}x_A\right)\bar{N}$	$\bar{x}, \bar{y}, \bar{z}$: 더불어민주당, 국민의힘, 기타 후보의 사전투표 득표율
표버리기	$\text{표버리기 조작표수} = \left(\dfrac{\bar{x}}{x_A} - 1\right)\bar{N} = \left(\dfrac{\bar{z}}{z_A} - 1\right)\bar{N}$ $= \left(\dfrac{\bar{x}}{x_A}y_A - \bar{y}\right)\bar{N} = \left(\dfrac{\bar{z}}{z_A}y_A - \bar{y}\right)\bar{N}$	x_A, y_A, z_A : 더불어민주당, 국민의힘, 기타 후보의 당일투표 득표율
표바꾸기	표바꾸기 조작표수 $= \left[\bar{x} - \left(\dfrac{\bar{x} + \bar{y}}{x_A + y_A}\right)x_A\right]\bar{N}$ $= \left[\left(\dfrac{\bar{x} + \bar{y}}{x_A + y_A}\right)y_A - \bar{y}\right]\bar{N}$	$\bar{N}$: 선관위 발표 사전투표 총 득표수
표더하기+표바꾸기	표더하기+표바꾸기 조작표수 $= \left[\left(1 - \dfrac{\bar{z}}{z_A}\right) + \left(\dfrac{\bar{z}}{z_A}y_A - \bar{y}\right)\right]\bar{N}$ $= \left[\bar{x} - \dfrac{x_A}{1+\alpha}\right]\bar{N} = \left[(1 - \bar{y}) - \left(\dfrac{1 - y_A}{1+\alpha}\right)\right]\bar{N}$	α = 표더하기 조작표수 비 $=$ 표더하기 조작표수 $\div$ 조작전 사전투표 총 득표수
표버리기+표바꾸기	표버리기+표바꾸기 조작표수 $= \left[\left(\dfrac{\bar{z}}{z_A} - 1\right) + \left(\bar{x} - \dfrac{\bar{z}}{z_A}x_A\right)\right]\bar{N}$ $= \left[\dfrac{1}{1-\beta}y_A - \bar{y}\right]\bar{N} = \left[(\bar{x} - 1) - \left(\dfrac{x_A - 1}{1-\beta}\right)\right]\bar{N}$	β = 표버리기 조작표수 비 $=$ 표버리기 조작표수 $\div$ 조작전 사전투표 총 득표수

당일투표에서는 승리하였으나 선관위 발표 결과에서는 낙선한 50명의 국민의힘 후보 선거구에 대한 관내사전투표와 관외사전투표에 대한 조작 메커니즘을 분석하면 다음과 같이 관내사전투표인 경우 조작 메커니즘은 표더하기 조작 메커니즘이다. 선관위 발표 관내사전 총 득표수, 표더하기 총 조작표수, 더불어민주당 후보 총 득표수, 국민의힘 후보 총 득표수 및 기타 후보 총 득표수는 다음과 같다.

더불어민주당 후보			국민의힘 후보		기타 후보		총 득표수	
선관위 발표 총 득표수	총 조작 득표수	조작전 총 득표수	선관위 발표 총 득표수	조작전 총 득표수	선관위 발표 총 득표수	조작전 총 득표수	선관위 발표 총 득표수	조작전 총 득표수
1,227,866	461,707	766,159	862,251	862,251	28,412	28,412	2,118,529	1,656,822

위의 결과로부터 선거구 당 관내사전투표 평균 조작표수는 다음과 같다.

$$\text{선거구 당 평균 조작표수} = \frac{461,707}{50} = 9,234 \text{ /선거구}$$

또한 평균 표더하기 조작표수 비 α는 다음과 같다.

$$\alpha = \frac{461,707}{1,656,822} = 0.2987$$

평균 표더하기 조작표수 비 α의 역수를 취하면

$$n = \frac{1}{\alpha} = 3.588 \doteq 3.5$$

이 3.5의 값의 의미를 다음과 같이 추정할 수 있다. 첫 번째 추정은 다음과 같다. 관내사전투표 실시 첫째날 총 누계 득표수의 $\frac{1}{3}$에 해당하는 유령표를 더불어민주당 후보에 첨가하고, 둘째날 총 누계표의 $\frac{1}{4}$에 해당하는 유령표를 더불어민주당 후보에게 첨가하는 조작이 실행되었다고 추정할 수 있다. 두 번째 추정을 다음과 같다. 관내사전투표 3표 또는 4표 당 1표의 유령표를 더불어민주당 후보에게 첨가하는 조작이 실행되었다고 추정할 수 있다.

앞에서 살펴본 50개 선거구의 관외사전투표에 대한 조작 메커니즘은 두 종류이다. 첫 번째 조작 메커니즘은 더불어민주당 후보, 국민의힘 후보 및 기타 후보에 대한 관외사전득표율-당일득표율 차이의 부호가 (+,-,+)인 표버리기 조작 메커니즘으로 총 50개 선거구 중 18개 선거구에서 실행되었다. 더불어민주당 후보, 국민의힘 후보 및 기타 후보에 대한 관외사전득표율-당일득표율 차이의 부호가 (+,-,-)인 표더하기 조작 메커니즘이 적용된 선거구는 7개 이다. 그외 24개 선거구에는 기타 후보가 출마하지 아니하였기 때문에 표더하기 또는 표버리기 조작 메커니즘이라고 판정할 수 없다. 따라서 이 책의 분석에서는 이 24개의 선거구에 대한 조작 메커니즘을 표더하기로 가정하여 분석하였다.

관외사전투표 50개 선거구 중 표더하기 조작이 실행된 32개 선거구에 대한 후보별 선관위 발표 총 득표수, 조작표수, 조작전 득표수를 나타내면 다음 표와 같다.

더불어민주당 후보			국민의힘 후보		기타 후보		총 득표수	
선관위 발표 총 득표수	총 조작 득표수	조작전 총 득표수	선관위 발표 총 득표수	조작전 총 득표수	선관위 발표 총 득표수	조작전 총 득표수	선관위 발표 총 득표수	조작전 총 득표수
258,148	111,447	146,701	164,663	164,663	3,718	3,718	426,529	315,082

표더하기 조작표수 비는 다음 식과 같이 0.3537이다.

$$\alpha = 표더하기\ 조작표수 \div 조작전\ 관외사전투표\ 총\ 득표수 = \frac{111,447}{315,082} = 0.3537$$

조작전 관외사전투표 총 득표수의 35%가 유령표 수로 더불어민주당 후보에게 첨가되었다. 표더하기 조작표수 α의 역수를 취하면

$$n = \frac{1}{\alpha} = \frac{1}{0.3537} = 2.83 \fallingdotseq 3$$

유권자가 투표한 3표당 1표의 유령표가 더불어민주당 후보에게 첨가되는 표더하기 조작이 실행되었다고 추정할 수 있다. 또는 관외사전투표 총 득표수의 $\frac{1}{3}$에 해당하는 유령표가 더불어민주당 후보에 첨가되었다고 추정할 수 있다.

총 32개의 선거구 당 평균 조작표수는 다음 식과 같이 3,483 이다.

$$선거구\ 당\ 평균\ 표더하기\ 조작표수 = \frac{111,447}{32} = 3,483\ /선거구$$

당일투표에서는 승리하였으나 낙선한 국민의힘 후보 50명에 대한 관외사전투표에서 표버리기 조작이 적용된 18개 선거구의 관외사전투표 결과는 다음 표와 같다.

더불어민주당 후보		국민의힘 후보			기타 후보		총 득표수	
선관위 발표 총 득표수	조작전 총 득표수	선관위 발표 총 득표수	표버리기 조작표수	조작전 총 득표수	선관위 발표 총 득표수	조작전 총 득표수	선관위 발표 총 득표수	조작전 총 득표수
135,934	135,934	85,396	-69,649	155,045	5,656	5,656	226,986	296,635

표버리기 조작표수 비 β의 값을 구하면

$$\beta = \frac{69,649}{296,635} = 0.2348$$

조작전 관외사전 총 득표수의 23.5 %를 국민의힘 후보의 득표수로 부터 제거하는 조작이 실행되었다고 추정할 수 있다. 선거구 당 제거한 표버리기 조작표수의 평균값을 산출하면

$$선거구\ 평균\ 표버리기\ 조작득표수 = \frac{69,649}{18} = 3869/선거구$$

제22대 총선에서 낙선한 국민의힘 후보 중 당일투표에서 승리한 50명의 후보가 출마한 선거구에 대한 관외사전투표의 결과를 요약하면 다음 표와 같다.

조작 메커니즘	더불어민주당 후보			국민의힘 후보			기타 후보		총 득표수	
	선관위 발표 총 득표수	총 조작표수	조작전 총 득표수	선관위 발표 총 득표수	총 조작표수	조작전 총 득표수	선관위 발표 총 득표수	조작전 총 득표수	선관위 발표 총 득표수	조작전 총 득표수
표더하기	258,148	111,447	146,701	164,663		164,663	3,718	3,718	426,529	315,082
표버리기	135,934		135,934	85,396	-69,649	155,045	5,656	5,656	226,986	296,635
계	394,082	111,447	282,635	250,059	-69,649	319,708	9,374	9,374	653,515	611,717
표더하기 조작표수 비		0.3537								
표버리기 조작표수 비					0.2348					
선거구 당 평균 표더하기 조작표수		3,483								
선거구 당 평균 표버리기 조작표수					-3,869					

Part V의 제 14장에서는 전국 254개 선거구의 지역별 관내사전투표에 대한 조작표수를 분석한다. 대구·경북지역을 제외한 지역에 대한 조작 메커니즘은 표더하기 조작 메커니즘이다. 대구·경북지역은 다른 지역과 달리 표더하기 조작 메커니즘이 적용된 선거구는 총 25개 선거구 중 대구시 중구남구 선거구 하나뿐 이다. 그리고 조작 메커니즘이 적용되지 아니한 선거구는 경북지역의 의성·울진·청송·영덕 선거구와 대구지역의 서구 선거구 두개의 선거구이다. 나머지 22개 선거구에 적용된 조작 메커니즘은 표버리기 조작 메커니즘과 표바꾸기 조작 메커니즘이다. 표버리기 조작 메커니즘이 적용된 선거구는 4개 선거구이고 표바꾸기 조작 메커니즘이 적용된 선거구는 18개 선거구이다. 다음 표는 지역별로 적용된 조작 메커니즘을 요약 정리한 것이다.

지역	더불어민주당 후보				국민의힘 후보				기타 후보		
	표더하기 조작	표버리기 조작	표바꾸기 조작	표더하기 + 표바꾸기 조작	표더하기 조작	표버리기 조작	표바꾸기 조작	표버리기 + 표바꾸기 조작	표더하기 조작	표버리기 조작	표바꾸기 조작
서울	O										
경기	O										
인천·강원·충청	O										
제주·광주·호남				O			O				
부산·울산	O										
경남	O										
경북			O			O	O				
대구	O		O			O	O				

전국 254개 선거구 중 대구·경북지역의 24개 선거구의 관내사전투표에는 표더하기 조작이 적용되지 아니하였다. 전국 254개 선거구에 대한 선거지역별 정당후보별 선관위 발표 득표수, 표더하기 조작표수 및 조작전 득표수 등을 정리하면 다음과 같다.

대구·경북지역 24개 선거구를 제외한 230개 선거구에 투입된 표더하기 총 조작표수는 1,870,922표 이며 선거구 당 평균 조작표수는 다음 식과 같이 8,000표 내외이다.

$$\text{선거구 당 표더하기 평균 조작표수} = \frac{1,870,922}{230} = 8,134/\text{선거구}$$

	더불어민주당 후보			국민의힘 후보		기타 후보		총 득표수	
	선관위 발표 득표수	표더하기 조작표수	조작전 득표수	선관위 발표 득표수	조작전 득표수	선관위 발표 득표수	조작전 득표수	선관위 발표 득표수	조작전 득표수
서울	1,166,821	476,898	689,923	791,890	791,890	25,828	25,828	1,984,539	1,507,641
경기	1,548,968	557,000	991,968	958,304	958,304	52,812	52,812	2,560,084	2,003,084
인천·강원·충청	1,138,690	383,668	755,022	878,912	878,912	58,809	58,809	2,076,411	1,692,743
제주·광주·호남	1,098,712	186,327	912,385	151,313	151,313	170,872	170,872	1,420,897	1,234,570
부산·울산	421,700	159,283[*1]	274,185	418,957	418,957	24,381[*2]	24,381	876,086	717,523
경남	315,322	103,265	212,057	350,654	350,654	14,738	14,738	680,714	577,449
경북	135,435	27,099[*3]	108,339	362,174	407,170	52,210	52,210	549,819	567,719
대구	102,521	4,481	81,397[*4]	259,827	304,077	27,422	27,422	389,770	412,896
계	5,928,169	1,711,639	4,025,276	4,172,031	4,261,277	427,072	427,072	10,527,272	8,713,625

[*1] 159,283 조작수 = 더불어민주당 후보 더하기 조작표수 (147,515) + 진보당 후보 표더하기조작표수 (11,768)
[*2] 24,381은 조작전 진보당 후보의 득표수가 포함된 수치임
[*3] 표바꾸기 조작표수 임
[*4] 표바꾸기 조작표수 16,643을 고려한 수치임

각 지역별, 표더하기 조작표수 비 α, 표더하기 조작표수 비 α의 역수 $\frac{1}{\alpha}$, 더불어민주당 후보의 조작전 총 득표수 대비 조작표수 비율, 국민의힘 후보의 조작전 총 득표수 대비 조작표수 비율 및 선거구 당 평균 조작표수를 산출하면 다음 표와 같다.

	표더하기 조작표수 비 α	$n = \frac{1}{\alpha}$	더불어민주당 후보의 조작전 총 득표수 대비 조작표수의 비율 (%)	국민의힘 후보의 조작전 총 득표수 대비 조작표수의 비율 (%)	선거구 당 평균 조작표수
서울	0.3163	$n \doteq 3$	69.1	60.2	9,935
경기	0.2781	$n \doteq 3.5$	56.2	58.1	9,283
인천·강원·충청	0.2267	$n \doteq 4.5$	50.8	43.7	7,673
제주·광주·호남	0.1509	$n \doteq 6.5$	20.4	123.1	6,011
부산·울산	0.2220	$n \doteq 4.5$	58.1	38.0	6,637
경남	0.1788	$n \doteq 5.5$	48.7	29.4	6,454
경북	0	-	0	0	0
대구	0.0109	$n \doteq 92$	5.5	1.5	4,481*

* 표더하기 조작이 실시된 선거구 수는 1임

위의 표의 결과를 요약하면 다음과 같다.

- 다음 식으로 정의되는 표더하기 조작표수 비 α 값은 서울, 경기인 경우 0.3 내외 이며, 인천·강원·충청지역과 부산·울산지역은 0.22 내외, 제주·광주·호남지역과 경남지역은 0.15~0.18 이다.

    α = 표더하기 조작표수 비

    = 표더하기 조작표수 ÷ 조작전 관내사전투표 총 득표수

- 표더하기 조작표수 비의 역수 $n = \frac{1}{\alpha}$의 값은 관내사전투표 수 n 표당 1표의 유령표를 더불어민주당 후보에게 첨가하거나 관내사전 총 득표수의 $\frac{1}{n}$에 해당하는 유령표수를 더불어민주당 후보에게 첨가하는 표더하기 조작이 일어났다고 추정할 수 있다. 서울지역인경우 관내투표 3표당 1표의 유령표를 더불어민주당 후보에게 첨가차거나 유권자가 투표한 관내사전 총 득표수 1,507,641의 $\frac{1}{3}$에 해당하는 유령표를 더불어민주당 후보에게 첨가하는 표더하기 조작이 실행되었다고 추정할 수 있다. 경기지역인 경우 $n \doteq 3.5$ 이므로 유권자가 투표한 3표 또는 4표당 1표의 유령표를 더불어민주당 후보에게 첨가하거나 사전투표 첫째날 누적 표수의 $\frac{1}{n}$에 해당하는 유령표와 둘째날 누

적 표수의 $\frac{1}{4}$에 해당하는 유령표수를 더불어민주당 후보에게 첨가하는 조작이 실행되었다고 추정할 수 있다.
- 표더하기 조작표수의 비중이 어느 정도 인가를 더불어민주당 후보 또는 국민의힘 후보의 조작전 총 득표수의 비율로 부터 추정할 수 있다.
- 선거구 당 표더하기 조작표수는 서울 및 경기 지역인 경우 9,500표 내외, 인천·강원·충청지역인 경우 7,500표 내외, 대구·경북을 제외한 나머지 지역인 경우 6,000~6,200표이다.

Chapter 12

조작표수 계산방정식의 유도 및 계산 실례

12-1. 조작표수 계산방정식의 유도

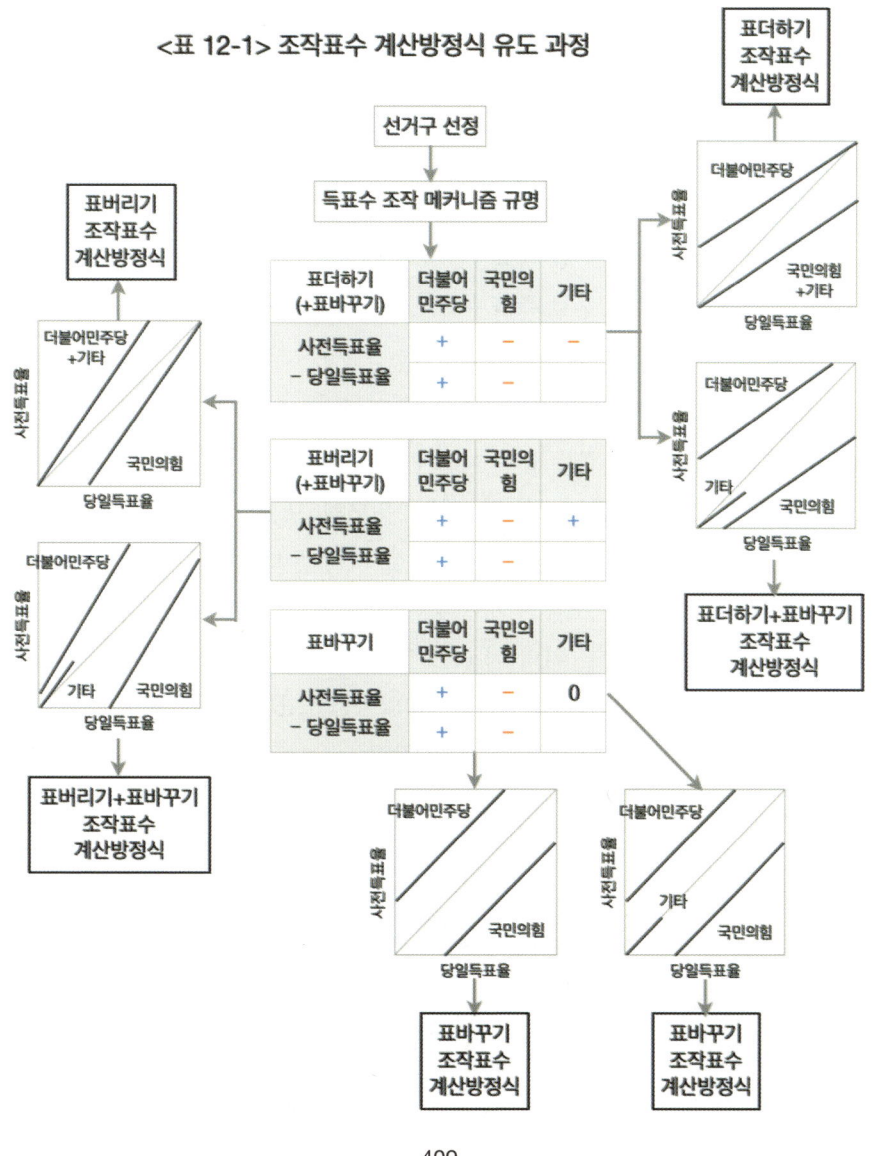

<표 12-1> 조작표수 계산방정식 유도 과정

한 선거구의 후보별 조작표수 계산방정식은 표수지식을 사용하여 유도할 수 있다. 조작표수 계산방정식의 유도과정은 세 단계로 이루어져 있다.

- 단계 1 : 선거구의 표조작이 표더하기, 표버리기, 표바꾸기, 표더하기+표바꾸기 및 표버리기+표바꾸기 조작 메커니즘의 다섯 가지 중 어느 조작 메커니즘에 의하여 실행되었는지 규명하는 과정이다.
- 단계 2 : 규명된 조작 메커니즘을 사용하여 총 득표수는 물론 후보별 득표수에 대한 표수지식을 유도하는 과정이다.
- 단계 3 : 표수지식 연립방정식으로 부터 조작표수 계산방정식을 유도하는 과정이다.

〈표 12-1〉은 조작표수 계산방정식을 유도하는 과정을 나타내고 있다.

표더하기 조작표수 계산방정식

표더하기 조작 메커니즘이 적용된 경우 총 득표수 및 후보별 득표수에 대한 표수지식을 세우면 다음 식과 같다.

$$\text{총 득표수} : \bar{N} = N + \alpha N \qquad (12\text{-}1a)$$

$$\text{더불어민주당 후보 득표수} : \bar{N}\bar{x} = Nx_A + \alpha N \qquad (12\text{-}1b)$$

$$\text{국민의힘 후보 득표수} : \bar{N}\bar{y} = Ny_A \qquad (12\text{-}1c)$$

$$\text{기타 후보 득표수} : \bar{N}\bar{z} = Nz_A \qquad (12\text{-}1d)$$

위 식에서 $\bar{N}$: 선관위 발표 사전투표 총 득표수, N : 조작전 사전투표 총 득표수, $\bar{x}, \bar{y}, \bar{z}$: 더불어민주당 후보, 국민의힘 후보 및 기타 후보에 대한 선관위 발표 사전득표율, x_A, y_A, z_A : 더불어민주당 후보, 국민의힘 후보 및 기타 후보에 대한 선관위 발표 당일득표율을 나타낸다. 그리고 α는 조작전 사전투표 총 득표수 대비 조작표수 비이며, αN은 표더하기 조작표수를 나타낸다. 위의 식 (12-1a)와 (12-1b), (12-1a)와 (12-1c), (12-1a)와 (12-1d), (12-1b)와 (12-1c), (12-1b)와 (12-1d)로 부터 표더하기 조작표수, αN을 계산하는 방정식을 유도하면 다음 식과 같다.

$$\begin{aligned}
\text{표더하기 조작표수} = \alpha N &= \left(\frac{\bar{x} - x_A}{1 - x_A}\right)\bar{N} \\
&= \left(1 - \frac{\bar{y}}{y_A}\right)\bar{N} = \left(1 - \frac{\bar{z}}{z_A}\right)\bar{N} \\
&= \left(\bar{x} - \frac{\bar{y}}{y_A}x_A\right)\bar{N} = \left(\bar{x} - \frac{\bar{z}}{z_A}x_A\right)\bar{N} \qquad (12\text{-}1e)
\end{aligned}$$

후보별 표더하기 조작표수 계산방정식을 제시하면 다음 표와 같다.

	표더하기 조작표수 계산방정식
더불어민주당 후보	표더하기 조작표수 계산방정식 : 식 (12-1e)
국민의힘 후보	표더하기 조작표수 = 0
기타 후보	표더하기 조작표수 = 0

표버리기 조작표수 계산방정식

표버리기 조작 메커니즘이 적용된 경우 총 득표수 및 후보별 득표수에 대한 표수지식을 유도하면 다음과 같다.

$$\text{총 득표수} : \bar{N} = N - \beta N \tag{12-2a}$$

$$\text{더불어민주당 후보 득표수} : \bar{N}\bar{x} = Nx_A \tag{12-2b}$$

$$\text{국민의힘 후보 득표수} : \bar{N}\bar{y} = Ny_A - \beta N \tag{12-2c}$$

$$\text{기타 후보 득표수} : \bar{N}\bar{z} = Nz_A \tag{12-2d}$$

위 식에서 β는 조작전 사전투표 총 득표수 대비 표버리기 조작표수의 비로 다음 식으로 정의된다.

$$\beta = \text{표버리기 조작표수} \div \text{조작전 사전투표 총 득표수}$$

위의 식 (12-2a)와 (12-2b), (12-2a)와 (12-2d), (12-2b)와 (12-1c), (12-1c)와 (12-1d)로 부터 표버리기 조작표수 βN을 계산하는 방정식을 도출하면 다음 식과 같다.

$$\text{표버리기 조작표수} = \beta N = \left(\frac{\bar{x}}{x_A} - 1\right)\bar{N} = \left(\frac{\bar{z}}{z_A} - 1\right)\bar{N}$$

$$= \left(\frac{\bar{x}}{x_A}y_A - \bar{y}\right)\bar{N} = \left(\frac{\bar{z}}{z_A}y_A - \bar{y}\right)\bar{N} \tag{12-2e}$$

후보별 표버리기 조작표수 계산방정식을 제시하면 다음 표와 같다.

	표버리기 조작표수 계산방정식
더불어민주당 후보	표버리기 조작표수 = 0
국민의힘 후보	표버리기 조작표수 계산방정식 : 식 (12-2e)
기타 후보	표버리기 조작표수 = 0

표바꾸기 조작표수 계산방정식

표바꾸기 조작 메커니즘이 적용된 경우 총 득표수 및 후보별 득표수에 대한 표수지식을 도출하면 다음과 같다.

$$\text{총 득표수} : \bar{N} = N \qquad (12\text{-}3a)$$

$$\text{더불어민주당 후보 득표수} : \bar{N}\bar{x} = Nx_A + \gamma N \qquad (12\text{-}3b)$$

$$\text{국민의힘 후보 득표수} : \bar{N}\bar{y} = Ny_A - \gamma N \qquad (12\text{-}3c)$$

$$\text{기타 후보 득표수} : \bar{N}\bar{z} = Nz_A \qquad (12\text{-}3d)$$

위 식에서 조작전 사전투표 총 득표수 대비 표바꾸기 조작표수 비는 다음 식으로 정의된다.

$$\gamma = \text{표바꾸기 조작표수} \div \text{조작전 사전투표 총 득표수}$$

식 (12-3b)와 (12-3c)로 부터 N을 $\bar{N}$의 함수로 나타내면

$$\bar{N}(\bar{x}+\bar{y}) = N(x_A + y_A), \ N = \left(\frac{\bar{x}+\bar{y}}{x_A+y_A}\right)\bar{N} \qquad (12\text{-}3e)$$

위의 식 (12-3a), (12-3b)와 (12-3e) 그리고 (12-3a), (12-3c)와 (12-3e)로 부터 후보별 표바꾸기 조작표수 γN을 계산하는 식을 유도하면

$$\text{더불어민주당 후보} : \gamma N = \bar{N}\bar{x} - Nx_A = \left[\bar{x} - \frac{\bar{x}+\bar{y}}{x_A+y_A}x_A\right]\bar{N} \qquad (12\text{-}3f)$$

$$\text{국민의힘 후보} : \gamma N = Ny_A - \bar{N}\bar{y} = \left[\frac{\bar{x}+\bar{y}}{x_A+y_A}y_A - \bar{y}\right]\bar{N} \qquad (12\text{-}3g)$$

후보별 표버리기 조작표수 계산방정식을 제시하면 다음 표와 같다.

	표바꾸기 조작표수 계산방정식
더불어민주당 후보	표바꾸기 조작표수 계산방정식 : 식 (12-3f)
국민의힘 후보	표바꾸기 조작표수 계산방정식 : 식 (12-3g)
기타 후보	표바꾸기 조작표수 = 0

표더하기+표바꾸기 조작표수 계산방정식

표더하기와 표바꾸기 조작이 적용된 경우 총 득표수 및 후보별 득표수에 대한 표수지식을 유도하면 다음과 같다.

$$\text{총 득표수}: \bar{N} = N + \alpha N \tag{12-4a}$$

$$\text{더불어민주당 후보 득표수}: \bar{N}\bar{x} = Nx_A + \alpha N + \gamma N \tag{12-4b}$$

$$\text{국민의힘 후보 득표수}: \bar{N}\bar{y} = Ny_A - \gamma N \tag{12-4c}$$

$$\text{기타 후보 득표수}: \bar{N}\bar{z} = Nz_A \tag{12-4d}$$

식 (12-4a)와 (12-4d)로 부터 표더하기 조작표수 αN 계산식을 유도하면

$$\alpha N = \bar{N} - N = \bar{N} - \frac{\bar{z}}{z_A}\bar{N} = \left(1 - \frac{\bar{z}}{z_A}\right)\bar{N} \tag{12-4e}$$

식 (12-4c)와 (12-4d)로 부터 표바꾸기 조작표수 γN 계산식을 도출하면

$$\gamma N = Ny_A - \bar{N}\bar{y} = \frac{\bar{z}}{z_A}y_A\bar{N} - \bar{y}\bar{N} = \left(\frac{\bar{z}}{z_A}y_A - \bar{y}\right)\bar{N} \tag{12-4f}$$

따라서 더불어민주당 후보가 표더하기+표바꾸기 조작으로 인하여 조작전 득표수보다 증가한 표수는 다음 식으로 표현된다.

$$\alpha N + \gamma N = \left[\left(1 - \frac{\bar{z}}{z_A}\right) + \left(\frac{\bar{z}}{z_A}y_A - \bar{y}\right)\right]\bar{N} \tag{12-4g}$$

식 (12-4e)~(12-4g)를 사용하여 후보별 조작표수 계산방정식을 제시하면 다음과 같다.

	표더하기+표바꾸기 조작표수 계산방정식
더불어민주당 후보	표더하기+표바꾸기 조작표수 계산방정식 : 식 (12-4g)
국민의힘 후보	표더하기 조작표수 = 0 표바꾸기 조작표수 계산방정식 : (12-4f)
기타 후보	표더하기 조작표수 = 0 표바꾸기 조작표수 = 0

표버리기+표바꾸기 조작표수 계산방정식

표버리기와 표바꾸기 조작이 적용된 경우 총 득표수 및 후보별 득표수에 대한 표수지식을 유도하면 다음과 같다.

$$\text{총 득표수} : \bar{N} = N - \beta N \tag{12-5a}$$

$$\text{더불어민주당 후보 득표수} : \bar{N}\bar{x} = Nx_A + \gamma N \tag{12-5b}$$

$$\text{국민의힘 후보 득표수} : \bar{N}\bar{y} = Ny_A - \beta N - \gamma N \tag{12-5c}$$

$$\text{기타 후보 득표수} : \bar{N}\bar{z} = Nz_A \tag{12-5d}$$

식 (12-5a)와 (12-5d)로 부터 표버리기 조작표수 βN 계산식을 유도하면

$$\beta N = N - \bar{N} = \frac{\bar{z}}{z_A}\bar{N} - \bar{N} = \left(\frac{\bar{z}}{z_A} - 1\right)\bar{N} \tag{12-5e}$$

식 (12-5b)와 (12-5d)로 부터 표바꾸기 조작표수 γN 을 구하면

$$\gamma N = \bar{N}\bar{x} - Nx_A = \bar{N}\bar{x} - \frac{\bar{z}}{z_A}x_A\bar{N} = \left(\bar{x} - \frac{\bar{z}}{z_A}x_A\right)\bar{N} \tag{12-5f}$$

후보별 조작표수 계산식을 제시하면 다음 표와 같다.

	표버리기+표바꾸기 조작표수 계산방정식
더불어민주당 후보	표버리기 조작표수 = 0 표바꾸기 조작표수 계산방정식 : 식 (12-5f)
국민의힘 후보	표버리기 조작표수 계산방정식 : 식 (12-5e) 표바꾸기 조작표수 계산방정식 : 식 (12-5f)
기타 후보	표버리기 조작표수 = 0 표바꾸기 조작표수 = 0

12-2. 조작표수 계산 실례

<표 12-2> 표더하기 조작 및 표바꾸기 조작에 대한 판정 기준

후보자 수	사전득표율 - 당일득표율			함수관계	조작 메커니즘
	더불어민주당	국민의힘	기타		
• 더불어민주당 • 국민의힘 • 기타	+	−	−	더불어민주당 / 국민의힘 +기타 (사전득표율 vs 당일득표율)	표더하기 조작
• 더불어민주당 • 국민의힘	+	−		더불어민주당 / 국민의힘 (사전득표율 vs 당일득표율)	표더하기 조작
• 더불어민주당 • 국민의힘 • 기타	+	−	0	더불어민주당 / 기타 / 국민의힘 (사전득표율 vs 당일득표율)	표바꾸기 조작
• 더불어민주당 • 국민의힘	+	−		더불어민주당 / 국민의힘 (사전득표율 vs 당일득표율)	표바꾸기 조작

전국 254개 선거구의 관내사전투표에 대한 조작 메커니즘은 대부분 표더하기 조작 메커니즘이다. 빈도가 낮기는 하나 표바꾸기 조작 메커니즘도 발견된다. 표더하기 조작과 표바꾸기 조작에 대한 판정은 후보자 수, 사전투표득표율-당일투표득표율 차이에 대한 부
전국 254개 선거구의 관내사전투표에 대한 조작 메커니즘은 대부분 표더하기 조작 메커니즘이다. 빈도가 낮기는 하나 표바꾸기 조작 메커니즘도 발견된다. 표더하기 조작과 표바꾸기 조작에 대한 판정은 후보자 수, 사전투표득표율-당일투표득표율 차이에 대한 부호 (+,-,-), (+,-,), (+,-,0) 및 함수관계 그래프로 부터 결정된다. 〈표 12-2〉는 표더하기 조작과 표바꾸기 조작에 대한 네 가지 경우를 제시하고 있다. 다음은 네 가지 경우에 대한 계산 실례이다.

서울시 성동구을 선거구에 대한 표더하기 조작표수 계산 예

서울시 성동구을 선거구에는 더불어민주당, 국민의힘 및 기타 후보 세 명이 출마하였다. 앞의 〈표 12-2〉의 첫 번째 경우에 해당하는지 분석해보자. 〈표 12-3〉은 성동구을 선거구에 대한 후보별 선거동별 사전투표득표율-당일투표득표율의 차이를 나타내고 있다. 총 19개 선거동 중 더불어민주당 후보인 경우 관내사전득표율-당일득표율이 모두 (+)를 나타내며, 국민의힘 후보인 경우 모두(-)를 나타낸다. 기타 후보인 경우 19개 선거구 중 차이가 (-)인 선거동 수는 16개 이며 (+)인 선거동 수는 2개 뿐이다. 표더하기 조작메커니즘이 적용된 전형적인 경우이다.

서울시 성동구을 선거구에 대한 당일득표율과 관내사전득표율 사이의 함수관계로부터 성동구을 선거구의 관내사전투표 결과는 표더하기 조작메커니즘에 의하여 변형된 결과라는 것을 확인하여보자. 그림 12-1은 성동구을 선거구에 대한 후보별 당일득표율과 관내사전득표율 사이의 함수관계를 나타내고 있다. 이 후보별 함수관계를 수식으로 표현하면 다음 식과 같다.

$$\text{더불어민주당 후보} : x_B = 0.75 x_A + 0.25 \quad (12\text{-}6a)$$
$$\text{국민의힘 후보} : y_B = 0.75 y_A \quad (12\text{-}6b)$$
$$\text{기타 후보} : z_B = 0.75 z_A \quad (12\text{-}6c)$$

위 식에서 x, y, z 는 더불어민주당, 국민의힘 및 기타 후보의 득표율이며, A는 당일투표, B는 관내사전투표를 의미한다. 세 후보에 대한 선형함수식의 기울기는 모두 0.75로 동일하여 서로 나란하다. 또한 더불어민주당 후보에 대한 함수식의 세로축의 절편은 0.25로 0보다 크고, 국민의힘 후보와 기타 후보에 대한 함수식의 세로축의 절편은 0이고 원점 (0,0)을 지난다. 그리고 국민의힘 후보와 기타 후보에 대한 선형함수식은 동일히다.

세 후보에 대한 당일득표율 대비 관내사전득표율의 선형함수식은 표더하기 조작 메커니즘에 대한 함수이다. 따라서 당일득표율과 관내사전득표율 사이의 함수관계로부터 성동구을 선거구의 관내사전투표는 표더하기 조작이 적용된 결과라는 것을 확인할 수 있다.

<표 12-3> 서울시 성동구을 선거구에 대한 후보별 관내사전-당일 득표율 차이

득표율	더불어민주당 후보			국민의힘 후보			기타 후보		
	당일(1)	관내(2)	(2) - (1)	당일(1)	관내(2)	(2) - (1)	당일(1)	관내(2)	(2) - (1)
1. 소공동	0.3845	0.5972	0.2127	0.6099	0.4008	-0.2091	0.0056	0.0020	-0.0036
2. 회현동	0.3397	0.4862	0.1465	0.6561	0.5128	-0.1433	0.0042	0.0009	-0.0033
3. 명동	0.3790	0.5412	0.1622	0.6178	0.4529	-0.1649	0.0032	0.0059	0.0027
4. 필동	0.4261	0.5934	0.1673	0.5608	0.4003	-0.1605	0.0131	0.0063	-0.0068
5. 장충동	0.4883	0.5858	0.0975	0.5046	0.4082	-0.0964	0.0071	0.0060	-0.0011
6. 광희동	0.4120	0.5901	0.1781	0.5836	0.4081	-0.1755	0.0066	0.0018	-0.0048
7. 을지로동	0.4205	0.5865	0.1660	0.5706	0.4124	-0.1582	0.0089	0.0011	-0.0078
8. 신당동	0.4759	0.6260	0.1501	0.5192	0.3669	-0.1523	0.0050	0.0071	0.0021
9. 다산동	0.4987	0.5973	0.0986	0.4917	0.3992	-0.0925	0.0095	0.0034	-0.0061
10. 약수동	0.4402	0.5579	0.1177	0.5525	0.4359	-0.1166	0.0073	0.0062	-0.0011
11. 청구동	0.4502	0.6004	0.1502	0.5415	0.3925	-0.1490	0.0084	0.0071	-0.0013
12. 신당5동	0.5026	0.6119	0.1093	0.4904	0.3811	-0.1093	0.0070	0.0070	0.0000
13. 동화동	0.4317	0.5678	0.1361	0.5620	0.4283	-0.1337	0.0063	0.0039	-0.0024
14. 황학동	0.5079	0.6106	0.1027	0.4830	0.3852	-0.0978	0.0091	0.0043	-0.0048
15. 중림동	0.4536	0.6016	0.1480	0.5376	0.3938	-0.1438	0.0089	0.0047	-0.0042
16. 금호1가동	0.4587	0.6072	0.1485	0.5351	0.3890	-0.1461	0.0062	0.0037	-0.0025
17. 금호2,3가동	0.4602	0.6026	0.1424	0.5336	0.3930	-0.1406	0.0062	0.0044	-0.0018
18. 금호4가동	0.4090	0.5794	0.1704	0.5836	0.4156	-0.1680	0.0074	0.0050	-0.0024
19. 옥수동	0.3684	0.5111	0.1427	0.6254	0.4850	-0.1404	0.0062	0.0039	-0.0023
계	0.4412	0.5808	0.1396	0.5515	0.4144	-0.1371	0.0072	0.0048	-0.0024
차이가 (+)인 동 수 vs (-)인 동 수			(+) 19동 (-) 0동			(+) 0동 (-) 19동			(+) 2동 (-) 16동

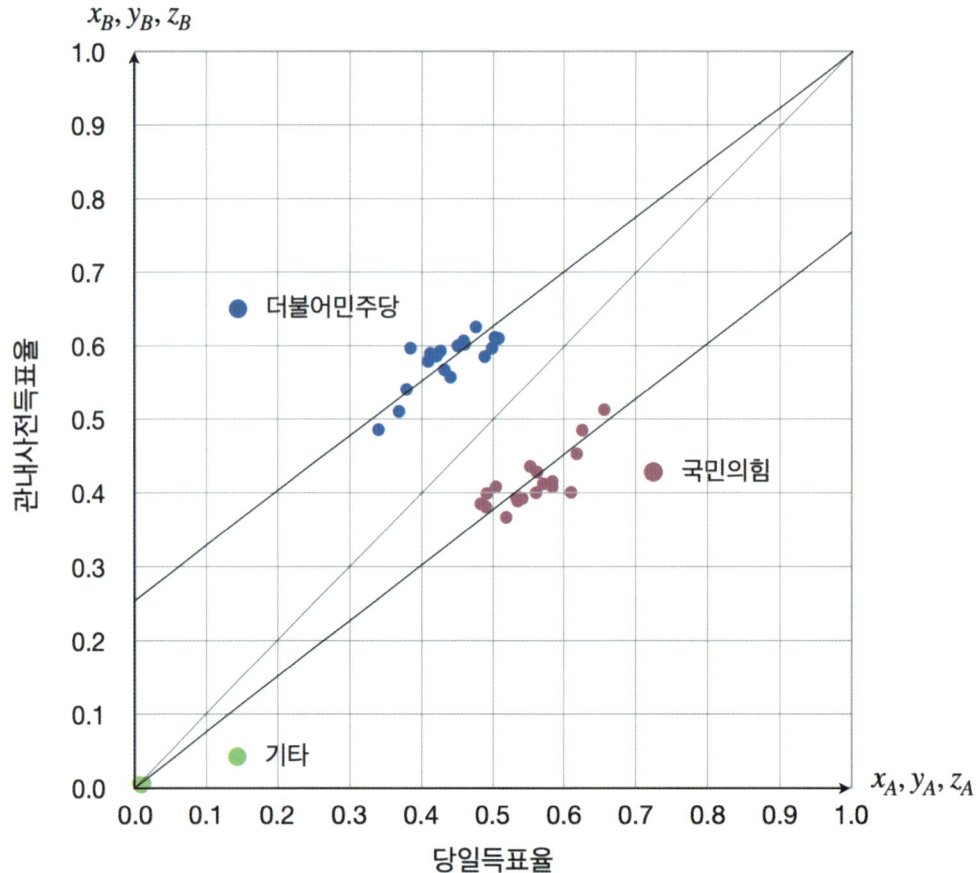

그림 12-1. 서울시 성동구을 선거구의 19개 선거동에 대한
후보별 당일득표율과 관내사전득표율 사이의 함수관계
x, y, z : 더불어민주당, 국민의힘, 기타 후보 득표율, A : 당일투표, B : 관내사전투표

이제 성동구을 선거구의 관내사전투표에 대한 동별 표더하기 조작표수와 선거구 표더하기 조작표수를 산출하여보자. 표더하기 조작표수 계산식은 식 (12-1e) 이다.

$$\text{표더하기 조작표수} = \alpha N = \left(\bar{x} - \frac{\bar{y}}{y_A} x_A \right) \bar{N} \qquad (12\text{-}1e)$$

위 식에서 $\bar{x}, \bar{y}, \bar{z}$는 더불어민주당, 국민의힘 및 기타 후보의 관내사전득표율 이고, $\bar{N}$은 선관위 발표 관내사전투표 총 득표수 이며, A는 당일투표 이다. 이 식을 사용하여 19개 동별 표더하기 조작표수를 계산하면 〈표 12-4〉와 같다.

<표 12-4> 서울시 성동구을 선거구의 선거구의 관내사전투표에 대한 동별 표더하기 조작표수 및 선관위발표 동별 관내사전 총 득표수 대비 표더하기 조작표수 비율

	선관위발표 관내사전 총 득표수	표더하기 조작표수	총 득표수 대비 조작표수 비율		선관위발표 관내사전 총 득표수	표더하기 조작표수	총 득표수 대비 조작표수 비율
1. 소공동	509	108	21.2%	11. 청구동	2,405	659	27.4%
2. 회현동	1,053	232	22.0%	12. 신당5동	2,708	599	22.1%
3. 명동	680	179	26.3%	13. 동화동	2,795	667	23.9%
4. 필동	1,751	506	28.9%	14. 황학동	2,347	482	20.5%
5. 장충동	1,171	223	19.0%	15. 중림동	2,575	694	27.0%
6. 광희동	566	171	30.2%	16. 금호1가동	2,401	657	27.4%
7. 을지로동	873	247	28.3%	17. 금호2,3가	4,295	1,132	26.4%
8. 신당동	2,115	613	29.0%	18. 금호4가동	3,566	1,028	28.8%
9. 다산동	2,337	450	19.3%	19. 옥수동	4,870	1,098	22.5%
10. 약수동	3,730	786	21.1%	계	42,747	10,531	24.6%

총 19개 동에 대한 동별 표더하기 조작표수의 총합은 10,531표 이다. 〈표 12-3〉의 계에 해당하는 득표율을 식 (12-1e)에 대입하여 계산한 관내사전투표의 표더하기 총 조작표수는 10,656표이다. 이 두 조작표수의 차이는 다음과 같이 125표로 총 조작표수의 1 % 에 불과하다.

19개 동의 표더하기 조작표수의 합 : 10,531
선거구의 자료를 사용하여 계산한 조작표수 : 10,656
두 조작표수의 차이 : 125

성동구을 선거구의 관내사전투표에 대한 선관위 발표 총 득표수 대비 조작표수의 비는 24.6 % 이다. 조작표수의 비율이 대단히 큰 값으로 후보자의 당락을 좌우할 수 있다.

서울시 성동구갑 선거구에 대한 표더하기 조작표수 계산 예

표더하기 조작 두 번째 예로 성동구갑 선거구의 선거결과를 분석하여보자. 성동구갑 선거구에 출마한 후보자는 더불어민주당과 국민의힘 후보자 2명이었다. 선거구에 대한 후보별 관내사전득표율-당일득표율 차이는 더불어민주당 후보인 경우 (+), 국민의힘 후보인 경우 (-)로 나타난다. 선거구를 구성하고 있는 13개 선거동에 대한 후보별 관내사전득표율-당일득표율 차이를 분석하면 〈표 12-5〉와 같다.

<표 12-5> 서울시 성동구갑 선거구에 대한 후보별 관내사전득표율-당일득표율 차이

득표율	더불어민주당 후보			국민의힘 후보		
	당일(1)	관내사전(2)	(2) - (1)	당일(1)	관내사전(2)	(2) - (1)
1. 응봉동	0.4270	0.5956	0.1686	0.5730	0.4044	-0.1686
2. 성수1가1동	0.4013	0.5620	0.1607	0.5987	0.4380	-0.1607
3. 성수1가2동	0.4444	0.5468	0.1024	0.5556	0.4532	-0.1024
4. 성수2가1동	0.4286	0.5608	0.1322	0.5714	0.4392	-0.1322
5. 성수2가3동	0.4196	0.5499	0.1303	0.5809	0.4501	-0.1308
6. 왕십리도선동	0.4452	0.5833	0.1381	0.5548	0.4167	-0.1381
7. 왕십리2동	0.4971	0.6421	0.1450	0.5029	0.3579	-0.1450
8. 행당1동	0.4473	0.5894	0.1421	0.5527	0.4106	-0.1421
9. 행당2동	0.4498	0.5995	0.1497	0.5502	0.4005	-0.1497
10. 마장동	0.5019	0.6240	0.1221	0.4981	0.3760	-0.1221
11. 사근동	0.5055	0.6187	0.1132	0.4945	0.3813	-0.1132
12. 송정동	0.5167	0.6022	0.0855	0.4833	0.3978	-0.0855
13. 용답동	0.5216	0.6614	0.1398	0.4784	0.3386	-0.1398
계	0.4602	0.5946	0.1344	0.5398	0.4054	-0.1344
차이가 (+)인 동 수 vs (-)인 동 수			(+) 13동 (-) 0동			(+) 0동 (-) 13동

더불어민주당 후보인 경우 총 13개 동 모두에서 관내사전득표율-당일득표율 차이가 (+)로 나타났으나, 국민의힘 후보인 경우 총 13개 동 모두에서 (-)로 나타났다. 표더하기 조작이 13개 동 모두에 적용되었음을 확인할 수 있다. 특히 더불어민주당 후보에 대한 관내사전득표율-당일득표율 차이는 송정동을 제외하고는 모두 10% 보다 높다. 반면 국민의힘 후보에 대한 관내사전득표율-당일득표율 차이는 송정동을 제외하고는 모

두 10%보다 낮다. 성동구갑 선거구의 13개 선거동 모두에서 표더하기 조작이 적용되었다고 추정할 수 있다.

후보별 당일득표율 대비 관내사전득표율 함수관계로 부터 성동구갑 선거구의 관내사전투표가 표더하기 조작 메커니즘에 의하여 오염되었음을 규명하여보자.

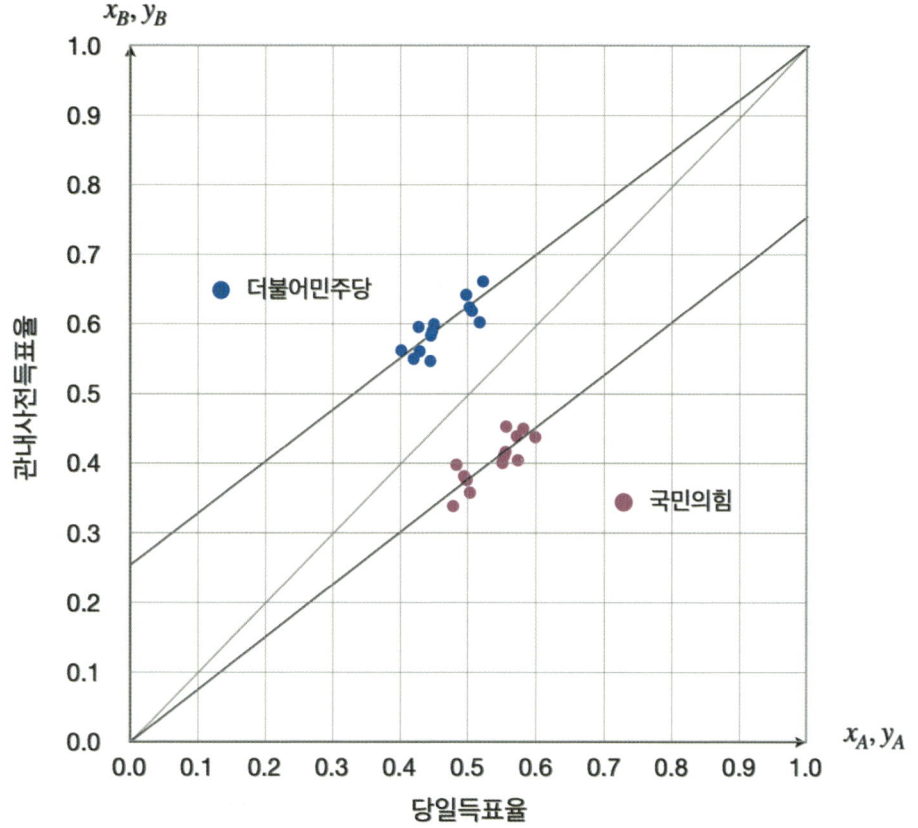

그림 12-2. 서울시 성동구갑 선거구의 13개 선거동에 대한
후보별 당일득표율과 관내사전득표율 사이의 함수관계.
x, y : 더불어민주당, 국민의힘 후보 득표율, A : 당일투표, B : 관내사전투표

그림 12-2는 더불어민주당과 국민의힘 후보에 대한 당일득표율과 관내사전득표율 사이의 함수관계를 나타내고 있다. 함수관계는 선형함수이며 다음 식으로 표현된다.

$$\text{더불어민주당 후보 : } x_B = 0.75x_A + 0.25 \qquad (12\text{-}7a)$$

$$\text{국민의힘 후보 : } y_B = 0.75y_A \qquad (12\text{-}7b)$$

위의 두 선형함수는 표더하기 조작 메커니즘의 특성을 나타내고 있다. 더불어민주당과 국민의힘 후보에 대한 선형함수식의 기울기는 0.75로 모두 동일하며 서로 평행하다. 그

리고 더불어민주당 후보에 대한 함수식의 세로축 절편은 0.25, 국민의힘 후보에 대한 세로축 절편은 0이고 원점 (0,0)을 지난다. 따라서 두 후보에 대한 당일득표율 대비 관내사전득표율 함수관계로 부터도 성동구갑 선거구의 관내사전투표 결과는 표더하기 조작에 의하여 오염된 결과라는 것을 확인할 수 있다.

　　이제 성동구갑 선거구의 관내사전투표에 대한 동별 표더하기 조작표수와 선거구 표더하기 조작표수를 식 (12-1e)를 사용하여 산출해보자. 〈표 12-6〉은 동별 표더하기 조작표수와 동별 관내사전투표 총 득표수 대비 표더하기 조작표수의 비율을 나타내고 있다.

〈표 12-6〉 서울시 성동구갑 선거구의 관내사전투표에 대한 동별 표더하기 조작표수 및 선관위 발표 동별 관내사전 총 득표수 대비 표더하기 조작표수 비율.

	선관위발표 관내사전 총 득표수	표더하기 조작표수	총 득표수 대비 조작표수 비율		선관위발표 관내사전 총 득표수	표더하기 조작표수	총 득표수 대비 조작표수 비율
1. 응봉동	4,083	1,201	29.4%	8. 행당1	3,673	944	25.7%
2. 성수1가1동	2,808	754	26.9%	9. 행당2	5,171	1,407	27.2%
3. 성수1가2동	3,462	638	18.4%	10. 마장	4,082	1,001	24.5%
4. 성수2가1동	3,686	853	23.1%	11. 사근	2,014	461	22.9%
5. 성수2가3동	2,637	594	22.5%	12. 송정	2,245	397	17.7%
6. 왕십리도선동	4,783	1,191	24.9%	13. 용답	2,640	771	29.2%
7. 왕십리2동	3,828	1,104	28.8%	계	45,112	11,316	25.1%

성동구갑 선거구의 13개 동에 대한 조작표수의 총합은 11,316표 이다. 반면 〈표 12-5〉의 계에 해당하는 성동구갑 선거구의 관내사전 총 득표수, 더불어민주당 후보와 국민의힘 후보의 득표율을 식 (12-1e)에 대입하여 계산한 표더하기 조작표수는 11,232표 이다. 이 두 결과를 비교하면 다음과 같다.

$$13개\ 동의\ 표더하기\ 조작표수의\ 합 : 11,316$$
$$선거구의\ 자료를\ 사용하여\ 계산한\ 조작표수 : 11,232$$
$$\overline{}$$
$$두\ 조작표수\ 차이 : 84$$

이 결과에 의하면 13개 동의 표더하기 조작표수의 합과 선거구 결과에 의한 조작표수의 차이가 84표에 불과하다. 식 (12-1e)로 표현되는 표더하기 조작메커니즘이 성동구갑 선거구의 13개 동에 모두 적용되었음을 확인할 수 있다.

서울시 마포구을 선거구에 대한 표바꾸기 조작표수 계산 예

서울시 마포구을 선거구에는 더불어민주당, 국민의힘 및 녹색정의당 세 후보자가 출마하였다. 마포구을 선거구의 선거결과가 〈표 12-2〉의 세 번째 경우에 해당하는 표바꾸기 조작이 적용되었는지 분석하여보자. 〈표 12-7〉은 마포구을 선거구에 대한 후보별 선거동별 사전투표득표율-당일투표득표율 차이를 나타내고 있다.

<표 12-7> 서울시 마포구을 선거구에 대한 후보별 관내사전-당일 득표율 차이

득표율	더불어민주당 후보			국민의힘 후보			녹색정의당 후보		
	당일(1)	관내(2)	(2) - (1)	당일(1)	관내(2)	(2) - (1)	당일(1)	관내(2)	(2) - (1)
1. 서강동	0.4161	0.5678	0.1517	0.5054	0.3638	-0.1416	0.0785	0.0684	-0.0101
2. 서교동	0.4320	0.5906	0.1586	0.4700	0.3115	-0.1585	0.0980	0.0980	0.0000
3. 합정동	0.4432	0.5938	0.1506	0.4555	0.3120	-0.1435	0.1013	0.0941	-0.0072
4. 망원1동	0.4808	0.5838	0.1030	0.4214	0.3301	-0.0913	0.0979	0.0861	-0.0118
5. 망원2동	0.4832	0.6201	0.1369	0.4300	0.2998	-0.1302	0.0868	0.0801	-0.0067
6. 연남동	0.4486	0.5970	0.1484	0.4675	0.3186	-0.1489	0.0837	0.0845	0.0008
7. 성산1동	0.4863	0.6091	0.1228	0.4065	0.2841	-0.1224	0.1072	0.1067	-0.0005
8. 성산2동	0.4740	0.5830	0.1090	0.4360	0.3400	-0.0960	0.0896	0.0770	-0.0126
9. 상암동	0.4761	0.5971	0.1210	0.4402	0.3230	-0.1172	0.0837	0.0799	-0.0038
계	0.4606	0.5926	0.1320	0.4488	0.3200	-0.1288	0.0906	0.0854	-0.0052

마포구을 선거구에 대한 관내사전득표율-당일득표율 차이는 더불어민주당 후보인 경우 13.2%, 국민의힘 후보인 경우 -12.88%, 그리고 녹색정의당 후보인 경우 -0.52%이다. 더불어민주당 후보와 국민의힘 후보 사이의 관내사전득표율-당일득표율 차이와 녹색정의당 후보에 대한 차이는 다음의 관계가 성립한다고 추정할 수 있다.

| 더불어민주당 후보에 대한 관내사전득표율-당일득표율 |
≒ | 국민의힘 후보에 대한 관내사전득표율-당일득표율 |
| 녹색정의당 후보에 대한 관내사전득표율-당일득표율 | ≒ 0

위의 두 관계식은 표바꾸기 조작에 대한 함수관계이다. 특히 총 9개 선거동에서 녹색정의당 후보에 대한 관내사전득표율-당일득표율 차이의 절대값이 1% 미만인 선거동이 6개이며, 0.1%미만인 선거동 수도 3개이다.

후보별 당일득표율과 관내사전득표율 사이의 함수관계로 부터 마포구을 선거구의 표 조작 메커니즘이 표바꾸기 조작이라는 것을 검증하여보자. 그림 12-3은 〈표 12-7〉의 결과를 좌표평면에 도시한 후보별 당일득표율 대비 관내사전득표율 사이의 함수관계 그래프이다.

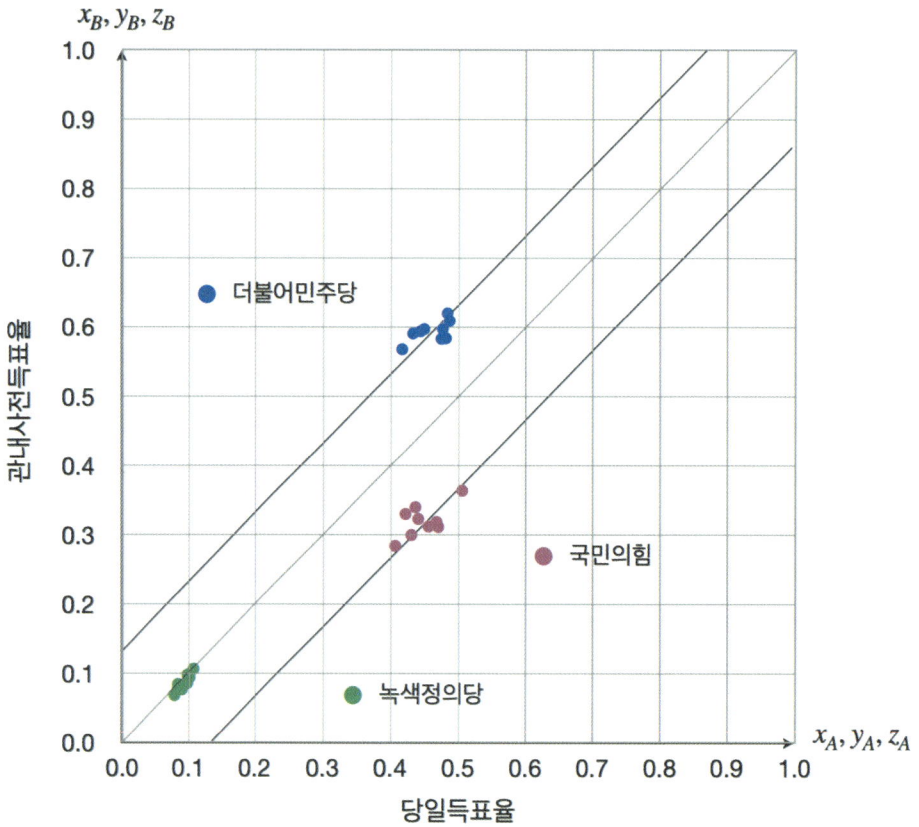

그림 12-3. 서울시 마포구을 선거구의 9개 선거동에 대한
후보별 당일득표율과 관내사전득표율 사이의 함수관계.
x, y, z : 더불어민주당, 국민의힘, 녹색정의당 후보 득표율, A : 당일투표, B : 관내사전투표

이 그림의 결과로 부터 세 후보에 대한 당일득표율과 관내사전득표율 사이의 함수관계를 수식으로 표현하면 다음과 같다.

$$더불어민주당 후보 : x_B = x_A + 0.132 \qquad (12\text{-}8a)$$

$$국민의힘 후보 : y_B = y_A - 0.1288 \qquad (12\text{-}8b)$$

$$녹색정의당 후보 : z_B = z_A \qquad (12\text{-}8c)$$

세 후보에 대한 선형함수식의 기울기는 모두 1로 동일하며 서로 나란하다. 그리고 녹색 정의당 후보에 대한 함수식의 그래프는 대각선으로 표현된다. 이 함수식들은 표바꾸기 조작 메커니즘에 대한 함수식과 동일하다. 출마한 세 명의 후보에 대한 당일득표율 대비 관내사전득표율 사이의 함수관계 그래프와 함수관계식으로 부터 서울시 마포구을 선거구의 조작은 표바꾸기 조작메커니즘에 의하여 실행되었음을 확인할 수 있다.

이제 표바꾸기 조작표수 계산식을 사용하여 선거동에 따른 조작전 총 득표수, 후보별 표바꾸기 조작표수를 산출하여보자. 사용된 수식은 다음과 같다.

$$\text{조작전 총 득표수} : N = \frac{\bar{x} + \bar{y}}{x_A + y_A} \bar{N} \qquad (12\text{-}3e)$$

$$\text{더불어민주당 후보 표바꾸기 조작표수} : \gamma N = \left[\bar{x} - \left(\frac{\bar{x} + \bar{y}}{x_A + y_A}\right) x_A\right] \bar{N} \qquad (12\text{-}3f)$$

$$\text{국민의힘 후보 표바꾸기 조작표수} : \gamma N = \left[\left(\frac{\bar{x} + \bar{y}}{x_A + y_A}\right) y_A - \bar{y}\right] \bar{N} \qquad (12\text{-}3g)$$

위 식의 각 기호의 의미는 조작표수 계산방정식 유도 부분에서 자세히 설명하였다. 위의 수식을 사용하여 더불어민주당 후보와 국민의힘 후보의 표바꾸기 조작표수, 조작전 선거동별 총 득표수 계산값, 선관위 발표 선거동별 총 득표수와 계산된 총 득표수 차이를 나타내면 〈표 12-8〉과 같다.

<표 12-8> 서울시 마포구을 선거구에 대한 선거동별 후보별 표바꾸기 조작표수 및 조작전 총 득표수

	더불어민주당 후보		국민의힘 후보		관내사전투표 총 득표수		
	선관위발표 득표수	조작표수	선관위발표 득표수	조작표수	선관위발표 (1)	계산값 (2)	(1) - (2)
1. 서강동	2,691	697	1,724	-697	4,739	4,791	-52
2. 서교동	2,501	671	1,319	-671	4,235	4,235	0
3. 합정동	2,889	715	1,518	-716	4,865	4,904	-39
4. 망원1동	3,120	517	1,764	-517	5,344	5,413	-69
5. 망원2동	2,679	576	1,295	-576	4,320	4,352	-32
6. 연남동	2,290	570	1,222	-570	3,836	3,834	2
7. 성산1동	2,534	510	1,182	-510	4,160	4,162	-2
8. 성산2동	3,635	637	2,120	-637	6,235	6,324	-89
9. 상암동	3,028	604	1,638	-604	5,071	5,092	-21
계	25,367	(5,497)* 5,539	13,782	(-5,498)* -5,539	42,805	(43,107)* 42,956	(-302)* -151

* () 안 수치는 동별 결과의 합계 수치이다.

표바꾸기 조작으로 인하여 발생되는 더불어민주당 후보의 관내사전 조작득표수와 국민의힘 후보의 관내사전 조작득표수 차이는 다음과 같이 11,078표이다.

더불어민주당 후보 관내사전 조작득표수 − 국민의힘 후보 관내사전 조작득표수
$$= 5{,}539 - (-5{,}539) = 11{,}078$$

인천시 미추홀구을 선거구에 대한 표바꾸기 조작표수 계산 예

인천시 미추홀구을 선거구에는 더불어민주당과 국민의힘 두 후보자가 출마하였다. 인천시 미추홀구을 선거구의 선거결과가 〈표 12-2〉의 네 번째 경우에 해당하는 표바꾸기 조작이 적용되었는지 분석하여보자. 〈표 12-9〉는 미추홀구을 선거구에 대한 후보별 동별 당일득표율, 관내사전득표율, 관내사전득표율−당일득표율 차이를 나타내고 있다.

<표 12-9> 인천시 미추홀구 선거구에 대한 후보별 관내사전득표율-당일득표율 차이

득표율	더불어민주당 후보			국민의힘 후보		
	당일(1)	관내사전(2)	(2) − (1)	당일(1)	관내사전(2)	(2) − (1)
1. 숭의1,3동	0.4998	0.5633	0.0635	0.5002	0.4367	−0.0635
2. 숭의2동	0.4878	0.5407	0.0529	0.5122	0.4593	−0.0529
3. 숭의4동	0.4470	0.5063	0.0593	0.5530	0.4937	−0.0593
4. 용현1,4동	0.4050	0.4736	0.0686	0.5950	0.5264	−0.0686
5. 용현2동	0.4382	0.5253	0.0871	0.5618	0.4747	−0.0871
6. 용현3동	0.3760	0.4446	0.0686	0.6240	0.5554	−0.0686
7. 용현5동	0.4795	0.5483	0.0688	0.5205	0.4517	−0.0688
8. 학익1동	0.4534	0.5575	0.1041	0.5466	0.4425	−0.1041
9. 학익2동	0.4505	0.5102	0.0597	0.5495	0.4898	−0.0597
10. 관교동	0.4068	0.5111	0.1043	0.5932	0.4889	−0.1043
11. 문학동	0.5120	0.5789	0.0669	0.4880	0.4211	−0.0669
계	0.4546	0.5303	0.0757	0.5454	0.4697	−0.0757

관내사전득표율−당일득표율 차이는 더불어민주당 후보인 경우 모든 선거동에서 (+)로, 국민의힘 후보인 경우 (−)로 나타난다. 또한 더불어민주당 후보에 대한 관내사전득표율−당일득표율 차이는 11개 모든 선거동에서 +7% 내외로 나타나고, 국민의힘 후보에 대한 차이는 −7% 내외로 나타난다. 이 표의 결과는 기타 후보가 없기 때문에 이 표의 결과로 표더하기 조작의 결과인지 표바꾸기 조작의 결과인지 확실하게 구별할 수 없다. 따

라서 당일득표율 대비 관내사전득표율의 함수관계 그래프와 수식으로 부터 조작 메커니즘을 확인해야 한다.

⟨표 12-9⟩의 결과를 사용하여 후보별 당일득표율 대비 관내사전득표율 사이의 함수관계를 좌표평면에 도시하면 그림 12-4와 같다.

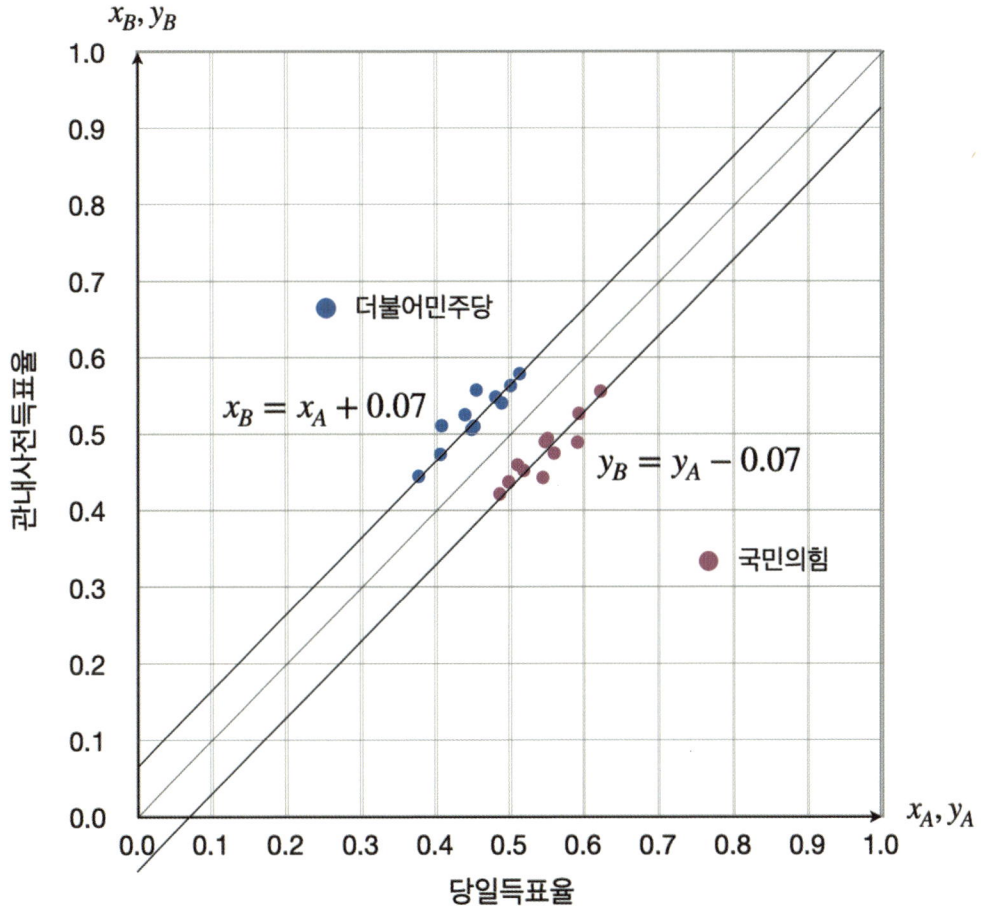

그림 12-4. 인천시 미추홀구을 선거구의 11개 선거동에 대한
당일득표율 대비 관내사전득표율 함수관계.
x, y, z : 더불어민주당, 국민의힘 후보 득표율, A : 당일투표, B : 관내사전투표

더불어민주당 후보와 국민의힘 후보에 대한 함수관계는 선형함수이며 서로 평행할 뿐만 아니라 대각선과도 평행하다. 이 함수관계 그래프를 수식으로 표현하면 다음과 같다.

$$\text{더불어민주당 후보} : x_B = x_A + 0.07 \qquad (12\text{-}9a)$$

$$\text{국민의힘 후보} : y_B = y_A - 0.07 \qquad (12\text{-}9b)$$

위의 두 함수식에 대한 기울기는 1이며, 더불어민주당 후보에 대한 함수식의 세로축 절편은 +0.07, 국민의힘 후보에 대한 함수식의 세로축 절편은 −0.07이다. 표바꾸기 조작 메커니즘에 대한 특성을 나타내고 있다. 그림 12-4의 그래프와 함수식 (12-9a)와 (12-9b)로 부터 인천시 미추홀구을 선거구의 관내사전투표 결과는 표바꾸기 조작에 의하여 변형된 결과임을 확인할 수 있다.

이제 인천시 미추홀구을 선거구의 11개 선거동에 따른 후보별 표바꾸기 조작표수를 산출하여 보자. 후보자가 두명이기 때문에 $x_A + y_A = 1, x_B + y_B = 1$이다. 이 조건을 식 (12-3f)와 (12-3g)에 대입한 후 동별 표바꾸기 조작표수를 계산하면 〈표 12-10〉과 같다.

<표 12-10> 인천시 미추홀구 선거구에 대한 후보별 관내사전투표 조작표수, 실제득표수

	더불어민주당 후보			국민의힘 후보			선관위발표 관내사전 총 득표수
	선관위 발표 관내사전 득표수 (1)	조작 표수 (2)	조작전 관내사전 득표수 (1) - (2)	선관위 발표 관내사전 득표수 (1)	조작 표수 (2)	조작전 관내사전 득표수 (1) - (2)	
1. 숭의1,3동	1,414	159	1,255	1,096	-159	1,255	2,510
2. 숭의2동	1,607	157	1,450	1,365	-157	1,522	2,972
3. 숭의4동	1,538	180	1,358	1,500	-180	1,680	3,038
4. 용현1,4동	1,346	195	1,151	1,496	-195	1,691	2,842
5. 용현2동	2,547	422	2,125	2,302	-422	2,724	4,849
6. 용현3동	935	144	791	1,168	-144	1,312	2,103
7. 용현5동	5,090	639	4,451	4,193	-639	4,832	9,283
8. 학익1동	3,176	593	2,583	2,523	-593	3,116	5,699
9. 학익2동	1,883	220	1,663	1,808	-220	2,028	3,691
10. 관교동	1,675	342	1,333	1,602	-342	1,944	3,277
11. 문학동	1,683	194	1,489	1,224	-194	1,418	2,907
계	22,894	3,245	19,649	20,277	-3,245	23,522	43,171

표바꾸기 조작으로 인하여 더불어민주당 후보의 관내사전투표 득표수는 조작전 득표수보다 3,245표가 증가하였으며 국민의힘 후보의 득표수는 3,245표가 감소하였다. 따라서 두 후보 사이의 조작득표수 차이는 다음 식과 같이 총 6,490표 이다.

더불어민주당 후보 관내사전 조작득표수 − 국민의힘 후보 관내사전 조작득표수
$$= 3{,}245 - (-3{,}245) = 6{,}490$$

표바꾸기 조작이 실행되지 않았다면 각 후보가 획득한 실제 득표수는 다음과 같다. 이 결과에 의하면 선관위 발표 결과와 달리 국민의힘 후보의 득표수가 더불어민주당 후보의 득표수보다 3,919표 더 많다.

더불어민주당 후보가 실제로 획득한 관내사전투표 득표수 : 19,649

국민의힘 후보가 실제로 획득한 관내사전투표 득표수 : 23,522

국민의힘 후보 득표수 − 더불어민주당 후보 득표수 : 3,873

Chapter 13

선관위 결과가 뒤바뀐 50개 선거구에 대한 조작표수 산출

13-1. 관내사전투표와 관외사전투표에 대한 조작 메커니즘

관내사전투표에 대한 조작 메커니즘 규명

제 12장의 조작 메커니즘에 따른 조작표수 계산방정식을 사용하여 당일투표에서는 국민의힘 후보가 승리하였으나 관내사전투표에서는 더불어민주당 후보가 승리한 50개 선거구에 대한 조작표수를 계산하여보자. 우선 50개 선거구에 대하여 후보별 관내사전득표율-당일득표율 차이가 (+), (0), (-) 중 어디에 해당하는지 분석하면 〈표 13-1〉과 같다. 총 50개 선거구 중 더불어민주당 후보는 관내사전득표율-당일득표율 차이가 (+)인 선거구 수가 50개이며, 국민의힘 후보는 차이가 (-)인 선거구 수가 50개 이고, 기타 후보는 출마한 선거구 26개 모두에서 차이가 (-)이다. 〈표 13-1〉의 결과에 의하면 50개 선거구의 관내사전투표 결과는 표더하기 조작 메커니즘이 적용된 결과임을 확인할 수 있다.

〈표 13-1〉의 50개의 선거구에 대한 후보별 당일득표율 대비 관내사전득표율 사이의 함수관계를 좌표평면에 도시하면 그림 13-1과 같다. 세 후보에 대한 함수는 선형함수이며 다음 식으로 표현된다.

$$\text{더불어민주당 후보}: x_B = 0.78 x_A + 0.22 \qquad (13\text{-}1a)$$

$$\text{국민의힘 후보}: y_B = 0.78 y_A \qquad (13\text{-}1b)$$

$$\text{기타 후보}: z_B = 0.78 z_A \qquad (13\text{-}1c)$$

세 후보에 대한 일차함수식의 기울기는 0.78로 동일하며 서로 평행하다. 더불어민주당 후보에 대한 선형함수식의 세로축 절편은 0.22이고, 국민의힘 후보와 기타 후보에 대한 세로축 절편은 0이고 원점 (0,0)을 지난다. 그리고 국민의힘 후보와 기타 후보의 선형함수식은 동일하다. 표더하기 조작 메커니즘에 대한 선형함수식의 특성을 모두 나타내고 있다. 〈표 13-1〉의 50개 선거구에 적용된 조작은 표더하기 조작임을 확인할 수 있다.

<표 13-1> 당일투표에서는 국민의힘 후보가 승리하나 선거구투표에서 패한 50개 선거구에 대한 관내사전득표율-당일득표율 차이에 대한 결과

	관내사전득표율 - 당일득표율								관내사전득표율 - 당일득표율						
	더불어민주당 후보			국민의힘 후보			기타 후보				더불어민주당 후보			국민의힘 후보			기타 후보		
	+	0	−	+	0	−	+	0	−		+	0	−	+	0	−	+	0	−
1. 종로구	+					−			−	26. 용인갑	+					−			−
2. 성동갑	+					−				27. 의왕과천	+					−			
3. 성동을	+					−			−	28. 고양정	+					−			
4. 광진갑	+					−				29. 광주을	+					−			
5. 광진을	+					−			−	30. 동구미추홀갑	+					−			−
6. 동대문갑	+					−			−	31. 연수갑	+					−			−
7. 동대문을	+					−				32. 연수을	+					−			
8. 도봉구을	+					−				33. 남동을	+					−			
9. 서대문갑	+					−			−	34. 춘천갑	+					−			−
10. 양천갑	+					−				35. 원주을	+					−			
11. 강서을	+					−				36. 대정동구	+					−			
12. 구로갑	+					−				37. 대전중구	+					−			
13. 영등포을	+					−			−	38. 대전대덕	+					−			−
14. 동작갑	+					−				39. 청주상당	+					−			
15. 송파병	+					−				40. 청주서원	+					−			
16. 강동갑	+					−			−	41. 청주흥덕	+					−			−
17. 강동을	+					−				42. 천안갑	+					−			
18. 용인병	+					−				43. 공주부여	+					−			−
19. 하남갑	+					−				44. 논산계룡	+					−			
20. 용인정	+					−			−	45. 충남당진	+					−			
21. 수원정	+					−				46. 제주서귀포	+					−			
22. 안성	+					−			−	47. 창원상당	+					−			−
23. 고양병	+					−				48. 김해갑	+					−			
24. 안양동안을	+					−				49. 부산북구갑	+					−			−
25. 하남을	+					−			−	50. 울산동구	+					−			−
										선거구 수	50			50					26

432

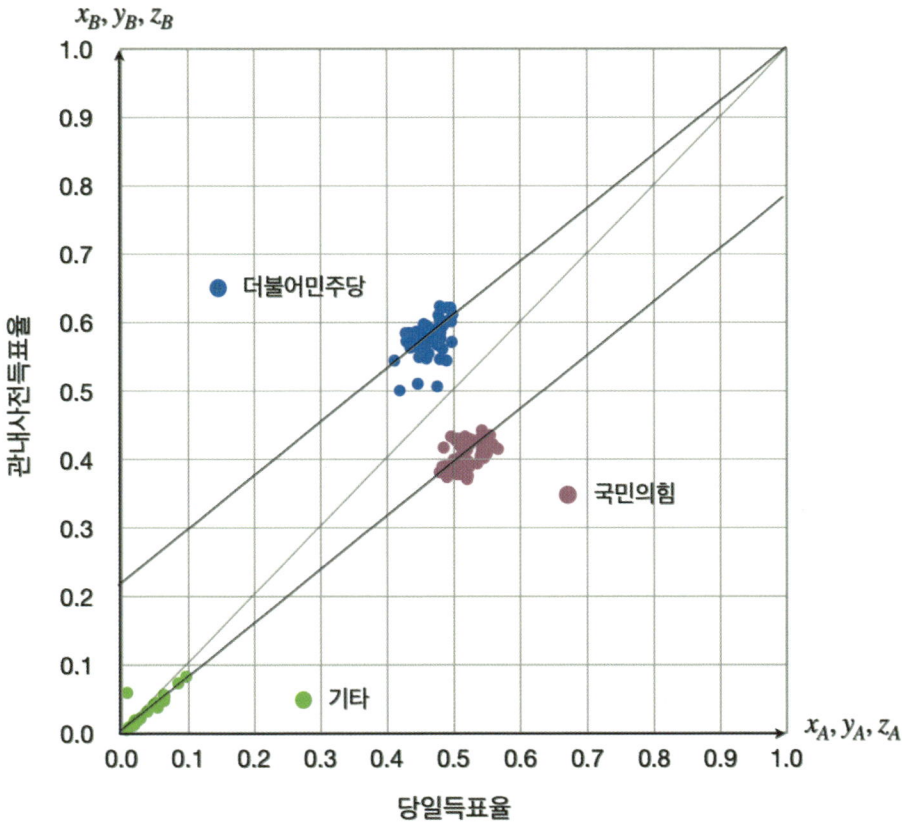

그림 13-1. 당일투표에서는 국민의힘 후보가 승리하였으나 관내사전투표에서 패한 50개 선거구에 대한 후보별 당일득표율과 관내사전득표율 사이의 함수관계.
x, y, z : 더불어민주당, 국민의힘, 기타 후보 득표율. A : 당일투표, B : 관내사전투표

관외사전투표에 대한 조작 메커니즘 규명

〈표 13-2〉는 앞의 50개 선거구에 대한 후보별 관외사전득표율-당일득표율 차이가 (+), (0), (-) 중 어디에 해당하는지 분석한 결과이다. 더불어민주당 후보인 경우 총 50개 선거구 모두에서 관외사전득표율-당일득표율 차이가 (+)이며, 국민의힘 후보인 경우 차이는 모두 (+)로 나타난다. 반면 기타 후보인 경우 출마지역 26개 선거구 중 관외사전득표율-당일득표율 차이가 (+)인 선거구는 17개, 차이가 (0)인 선거구는 1개, 차이가 (-)인 선거구는 7개이다. 그리고 26개 선거구를 제외한 24개 선거구에는 더불어민주당 후보와 국민의힘 후보 두명만 출마하였다. 따라서 앞의 50개 선거구의 관외사전투표에는 표버리기, 표더하기 조작 메커니즘이 적용되었다고 추정할 수 있다.

<표 13-2> 당일투표에서는 국민의힘 후보가 승리하나 선거구투표에서 패한 50개 선거구에 대한 관외사전득표율-당일득표율 차이에 대한 결과

	관외사전득표율 - 당일득표율									관외사전득표율 - 당일득표율								
	더불어민주당 후보			국민의힘 후보			기타 후보				더불어민주당 후보			국민의힘 후보			기타 후보		
	+	0	−	+	0	−	+	0	−		+	0	−	+	0	−	+	0	−
1. 종로구	+					−	+			26. 용인갑	+					−			−
2. 성동갑	+					−				27. 의왕과천	+					−			
3. 성동을	+					−	+			28. 고양정	+					−			
4. 광진갑	+					−				29. 광주을	+					−			
5. 광진을	+					−	+			30. 동구미추홀갑	+					−			
6. 동대문갑	+					−	+			31. 연수갑	+					−	+		
7. 동대문을	+					−				32. 연수을	+					−			
8. 도봉구을	+					−				33. 남동을	+					−			
9. 서대문갑	+					−			−	34. 춘천갑	+					−	+		
10. 양천갑	+					−		0		35. 원주을	+					−			
11. 강서을	+					−				36. 대정동구	+					−	+		
12. 구로갑	+					−				37. 대전중구	+					−			
13. 영등포을	+					−	+			38. 대전대덕	+					−			−
14. 동작갑	+					−			−	39. 청주상당	+					−	+		
15. 송파병	+					−				40. 청주서원	+					−			
16. 강동갑	+					−	+			41. 청주흥덕	+					−	+		
17. 강동을	+					−	+			42. 천안갑	+					−			
18. 용인병	+					−				43. 공주부여	+					−	+		
19. 하남갑	+					−				44. 논산계룡	+					−	+		
20. 용인정	+					−	+			45. 충남당진	+					−			
21. 수원정	+					−				46. 제주서귀포	+					−			
22. 안성	+					−	+			47. 창원상당	+					−			−
23. 고양병	+					−				48. 김해갑	+					−			
24. 안양동안을	+					−				49. 부산북구갑	+					−	+		
25. 하남을	+					−			−	50. 울산동구	+					−			−
										선거구 수	50			50			18	1	7

〈표 13-2〉의 50개의 선거구 중 더불어민주당 후보, 국민의힘 후보 및 기타 후보에 대한 관외사전득표율-당일득표율 차이가 (+), (−), (+)인 18개 선거구의 당일득표율과 관외사전득표율 사이의 함수관계를 좌표평면에 도시하면 그림 13-2과 같다. 경기 안성과 충북 청주흥덕구를 제외할 경우, 16개 선거구에 대한 후보별 함수관계는 선형함수이며 다음 식으로 표현된다.

$$\text{더불어민주당 후보}: x_C = 1.32 x_A \qquad (13\text{-}2a)$$

$$\text{국민의힘 후보}: y_C = 1.32 y_A - 0.32 \qquad (13\text{-}2b)$$

$$\text{기타 후보}: z_C = 1.32 z_A \qquad (13\text{-}2c)$$

위의 식은 표버리기 조작 메커니즘에 대한 함수식의 특성을 모두 나타내고 있다. 이 결과로부터 〈표 13-2〉의 50개 선거구 중 더불어민주당 후보, 국민의힘 후보 및 기타 후보에 대한 관외사전득표율-당일득표율 차이가 (+), (−), (+)인 18개 선거구의 관외사전투표 결과는 표버리기 조작이 적용되었다고 추정할 수 있다.

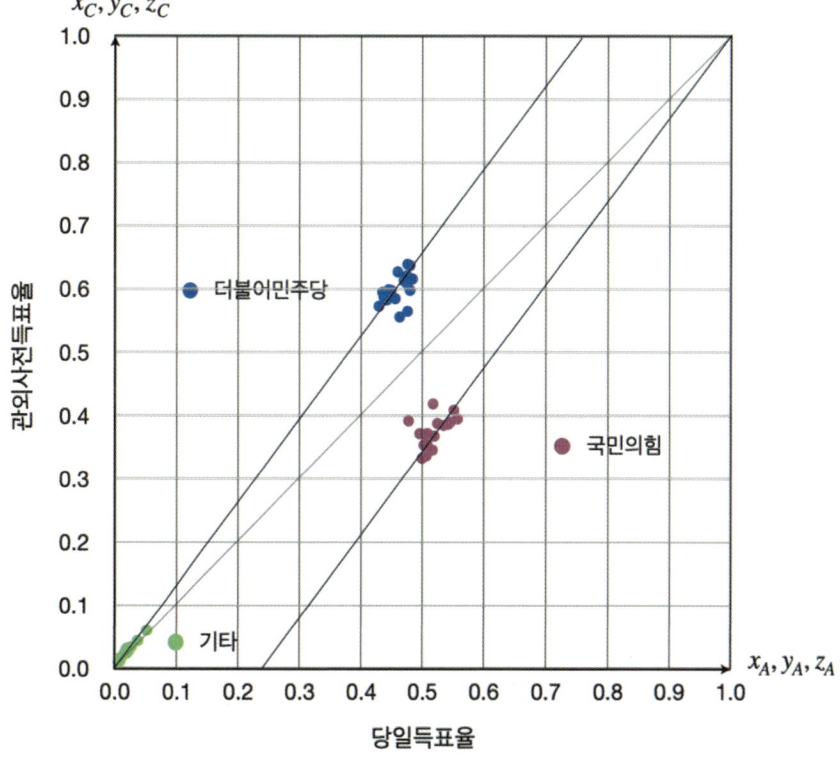

그림 13-2. 더불어민주당, 국민의힘 및 기타 후보에 대한 관외사전투표-당일득표율 차이가 (+), (−), (+)인 18개 선거구에 대한 당일득표율과 관외사전득표율 사이의 함수관계. x, y, z : 더불어민주당, 국민의힘, 기타 후보 득표율. A : 당일투표, C : 관외사전투표

〈표 13-2〉의 50개의 선거구 중 더불어민주당 후보, 국민의힘 후보 및 기타 후보에 대한 관외사전득표율-당일득표율 차이가 (+), (-), (-)인 선거구는 서울 성동을, 서대문갑 및 동작갑, 경기 하남을 및 용인갑, 대전 대덕, 경남 창원성산 및 울산 동구의 7개 선거구이다. 이 7개 선거구에 대한 후보별 당일득표율과 관외사전득표율 사이의 함수관계를 좌표평면에 도시하면 그림 13-3과 같다. 세 후보에 대한 함수관계는 선형함수이며 다음 식으로 표현된다.

$$더불어민주당\ 후보 : x_C = 0.77x_A + 0.23 \quad (13\text{-}3a)$$
$$국민의힘\ 후보 : y_C = 0.77y_A \quad (13\text{-}3b)$$
$$기타\ 후보 : z_C = 0.77z_A \quad (13\text{-}3c)$$

위의 세 함수식은 표더하기 조작 메커니즘에 대한 함수식의 특성과 동일하다. 따라서 〈표 13-2〉의 50개 선거구 중 앞에서 언급한 7개 선거구에 대한 관외사전투표의 결과는 표더하기 조작에 의한 결과임을 확인할 수 있다.

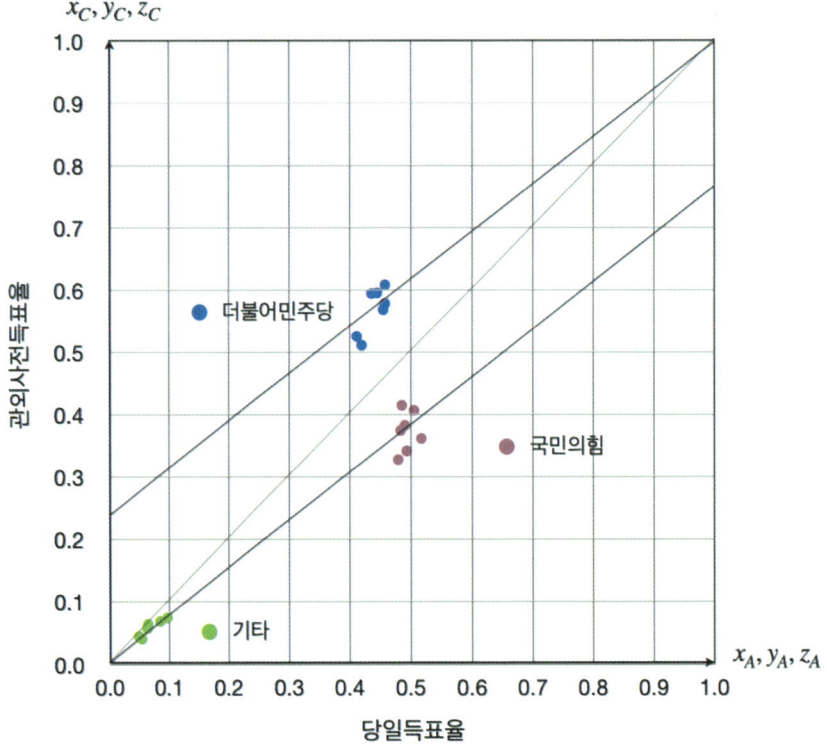

그림 13-3. 더불어민주당, 국민의힘 및 기타 후보에 대한 관외사전투표-당일득표율 차이가 (+), (-), (-)인 7개 선거구에 대한 당일득표율과 관외사전득표율 사이의 함수관계. x, y, z : 더불어민주당, 국민의힘, 기타 후보 득표율. A : 당일투표, C : 관외사전투표

〈표 13-2〉의 50개의 선거구 중 표버리기 조작 메커니즘이 적용된 18개 선거구, 표더하기 조작 메커니즘이 적용된 7개 선거구를 제외한 24개 선거구에 대하여 조작 메커니즘을 규명하여보자. 그림 13-4는 이 24개 선거구에 대한 더불어민주당 후보와 국민의힘 후보의 당일득표율 대비 관외사전득표율 사이의 함수관계를 나타내고 있다. 당일득표율과 관외사전득표율 사이의 함수관계가 선형함수 라는 것은 확실하다. 그러나 더불어민주당 후보와 국민의힘 후보를 제외한 기타 후보가 없기 때문에, 표더하기 조작 메커니즘에 대한 선형함수관계인지 표버리기 조작 메커니즘에 대한 선형함수관계인지 분명하지 아니하다. 더욱이 관외사전투표인 경우 선거구를 구축하고 있는 선거동별 결과도 발표되지 아니하여 선거동에 따른 당일득표율 대비 관외사전득표율 사이의 함수관계로 부터 조작 메커니즘을 규명할 수도 없다. 따라서 여기서는 표더하기 조작 메커니즘이라고 가정한 후 표더하기 조작표수를 산출하려고 한다. 그렇게 가정할 경우 두 후보에 대한 당일득표율과 관외사전득표율 사이의 함수관계는 다음 식과 같다.

$$\text{더불어민주당 후보}: x_C = 0.75 x_A + 0.25 \qquad (13\text{-}4a)$$

$$\text{국민의힘 후보}: y_C = 0.75 y_A \qquad (13\text{-}4b)$$

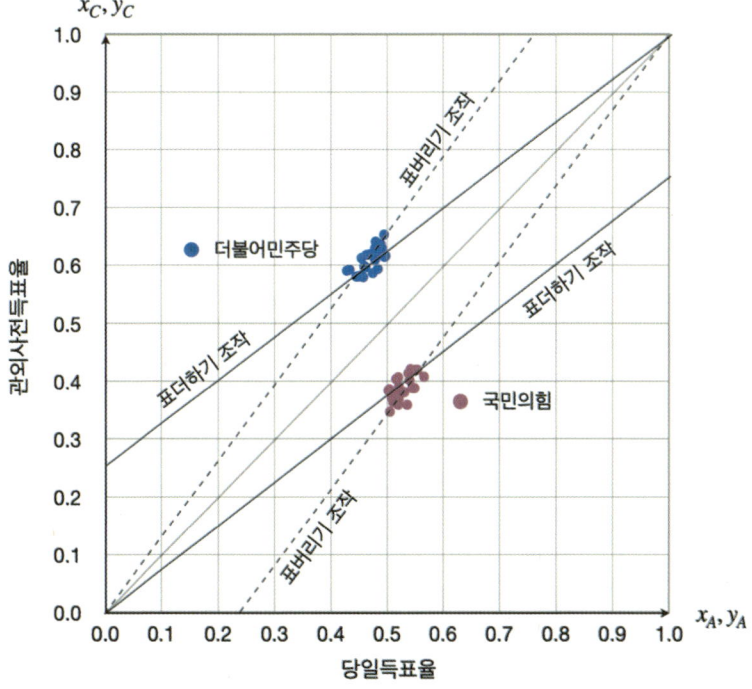

그림 13-4. 더불어민주당과 국민의힘 후보만 출마한 26개 선거구에 대한 당일득표율과 관외사전득표율 사이의 함수관계.
x, y: 더불어민주당, 국민의힘 후보 득표율. A: 당일투표, C: 관외사전투표

13-2. 관내사전투표에 대한 표더하기 조작표수 산출

국민의힘 후보가 당일투표에서는 승리하였으나 최종 선거구투표에서 패하여 낙선한 50개 선거구의 관내사전투표 결과는 표더하기 조작이 적용된 결과이다. 이 50개 선거구의 관내사전투표에 대한 표더하기 조작표수를 산출하여보자. 표더하기 조작표수 계산방정식은 제 12장에서 유도한 다음 식이다.

$$\text{표더하기 조작표수} = \alpha N = \left(x_B - \frac{y_B}{y_A}x_A\right)\bar{N} \qquad (12\text{-}1e)$$

방정식 (12-1e)를 사용하여 〈표 13-1〉의 50개 선거구에 대한 선거구별 조작 득표수, 후보별 선관위 발표 득표수, 조작전 득표수를 도출하면 〈표 13-3〉과 같다.

〈표 13-3〉의 결과를 사용하여 조작전 관내사전투표 총 득표수 대비 표더하기 조작표수의 비로 정의되는 α 값을 구하면

$$\alpha = \text{표더하기 조작표수} \div \text{조작전 관내사전투표 총 득표수} = \frac{461{,}707}{1{,}656{,}822} = 0.2787$$

조작전 관내사전투표 총 득표수의 28%가 유령표로 더불어민주당 후보에게 첨가되었다. 이 값을 보정값이라고 추정할 수 있다. 위의 α 값의 역수를 구하면 다음 식과 같다.

$$n = \frac{1}{\alpha} = \frac{1}{0.2787} = 3.588 \doteq 3.5$$

위의 n 값 3.5의 의미는 유권자가 투표한 3표 또는 4표 당 1표의 유령표를 더불어민주당 후보에게 첨가하는 조작의 의미와 동일하다고 추정할 수 있다. 또는 n 값 3.5의 의미는 관내사전투표 첫째날 누계투표수의 $\frac{1}{3}$ 또는 $\frac{1}{4}$에 해당하는 유령표와 둘째날 누계투표수의 $\frac{1}{4}$ 또는 $\frac{1}{3}$에 해당하는 유령표를 더불어민주당 후보에게 첨가하는 조작의 의미와 동일하다고 추정할 수 있다. 〈표 13-3〉의 결과를 사용하여 선거구 당 평균조작득표수를 계산하면 9,234표이다. 위의 결과를 요약하면 〈표 13-4〉와 같다.

<표 13-3a> 당일투표에서는 국민의힘 후보가 승리하나 선거구투표에서 패한 50개 선거구의 관내사전투표에 대한 표더하기 조작표수, 조작전후 후보별 득표수 및 총 득표수

득표수	더불어민주당 후보			국민의힘 후보		기타 후보		총 득표수	
	선관위 발표	조작표수	조작전	선관위 발표	조작전	선관위 발표	조작전	선관위 발표	조작전
1. 종로구	20,450	9,778	10,672	12,973	12,973	1,542	1,542	34,965	25,187
2. 성동갑	26,824	11,278	15,546	18,288	18,288			45,112	33,834
3. 성동을	24,827	10,697	14,130	17,714	17,714	206	206	42,747	32,050
4. 광진갑	21,783	9,559	12,224	14,650	14,650			36,433	26,874
5. 광진을	22,814	9,573	13,241	16,257	16,257	300	300	39,371	29,798
6. 동대문갑	19,465	7,223	12,242	13,145	13,145	731	731	33,341	26,118
7. 동대문을	21,752	7,887	13,865	14,345	14,345			36,097	28,210
8. 도봉구을	20,737	7,633	13,104	14,819	14,819			35,556	27,923
9. 서대문갑	15,328	5,851	9,477	10,529	10,529	1,287	1,287	27,144	21,293
10. 양천갑	28,218	12,496	15,722	20,080	20,080	863	863	49,161	36,665
11. 강서을	25,558	11,394	14,164	15,382	15,382			40,940	29,546
12. 구로갑	31,369	12,676	18,693	19,036	19,036			50,405	37,729
13. 영등포을	19,092	8,135	10,957	14,081	14,081	198	198	33,371	25,236
14. 동작갑	25,989	10,719	15,270	18,181	18,181	1,934	1,934	46,104	35,385
15. 송파병	31,386	12,860	18,526	22,706	22,706			54,092	41,232
16. 강동갑	30,622	12,572	18,050	22,437	22,437	904	904	53,963	41,391
17. 강동을	27,724	11,123	16,601	18,445	18,445	704	704	46,873	35,750
18. 용인병	31,575	14,395	17,180	22,382	22,382			53,957	39,562
19. 하남갑	19,699	7,490	12,209	15,169	15,169			34,868	27,378
20. 용인정	31,510	13,947	17,563	21,135	21,135	995	995	53,640	39,693
21. 수원정	23,911	9,150	14,761	17,645	17,645			41,556	32,406
22. 안성	22,475	6,984	15,491	17,378	17,378	677	677	40,530	33,546
23. 고양병	32,738	13,719	19,019	20,809	20,809			53,547	39,828
24. 안양동안을	21,470	8,476	12,994	14,144	14,144			35,614	27,138
25. 하남을	15,533	6,336	9,197	9,859	9,859	987	987	26,379	20,043

<표 13-3b> 당일투표에서는 국민의힘 후보가 승리하나 선거구투표에서 패한 50개 선거구의 관내사전투표에 대한 표더하기 조작표수, 조작전후 후보별 득표수 및 총 득표수.

득표수	더불어민주당 후보			국민의힘 후보		기타 후보		총 득표수	
	선관위 발표	조작표수	조작전	선관위 발표	조작전	선관위 발표	조작전	선관위 발표	조작전
26. 용인갑	27,135	9,313	17,822	19,054	19,054	2,736	2,736	48,925	39,612
27. 의왕과천	30,752	10,721	20,031	20,932	20,932			51,684	40,963
28. 고양정	32,412	13,487	18,925	19,698	19,698			52,110	38,623
29. 광주을	19,949	7,431	12,518	12,662	12,662			32,611	25,180
30. 동구미추홀갑	28,812	7,512	21,300	21,569	21,569			50,381	42,869
31. 연수갑	25,096	7,773	17,323	18,535	18,535	518	518	44,149	36,376
32. 연수을	21,166	8,525	12,641	14,931	14,931			36,097	27,572
33. 남동을	29,932	10,463	19,469	19,817	19,817			49,749	39,286
34. 춘천갑	30,197	10,429	19,768	20,627	20,627	869	869	51,693	41,264
35. 원주을	21,493	7,480	14,013	15,201	15,201			36,694	29,214
36. 대정동구	26,269	9,457	16,812	17,940	17,940	545	545	44,754	35,297
37. 대전중구	25,683	9,120	16,563	19,166	19,166			44,849	35,729
38. 대전대덕	18,499	6,622	11,877	12,469	12,469	1,732	1,732	32,700	26,078
39. 청주상당	20,125	4,737	15,388	15,919	15,919	723	723	36,767	32,030
40. 청주서원	21,083	6,746	14,337	15,810	15,810			36,893	30,147
41. 청주흥덕	25,692	8,784	16,908	17,353	17,353	1,406	1,406	44,451	35,667
42. 천안갑	21,794	6,502	15,292	17,194	17,194	758	758	39,746	33,244
43. 공주부여	29,907	10,036	19,871	24,030	24,030	412	412	54,349	44,313
44. 논산계룡	26,713	9,157	17,556	20,227	20,227	900	900	47,840	38,683
40. 청주서원	21,290	7,559	13,731	16,019	16,019			37,309	29,750
45. 충남당진	23,305	8,483	14,822	15,778	15,778			39,083	30,600
46. 제주서귀포	25,373	10,869	14,504	17,829	17,829	3,386	3,386	46,588	35,719
47. 창원상당	28,843	9,322	19,521	21,130	21,130			49,973	40,651
48. 김해갑	16,107	4,343	11,764	12,313	12,313	241	241	28,661	24,318
50. 울산동구	17,390	4,885	12,505	14,459	14,459	2,858	2,858	34,707	29,822
계	1,227,866	461,707	766,159	862,251	862,251	28,412	28,412	2,118,529	1,656,822

<표 13-4> 관내사전투표에 대한 표더하기 조작표수 비와 조작 방법

α, n, 평균 조작표수	내용
표더하기 조작표수 비 (α)	• $\alpha = \dfrac{461{,}707}{1{,}656{,}822} = 0.279$ • 조작전 관내사전투표 총 득표수의 28%를 더불어민주당 후보에세 첨가하는 조작 • 조작전 관내사전투표 총 득표수의 28%를 보정값이라고 추정
조작방법	• $n = \dfrac{1}{\alpha} \doteq 3.5$ • 유권자가 투표한 3~4표 당 1표의 유령표를 더불어민주당 후보에게 첨가하는 조작 • 사전투표 첫째날 누적투표수의 $\dfrac{1}{3}$ 또는 $\dfrac{1}{4}$에 해당하는 유령표와 둘째날 누적투표수의 $\dfrac{1}{4}$ 또는 $\dfrac{1}{3}$에 해당하는 유령표를 더불어민주당 후보에게 첨가하는 조작
선거구 당 평균 조작표수	$\bar{n} = \dfrac{461{,}707}{50} = 9234$ /선거구

13-3. 관외사전투표에 대한 표더하기 조작표수 산출

표더하기 조작표수 산출

제2절의 분석결과에 의하면 〈표 13-2〉의 50개 선거구에 대한 관외사전투표 결과는 표더하기 조작은 물론 표버리기 조작이 적용된 결과이다. 따라서 관외사전투표에 대한 조작표수는 표더하기 조작 메커니즘에 의한 조작표수와 표버리기 조작 메커니즘에 의한 조작표수를 분리하여 산출하여야 한다. 표더하기 조작표수 산출에 사용된 수식은 제 12장에서 유도된 식 (12-1e)이며, 표버리기 조작표수 산출에 사용된 수식은 식 (12-2e)로 다음과 같다.

$$\text{표버리기 조작표수} = \beta N = \left(\frac{x_C}{x_A} y_A - y_C \right) \bar{N} \tag{12-2e}$$

위의 식을 사용하여 더불어민주당 후보, 국민의힘 후보 및 기타 후보에 대한 관외사전득표율-당일득표율 차이가 (+), (−) 및 (+)인 〈표 13-2〉의 18개 선거구의 표버리기 조작표수를 계산하였다. 총 50개 선거구 중 18개 선거구를 제외한 32개 선거구에 대한 표더하기 조작표수는 식 (12-1e)를 사용하여 계산하였다. 〈표 13-5〉는 표더하기 조작이 적용된 32개 선거구에 대한 계산결과이다.

<표 13-5> 당일투표에서는 국민의힘 후보가 승리하나 선거구투표에서 패한 50개 선거구 중 관외사전투표에서 표더하기 조작이 적용되었다고 추정한 32개 선거구에 대한 표더하기 조작표수

득표수	더불어민주당 후보			국민의힘 후보		기타 후보		총 득표수	
	선관위 발표	조작표수	조작전	선관위 발표	조작전	선관위 발표	조작전	선관위 발표	조작전
2. 성동갑	8,513	3,636	4,877	5,713	5,713			14,226	10,590
4. 광진갑	7,510	3,534	3,976	4,758	4,758			12,268	8,734
7. 동대문을	7,722	3,309	4,413	4,547	4,547			12,269	8,960
8. 도봉구을	6,380	2,913	3,467	3,931	3,931			10,311	7,398
9. 서대문갑	8,714	4,161	4,553	5,069	5,069	848	848	14,631	10,470
10. 양천갑	9,242	4,494	4,748	6,087	6,087	339	339	15,668	11,174
11. 강서을	8,186	3,766	4,420	4,806	4,806			12,992	9,226
12. 구로갑	10,102	4,844	5,258	5,379	5,379			15,481	10,637
14. 동작갑	9,980	4,884	5,096	6,061	6,061	727	727	16,768	11,884
15. 송파병	10,481	4,296	6,185	7,588	7,588			18,069	13,773
18. 용인병	10,173	4,795	5,378	7,003	7,003			17,176	12,381
19. 하남갑	8,174	3,408	4,766	5,913	5,913			14,087	10,679
21. 수원정	10,176	4,072	6,104	7,299	7,299			17,475	13,403
23. 고양병	11,034	4,940	6,094	6,663	6,663			17,697	12,757
24. 안양동안을	5,935	2,431	3,504	3,809	3,809			9,744	7,313
25. 하남을	7,718	2,971	4,747	5,094	5,094			12,812	9,841
26. 용인갑	8,385	3,204	5,181	5,514	5,514			13,899	10,695
27. 의왕과천	11,174	5,079	6,095	6,361	6,361			17,535	12,456
28. 고양정	10,139	4,218	5,921	6,158	6,158			16,297	12,079
29. 광주을	9,228	3,524	5,704	5,764	5,764			14,992	11,468
30. 동구미추홀갑	9,167	3,496	5,671	5,739	5,739			14,906	11,410
32. 연수을	7,228	2,785	4,443	5,245	5,245			12,473	9,688
33. 남동을	7,599	2,895	4,704	4,768	4,768			12,367	9,472
35. 원주을	8,005	3,868	4,137	4,489	4,489			12,494	8,626
37. 대전중구	8,317	4,283	4,034	4,652	4,652			12,969	8,686
38. 대전대덕	5,754	2,806	2,948	3,093	3,093	599	599	9,446	6,640
40. 청주서원	6,828	3,010	3,818	4,223	4,223			11,051	8,041
45. 충남당진	4,079	1,604	2,475	2,881	2,881			6,960	5,356
46. 제주서귀포	5,916	2,154	3,762	4,008	4,008			9,924	7,770
47. 창원상당	6,420	2,618	3,802	4,949	4,949	831	831	12,200	9,582
48. 김해갑	7,269	2,666	4,603	4,999	4,999			12,268	9,602
50. 울산동구	2,597	783	1,814	2,100	2,100	374	374	5,071	4,288
계	258,145	111,447	146,698	164,663	164,663	3,718	3,718	426,526	315,079

⟨표 13-5⟩의 결과를 사용하여 표더하기 조작표수의 비를 구하면 다음과 같다.

$$\alpha = \text{표더하기 조작표수} \div \text{조작전 관외사전투표 총 득표수}$$
$$= \frac{111{,}447}{315{,}082} = 0.3537$$

조작전 관외사전투표 총 득표수의 35%가 유령표 수로 더불어민주당 후보에게 첨가되었다. 표더하기 조작표수의 비 α의 역수를 취하면

$$n = \frac{1}{\alpha} = \frac{1}{0.3537} = 2.83 \doteq 3$$

위의 수치가 나타내는 의미는 유권자가 투표한 3표 당 1표의 유령표가 더불어민주당 후보에게 첨가되는 의미로 해석할 수 있다. 또는 관외사전투표 첫째날 누계투표수의 $\frac{1}{3}$이 유령표로 더불어민주당 후보에게 첨가되고, 둘째날 누계투표수의 $\frac{1}{3}$도 유령표로 더불어민주당 후보에게 첨가된다고 해석할 수 있다. 총 32개 선거구 당 평균 조작득표수는 3,483표이다. 위의 결과를 요약하면 다음 표와 같다.

<표 13-6> 관외사전투표 32개 선거구에 대한 표더하기 조작표수 비와 조작 방법.

α, n, 평균 조작표수	내용
표더하기 조작표수 비 (α)	• $\alpha = \dfrac{111{,}447}{315{,}081} = 0.3537$ • 조작전 관외사전투표 총 득표수의 35%를 더불어민주당 후보에서 첨가하는 조작 • 조작전 관외사전투표 총 득표수의 35%를 보정값이라고 추정
조작방법	• $n = \dfrac{1}{\alpha} \doteq 2.83 \doteq 3$ • 유권자가 투표한 3표 당 1표의 유령표를 더불어민주당 후보에게 첨가하는 조작 • 사전투표 첫째날 누적투표수의 $\dfrac{1}{3}$에 해당하는 유령표와 둘째날 누적투표수의 $\dfrac{1}{3}$에 해당하는 유령표를 더불어민주당 후보에게 첨가하는 조작
선거구 당 평균 조작표수	$\bar{n} = \dfrac{111{,}447}{50} = 3483$ /선거구

표버리기 조작표수 산출

표버리기 조작이 적용된 18개 선거구에 대한 선거구별 표버리기 조작표수와 후보별 조작 전과후의 득표수 및 관외사전투표 총 득표수를 산출하면 〈표 13-7〉과 같다.

<표 13-7> 당일투표에서는 국민의힘 후보가 승리하나 최종 선거구투표에서 패한 50개 선거구 중 관외사전투표에서 표버리기 조작이 적용되었다고 추정되는 18개 선거구에 대한 표버리기 조작표수

득표수	더불어민주당 후보		국민의힘 후보			기타 후보		총 득표수	
	선관위 발표	조작전	선관위 발표	조작 표수	조작전	선관위 발표	조작전	선관위 발표	조작전
1. 종로구	5,929	5,929	3,829	-3,380	7,209	611	611	10,369	13,749
3. 성동을	8,190	8,190	5,773	-4,483	10,256	114	114	14,077	18,560
5. 광진을	7,348	7,348	4,802	-4,228	9,030	128	128	12,278	16,506
6. 동대문갑	9,273	9,273	5,386	-4,568	9,954	500	500	15,159	19,727
13. 영등포을	7,295	7,295	4,870	-4,520	9,390	126	126	12,291	16,811
16. 강동갑	9,178	9,178	6,065	-5,361	11,426	385	385	15,628	20,989
17. 강동을	10,657	10,657	6,116	-5,301	11,417	412	412	17,185	22,486
20. 용산정	11,352	11,352	7,418	-6,269	13,687	451	451	19,221	25,490
22. 경기안성	5,011	5,011	3,789	-1,827	5,616	231	231	9,031	10,858
31. 연수갑	5,964	5,964	3,674	-2,719	6,393	199	199	9,837	12,556
34. 춘천갑	7,280	7,280	3,823	-3,778	7,601	350	350	11,453	15,231
36. 대전동구	7,792	7,792	4,133	-4,188	8,321	287	287	12,212	16,400
39. 청주상당	6,426	6,426	4,015	-2,638	6,653	318	318	10,759	13,397
41. 청주흥덕	8,115	8,115	5,663	-2,666	8,329	615	615	14,393	17,059
42. 천안갑	8,623	8,623	4,771	-4,929	9,700	371	371	13,765	18,694
43. 공주부여	6,401	6,401	4,167	-3,586	7,753	161	161	10,729	14,315
44. 논산계룡	6,367	6,367	4,239	-3,105	7,344	296	296	10,902	14,007
49. 부산북구갑	4,733	4,733	2,863	-2,103	4,966	101	101	7,697	9,800
계	135,934	135,934	85,396	-69,649	155,045	5,656	5,656	226,986	296,635

⟨표 13-7⟩로 부터 조작전 관외사전 총 투표수 대비 표버리기 조작표수의 비로 정의되는 β 값을 구하면

$$\beta = \text{표버리기 조작표수} \div \text{조작전 관외사전투표 총 득표수} = \frac{69{,}649}{296{,}635} = 0.2348$$

조작전 관외사전 총 투표수의 23.5%를 국민의힘 후보의 득표수로 부터 제거하는 조작이 실행되었다고 추정할 수 있다. 선거구 당 제거한 표버리기 조작표수의 평균 값을 산출하면

$$\text{선거구 당 평균 표버리기 조작득표수} = \frac{69{,}649}{18} = 3{,}869 \text{ / 선거구}$$

Chapter 14

전국 254개 선거구의 관내사전투표에 대한 조작표수 산출

전국 254개 선거구를 서울, 경기, 인천·강원·충청, 제주·호남 및 영남의 5개 권역으로 구분한 후, 각 권역에 대한 조작표수를 산출하여보자. 분석할 각 권역별 선거구 수는 다음 표와 같다.

	서울권역	경기권역	인천·강원·충청권역	제주·호남권역	영남권역
선거구 수	48	60	50	31	65

14-1. 서울권역 48개 선거구의 관내사전투표에 대한 조작표수 산출

〈표 14-1〉은 서울권역 48개 선거구의 후보별 관내사전득표율-당일득표율 차이가 나타내는 (+), (0) 및 (−)의 결과이다. 더불어민주당 후보인 경우 48개 선거구 모두에서 관내사전득표율-당일득표율 차이가 (+)로 나타난다. 국민의힘 후보인 경우 48개 선거구 모두에서, 기타 후보는 출마 후보 모두에서 관내사전득표율-당일득표율 차이가 (−)로 나타난다. 이 결과로 부터 서울권역 48개 선거구의 관내사전투표 결과는 표더하기 조작에 의하여 오염된 결과라고 추정할 수 있다.

    서울권역 48개 선거구의 관내사전투표에 대한 조작 메커니즘을 함수관계로 부터 규명하여보자. 그림 14-1은 서울권역 48개 선거구에 대한 후보별 당일득표율 대비 관내사전득표율 사이의 함수관계 그래프이다. 더불어민주당 후보, 국민의힘 후보 및 기타 후보에 대한 당일득표율과 관내사전득표율 사이의 함수관계는 선형함수이며 다음 식으로 표현할 수 있다.

$$더불어민주당\ 후보 : x_B = 0.77 x_A + 0.23 \tag{14-1a}$$

$$국민의힘\ 후보 : y_B = 0.77 y_A \tag{14-1b}$$

$$기타\ 후보 : z_B = 0.77 z_A \tag{14-1c}$$

전형적인 표더하기 조작 메커니즘에 대한 함수관계식이다. 따라서 〈표 14-1〉과 그림 14-1의 결과를 종합하여 서울권역 48개 선거구의 후보별 관내사전투표는 표더하기 조

<표 14-1> 서울권역 48개 선거구에 대한 후보별 관내사전율-당일 득표율 차이

	관내사전득표율 - 당일득표율								관내사전득표율 - 당일득표율					
	더불어민주당 후보			국민의힘 후보			기타 후보				더불어민주당 후보			국민의힘 후보			기타 후보		
	+	0	−	+	0	−	+	0	−		+	0	−	+	0	−	+	0	−
1. 종로	+					−			−	25. 양천갑	+					−			
2. 성동갑	+					−				26. 양천을	+					−			
3. 성동을	+					−				27. 강서갑	+					−			
4. 용산	+					−				28. 강서을	+					−			
5. 광진갑	+					−				29. 강서병	+					−			
6. 광진을	+					−				30. 구로갑	+					−			
7. 동대문갑	+					−				31. 구로을	+					−			
8. 동대문을	+					−				32. 금천	+					−			
9. 중랑갑	+					−				33. 영등포갑	+					−			−
10. 중랑을	+					−				34. 영등포을	+					−			
11. 성북갑	+					−				35. 동작갑	+					−			
12. 성북을	+					−				36. 동작을	+					−			
13. 강북갑	+					−				37. 관악갑	+					−			
14. 강북을	+					−			−	38. 관악을	+					−			
15. 도봉갑	+					−				39. 서초갑	+					−			
16. 도봉을	+					−				40. 서초을	+					−			
17. 노원갑	+					−				41. 강남갑	+					−			
18. 노원을	+					−				42. 강남을	+					−			
19. 은평갑	+					−				43. 강남병	+					−			−
20. 은평을	+					−				44. 송파갑	+					−			
21. 서대문갑	+					−			−	45. 송파을	+					−			
22. 서대문을	+					−			−	46. 송파병	+					−			
23. 마포갑	+					−				47. 강동갑	+					−			
24. 마포을	+					−			−	48. 강동을	+					−			−

작에 의한 결과라고 결론지을 수 있다. 각 선거구의 선거동별 결과를 사용한 당일득표율 대비 관내사전득표율 사이의 함수관계로 부터 관내사전투표가 표바꾸기 조작에 의하여 오염된 선거구도 있었다는 것을 밝혀 둔다. 그러나 대부분의 선거구에서 표더하기 조

작이 적용되었음을 감안하여 48개 선거구 모두에 대하여 표더하기 조작표수를 산출한다. 표더하기 조작표수 계산에 사용된 식은 식 (12-1e)로 다음과 같다.

$$\text{표더하기 조작표수} = \alpha N = \left(x_B - \frac{y_B}{y_A} x_A \right) \bar{N} \tag{12-1e}$$

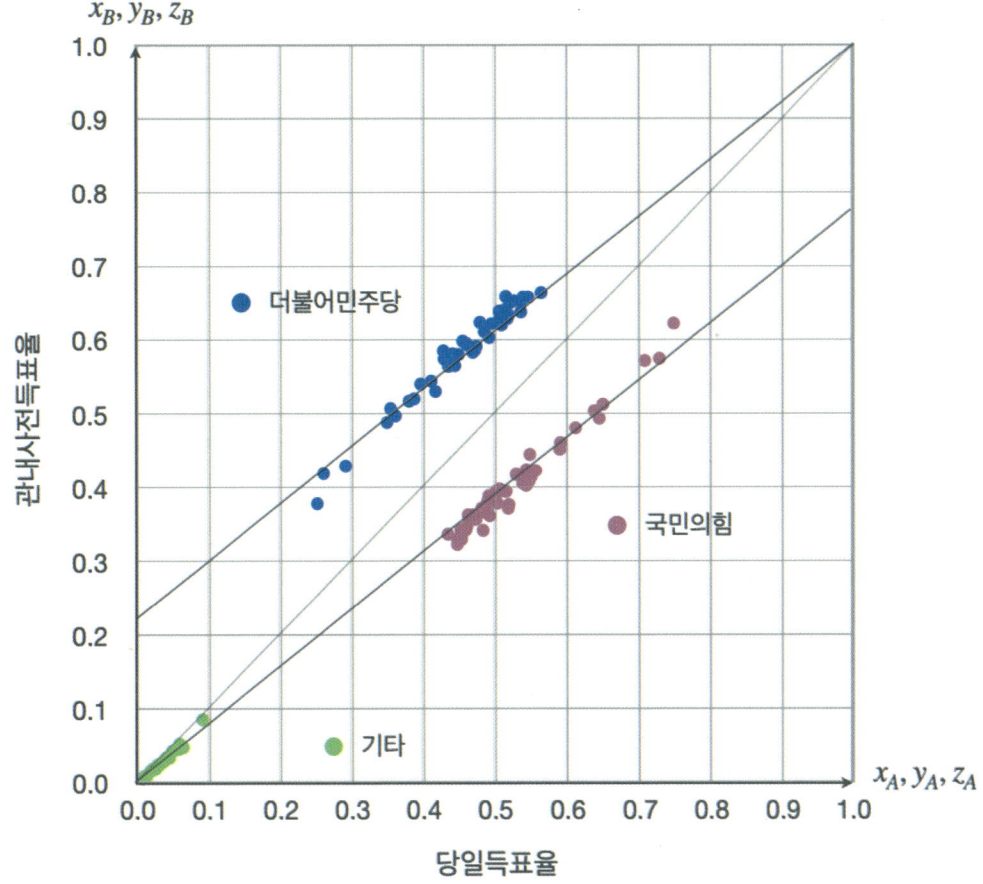

그림 14-1. 서울권역 48개 선거구에 대한 후보별
당일득표율 대비 관내사전득표율 사이의 함수관계
x, y, z : 더불어민주당, 국민의힘, 기타 후보 득표율. A : 당일투표, B : 관내사전투표

〈표 14-2〉는 선거구별 조작표수, 후보별 선관위 발표 득표수, 조작전후 득표수를 나타내고 있다. 〈표 14-2〉의 결과를 사용하여 조작전 관내사전 총 득표수 대비 조작표수 비 α와 더불어민주당 후보의 조작적 관내사전 총 득표수 대비 조작표수 비 및 국민의힘 후보의 조작전 관내사전 총 득표수 대비 조작표수의 비와 선거구 당 평균 조작표수를 구하면 다음과 같다.

$$\alpha = 표더하기\ 조작표수\ 비 = \frac{476{,}898}{1{,}507{,}641} = 0.3163$$

$$더불어민주당\ 후보의\ 조작전관내사전총득표수\ 대비\ 조작표수\ 비 = \frac{476{,}898}{689{,}923} = 0.6912$$

$$국민의힘\ 후보의\ 조작전관내사전총득표수\ 대비\ 조작표수\ 비 = \frac{476{,}898}{791{,}890} = 0.6022$$

$$선거구\ 당\ 평균\ 조작표수 = \frac{476{,}898}{48} = 9{,}935\ /선거구$$

<표 14-2a> 서울권역 48개 선거구의 관내사전투표에 대한 표더하기 조작표수, 조작전후 후보별 득표수 및 총 득표수

득표수	더불어민주당 후보			국민의힘 후보		기타 후보		총 득표수	
	선관위 발표	조작표수	조작전	선관위 발표	조작전	선관위 발표	조작전	선관위 발표	조작전
1. 종로구	20,450	9,778	10,672	12,973	12,973	1,542	1,542	34,965	25,187
2. 성동갑	26,824	11,278	15,546	18,288	18,288			45,112	33,834
3. 성동을	24,827	10,697	14,130	17,714	17,714	206	206	42,747	32,050
4. 용산	25,829	11,383	14,446	21,584	21,584	454	454	47,867	36,484
5. 광진갑	21,783	9,559	12,224	14,650	14,650			36,433	26,874
6. 광진을	22,814	9,573	13,241	16,257	16,257	300	300	39,371	29,798
7. 동대문갑	19,465	9,223	10,242	13,145	13,145	731	731	33,341	24,118
8. 동대문을	21,752	7,887	13,865	14,345	14,345			36,097	28,210
9. 중랑갑	25,285	8,737	16,548	12,807	12,807			38,092	29,355
10. 중랑을	28,605	10,794	17,811	16,540	16,540			45,145	34,351
11. 성북갑	31,133	13,029	18,104	16,943	16,943	2,262	2,262	50,338	37,309
12. 성북을	25,331	10,112	15,219	14,709	14,709			40,040	29,928
13. 강북갑	20,398	7,440	12,958	12,511	12,511			32,909	25,469
14. 강북을	16,486	6,538	9,948	10,183	10,183	1,455	1,455	28,124	21,586
15. 도봉갑	18,669	6,815	11,854	15,645	15,645	931	931	35,245	28,430
16. 도봉을	20,737	7,633	13,104	14,819	14,819			35,556	27,923
17. 노원갑	31,699	12,079	19,620	16,934	16,934			48,633	36,554
18. 노원을	32,931	12,894	20,037	16,569	16,569	895	895	50,395	37,501
19. 은평갑	36,766	13,790	22,976	19,134	19,134			55,900	42,110
20. 은평을	28,644	11,335	17,309	15,590	15,590	1,334	1,334	45,568	34,233

<표14-2>계

득표수	더불어민주당 후보			국민의힘 후보		기타 후보		총 득표수	
	선관위 발표	조작표 수	조작전	선관위 발표	조작전	선관위 발표	조작전	선관위 발표	조작전
21. 서대문갑	15,328	5,851	9,477	10,529	10,529	1,287	1,287	27,144	21,293
22. 서대문을	22,555	8,313	14,242	13,295	13,295			35,850	27,537
23. 마포갑	18,099	7,485	10,614	14,056	14,056	1,112	1,112	33,267	25,782
24. 마포을	25,367	11,232	14,135	13,782	13,782	3,656	3,656	42,805	31,573
25. 양천갑	28,218	12,545	15,673	20,080	20,080	863	863	49,161	36,616
26. 양천을	25,276	9,727	15,549	14,621	14,621			39,897	30,170
27. 강서갑	26,340	11,067	15,273	13,184	13,184	973	973	40,497	29,430
28. 강서을	25,558	11,374	14,184	15,382	15,382			40,940	29,566
29. 강서병	26,866	12,098	14,768	13,880	13,880			40,746	28,648
30. 구로갑	31,369	12,676	18,693	19,036	19,036			50,405	37,729
31. 구로을	22,232	8,718	13,514	11,542	11,542			33,774	25,056
32. 금천	30,580	10,537	20,043	17,352	17,352			47,932	37,395
33. 영등포갑	27,621	11,186	16,435	16,103	16,103	1,469	1,469	45,193	34,007
34. 영등포을	19,092	8,135	10,957	14,081	14,081	198	198	33,371	25,236
35. 동작갑	25,989	10,719	15,270	18,181	18,181	1,934	1,934	46,104	35,385
36. 동작을	21,744	9,065	12,679	20,037	20,037			41,781	32,716
37. 관악갑	35,092	14,778	20,314	19,797	19,797			54,889	40,111
38. 관악을	29,807	12,568	17,239	15,322	15,322	1,456	1,456	46,585	34,017
39. 서초갑	13,561	6,089	7,472	22,349	22,349			35,910	29,821
40. 서초을	20,727	9,682	11,045	20,154	20,154			40,881	31,199
41. 강남갑	11,256	5,110	6,146	14,998	14,998			26,254	21,144
42. 강남을	19,558	8,565	10,993	20,555	20,555			40,113	31,548
43. 강남병	11,770	5,752	6,018	16,126	16,126	201	201	28,097	22,345
44. 송파갑	21,848	9,365	12,483	19,428	19,428	961	961	42,237	32,872
45. 송파을	22,788	9,765	13,023	23,092	23,092			45,880	36,115
46. 송파병	31,386	12,860	18,526	22,706	22,706			54,092	41,232
47. 강동갑	30,622	12,572	18,050	22,437	22,437	904	904	53,963	41,391
48. 강동을	27,724	10,470	17,254	18,445	18,445	704	704	46,873	36,403
계	1,168,801	478,878	689,923	791,890	791,890	25,828	25,828	1,986,519	1,507,641

<표 14-3> 경기권역 60개 선거구에 대한 후보별 관내사전득표율-당일득표율 차이

선거구	관내사전득표율 - 당일득표율			선거구	관내사전득표율 - 당일득표율		
	더불어민주당 후보	국민의힘 후보	기타 후보		더불어민주당 후보	국민의힘 후보	기타 후보
1. 수원갑	+	−	−	31. 고양정	+	−	
2. 수원을	+	−		32. 의왕과천	+	−	
3. 수원병	+	−		33. 구리	+	−	−
4. 수원정	+	−		34. 남양주갑	+	−	
5. 수원무	+	−		35. 남양주을	+	−	
6. 성남수정	+	−		36. 남양주병	+	−	
7. 성남중원	+	−		37. 오산	+	−	
8. 성남분당갑	+	−	−	38. 시흥갑	+	−	−
9. 성남분당을	+	−		39. 시흥을	+	−	
10. 의정부갑	+	−	−	40. 군포	+	−	
11. 의정부을	+	−		41. 하남갑	+	−	
12. 안양만안	+	−		42. 하남을	+	−	−
13. 안양동안갑	+	−		43. 용인갑	+	−	
14. 안양동안을	+	−		44. 용인을	+	−	
15. 부천갑	+	−		45. 용인병	+	−	
16. 부천을	+	−	−	46. 용인정	+	−	
17. 부천병	+	−	−	47. 파주갑	+	−	
18. 광명갑	+	−		48. 파주을	+	−	
19. 광명을	+	−		49. 이천	+	−	
20. 평택갑	+	−	−	50. 안성	+	−	−
21. 평택을	+	−		51. 김포갑	+	−	
22. 평택병	+	−	−	52. 김포을	+	−	
23. 양주안천갑	+	−		53. 화성갑	+	−	
24. 양주연천을	+	−		54. 화성을	+	−	−
25. 안산갑	+	−		55. 화성병	+	−	
26. 안산을	+	−	−	56. 화성정	+	−	−
27. 안산병	+	−	−	57. 광주갑	+	−	
28. 고양갑	+	−	−	58. 광주을	+	−	
29. 고양을	+	−	−	59. 포천·가평	+	−	−
30. 고양병	+	−		60. 여주·양평	+	−	

14-2. 경기권역 60개 선거구의 관내사전투표에 대한 조작표수 산출

〈표 14-3〉은 경기권역 60개 선거구의 후보별 관내사전득표율-당일득표율 차이가 나타내는 (+), (0) 및 (−)의 결과이다. 더불어민주당 후보인 경우 60개 선거구 모두에서 관내사전득표율-당일득표율 차이가 (+)로 나타난다. 국민의힘 후보인 경우 60개 선거구 모두에서, 기타 후보는 출마 후보 모두에서 관내사전득표율-당일득표율 차이가 (−)로 나타난다. 이 결과로 부터 경기권역 60개 선거구의 관내사전투표 결과는 표더하기 조작에 의하여 변형되었다고 추정할 수 있다.

경기권역 60개 선거구의 관내사전투표에 대한 조작 메커니즘을 당일득표율과 관내사전득표율 사이의 함수관계로 부터 규명하여보자. 그림 14-2는 경기권역 60개 선거구에 대한 후보별 당일득표율 대비 관내사전득표율 사이의 함수관계 그래프이다.

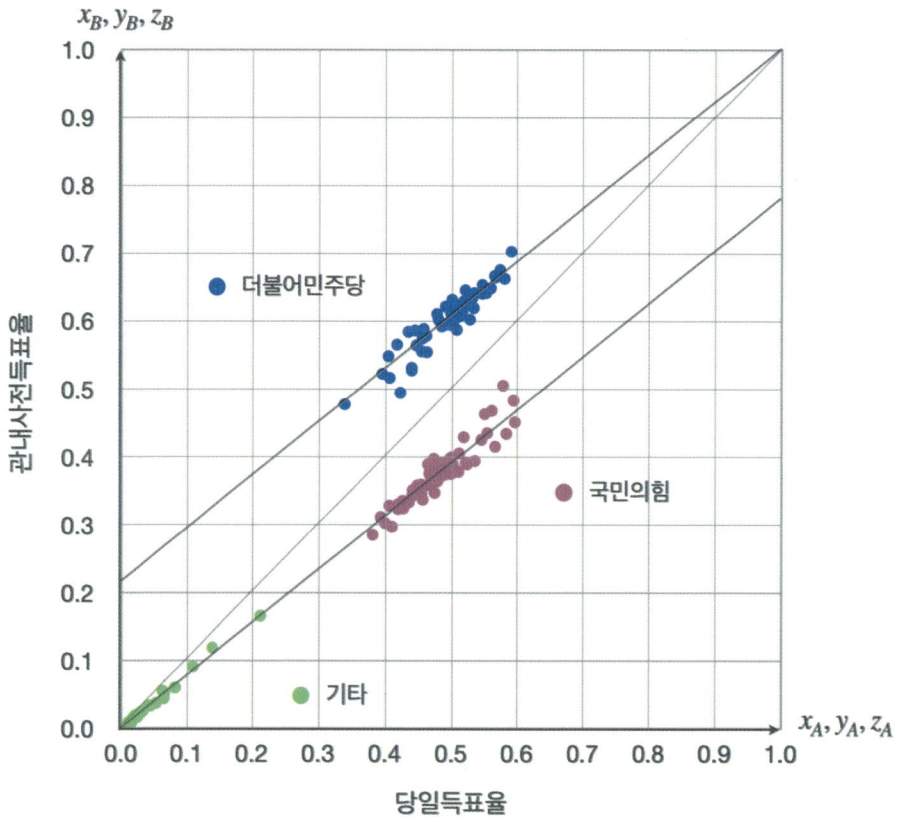

그림 14-2. 경기권역 60개 선거구에 대한 후보별
당일득표율 대비 관내사전득표율 사이의 함수관계
x, y, z : 더불어민주당, 국민의힘, 기타 후보 득표율. A : 당일투표, B : 관내사전투표

더불어민주당 후보, 국민의힘 후보 및 기타 후보에 대한 당일득표율과 관내사전투표 사이의 함수관계는 선형함수이며 다음 식으로 표현된다.

$$더불어민주당\ 후보: x_B = 0.78 x_A + 0.22 \qquad (14\text{-}2a)$$

$$국민의힘\ 후보: y_B = 0.78 y_A \qquad (14\text{-}2b)$$

$$기타\ 후보: z_B = 0.78 z_A \qquad (14\text{-}2c)$$

위의 함수식은 전형적인 표더하기 조작 메커니즘에 대한 함수관계식이다. 세 후보에 대한 함수식의 기울기는 0.78로 동일하여 서로 평행하다. 더불어민주당 후보에 대한 함수식의 세로축 절편은 0.22로 0보다 크고, 국민의힘 후보와 기타 후보에 대한 함수식의 세로축 절편은 0이며 원점을 지난다. 이 결과로 부터 경기권역 60개 선거구의 관내사전투표 결과는 표더하기 조작에 의하여 오염된 결과라고 결론지을 수 있다. 따라서 경기권역 60개 선거구의 관내사전투표에 대한 조작득표수는 식 (12-1e)으로 산출한다. 〈표 14-4〉는 선거구별 조작표수, 후보별 선관위 발표 득표수, 조작전후 득표수를 나타내고 있다.

〈표 14-4〉의 결과를 사용하여 조작전 관내사전 총 득표수 대비 조작표수의 비 α, 더불어민주당 후보의 조작전 관내사전 총 득표수 대비 조작표수의 비와 선거구 당 평균 조작표수를 구하면 다음과 같다.

$$\alpha = 표더하기\ 조작표수\ 비 = \frac{557{,}000}{2{,}003{,}084} = 0.2781$$

더불어민주당 후보의 조작전관내사전총득표수 대비 조작표수 비 $= \dfrac{557{,}000}{991{,}968} = 0.5615$

국민의힘 후보의 조작전관내사전총득표수 대비 조작표수 비 $= \dfrac{557{,}000}{958{,}304} = 0.5812$

$$선거구\ 당\ 평균\ 조작표수 = \frac{557{,}000}{60} = 9{,}283\ /선거구$$

<표 14-4> 경기권역 60개 선거구의 관내사전투표에 대한 표더하기 조작표수, 조작전후 후보별 득표수 및 총 득표수

득표수	더불어민주당 후보			국민의힘 후보		기타 후보		총 득표수	
	선관위 발표	조작표수	조작전	선관위 발표	조작전	선관위 발표	조작전	선관위 발표	조작전
1. 수원갑	27,153	8,828	18,325	16,770	16,770	801	801	44,724	35,896
2. 수원을	28,425	10,142	18,283	13,622	13,622			42,047	31,905
3. 수원병	22,884	8,013	14,871	14,686	14,686			37,570	29,557
4. 수원정	23,911	9,150	14,761	17,645	17,645			41,556	32,406
5. 수원무	30,972	10,107	20,865	17,328	17,328			48,300	38,193
6. 성남수정	32,522	11,365	21,157	18,732	18,732			51,254	39,889
7. 성남중원	27,679	8,832	18,847	15,137	15,137			42,816	33,984
8. 성남분당갑	31,085	13,775	17,310	25,537	25,537			56,622	42,847
9. 성남분당을	26,046	11,752	14,294	19,937	19,937			45,983	34,231
10. 의정부갑	24,089	7,829	16,260	15,811	15,811	554	554	40,454	32,625
11. 의정부을	28,063	9,538	18,525	17,943	17,943			46,006	36,468
12. 안양만안	32,099	10,865	21,234	19,965	19,965			52,064	41,199
13. 안양동안갑	22,163	8,118	14,045	13,014	13,014			35,177	27,059
14. 안양동안을	21,470	8,673	12,797	14,144	14,144			35,614	26,941
15. 부천갑	31,524	11,086	20,438	15,755	15,755			47,279	36,193
16. 부천을	32,490	12,148	20,342	17,152	17,152	2,782	2,782	52,424	40,276
17. 부천병	33,461	11,846	21,615	18,720	18,720	3,671	3,671	55,852	44,006
18. 광명갑	20,594	7,429	13,165	11,460	11,460			32,054	24,625
19. 광명을	20,960	7,626	13,334	11,099	11,099			32,059	24,433
20. 평택갑	19,327	5,810	13,517	11,862	11,862			31,189	25,379
21. 평택을	16,591	5,541	11,050	10,892	10,892			27,483	21,942
22. 평택병	19,125	6,830	12,295	12,063	12,063	1,043	1,043	32,231	25,401
23. 양주안천갑	31,115	9,779	21,336	16,800	16,800			47,915	38,136
24. 양주연천을	15,494	3,957	11,537	15,833	15,833			31,327	27,370
25. 안산갑	19,912	6,675	13,237	12,461	12,461			32,373	25,698
26. 안산을	24,216	8,499	15,717	12,756	12,756	1,731	1,731	38,703	30,204
27. 안산병	20,610	5,708	14,902	13,626	13,626	796	796	35,032	29,324
28. 고양갑	25,445	10,242	15,203	15,135	15,135	8,097	8,097	48,677	38,435
29. 고양을	35,450	12,304	23,146	17,148	17,148	562	562	53,160	40,856
30. 고양병	32,738	13,719	19,019	20,809	20,809			53,547	39,828

<표14-4>계속

득표수	더불어민주당 후보			국민의힘 후보		기타 후보		총 득표수	
	선관위 발표	조작표수	조작전	선관위 발표	조작전	선관위 발표	조작전	선관위 발표	조작전
31. 고양정	32,412	13,487	18,925	19,698	19,698			52,110	38,623
32. 의왕과천	30,752	10,721	20,031	20,932	20,932			51,684	40,963
33. 구리	21,967	7,542	14,425	13,975	13,975	833	833	36,775	29,233
34. 남양주갑	20,716	8,263	12,453	10,789	10,789	4,276	4,276	35,781	27,518
35. 남양주을	24,149	9,790	14,359	12,610	12,610	651	651	37,410	27,620
36. 남양주병	27,398	10,115	17,283	16,188	16,188	1,167	1,167	44,753	34,638
37. 오산	22,970	7,187	15,783	12,807	12,807			35,777	28,590
38. 시흥갑	32,922	11,182	21,740	16,300	16,300	297	297	49,519	38,337
39. 시흥을	27,701	9,919	17,782	15,168	15,168	1,427	1,427	44,296	34,377
40. 군포	34,862	12,853	22,009	20,453	20,453			55,315	42,462
41. 하남갑	19,699	7,490	12,209	15,169	15,169			34,868	27,378
42. 하남을	15,533	6,336	9,197	9,859	9,859	987	987	26,379	20,043
43. 용인갑	27,185	9,313	17,872	19,054	19,054	2,686	2,686	48,925	39,612
44. 용인을	31,834	13,402	18,432	17,506	17,506	1,051	1,051	50,391	36,989
45. 용인병	31,575	14,395	17,180	22,382	22,382			53,957	39,562
46. 용인정	31,510	13,947	17,563	21,135	21,135	995	995	53,640	39,693
47. 파주갑	29,383	11,524	17,859	12,428	12,428			41,811	30,287
48. 파주을	24,953	8,316	16,637	16,545	16,545			41,498	33,182
49. 이천	24,278	7,568	16,710	21,372	21,372			45,650	38,082
50. 안성	22,475	6,986	15,489	17,378	17,378	677	677	40,530	33,544
51. 김포갑	22,205	7,644	14,561	14,472	14,472			36,677	29,033
52. 김포을	25,982	8,333	17,649	16,649	16,649			42,631	34,298
53. 화성갑	28,592	7,618	20,974	18,823	18,823			47,415	39,797
54. 화성을	18,002	8,313	9,689	5,983	5,983	13,698	13,698	37,683	29,370
55. 화성병	25,974	7,617	18,357	12,849	12,849	352	352	39,175	31,558
56. 화성정	22,360	8,693	13,667	10,228	10,228	3,258	3,258	35,846	27,153
57. 광주갑	21,995	7,495	14,500	13,791	13,791			35,786	28,291
58. 광주을	19,949	7,406	12,543	12,662	12,662			32,611	25,205
59. 포천·가평	23,612	7,086	16,526	20,693	20,693	420	420	44,725	37,639
60. 여주·양평	28,411	10,273	18,138	26,564	26,564			54,975	44,702
계	1,548,969	557,000	991,969	958,304	958,304	52,812	52,812	2,560,085	2,003,085

<표 14-5> 인천·강원·충청권역 50개 선거구에 대한 후보별 관내사전득표율-당일득표율 차이

		관내사전득표율 - 당일득표율									관내사전득표율 - 당일득표율						
		더불어민주당 후보			국민의힘 후보			기타 후보					더불어민주당 후보			국민의힘 후보			기타 후보		
		+	0	−	+	0	−	+	0	−			+	0	−	+	0	−	+	0	−
인천	1. 강화옹진	+					−			−	대전	26. 서구을	+					−			−
	2. 미추홀갑	+					−					27. 유성갑	+					−			−
	3. 미추홀을	+					−					28. 유성을	+					−			
	4. 연수갑	+					−			−		29. 대덕	+					−			−
	5. 연수을	+					−				세종	30. 세종갑	+					−			
	6. 남동갑	+					−			−		31. 세종을	+					−			
	7. 남동을	+					−				충북	32. 청주상당	+					−			
	8. 부평갑	+					−					33. 청주서원	+					−			
	9. 부평을	+					−			−		34. 청주흥덕	+					−			−
	10. 계양갑	+					−					35. 청주청원	+					−			
	11. 계양을	+					−			−		36. 충주	+					−			
	12. 서구갑	+					−					37. 제천단양	+					−			−
	13. 서구을	+					−					38. 보은괴산	+					−			
	14. 서구병	+					−			−		39. 증평음성	+					−			
강원	15. 춘천양구갑	+					−				충남	40. 천안갑	+					−			−
	16. 춘천양구을	+					−					41. 천안을	+					−			
	17. 원주갑	+					−					42. 천안병	+					−			
	18. 원주을	+					−					43. 공주청양	+					−			
	19. 강릉	+					−			−		44. 보령서천	+					−			
	20. 동해정선	+					−					45. 아산갑	+					−			
	21. 속초양양	+					−					46. 아산을	+					−			
	22. 홍천평창	+					−					47. 서산태안	+					−			
대전	23. 동구	+					−			−		48. 논산금산	+					−			
	24. 중구	+					−					49. 당산	+					−			
	25. 서구갑	+					−			−		50. 홍성예산									

14-3. 인천·강원·충청권역 50개 선거구의 관내사전투표에 대한 조작표수 산출

〈표 14-5〉는 인천·강원·충청권역 50개 선거구의 후보별 관내사전득표율−당일득표율 차이가 나타내는 (+), (0) 및 (−)의 결과이다. 더불어민주당 후보인 경우 50개 모든 선거구에서 관내사전득표율−당일득표율 차이가 (+)로 나타나며, 국민의힘 후보인 경우 50개 선거구 모두에서 차이가 (−)로 나타난다. 기타 후보인 경우 50개 선거구 중 28개 선거구에 출마하였으며, 출마한 모든 선거구에서 관내사전득표율−당일득표율 차이가 (−)로 나타난다. 따라서 인천·강원·충청권역 50개 선거구의 관내사전투표는 표더하기 조작에 의하여 오염된 선거라고 추정할 수 있다.

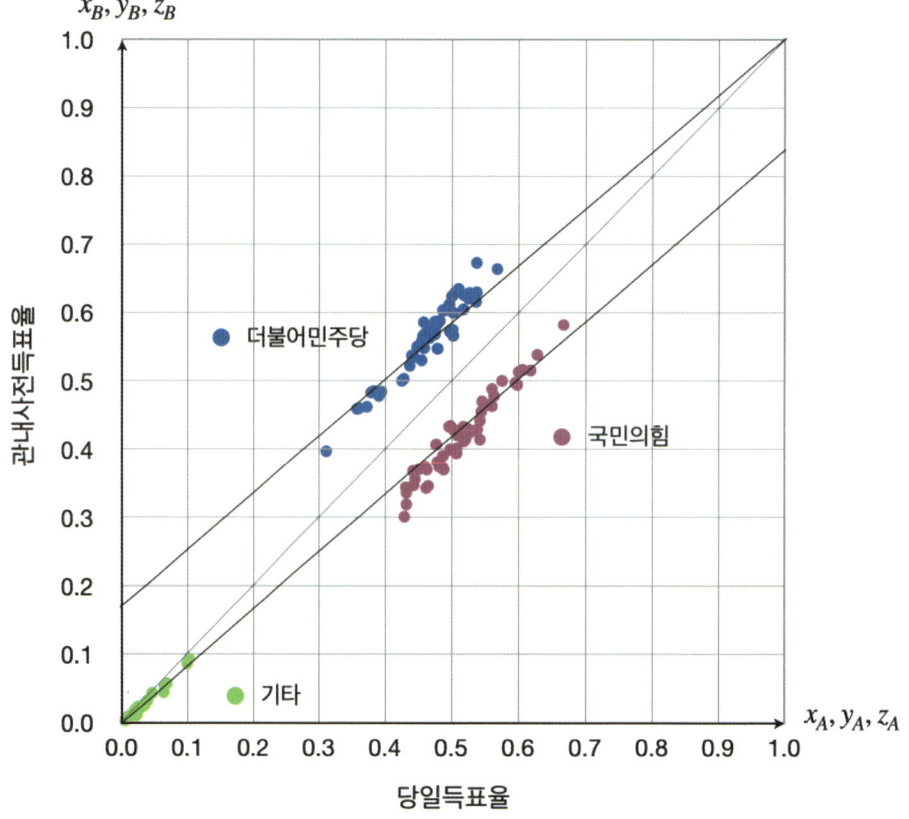

그림 14-3. 인천·강원·충청권역 50개 선거구에 대한 후보별 당일득표율 대비 관내사전득표율 사이의 함수관계.
x, y, z : 더불어민주당, 국민의힘, 기타 후보 득표율. A : 당일투표, B : 관내사전투표

인천·강원·충청권역 50개 선거구의 관내사전투표에 대한 조작 메커니즘을 당일득표율 대비 관내사전득표율 사이의 함수관계로 부터 규명하여보자. 그림 14-3은 인천·강원·충청권역 50개 선거구에 대한 후보별 당일득표율 대비 관내사전득표율 사이의 함수관계 그래프이다. 더불어민주당 후보, 국민의힘 후보 및 기타 후보에 대한 함수관계는 선형함수이며 다음 식으로 표현된다.

$$x_B = 0.83x_A + 0.27 \qquad (14-3a)$$
국민의힘 후보 : $y_B = 0.83y_A \qquad (14-3b)$
기타 후보 : $z_B = 0.83z_A \qquad (14-3c)$

위의 함수식은 전형적인 표더하기 조작 메커니즘에 대한 함수관계식이다. 세 후보에 대한 함수식의 기울기는 0.83로 동일하여 서로 나란하다. 더불어민주당 후보에 대한 함수식의 세로축 절편은 0.17로 0보다 크고, 국민의힘 후보와 기타 후보에 대한 함수식의 세로축 절편은 0이며 원점을 지난다. 이 결과로 부터 인천·강원·충청권역 50개 선거구의 관내사전투표 결과는 표더하기 조작에 의하여 변형된 결과라고 결론지을 수 있다. 따라서 인천·강원·충청권역 50개 선거구의 관내사전투표에 대한 조작득표수는 식 (12-1e)

<표 14-6> 인천·강원·충청권역 50개 선거구의 관내사전투표에 대한 표더하기 조작표수, 조작전후 후보별 득표수 및 총 득표수

	득표수	더불어민주당 후보			국민의힘 후보		기타 후보		총 득표수	
		선관위 발표	조작표수	조작전	선관위 발표	조작전	선관위 발표	조작전	선관위 발표	조작전
인천	1. 강화옹진	27,554	8,332	19,222	29,573	29,573	516	516	57,643	49,311
	2. 미추홀갑	28,812	7,512	21,300	21,569	21,569			50,381	42,869
	3. 미추홀을	22,894	5,941	16,953	20,277	20,277			43,171	37,230
	4. 연수갑	25,096	7,773	17,323	18,535	18,535	518	518	44,149	36,376
	5. 연수을	21,166	8,513	12,653	14,931	14,931			36,097	27,584
	6. 남동갑	25,739	8,337	17,402	14,783	14,783	954	954	41,476	33,139
	7. 남동을	29,932	10,463	19,469	19,817	19,817			49,749	39,286
	8. 부평갑	29,220	9,590	19,630	19,513	19,513			48,733	39,143
	9. 부평을	26,178	8,852	17,326	16,018	16,018	4,328	4,328	46,524	37,672
	10. 계양갑	17,307	5,521	11,786	10,181	10,181			27,488	21,967
	11. 계양을	18,669	6,924	11,745	12,180	12,180	92	92	30,941	24,017
	12. 서구갑	23,980	6,606	17,374	14,332	14,332	609	609	38,921	32,315
	13. 서구을	22,207	7,949	14,258	13,268	13,268			35,475	27,526
	14. 서구병	25,615	8,994	16,621	14,147	14,147	953	953	40,715	31,721

<표 14-6>계속

득표수		더불어민주당 후보			국민의힘 후보		기타 후보		총 득표수	
		선관위 발표	조작표수	조작전	선관위 발표	조작전	선관위 발표	조작전	선관위 발표	조작전
강원	15. 춘천양구갑	30,197	10,484	19,713	20,627	20,627	869	869	51,693	41,209
	16. 춘천양구을	12,432	4,304	8,128	13,420	13,420	1,169	1,169	27,021	22,717
	17. 원주갑	20,552	6,635	13,917	17,751	17,751			38,303	31,668
	18. 원주을	21,493	7,480	14,013	15,201	15,201			36,694	29,214
	19. 강릉	24,343	8,802	15,541	24,890	24,890	1,141	1,141	50,374	41,572
	20. 동해정선	21,895	6,932	14,963	32,139	32,139	1,146	1,146	55,180	48,248
	21. 속초양양	19,068	6,546	12,522	20,209	20,209			39,277	32,731
	22. 홍천평창	22,173	6,878	15,295	25,817	25,817			47,990	41,112
대전	23. 동구	26,269	9,457	16,812	17,940	17,940	545	545	44,754	35,297
	24. 중구	25,683	9,120	16,563	19,166	19,166			44,849	35,729
	25. 서구갑	25,940	8,733	17,207	16,679	16,679	1,977	1,977	44,596	35,863
	26. 서구을	25,604	9,720	15,884	15,866	15,866	934	934	42,404	32,684
	27. 유성갑	21,185	8,530	12,655	11,552	11,552	646	646	33,383	24,853
	28. 유성을	24,324	10,699	13,625	10,881	10,881	912	912	36,117	25,418
	29. 대덕	18,499	6,622	11,877	12,469	12,469	1,732	1,732	32,700	26,078
세종	30. 세종갑		11,388		17,449	17,449	29,650	18,262	47,099	35,711
	31. 세종을	20,139	8,218	11,921	10,296	10,296			30,435	22,217
충북	32. 청주상당	20,125	4,737	15,388	15,919	15,919	723	723	36,767	32,030
	33. 청주서원	21,083	6,746	14,337	15,810	15,810			36,893	30,147
	34. 청주흥덕	25,692	8,784	16,908	17,353	17,353	1,406	1,406	44,451	35,667
	35. 청주청원	16,553	3,757	12,796	12,682	12,682			29,235	25,478
	36. 충주	26,401	8,152	18,249	22,954	22,954			49,355	41,203
	37. 제천단양	18,794	6,572	12,222	18,643	18,643	3,533	3,533	40,970	34,398
	38. 보은괴산	24,471	6,385	18,086	24,484	24,484			48,955	42,570
	39. 증평음성	28,604	9,958	18,646	20,061	20,061			48,665	38,707
충남	40. 천안갑	21,794	6,502	15,292	17,194	17,194	758	758	39,746	33,244
	41. 천안을	19,003	5,653	13,350	11,627	11,627	792	792	31,422	25,769
	42. 천안병	17,907	7,245	10,662	9,753	9,753	744	744	28,404	21,159
	43. 공주청양	29,907	10,036	19,871	24,030	24,030	412	412	54,349	44,313
	44. 보령서천	21,185	5,478	15,707	20,560	20,560	381	381	42,126	36,648
	45. 아산갑	15,520	3,978	11,542	10,979	10,979	469	469	26,968	22,990
	46. 아산을	17,448	5,843	11,605	8,846	8,846			26,294	20,451
	47. 서산태안	31,250	9,040	22,210	28,628	28,628			59,878	50,838
	48. 논산금산	26,713	9,157	17,556	20,227	20,227	900	900	47,840	38,683
	49. 당산	21,290	7,559	13,731	16,019	16,019			37,309	29,750
	50. 홍성예산	20,297	6,231	14,066	21,661	21,661			41,958	35,727
	계	1,128,202	383,668	755,922	878,906	878,906	58,809	58,809	2,065,917	1,682,249

을 사용하여 산출한다. 〈표 14-6〉은 선거구별 조작표수, 후보별 선관위 발표 득표수, 조작전후 득표수를 나타내고 있다.

인천·강원·충청권역 50개 선거구의 관내사전투표 중 몇 곳의 선거구에서는 표바꾸기 조작이 실행되었으나, 대부분 선거구에서는 표더하기 조작이 실행되었다. 따라서 〈표 14-6〉의 50개 선거구의 관내사전투표에 대한 조작은 표더하기 조작으로 고려하여 조작표수를 산출한다. 〈표 14-6〉의 결과를 사용하여 조작전 관내사전 총 득표수 대비 조작표수의 비 α, 더불어민주당 후보의 조작전 관내사전 총 득표수 대비 조작표수의 비와 선거구 당 평균 조작표수를 구하면 다음과 같다.

$$\alpha = 표더하기\ 조작표수\ 비 = \frac{383,668}{1,692,7434} = 0.2267$$

$$더불어민주당\ 후보의\ 조작전\ 총\ 득표수\ 대비\ 조작표수\ 비 = \frac{383,668}{755,0228} = 0.5082$$

$$국민의힘\ 후보의\ 조작전\ 총\ 득표수\ 대비\ 조작표수\ 비 = \frac{383,668}{878,912} = 0.4365$$

$$선거구\ 당\ 평균\ 조작표수 = \frac{383,668}{50} = 7,673\ /선거구$$

14-4. 제주·광주·호남권역 31개 선거구의 관내사전투표에 대한 조작표수 산출

〈표 14-7〉는 제주·광주·호남권역 31개 선거구의 후보별 관내사전득표율-당일득표율 차이가 나타내는 (+), (0) 및 (-)의 결과이다. 더불어민주당 후보인 경우 총 31개 선거구에서 관내사전득표율-당일득표율 차이가 (+)로 나타나며, 국민의힘 후보인 경우 모든 선거구에서 차이가 (-)로 나타난다. 기타 후보인 경우 총 31개 선거구 중 28개 선거구에서 (-)이며, 단지 3개 선거구에서만 (+)이다. 이 결과로 부터 제주·광주·호남권역 선거구에 대한 관내사전투표는 표더하기 조작에 의하여 오염된 투표라고 추정할 수 있다. 제주·광주·호남권역에 대한 표더하기 조작 메커니즘을 확인하기 위하여 당일득표율 대비 관내사전득표율 사이의 함수관계를 규명하여보자.

<표 14-7> 제주·광주·호남권역 31개 선거구에 대한 후보별 관내사전득표율-당일득표율 차이

		관내사전득표율 - 당일득표율									관내사전득표율 - 당일득표율						
		더불어민주당 후보			국민의힘 후보			기타 후보			더불어민주당 후보			국민의 힘 후보			기타 후보		
		+	0	−	+	0	−	+	0	−	+	0	−	+	0	−	+	0	−
제주	1. 제주갑	+					−				전북	17. 익산갑	+					−			
	2. 제주을	+								−		18. 익산을	+					−			
	3. 서귀포	+								−		19. 정읍고창	+					−			
광주	4. 동구남구갑	+					−			−		20. 남원순창	+					−			−
	5. 동구남구을	+					−			−		21. 완주무주	+					−			−
	6. 서구갑	+					−			−	전남	22. 목포	+					−			−
	7. 서구을	+					−			−		23. 여수갑	+					−			−
	8. 북구갑	+					−			−		24. 여수을	+					−			−
	9. 북구을	+					−			−		25. 순천구례갑	+					−			−
	10. 광산갑	+					−			−		26. 순천구례을	+					−			−
	11. 광산을	+					−			−		27. 나주화순	+					−			−
전북	12. 전주갑	+					−			−		28. 담양장성	+					−			−
	13. 전주을	+					−			−		29. 고흥강진	+					−			−
	14. 전주병	+					−			−		30. 해남진도	+					−			−
	15. 군산부안갑	+					−			−		31. 연암신안	+					−			−
	16. 군산부안을	+					−			−											

그림 14-4는 제주·광주·호남권역에 대한 후보별 당일득표율과 관내사전득표율 사이의 함수관계를 나타내고 있다. 함수관계는 선형함수이며 다음 식으로 표현할 수 있다.

$$\text{더불어민주당 후보}: x_B = 0.87 x_A + 0.15 \qquad (14\text{-}4\text{a})$$

$$\text{국민의힘 후보}: y_B = 0.87 y_A - 0.023 \qquad (14\text{-}4\text{b})$$

$$\text{기타 후보}: z_B = 0.87 z_A \qquad (14\text{-}4\text{c})$$

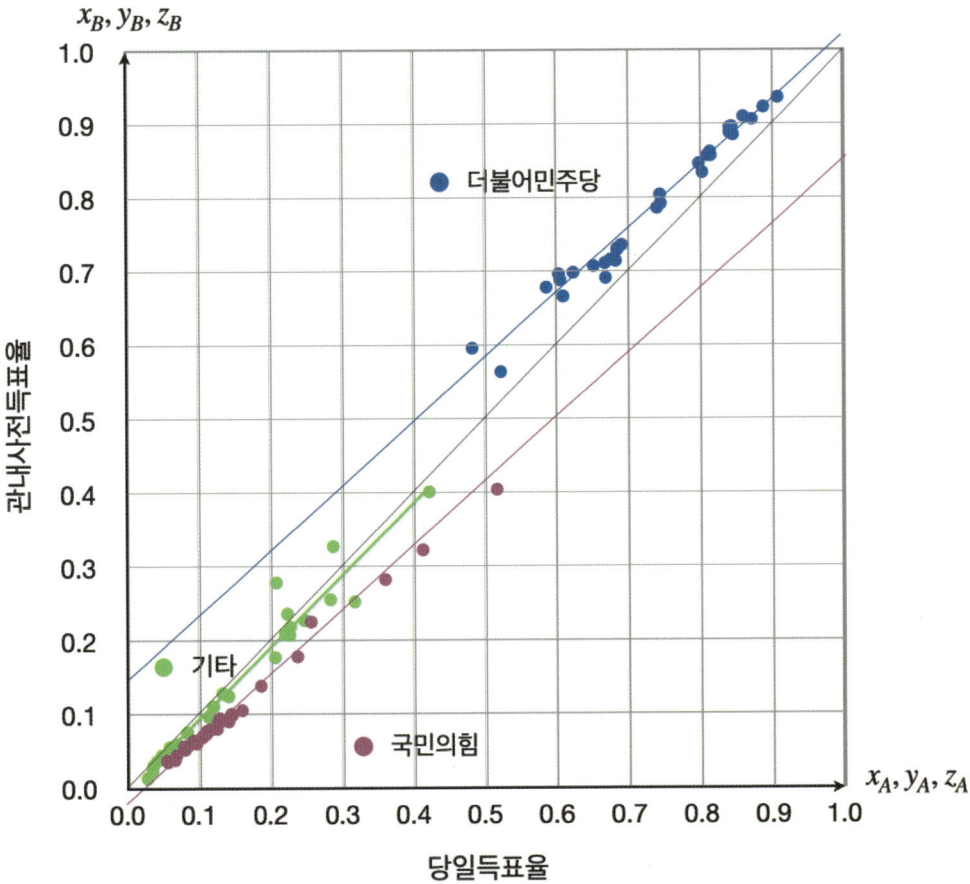

그림 14-4. 제주·광주·호남권역 31개 선거구에 대한 후보별
당일득표율 대비 관내사전득표율 사이의 함수관계.
x, y, z : 더불어민주당, 국민의힘, 기타 후보 득표율. A : 당일투표, B : 관내사전투표

그림 14-4와 식 (14-4)는 표더하기+표바꾸기 조작 메커니즘에 대한 함수관계를 나타내고 있다. 제 6장의 표더하기+표바꾸기 조작 메커니즘에 대한 함수관계를 다시 기술하면 다음과 같다.

더불어민주당 후보 : $\quad x_B = \dfrac{1}{1+\alpha} x_A + \dfrac{\alpha + \gamma}{1+\alpha}$ \hfill (6-9a)

국민의힘 후보 : $\quad y_B = \dfrac{1}{1+\alpha} y_A - \dfrac{\gamma}{1+\alpha}$ \hfill (6-9b)

기타 후보 : $\quad z_B = \dfrac{1}{1+\alpha} z_A$ \hfill (6-9c)

식 (14-4a)와 식 (6-9a)는 동일한 식이다. 따라서 두 함수관계식의 기울기와 세로축 절편으로 부터 표더하기 조작표수 비 α와 표바꾸기 조작표수 비 γ를 구하면 다음과 같다.

$$\frac{1}{1+\alpha} = 0.87, \quad \alpha = 0.15 \tag{14-4d}$$

$$\frac{\alpha+\gamma}{1+\alpha} = 0.15, \quad \gamma = 0.023 \tag{14-4e}$$

표더하기 조작표수 비 α의 값 0.15는 외부로부터 더불어민주당 후보에게 첨가된 유령 표수는 조작전 관내사전 총 득표수의 15% 라는 것을 의미한다. 광주·호남지역에 대한 사전득표율이 가장 높았던 현상을 감안하면 표바꾸기 조작표수는 유권자들의 사전투표 선호로 인하여 형성된 결과라고 해석할 수 있다. 이 선호도로 인하여 유도된 득표수 증가는 조작전 관내사전 총 득표수의 2.3% 이다.

제주·광주·호남권역에 대한 표더하기 조작표수, 사전투표 선호에 의한 득표수 증가와 감소 표수 계산식은 α와 γ 값과 식 (12-4a)~(12-4e)로 부터 유도된 다음 식을 사용한다.

$$\text{제주지역}: \quad \alpha N = \left(x_B - \frac{y_B}{y_A} x_A \right) \bar{N} \tag{14-5a}$$

$$\text{광주·호남지역}: \quad \alpha N = 0.15 \left(\frac{y_B}{y_A - 0.023} \right) \bar{N} \tag{14-5b}$$

$$\gamma N = 0.023 \left(\frac{y_B}{y_A - 0.023} \right) \bar{N} \tag{14-5c}$$

〈표 14-8〉은 제주·광주·호남권역 31개 선거구의 관내사전투표에 대한 표더하기 조작 득표수, 유권자의 선호에 의한 증감득표수 및 조작전후 총 득표수를 나타내고 있다.

<표 14-8> 제주·광주·호남권역 31개 선거구의 관내사전투표에 대한 표더하기 조작표수, 선호도에 의한 관내사전투표 증감표수, 조작전후 후보별 득표수 및 총 득표수

	득표수	더불어민주당 후보				국민의힘 후보			기타 후보		총 득표수	
		선관위 발표	조작표수	(선호도) 증가	조작전	선관위 발표	(선호도) 증가	조작전	선관위 발표	조작전	선관위 발표	조작전
제주	1. 제주갑	28,430	9,159		19,271	13,500		13,500			41,930	32,771
	2. 제주을	28,899	8,873		20,026	11,832		11,832	1,283	1,283	42,014	33,141
	3. 서귀포	23,305	8,483		14,822	15,778		15,778			39,083	30,600
광주	4. 동구남구갑	34,861	4,458	684	30,403	3,446	-684	3,446			38,307	33,849
	5. 동구남구을	28,532	5,373	799	23,159	2,841	-799	2,841	18,843	18,843	50,216	44,843
	6. 서구갑	23,774	4,434	680	19,340	2,509	-680	2,509	8,135	8,135	34,418	29,984
	7. 서구을	24,094	4,120	632	19,974	1,981	-632	1,981	6,882	6,882	32,957	28,837
	8. 북구갑	38,104	5,739	880	32,365	3,025	-880	3,025	3,320	3,320	44,449	38,710
	9. 북구을	40,695	7,881	1,208	32,814	3,153	-1,208	3,153	11,455	11,455	55,303	47,422
	10. 광산갑	29,513	4,507	691	25,006	1,973	-691	1,973	3,889	3,889	35,375	30,868
	11. 광산을	35,678	8,130	1,247	27,548	1,672	-1,247	1,672	8,061	8,061	45,411	37,281
전북	12. 전주갑	33,834	5,258	806	28,576	4,219	-861		4,013	4,013	42,066	36,808
	13. 전주을	29,891	5,369	823	24,522	7,645	-823	7,645	5,297	5,297	42,833	37,464
	14. 전주병	48,056	6,968	1,068	41,088	5,624	-1,068	5,624	3,093	3,093	56,773	49,805
	15. 군산부안갑	54,393	7,093	1,088	47,300	6,407	-1,088	6,407			60,800	53,707
	16. 군산부안을	38,455	5,517	846	32,938	3,432	-846	3,432	1,580	1,580	43,467	37,950
	17. 익산갑	27,457	4,161	638	23,296	2,782	-638	2,782	4,439	4,439	34,678	30,517
	18. 익산을	29,113	4,183	642	24,930	2,956	-624	2,956	425	425	32,494	28,311
	19. 정읍고창	43,514	6,415	984	37,099	4,355	-984	4,355	1,141	1,141	49,010	42,595
	20. 남원순창	43,930	6,344	973	37,586	5,099	-973	5,099	2,235	2,235	51,264	44,920
	21. 완주무주	34,458	5,105	783	29,353	5,495	-783	5,495			39,953	34,848
전남	22. 목포	43,584	8,966	1,375	34,618	2,613	-1,375	2,613	13,574	13,574	59,771	50,805
	23. 여수갑	32,052	4,798	736	27,254	3,339	-736	3,339			35,391	30,593
	24. 여수을	21,456	4,121	632	17,335	1,166	-632	1,166	7,745	7,745	30,367	26,246
	25. 순천구례갑	39,892	775	119	39,117	4,163	-119	4,163	15,858	15,858	59,913	59,138
	26. 순천구례을	46,831	9,511	1,458	37,320	14,720	-1,458	14,720	3,830	3,830	65,381	55,870
	27. 나주화순	35,765	672	103	35,093	3,868	-103	3,868	10,439	10,439	50,072	49,400
	28. 담양장성	32,121	9,336	1,432	22,785	2,002	-1,432	2,002	22,783	22,783	56,906	47,570
	29. 고흥강진	50,825	7,225	1,108	43,600	4,222	-1,108	4,222			55,047	47,822
	30. 해남진도	42,566	6,420	984	36,146	2,907	-984	2,907			45,473	39,053
	31. 연암신안	34,634	6,933	1,063	27,701	2,589	-1,063	2,589	12,552	12,552	49,775	42,842

14-5. 영남권역 65개 선거구의 관내사전투표에 대한 조작표수 산출

영남권역을 구성하고 있는 지역은 대구, 경북, 부산, 울산 및 경남의 다섯 지역이다. 이 5개 지역에 대한 조작 메커니즘이 서로 차이가 나타난다. 따라서 조작 메커니즘이 동일한 부산·울산지역, 경남지역, 대구 그리고 경북지역으로 구분한 후 각 지역에 대한 관내사전투표의 조작표수를 산출하고자 한다.

A. 부산·울산지역 24개 선거구에 대한 관내사전투표의 조작표수

〈표 14-9〉는 부산·울산지역 24개 선거구의 후보별 관내사전득표율-당일득표율 차이가 나타내는 (+), (0) 및 (-)의 결과이다. 더불어민주당 후보인 경우 총 24개 모든 선거구에서 관내사전득표율-당일득표율 차이가 (+)로 나타나며, 국민의힘 후보인 경우 24개 모든 선거구에서 차이가 (-)로 나타난다. 기타 후보인 경우 24개 선거구 중 10개 선거구에만 출마하였으며, 출마한 모든 선거구에서 차이가 (-)로 나타난다. 이 결과로 부

<표 14-9> 부산·울산지역 24개 선거구에 대한 후보별 관내사전-당일 득표율 차이

		관내사전득표율 - 당일득표율										관내사전득표율 - 당일득표율								
		더불어민주당 후보			국민의힘 후보			기타 후보					더불어민주당 후보			국민의힘 후보			기타 후보		
		+	0	-	+	0	-	+	0	-			+	0	-	+	0	-	+	0	-
부산	1. 중구영도	+					-			-	부산	13. 금정구	+					-			
	2. 서구동구	+					-					14. 강서구	+					-			
	3. 부산진구갑	+					-					15. 연제구	+					-			
	4. 부산진구을	+					-					16. 수영구	+					-			-
	5. 동래구	+					-					17. 사상구	+					-			
	6. 남구	+					-					18. 기장군	+					-			
	7. 북구갑	+					-					19. 중구	+					-			
	8. 북구을	+					-					20. 남구갑	+					-			
	9. 해운대갑	+					-			-	울산	21. 남구을	+					-			
	10. 해운대을	+					-					22. 동구	+					-			
	11. 사하구갑	+					-			-		23. 북구*	+					-			-
	12. 사하구을	+					-					24. 울주군	+					-			

* 더불어민주당 후보의 불출마로 진보당 후보로 대체

산·울산지역 24개 선거구의 관내사전투표 결과는 표더하기 조작에 의하여 오염된 결과라고 추정할 수 있다.

부산·울산지역의 관내사전투표에 대한 조작 메커니즘을 당일득표율 대비 관내사전득표율의 함수관계로부터 규명하여보자. 그림 14-5는 부산·울산지역 24개 선거구에 대한 당일득표율과 관내사전득표율 사이의 함수관계를 나타내고 있다. 더불어민주당 후보, 국민의힘 후보 및 기타 후보에 대한 함수관계는 선형함수이며 다음 식으로 표현된다.

더불어민주당 후보 : $x_B = 0.82x_A + 0.18$ (14-6a)

국민의힘 후보 : $y_B = 0.82y_A$ (14-6b)

기타 후보 : $z_B = 0.82z_A$ (14-6c)

위의 함수관계식은 전형적인 표더하기 조작 메커니즘에 대한 함수관계식이다. 따라서 부산·울산지역 24개 선거구의 관내사전투표 결과는 표더하기 조작에 의하여 오염된 결과라고 결론지을 수 있다.

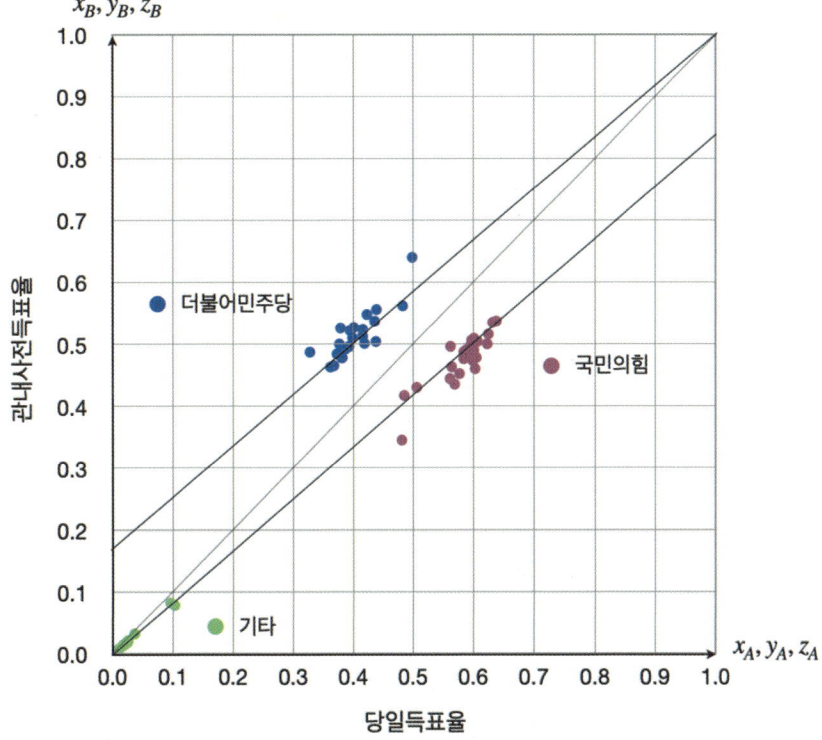

그림 14-5. 부산·울산지역 24개 선거구에 대한 후보별 당일득표율 대비 관내사전득표율 사이의 함수관계.
x, y, z : 더불어민주당, 국민의힘, 기타 후보 득표율. A : 당일투표, B : 관내사전투표

<표 14-9> 부산·울산지역 24개 선거구의 관내사전투표에 대한 표더하기 조작표수, 조작전후 후보별 득표수 및 총 득표수

	득표수	더불어민주당 후보			국민의힘 후보		기타 후보		총 득표수	
		선관위 발표	조작표수	조작전	선관위 발표	조작전	선관위 발표	조작전	선관위 발표	조작전
부산	1. 중구영도	15,798	3,206	12,592	16,814	16,814	435	435	33,047	29,841
	2. 서구동구	19,589	6,704	12,885	22,758	22,758			42,347	35,643
	3. 부산진구갑	17,967	6,344	11,623	16,339	16,339			34,306	27,962
	4. 부산진구을	15,755	5,431	10,324	15,713	15,713	575	575	32,043	26,612
	5. 동래구	25,725	8,823	16,902	26,508	26,508			52,233	43,410
	6. 남구	28,469	10,302	18,167	27,309	27,309			55,778	45,476
	7. 북구갑	16,107	4,343	11,764	12,313	12,313	241	241	28,661	24,318
	8. 북구을	13,732	5,430	8,302	11,333	11,333			25,065	19,635
	9. 해운대갑	23,629	10,631	12,998	20,663	20,663	589	589	44,881	34,250
	10. 해운대을	14,429	4,767	9,662	16,631	16,631			31,060	26,293
	11. 사하구갑	16,617	6,236	10,381	13,286	13,286			29,903	23,667
	12. 사하구을	12,761	4,114	8,647	13,493	13,493	424	424	26,678	22,564
	13. 금정구	23,878	8,602	15,276	25,447	25,447			49,325	40,723
	14. 강서구	12,078	4,855	7,223	11,049	11,049			23,127	18,272
	15. 연제구	21,015	8,393	12,622	18,886	18,886			39,901	31,508
	16. 수영구	16,704	8,102	8,602	14,905	14,905	2,685	2,685	34,294	26,192
	17. 사상구	21,014	4,900	16,114	20,713	20,713			41,727	36,827
	18. 기장군	15,409	5,142	10,267	13,304	13,304			28,713	23,571
울산	19. 중구	21,747	8,585	13,162	21,737	21,737			43,484	34,899
	20. 남구갑	15,540	5,714	9,826	15,551	15,551	1,008	1,008	32,099	26,385
	21. 남구을	13,214	4,518	8,696	13,414	13,414			26,628	22,110
	22. 동구	17,390	4,885	12,505	14,459	14,459	2,858	2,858	34,707	29,822
	23. 북구*		11,768		14,382	14,382	27,334	15,566	41,716	29,948
	24. 울주군	23,133	7,488	15,645	21,950	21,950			45,083	37,595
	계	421,700	159,283	274,185	418,957	418,957	36,149	24,381	876,806	717,523

* 진보당 후보에게 조작표를 더함, 15,566 + 11,768 = 27334

선관위가 공개한 통계시스템의 자료를 사용하여 계산한 더불어민주당 후보의 당일 득표율(x_A) 및 관내사전득표율(x_B), 국민의힘 후보의 당일득표율(y_A) 및 관내사전득표율(y_B)과 신관위 빝표 관내사전 총 득표수 $\bar{N}$ 값을 식 (12-1e)에 내입하여 선거구 별 표너하기 조작표수를 산출하면 〈표 14-9〉와 같다. 이 표의 결과를 사용하여 조작전 관내사전 총 득표수 대비 표더하기 조작표수 비 α와 더불어민주당 후보의 조작전 관내사전 총 득표수 대비 표더하기 조작표수 비 및 국민의힘 후보의 조작전 관내사전 총 득표수 대비 표더하기 조작표수 비 그리고 선거구 당 평균 조작표수를 구하면 다음과 같다.

$$\alpha = 표더하기\ 조작표수\ 비 = \frac{159,283}{717,523} = 0.2220$$

$$더불어민주당\ 후보의\ 조작전관내사전총득표수\ 대비\ 조작표수\ 비 = \frac{159,283}{274,185} = 0.5809$$

$$국민의힘\ 후보의\ 조작전관내사전총득표수\ 대비\ 조작표수\ 비 = \frac{159,283}{418,957} = 0.3802$$

$$선거구\ 당\ 평균\ 조작표수 = \frac{159,283}{24} = 6,637\ /선거구$$

B. 경남지역 16개 선거구에 대한 관내사전투표의 조작표수

〈표 14-10〉는 경남지역 16개 선거구의 후보별 관내사전득표율-당일득표율 차이가 나타내는 (+), (0) 및 (-)의 결과이다. 더불어민주당 후보인 경우 총 16개 모든 선거구에서 관내사전득표율-당일득표율 차이가 (+)로 나타나며, 국민의힘 후보인 경우 16개 모든 선거구에서 차이가 (-)로 나타난다. 기타 후보인 경우 16개 선거구 중 5개 선거구에 출마하였고, 이 선거구 모두에서 차이가 (-)이다. 이 결과로 부터 경남지역 16개 선거구의 관내사전투표 결과는 표더하기 조작에 의하여 오염되었다고 추정할 수 있다.

경남지역의 16개 선거구의 관내사전투표 결과가 표더하기 조작에 의하여 오염되었음을 당일득표율 대비 관내사전득표율 사이의 함수관계로부터 규명하여보자. 그림 14-6은 경남지역 16개 선거구에 대한 당일득표율과 관내사전득표율 사이의 함수관계를 나타내고 있다. 함수관계는 선형함수이며 다음 식으로 표현된다.

$$더불어민주당\ 후보 : x_B = 0.86 x_A + 0.14 \qquad (14\text{-}6a)$$
$$국민의힘\ 후보 : y_B = 0.86 y_A \qquad (14\text{-}6b)$$
$$기타\ 후보 : z_B = 0.86 z_A \qquad (14\text{-}6c)$$

세 후보에 대한 함수식은 일차함수로 표현되었고 기울기는 0.86으로 동일하고 국민의힘 후보와 기타 후보에 대한 함수식은 동일하며 세로축의 절편은 0이고 원점 (0,0)을 지난다. 전형적인 표더하기 조작에 의하여 오염된 선거결과라는 것을 확인할 수 있다.

<표 14-10> 경남지역 16개 선거구에 대한 후보별 관내사전-당일 득표율 차이

	관내사전득표율 - 당일득표율								관내사전득표율 - 당일득표율								
	더불어민주당 후보			국민의힘 후보			기타 후보			더불어민주당 후보			국민의힘 후보			기타 후보		
	+	0	-	+	0	-	+	0	-		+	0	-	+	0	-	+	0	-
1. 창원의창	+					-				9. 사천하동	+					-			-
2. 창원성산	+					-			-	10. 김해갑	+					-			
3. 창원합포	+					-				11. 김해을	+					-			
4. 창원회원	+					-				12. 밀양창영	+					-			
5. 창원진해	+					-			-	13. 거제	+					-			-
6. 진주갑	+					-				14. 양산갑	+					-			
7. 진주을	+					-			-	15. 양산을	+					-			
8. 통영고성	+					-				16. 산청합천	+					-			

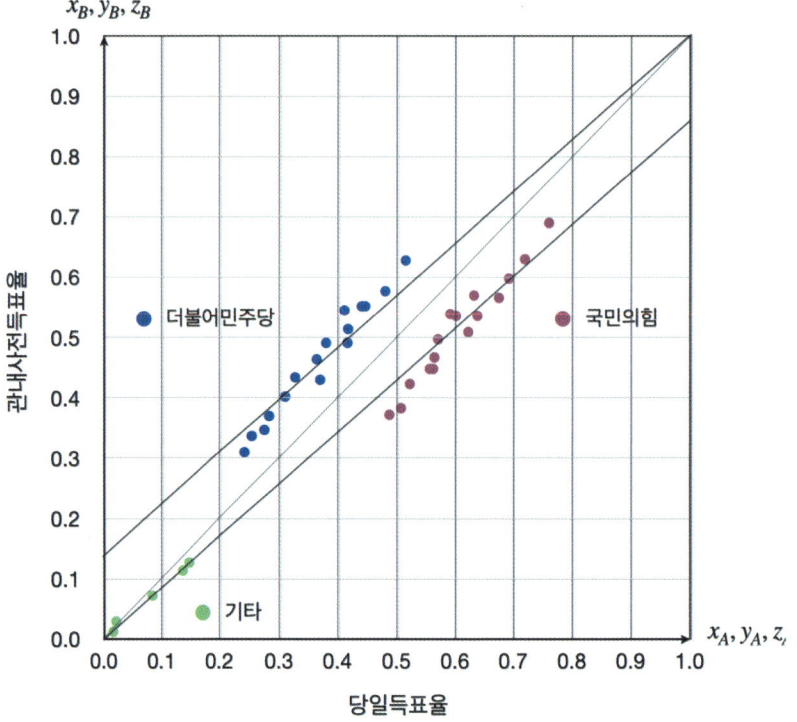

그림 14-6. 경남지역 16개 선거구에 대한 후보별
당일득표율 대비 관내사전득표율 사이의 함수관계.
x, y, z : 더불어민주당, 국민의힘, 기타 후보 득표율. A : 당일투표, B : 관내사전투표

<표 14-11> 경남지역 16개 선거구의 관내사전투표에 대한 표더하기 조작표수, 조작전후 후보별 득표수 및 총 득표수

득표수	더불어민주당 후보			국민의힘 후보		기타 후보		총 득표수	
	선관위 발표	조작표수	조작전	선관위 발표	조작전	선관위 발표	조작전	선관위 발표	조작전
1. 창원의창	17,988	6,564	11,424	18,673	18,673			36,661	30,097
2. 창원성산	25,374	10,869	14,505	17,829	17,829	3,385	3,385	46,588	35,719
3. 창원마산합포	15,756	5,229	10,527	23,465	23,465			39,221	33,992
4. 창원마산회원	14,877	3,298	11,579	19,751	19,751			34,628	31,330
5. 창원진해	20,583	7,129	13,454	16,678	16,678			37,261	30,132
6. 진주시갑	19,389	6,565	12,824	22,362	22,362			41,751	35,186
7. 진주시을	10,191	3,321	6,870	16,225	16,225	3,856	3,856	30,272	26,951
8. 통영고성	17,719	3,888	13,831	23,063	23,063			40,782	36,894
9. 사천남해	18,787	5,161	13,626	29,189	29,189	6,155	6,155	54,131	48,970
10. 김해시갑	28,843	9,322	19,521	21,130	21,130			49,973	40,651
11. 김해시을	30,338	11,264	19,074	18,008	18,008			48,346	37,082
12. 밀양의령	21,249	6,977	14,272	36,252	36,252			57,501	50,524
13. 거제시	27,804	9,058	18,746	25,270	25,270	1,005	1,005	54,079	45,021
14.. 양산갑	14,120	3,653	10,467	14,309	14,309	337	337	28,766	25,113
15. 양산을	18,177	6,588	11,589	14,761	14,761			32,938	26,350
16. 산천함양거창	15,127	4,379	10,748	33,689	33,689			48,816	44,437
계	316,322	103,265	213,057	350,654	350,654	14,738	14,738	681,714	578,449

선관위가 발표한 통계시스템의 자료를 사용하여 산출한 더불어민주당 후보의 당일득표율(x_A) 및 관내사전득표율(x_B), 국민의힘 후보의 당일득표율(y_A) 및 관내사전득표율(y_B)과 선관위 발표 관내사전 총 득표수 $\bar{N}$ 값을 식 (12-1e)에 대입하여 선거구 별 표더하기 조작표수를 산출하면 〈표 14-11〉과 같다. 이 표의 결과를 사용하여, 조작전 관내사전 총 득표수 대비 표더하기 조작표수 비 α, 더불어민주당 후보의 조작전 관내사전 총 득표수 대비 조작표수 비, 국민의힘 후보의 조작전 관내사전 총 득표수 대비 조작표수 비 및 선거구 당 평균 조작표수를 구하면 다음과 같다.

$$\alpha = 표더하기\ 조작표수\ 비 = \frac{103,265}{577,449} = 0.1788$$

더불어민주당 후보의 조작전관내사전총득표수 대비 조작표수 비 $= \frac{103,265}{212,057} = 0.4870$

$$\text{국민의힘 후보의 조작전관내사전총득표수 대비 조작표수 비} = \frac{103,265}{350,654} = 0.2945$$

$$\text{선거구 당 평균 조작표수} = \frac{103,265}{16} = 6,454 \text{ /선거구}$$

C. 경북지역 13개 선거구에 대한 관내사전투표의 조작표수

<표 14-12> 경북지역 13개 선거구에 대한 후보별 관내사전-당일 득표율 차이

| | 관내사전득표율 - 당일득표율 ||||||||| | | 관내사전득표율 - 당일득표율 |||||||||
| | 더불어민주당 후보 ||| 국민의힘 후보 ||| 기타 후보 ||| | | 더불어민주당 후보 ||| 국민의힘 후보 ||| 기타 후보 |||
	+	0	−	+	0	−	+	0	−			+	0	−	+	0	−	+	0	−
1. 포항북구	+					−		0			8. 영주봉화	+					−			
2. 포항남구울릉	+					−					9. 영천청도	+					−			
3. 경주	+					−		0			10. 성주문경	+					−		0	
4. 김천	+					−		0			11. 경산	+					−		0	
5. 안동예천	+					−		0			12. 의성울진	+					−			
6. 구미갑	+					−					13. 고령칠곡	+					−		0	
7. 구미을	+					−														

<표 14-12>는 경북지역 13개 선거구의 후보별 관내사전득표율-당일득표율 차이가 나타내는 (+), (0) 및 (−)의 결과이다. 더불어민주당 후보인 경우 총 13개 모든 선거구에서 관내사전득표율-당일득표율 차이가 (+)로 나타나며, 국민의힘 후보인 경우 13개 모든 선거구에서 차이가 (−)로 나타난다. 기타 후보인 경우 출마지역 7개 선거구에서 관내사전득표율-당일득표율 차이가 0에 접근한다. 따라서 총 13개 선거구 중 기타 후보가 출마한 7개 선거구에 대한 관내사전투표에서는 표바꾸기 조작이 실행되었다고 추정할 수 없다. 그러나 기타 후보가 출마하지 아니한 포항남구울릉, 구미갑, 구미을, 영주봉화, 영천청도 및 의성울진 선거구에 대한 조작 메커니즘은 표더하기, 표바꾸기 또는 표버리기 조작 메커니즘 중의 하나이다. 조작 메커니즘을 확인할 수 없는 6개 선거구의 조작 메커니즘을 규명하기 위하여 13개 선거구에 대한 당일득표율 대비 관내사전득표율 사이의 함수관계를 좌표평면에 도시하면 그림 14-7과 같다.

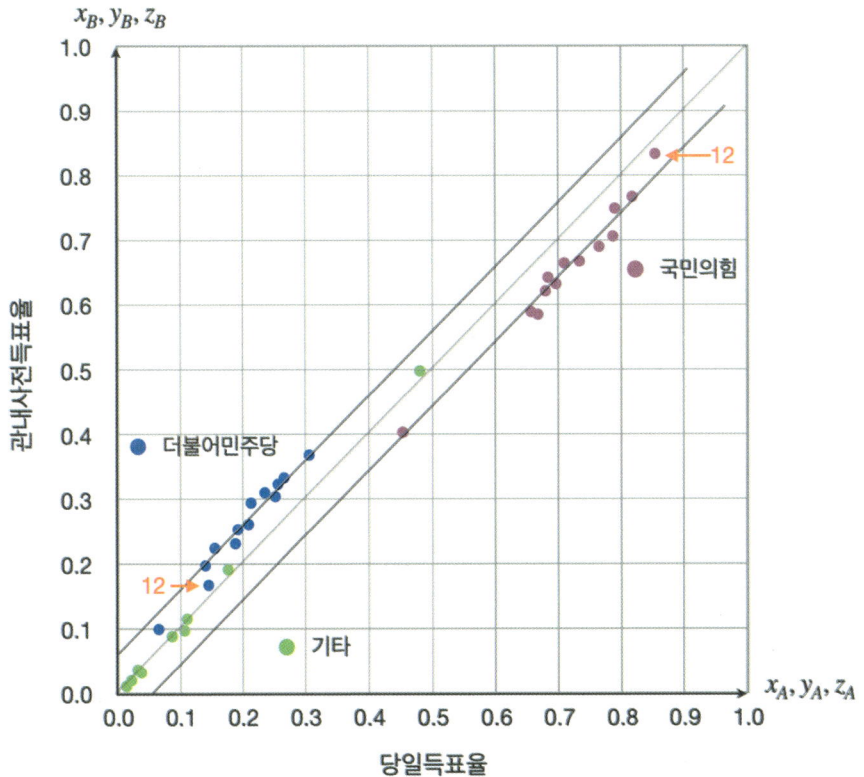

그림 14-7. 경북지역 13개 선거구에 대한 후보별
당일득표율 대비 관내사전득표율 사이의 함수관계.
x, y, z : 더불어민주당, 국민의힘, 기타 후보 득표율. A : 당일투표, B : 관내사전투표,
12 : 의성·울진·청송·영덕 선거구

함수관계는 선형함수이며 다음 식으로 표현된다.

$$더불어민주당\ 후보 : x_B = x_A + 0.06 \qquad (14\text{-}6a)$$

$$국민의힘\ 후보 : y_B = y_A - 0.06 \qquad (14\text{-}6b)$$

$$기타\ 후보 : z_B = z_A \qquad (14\text{-}6c)$$

그림 14-7의 그래프에서 번호 12에 해당하는 선거구는 의성·울진·청송·영덕 선거구로 45개 면으로 구성되어 있다. 이 선거구에 대한 더불어민주당 후보의 관내사전득표율과 당일득표율 사이의 차이는 0에 가까웠으며, 국민의힘 후보에 대한 차이 또한 0에 가까웠다. 따라서 이 선거구를 구성하고 있는 45개 선거면의 당일득표율 대비 관내사전득표율 사이의 함수관계로 부터 의성·울진·청송·영덕 선거구의 조작 메커니즘을 규명하여야 한다. 그림 14-7과 함수관계식 (14-8)로 부터 나머지 12개 선거구에 대한 조작 메

커니즘을 추정하면, 조작 메커니즘은 표바꾸기 조작 메커니즘이다. 그러나 보다 확실한 조작 메커니즘을 확인하기 위하여 13개 선거구에 대한 읍·면의 선거결과에 대한 당일득표율과 관내사전득표율 사이의 함수관계를 규명하였다. 그 결과 13개 선거구에 대한 선거읍·면의 당일득표율 대비 관내사전득표율 함수관계는 세 가지 함수관계 유형으로 분류됨을 알 수 있었다. 그 결과를 요약하면 〈표 14-13〉과 같다. 세 가지 함수관계 유형에 대한 선거구의 조작표수, 후보별 조작전후의 득표수, 조작전후의 총 득표수를 분석하여 보자.

<표 14-13> 경북지역 13개 선거구에 대한 당일득표율 대비 관내사전득표율 사이의 함수관계 유형

	선거구 명	선거구 수
정상적인 투표에 대한 함수관계	의성·울진·청송·영덕	1
표바꾸기 조작 투표에 대한 함수관계	포항북구, 경주, 김천, 안동·예천, 구미갑, 영주·봉화, 영천·청도, 상주·문경, 경산, 고령·칠곡	10
표버리기 조작 투표에 대한 함수관계	포항시남구, 구미시을	2

정상적인 투표에 대한 함수관계 선거구

경북 의성·청송·영덕 선거구는 45개 선거읍으로 구성된 선거구이다. 이 선거구에는 더불어민주당 후보가 출마하지 아니한 선거구로 국민의힘 후보와 무소속 후보가 경합을 벌였다. 각 선거읍에 대한 국민의힘 후보와 무소속 후보가 획득한 당일득표율, 관내사전득표율, 관내사전득표율-당일득표율 차이, 관내사전투표 총 득표수 및 당일투표 총 득표수를 나타내면 〈표 14-14〉와 같다. 총 45개 선거읍 중 국민의힘 후보의 관내사전득표율-당일득표율 차이가 (+)인 선거읍 수는 12개이며 (-)인 선거읍 수는 33개이다. 현재까지의 분석결과에 의하면 국민의힘 후보인 경우 선거동 또는 선거읍에 대한 관내사전득표율-당일득표율 차이는 모든 선거동 또는 선거읍에서 (-)로 나타난다. 이런 결과와 의성·청송·영덕 선거구에 대한 결과를 비교하여보면 큰 차이를 나타내고 있다. 따라서 의성·청송·영덕 선거구의 선거결과는 조작이 개입되지 아니한 선거결과라고 추정할 수 있다. 다음의 두 과정을 통하며 의성·청송·영덕 선거구의 결과가 정상적인 선거결과인지 조작이 개입된 선거결과인지를 분석하여보자. 첫 번째 과정은 45개 선거읍에 대한 후보별 당일득표율 대비 관내사전득표율 함수관계로 부터 의성·청송·영덕 선거구의 선거결과를 검증하여보자.

<표 14-14> 경북 의성·청송·영덕 선거구의 45개 읍면에 대한 후보별 당일 및 관내사전 득표율, 득표율 차이 및 당일투표와 관내사전투표 총 득표수

득표율	국민의힘 후보			무소속 후보			총 득표수	
	당일투표(1)	관내사전투표(2)	(2)-(1)	당일투표(1)	관내사전투표(2)	(2)-(1)	당일투표	관내사전투표
1. 의성읍	0.850	0.814	-0.036	0.150	0.186	0.036	3,241	3,458
2. 단존면	0.862	0.822	-0.040	0.138	0.178	0.040	537	701
3. 점곡면	0.850	0.820	-0.030	0.150	0.180	0.030	440	540
4. 옥산면	0.887	0.834	-0.053	0.113	0.166	0.053	496	597
5. 사곡면	0.894	0.869	-0.025	0.106	0.131	0.025	407	596
6. 춘산면	0.844	0.839	-0.005	0.156	0.161	0.005	423	467
7. 가음면	0.876	0.889	0.013	0.124	0.111	-0.013	339	704
8. 금선면	0.888	0.886	-0.002	0.112	0.114	0.002	1,067	1,468
9. 옹양면	0.839	0.826	-0.013	0.161	0.174	0.013	1,053	1,267
10. 비안면	0.890	0.877	-0.013	0.110	0.123	0.013	526	877
11. 구천면	0.894	0.854	-0.040	0.106	0.146	0.040	385	664
12. 단밀면	0.867	0.867	0.000	0.133	0.133	0.000	338	677
13. 단욱면	0.861	0.899	0.038	0.139	0.101	-0.038	388	680
14. 인계면	0.844	0.845	0.001	0.156	0.155	-0.001	953	1,663
15. 다인면	0.869	0.855	-0.014	0.131	0.145	0.014	815	1,388
16. 신평면	0.805	0.845	0.040	0.195	0.155	-0.040	133	380
17. 안평면	0.824	0.832	0.008	0.176	0.168	-0.008	460	757
18. 안사면	0.824	0.822	-0.002	0.176	0.178	0.002	216	348
19. 청송읍	0.829	0.771	-0.058	0.171	0.229	0.058	1,528	1,439
20. 부남면	0.837	0.786	-0.051	0.163	0.214	0.051	790	798
21. 현동면	0.859	0.852	-0.007	0.141	0.148	0.007	625	622
22. 현서면	0.854	0.808	-0.046	0.146	0.192	0.046	835	691
23. 인덕면	0.857	0.814	-0.043	0.143	0.186	0.043	733	649
24. 파천면	0.826	0.794	-0.032	0.174	0.206	0.032	650	379
25. 진보면	0.833	0.784	-0.049	0.167	0.216	0.049	1,839	1,697
26. 주왕산면	0.808	0.856	0.048	0.192	0.144	-0.048	604	424
27. 영덕읍	0.837	0.788	-0.049	0.163	0.212	0.049	2,494	3,089
28. 강구면	0.875	0.829	-0.046	0.125	0.171	0.046	1,861	1,274
29. 남정면	0.877	0.864	-0.013	0.125	0.136	0.011	653	627
30. 달산면	0.834	0.793	-0.041	0.166	0.207	0.041	331	299

<표14-14>
계속

득표율	국민의힘 후보			무소속 후보			총 득표수	
	당일투표(1)	관내사전투표(2)	(2)-(1)	당일투표(1)	관내사전투표(2)	(2)-(1)	당일투표	관내사전투표
31. 지품면	0.826	0.792	-0.034	0.174	0.208	0.034	760	424
32. 축산면	0.878	0.900	0.022	0.122	0.100	-0.022	532	872
33. 영해면	0.863	0.840	-0.023	0.137	0.160	0.023	1,494	1,891
34. 병곡면	0.885	0.900	0.015	0.115	0.100	-0.015	677	753
35. 창수면	0.862	0.871	0.009	0.138	0.129	-0.009	499	513
36. 울진읍	0.849	0.790	-0.059	0.151	0.210	0.059	3,595	3,215
37. 창해읍	0.899	0.892	-0.007	0.101	0.108	0.007	583	1,030
38. 욱면	0.812	0.771	-0.041	0.188	0.229	0.041	1,797	1,614
39. 금강송면	0.870	0.835	-0.035	0.130	0.165	0.035	338	418
40 금남면	0.852	0.835	-0.017	0.148	0.165	0.017	736	1,095
41. 매화면	0.876	0.883	0.007	0.124	0.117	-0.007	445	719
42. 기성면	0.875	0.846	-0.029	0.125	0.154	0.029	586	768
43. 온정면	0.918	0.901	-0.017	0.082	0.099	0.017	500	497
44. 죽변면	0.852	0.871	0.019	0.148	0.129	-0.019	1,476	1,593
45. 후포면	0.887	0.861	-0.026	0.113	0.139	0.026	2,152	1,655
계	0.855	0.833	-0.022	0.145	0.167	0.022	41,330	46,227

그림14-8은 의성·청송·영덕 선거구의 후보별 선거읍·면에 따른 당일득표율 대비 관내사전득표율 함수관계 그래프이다. 국민의힘 후보는 물론 무소속 후보에 대한 당일득표율 대비 관내사전득표율 사이의 함수관계식은 다음 식과 같이 일차함수이며 기울기가 1이다.

국민의힘 후보 : $y_B \fallingdotseq y_A$ (14-9a)

무소속 후보 : $z_B \fallingdotseq z_A$ (14-9b)

위의 함수관계식은 후보별 당일득표율 ≒ 관내사전득표율 이라는 대수의 법칙을 충족시키는 함수이다. 따라서 그림 14-8의 결과는 경북 의성·청송·영덕 선거구의 선거는 조작이 없는 선거라는 것을 나타내는 결과이다.

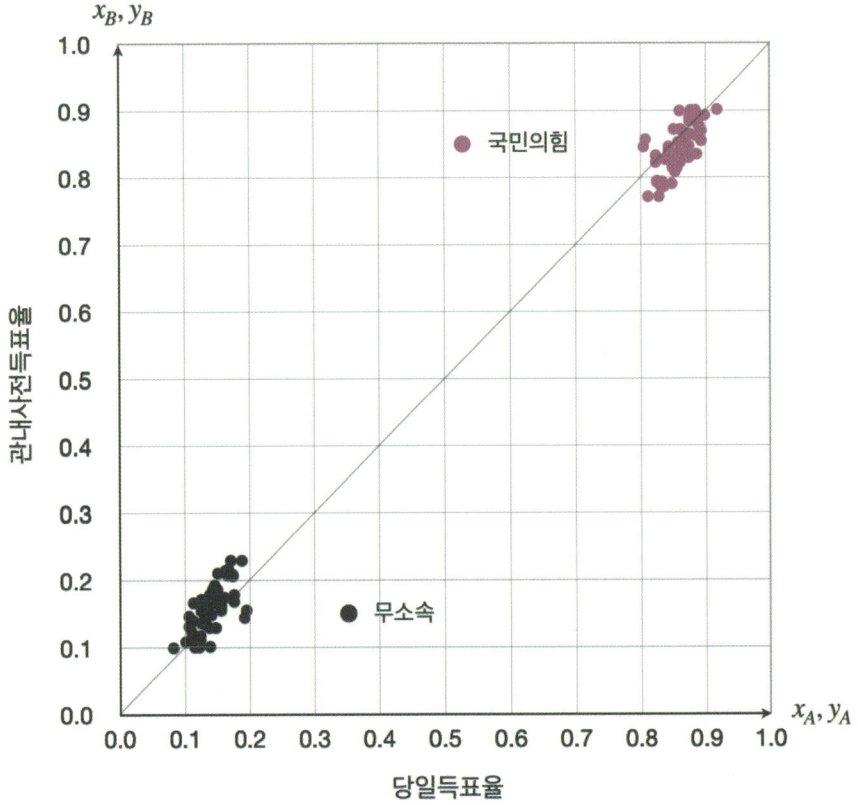

그림 14-8. 경북 의성·청송·영덕 선거구 45개 읍·면에 대한 후보별 당일득표율 대비 관내사전득표율 사이의 함수관계.
x, y : 국민의힘, 무소속 후보 득표율. A : 당일투표, B : 관내사전투표

선거결과 검증에 대한 두 번째 과정은 45개 선거읍·면에 대한 관내사전득표율-당일득표율 차이가 99 % 신뢰구간 범위에 포함되느냐 그렇지 아니하면 99 % 신뢰구간 범위로 부터 벗어나느냐 하는 것을 검증하는 과정이다. 만일 45개 선거읍·면에 대한 관내사전득표율-당일득표율 차이가 대부분 99 % 신뢰구간 내에 분포된다면 의성·청송·영덕 선거구의 관내사전투표는 조작이 개입되지 아니한 정상적인 투표라고 평가할 수 있다. 다음 식은 99 % 신뢰구간의 범위를 나타내는 식이다.

$$-2.58\left(\sqrt{\frac{P_A(1-P_A)}{n_A}} + \sqrt{\frac{P_B(1-P_B)}{n_B}}\right) \leq P_A - P_B \leq 2.58\left(\sqrt{\frac{P_A(1-P_A)}{n_A}} + \sqrt{\frac{P_B(1-P_B)}{n_B}}\right)$$

(14-10)

위 식에서 P_A는 당일득표율, P_B는 관내사전득표율, n_A는 당일투표 총 득표수, n_B는 관내사전투표 총 득표수를 의미한다. 〈표 14-14〉의 자료를 식 (14-10)에 대입하여 의성·청송·영덕 선거구의 45개 선거읍·면에 대한 99% 신뢰구간의 범위를 구하면 〈표 14-15〉

<표 14-15> 경북 의성·청송·영덕 45개 선거읍면에 대한 관내사전득표율-당일득표율 차이의 99% 신뢰구간, 선관위발표 국민의힘 후보의 관내사전-당일 득표율 차이 및 차이가 99% 신뢰구간에 포함되는지 여부

	99%신뢰구간 (±)	선관위발표 관내사전득표율 - 당일득표율	99%신뢰구간 포함 여부 O	99%신뢰구간 포함 여부 X		99%신뢰구간 (±)	선관위발표 관내사전득표율 - 당일득표율	99%신뢰구간 포함 여부 O	99%신뢰구간 포함 여부 X
1. 의성읍	0.0333	-0.036		X	24. 파천면	0.0920	-0.032	O	
2. 단존면	0.0757	-0.040	O		25. 진보면	0.0482	-0.049		X
3. 점곡면	0.0866	-0.030	O		26. 주왕산면	0.0853	0.048	O	
4. 옥산면	0.0760	-0.053	O		27. 영덕읍	0.0381	-0.049		X
5. 사곡면	0.0751	-0.025	O		28. 강구면	0.0470	-0.046	O	
6. 준산면	0.0894	-0.005	O		29. 남정면	0.0865	-0.013	O	
7. 가음면	0.0767	0.013	O		30. 달산면	0.1133	-0.041	O	
8. 금선면	0.0463	-0.002	O		31. 지품면	0.0864	-0.034	O	
9. 옹양면	0.0567	-0.013	O		32. 축산면	0.0628	0.022	O	
10. 비안면	0.0638	-0.013	O		33. 영해면	0.0448	-0.023	O	
11. 구천면	0.0759	-0.040	O		34. 병곡면	0.0598	0.015	O	
12. 단밀면	0.0814	0.000	O		35. 창수면	0.0780	0.009	O	
13. 단욱면	0.0751	0.038	O		36. 울진읍	0.0337	-0.059		X
14. 인계면	0.0532	0.001	O		37. 창해읍	0.0572	-0.007	O	
15. 다인면	0.0549	-0.014	O		38. 욱면	0.0508	-0.041	O	
16. 신평면	0.1365	0.040	O		39. 금강송면	0.0940	-0.035	O	
17. 안평면	0.0809	0.008	O		40 금남면	0.0627	-0.017	O	
18. 안사면	0.1198	-0.002	O		41. 매화면	0.0712	0.007	O	
19. 청송읍	0.0535	-0.058		X	42. 기성면	0.0688	-0.029	O	
20. 부남면	0.0714	-0.051	O		43. 온정면	0.0663	-0.017	O	
21. 현동면	0.0726	-0.007	O		44. 죽변면	0.0455	0.019	O	
22. 현서면	0.0702	-0.046	O		45. 후포면	0.0395	-0.026	O	
23. 인덕면	0.0728	-0.043	O						

와 같다. 〈표 14-15〉에는 45개 선거읍·면에 대한 국민의힘 후보의 관내사전득표율-당일득표율 차이는 물론 차이가 99% 신뢰구간에 포함되는지 여부도 포함되어 있다.

총 45개 선거읍·면 중 의성읍, 청송읍, 진보면, 영덕읍 및 울진읍 5개 선거읍·면에 대한 후보별 관내사전득표율-당일득표율 차이는 식 (14-10)으로 정의되는 99% 신뢰구간으로 부터 벗어난다. 그러나 45개 선거읍·면 중 40개 선거읍·면에서는 차이가 99% 신뢰구간에 포함된다. 이 결과로부터 의성·청송·영덕 선거구의 관내사전투표 결과는 거의 정상적이라고 평가할 수 있다.

표버리기 투표에 대한 함수관계 선거구

<경북 포항시 남구 선거구>

경북지역 13개 선거구 중, 관내사전투표가 표버리기 조작에 의하여 오염된 선거구는 포항시 남구 선거구와 구미시을 선거구이다. 〈표 14-16〉은 포항시 남구 선거구에 대한 후보별 당일득표율, 관내사전득표율, 관내사전득표율-당일득표율 차이 및 당일투표와 관

<표 14-16> 경북 포항시 남구 선거구에 대한 후보별 당일득표율, 관내사전득표율, 관내사전-당일 득표율 차이 및 당일투표와 관내사전투표 총 득표수

	더불어민주당 후보			국민의힘 후보			총 득표수	
	당일 (1)	관내사전 (2)	(2)-(1)	당일 (1)	관내사전 (2)	(2)-(1)	당일	관내사전
1. 구룡포읍	0.1163	0.1340	0.0177	0.8837	0.8660	-0.0177	2,090	1,978
2. 연일읍	0.2910	0.3698	0.0788	0.7090	0.6302	-0.0788	9,412	4,283
3. 오천읍	0.3163	0.3952	0.0789	0.6837	0.6048	-0.0789	15,895	7,343
4. 대송면	0.1590	0.2507	0.0917	0.8410	0.7493	-0.0917	1,145	1,021
5. 동해면	0.2156	0.2653	0.0497	0.7844	0.7347	-0.0497	2,648	2,360
6. 장기면	0.1156	0.1604	0.0448	0.8844	0.8396	-0.0448	1,168	1,041
7. 호미곶면	0.1045	0.1313	0.0268	0.8955	0.8687	-0.0268	354	792
8. 상대동	0.2039	0.2783	0.0744	0.7961	0.7217	-0.0744	7,808	3,780
9. 해도동	0.1811	0.2537	0.0726	0.8189	0.7463	-0.0726	6,041	2,838
10. 송도동	0.1537	0.1751	0.0214	0.8463	0.8249	-0.0214	3,890	2,438
11. 청림동	0.2270	0.3075	0.0805	0.7730	0.6925	-0.0805	1,551	1,005
12. 제철동	0.2722	0.4337	0.1615	0.7278	0.5663	-0.1615	676	1,033
13. 효곡동	0.3650	0.4766	0.1116	0.6350	0.5234	-0.1116	9,569	5,504
14. 대이동	0.3421	0.4366	0.0945	0.6579	0.5634	-0.0945	7,509	3,951
계							69,756	39,367

내사전투표에 대한 총 득표수를 나타내고 있다. 더불어민주당 후보인 경우 총 14개 선거구 모두에서 관내사전득표율-당일득표율 차이가 (+)로 나타나며, 국민의힘 후보인 경우 14개 모든 선거구에서 차이가 (-)로 나타난다. 포항시 남구 선거구에는 기타 후보가 출마하지 아니하였기 때문에 더불어민주당 후보에 대한 관내사전득표율-당일득표율 차이와 국민의힘 후보에 대한 차이가 나타내는 (+)와 (-)로 조작 메커니즘이 표더하기, 표바꾸기 또는 표버리기 조작 메커니즘인지 분명히 확인할 수 없다. 따라서 포항시 남구 선거구에 대한 후보별 당일득표율 대비 관내사전득표율 함수관계로부터 조작 메커니즘을 규명하여야 한다.

그림 14-9는 포항시 남구 14개 선거읍면동에 대한 선거결과를 좌표평면에 도시한 그래프이다.

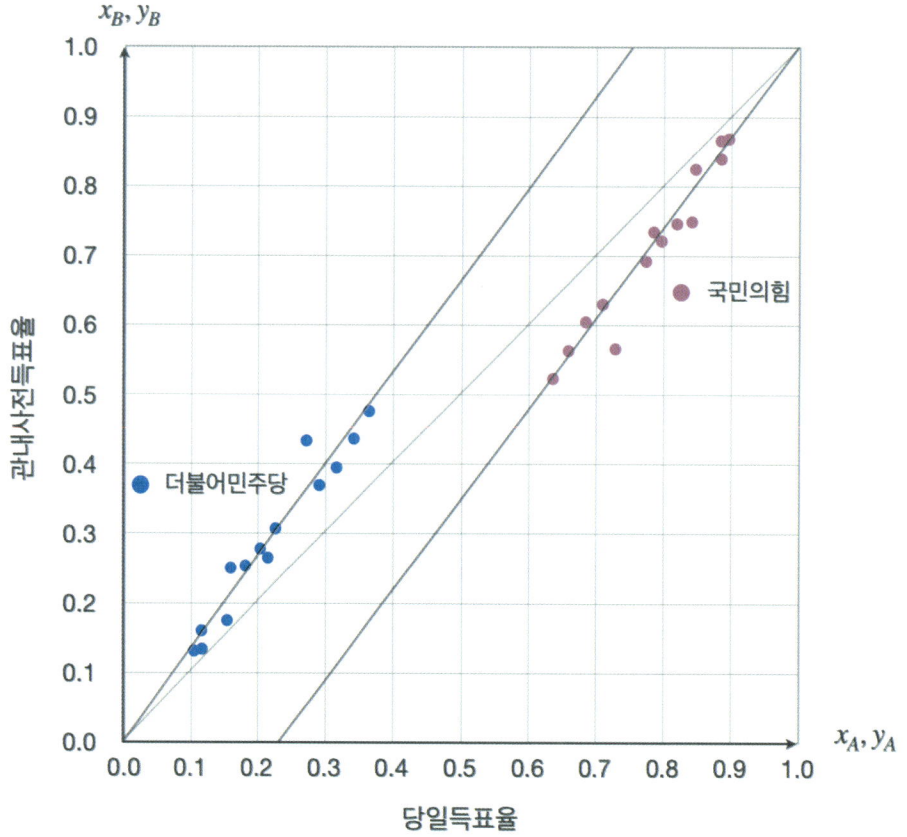

그림 14-9. 경북 포항시 남구 선거구 14개 선거동에 대한
후부별 당일득표율 대비 관내사전득표율 사이의 함수관계.
x, y : 더불어민주당, 국민의힘 후보 득표율. A : 당일투표, B : 관내사전투표

더불어민주당 후보와 국민의힘 후보에 대한 당일득표율과 관내사전득표율 사이의 함수관계는 선형함수이며 다음 식으로 표현된다.

$$\text{더불어민주당 후보} : x_B = 1.316 x_A \qquad (14\text{-}11a)$$

$$\text{국민의힘 후보} : y_B = 1.316 y_A - 0.316 \qquad (14\text{-}11b)$$

위의 함수식은 표버리기 조작 메커니즘에 대한 함수관계식 (6-5a)~(6-5c)와 같다.

$$\text{더불어민주당 후보} : \quad x_i = \frac{1}{1-\beta_i} x_A \qquad (6\text{-}5a)$$

$$\text{국민의힘 후보} : \quad y_i = \frac{1}{1-\beta_i} y_A - \frac{\beta_i}{1-\beta_i} \qquad (6\text{-}5b)$$

$$\text{기타 후보} : \quad z_i = \frac{1}{1-\beta_i} z_A \qquad (6\text{-}5c)$$

위 식에서 β는 조작전 관내사전 총 득표수 대비 표버리기 조작표수의 비로 정의된다. β 값이 0보다 크고 1보다 작기 때문에 식 (6-5)의 기울기 $\frac{1}{1-\beta}$ 은 1보다 크다. 식 (14-11)과 식 (6-5)를 비교하여 보면 선형함수식의 기울기는 모두 1보다 클 뿐 아니라 출마 후보 모두에 대하여 동일하다. 더불어민주당 후보에 대한 함수식의 세로축 절편은 0으로 원점을 통과하나 국민의힘 후보에 대한 세로축 절편은 0보다 작다. 따라서 포항시 남구의 관내사전투표는 표버리기 조작에 의하여 오염되었다고 평가할 수 있다.

이제 포항시 남구 14개 읍면동 선거결과가 모두 표버리기 조작에 의하여 오염되었는지, 그렇지 아니하면 그 중 몇개의 읍면동 선거결과는 조작되지 않았는지를 분석하여 보자. 식 (14-10)을 사용하여 선관위 발표 관내사전득표율-당일득표율 차이가 99% 신뢰구간에 포함되는지 또는 99% 신뢰구간을 벗어나는지 규명하면 〈표 14-17〉과 같다. 이 결과에 의하면 총 14개의 선거읍면동 중 10개의 관내사전득표율-당일득표율 차이는 99% 신뢰구간을 벗어나지만 4개는 신뢰구간 범위에 분포되었다.

〈표 14-17〉의 선거읍면동 중 99% 신뢰구간을 벗어난 10개 선거읍면동에 대한 표버리기 조작표수를 식 (12-2e)를 사용하여 산출하여보자.

$$\text{표버리기 조작표수 } = \beta N = \left(\frac{x_B}{x_A} y_A - y_B \right) \bar{N} \qquad (12\text{-}2e)$$

위 식에서 x와 y는 더불어민주당 후보와 국민의힘 후보의 득표율, A는 당일투표, B는 관내사전투표 이며, $\bar{N}$은 읍면동별 관내사전 총 득표수이다.

<표 14-17> 경북 포항시 남구 14개 선거읍면동 중 선관위발표 관내사전-당일 득표율 차이가 99% 신뢰구간에 포함된 읍면동과 99% 신뢰구간을 벗어난 읍면동

	관내사전득표율 - 당일득표율		99% 신뢰구간 (±)	99% 신뢰구간 포함여부		관내사전득표율 - 당일득표율		99% 신뢰구간 (±)	99% 신뢰구간 포함여부
	더불어민주당	국민의힘				더불어민주당	국민의힘		
1. 구룡포읍	0.0177	-0.0177	0.0379	O	8. 상대동	0.0744	-0.0744	0.0306	X
2. 연일읍	0.0788	-0.0788	0.0311	X	9. 해도동	0.0726	-0.0726	0.0349	X
3. 오천읍	0.0789	-0.0789	0.0242	X	10. 송도동	0.0214	-0.0214	0.0348	O
4. 대송면	0.0917	-0.0917	0.0629	X	11. 청림동	0.0805	-0.0805	0.0650	X
5. 동해면	0.0497	-0.0497	0.0440	X	12. 제철동	0.1615	-0.1615	0.0840	X
6. 장기면	0.0448	-0.0448	0.0534	O	13. 효곡동	0.1116	-0.1116	0.0301	X
7. 호미곶면	0.0268	-0.0268	0.0729	O	14. 대이동	0.0945	-0.0945	0.0345	X

<표 14-18> 경북 포항시 남구 14개 선거읍면동에 대한 후보별 조작전후 득표수, 조작표수 및 선거읍면동별 총 득표수

득표수	더불어민주당 후보		국민의힘 후보			선거읍면동 총 득표수	
	조작전	조작후	조작전	표버리기 조작표수	조작후	조작전	조작후
1. 구룡포읍	265	265	1,713		1,713	1,978	1,978
2. 연일읍	1,584	1,584	3,859	-1,160	2,699	5,443	4,283
3. 오천읍	2,902	2,902	6,273	-1,832	4,441	9,175	7,343
4. 대송면	256	256	1,354	-589	765	1,610	1,021
5. 동해면	626	626	2,278	-544	1,734	2,904	2,360
6. 장기면	167	167	874		874	1,041	1,041
7. 호미곶면	104	104	688		688	792	792
8. 상대동	1,052	1,052	4,107	-1,379	2,728	5,159	3,780
9. 해도동	720	720	3,256	-1,138	2,118	3,976	2,838
10. 송도동	427	427	2,011		2,011	2,438	2,438
11. 청림동	309	309	1,052	-356	696	1,361	1,005
12. 제철동	448	448	1,198	-613	585	1,646	1,033
13. 효곡동	2,623	2,623	4,564	-1,683	2,881	7,187	5,504
14. 대이동	1,725	1,725	3,317	-1,091	2,226	5,042	3,951
계	13,208	13,208	36,544	-10,385	26,159	49,752	39,367

〈표 14-18〉은 후보별 조작전후 득표수, 조작표수 및 선거읍면동별 총 득표수를 나타내고 있다. 〈표 14-18〉로 부터 표버리기 조작표수 비 β, 국민의힘 후보 조작전 관내사전 총 득표수 대비 조작표수의 비와 선거구 당 조작표수를 구하면 다음과 같다.

$$\beta = 표버리기\ 조작표수\ 비 = \frac{10,385}{49,752} = 0.2087$$

$$국민의힘\ 후보의\ 조작전관내사전총득표수\ 대비\ 조작표수\ 비 = \frac{10,385}{36,544} = 0.2842$$

$$선거구\ 당\ 평균\ 조작표수 = 10,385\ /선거구$$

<경북 구미시을 선거구>

경북지역 13개 선거구 중 관내사전투표에서 표버리기 조작이 실행된 선거구에는 포항시 남구 선거구이외에 구미시을 선거구가 있다. 〈표 14-19〉는 구미시을 선거구의 11개 선거읍면동에 대한 후보별 당일득표율, 관내사전득표율, 관내사전득표율-당일득표율 차이 및 선거읍면동별 당일투표와 관내사전투표에 대한 총 득표수를 나타내고 있다. 더

<표 14-19> 경북 구미시을 선거구의 11개 선거읍면동에 대한 후보별 당일득표율, 관내사전득표율, 관내사전득표율-당일득표율 차이 및 당일투표와 관내사전투표의 총 득표수

	더불어민주당 후보			국민의힘 후보			기타 후보			총 득표수	
	당일(1)	관내사전(2)	(2)-(1)	당일(1)	관내사전(2)	(2)-(1)	당일(1)	관내사전(2)	(2)-(1)	당일	관내사전
1. 선산읍	0.1366	0.1890	0.0524	0.8540	0.8020	-0.0520	0.0099	0.0090	-0.0009	4,150	3,778
2. 고아읍	0.2418	0.2590	0.0172	0.7461	0.7317	-0.0144	0.0121	0.0090	-0.0031	12,245	2,904
3. 무을면	0.1084	0.1227	0.0143	0.8855	0.8701	-0.0154	0.0061	0.0072	0.0011	489	693
4. 옥성면	0.0893	0.1339	0.0446	0.8990	0.8580	-0.0410	0.0117	0.0081	-0.0036	515	493
5. 도개면	0.1208	0.1490	0.0282	0.8544	0.8291	-0.0253	0.0249	0.0022	-0.0227	563	819
6. 해평면	0.1202	0.1790	0.0588	0.8713	0.8128	-0.0585	0.0086	0.0082	-0.0004	1,048	1,341
7. 장천면	0.1342	0.2120	0.0778	0.8562	0.7785	-0.0777	0.0095	0.0095	0.0000	946	1,052
8. 인동동	0.3295	0.4159	0.0864	0.6534	0.5730	-0.0804	0.0171	0.0111	-0.0060	11,847	4,778
9. 진미동	0.3484	0.4433	0.0949	0.6381	0.5441	-0.0940	0.0135	0.0126	-0.0009	2,885	2,779
10. 양포동	0.3820	0.5039	0.1219	0.6026	0.4830	-0.1196	0.0154	0.0131	-0.0023	11,556	5,872
11. 산동읍	0.4241	0.5596	0.1355	0.5635	0.4311	-0.1324	0.0123	0.0093	-0.0030	7,382	3,347
계										53,626	27,856

더불어민주당 후보인 경우 총 11개 선거읍면동 모두에서 관내사전득표율-당일득표율 차이가 (+)로 나타나며, 국민의힘 후보인 경우 모든 선거읍면동에서 차이가 (-)로 나타난다. 반면 기타 후보인 경우 11개 선거읍면동 중 1곳은 차이가 (+)이고, 1곳은 0이며, 나머지는 (-)이다. 이 결과로부터 구미시을 선거구의 관내사전투표 결과가 표더하기, 표버리기 또는 표바꾸기 조작 중 어느 조작 메커니즘에 의하여 오염되었는지 확인하기 쉽지 아니하다. 따라서 〈표 14-19〉의 결과를 사용하여 후보별 당일득표율 대비 관내사전득표율 사이의 함수관계로 부터 조작 메커니즘을 규명하는 것이 필요하다.

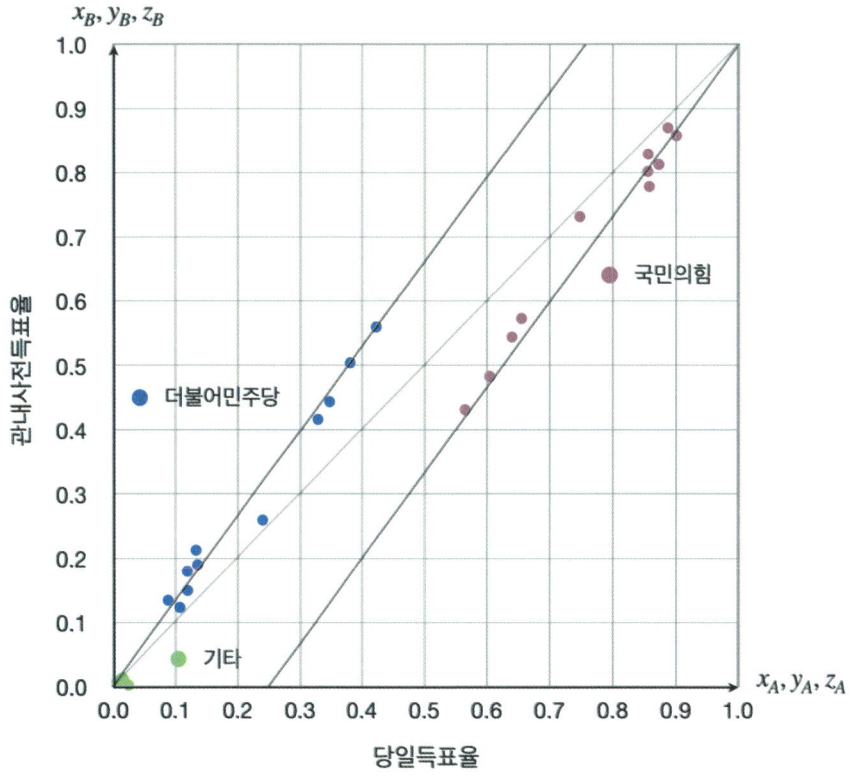

그림 14-10. 경북 구미시을 11개 선거동에 대한 후보별 당일득표율 대비 관내사전득표율 함수관계
x, y, z : 더불어민주당, 국민의힘, 기타 후보 득표율. A : 당일투표, B : 관내사전투표

그림 14-10은 구미시을 11개 선거읍면동에 대한 후보별 당일득표율 대비 관내사전득표율 사이의 함수관계를 나타내고 있다. 함수관계는 선형함수이며 다음 식으로 표현된다.

$$더불어민주당 후보 : x_B = 1.316 x_A \tag{14-12a}$$

$$국민의힘 후보 : y_B = 1.316 y_A - 0.316 \tag{14-12b}$$

위의 함수식은 표버리기 조작 메커니즘에 대한 함수식이다. 그림 14-10과 함수식 (14-12)로 부터 경북 구미을 선거구의 관내사전투표 결과는 표버리기 조작에 의하여 오염된 결과라고 추정할 수 있다. 경북 구미을 선거구의 11개 선거읍면동의 관내사전투표 결과가 모두 표버리기 조작에 의하여 오염된 결과인지 식 (14-10)을 사용하여 검증하여보자.

더불어민주당 후보와 국민의힘 후보의 관내사전득표율-당일득표율 차이가 99% 신뢰구간에 포함되는지 그렇지 아니하면 99% 신뢰구간을 벗어나는지 분석한 결과를 〈표 14-20〉에 제시하였다.

<표 14-20> 경북 구미시을 11개 선거읍면동 중 선관위발표 관내사전-당일 득표율 차이가 99% 신뢰구간에 포함된 읍면동과 99% 신뢰구간으로 부터 벗어난 읍면동

	관내사전득표율 - 당일득표율		99% 신뢰구간* (±)	99% 신뢰구간 포함여부		관내사전득표율 - 당일득표율		99% 신뢰구간* (±)	99% 신뢰구간 포함여부
	더불어민주당	국민의힘				더불어민주당	국민의힘		
1. 선산읍	0.0524	-0.0520	0.0308	X	7. 장천면	0.0778	-0.0777	0.0724	X
2. 고아읍	0.0172	-0.0144	0.0313	O	8. 인동동	0.0864	-0.0804	0.0298	X
3. 무을면	0.0143	-0.0154	0.0701	O	9. 진미동	0.0949	-0.0949	0.0475	X
4. 옥성면	0.0446	-0.0410	0.0749	O	10. 양포동	0.1219	-0.1232	0.0285	X
5. 도개면	0.0282	-0.0253	0.0723	O	11. 산동	0.1353	-0.1324	0.0370	X
6. 해평면	0.0588	-0.0585	0.0542	X					

* 국민의힘 후보의 득표율을 기준으로 산출

총 11개의 선거읍면동 중 고아읍, 부을면, 옥성면 및 도개면에 대한 더불어민주당 후보와 국민의힘 후보의 관내사전득표율-당일득표율 차이는 99% 신뢰구간에 포함된다. 따라서 이 4개 선거읍면의 관내사전 선거결과는 표버리기 조작에 의하여 오염되었다고 평가할 수 없다. 그러나 이 4개 선거읍면을 제외한 7개 읍면동에 대한 후보별 관내사전득표율-당일득표율 차이는 99% 신뢰구간을 벗어난다. 표버리기 조작표수 계산식 (12-2e)를 사용하여 경북 구미시을 11개 선거읍면동에 대한 후보별 조작전후 득표수, 조작표수 및 선거읍면동별 총 득표수를 산출하면 〈표 14-21〉과 같다. 이 표의 결과를 요약하면 다음과 같다.

$$\beta = 표버리기\ 조작표수\ 비 = \frac{7,512}{35.072} = 0.2142$$

$$국민의힘\ 후보의\ 조작전관내사전총득표수\ 대비\ 조작표수\ 비 = \frac{7,512}{24,810} = 0.3028$$

$$선거구\ 당\ 평균\ 조작표수 = 7,512\ /선거구$$

<표 14-21> 경북 구미시을 11개 선거읍면동에 대한 후보별 조작전후 득표수, 조작표수 및 선거읍면동별 총 득표수

득표수	더불어민주당 후보		국민의힘 후보			총 득표수	
	조작전	조작후	조작전	표버리기 조작표수	조작후	조작전	조작후
1. 선산읍	714	714	4,464	-1,434	3,030	5,212	2,778
2. 고아읍	753	753	2,125		2,125	2,904	2,904
3. 무을면	85	85	603		603	693	693
4. 옥성면	66	66	423		423	493	493
5. 도개면	122	122	679		679	819	819
6. 해평면	240	240	1,740	-650	1,090	1,991	1,341
7. 장천면	223	223	1,423	-604	819	1,656	1,052
8. 인동동	1,987	1,987	3,941	-1,203	2,738	5,981	4,778
9. 진미동	1,232	1,232	2,256	-744	1,512	3,523	2,779
10. 양포동	2,959	2,959	4,667	-1,831	2,836	7,703	5,872
11. 산동읍	1,873	1,873	2,489	-1,046	1,443	4,393	3,347
계	10,254	10,254	24,810	-7,512	17,298	35,072	27,560

* 기타 후보 득표수는 기재하지 아니함

표바꾸기 투표에 대한 함수관계 선거구

경북지역 13개 선거구 중 앞에서 분석한 3개의 선거구를 제외한 10개 선거구의 관내사전투표는 표바꾸기 조작에 의하여 오염된 선거구이다. 각 선거구의 출마후보 수, 조작이 없는 선거읍면동의 포함 여부에 기반을 두고 이 10개 선거구를 분석하면 다음 표와 같이 세 가지 경우로 분류할 수 있다. 이 표의 세 가지 경우에 대하여 대표적인 선거구를 선정한 후 표바꾸기 조작표수를 산출하여 보자.

		선거구 명	선거구 수
1	표바꾸기 조작 (더불어민주당, 국민의힘 후보 2명)	구미갑, 영주·영양·봉화·울진	2
2	표바꾸기 조작 (더불어민주당, 국민의힘, 기타 후보 3명 이상)	포항북구, 경주, 상주, 김천, 안동·예천, 경산, 영천·청도	7
3	표바꾸기 조작 + 조작이 없는 선거읍면동 (더불어민주당, 국민의힘, 기타 후보 3명)	고령·성주·칠곡	1

<경북 구미시 갑 선거구에 대한 표바꾸기 조작표수 산출>

<표 14-22>은 구미시 갑 14개 선거동에 대한 더불어민주당 후보와 국민의힘 후보의 당일득표율, 관내사전득표율, 관내사전득표율-당일득표율 차이 및 당일투표와 관내사전투표의 총 득표수를 나타내고 있다. 분석결과에 의하면 14개의 모든 선거동에서 더불어민주당 후보의 관내사전득표율-당일득표율 차이는 (+)이며, 국민의힘 후보의 관내사전득표율-당일득표율 차이는 (-)이다. 구미갑의 관내사전투표는 표더하기, 표버리기 또는 표바꾸기 조작 중 하나의 조작에 의하여 오염되었음을 확인할 수 있다.

<표 14-22> 경북 구미시갑 선거구의 14개 선거동에 대한 후보별 당일득표율, 관내사전득표율, 관내사전-당일 득표율 차이 및 당일투표와 관내사전투표의 총 득표수

	더불어민주당 후보 득표율			국민의힘 후보 득표율			총 득표수	
	당일 (1)	관내사전 (2)	(2) - (1)	당일 (1)	관내사전 (2)	(2) - (1)	당일	관내사전
1. 송정동	0.2108	0.2963	0.0855	0.7892	0.7037	-0.0855	6,375	4,523
2. 지산동	0.1051	0.1649	0.0598	0.8949	0.8351	-0.0598	685	667
3. 도량동	0.2310	0.2905	0.0595	0.7690	0.7095	-0.0595	8,701	3,972
4. 선주원남동	0.2463	0.3655	0.1192	0.7537	0.6345	-0.1192	10,058	6,353
5. 형곡1동	0.2318	0.2978	0.0660	0.7682	0.7022	-0.0660	3,477	3,999
6. 형곡2동	0.2136	0.2623	0.0487	0.7864	0.7377	-0.0487	4,443	3,199
7. 신평1동	0.2172	0.2864	0.0692	0.7828	0.7136	-0.0692	1,381	1,271
8. 신평2동	0.1771	0.2311	0.0540	0.8229	0.7689	-0.0540	802	610
9. 비산동	0.2428	0.3294	0.0866	0.7572	0.6706	-0.0866	2,961	2,623
10. 광평동	0.2109	0.3042	0.0933	0.7891	0.6958	-0.0933	1,024	1,318
11. 상모사곡동	0.2608	0.3242	0.0634	0.7391	0.6758	-0.0633	8,232	4,830
12. 임오동	0.2616	0.3446	0.0830	0.7384	0.6554	-0.0830	4,825	2,194
13. 공단동	0.3042	0.3570	0.0528	0.6958	0.6430	-0.0528	904	1,294
14. 원평동	0.2023	0.2819	0.0796	0.7977	0.7181	-0.0796	2,585	2,636
계							56,453	39,489

구미갑 선거구의 관내사전투표에 적용된 조작 메커니즘을 규명하기 위하여 후보별 당일득표율 대비 관내사전득표율의 함수관계를 좌표평면에 도시하면 그림 14-11과 같다.

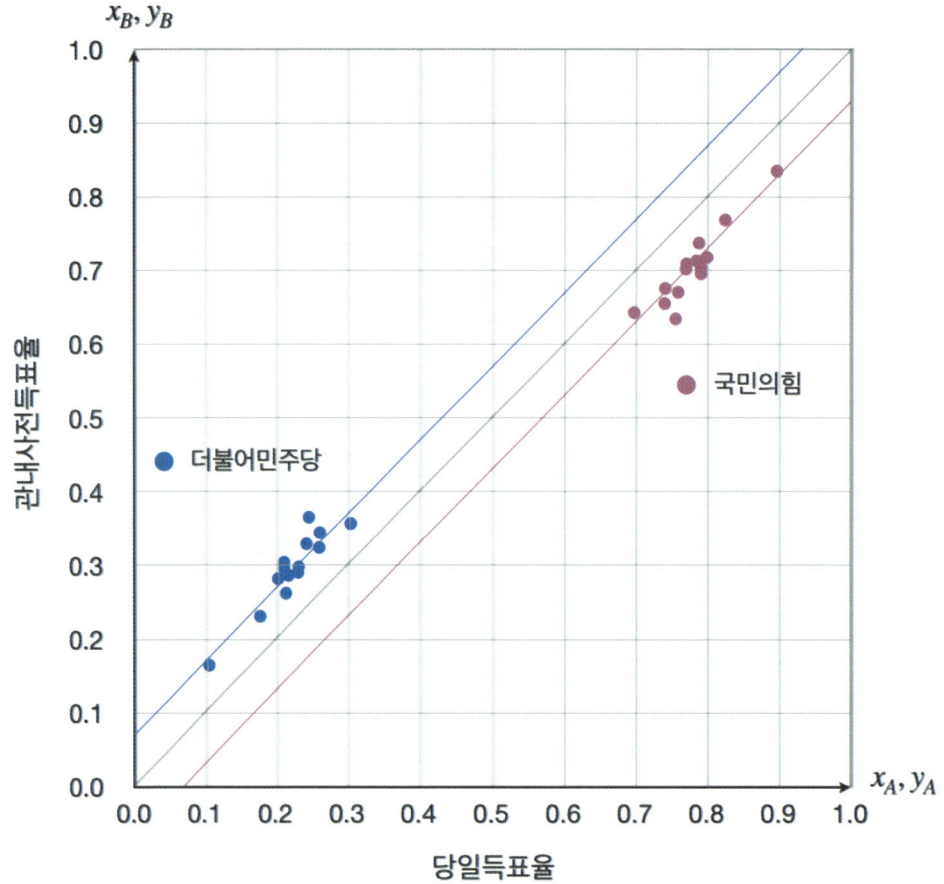

그림 14-11. 경북 구미시갑 선거구 14개 선거동에 대한
후보별 당일득표율 대비 관내사전득표율 사이의 함수관계.
x, y : 더불어민주당, 국민의힘 후보 득표율. A : 당일투표, B : 관내사전투표

함수관계는 선형함수이며 다음 식으로 표현된다.

$$\text{더불어민주당 후보} : x_B = x_A + 0.075 \tag{14-13a}$$

$$\text{국민의힘 후보} : y_B = y_A - 0.075 \tag{14-13b}$$

위의 함수식은 표바꾸기 조작 메커니즘에 대한 함수관계식이다. 따라서 표바꾸기 표수 계산식 (12-3)을 사용하여 표바꾸기 조작표수를 산출하여보자.

$$\text{더불어민주당 후보} : \text{표바꾸기 조작표수} = \left[x_B - \frac{x_B + y_B}{x_A + y_A} x_A \right] \bar{N} \tag{12-3f}$$

$$\text{국민의힘 후보} : \text{표바꾸기 조작표수} = \left[\frac{x_B + y_B}{x_A + y_A} y_A - y_B \right] \bar{N} \tag{12-3g}$$

<표 14-23>은 구미시갑 선거구에 대한 후보별 표바꾸기 조작표수, 조작전후 득표수 및 관내사전투표에 대한 조작전후의 총 득표수를 나타내고 있다. 이 결과를 요약하면 다음과 같다.

$$\text{표바꾸기 조작표수 비 : } \gamma = \frac{3{,}082}{39{,}509} = 0.078$$

$$\text{국민의힘 후보의 조작전관내사전총득표수 대비 조작표수 비} = \frac{3{,}082}{30{,}318} = 0.102$$

$$\text{더불어민주당 후보의 조작전관내사전총득표수 대비 조작표수 비} = \frac{3{,}082}{9{,}191} = 0.335$$

$$\text{선거구 당 평균 조작표수} = 3{,}082 \, / \text{선거구}$$

<표 14-23> 경북 구미시갑 14개 선거동에 대한 후보별 조작전후 득표수, 표바꾸기 조작표수 및 조작전후 선거동별 총 득표수

	더불어민주당 후보 득표수			국민의힘 후보 득표수			총 득표수	
	조작전	표바꾸기 조작표수	조작후	조작전	표바꾸기 조작표수	조작후	조작전	조작후
1. 송정동	953	387	1,340	3,570	-387	3,183	4,523	4,523
2. 지산동	70	40	110	597	-40	557	667	667
3. 도량동	918	236	1,154	3,054	-236	2,818	3,972	3,972
4. 선주원남동	1,563	759	2,322	4,790	-759	4,031	6,353	6,353
5. 형곡1동	927	264	1,191	3,072	-264	2,808	3,999	3,999
6. 형곡2동	683	156	839	2,516	-156	2,360	3,199	3,199
7. 신평1동	276	88	364	995	-88	907	1,271	1,271
8. 신평2동	108	33	141	502	-33	469	610	610
9. 비산동	636	228	864	1,987	-228	1,759	2,623	2,623
10. 광평동	278	123	401	1,040	-123	917	1,318	1,318
11. 상모사곡동	1,260	306	1,566	3,570	-306	3,264	4,830	4,830
12. 임오동	572	184	756	1,622	-184	1,438	2,194	2,194
13. 공단동	414	68	482	900	-68	832	1,314	1,314
14. 원평동	533	210	743	2,103	-210	1,893	2,636	2,636
계	9,191	3,082	12,273	30,318	-3,082	27,236	39,509	39,509

후보자가 더불어민주당 후보와 국민의힘 후보 두명이며 표바꾸기 조작이 관내사전투표에 적용된 선거구는 구미갑 선거구 이외에 영주시영양군 선거구가 있다. 이 선거구에 대한 후보별 표바꾸기 조작표수, 조작전후 득표수 및 조작전후 총 득표수를 산출하면 다음 표와 같다. 이때 조작표수 계산은 식 (12-3f)와 (12-3g)를 사용하였다.

<표 14-23b> 경북 영주시 영양군 선거구에 대한 후보별 표바꾸기 조작표수, 조작전 득표수 및 조작전후 총 득표수

	더불어민주당 후보 득표수			국민의힘 후보 득표수			총 득표수	
	조작전	표바꾸기 조작표수	조작후	조작전	표바꾸기 조작표수	조작후	조작전	조작후
영주시 영양군	8,168	3,113	11,281	30,261	-3,113	27,148	38,429	38,429

<경북 포항시 북구 선거구에 대한 표바꾸기 조작표수 산출>

<표 14-24> 경북 포항시 북구 15개 선거읍면동에 대한 후보별 당일득표율, 관내사전득표율, 관내사전득표율-당일득표율 차이, 당일투표 및 관내사전투표의 총 득표수

	더불어민주당 후보 득표율			국민의힘 후보 득표율			기타 후보 득표율			총 득표수	
	당일(1)	관내(2)	(2)-(1)	당일(1)	관내(2)	(2)-(1)	당일(1)	관내(2)	(2)-(1)	당일	관내
1. 흥해읍	0.2675	0.3330	0.0655	0.6549	0.5859	-0.0690	0.0776	0.0811	0.0035	13,938	5,774
2. 신광면	0.1213	0.2244	0.1031	0.7793	0.6743	-0.1050	0.0994	0.1013	0.0019	1,006	829
3. 청하면	0.1253	0.2176	0.0923	0.7697	0.6870	-0.0827	0.1051	0.0954	-0.0097	1,485	1,489
4. 송라면	0.1027	0.1600	0.0573	0.8148	0.7620	-0.0528	0.0825	0.0780	-0.0045	594	1,000
5. 기계면	0.1395	0.1811	0.0416	0.7559	0.7297	-0.0262	0.1046	0.0892	-0.0154	1,434	1,839
6. 죽장면	0.1012	0.1160	0.0148	0.8139	0.7680	-0.0459	0.0849	0.1160	0.0311	919	819
7. 기북면	0.1257	0.1702	0.0445	0.7701	0.7057	-0.0644	0.1043	0.1241	0.0198	374	564
8. 중앙동	0.1875	0.3060	0.1185	0.7263	0.5956	-0.1307	0.0862	0.0984	0.0122	4,895	3,222
9. 양학동	0.2695	0.3402	0.0707	0.6565	0.5930	-0.0635	0.0739	0.0668	-0.0071	5,261	3,607
10. 죽도동	0.1872	0.2438	0.0566	0.7510	0.6879	-0.0631	0.0618	0.0683	0.0065	6,538	3,355
11. 용흥동	0.2189	0.2962	0.0773	0.6974	0.6025	-0.0949	0.0837	0.1013	0.0176	7,894	2,795
12. 우창동	0.2641	0.3811	0.1170	0.6313	0.5172	-0.1141	0.1046	0.1017	-0.0029	10,426	4,925
13. 두호동	0.2538	0.3200	0.0662	0.6471	0.5945	-0.0526	0.0990	0.0856	-0.0134	7,986	5,410
14. 장량동	0.3226	0.4282	0.1056	0.5866	0.4804	-0.1062	0.0908	0.0914	0.0006	22,546	7,822
15. 환여동	0.2789	0.3756	0.0967	0.6386	0.5557	-0.0829	0.0824	0.0688	-0.0136	2,911	1,949
계										88,207	45,399

한 선거구에 더불어민주당 후보와 국민의힘 후보 이외에 기타 후보가 동시에 출마할 경우, 표바꾸기 조작이 관내사전투표에 적용되었다면 기타 후보에 대한 선거읍면동 별 관내사전득표율-당일득표율 차이는 0에 가까와야 한다. 또한 후보별 당일득표율 대비 관내사전득표율 사이의 함수관계 그래프는 서로 평행할 뿐만아니라 선형함수식의 기울기는 1이 되어야 한다. 위와 같은 특성의 함수관계를 나타내는 선거구는 경북지역 13개 선거구 중 7개 선거구이다. 이 7개 선거구 중 포항시 북구 선거구에 대한 표바꾸기 조작에 대하여 분석하여보자. 〈표 14-24〉는 포항시 북구 15개 선거읍면동에 대한 후보별 당일득표율, 관내사전득표율, 관내사전득표율-당일득표율 차이, 당일투표 및 관내사전투표의 총 득표수를 나타내고 있다.

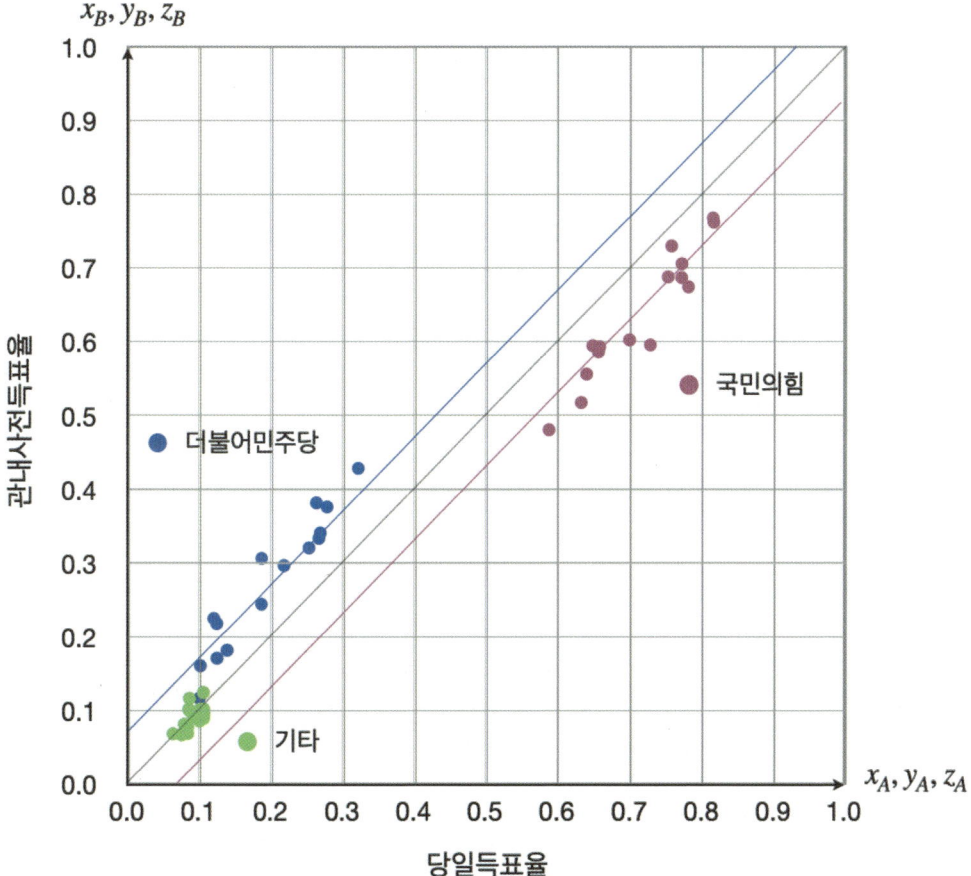

그림 14-12. 경북 포항시 북구 선거구 15개 선거읍면동에 대한 후보별 당일득표율 대비 관내사전득표율 사이의 함수관계. x, y, z : 더불어민주당, 국민의힘, 기타 후보 득표율. A : 당일투표, B : 관내사전투표

분석결과에 의하면 더불어민주당 후보인 경우 15개 선거읍면동에서 관내사전득표율-당일득표율 차이는 모두 (+)를 나타내며, 국민의힘 후보인 경우 15개 선거읍면동 모두에서 차이값을 (-)를 나타낸다. 반면 기타 후보에 대한 관내사전득표율-당일득표율 차이는 15개 선거읍면동 중 8곳에서는 (+)를, 7곳에서는 (-)를 나타내고 그 차이는 0에 접근한다. 이 결과로부터 포항시 북구 관내사전투표는 표바꾸기 조작에 의하여 오염되었다고 추정할 수 있다.

포항시 북구 관내사전투표에 대한 표바꾸기 조작 메커니즘을 확인하기 위하며 후보별 당일득표율 대비 관내사전득표율 사이의 함수관계를 좌표평면에 도시하면 그림 14-12와 같다. 세 후보에 대한 함수관계는 선형함수이며 다음 식으로 표현된다.

$$\text{더불어민주당 후보}: x_B = x_A + 0.075 \tag{14-14a}$$

$$\text{국민의힘 후보}: y_B = y_A - 0.075 \tag{14-14b}$$

$$\text{기타 후보}: z_B = z_A \tag{14-14c}$$

위 식은 표바꾸기 조작 메커니즘에 대한 함수관계식이다. 세 후보에 대한 선형함수식의 기울기는 1이며 기타 후보에 대한 함수식은 원점을 지나고 있다. 이 함수관계로 부터 포항시 북구 관내사전투표는 표바꾸기 조작에 의하여 오염되었음을 확인할 수 있다.

식 (12-3f)와 (12-3g)로 포항시 북구 15개 선거읍면동의 관내사전투표에 대한 후보별 표바꾸기 조작표수 및 조작전후의 후보별 득표수를 산출하면 〈표 14-25〉와 같다. 결과를 요약하면 다음과 같다.

$$\text{표바꾸기 조작표수 비}: \gamma = \frac{3{,}759}{45{,}399} = 0.0828$$

$$\text{더불어민주당 후보의 조작전관내사전총득표수 대비 조작표수 비} = \frac{3{,}759}{10{,}906} = 0.3447$$

$$\text{국민의힘 후보의 조작전관내사전총득표수 대비 조작표수 비} = \frac{3{,}759}{30{,}509} = 0.1232$$

$$\text{선거구 당 평균 조작표수} = 3{,}759\ /\text{선거구}$$

포항시 북구 선거구 이외에 더불어민주당 후보, 국민의힘 후보 및 기타 후보가 출마한 선거구에서 관내사전투표의 결과가 표바꾸기 조작에 의하여 오염된 선거구는 경주시, 김천시, 안동예천, 상주시, 경산시 및 영천시 선거구가 있다. 이들 선거구의 관내사전투표에 대한 표바꾸기 조작표수를 식 (12-3f)와 (12-3g)에 의하여 계산하면 〈표 14-26〉과 같다.

<표 14-25> 포항시 북구 15개 선거읍면동에 대한 후보별 조작전후 득표수, 표바꾸기 조작표수 및 조작전후 선거읍면동별 총 득표수

	더불어민주당 후보			국민의힘 후보			기타 후보		총 득표수	
	조작전	표바꾸기 조작표수	조작후	조작전	표바꾸기 조작표수	조작후	조작전	조작후	조작전	조작후
1. 흥해읍	1,539	384	1,923	3,767	-384	3,383	468	468	5,774	5,774
2. 신광면	100	86	186	645	-86	559	84	84	829	829
3. 청하면	189	135	324	1,158	-135	1,023	142	142	1,489	1,489
4. 송라면	103	57	160	819	-57	762	78	78	1,000	1,000
5. 기계면	261	72	333	1,414	-72	1,342	164	164	1,839	1,839
6. 죽장면	80	15	95	644	-15	629	95	95	819	819
7. 기북면	63	33	96	431	-33	398	70	70	564	564
8. 중앙동	596	390	986	2,309	-390	1,919	317	317	3,222	3,222
9. 양학동	980	247	1,227	2,386	-247	2,139	241	241	3,607	3,607
10. 죽도동	624	194	818	2,502	-194	2,308	229	229	3,355	3,355
11. 용흥동	600	228	828	1,912	-228	1,684	283	283	2,795	2,795
12. 우창동	1,305	572	1,877	3,119	-572	2,547	501	501	4,925	4,925
13. 두호동	1,393	338	1,731	3,554	-338	3,216	463	463	5,410	5,410
14. 장량동	2,521	828	3,349	4,586	-828	3,758	715	715	7,822	7,822
15. 환여동	552	180	732	1,263	-180	1,083	134	134	1,949	1,949
계	10,906	3,759	14,665	30,509	-3,759	26,750	3,984	3,984	45,399	45,399

<표 14-26> 출마 후보가 3명 이상이고 관내사전투표에서 표바꾸기 조작이 실행된 선거구에 대한 후보별 조작전후 득표수, 표바꾸기 조작표수 및 조작전후 선거구별 총 득표수

	더불어민주당 후보			국민의힘 후보			기타 후보		총 득표수	
	조작전	표바꾸기 조작표수	조작후	조작전	표바꾸기 조작표수	조작후	조작전	조작후	조작전	조작후
1. 경주시	11,912	3,367	15,279	40,866	-3,367	37,499	5,673	5,673	58,451	58,451
2. 김천시	6,690	2,164	8,854	24,252	-2,164	22,088	4,035	4,035	34,977	34,977
3. 안동예천	13,351	2,656	16,007	37,624	-2,656	34,968	1,695	1,695	52,670	52,670
4. 상주시	7,184	2,261	9,445	39,009	-2,261	36,748	1,748	1,748	47,941	47,941
5. 경산시*	5,547	2,123	7,670	20,921	-2,123	18,798	20,224	20,224	46,692	46,692
6. 영천시	5,042	2,372	7,414	21,743	-2,372	19,371	6,323	6,323	33,108	33,108

* 경산시에는 더불어민주당 후보가 출마하지 아니하였기 때문에 진보당 후보와 녹색정의당 후보의 득표수의 합을 더불어민주당 후보의 득표수로 대체

<경북 고령·성주·칠곡 선거구에 대한 표바꾸기 조작표수 산출>

<표 14-27a> 경북 고령·성주·칠곡 선거구 25개 선거읍면에 대한 후보별 당일득표율, 관내사전득표율, 관내사전-당일 득표율 차이 및 당일투표와 관내사전투표의 총 득표수

		더불어민주당 후보			국민의힘 후보			무소속 후보			총 득표수	
		당일(1)	관내사전(2)	(2)-(1)	당일(1)	관내사전(2)	(2)-(1)	당일(1)	관내사전(2)	(2)-(1)	당일	관내사전
고령군	1. 대가야읍	0.1502	0.2140	0.0638	0.8273	0.7656	-0.0617	0.0225	0.0203	-0.0022	2,623	2,556
	2. 덕곡면	0.0945	0.1694	0.0749	0.8950	0.8118	-0.0832	0.0103	0.0188	0.0085	487	425
	3. 운수면	0.1272	0.1633	0.0361	0.8515	0.8267	-0.0248	0.0212	0.0100	-0.0112	613	502
	4. 성산면	0.1047	0.1496	0.0449	0.8773	0.8048	-0.0725	0.0181	0.0456	0.0275	774	702
	5. 다산면	0.1782	0.2536	0.0754	0.8000	0.7309	-0.0691	0.0218	0.0155	-0.0063	2,290	1,936
	6. 개진면	0.0868	0.1575	0.0707	0.8987	0.8149	-0.0838	0.0145	0.0276	0.0131	691	362
	7. 우곡면	0.1186	0.1662	0.0476	0.8558	0.8172	-0.0386	0.0255	0.0166	-0.0089	548	361
	8. 쌍림면	0.1038	0.1391	0.0353	0.8736	0.8397	-0.0339	0.0226	0.0212	-0.0014	1,108	755
성주군	9. 성주읍	0.1744	0.2407	0.0663	0.8061	0.7403	-0.0658	0.0194	0.0190	-0.0004	3,652	3,365
	10. 선남면	0.1008	0.1243	0.0235	0.8812	0.8622	-0.0190	0.0180	0.0135	-0.0045	1,667	1,931
	11. 용암면	0.1227	0.1226	-0.0001	0.8542	0.8682	0.0140	0.0231	0.0093	-0.0138	864	1,297
	12. 수륜면	0.1334	0.1492	0.0158	0.8322	0.8287	-0.0035	0.0343	0.0221	-0.0122	757	1,086
	13. 가천면	0.1109	0.2012	0.0903	0.8733	0.7879	-0.0854	0.0158	0.0109	-0.0049	442	825
	14. 금수면	0.1061	0.1694	0.0633	0.8750	0.8085	-0.0665	0.0189	0.0222	0.0033	264	496
	15. 대가면	0.1581	0.2000	0.0419	0.8233	0.7818	-0.0415	0.0186	0.0182	-0.0004	645	880
	16. 벽진면	0.1427	0.1519	0.0092	0.8389	0.8298	-0.0091	0.0184	0.0183	-0.0001	869	1,040
	17. 초전면	0.1449	0.1602	0.0153	0.8341	0.8229	-0.0112	0.0193	0.0170	-0.0023	1,139	1,592
	18. 월항면	0.1140	0.1345	0.0205	0.8599	0.8470	-0.0129	0.0261	0.0185	-0.0076	921	974
칠곡군	19. 왜관읍	0.1976	0.2607	0.0631	0.7813	0.7215	-0.0598	0.0103	0.0178	0.0075	9,280	5,777
	20. 북삼읍	0.2348	0.3203	0.0855	0.7404	0.6541	-0.0863	0.0248	0.0256	0.0008	6,253	4,096
	21. 석적읍	0.3360	0.4370	0.1010	0.6385	0.5389	-0.0996	0.0254	0.0242	-0.0012	712	3,641
	22. 지천면	0.0960	0.1496	0.0536	0.8817	0.8311	-0.0506	0.0222	0.0192	-0.0030	1,260	989
	23. 동명면	0.1224	0.1693	0.0469	0.8559	0.8140	-0.0419	0.0216	0.0167	-0.0049	1,895	1,140
	24. 가산면	0.1197	0.1557	0.0360	0.8646	0.8297	-0.0349	0.0158	0.0147	-0.0011	1,078	681
	25. 약목면	0.1548	0.1831	0.0283	0.8186	0.7853	-0.0333	0.0265	0.0316	0.0051	2,790	2,054
	계										43,622	39,463

경북 고령·성주·칠곡 선거구는 25개 선거읍면으로 구축되어 있다. 〈표 14-27a〉는 고령·성주·칠곡 선거구의 25개 선거읍면에 대한 후보별 당일득표율, 관내사전득표율, 관내사전득표율-당일득표율 차이, 당일투표 및 관내사전투표의 총 득표수를 나타내고 있다. 더불어민주당 후보인 경우 25개 선거읍면 중 용암면을 제외한 24개 읍면에서 관내사전득표율-당일득표율 차이가 (+)이고, 국민의힘 후보인 경우 용암면을 제외한 24개 읍면에서 차이가 (−)이다. 무소속 후보인 경우 6개 읍면에서 차이가 (+)이다. 특히 성주군에 속한 6개 선거읍면, 즉 선남면, 용암면, 수륜면, 벽진면, 초전면, 월항면에 대한 더불어민주당 후보와 국민의힘 후보의 관내사전득표율-당일득표율 차이의 절대값이 2.5 % 미만으로 다음의 통계학적 공리인 대수의 법칙이 성립되었다.

더불어민주당 후보 : 당일득표율 ≒ 관내사전득표율

국민의힘 후보 : 당일득표율 ≒ 관내사전득표율

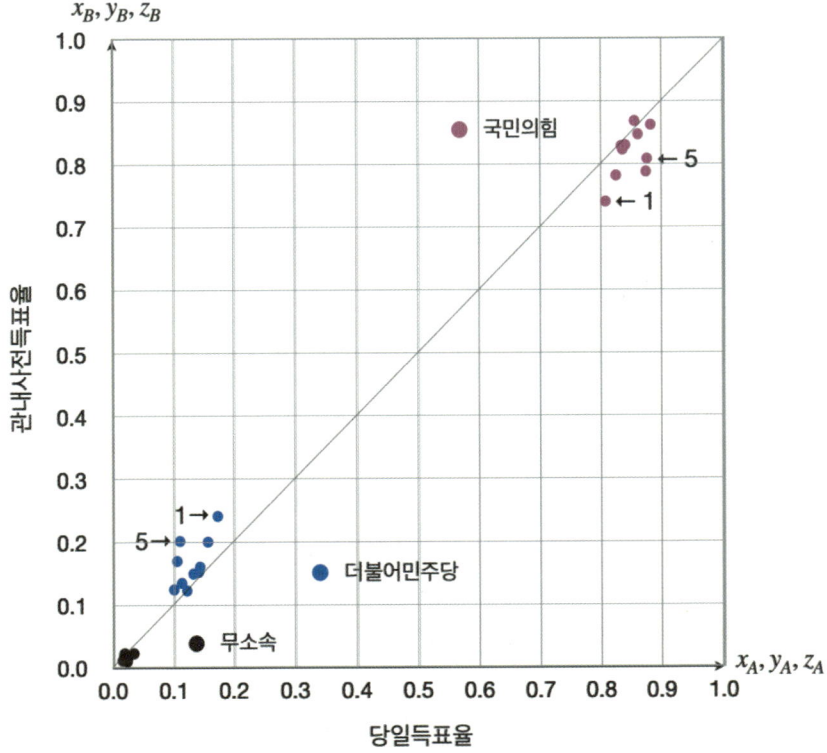

그림 14-13. 경북 고령·성주·칠곡 선거구 25개 선거읍면에 대한
후보별 당일득표율 대비 관내사전득표율 함수관계.
x, y, z : 더불어민주당, 국민의힘, 무소속 후보 득표율. A : 당일투표, B : 관내사전투표
→ : 선남면, 용암면, 수륜면, 변지면, 초전면, 월항면

〈표 14-27a〉의 결과에 의하면 경북 고령·성주·칠곡 선거구의 선거읍면에 대한 관내사전투표는 표더하기 조작, 표버리기 조작, 표바꾸기 조작 메커니즘 중 하나에 의하여 조작된 투표이다. 조작 메커니즘을 확인하기 위하여 〈표 14-27a〉의 결과를 좌표평면에 도시하면 그림 14-13과 같다. 이 그림의 결과에 의하면 앞에서 언급한 성주군의 6개 선거읍을 제외하면 관내사전투표는 표바꾸기조작에 의하여 오염되었음을 확인할 수 있다. 그림 14-13의 함수관계는 선형함수이며 다음 식으로 표현된다.

$$\text{더불어민주당 후보}: x_B = x_A + 0.07 \tag{14-15a}$$

$$\text{국민의힘 후보}: y_B = y_A - 0.07 \tag{14-15b}$$

$$\text{기타 후보}: z_B = z_A \tag{14-15c}$$

성주군의 10개 선거읍면의 관내사전투표에 대하여 득표수 조작여부를 규명하여 보자. 〈표 14-27b〉는 성주군 10개 선거읍면의 선거결과에 대한 후보별 관내사전득표율-당일득표율 차이, 99% 신뢰구간, 그리고 차이의 99% 신뢰구간 포함여부를 나타내고 있다. 총 10개 읍면 중 관내사전득표율-당일득표율 차이가 99% 신뢰구간으로 부터 벗어나는 읍면은 성주읍과 가천면 2곳 뿐이었다. 나머지는 모두 99% 신뢰구간에 포함된다.

<표 14-27b> 경북 고령·성주·칠곡 선거구 중 성주군에 속한 10개 선거읍면에 대한 후보별 관내사전득표율-당일득표율 차이가 99% 신뢰구간에 포함된 읍면과 벗어난 읍면

	관내사전득표율 - 당일득표율		99% 신뢰구간* (±)	99% 신뢰구간 포함여부		관내사전득표율 - 당일득표율		99% 신뢰구간 (±)	99% 신뢰구간 포함여부
	더불어민주당	국민의힘				더불어민주당	국민의힘		
1. 성주읍	0.0163	-0.0658	0.0352	X	6. 금수면	0.0633	-0.0665	0.0924	O
2. 선남면	0.0235	-0.0190	0.0384	O	7. 대가면	0.0419	-0.0415	0.0719	O
3. 용암면	-0.0001	0.0140	0.0523	O	8. 벽진면	0.0092	-0.0091	0.0593	O
4. 수륜면	0.0158	-0.0035	0.0598	O	9. 초전면	0.0153	-0.0112	0.0506	O
5. 가천면	0.0903	-0.0854	0.0745	X	10. 월항면	0.0205	-0.0129	0.0552	O

* 더불어민주당 후보 득표율을 사용하여 계산한 값임

성주군의 10개 읍면에 대한 당일득표율 대비 관내사전득표율 사이의 함수관계를 좌표평면에 도시하면 그림 14-14와 같다. 이 함수관계 그래프로 부터 성주읍과 가천면을 제외한 선거읍면은 당일득표율 ≒ 관내사전득표율의 대수의 법칙이 성립함을 알 수 있다.

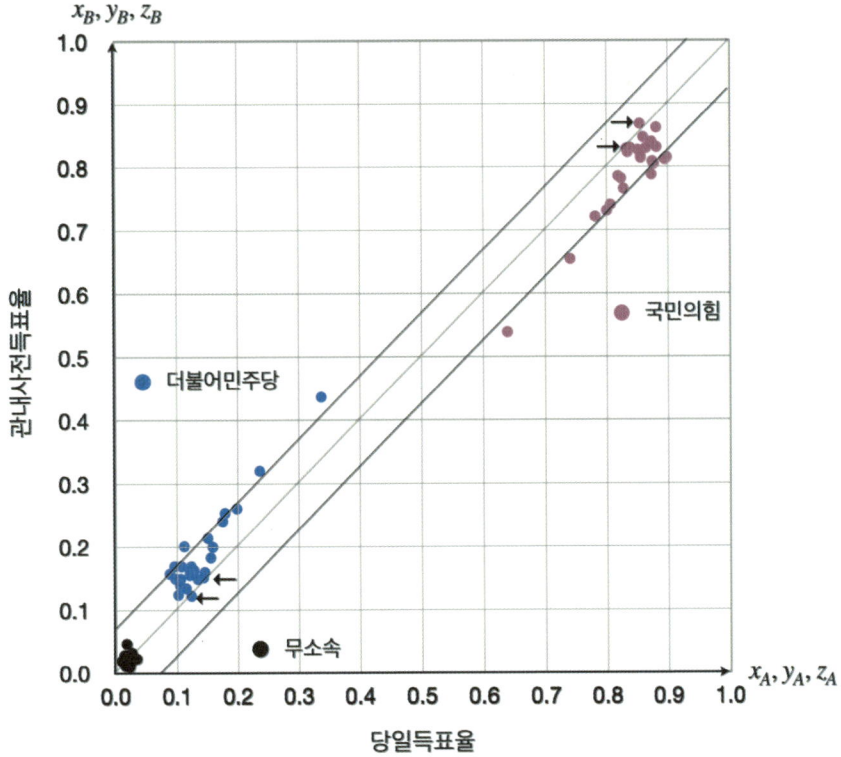

그림 14-14. 경북 성주군의 10개 선거읍면에 대한
후보별 당일득표율 대비 관내사전득표율 함수관계
x, y, z : 더불어민주당, 국민의힘, 무소속 후보 득표율. A : 당일투표, B : 관내사전투표
1 : 성주읍, 5 : 가천면

    표바꾸기 조작표수 계산식 (12-3f)와 (12-3g)를 사용하여 경북 고령·성주·칠곡 선거구 25개 선거읍면에 대한 후보별 표바꾸기 조작표수, 조작전후 득표수 및 조작전후 관내사전 총 득표수를 산출하면 〈표 14-28〉과 같다. 총 25개 선거읍면 중 관내사전 총 득표수가 큰 대가야읍, 다산면, 성주읍, 왜관읍, 북삼읍, 석적읍을 제외한 19개 선거읍면의 관내사전 투표에 대한 표바꾸기 조작표수는 작아서 99 % 오차범위의 표수라고 추정할 수 있다. 〈표 14-28〉의 결과를 요약하면 다음과 같다.

$$\text{표바꾸기 조작표수 비} : \gamma = \frac{2{,}202}{39{,}459} = 0.0558$$

더불어민주당 후보의 조작전 총 득표수 대비 표바꾸기 조작표수 비 $= \dfrac{2{,}202}{6{,}880} = 0.3201$

$$\text{국민의힘 후보의 조작전 총 득표수 대비 표바꾸기 조작표수 비} = \frac{2{,}202}{31{,}779} = 0.0693$$

$$\text{선거구 당 표바꾸기 조작표수} = 2{,}202 \,/\text{선거구}$$

<표 14-28> 경북 고령·성주·칠곡 선거구 25개 선거읍면에 대한 후보별 조작전후 득표수, 표바꾸기 조작표수 및 조작전후 선거읍면의 관내사전 총 득표수

	더불어민주당 후보			국민의힘 후보			기타 후보		관내사전 총 득표수	
	조작전	표바꾸기 조작표수	조작후	조작전	표바꾸기 조작표수	조작후	조작전	조작후	조작전	조작후
1. 대가야읍	385	162	547	2,119	-162	1,957	52	52	2,556	2,556
2. 덕곡면	40	32	72	377	-32	345	8	8	425	425
3. 운수면	65	17	82	432	-17	415	5	5	502	502
4. 성산면	71	34	105	599	-34	565	32	32	702	702
5. 다산면	347	144	491	1,559	-144	1,415	30	30	1,936	1,936
6. 개진면	31	26	57	321	-26	295	10	10	362	362
7. 우곡면	43	17	60	312	-17	295	6	6	361	361
8. 쌍림면	78	27	105	661	-27	634	16	16	755	755
9. 성주읍	587	223	810	2,714	-223	2,491	64	64	3,365	3,365
10. 선남면	196	44	240	1,709	-44	1,665	26	26	1,931	1,931
11. 용암면	157	-2	155	1,128	2	1,130	12	12	1,297	1,297
12. 수륜면	147	15	162	915	-15	900	24	24	1,086	1,086
13. 가천면	92	74	166	724	-74	650	9	9	825	825
14. 금수면	52	32	84	433	-32	401	11	11	496	496
15. 대가면	139	37	176	725	-37	688	16	16	880	880
16. 벽진면	148	10	158	873	-10	863	19	19	1,040	1,040
17. 초전면	232	23	255	1,333	-23	1,310	27	27	1,592	1,592
18. 월항면	112	19	131	844	-19	825	18	18	974	974
19. 왜관읍	1,145	361	1,506	4,529	-361	4,168	103	103	5,777	5,777
20. 북삼읍	961	351	1,312	3,030	-351	2,679	105	105	4,096	4,096
21. 석적읍	1,225	366	1,591	2,328	-366	1,962	88	88	3,641	3,641
22. 지천면	95	53	148	875	-53	822	19	19	989	989
23. 동명면	140	53	193	981	-53	928	19	19	1,140	1,140
24. 가산면	82	24	106	589	-24	565	10	10	681	681
25. 약목면	316	60	376	1,673	-60	1,613	65	65	2,054	2,054
계	6,886	2,202	9,088	31,783	-2,202	29,581	794	794	39,463	39,463

<경북지역 13개 선거구에 대한 후보별 조작표수 조작전후 득표수>

경북지역의 선거구는 13개 선거구이다. 선거구에 적용된 조작 메커니즘은 표버리기와 표바꾸기 조작 메커니즘이다. 총 13개 선거구 중 표버리기 조작 메커니즘이 적용된 선거구는 포항시 남구와 구미시을 2곳의 선거구이며, 표바꾸기 조작 메커니즘이 적용된 선거구는 10곳의 선거구이고, 조작이 없는 선거구는 의성·울진 선거구이다. 〈표 14-28-1〉은 경북 13개 선거구에 대한 후보별 조작득표수 조작전후 득표수를 나타내고 있다. 〈표 14-28-1〉의 결과로부터 표버리기 조작표수 비 β와 표바꾸기 조작표수 비 γ를 산출하면 다음과 같다.

$$\text{표버리기 조작표수 비} : \beta = \frac{17,897}{84,816} = 0.211$$

$$\text{표바꾸기 조작표수 비} : \gamma = \frac{27,099}{436,632} = 0.0621$$

<표 14-28-1> 경북지역 13개 선거구의 관내사전투표에 대한 후보별 조작득표수, 조작전후 득표수

	더불어민주당 후보 득표수			국민의힘 후보 득표수				기타 후보 득표수	총 득표수	
	조작전	표 바꾸기	조작후	조작전	표 버리기	표 바꾸기	조작후	조작 없음	조작전	조작후
1. 의성울진				38,534			38,534	7,734	46,268	46,268
2. 포항시남구	13,208		13,208	36,544	-10,385		26,159		49,752	39,367
3. 구미시을	10,254		10,254	24,810	-7,512		17,298		35,064	27,552
4. 구미시갑	9,191	3,082	12,273	30,318		-3,082	27,236		39,509	39,509
5. 영주영양	8,168	3,113	11,281	30,261		-3,113	27,148		38,429	38,429
6. 포항시북구	10,906	3,759	14,665	30,509		-3,759	26,750	3,984	45,399	45,399
7. 경주시	11,912	3,367	15,279	40,866		-3,367	37,499	5,673	58,451	58,451
8. 김천시	6,690	2,164	8,854	24,252		-2,164	22,088	4,035	34,977	34,977
9. 안동예천	13,351	2,656	16,007	37,624		-2,656	34,968	1,695	52,670	52,670
10. 영천청도	5,042	2,372	7,414	21,743		-2,372	19,371	6,323	33,108	33,108
11. 상주문경	7,184	2,261	9,445	39,009		-2,261	36,748	1,748	47,941	47,941
12. 경산*	5,547	2,123	7,670	20,921		-2,123	18,798	20,224	46,692	46,692
13. 고령칠곡	6,883	2,202	9,085	31,779		-2,202	29,577	794	39,456	39,456
계	108,336	27,099	135,435	407,170	-17,897	-27,099	362,174	52,210	567,716	549,819

* 더불어민주당 후보 대신 진보당+녹색정의당 후보

D. 대구지역 12개 선거구에 대한 관내사전투표의 조작표수

<표 14-29>는 대구지역 12개 선거구에 대한 후보별 당일득표율, 관내사전득표율, 관내사전득표율-당일득표율 차이를 나타내고 있다. 더불어민주당 후보인 경우 총 12개 모든 선거구에서 관내사전득표율-당일득표율 차이가 (+)이고, 국민의힘 후보인 경우 모든 선거구에서 차이가 (-)이다. 기타 후보인 경우 출마 7개 선거구 중 수성을 선거구에 대한 차이는 (+)이고 나머지 6개 선거구에 대한 차이는 (-)이다. 그러나 차이의 절대값은 0에 가까웠다. 따라서 대구지역 12개 선거구의 관내사전투표에 적용된 조작 메커니즘은 대부분 표바꾸기 조작 메커니즘이라고 추정할 수 있다.

<표 14-29> 대구지역 12개 선거구에 대한 후보별 당일득표율, 관내사전득표율, 관내사전득표율-당일득표율 차이

	더불어민주당 후보			국민의힘 후보			기타 후보		
	당일(1)	관내사전(2)	(2)-(1)	당일(1)	관내사전(2)	(2)-(1)	당일(1)	관내사전(2)	(2)-(1)
1. 중구·남구	0.217	0.305	0.088	0.612	0.551	-0.061	0.171	0.144	-0.027
2. 동구군위갑	0.220	0.281	0.061	0.780	0.718	-0.062			
3. 동구군위을	0.171	0.222	0.051	0.782	0.742	-0.040	0.047	0.036	-0.011
4. 서구	0.263	0.293	0.030	0.736	0.707	-0.029			
5. 북구갑	0.235	0.308	0.073	0.750	0.681	-0.069	0.015	0.011	-0.004
6. 북구을	0.222	0.299	0.077	0.711	0.637	-0.074	0.067	0.064	-0.003
7. 수성갑*	0.261	0.356	0.095	0.698	0.607	-0.091	0.041	0.037	-0.004
8. 수성을	0.1767	0.2249	0.0482	0.7255	0.6692	-0.0563	0.0979	0.1060	0.0081
9. 달서갑	0.256	0.321	0.065	0.744	0.679	-0.065			
10. 달서을	0.243	0.313	0.070	0.757	0.687	-0.070			
11. 달서병	0.132	0.191	0.059	0.690	0.645	-0.045	0.178	0.164	-0.014
12. 달성군	0.216	0.293	0.077	0.784	0.707	-0.077			

* 더불어민주당 후보 대신 새진보연합, 기타 후보는 개혁신당+무소속 후보임

대구지역 12개 선거구의 관내사전투표에 대한 조작 메커니즘을 확인하기 위하여 당일득표율 대비 관내사전득표율 사이의 함수관계를 좌표평면에 도시하면 그림 14-15와 같다.

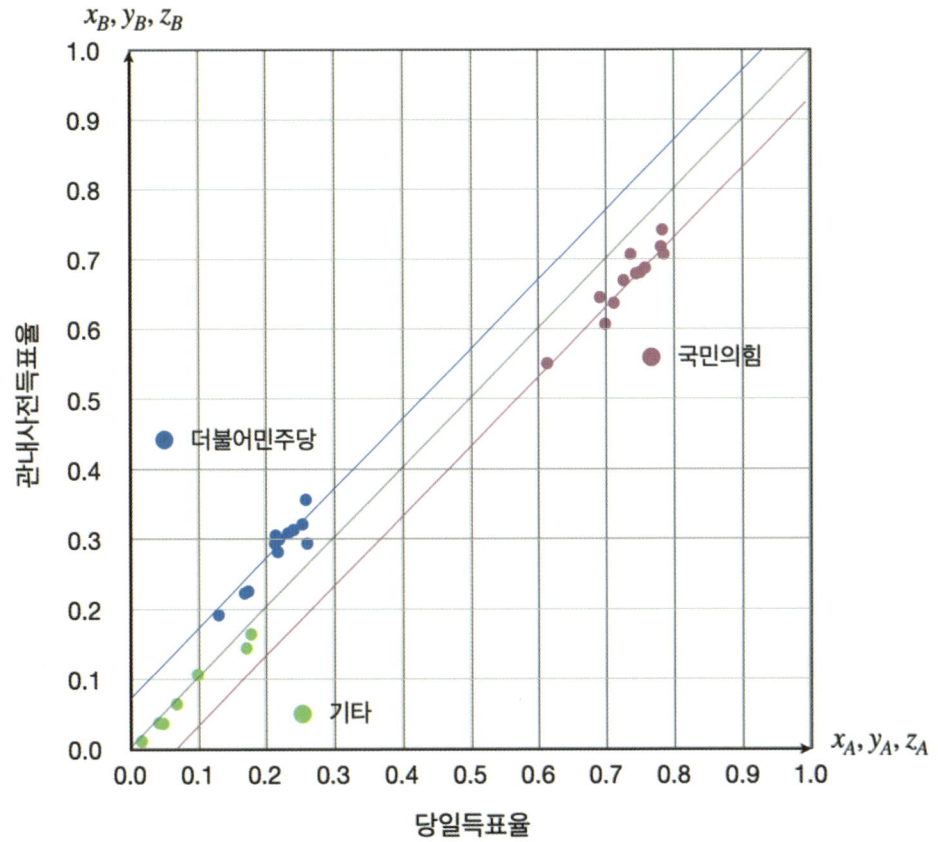

그림 14-15. 대구지역 12개 선거구에 대한 후보별 당일득표율 대비 관내사전득표율 함수관계.
x, y, z : 더불어민주당, 국민의힘, 기타 후보 득표율. A : 당일투표, B : 관내사전투표

더불어민주당 후보, 국민의힘 후보 및 기타 후보에 대한 함수관계는 선형함수이며 다음 식으로 표현된다.

$$\text{더불어민주당 후보}: x_B = x_A + 0.07 \quad (14\text{-}16a)$$

$$\text{국민의힘 후보}: y_B = y_A - 0.07 \quad (14\text{-}16b)$$

$$\text{기타 후보}: z_B = z_A \quad (14\text{-}16c)$$

위의 함수식은 표바꾸기 조작 메커니즘에 대한 전형적인 함수관계식이다. 따라서 대구지역의 12개 선거구에 대한 관내사전투표는 표바꾸기 조작에 의하여 오염된 투표라고 추정할 수 있다. 이제 선거구에 따른 조작 메커니즘을 보다 정확히 규명하여 보자. 선거구별 선거동에 다른 당일득표율 대비 관내사전득표율 함수관계 분석결과에 의하면 대구시 12개 선거구의 관내사전투표는 〈표 14-30〉과 같이 네가지 경우로 분류됨을 알 수 있다.

<표 14-30> 대구지역 12개 선거구에 관내사전투표에 적용된 조작메커니즘과 선거구 명

	선거구	선거구 수
조작이 없는 선거구	서구	1
표더하기 조작	중구남구	1
표버리기 조작	북구갑, 동구군위갑, 동구군위을	3
표바꾸기 조작	달서구갑, 달서구을, 달서구병, 달성군, 북구을, 수성구갑, 수성구을	7

〈표 14-30〉의 각 경우의 선거구에 대한 선거동에 따른 당일득표율과 관내사전득표율 사이의 함수관계 및 조작표수를 분석하여 보자.

<표 14-31> 대구시 서구 선거구 17개 선거동에 대한 후보별 당일득표율, 관내사전득표율, 관내사전-당일 득표율 차이 및 당일투표와 관내사전투표 총 득표수

	국민의힘 후보 득표율			기타 후보 득표율			총 득표수	
	당일(1)	관내사전(2)	(2)-(1)	당일(1)	관내사전(2)	(2)-(1)	당일	관내사전
1. 내당1동	0.742	0.716	-0.026	0.258	0.284	0.026	2,722	1,922
2. 내당2·3동	0.761	0.728	-0.033	0.239	0.272	0.033	2,943	1,264
3. 내당4동	0.783	0.734	-0.049	0.217	0.266	0.049	472	2,936
4. 비산1동	0.710	0.676	-0.034	0.290	0.324	0.034	2,538	1,840
5. 비산2·3동	0.707	0.701	-0.006	0.293	0.299	0.006	2,813	1,425
6. 비산4동	0.746	0.708	-0.038	0.254	0.292	0.038	3,189	1,503
7. 비산5동	0.783	0.749	-0.034	0.217	0.251	0.034	1,550	1,422
8. 비산6동	0.691	0.697	0.006	0.309	0.303	-0.006	2,160	1,586
9. 비산7동	0.772	0.764	-0.008	0.228	0.236	0.008	2,989	1,324
10. 평리1동	0.688	0.715	0.027	0.312	0.285	-0.027	2,047	1,702
11. 평리2동	0.712	0.679	-0.033	0.288	0.321	0.033	2,104	1,927
12. 평리3동	0.713	0.653	-0.060	0.287	0.347	0.060	4,009	2,254
13. 평리4동	0.718	0.671	-0.047	0.282	0.329	0.047	5,056	2,326
14. 평리5동	0.672	0.693	0.021	0.328	0.307	-0.021	1,912	949
15. 평리6동	0.751	0.718	-0.033	0.249	0.282	0.033	1,502	1,276
16. 상중이동	0.744	0.721	-0.023	0.256	0.279	0.023	5,947	2,873
17. 원대동	0.765	0.724	-0.041	0.234	0.276	0.042	3,135	1,942
계							47,088	30,471

<조작이 없는 대구시 서구 선거구의 관내사전투표에 대한 대수의 법칙 검증>

대구시 서구 선거구에는 더불어민주당 후보가 출마하지 아니하였다. 국민의힘 후보와 무소속 후보 두명이 출마하였다. <표 14-31>은 대구시 서구 선거구의 17개 선거동에 대한 후보 및 당일득표율, 관내사전득표율, 관내사전득표율-당일득표율 차이 및 당일투표와 관내사전투표의 총 득표수를 나타내고 있다. 이 결과에 의하면 더불어민주당 후보인 경우 관내사전득표율-당일득표율 차이가 (+)인 선거동 수가 3곳이고 (-)인 선거동 수는 14곳이다. 다른 선거구와는 달리 국민의힘 후보에 대한 관내사전득표율-당일득표율 차이가 (+)인 선거동이 3곳이나 있다. 따라서 대구시 서구 선거구의 관내사전투표에 대한 조작 메커니즘을 당일득표율 대비 관내사전득표율 사이의 함수관계로 부터 규명하는 것이 필요하다. 그림 14-16은 대구시 서구 선거구의 17개 선거동에 대한 국민의힘 후보와 기타 후보의 당일득표율 대비 관내사전득표율 함수관계를 나타내고 있다.

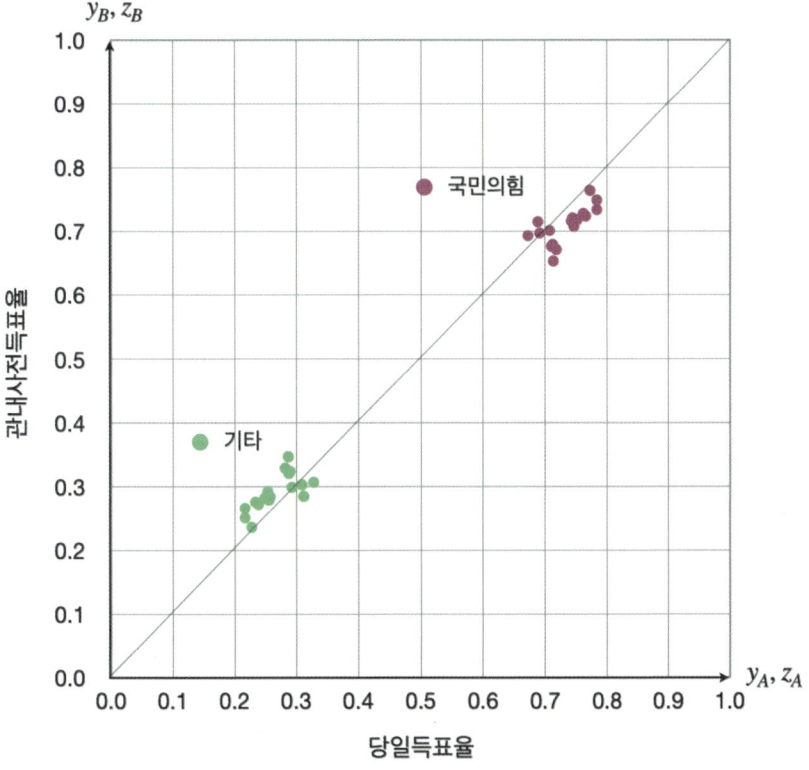

그림 14-16. 대구시 서구 선거구 17개 선거동에 대한 후보별 당일득표율 대비 관내사전득표율 함수관계.
x, y, z : 더불어민주당, 국민의힘, 기타 후보 득표율. A : 당일투표, B : 관내사전투표

국민의힘 후보와 기타 후보에 대한 당일득표율과 관내사전득표율 사이의 함수관계는 다음 식 (14-17)과 같이 대수의 법칙이 성립된다는 것을 알 수 있다.

$$국민의힘\ 후보 : y_B = y_A \qquad (14\text{-}17a)$$

$$기타\ 후보 : z_B = z_A \qquad (14\text{-}16b)$$

대구시 서구 선거구의 17개 선거동의 선거결과가 통계학적 관점에서도 대수의 법칙이 성립된다는 것을 검증하여보자. 〈표 14-31〉의 17개 선거동에 대한 후보별 관내사전득표율-당일득표율 차이가 식 (14-10)의 99% 오차범위에 포함되는지 그렇지 아니하면 99% 오차범위로 부터 벗어나는지 분석하면 〈표 14-32〉와 같다.

$$-2.58\left(\sqrt{\frac{P_A(1-P_A)}{n_A}} + \sqrt{\frac{P_B(1-P_B)}{n_B}}\right) \leq P_A - P_B \leq 2.58\left(\sqrt{\frac{P_A(1-P_A)}{n_A}} + \sqrt{\frac{P_B(1-P_B)}{n_B}}\right) \quad (14-10)$$

<표 14-32> 대구시 서구 선거구 17개 선거동에 대한 후보별 관내사전-당일 득표율 차이가 99% 신뢰구간에 포함된 선거동과 벗어난 선거동

	관내사전득표율 - 당일득표율		99% 신뢰구간 (±)	99% 신뢰구간 포함 여부		관내사전득표율 - 당일득표율		99% 신뢰구간 (±)	99% 신뢰구간 포함 여부
	국민의힘	기타				국민의힘	기타		
1. 내당1동	-0.026	-0.026	.0481	O	10. 평리1동	0.027	-0.027	.0546	O
2. 내당2·3동	-0.033	-0.033	.0526	O	11. 평리2동	-0.033	0.033	.0529	O
3. 내당4동	-0.049	-0.049	.0364	X	12. 평리3동	-0.060	0.060	.0441	X
4. 비산1동	-0.034	-0.034	.0531	O	13. 평리4동	-0.047	0.047	.0414	X
5. 비산2·3동	-0.006	-0.006	.0534	O	14. 평리5동	0.021	-0.021	.0663	O
6. 비산4동	-0.038	-0.038	.0502	O	15. 평리6동	-0.033	0.033	.0613	O
7. 비산5동	-0.034	-0.034	.0567	O	16. 상중이동	-0.023	0.023	.0362	O
8. 비산6동	0.006	0.006	.0555	O	17. 원대동	-0.041	0.041	.0457	O
9. 비산7동	-0.008	-0.008	.0499	O					

〈표 14-32〉의 결과에 의하면 17개 선거동 중 내당4동, 평리3동과 평리4동의 3곳을 제외한 14개의 선거동의 관내사전득표율-당일득표율 차이는 99% 신뢰도 관점에서 동일하다. 따라서 통계학적 관점에서도 다음의 수식으로 대변되는 통계학적 공리인 대수의 법칙이 성립됨을 확인할 수 있다.

$$당일득표율 \fallingdotseq 관내사전득표율$$

<표더하기 조작이 있는 대구시 중구남구 선거구의 관내사전투표에 대한 조작표수 산출>

대구의 중구 남구 선거구는 25개 선거동으로 구성되어 있으며 출마 후보자는 더불어민주당, 국민의힘, 무소속의 세 후보자이다. 총 25개 선거동에 대한 후보별 당일득표율, 관내사전득표율, 관내사전득표율-당일득표율 차이 및 당일투표와 관내사전투표의 총 득표수를 도출하면 〈표 14-33〉과 같다.

<표 14-33> 대구시 중구남구 선거구 25개 선거동에 대한 후보별 당일득표율, 관내사전득표율, 관내사전-당일 득표율 차이 및 당일투표와 관내사전투표 총 득표수

	더불어민주당 후보			국민의힘 후보			기타 후보			무효표			총 득표수	
	당일(1)	관내사전(2)	(2)-(1)	당일(1)	관내사전(2)	(2)-(1)	당일(1)	관내사전(2)	(2)-(1)	당일(1)	관내사전(2)	(2)-(1)	당일	관내사전
1. 동인동	0.2192	0.3152	0.0960	0.6085	0.5223	-0.0861	0.1471	0.1276	-0.0195	0.0252	0.0349	0.0096	2,577	1,434
2. 삼덕동	0.2936	0.3829	0.0893	0.5239	0.4443	-0.0796	0.1499	0.1487	-0.0012	0.0325	0.0240	-0.0085	1,754	1,123
3. 성내1동	0.2448	0.4018	0.1570	0.5771	0.4647	-0.1124	0.1399	0.1191	-0.0208	0.0382	0.0144	-0.0238	1,258	764
4. 성내2동	0.2570	0.3422	0.0852	0.5531	0.5189	-0.0342	0.1510	0.1237	-0.0273	0.0208	0.0153	-0.0056	1,920	1,245
5. 성내3동	0.2784	0.3735	0.0951	0.5719	0.5193	-0.0525	0.1378	0.0981	-0.0396	0.0120	0.0090	-0.0030	2,845	1,783
6. 대신동	0.1974	0.3086	0.1112	0.6284	0.5582	-0.0702	0.1574	0.1215	-0.0359	0.0168	0.0117	-0.0051	2,204	1,967
7. 남산1동	0.2372	0.2681	0.0309	0.5652	0.5200	-0.0452	0.1815	0.1748	-0.0067	0.0160	0.0370	0.0210	1,311	675
8. 남산2동	0.2665	0.3632	0.0967	0.5426	0.4782	-0.0644	0.1712	0.1483	-0.0229	0.0198	0.0103	-0.0094	2,278	1,261
9. 남산3동	0.2475	0.3397	0.0922	0.5784	0.5061	-0.0723	0.1588	0.1383	-0.0205	0.0153	0.0160	0.0007	1,895	1,316
10. 남산4동	0.2342	0.3160	0.0818	0.5818	0.5436	-0.0382	0.1660	0.1315	-0.0345	0.0180	0.0089	-0.0091	5,163	2,807
11. 대봉1동	0.1999	0.3215	0.1216	0.5736	0.5087	-0.0649	0.1991	0.1509	-0.0482	0.0274	0.0189	-0.0085	2,446	1,378
12. 대봉2동	0.2317	0.3660	0.1343	0.5747	0.4963	-0.0785	0.1816	0.1243	-0.0574	0.0120	0.0135	0.0015	1,338	1,336
13. 이천동	0.2164	0.3370	0.1206	0.5948	0.4897	-0.1051	0.1710	0.1619	-0.0091	0.0178	0.0115	-0.0063	4,953	1,742
14. 봉덕1동	0.1665	0.2562	0.0897	0.6321	0.5815	-0.0506	0.1888	0.1537	-0.0350	0.0126	0.0085	-0.0041	2,691	1,522
15. 봉덕2동	0.1958	0.2741	0.0783	0.5883	0.5472	-0.0411	0.2013	0.1719	-0.0294	0.0141	0.0069	-0.0072	4,689	2,036
16. 봉덕3동	0.1751	0.2419	0.0668	0.6218	0.5694	-0.0524	0.1828	0.1741	-0.0087	0.0203	0.0147	-0.0056	4,683	2,522
17. 대명1동	0.1907	0.2676	0.0769	0.6198	0.5713	-0.0485	0.1753	0.1513	-0.0239	0.0142	0.0098	-0.0044	3,235	1,936
18. 대명2동	0.2426	0.3655	0.1229	0.5605	0.4576	-0.1029	0.1796	0.1607	-0.0189	0.0172	0.0162	-0.0011	4,175	1,729
19. 대명3동	0.1863	0.2654	0.0791	0.6416	0.5952	-0.0464	0.1488	0.1243	-0.0245	0.0233	0.0151	-0.0082	2,963	1,786
20. 대명4동	0.1626	0.2375	0.0749	0.6730	0.6193	-0.0537	0.1434	0.1344	-0.0090	0.0210	0.0088	-0.0121	3,388	1,815
21. 대명5동	0.2179	0.3167	0.0988	0.5585	0.4745	-0.0840	0.1973	0.1905	-0.0068	0.0263	0.0182	-0.0081	1,941	824
22. 대명6동	0.2172	0.2797	0.0625	0.5931	0.5555	-0.0376	0.1750	0.1529	-0.0220	0.0147	0.0119	-0.0028	3,458	2,099
23. 대명9동	0.2222	0.2812	0.0590	0.5964	0.5627	-0.0337	0.1671	0.1465	-0.0206	0.0143	0.0096	-0.0047	4,046	2,710
24. 대명10동	0.1643	0.2455	0.0812	0.6912	0.6151	-0.0761	0.1287	0.1283	-0.0004	0.0158	0.0110	-0.0048	2,782	1,629
25. 대명11동	0.1434	0.2047	0.0613	0.6808	0.6658	-0.0149	0.1545	0.1215	-0.0330	0.0214	0.0080	-0.0134	2,525	1,622

이 결과에 의하면 더불어민주당 후보인 경우 25개 모든 선거동에서 관내사전득표율-당일득표율 차이가 (+)이고, 국민의힘 후보인 경우 모든 선거동에서 차이가 (-)이며, 기타 후보인 경우에도 차이가 모든 선거동에서 (-) 이다. 무효표인 경우에는 관내무효표수비율-당일무효표수 비율의 차이는 25개 선거동 수 중 21개 선거동에서 (-)값 이고 4개 선거동에서 (+)이다. 이 결과에 의하면 대구시 중구남구 선거구의 관내사전투표는 표더하기 조작에 의하여 오염되었음을 확인할 수 있다.

통계학적관점에서 대구 중구남구 선거구 25개 선거동에 대한 선거결과가 거의 불가능하다는 것을 검증하여보자. 총 25개 선거동에 대한 더불어민주당 후보와 국민의힘 후보의 관내사전득표율-당일득표율 차이가 식 (14-10)으로 정의되는 99% 신뢰구간 내에 분포되는지 99% 신뢰구간에서 벗어나는지 산출하여보면 〈표 14-34〉와 같다. 더불어민주당 후보인 경우 총 25개 선거동 중 남산1동 한곳을 제외하고는 24개 선거동에서 99% 신뢰구간에서 벗어난다. 국민의힘 후보인 경우 총 25개 선거동 중 11개 선거동은 관내사전득표율-당일득표율 차이가 99%신뢰구간 내에 포함되나 14개 선거동은 99% 신뢰구간에서 벗어난다. 이와 같은 선거결과는 통계학적으로 설명이 불가능한 결과이다.

그림 14-17은 대구시 중구남구 25개 선거동에 대한 후보별 당일득표율과 관내사전득표율 사이의 함수관계를 나타내고있다. 각 후보별 함수관계는 선형함수이며 다음 식으로 표현된다.

$$더불어민주당\ 후보 : x_B = 0.87x_A + 0.13 \qquad (14\text{-}18a)$$
$$국민의힘\ 후보 : y_B = 0.87y_A \qquad (14\text{-}18b)$$
$$기타\ 후보 : z_B = 0.87z_A \qquad (14\text{-}18c)$$

그림 14-17의 당일득표율 대비 관내사전득표율 사이의 함수관계 그래프로 부터 대구시 중구남구 25개 선거동의 관내사전투표에 대한 표더하기 조작 메커니즘의 특성을 분석하면 다음과 같다.

- 대구시 중구남구 관내사전투표에 대한 조작 메커니즘은 표더하기 조작 메커니즘이다.
- 그러나 다음 식으로 정의되는 표더하기 조작표수의 비 α는 25개 선거동에 대하여 균일하지 아니하였다.

$$\alpha = 동별\ 표더하기\ 조작표수 \div 조작전\ 동별\ 관내사전\ 총\ 득표수$$

- 따라서 동별 표더하기 조작표수는 다소 무작위로 주입되었다고 추정할 수 있다.

<표 14-34> 대구시 중구남구 선거구 25개 선거동에 대한 후보별 관내사전득표율-당일득표율 차이가 99% 신뢰구간에 포함되는지 여부

		더불어민주당 후보			국민의힘 후보		
		관내사전득표율 - 당일득표율 차이	99% 신뢰구간 (±)	99% 신뢰구간 포함 여부	관내사전득표율 - 당일득표율 차이	99% 신뢰구간 (±)	99% 신뢰구간 포함 여부
중구	1. 동인동	0.0960	0.0527	X	-0.0860	0.0588	X
	2. 삼덕동	0.0893	0.0655	X	-0.0796	0.0768	X
	3. 성내1동	0.1570	0.0771	X	0.1124	0.0825	X
	4. 성내2동	0.0672	0.0604	X	-0.0342	0.0658	O
	5. 성내3동	0.0951	0.0513	X	-0.0525	0.0540	O
	6. 대신동	0.1112	0.0488	X	-0.7020	0.0555	X
	7. 남산1동	0.0309	0.0743	O	-0.0452	0.0849	O
	8. 남산2동	0.0967	0.0588	X	-0.6440	0.0632	X
	9. 남산3동	0.0922	0.0593	X	-0.0723	0.0649	X
	10. 남산4동	0.0818	0.0378	X	-0.0382	0.0420	O
	11. 대봉1동	0.1216	0.0453	X	-0.0649	0.0605	X
	12. 대봉2동	0.1343	0.0638	X	-0.0785	0.0702	X
남구	13. 이천동	0.1206	0.0442	X	-0.1051	0.0586	X
	14. 봉덕1동	0.0897	0.0474	X	-0.0506	0.0566	O
	15. 봉덕2동	0.0783	0.0405	X	-0.0417	0.0470	O
	16. 봉덕3동	0.0668	0.0363	X	-0.0524	0.0437	X
	17. 대명1동	0.0769	0.0438	X	-0.0485	0.0510	O
	18. 대명2동	0.1229	0.0470	X	-0.1029	0.0507	X
	19. 대명3동	0.0791	0.0455	X	-0.0464	0.0527	O
	20. 대명4동	0.0749	0.0422	X	-0.0537	0.0502	X
	21. 대명5동	0.0988	0.0661	X	-0.0840	0.0740	X
	22. 대명6동	0.0625	0.0434	X	-0.0376	0.0496	O
	23. 대명9동	0.0590	0.0392	X	-0.0337	0.0445	O
	24. 대명10동	0.0812	0.0456	X	-0.0761	0.0527	X
	25. 대명11동	0.0613	0.0438	X	-0.0149	-0.0541	O

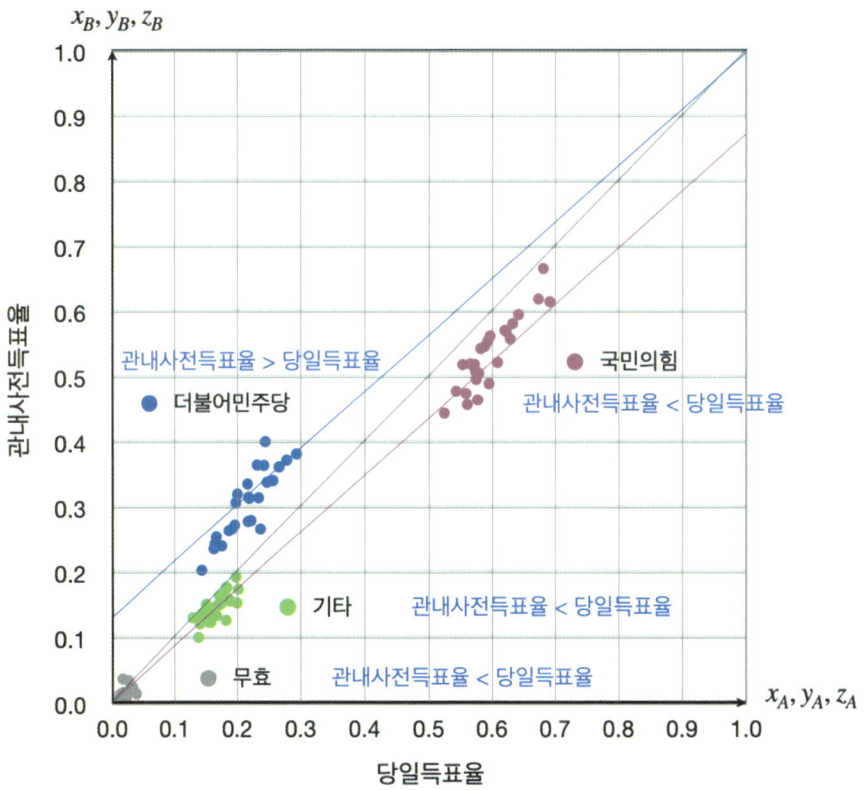

그림 14-17. 대구시 중구남구 선거구 25개 선거동에 대한
후보별 당일득표율 대비 관내사전득표율 함수관계.
x, y, z : 더불어민주당, 국민의힘, 기타 후보 득표율. A : 당일투표, B : 관내사전투표

표더하기 조작은 더불어민주당 후보에게 만 실행되기 때문에 선관위가 발표한 더불어민주당 후보의 득표수는 유권자가 실제로 투표한 득표수보다 크다. 반면 국민의힘 후보와 기타 후보에 대한 선관위 발표 득표수는 유권자가 투표한 실제 득표수와 동일하다. 따라서 선관위가 발표한 더불어민주당 후보와 기타 후보로 구축된 당일투표와 관내시전투표 표본에 대한 당일득표율 대비 관내사전득표율 함수관계는 표더하기 조작 메커니즘의 함수관계이어야 하며 다음 식으로 표현되어야 한다.

더불어민주당 후보 : 당일득표율 < 관내사전득표율
기타 후보 : 당일득표율 > 관내사전득표율

그러나 표더하기 조작이 실행되지 아니한 국민의힘 후보와 기타 후보로 구축된 당일투표와 관내투표 표본에 대한 당일득표율 대비 관내사전득표율 사이의 함수관계는 다음 식과 같이 대수의 법칙이 성립되어야 한다.

국민의힘 후보: 당일득표율 ≒ 관내사전득표율

기타 후보 : 당일득표율 ≒ 관내사전득표율

<표 14-35> 대구시 중구남구 선거구 25개 선거동에 대하여 더불어민주당, 기타 후보 및 무효표로 구축된 표본의 후보별 당일득표율, 관내사전득표율 및 관내사전득표율-당일득표율 차이

		더불어민주당 후보			무소속 후보			무효		
		당일(1)	관내사전(2)	(2)-(1)	당일(1)	관내사전(2)	(2)-(1)	당일(1)	관내사전(2)	(2)-(1)
중구	1. 동인동	0.5600	0.6599	0.0999	0.3756	0.2672	-0.1084	0.0644	0.0730	0.0086
	2. 삼덕동	0.6168	0.6891	0.0723	0.3150	0.2676	-0.0474	0.0683	0.0433	-0.0250
	3. 성내1동	0.5789	0.7506	0.1717	0.3308	0.2225	-0.1083	0.0902	0.0269	-0.0633
	4. 성내2동	0.6154	0.7112	0.0958	0.3380	0.2571	-0.0809	0.0466	0.0317	-0.0149
	5. 성내3동	0.6502	0.7771	0.1269	0.3218	0.2042	-0.1176	0.0279	0.0187	-0.0092
	6. 대신동	0.5311	0.6985	0.1674	0.4237	0.2750	-0.1487	0.0452	0.0265	-0.0187
	7. 남산1동	0.5456	0.5586	0.0130	0.4175	0.3642	-0.0533	0.0368	0.0772	0.0404
	8. 남산2동	0.5825	0.6960	0.1135	0.3743	0.2842	-0.0901	0.0432	0.0198	-0.0234
	9. 남산3동	0.5870	0.6877	0.1007	0.3767	0.2800	-0.0967	0.0363	0.0323	-0.0040
	10. 남산4동	0.5600	0.6924	0.1324	0.3969	0.2881	-0.1088	0.0431	0.0195	-0.0236
	11. 대봉1동	0.4688	0.6544	0.1856	0.4669	0.3072	-0.1597	0.0642	0.0384	-0.0258
	12. 대봉2동	0.5448	0.7266	0.1818	0.4271	0.2467	-0.1804	0.0281	0.0267	-0.0014
남구	13. 이천동	0.5341	0.6603	0.1262	0.4220	0.3172	-0.1048	0.0438	0.0225	-0.0213
	14. 봉덕1동	0.4525	0.6122	0.1597	0.5131	0.3673	-0.1458	0.0343	0.0204	-0.0139
	15. 봉덕2동	0.4761	0.6052	0.1291	0.4896	0.3796	-0.1100	0.0342	0.0152	-0.0190
	16. 봉덕3동	0.4630	0.5617	0.0987	0.4833	0.4042	-0.0791	0.0536	0.0341	-0.0195
	17. 대명1동	0.5016	0.6241	0.1225	0.4610	0.3530	-0.1080	0.0374	0.0229	-0.0145
	18. 대명2동	0.5520	0.6739	0.1219	0.4087	0.2963	-0.1124	0.0392	0.0298	-0.0094
	19. 대명3동	0.5198	0.6556	0.1358	0.4153	0.3071	-0.1082	0.0650	0.0373	-0.0277
	20. 대명4동	0.4973	0.6237	0.1264	0.4386	0.3531	-0.0855	0.0641	0.0232	-0.0409
	21. 대명5동	0.4936	0.6028	0.1092	0.4469	0.3626	-0.0843	0.0595	0.0346	-0.0249
	22. 대명6동	0.5338	0.6292	0.0954	0.4300	0.3441	-0.0859	0.0362	0.0268	-0.0094
	23. 대명9동	0.5505	0.6430	0.0925	0.4140	0.3350	-0.0790	0.0355	0.0219	-0.0136
	24. 대명10동	0.5320	0.6380	0.1060	0.4168	0.3333	-0.0835	0.0512	0.0287	-0.0225
	25. 대명11동	0.4491	0.6125	0.1634	0.4839	0.3635	-0.1204	0.0670	0.0240	-0.0430

〈표 14-35〉의 결과에 의하면 더불어민주당 후보인 경우 25개 선거동 모두에서 관내사전득표율-당일득표율 차이는 (+)이며, 기타 후보인 경우 25개 모든 선거동에서 차이는 (-)로 나타난다. 무효표인 경우에도 중구 동인동과 남산1동을 제외한 23개 선거동에서 관내사전득표율-당일득표율 차이가 모두 (-)로 나타난다. 이 결과는 표더하기 조작 메커니즘에 대한 결과이다. 〈표 14-35〉의 값을 사용하여 후보별 당일득표율 대비 관내사전득표율 사이의 함수관계를 좌표평면에 도시하면 그림 14-18과 같다.

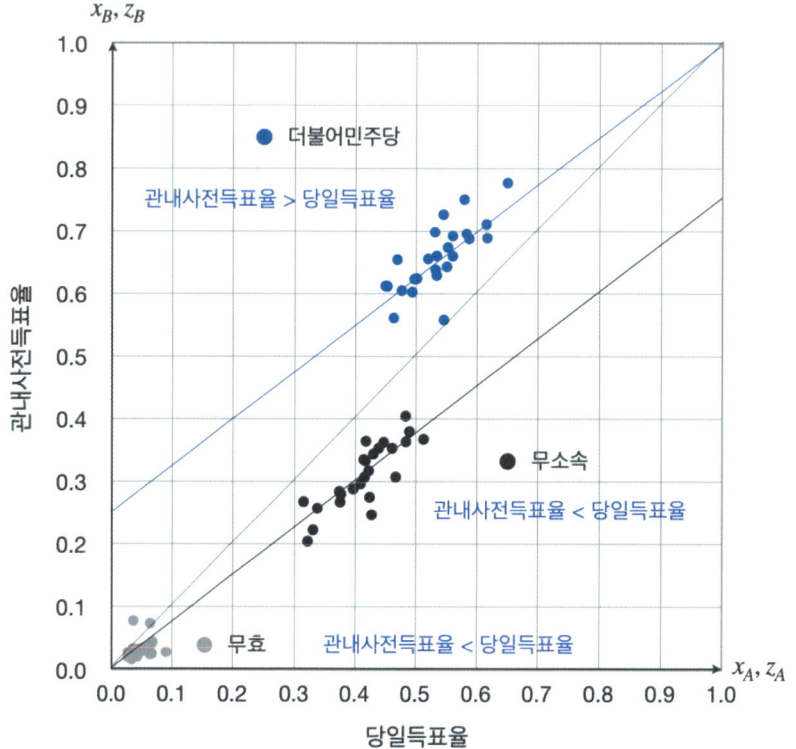

그림 14-18. 대구시 중구남구 선거구 25개 선거동에 대하여 더불어민주당 후보, 무소속 후보 및 무효표로 구축된 투표표본의 후보별 당일득표율 대비 관내사전득표율 함수관계.
x, z : 더불어민주당, 무소속 후보 득표율, A : 당일투표, B : 관내사전투표

함수관계는 선형함수이며 다음 식으로 표현된다.

$$\text{더불어민주당 후보} : x_B = 0.75 x_A + 0.25 \quad (14\text{-}19a)$$

$$\text{무소속 후보} : z_B = 0.75 z_A \quad (14\text{-}19b)$$

위의 식은 표더하기 조작 메커니즘에 대한 함수관계식이다. 이 함수식으로 부터 대구시 중구남구 25개 선거동에 대한 관내사전투표 결과는 표더하기 조작에 의하여 오염된 결과라고 결론지을 수 있다.

이제 표더하기 조작이 적용되지 아니한 국민의힘 후보, 무소속 후보 및 무효표로 구성된 당일투표 표본과 관내사전투표 표본에 대한 통계학적 공리인 대수의 법칙을 검증하여 보자.

〈표 14-36〉은 대구시 중구남구 25개 선거동에 대하여 더불어민주당 후보를 제외한 국민의힘 후보와 무소속 후보 및 무효표로 구축된 당일투표 및 관내사전투표 표본에 대한 후보별 득표율이다. 이 결과를 한 마디로 요약하면 다음과 같다.

국민의힘 후보 : 당일득표율 ≒ 관내사전득표율
무소속 후보 : 당일득표율 ≒ 관내사전득표율
무효표 : 당일득표율 ≒ 관내사전득표율

통계학적 공리인 대수의 법칙이 충족되는 선거결과이다. 유권자가 투표한 득표수가 조작되지 아니한 경우 대수의 법칙이 성립된다는 실례 중의 하나이다. 〈표 14-35〉의 결과를 세부적으로 분석하여 보자. 우선 후보별 관내사전득표율-당일득표율 차이가 (+)인 선거동 수와 (-)인 선거동 수를 분석하면 다음과 같다.

	국민의힘 후보		무소속 후보		무효표	
	(+)인 동 수	(-)인 동 수	(+)인 동 수	(-)인 동 수	(+)인 동 수	(-)인 동 수
관내사전득표율-당일득표율	16	9	9	16	5	19

〈표 14-33〉과 〈표 14-35〉의 결과에서는 더불어민주당 후보인 경우 관내사전득표율-당일득표율 차이가 25개 모든 선거에서 (+)이고, 국민의힘 후보인 경우 차이는 25개 모든 선거동에서 (-)를, 무소속 후보인 경우도 차이는 모든 선거동에서 (-)이다. 표더하기 조작이 적용된 더불어민주당 후보의 득표수가 〈표 14-33〉과 〈표 14-35〉의 투표결과에 포함되어 있기 때문이다. 반면 조작이 적용되지 아니한 〈표14-36〉의 결과에 대한 후보별 관내사전득표율-당일득표율 차이는 (+)와 (-)가 균형있게 분포되어 있다.

통계학적 관점에서 〈표 14-36〉의 결과가 통계학적 공리인 대수의 법칙을 충족한다는 것을 검증하여 보자. 식 (14-10)을 사용하여 〈표 14-36〉의 후보별 관내사전득표율-당일득표율 차이가 99% 신뢰구간에 포함되는지의 여부를 분석하면 다음과 같다.

국민의힘 후보		무소속 후보	
99% 신뢰구간에 포함되는 선거동 수	99% 신뢰구간에서 벗어나는 선거동 수	99% 신뢰구간에 포함되는 선거동 수	99% 신뢰구간에서 벗어나는 선거동 수
25	0	25	0

<표 14-36> 대구시 중구남구 선거구 25개 선거동에 대하여 국민의힘, 기타 후보 및 무효표로 구축된 표본의 후보별 당일득표율, 관내사전득표율 및 관내사전-당일 득표율 차이

		국민의힘 후보			무소속 후보			무효		
		당일(1)	관내사전(2)	(2)-(1)	당일(1)	관내사전(2)	(2)-(1)	당일(1)	관내사전(2)	(2)-(1)
중구	1. 동인동	0.7793	0.7627	-0.0166	0.1884	0.1864	-0.0020	0.0323	0.0509	0.0186
	2. 삼덕동	0.7417	0.7201	-0.0216	0.2123	0.2410	0.0287	0.0460	0.0390	-0.0070
	3. 성내1동	0.7642	0.7768	0.0126	0.1853	0.1991	0.0138	0.0505	0.0241	-0.0264
	4. 성내2동	0.7629	0.7888	0.0259	0.2083	0.1880	-0.0203	0.0287	0.0232	-0.0055
	5. 성내3동	0.7925	0.8290	0.0365	0.1909	0.1567	-0.0342	0.0166	0.0143	-0.0023
	6. 대신동	0.7829	0.8074	0.0245	0.1962	0.1757	-0.0205	0.0209	0.0169	-0.0040
	7. 남산1동	0.7410	0.7105	-0.0305	0.2380	0.2389	0.0009	0.0210	0.0506	0.0296
	8. 남산2동	0.7397	0.7509	0.0112	0.2334	0.2329	-0.0005	0.0269	0.0162	-0.0107
	9. 남산3동	0.7686	0.7664	-0.0022	0.2111	0.2094	-0.0017	0.0203	0.0242	0.0039
	10. 남산4동	0.7597	0.7948	0.0351	0.2167	0.1922	-0.0245	0.0235	0.0130	-0.0105
	11. 대봉1동	0.7169	0.7497	0.0328	0.2489	0.2225	-0.0264	0.0342	0.0278	-0.0064
	12. 대봉2동	0.7481	0.7828	0.0347	0.2364	0.1960	-0.0404	0.0156	0.0213	0.0057
남구	13. 이천동	0.7591	0.7385	-0.0206	0.2182	0.2442	0.0260	0.0227	0.0173	-0.0054
	14. 봉덕1동	0.7584	0.7818	0.0234	0.2265	0.2067	-0.0198	0.0152	0.0115	-0.0037
	15. 봉덕2동	0.7322	0.7537	0.0215	0.2503	0.2368	-0.0135	0.0175	0.0095	-0.0080
	16. 봉덕3동	0.7538	0.7510	-0.0028	0.2216	0.2296	0.0080	0.0246	0.0194	-0.0052
	17. 대명1동	0.7659	0.7800	0.0141	0.2166	0.2066	-0.0100	0.0176	0.0134	-0.0042
	18. 대명2동	0.7400	0.7212	-0.0188	0.2372	0.2533	0.0161	0.0228	0.0255	0.0027
	19. 대명3동	0.7885	0.8102	0.0217	0.1829	0.1692	-0.0137	0.0286	0.0206	-0.0080
	20. 대명4동	0.8037	0.8121	0.0084	0.1713	0.1763	0.0050	0.0250	0.0116	-0.0134
	21. 대명5동	0.7141	0.6945	-0.0196	0.2523	0.2789	0.0266	0.0336	0.0266	-0.0070
	22. 대명6동	0.7577	0.7712	0.0135	0.2235	0.2123	-0.0112	0.0188	0.0165	-0.0023
	23. 대명9동	0.7668	0.7829	0.0161	0.2148	0.2038	-0.0110	0.0184	0.0133	-0.0051
	24. 대명10동	0.8271	0.8153	-0.0118	0.1540	0.1701	0.0161	0.0189	0.0146	-0.0043
	25. 대명11동	0.7947	0.8372	0.0425	0.1803	0.1527	-0.0276	0.0250	0.0101	-0.0149

위의 두가지 분석으로 부터 다음과 같은 결론을 도출할 수 있다.

- 표 더하기 조작은 더불어민주당 후보에게만 적용되었다
- 더불어민주당 후보를 제외한 국민의힘 후보와 무소속 후보에게는 조작이 적용되지 아니하였다.
- 국민의힘 후보와 무소속 후보로 구축된 투표표본인 경우 당일득표율 ≒ 관내사전득표율의 대수의법칙이 성립되었다.

〈표 14-36〉의 자료를 사용하여 후보별 당일득표율 대비 관내사전득표율 사이의 함수관계를 규명하여 보자. 그림 14-19는 표더하기 조작이 적용되지 아니한 투표표본에 대한 〈표 14-36〉의 함수관계를 나타내고 있다.

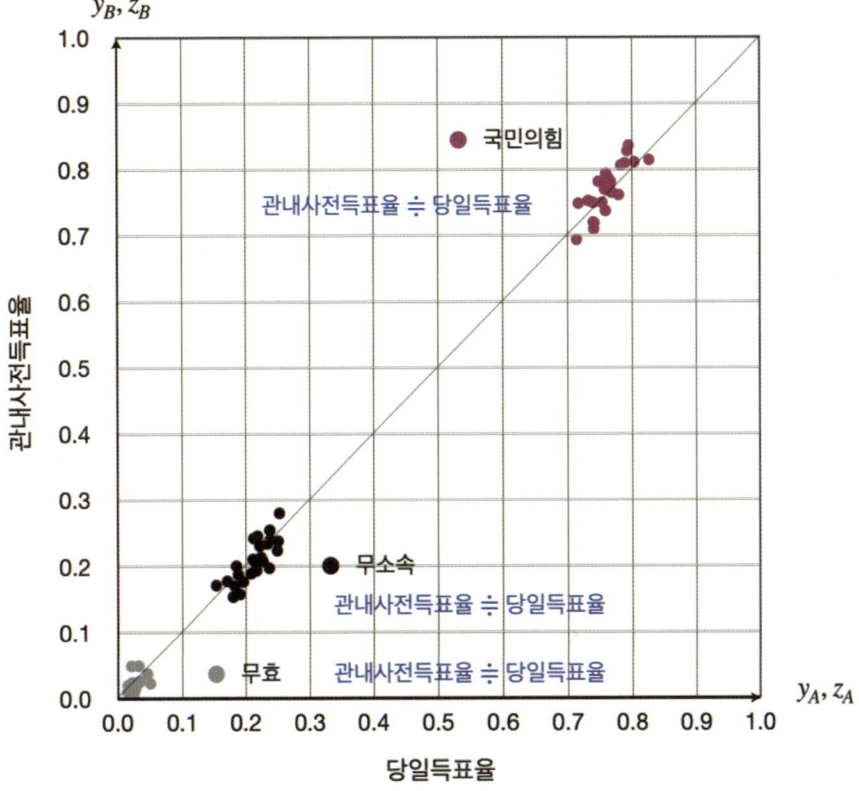

그림 14-19. 대구시 중구남구 25개 선거동에 대하여 국민의힘 후보, 무소속 후보 및 무효표로 구축된 투표표본의 후보별 당일득표율 대비 관내사전득표율 함수관계.
y, z : 국민의힘, 무소속 후보 득표율, A : 당일투표, B : 관내사전투표

국민의힘 후보와 무소속 후보에 대한 당일득표율 대비 관내사전득표율의 함수관계는 선형함수이며 다음 식으로 표현된다.

$$국민의힘\ 후보 : y_B = y_A \quad (14\text{-}20a)$$

$$무소속\ 후보 : z_B = z_A \quad (14\text{-}20b)$$

위의 함수관계식은 당일득표율 ≑ 관내사전득표율 이라는 대수의 법칙을 정확하게 대변하고 있다. 대수의 법칙은 국민의힘 후보에게만 적용되는 것이 아니라 무소속 후보에게도 적용되었다.

식 (12-1e)를 사용하여 대구시 중구남구 25개 선거동에 대한 후보별 표더하기 조작표수를 계산하면 〈표 14-37〉과 같다. 이 표의 결과를 요약하면 다음과 같다.

$$더하기\ 조작표수\ 비 : \alpha = \frac{4{,}481}{36{,}097} = 0.1241$$

$$더불어민주당\ 후보의\ 조작전\ 총\ 득표수\ 대비\ 조작표수\ 비 = \frac{4{,}481}{7{,}877} = 0.5689$$

$$국민의힘\ 후보의\ 조작전\ 총\ 득표수\ 대비\ 조작표수\ 비 = \frac{4{,}481}{22{,}348} = 0.2005$$

$$선거구\ 당\ 조작표수 = 4{,}481\ /선거구$$

<표 14-37> 대구시 중구남구 25개 선거동에 대한 후보별 조작전후 득표수, 표더하기 조작표수 및 총 득표수

		더불어민주당 후보 득표수			국민의힘 후보 득표수			기타 후보 득표수			관내사전 총 득표수	
		조작전	표더하기 조작표수	조작후	조작전	표더하기 조작표수	조작후	조작전	표더하기 조작표수	조작후	조작전	조작후
중구	1. 동인동	269	183	452	749		749	183		183	1,201	1,384
	2. 삼덕동	279	151	430	499		499	167		167	945	1,096
	3. 성내1동	151	156	307	355		355	91		91	597	753
	4. 성내2동	322	104	426	646		646	154		154	1,122	1,226
	5. 성내3동	451	215	666	926		926	175		175	1,552	1,767
	6. 대신동	346	261	607	1,098		1,098	239		239	1,683	1,944
	7. 남산1동	148	33	181	351		351	118		118	617	650
	8. 남산2동	296	162	458	603		603	187		187	1,086	1,248
	9. 남산3동	285	162	447	666		666	182		182	1,133	1,295
	10. 남산4동	613	274	887	1,526		1,526	369		369	2,508	2,782
	11. 대봉1동	244	199	443	701		701	208		208	1,153	1,352
	12. 대봉2동	267	222	489	663		663	166		166	1,096	1,318
남구	13. 이천동	309	278	587	853		853	282		282	1,444	1,722
	14. 봉덕1동	234	156	390	885		885	234		234	1,353	1,509
	15. 봉덕2동	371	187	558	1,114		1,114	350		350	1,835	2,022
	16. 봉덕3동	406	204	610	1,436		1,436	439		439	2,281	2,485
	17. 대명1동	340	178	518	1,106		1,106	293		293	1,739	1,917
	18. 대명2동	354	301	655	820		820	288		288	1,462	1,763
	19. 대명3동	310	164	474	1,063		1,063	222		222	1,595	1,759
	20. 대명4동	271	160	431	1,124		1,124	244		244	1,639	1,799
	21. 대명5동	152	109	261	391		391	157		157	700	809
	22. 대명6동	426	161	587	1,166		1,166	321		321	1,913	2,074
	23. 대명9동	567	195	762	1,525		1,525	397		397	2,489	2,684
	24. 대명10동	239	161	400	1,002		1,002	209		209	1,450	1,611
	25. 대명11동	227	105	332	1,080		1,080	197		197	1,504	1,609
	계	7,877	4,481	12,358	22,348		22,348	5,872		5,872	36,097	40,578

<표버리기 조작이 있는 대구시 북구갑 선거구의 관내사전투표에 대한 조작표수 산출>

〈표 14-38〉은 대구시 북구갑 14개 선거동에 대한 후보별 당일득표율, 관내사전득표율, 관내사전득표율-당일득표율 차이 및 당일투표와 관내사전투표의 총 득표수를 나타내고 있다.

<표 14-38> 대구시 북구갑 선거구 14개 선거동에 대한 후보별 당일득표율, 관내사전득표율, 관내사전-당일 득표율 차이 및 당일투표와 관내사전투표의 총 투표수

	더불어민주당 후보			국민의힘 후보			기타 후보			총 득표수	
	당일(1)	관내사전(2)	(2)-(1)	당일(1)	관내사전(2)	(2)-(1)	당일(1)	관내사전(2)	(2)-(1)	당일	관내사전
1. 고성동	0.280	0.384	0.104	0.704	0.602	-0.102	0.016	0.014	-0.002	2,367	2,016
2. 칠성동	0.251	0.327	0.076	0.737	0.659	-0.078	0.012	0.014	0.002	6,889	3,029
3. 침산1동	0.167	0.235	0.068	0.818	0.762	-0.056	0.015	0.003	-0.012	1,268	710
4. 침산2동	0.281	0.368	0.087	0.704	0.626	-0.078	0.015	0.006	-0.009	5,663	2,856
5. 침산3동	0.268	0.334	0.066	0.720	0.659	-0.061	0.012	0.007	-0.005	6,096	3,604
6. 노원동	0.170	0.227	0.057	0.819	0.764	-0.055	0.011	0.009	-0.002	3,923	2,001
7. 산격1동	0.159	0.212	0.053	0.826	0.778	-0.048	0.015	0.010	-0.005	2,826	1,748
8. 산격2동	0.213	0.272	0.059	0.772	0.718	-0.054	0.015	0.010	-0.005	3,127	2,492
9. 산격3동	0.247	0.312	0.065	0.739	0.677	-0.062	0.014	0.011	-0.003	2,435	1,658
10. 산격4동	0.173	0.297	0.124	0.810	0.688	-0.122	0.017	0.015	-0.002	2,579	1,874
11. 복현1동	0.259	0.348	0.089	0.729	0.639	-0.090	0.012	0.013	0.001	1,854	1,528
12. 복현2동	0.252	0.341	0.089	0.732	0.651	-0.081	0.016	0.008	-0.008	9,567	3,734
13. 대현동	0.229	0.280	0.051	0.752	0.709	-0.043	0.019	0.012	-0.007	4,788	3,499
14. 검단동	0.190	0.249	0.059	0.795	0.738	-0.057	0.015	0.013	-0.002	2,208	1,151

더불어민주당 후보인 경우 14개 선거동 모두에서 관내사전득표율-당일득표율 차이가 (+)이고, 국민의힘 후보인 경우 차이는 모든 선거동에서 (-)이다. 반면 기타 후보인 경우 관내사전득표율-당일득표율 차이가 (+)인 선거동 수는 2곳이고 (-)인 선거동 수는 12곳이다. 따라서 대구시 북구갑 관내사전투표는 표더하기 조작, 표버리기 조작 및 표바꾸기 조작 메커니즘 중 어느 메커니즘에 의하여 오염되었는지 확인하는 것이 필요하다.

그림 14-20은 대구시 북구갑 14개 선거동에 대한 후보별 당일득표율 대비 관내사전득표율 사이의 함수관계를 나타내고 있다.

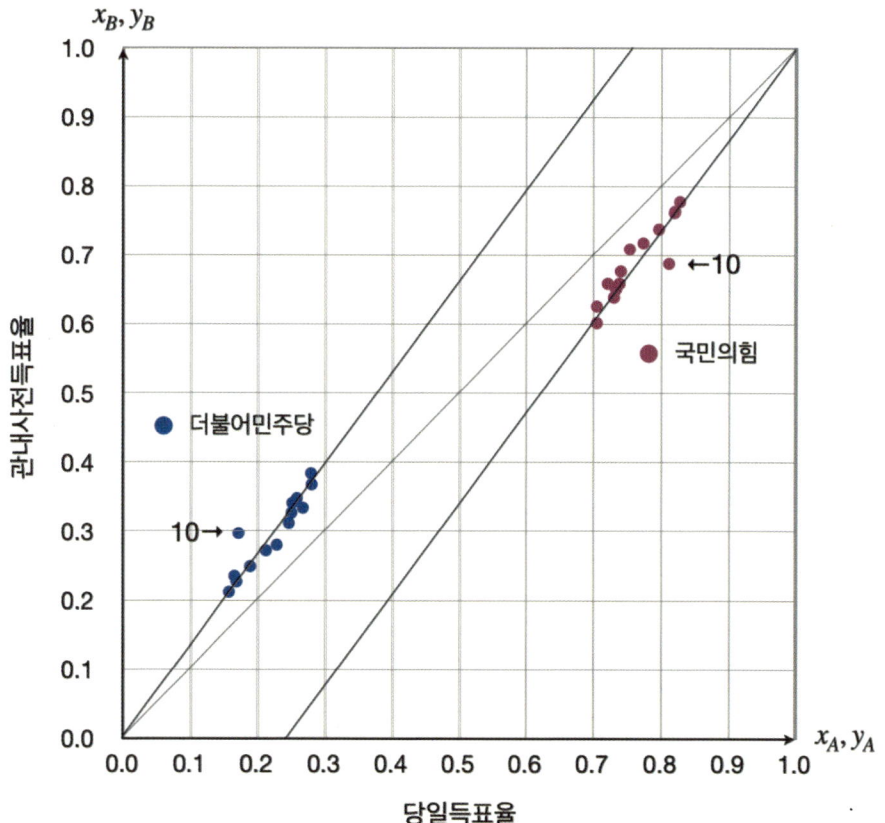

그림 14-20. 대구시 북구갑 선거구 14개 선거동에 대한 후보별
당일득표율 대비 관내사전득표율 사이의 함수관계.
x, y : 더불어민주당, 국민의힘 후보 득표율, A : 당일투표, B : 관내사전투표, 10 : 신격4동

함수관계는 선형함수이며 다음 식으로 표현된다.

$$\text{더불어민주당 후보 : } x_B = 1.33x_A \tag{14-21a}$$

$$\text{국민의힘 후보 : } y_B = 1.33y_A - 0.32 \tag{14-21b}$$

위의 식은 전형적인 표버리기 조작 메커니즘에 대한 선형함수식이다. 따라서 대구시 북구 선거구의 관내투표는 표버리기 조작에 의하여 오염되었음을 확인할 수 있다.

    통계학적 관점에서 대구시 북구갑 14개 선거동에 대한 득표수 조작 가능성을 검토하여보자. 식 (14-10)을 사용하여 더불어민주당 후보와 국민의힘 후보의 관내사전득표율-당일득표율 차이가 99% 신뢰구간에 포함되는지의 여부를 분석하면 〈표 14-39〉와 같다. 더불어민주당 후보인 경우 13개 선거동에서 관내사전득표율-당일득표율 차이는 99% 신뢰구간으로 부터 (+)방향으로 크게 벗어나며, 국민의힘 후보인 경우 12개 선거

동에서의 차이는 99% 신뢰구간으로 부터 (−)방향으로 크게 벗어난다. 득표수 조작이 개입되지 아니하였다면 불가능한 선거결과이다.

<표 14-39> 대구시 북구갑 선거구 14개 선거동에 대한 더불어민주당 후보 및 국민의힘 후보의 관내사전-당일 득표율 차이와 그 차이가 99% 신뢰구간에 포함되는지의 여부

	관내사전득표율 - 당일득표율		99% 신뢰구간* (±)	99% 신뢰 구간 포함 여부		관내사전득표율 - 당일득표율		99% 신뢰구간 (±)	99% 신뢰 구간 포함 여부
	더불어민주당	국민의힘				더불어민주당	국민의힘		
1. 고성동	0.104	-0.102	0.0517	X	8. 산격2동	0.059	-0.054	0.0418	X
2. 칠성동	0.076	-0.078	0.0354	X	9. 산격3동	0.065	-0.062	0.0519	X
3. 침산1동	0.068	-0.056	0.0681	O	10. 산격4동	0.124	-0.122	0.0464	X
4. 침산2동	0.087	-,078	0.0389	X	11. 복현1동	0.089	-0.090	0.0576	X
5. 침산3동	0.086	-0.061	0.0349	X	12, 복현2동	0.089	-0.081	0.0315	X
6. 노원동	0.057	-0.055	0.0397	X	13. 대현동	0.051	-0.043	0.0352	X
7. 산격1동	0.053	-0.048	0.0429	X	14. 검단동	0.059	-0.057	0.0543	X

* 더불어민주당 후보를 기준으로 계산

대구시 북구갑 14개 선거동에 대한 후보별 표버리기 조작표수, 조작전후의 득표수 및 선거동의 조작전후 득표수를 산출하여 보자. 국민의힘 후보에 대한 표버리기 조작표수는 식 (12-2e)를 사용하여 산출한다. 〈표 14-40〉은 대구시 북구갑 14개 선거동에 대한 산출 결과이다. 〈표 14-40〉의 결과를 요약하면 다음과 같다.

$$\text{표버리기 조작표수 비}: \beta = \frac{10,133}{42,033} = 0.2411$$

$$\text{더불어민주당 후보의 조작전 관내사전총득표수 대비 조작표수 비} = \frac{10,133}{9,834} = 1.030$$

$$\text{국민의힘 후보의 조작전 관내사전총득표수 대비 조작표수 비} = \frac{10,133}{31,869} = 0.3180$$

$$\text{선거구 당 표버리기 조작표수} = 10,133 \text{ /선거구}$$

<표 14-40> 대구시 북구갑 선거구 14개 선거동에 대한 표버리기 조작표수, 후보별 조작전후 득표수 및 선거동의 조작전후 총 득표수

	더불어민주당 후보 관내사전 득표수		국민의힘 후보 관내사전 득표수			기타 후보 관내사전 득표수		관내사전 총 득표수	
	조작전	조작후	조작전	표버리기 조작표수	조작후	조작전	조작후	조작전	조작후
1. 고성동	775	775	1,946	-733	1,213	28	28	2,749	2,016
2. 칠성동	991	991	2,907	-912	1,995	43	43	3,941	3,029
3. 침산1동	167	167	817	-276	541	2	2	986	710
4. 침산2동	1,052	1,052	2,633	-845	1,788	16	16	3,701	2,856
5. 침산3동	1,204	1,204	3,233	-859	2,374	26	26	4,463	3,604
6. 노원동	454	454	2,189	-660	1,529	18	18	2,661	2,001
7. 산격1동	370	370	1,925	-565	1,360	18	18	2,313	1,748
8. 산격2동	678	678	2,456	-667	1,789	25	25	3,159	2,492
9. 산격3동	517	517	1,547	-425	1,122	19	19	2,083	1,658
10. 산격4동	556	556	2,606	-1,317	1,289	29	29	3,191	1,874
11. 복현1동	532	532	1,497	-520	977	19	19	2,048	1,528
12. 복현2동	1,273	1,273	3,697	-1,268	2,429	32	32	5,002	3,734
13. 대현동	978	978	3,217	-736	2,481	40	40	4,235	3,499
14. 검단동	287	287	1,199	-350	849	15	15	1,501	1,151
계	9,834	9,834	31,869	-10,133	21,736	330	330	42,033	31,900

대구시 총 12개 선거구 중 북구갑 선거구와 같이 표버리기 조작 메커니즘이 적용된 선거구는 동구군위갑과 동구군위을 선거구이다. 이 선거구에 대한 표버리기 조작표수와 후보별 조작전후의 득표수를 계산하면 다음 표와 같다.

<표 14-41> 대구시 동구군위갑 선거구와 동구군위을 선거구에 대한 표버리기 조작표수 및 후보별 조작전후 득표수

	더불어민주당 후보 관내사전 득표수		국민의힘 후보 관내사전 득표수			기타 후보 관내사전 득표수		관내사전 총 득표수	
	조작전	조작후	조작전	표버리기 조작표수	조작후	조작전	조작후	조작전	조작후
1. 동구군위갑	8,505	8,505	30,117	-8,491	21,626			38,622	30,131
2. 동구군위을*	7,295	7,295	33,372	-8,983	24,389	1,521	1,521	42,188	33,205

* 더불어민주당 후보 대신 진보당 후보로 대치

<표바꾸기 조작이 있는 대구시 북구을 선거구의 관내사전투표에 대한 조작표수 산출>

대구시 12개 선거구 중 관내사전투표에서의 조작이 표바꾸기 조작인 선거구는 7개 선거구이다. 이중 북구을 선거구를 선정한 후 이 선거구의 관내사전투표에 대한 후보별 표바꾸기 조작표수와 조각전후의 득표수를 계산하여 보자. <표 14-42>는 대구시 북구을 선거구에 대한 선거동에 따른 후보별 당일득표율, 관내사전득표율, 관내사전득표율-당일득표율 차이를 나타내고 있다.

<표 14-42> 대구시 북구을 선거구 9개 선거동에 대한 후보별 당일득표율, 관내사전득표율, 관내사전-당일 득표율 차이 및 당일투표와 관내사전투표의 총 득표수

	더불어민주당 후보 득표율			국민의힘 후보 득표율			개혁신당 후보 득표율			무소속 후보 득표율		
	당일 (1)	관내사전 (2)	(2)-(1)	당일 (1)	관내사전 (2)	(2)-(1)	당일 (1)	관내사전 (2)	(2)-(1)	당일 (1)	관내사전 (2)	(2)-(1)
1. 무태·조야동	0.215	0.301	0.086	0.720	0.644	-0.076	0.049	0.046	-0.003	0.016	0.009	-0.007
2. 관문동	0.233	0.279	0.046	0.712	0.667	-0.045	0.040	0.041	0.001	0.014	0.013	-0.001
3. 태전1동	0.193	0.274	0.081	0.734	0.656	-0.078	0.051	0.054	0.003	0.022	0.017	-0.005
4. 태전2동	0.199	0.246	0.047	0.733	0.678	-0.055	0.053	0.065	0.012	0.015	0.011	-0.004
5. 구암동	0.228	0.361	0.133	0.697	0.575	-0.122	0.057	0.052	-0.005	0.018	0.012	-0.006
6. 관음동	0.183	0.245	0.062	0.754	0.690	-0.064	0.046	0.052	0.006	0.017	0.013	-0.004
7. 읍내동	0.193	0.257	0.064	0.746	0.688	-0.058	0.045	0.042	-0.003	0.016	0.013	-0.003
8. 동천동,	0.250	0.340	0.090	0.671	0.584	-0.087	0.064	0.061	-0.003	0.014	0.014	0.000
9. 국우동	0.268	0.352	0.084	0.669	0.593	-0.076	0.049	0.042	-0.007	0.014	0.013	-0.001

<표 14-42>의 결과는 다음과 같이 표바꾸기 조작의 특성을 정확히 나타내고 있다.

- 더불어민주당 후보에 대한 관내사전득표율-당일득표율 차이는 9개 선거동 모두에서 (+)일 뿐만 아니라 국민의힘 후보에 대한 관내사전득표율-당일득표율 차이는 9개 동 모두에서 (-)로 나타난다.
- 개혁신당과 무소속 후보인 경우 관내사전득표율-당일득표율 차이가 0에 접근하여 다음과 같이 대수의 법칙이 성립한다.

개혁신당 후보 : 당일득표율 ≒ 관내사전득표율

무소속 후보 : 당일득표율 ≒ 관내사전득표율

- 개혁신당인 경우 관내사전득표율-당일득표율 차이가 (+)인 선거동 수가 4곳, (-)인 선거동 수가 5곳으로 서로 균형을 이룬다.

따라서 대구시 북구을의 관내사전투표 결과는 표바꾸기 조작에 의하여 오염되었다고 결론지을 수 있다. 표바꾸기 조작에 의한 오염을 당일득표율 대비 관내사전득표율 사이의 함수관계로 부터 확인하여보자. 그림 14-21은 대구시 북구을 9개 선거동에 대한 후보별 함수관계 그래프이다.

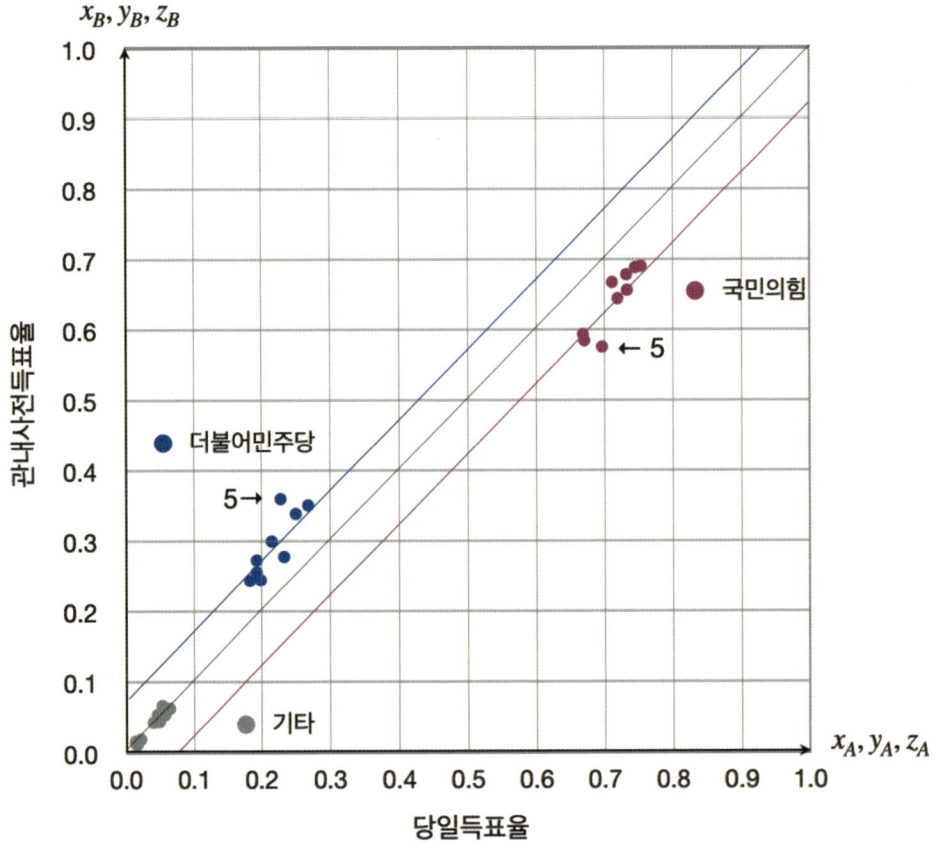

그림 14-21. 대구시 북구을 선거구 9개 선거동에 대한 후보별
당일득표율 대비 관내사전득표율 사이의 함수관계.
x, y, z : 더불어민주당, 국민의힘, 기타 후보 득표율, A : 당일투표, B : 관내사전투표, 5 : 구암동

함수관계는 모두 선형함수이며 다음 식으로 표현된다.

$$\text{더불어민주당 후보} : x_B = x_A + 0.08 \tag{14-22a}$$
$$\text{국민의힘 후보} : y_B = y_A - 0.08 \tag{14-22b}$$
$$\text{기타 후보} : z_B = z_A \tag{14-22c}$$

세 후보의 선형함수에 대한 기울기는 모두 1이며 서로 나란하다. 또한 기타 후보에 대한 선형함수는 원점을 지나는 대각선으로 표현된다. 표바꾸기 조작 메커니즘에 대한 함수식과 정확히 일치한다. 세 후보에 대한 당일득표율 대비 관내득표율 사이의 함수관계식으로 부터도 대구시 북구을의 관내사전 투표결과는 표바꾸기 조작에 의하여 오염되었음을 확인할 수 있다.

표바꾸기 조작표수 계산식 (12-3f)와 (12-3g)를 사용하여, 대구시 북구을 선거구 9개 선거동에 대한 후보별 표바꾸기 조작표수, 조작전후 득표수 및 관내사전투표의 조작전후 총 득표수를 산출하면 〈표 14-43〉과 같다. 이 결과를 요약하면 다음과 같다.

$$\text{표바꾸기 조작표수 비 : } \gamma = \frac{2{,}805}{35{,}976} = 0.0780$$

$$\text{더불어민주당 후보의 조작전 총득표수 대비 조작표수 비} = \frac{2{,}805}{7{,}946} = 0.353$$

$$\text{국민의힘 후보의 조작전 총득표수 대비 조작표수 비} = \frac{2{,}805}{25{,}732} = 0.109$$

$$\text{선거구 당 표바꾸기 조작표수} = 2{,}805 \text{ /선거구}$$

<표 14-43> 대구시 북구을 선거구 9개 선거동에 대한 후보별 표바꾸기 조작표수, 조작전후 득표수 및 관내사전투표의 조작전후 총 득표수

	더불어민주당 후보 관내사전 득표수			국민의힘 후보 관내사전 득표수			기타 후보* 관내사전 득표		관내사전 총 득표수	
	조작전	표바꾸기 조작표	조작후	조작전	표바꾸기 조작표	조작후	조작전	조작후	조작전	조작후
1. 무태·조야동	1,057	408	1,465	3,548	-408	3,140	268	268	4,873	4,873
2. 관문동	745	146	891	2,277	-146	2,131	175	175	3,197	3,197
3. 태전1동	400	166	566	1,523	-166	1,357	146	146	2,069	2,069
4. 태전2동	898	222	1,120	3,308	-222	3,086	345	345	4,551	4,551
5. 구암동	1,070	606	1,676	3,277	-606	2,671	302	302	4,649	4,649
6. 관음동	655	224	879	2,702	-224	2,478	233	233	3,590	3,590
7. 읍내동	766	248	1,014	2,963	-248	2,715	217	217	3,946	3,946
8. 동천동	1,390	493	1,883	3,725	-493	3,232	417	417	5,532	5,532
9. 국우동	965	292	1,257	2,409	-292	2,117	195	195	3,569	3,569
계	7,946	2,805	10,751	25,732	-2,805	22,927	2,298	2,298	35,976	35,976

* 개혁신당 + 무소속

대구시 12개 선거구 중 관내사전투표에 표바꾸기 조작 메커니즘이 적용된 선거구는 7개 선거구이다. 이 7개 선거구 중 앞에서 분석한 북구을 선거구를 제외한 6개 선거구의 관내사전투표에 대한 후보별 표바꾸기 조작표수, 조작전후 득표수를 계산하면 〈표 14-44〉와 같다.

<표 14-44> 대구시 6개 선거구에 대한 후보별 표바꾸기 조작표수, 조작전후 득표수

	더불어민주당 후보 관내사전 득표수			국민의힘 후보 관내사전 득표수			기타 후보 관내사전 득표수		관내사전 총 득표수	
	조작전	표바꾸기 조작표수	조작후	조작전	표바꾸기 조작표수	조작후	조작전	조작후	조작전	조작후
1. 달서구갑	5,942	1,506	7,448	17,227	-1,506	15,721			23,169	23,169
2. 달서구을	8,681	2,497	11,178	26,996	-2,497	24,499			35,677	35,677
3. 달서구병*	2,869	1,212	4,081	14,986	-1,212	13,774	3,499	3,499	21,354	21,354
4. 달성군	7,634	2,727	10,361	27,777	-2,727	25,050			35,411	35,411
5. 수성구갑	10,930	3,920	14,850	29,244	-3,920	25,324	1,586	1,586	41,760	41,760
6. 수성구을*	3,884	1,976	5,860	22,862	-1,976	20,886	3,410	3,410	30,156	30,156

* 더불어민주당 후보 대신 진보당 후보로 대체

대구지역 12개 선거구의 관내사전투표에 대한 득표수 조작 메커니즘은 표버리기, 표더하기 및 표바꾸기 조작 메커니즘이다. 표바꾸기 조작 메커니즘은 12개 선거구 중 7곳의 선거구의 관내사전투표에 적용되었으며, 표버리기 조작 메커니즘은 3곳의 선거구에, 그리고 표더하기 조작 메커니즘은 1개의 선거구에 적용되었다. 따라서 대구지역에 대한 조작후 관내사전 총 득표수는 조작전 관내사전 총 득표수보다 줄었다. 이런 결과는 표더하기 조작표수가 중구남구 선거구의 4,481표에 불과하나 표버리기 조작표수는 북구갑, 동구군위갑 및 동구군위 세 선거구의 27,607표나 되었기 때문이다. 대구지역 12개 선거구에 대한 후보별 조작득표수, 조작전후 득표수를 정리하면 〈표 14-45〉와 같다.

<표 14-45> 대구지역 12개 선거구의 관내사전투표에 대한 후보별 조작득표수, 조작전후 총 득표수

	더불어민주당 후보 관내사전 득표수				국민의힘 후보 관내사전 득표수				기타 후보 관내사전 득표수		관내사전 총 득표수	
	조작전	표더하기 조작표수	표바꾸기 조작표수	조작후	조작전	표버리기 조작표수	표바꾸기 조작표수	조작후	조작전	조작후	조작전	조작후
1. 서구					21,547			21,547	8,924	8,924	30,471	30,471
2. 중구남구	7,877	4,481		12,358	22,348			22,348	5,872	5,872	36,097	40,578
3. 북구갑	9,834			9,834	31,869	-10,133		21,736	330	330	42,033	31,900
4. 동구군위갑	8,505			8,505	30,117	-8,491		21,626			38,622	30,131
5. 동구구위을*	7,295			7,295	33,372	-8,983		24,389	1,521	1,521	42,188	33,205
6. 달서구갑	5,942		1,506	7,448	17,227		-1,506	15,721			23,169	23,169
7. 달서구을	8,681		2,497	11,178	26,996		-2,497	24,499			35,677	35,677
8. 달서구병	2,869		1,212	4,081	14,986		-1,212	13,774	3,499	3,499	21,354	21,354
9. 달성군	7,634		2,727	10,361	27,777		-2,727	25,050			35,411	35,411
10. 북구을	7,946		2,805	10,751	25,732		-2,805	22,927	2,298	2,298	35,976	35,976
11. 수성구갑	10,930		3,920	14,850	29,244		-3920	25,324	1,568	1,568	41,742	41,742
12. 수성구을*	3,884		1,976	5,860	22,862		-1,976	20,886	3,410	3,410	30,156	30,156
계	81,397	4,481	16,643	102,521	304,077	-27,607	-16,643	259,827	27,422	27,422	412,896	389,770

* 더불어민주당 후보 대신 진보당 후보로 대체

Part VI

부정선거 방법론

희망의 속삭임

Alice Hawthorne

거룩한 천사의 음성 내귀를 두드리네
부드럽게 속삭이는 앞날의 그 언약을
어두운밤 지나가고 폭풍우 개이면은
동녘엔 광명의 햇빛 눈부시게 비치네
속삭이는 앞날의 보금자리
즐거움이 눈앞에 어린다

저녁놀 서산에 재운 황혼이 찾아가도
청천에 빛나는 뭇별 이밤도 명랑하다
밤깊어 나의마음 고요히 잠들어도
희망에찬 아침 햇빛 창문을 열어주리
속삭이는 앞날의 보금자리
즐거움이 눈앞에 어린다

Soft as the voice of an angel
Breathing a lesson unheard,
Hope with a gentle persuasion
whispers her comforting word
Wait till the darkness is over
Wait till the tempest is done
Hope for the sunshine tomorrow
after the shower is gone
Whispering hope
Oh, how welcome thy voice,
Making my heart in its sorrow rejoice
Then , when the night is upon us
Why should the heart sink away?
When the dark midnight is over
Watch for the breaking of day
Whispering hope
Oh, how welcome thy voice,
Making my heart in its sorrow rejoice

Chapter 15

선거조작 방법의 이해

도경구

선거 결과를 조작하는게 과연 가능한지 의구심을 품고 있는 분을 위한 글이다. 위험 요소를 잘 이해하면 위험에 잘 대처할 수 있듯이, 선거조작 방법을 잘 이해하면 부정선거에 대한 경각심을 가지게 되리라 기대한다.

15-1. 들어가며

우리나라의 지난 선거결과 데이터를 분석해보면 인위적으로 보이는 조작의 흔적이 드러난다. 그런데 주위 지인들에게 "선거결과가 이상하다. 부정선거가 의심된다."라고 얘기하면, 다들 "중앙선거관리위원회가 있는데 그럴 리가 있느냐?"라며 믿고 싶어하지 않는다. "방송이나 신문에서 아무 말 없던데 무슨 소리냐?"에서 부터, "국민이 모두 두 눈 똑바로 뜨고 보고있는데 부정선거가 가능할까? 그것도 전국 규모로?"라고 덧붙이며 부정적인 반응을 보인다. 선거결과 정도는 잘 기획하면 체계적으로 조작할 수 있음을 이런 지인들에게 이해시킬 수 있는 방법이 없을까 고민하다가, 선거 조작을 기획하고 실행하는 논리를 스스로 만들어 글로 정리해보게 되었다.

"선거는 대중이 공직자나 대표자를 선출하는 의사결정 절차로, 대개 투표를 통해 진행된다."라고 위키백과는 정의한다. 민주주의의 근간인 선거를 보통, 평등, 직접, 비밀, 자유의 다섯 가지 원칙을 준수하도록 공명정대하게 치루기 위해서는 선거시스템의 무결성이 보장되어야 한다. 이를 위해서 선거시스템이 갖추어야 하는 조건은 다음과 같다.

- 조건 ①. 1인 1표 (중복 투표 불가)
- 조건 ②. 비밀투표 보장 (어떤 선택을 했는지 본인 이외에는 알 수 없음)
- 조건 ③. 투명한 집계 (투표자의 선택을 변경/누락 없이 집계에 반영)
- 조건 ④. 선거결과 검증 가능 (개표 결과를 확인할 수 있는 증거 제공)

투표소에서 종이로 투표하는 선거에서 이 조건들을 모두 만족 시키려면, 투개표 절차를 정직하게 잘 운영하고 관리해야 한다. 전형적인 선거 절차를 순서대로 따라가면서 점검해보자.

- 투표 기간 중에 투표소에 출석하여 공인된 신분증으로 인증을 거친 후, 무기명 투표용지를 발급받고 투표자 목록에 투표 참여 기록을 남긴다.
    - → 목록에 기록된 투표자 수와 개표한 투표지 수가 동일함이 확인되면, 1인 1표 조건 ① 충족!
- 외부와 차단된 공간에 들어가서 투표용지에 기표하고, 나와서 기표 내용이 보이지 않게 접어서 투표함에 넣는다.
    - → 기표지에 투표자의 정보가 없으므로, 투표자가 기표지 인증 샷을 몰래 찍어 보관하지 않는 한, 기표지가 투표함에 들어간 순간부터 투표자의 선택은 본인의 기억 속에만 남아있을 뿐 제 3자에게 증빙이 원천적으로 불가능하여 비밀투표 보장 조건 ② 충족!
- 투표가 끝나면 투표함은 밀봉하여 안전한 장소에 보관하고, 개표가 시작되면 이해당사자로 구성된 참관인이 보는 앞에서 투표함을 열어서 투표지를 분류하고 집계하여 결과를 발표한다.
    - → 밀봉한 투표함이 온전히 보존되고, 참관인이 개표 및 집계 과정과 결과를 모두 확인하여 이상이 없으면, 투명한 집계 조건 ③ 충족!
- 집계가 완료된 후에는 개표한 투표지를 투표함에 다시 넣어 밀봉하고, 법으로 정한 기간동안 안전한 곳에 보관한다.
    - → 밀봉한 투표함이 온전히 보존되고, 필요한 경우 투표함을 다시 열어 검표를 실시할 수 있으면, 선거결과 검증 가능 조건 ④ 충족!

이대로만 투개표를 진행하면 선거가 공명정대하게 치루어진다고 누구라도 믿을 수 있다. 여기서 선거의 무결성을 보증해주는 핵심 요건은 '투개표 과정에서 나타나는 모든 결과를 참여한 이해관계자(후보, 유권자) 모두가 **확인**할 수 있다'는 것이다. 혹시 일부가 이의를 제기 하더라도, 얼마든지 검표를 통하여 재확인 할 수 있으니 선거결과를 불신할 여지가 없는 것이다.

  그런데 인간이 만든 그 어떤 시스템이라도 운영 절차를 겉으로 드러나지 않게 인위적으로 변형하여 왜곡된 결과가 나타나도록 할 수 있는 취약점이 있기 마련이다. 선거 시스템이라고 예외일까? 선거관리 기관이 규정대로 정직하게 투개표를 운영관리할 것이라고 무조건 믿는게 맞을까? 정상적인 방법으로 국민의 지지를 얻기 힘든 일단의 정치 세력이 신거관리 기관과 공모하여 아무도 알아채지 못하게 부정선거를 자행할 가능성이 없다고 단언할 수 있을까? 민주주의 국가에서 선거는 국민의 삶에 미치는 영향이 매우 크기 때문에, 예상되는 취약점을 모두 사전에 점검하여 부정선거가 발생하지 않도록 대비할 수 있어야 한다. 따라서 예방 차원에서라도 선거결과를 인위적으로 조작할 여지가 있을지 세부적으로 짚어볼 필요가 있다.

이 글은 부정선거의 체계적인 기획과 실행이 가능함을 입증하기 위하여, 부정선거의 기획자 입장에서 조작의 흔적을 최소화하면서 조작의 성공 가능성을 최대화하는 다양한 선거결과 조작 방법을 제시한다. 구성은 다음과 같다.

- 2절에서는 선거 조작 성공의 필요조건과 기본적인 표조작 방식을 알아본다.
- 3절에서는 선거 조작을 어떻게 기획하고 준비할 수 있는지 알아본다.
- 4절과 5절에서는 개표전 실행하는 투표함조작과 개표중 실행하는 개표조작, 이 두 가지 선거 조작의 실행 방법 및 절차를 각각 차례로 상세히 다룬다.
- 6절에서는 투표함조작과 개표조작을 이어서 중복 실행하는 이중 조작 방법을 제시하고, 투표함조작만으로 남길 수 밖에 없는 조작의 흔적을 이를 통하여 어떻게 제거할 수 있는지 살펴본다.
- 마지막으로 7절에서는 선거의 투개표 환경과 방식을 조작이 용이하게 합법적으로 변형하여 선거결과를 흔적없이 조작하는 선거 시스템의 구축이 가능하므로, 선거 무결성을 보장할 수 있는 유일한 선거 방식은 '<u>투표 종료 후 즉시 현장 수개표</u>'밖에 없음을 확인하며 글을 마무리 한다.

15-2. 선거조작의 기초

선거의 투개표 과정에 개입하여 특정 후보가 당선되도록 선거결과의 순위를 인위적으로 뒤집는 행위를 선거조작이라 한다. 투표소에서 종이로 투표하는 선거에서는 후보의 득표수[1]로 당락을 결정하므로, 선거결과를 인위적으로 뒤집을 수 있는 유일한 방법은 득표수 조작이다.

A. 선거조작 성공의 필요조건 삼총사

선거조작은 국가전복 기도에 준하는 중범죄에 해당하기 때문에 최대한 발각되지 않도록 수행하려 할 것이다. 따라서 선거조작을 성공적으로 완수하기 위하여 반드시 충족시켜야 하는 필요조건을 따져보면 다음 세 가지가 있다.
1. 은밀수행 – 유권자에게 조작 행위가 드러나지 않아야 한다.
2. 흔적제거 – 조작의 흔적을 남기지 말아야 한다.
3. 완전조작 – 재검표를 하더라도 동일한 개표 결과를 얻어야 한다.

이 세 필요조건을 통틀어 '선거조작 성공의 필요조건 삼총사'로 부르기로 한다.

B. 선거조작의 방식

득표수를 조작하여 이득을 보는 후보를 가해후보, 손해를 보는 후보를 피해후보라 부르기로 하자. 득표수는 아래와 같이 세 가지 방식으로 조작할 수 있다.
- 조작 방식 1. 표더하기 : 가해후보의 득표수를 필요한만큼 증가시킨다.
- 조작 방식 2. 표바꾸기 : 피해후보의 득표수를 필요한만큼 감소시키고, 가해후보의 득표수를 그만큼 증가시킨다.
- 조작 방식 3. 표버리기 : 피해후보의 득표수를 필요한만큼 감소시킨다.

투표소에서 종이로 투표하여 투표함에 모으고 투표 종료후 이를 개표하여 득표수를 세는 환경에서 '선거조작 성공의 필요조건 삼총사'를 최대한 충족하면서 어떻게 득표수를 조작할 수 있는지 조작 방식 별로 하나씩 차례로 살펴보자.

---

[1] 선거 용어 정리
- 유권자 : 선거에 참여할 수 있는 권리를 가진 시민을 말한다.
- 투표수 : 투표에 실제로 참여한 유권자의 수를 말한다.
- 투표율 : 유권자 수 대비 투표수의 비율이다.
- 후보의 득표수 : 후보가 얻은 표의 수를 말한다.
- 후보의 득표율 : 전체 투표수 대비 후보 득표수의 비율이다.

조작 방식 1 : 표더하기

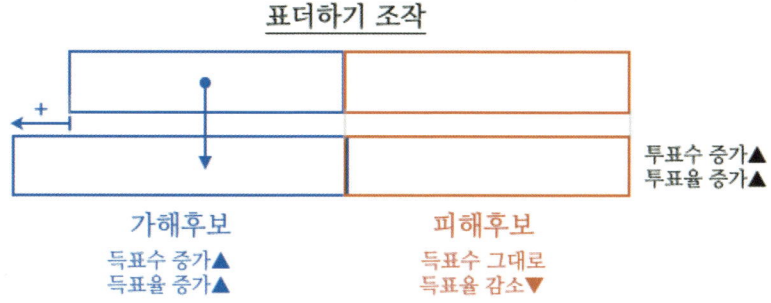

가해후보의 득표수만 필요한 만큼 증가시킨다. 가해후보의 득표율도 그만큼 따라서 증가한다. 투표수는 증가한 가해후보 득표수 만큼 증가하고, 투표율도 그만큼 따라서 증가한다. 반면 피해후보는 득표수 변화가 없음에도 불구하고 증가한 투표수의 비율만큼 득표율이 감소한다.

완전조작 필요조건을 충족하려면 가해후보에 기표한 위조투표지를 필요한만큼 발급하여 투표함에 넣어야 한다. (이 때 투표한 사람이 없는 투표지를 투표함에 넣는다는 뜻을 담아 표더하기 조작에 쓰는 위조투표지를 <u>유령투표지</u>라 부르기로 한다.) 아울러 투입한 유령투표지 장수만큼 투표하지 않은 유권자를 골라서 투표한 것으로 둔갑시키면서 명부에 투표한 것으로 기록해두어야 한다. 이를 추후에 유권자 본인이 확인한다면 조작이 드러날 것이므로, 흔적제거 필요조건을 충족하지 못하는 점은 어쩔 수 없이 감수해야 한다. 아울러 유령투표지를 발급하면서 투표수가 증가하는 과정, 유령투표지를 투표함에 넣는 과정 등 조작 수행 과정 곳곳에 은밀수행 필요조건 충족을 위해서 넘어야 할 장애물은 널려 있다.

조작 방식 2 : 표바꾸기

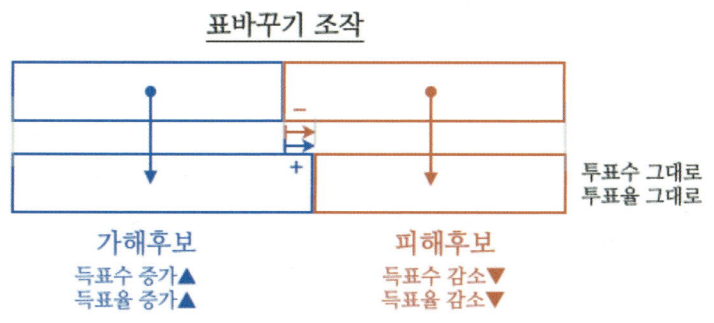

피해후보의 감소한 득표수 만큼, 가해후보의 득표수가 증가한다. 피해후보의 표를 가해후보의 표로 바꿔치기 한 셈이다. 가해후보의 증가 득표수와 피해후보의 감소 득표수가 같으므로, 투표수와 투표율의 변동없이 가해후보의 득표율은 증가하고 피해후보의 득표율은 그만큼 감소한다.

완전조작 필요조건을 충족하기 위해서 투표지의 기표 내용만 바꿀 수 있으면 충분하다. 그런데 일단 기표된 종이 투표지를 고치는 건 (법으로 허용하지 않는 한) 사실상 불가능하다. 따라서 피해후보에 기표한 진짜투표지를 가해후보에 기표한 위조투표지로 바꿔치기 하는 수 밖에 없다. (결국 유권자가 투표한 진짜 투표지를 가짜로 바꾼 셈이므로, 표바꾸기 용도로 새로 만들어 투입하는 위조투표지는 가짜투표지라 부르기로 한다.)

표바꾸기 조작 수행의 주된 걸림돌은 은밀수행 필요조건을 충족하는 것이다. 피해후보에 기표한 진짜투표지를 골라내어 흔적없이 폐기하고 가해후보의 가짜투표지를 몰래 투입하는데 인력과 시간이 필요하다. 또한 진짜투표지를 폐기하는 과정, 가짜투표지를 제조하고 투입하는 과정이 외부에 드러나지 않도록 보안을 유지해야 한다. 아울러 폐기한 진짜투표지를 제대로 처리하지 못해 흔적제거 필요조건을 충족하지 못할 가능성도 배제할 수 없다.

조작 방식 3 : 표버리기

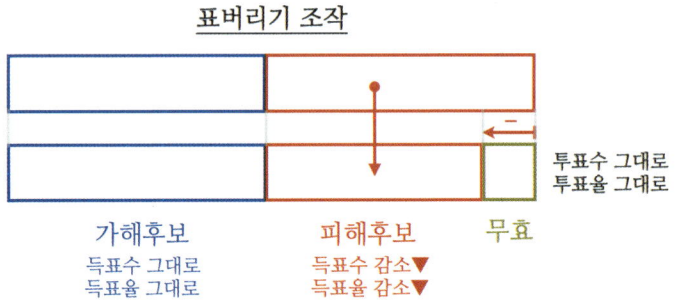

가해후보 득표수를 그대로 둔채 피해후보 득표수를 감소시키면, 전체 투표수와 투표율이 따라서 감소한다. 그런데 투표 완료 후 투표수와 투표율의 감소는 상식적으로 있을 수 없으므로 조작의 흔적을 남기는 꼴이 된다. 따라서 전체 투표수와 투표율을 그대로 유지하면서 표버리기 조작을 할 수 있는 유일한 방안은 피해후보의 감소한 득표수를 무효표 수로 처리하는 것이다. 그러면 피해후보의 득표수와 득표율은 무효표로 처리한 만큼 감소하고, 가해후보의 득표수와 득표율은 변함없지만 상대적으로 이득을 본다.

피해후보에 기표한 투표지를 합법적으로 무효표 처리되도록 하려면, 투표지를 무효처리 될 정도로 훼손하거나, 골라내어 폐기하고 그만큼 위조무효표를 만들어 투입하는 정도를 생각해 볼 수 있다. (이 때 무효표로 만들기 위해서 훼손 또는 교체하는 피해후보의 투표지를 <u>훼손투표지</u>라 부르기로 한다.)

표버리기 조작 수행의 주된 걸림돌은 표바꾸기 조작과 비슷하게 은밀수행 필요조건을 충족하는 것이다. 훼손투표지를 확보하기 위해서 훼손, 폐기, 투입하는데 상당한 규모의 인력과 시간이 소요되기 때문이다. 또한 진짜투표지를 폐기하는 과정, 훼손투표지를 제조하고 투입하는 과정이 외부에 드러날 수 있다. 추가로 폐기 또는 일괄적으로 어설프게 훼손한 진짜투표지가 조작의 흔적으로 남아있을 가능성도 배제할 수 없다.

요약정리

조작 방식 별로 득표수를 조작하여 득표율, 투표수, 투표율이 어떻게 변하는지 요약 정리하면 〈표 15-1〉과 같다.

<표 15-1> 조작 방식별 득표수 변동과 득표율, 투표수, 투표율의 관계

조작 방식	가해후보		피해후보		투표수	투표율
	득표수	득표율	득표수	득표율		
표더하기	▲	▲	=	▼	▲	▲
표바꾸기	▲	▲	▼	▼	=	=
표버리기	=	=	▼	▼	=	=

▲ : 증가, ▼ : 감소, = : 그대로

C. 선거조작의 종류

조작을 실행하는 시점에 따라 선거조작의 종류는 다음과 같이 두 가지로 구분한다.

- <u>투표함조작</u> – <u>개표하기 전</u>에 조작 실행을 완료한다. 조작 방식 별로 복잡도에 차이가 있지만 세 가지 조작 방식이 기본적으로 모두 가능하다.
- <u>개표조작</u> – <u>개표 중 실시간</u>으로 조작을 실행한다. 표더하기 조작은 일단 개표가 시작되면 은밀수행이 사실상 거의 불가능하고, 표바꾸기와 표버리기 조작은 가능하다.

15-3. 선거조작의 준비

선거조작을 위한 득표수 조작 방식을 알았으니 이제 선거조작을 어떻게 준비해야 하는지 살펴보자. 준비에 필요한 가장 중요한 사항은 조작 규모의 예측이다. 조작 규모 산정을 위한 절차를 순서대로 나열해보면 다음과 같다.

    가. 예상투표율과 조작 대상 후보의 지지율을 조사하여, 이를 기반으로 각 후보의 득표수를 예측한다.
    나. 가해후보와 피해후보를 정한다.
    다. 가해후보의 조작목표득표율을 설정한다.
    라. 조작 방식을 결정한다.
    마. 조작 대상 후보의 예상득표수를 기반으로 조작 목표 달성에 필요한 조작 규모(위조투표지 장수)를 산정한다.

차례로 자세히 알아보자.

A. 조작 대상 후보의 예상득표수 산정

예상투표율과 각 후보의 지지율은 조작의 필요성을 확인하고 조작의 규모를 산정하는 데 필수적인 정보이다. 이 두 정보를 가지고 대상 후보의 예상득표수를 다음 식으로 계산할 수 있다.

$$\text{후보의 예상득표수} = \text{유권자수} \times \text{예상투표율} \times \text{후보의 지지율}$$

그리고 각 후보의 예상득표수를 참고하여 가해후보의 조작목표득표율을 설정하면, 이에 맞추어 조작의 규모를 미리 산정할 수 있다. 결국 예상투표율과 각 후보의 지지율을 바탕으로 조작의 규모를 결정하므로 조작의 성공을 보장하려면 투표율과 지지율을 최대한 정확히 예측해야 한다.

    유권자의 표심을 투표하지 않고 알아낼 수 있는 가장 일반적인 방법은 여론조사이다. 통계학이 인정하는 기준으로 정직하게 여론조사를 실시하면, 상당히 높은 신뢰수준으로 후보의 지지율을 예측할 수 있다고 알려져 있다. 따라서 선거조작의 성공 가능성을 높이기 위해서 최대한 객관적으로 실시한 여론조사 결과를 가지고 조작의 규모를 산정할 것이다.

    그런데 선거조작에 활용할 진짜 여론조사 지지율을 대중에 그대로 공개하면 흔적제거 필요조건을 충족하지 못하면서 낭패를 볼 수 있다. 조작한 선거의 득표율이 여론조사 지지율과 다르게 나타나서 후보자와 유권자로부터 의혹을 살 것이기 때문이다. 그러므로 선거조작 목표와 비슷하게 왜곡된 결과가 나올 수 있도록 여론조사를 별도로 실시하여 선거 전에 공개하는 흔적제거 작업을 할 수밖에 없다. 특정 성향의 유권자 집단에서 샘플을 추출하여 결과를 원하는대로 왜곡하는 여론조사 자체는 준비만 잘 하면 기술적으로 불가능한 작업은 아닐 것이다.

B. 조작 규모의 산정

선거조작 목표를 달성하기 위해서 위조투표지를 몇 장 준비해야 할지 규모를 계산할 수 있는 체계적인 방법이 있을까? 물론 있다. 각 후보의 예상득표수를 가지고 목표 달성에 필요한 조작 규모를 예측하는 방법을 알아보자.

맹주성 교수의 조작공식

2020년 4월 15일 대한민국 총선의 개표 결과 데이터를 보고 인위적, 체계적 조작의 낌새를 알아챈 맹주성 교수는 각 후보 득표수, 조작 규모, 조작에 필요한 위조투표지 장수 사이의 상관관계를 보여주는 조작공식을 발견하였다. 조작 방식 별 조작공식은 다음과 같다.

$$\text{표더하기 조작공식} : K = R \times V_2 - V_1$$

$$\text{표바꾸기 조작공식} : K = \frac{R \times V_2 - V_1}{R + 1}$$

$$\text{표버리기 조작공식} : K = V_2 - \frac{V_1}{R}$$

여기서 V_1은 가해후보의 득표수, V_2는 피해후보의 득표수, R은 보정계수, K는 조작에 필요한 위조투표지 장수를 나타낸다.

  이 조작공식을 활용하여 조작에 필요한 위조투표지 장수를 계산하는 컴퓨터 프로그램은 아래와 같이 간단히 작성할 수 있다. 조작 방식 별로 구분하여 작성한 조작공식 계산 프로그램은 가해후보와 피해후보의 득표수와 보정계수 값이 주어지면 이를 해당 조작공식에 대입하여 필요한 위조투표지 장수를 계산하고, 아울러 가해후보의 조작후 득표율을 계산해 준다.

```
1  # 조작 방식별 조작공식 계산 프로그램
2  # 입력 : V1 = 가해후보 득표수, V2 = 피해후보 득표수, R = 보정계수
3  # 출력 : K = 필요한 위조투표지 장수, VR1 = 조작후 가해후보 득표율
4
5  # 표더하기 조작
6  def stuff(V1, V2, R):
7      K = round(R * V2 - V1)            # 조작공식 계산
8      VR1 = (V1 + K) / (V1 + V2 + K)    # 조작후 가해후보 득표율 계산
9      return K, VR1
10
11 # 표바꾸기 조작
12 def switch(V1, V2, R):
13     K = round((R * V2 - V1) / (R + 1))  # 조작공식 계산
14     VR1 = (V1 + K) / (V1 + V2)          # 조작후 가해후보 득표율 계산
15     return K, VR1
16
17 # 표버리기 조작
18 def dump(V1, V2, R):
19     K = round(V2 - V1 / R)          # 조작공식 계산
20     VR1 = V1 / (V1 + V2 - K)        # 조작후 가해후보 득표율 계산
21     return K, VR1
```

유권자가 10,000명인 가상 선거구에 후보자 두 명이 출마한 사례를 가지고 조작공식의 원리를 이해해보자. 예상투표율이 60%, 가해후보의 예상득표율이 48%, 피해후보의 예상득표율이 52%인 경우, 두 후보의 예상득표수를 계산하면 각각 다음과 같다.

$$V_1 = 10{,}000 \times 0.6 \times 0.48 = 2{,}880$$
$$V_2 = 10{,}000 \times 0.6 \times 0.52 = 3{,}120$$

가해후보의 예상득표수 V_1, 피해후보의 예상득표수 V_2, 1.0~2.0 범위의 보정계수 R 값으로 위 프로그램을 실행하여 얻은 위조투표지 장수 K와 조작후 각 후보의 상대 득표율이 조작 방식 별로 〈표 2〉에 정리되어 있다.

보정계수 $R = 1.0$을 대입하여 조작공식으로 계산한 위조투표지 장수 K로 조작을 수행하면, 조작 후 상대 득표율은 50% : 50%로 동률이 된다.

- 표더하기 $K = 240$: 가해후보의 득표수가 $2{,}880 + 240 = 3{,}120$으로 늘어서 동률
- 표바꾸기 $K = 120$: 득표수가 가해후보는 $2{,}880 + 120 = 3{,}000$으로 늘고 피해후보는 $3{,}120 - 120 = 3{,}000$으로 줄어서 동률
- 표버리기 $K = 240$: 피해후보의 득표수가 $3{,}120 - 240 = 2{,}880$으로 줄어서 동률

보정계수 R 값이 1.0 보다 커지면, 필요한 위조투표지 장수 K도 따라서 증가하고 그만큼 가해후보와 피해후보의 득표수와 득표율의 격차가 가해후보가 유리한 방향으로 벌어진다. 그러다 보정계수 $R = 1.5$가 되면, 가해후보와 피해후보의 조작후 상대득표율이 60% : 40%가 되고, 보정계수 $R = 2.0$이 되면 66.7% : 33.3%로 더 벌어진다.

<표 15-2> 보정계수 값과 조작규모, 조작후 득표수와 득표율의 관계를 보여주는 가상 선거구 사례

유권자 수 = 10,000 예상투표율 = 60% 예상투표수 = 6,000			조작전 득표수		가해 후보	$V_1 =$ 2,880	피해 후보	$V_2 =$ 3,120		
조작 공식	표더하기 $K = R \times V_2 - V_1$		표바꾸기 $K = \dfrac{R \times V_2 - V_1}{R + 1}$			표버리기 $K = V_2 - \dfrac{V_1}{R}$			조작후 상대 득표율	
보정 계수	위조 투표 지 장수	조작후 득표수		위조 투표 지 장수	조작후 득표수		위조 투표 지 장수	조작후 득표수		
R	K	V_1^+	V_2^+	K	V_1^+	V_2^+	K	V_1^+	V_2^+	가해 후보	피해 후보
1.0	240	3,120	3,120	120	3,000	3,000	240	2,880	2,880	50%	50%
1.1	552	3,432	3,120	263	3,143	2,857	502	2,880	2,618	52.4%	47.6%
1.2	864	3,744	3,120	393	3,273	2,727	720	2,880	2,400	54.6%	45.5%
1.3	1,176	4,056	3,120	511	3,391	2,609	905	2,880	2,215	56.5%	43.5%
1.4	1,488	4,368	3,120	620	3,500	2,500	1,063	2,880	2,057	58.3%	41.7%
1.5	1,800	4,680	3,120	720	3,600	2,400	1,200	2,880	1,920	60%	40%
∧	∧	∧	≡	∧	∧	∨	∧	≡	∨	∧	∨
2.0	3,360	6,240	3,120	1,120	4,000	2,000	1,680	2,880	1,440	66.7%	33.3%

∧ : 증가, ≡ : 불변, ∨ : 감소

그런데 〈표 15-2〉에서 특히 주목해야 할 사항은 각 후보의 예상득표수 V_1, V_2 값과 무관하게, 조작방식 모두 일괄적으로 보정계수 R 값과 조작후 각 후보의 상대 득표율은 서로 상관관계가 있다는 것이다. 다시 말해, V_1, V_2 값이 달라지더라도, R 값과 조작후 상대 득표율의 관계는 항상 일정하다. 이 점을 활용하면 가해후보의 조작목표득표율을 가지고 필요한 위조투표지 최소 장수를 체계적으로 자동 계산하는 컴퓨터 프로그램을 짤 수 있다.

조작에 필요한 최소 투표지 수의 자동 계산

가해후보와 피해후보의 예상득표수 V_1과 V_2, 가해후보의 조작목표득표율 G를 가지고, 앞에서 제시한 조작공식을 활용하여 필요한 최소 위조투표지 수 K를 자동으로 계산할 수 있다. 계산 알고리즘 논리는 다음 흐름도와 같다.

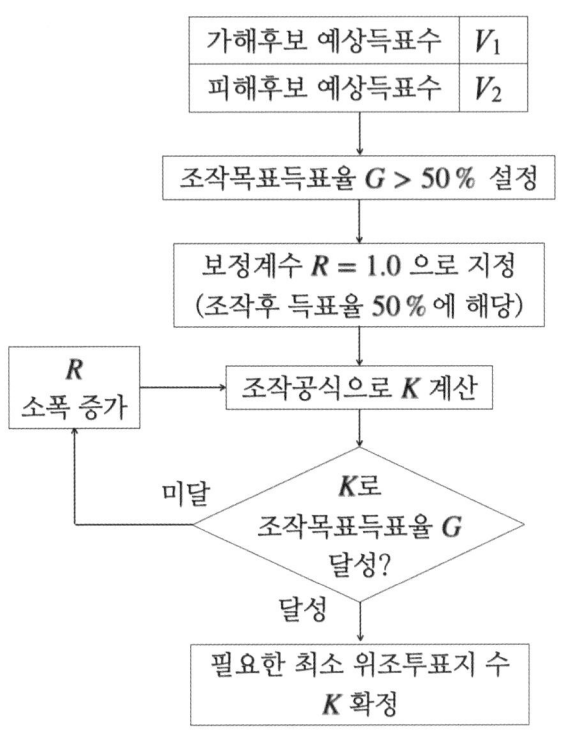

가해후보 조작목표득표율 50%에 해당하는 보정계수 $R = 1.0$을 시작값으로 지정하고 계산을 시작한다. 그리고 보정계수 R을 조금씩 늘려가면서 그 값에 해당하는 위조투표지 장수 K로 조작목표득표율 G를 달성하는지 점검하는 작업을 반복한다. 그러다 조작목표득표율 G을 달성하는 순간 반복 작업을 멈춘다. 바로 그 시점에서 계산한 투표지 수 K가 조작목표득표율을 달성하는데 필요한 최소 투표지 수가 된다.

    이 알고리즘 논리는 어떤 조작 방식이든 공통으로 필요한 최소 위조투표지 장수 계산에 활용할 수 있다. 조작공식만 조작 방식 별로 다를 뿐이다. 이를 확인하기 위해서 이 알고리즘을 구현한 아래 프로그램 코드를 살펴보자. 이 프로그램은 가해후보와 피해후보 득표수, 조작목표득표율, 조작공식이 주어지면, 조작에 필요한 최소 위조투표지 장수를 계산해 준다.

```
1  # 조작목표 달성에 필요한 위조투표지 최소 장수 계산 프로그램
2  #  in : V1 = 가해후보 득표수, V2 = 피해후보 득표수,
3  #         G = 조작목표득표율, M = 조작공식 {stuff, switch, dump}
4  # out : k = 위조투표지 장수
5
6  def rig_the_vote(V1, V2, G, M):
7      r = 1.0                           # 보정계수 r의 시작값 지정
8      k, g = M(V1, V2, r)               # 위조투표지 장수 k 및 조작후 득표율 g 계산
9      while (g < G):                    # g로 조작목표득표율 G 달성?
10         r += 0.0001                   # 보정계수 r 소폭 증가
11         k, g = M(V1, V2, r)           # 위조투표지 장수 k 및 조작후 득표율 g 계산
12     return k
```

프로그램 코드에서 # 문자로 시작하는 부분은 왼쪽에 위치한 코드의 이해를 돕기 위한 설명이며, 컴퓨터는 실행하면서 무시한다. 이 프로그램에서 보정계수 r 값의 증가폭은 가상선거사례에 맞추어 0.0001로 설정한다. 이 증가폭은 계산의 정밀도를 좌우하는데, 증가폭이 작을수록 조작목표득표율을 넘기는 최소 투표지 장수를 더 정밀하게 구할 수 있다. 다시 말해, 보정계수 증가폭이 작을수록 필요한 최소 투표지 장수는 줄어든다. 필요한 최소 투표지 장수를 계산하는 용도를 고려하면 정밀한 결과 값을 얻는 것이 최선은 아닐 수 있기 때문에, 보정계수의 증가폭은 선거의 규모나 상황에 따라 적절하게 조절할 수 있다.

조작규모 계산 모의 실험

앞에서 살펴본 다음 가상선거구 사례를 가지고

유권자	10,000			가해후보	피해후보
예상 투표율	60%	예상 득표율		48%	52%
예상 투표수	6,000	예상 득표수		2,880	3,120

가해후보의 조작목표득표율을 52%로 설정하고 조작 방식 별로 프로그램을 실행하여 조작 규모를 다음과 같이 계산한다.

```
>>> rig_the_vote(2880, 3120, 0.52, stuff)
    500
>>> rig_the_vote(2880, 3120, 0.52, switch)
    240
>>> rig_the_vote(2880, 3120, 0.52, dump)
    462
>>>
```

실행 결과 필요한 위조투표지 최소 장수 K는 표더하기 조작의 경우 500, 표바꾸기 조작의 경우 240, 표버리기 조작의 경우 462 임을 알 수 있다.

이 가상 선거구에서 지지율대로 투표가 이루어졌다고 가정하고, 조작 방식 별로 계산한 위조투표지 장수를 가지고 조작을 수행한 결과가 〈표 15-3〉에 정리되어 있다.

<표 15-3> 가상 선거구에서 조작 전과후의 득표수, 득표율, 투표수, 투표율의 변화

조작목표 득표율	52%	가해후보		피해후보		무효		유권자	10,000
		득표수	득표율	득표수	득표율	득표수	득표율	투표수	투표율
	조작전	2,880	48%	3,120	52%			6,000	60%
조작후	500 표더하기	3,380	52%	3,120	48%			6,500	65%
	240 표바꾸기	3,120	52%	2,880	48%			6,000	60%
	462 표버리기	2,880	48% 52%	2,658	44.3% 48%	462	7.7%	6,000	60%

조작 방식 별로 점검해보자.

표더하기 조작

가해후보의 득표수가 500 늘어나 득표율이 52%로 올라간다.

$$\frac{2,880 + 500}{6,000 + 500} = \frac{3,380}{6,500} = 52\%$$

피해후보의 득표수는 변함없지만 득표율은 48%로 내려간다.

$$\frac{3,120}{6,000 + 500} = \frac{3,120}{6,500} = 48\%$$

투표하지 않은 유령투표수가 500 더해졌으니 투표율이 5% 올라가서 65%가 된다.

$$\frac{6,000 + 500}{10,000} = \frac{6,500}{10,000} = 65\%$$

표바꾸기 조작

가해후보의 득표수를 240 더하여 득표율이 52%로 올라간다.

$$\frac{2,880 + 240}{6,000} = \frac{3,120}{6,000} = 52\%$$

피해후보의 득표수를 240 빼서 득표율이 48%로 내려간다.

$$\frac{3,120 - 240}{6,000} = \frac{2,880}{6,000} = 48\%$$

가해후보에 더한 만큼 피해후보에게서 빼기 때문에, 투표수와 투표율은 바뀌지 않는다.

표버리기 조작

피해후보의 득표수를 462 빼고 모두 무효표로 만들면, 득표율이 44.3%로 내려간다.

$$\frac{3,120 - 462}{6,000} = \frac{2,658}{6,000} = 44.3\%$$

따라서 무효표의 비율이 7.7%가 된다.

$$\frac{462}{6,000} = 7.7\%$$

가해후보의 득표율 48%는 변함없지만, 피해후보의 득표율이 44.3%로 내려가는 바람에 순위는 뒤바뀐다. 여기서 무효표를 제외하고 유효표만 가지고 두 후보 사이의 조작 후 상대 득표율을 따져보자. 먼저 두 후보의 득표수를 더하여 유효투표수를 구한다.

$$2,880 + 2,658 = 5,538$$

유효투표수를 기준으로 조작 후 두 후보 끼리의 상대 득표율은 다음과 같다.

$$\frac{2,880}{5,538} \doteqdot 52\% \qquad \frac{2,658}{5,538} \doteqdot 48\%$$

결국 가해후보의 조작목표득표율을 달성한다. 이 경우도 표바꾸기 조작과 마찬가지로 피해후보에 뺀 만큼 무효로 처리하므로, 전체 투표수와 투표율은 바뀌지 않는다.

조작의 흔적

표더하기 조작의 경우 조작목표득표율이 커질수록 투표율이 증가하기 때문에, 조작목표를 지나치게 크게 잡으면 투표율이 100%를 초과할 수 있다. 가상선거사례에서 특혜후보의 조작목표득표율을 69%로 잡고 최소 유령투표지 수를 계산하면 다음과 같다.

```
>>> rig_the_vote(2880, 3120, 0.69, stuff)
4065
>>>
```

투표자 수가 6,000명인데 유령투표지 4,065장을 더하면 투표자 수가 10,065명으로 유권자 수 10,000명 보다 많아져서 투표율이 100%를 넘어버린다. 투표자 수가 유권자 수를 넘는 경우는 있을 수 없으니, 그대로 조작을 실행한다면 아주 뚜렷한 조작의 흔적을 남기게 된다.

C. 선거조작 준비 절차

앞에서 살펴본 가상선거사례를 가지고 선거조작을 준비하는 절차를 따라가 보자.
　가. 예상투표율과 조작 대상 후보의 지지율 예측
　　　• 유권자 수가 10,000명인 선거구에 후보 두 명이 출마
　　　• 예상투표율은 60%
　　　• 지지율은 〈후보1〉이 48%, 〈후보2〉가 52%
　나. 조작 대상 후보들의 예상득표수 계산
　　　• 〈후보1〉의 예상득표수는 $10{,}000 \times 0.6 \times 0.48 = 2{,}880$
　　　• 〈후보2〉의 예상득표수는 $10{,}000 \times 0.6 \times 0.52 = 3{,}120$
　다. 조작목표득표율 설정
　　　• 낙선이 예상되는 〈후보1〉을 가해후보로 지정
　　　• 당선이 예상되는 〈후보2〉를 피해후보로 지정
　　　• 가해후보 〈후보1〉의 조작목표득표율을 52%로 설정
　라. 왜곡된 지지율 홍보
　　　• 설정한 조작목표에 부합하도록 조작한 지지율 홍보
　마. 조작 방식 결정
　　　• 표더하기로 정하고, 보정계수 증가 폭의 정밀도를 0.0001로 설정
　바. 유령투표지 장수 계산
　　　• 가해후보의 예상득표수 2,880, 피해후보의 예상득표수 3,120, 그리고 조작목표득표율 52%를 가지고, 필요한 최소 유령투표지 장수를 프로그램 실행하여 계산

```
>>> rig_the_vote(2880, 3120, 0.52, stuff)
500
```

　　　• 발급해야 할 가해후보 기표 유령투표지 장수 = 500

절차 '마'에서 다른 조작 방식을 선택한 경우도 후속 절차는 필요 투표지 수 계산 프로그램만 다르고 나머지는 같다.

D. 득표수 예측 정확성과 선거조작 성공 가능성의 관계

각 후보의 예상득표수는 예상투표율과 각 후보의 지지율을 기반으로 예측한다.
　예상투표율은 지난 선거기록을 참고하고 연령별 관심도 및 투표참여 추세 등 다양한 관련 데이터를 최대한 수집 활용하여 예측할 수 있다. 〈표 15-4〉는 앞과 동일한 가상선거사례에서 예상과 실제 투표율 차이가 조작 결과에 얼마나 영향을 미치는지 보여주고 있다. 예상과 실제 투표율 차이의 폭에 비해서는 조작후 득표율의 변동 폭은 그리 크지 않게 나타난다. 실제 투표율이 예상의 절반인 30%가 되더라도 가해후보의 득표율을 +3%p 정도만 초과되고, 실제 투표율이 95%로 나타나서 조작후 득표율이 100%가 되더라도 목표에 −1%p 정도만 미달되어 순위를 뒤집는데는 여전히 성공하는 것으로 나타난다. 따라서 예상과 실제 투표율의 차이가 조작 결과에 미치는 영향은 미미하다고 볼 수 있다.

<표 15-4> 가상선거사례에서 예상과 실제 투표율 차이에 따른 표더하기 조작후 득표율 변동 추이

실제 투표율	조작전					표더하기 +500 조작후				
	투표수	가해후보		비교	피해후보		투표수	가해후보		비교	피해후보
		득표수	득표율		득표율	득표수		득표수	득표율		득표율	득표수

실제 투표율	투표수	득표수	득표율	비교	득표율	득표수	투표수	득표수	득표율	비교	득표율	득표수
30%	3,000	1,440	48%	<	52%	1,560	3,500	1,940	55%	>	45%	1,560
40%	4,000	1,920	48%	<	52%	2,080	4,500	2,420	54%	>	46%	2,080
50%	5,000	2,400	48%	<	52%	2,600	5,500	2,900	53%	>	47%	2,600
60%	6,000	2,880	48%	<	52%	3,120	6,500	3,380	52%	>	48%	3,120
70%	7,000	3,360	48%	<	52%	3,640	7,500	3,860	51%	>	49%	3,640
80%	8,000	3,840	48%	<	52%	4,160	8,500	4,340	51%	>	49%	4,160
90%	9,000	4,320	48%	<	52%	4,680	9,500	4,820	51%	>	49%	4,680
95%	9,500	4,560	48%	<	52%	4,940	10,000	5,060	51%	>	49%	4,940

반면, 후보 지지율의 정확도는 조작의 성공 여부와 밀접하게 관련이 있다. 각 후보의 실제 득표율이 예상한 지지율과 비슷하게 나타나면 당연히 조작에 성공 하겠지만, 어느 수준 이상 다르게 나타나는 경우 조작에 실패할 수 있다. 앞과 동일한 가상선거사례에서 가해후보와 피해후보의 실제 득표율이 예상했던 48% : 52% 보다 차이가 더 벌어지면 조작 결과가 그에 따라 어떻게 변하는지 〈표 15-5〉에서 보여주고 있다.

<표 15-5> 가상선거사례에서 예상과 실제 득표율 차이에 따른 조작후 결과의 변화

투표수	조작전					투표수	500 표더하기 조작후				
	가해후보		비교	피해후보			가해후보		비교	피해후보	
	실제 득표수	실제 득표율		실제 득표율	실제 득표수		실제 득표수	실제 득표율		실제 득표율	실제 득표수
6,000	2,880	48%	<	52%	3,120	6,500	3,380	52%	>	48%	3,120
	2,820	47%	<	53%	3,180		3,320	51.1%	>	48.9%	3,180
	2,750	45.8%	<	54.2%	3,250		3,250	50%	=	50%	3,250
	2,700	45%	<	55%	3,300		3,200	49.2%	<	50.8%	3,300
	2,640	44%	<	56%	3,360		3,140	48.3%	<	51.7%	3,360

가해후보의 실제 득표율이 예상인 48% 보다 2.2%p 이상 낮아져서 45.8% 이하가 되면 준비한대로 유령투표지 500장으로 표더하기 조작을 하더라도 당락을 뒤집는데 실패한다. 이 현상은 표더하기 뿐만 아니라 표바꾸기, 표버리기 조작에도 유사하게 나타난다.

15-4. 투표함조작

투표함조작은 개표 시작 전에 조작 실행을 완료하는 선거조작의 일종이다. 어떻게 하면 '선거조작 성공의 필요조건 삼총사'를 최대한 만족하면서 투표함 조작을 수행할 수 있을까? 무엇보다 가장 중요한 사항은 (실행 복잡도에 따라 정도의 차이는 있지만 세 가지 조작 방식 모두 공통적으로) 조작할 시간적 여유가 충분해야 한다는 것이다. 그런데 투표와 개표를 선거 당일 바로 이어서 실시하고 유권자와 후보자, 참관인이 전 과정을 감시하는 선거 환경에서는 투표함을 조작할 수 있는 기회가 사실상 없다고 봐야 한다. 따라서 무엇보다 조작에 필요한 충분한 시간 확보가 투표함조작 성공의 필수 요건이다.

넉넉하게 시간을 확보할 수 있는 기발한 해결책은 공식 선거일 전에 원하면 미리 투표할 수 있는 <u>사전투표</u> 제도를 도입하는 것이다. 투표함조작이 사실상 거의 불가능한 투표일 당일은 조작을 포기하고, 시간이 넉넉한 사전투표만 투표함조작을 실행하도록 한다. 사전투표는 투표함을 특정 기간동안 보관해야 하므로 조작할 시간을 충분히 확보할 수 있을뿐 아니라, 외부와 차단된 사전투표함 보관장소에서 소수의 인원 만으로 후보자나 유권자의 감시를 피해서 은밀하게 조작을 실행할 기회를 잡을 수 있다. 투표의 편

의성 증대와 투표율 제고의 명분을 세우면, 유권자들로 부터 사전투표의 필요성에 대한 공감을 얻어내기 그리 어렵지 않을 것이다.

A. 사전투표함조작의 특성 및 장애물 분석

사전투표함 조작 모의 실험

당일투표함은 그대로 두고 사전투표함만 조작하면 어떤 결과가 나타나는지 가상선거사례를 가지고 조작 방식 별로 살펴보자. 앞과 동일한 가상선거사례에서 사전투표율 20%, 당일투표율 40%, 지지율 48% : 52% 로 투표가 이루어진다고 가정하면, 투표 종료후 사전 및 당일 투표함의 상태는 다음 〈표 15-6〉과 같을 것이다.

〈표 15-6〉 사전과 당일로 나누어 투표를 실시하는 경우 가상 선거구 사례의 예상 선거결과

예상 선거결과	가해후보		피해후보		유권자	10,000
	득표수	득표율	득표수	득표율	투표수	투표율
사전투표함	960	48%	1,040	52%	2,000	20%
당일투표함	1,920	48%	2,080	52%	4,000	40%
합계	2,880	48%	3,120	52%	6,000	60%

조작목표득표율을 달성하는데 필요한 위조투표지 장수는 사전과 당일 투표 전체 예상득표수를 가지고 결정하고, 조작은 사전투표함만 실행해보자. 가해후보의 조작목표득표율을 52%로 잡고, 각 조작 방식 별로 투표함조작 결과가 어떻게 나타나는지 정리하면 각각 〈표 15-7a〉, 〈표 15-7b〉, 〈표 15-7c〉와 같다. 조작후 결과를 조작전과 비교하여 변경된 부분은 빨간색으로 표시한다.

〈표 15-7a〉 사전투표함 표더하기 조작 후 투표함

유령투표지 = 500	가해후보		피해후보		유권자	10,000
	득표수	득표율	득표수	득표율	투표수	투표율
사전투표함	1,460	58%	1,040	42%	2,500	25%
당일투표함	1,920	48%	2,080	52%	4,000	40%
합계	3,380	52%	3,120	48%	6,500	65%

<표 15-7b> 사전투표함 표바꾸기 조작 후 투표함

가짜투표지 = 240	가해후보		피해후보		유권자	10,000
	득표수	득표율	득표수	득표율	투표수	투표율
사전투표	1,200	60%	800	40%	2,000	20%
당일투표	1,920	48%	2,080	52%	4,000	40%
합계	3,120	52%	2,880	48%	6,000	60%

<표 15-7c> 사전투표함 표버리기 조작 후 투표함

훼손투표지 = 462	가해후보		피해후보		무효		유권자	10,000
	득표수	득표율	득표수	득표율	표수	비율	투표수	투표율
사전투표	960	48%	578	28.9%	462	23.1%	2,000	20%
당일투표	1,920	48%	2,080	52%	0	0%	4,000	40%
합계	2,880	48%	2,658	44.7%	462	7.7%	6,000	60%
		52%		48%				

사전투표함 조작 수행의 장애물 분석

투표가 예상 지지율대로 이루어지기만 한다면 수치상 목표는 모두 무난히 달성한다. 그러면 '선거조작 성공의 필요조건 삼총사'를 충족하는 문제는 어떨까?

1. 첫째, 재검표를 하더라도 동일한 개표 결과를 얻어야 하는 <u>완전조작</u> 조건은 쉽게 충족한다. 개표하기 전에 이미 목표에 맞추어 투표함조작을 완성해놓기만 하면, 그 상태로 개표를 정직하게 진행해도 조작 목표를 달성할 것이기 때문이다.
2. 둘째, 조작의 흔적을 남기지 말아야 하는 <u>흔적제거</u> 조건을 충족하기 위해서 맞닥뜨리게 되는 장애물은 조작 방식 별로 다른 형태로 존재한다. 차례로 하나씩 살펴보자.
   - 표더하기 조작을 하려면 투표하지 않을 유권자를 찾아서 유령투표자로 둔갑시켜 투표자 수를 늘려야 한다. 그런데 투표하지 않을 유권자를 미리 완벽히 알아내는 작업은 매우 난해하다. 게다가 설사 알아낼 수 있다 하더라도 유령투표자 수를 한꺼번에 늘리는 대신 투표기간 중 조금씩 자연스럽게 늘리도록 해야 한다. 누적 투표자 수는 투표 진행중 일정 시간 간격으로 실시간 공개하고 기록하는데, 누적 투표자 수가 한꺼번에 지나치게 많이 늘어나면 현실적으로 나타날 수 없는 현상으로 인지되어 조작의 흔적을 남기는 꼴이 되기 때문이다. 그런데 훨씬 더 어려운 장애물은, 투

표 현장에서 신분 확인을 하고 본인이 직접 선거인 명부에 서명해야 하는 환경에서 투표장에 나타나지도 않은 유령투표자로 하여금 투표기록을 선거인 명부에 서명으로 남기는 (정상 상황에서는 불가능한) 작업이다.
- 표바꾸기 조작은 골라낸 피해후보의 표를 폐기해야 하는 부담이 있다. 폐기 후 전혀 흔적이 남지 않게 하는 것도 쉽지 않지만, 흔적 제거 행위가 실행 과정에서 유권자에게 노출될 수도 있다.
- 표버리기 조작은 당일투표함과 비교하여 사전투표함에 무효표가 지나치게 많아져서 명백한 조작의 흔적이 된다. 이 흔적을 제거하려면 당일투표함도 유사한 비율로 무효표가 발생하도록 추가 조작을 할 수 밖에 없는데, 당일투표에서 이를 수행하기에는 위험 부담이 매우 크다. 게다가 투표지를 다양한 방법으로 훼손해야하는 성가신 문제도 있다. 비슷한 훼손 패턴이 많이 나타나는 경우도 조작의 흔적이 될 수 있기 때문이다.
- 세 조작 방식 공통으로 갖고 있는 무엇보다 가장 치명적인 문제는 사전투표와 당일투표의 승부가 엇갈리게 나타나는 현상이다. 위의 가상선거사례의 조작 결과로 나타난 가해후보와 피해후보의 사전과 당일 투표별 득표율을 비교해보면 <표 15-8>과 같다. 당일투표에서는 피해후보가 4%p 차이로 승리하는 반면, 조작이 행해진 사전투표에서는 반대로 가해후보가 조작 방식 별로 각각 무려 16%p, 20%p, 19.1%p 차이로 승리한다. 사전투표와 당일투표의 득표율 차이로 따져보면 가해후보는 사전투표 득표율이 당일투표에 비해서 각각 10%p, 12%p 높고 (표버리기 조작은 불변), 피해후보는 반대로 당일투표 득표율이 사전투표에 비해 각각 10%p, 12%p, 23.1%p 높다. 동일한 모집단에서 며칠 사이로 득표율이 이렇게 큰 차이로 상반되게 나타나는 현상은 통계학의 큰 수의 법칙 (대수의 법칙, law of large numbers, LLN)에 따르면 있을 수 없는 일이니, 이대로 두면 상당히 뚜렷한 조작의 흔적을 남기는 것이다.

<표 15-8> 가해후보와 피해후보의 사전과 당일 투표 득표율이 상반되게 나타나는 현상

	사전투표 득표율			당일투표 득표율		
	가해후보	비교	피해후보	가해후보	비교	피해후보
표더하기 조작	58%	>	42%	48%	<	52%
표바꾸기 조작	60%	>	40%	48%	<	52%
표버리기 조작	48%	>	28.9%	48%	<	52%

3. 셋째, 유권자에게 조작 행위가 드러나지 않아야 하는 은밀수행 조건은 주로 조작을 실행하는 과정에서 충족시켜야 한다. 이를 위해 꼭 필요하다고 생각되는 준비 요구 사항을 나열하면 다음과 같다.
   • 조작을 실행 수 있는 시간을 충분히 제공한다.
   • 외부와 차단된 상태에서 조작을 실행할 수 있는 장소를 준비한다.
   • 조작에 사용할 투표지를 조작 실행 장소에 몰래 반입할 수 있는 방안을 마련한다.
   • 투표 종료후 봉인, 서명된 투표함을 표시나지 않게 해제 및 재봉인을 할 수 있는 방안을 마련한다.
   • 조작 가담자에 의한 조작 사실 누설 방지책을 마련한다.
이 중 하나라도 하자가 생기는 경우 조작의 발각으로 이어질 수 있다.

조작에 필요한 시간을 벌기 위한 수단으로 사전투표 제도를 도입하는 경우, 조작 방식에 따라서 어떤 결과가 나타나고, 선거조작 성공의 필요조건 삼총사를 충족하기 위해서 어떤 장애물이 존재하는지 알아보았다. 사전투표 조작을 하는 경우 발생할 수 있는 문제점을 종합적으로 요약하여 정리하면 다음 〈표 15-9〉와 같다.

〈표 15-9〉 사전투표 조작의 조작 방식 별 장애물 비교

항목	표더하기	표바꾸기	표버리기
투표율	증가 • 투표하지 않은 유권자를 투표한 것으로 겉으로 드러나지 않게 흔적 없이 둔갑시켜야 함	변동 없음	변동 없음
조작 수행의 복잡성	• 유령투표지를 투표함에 넣기만 하면 되므로 셋 중 상대적으로 가장 단순	• 투표함 조작 작업에 인력과 시간 소요 부담 • 진짜투표지 폐기의 어려움	• 투표함 조작 작업에 인력과 시간 소요 부담 • 진짜투표지 훼손의 어려움 • 사전투표와 당일투표 무효표 비율의 극심한 차이
공통	사전투표와 당일투표의 승부가 엇갈리게 나타나는 현상		

사전투표함 조작의 장애물 극복방안

조작을 수행하면서 이 장애물들을 어떻게 극복하려 할 것인지 살펴보자.

- 조작 방식에 관계없이 공통으로 겪어야 하는 가장 심각한 장애물인 '사전투표와 당일투표의 승부가 엇갈리게 나타나는 문제'는 사전투표만 조작하여 어쩔 수 없이 생기는 현상이다. 동일 규모의 당일투표함 조작이 불가능하다고 가정하면, 흔적제거 조건을 충족하지 못하는 점은 그대로 짊어지고 가야할 큰 부담으로 남을 수밖에 없다.
- 사전투표와 당일투표 무효표 비율 차이가 극심하게 나는 표버리기 조작도 마찬가지로 조작의 흔적을 제거하려면 당일투표에서 같은 규모의 표버리기 조작을 해야 한다. 그러므로 흔적제거 조건을 충족하지 못하는 허점을 보완해야 한다면, 은밀수행의 부담을 무릅쓰고 표버리기 조작을 당일투표에서도 감행하는 수밖에 없을 것이다.
- 표바꾸기와 표버리기 조작에 공통으로 나타나는 흔적제거와 은밀수행에 대한 부담은 잘 훈련된 가담자가 조작을 조직적으로 빈틈없이 잘 수행함으로써 어느 정도 해소할 수 있다.
- 가짜 투표함을 통째로 새로 위조하여 진짜 투표함과 바꿔치기 하는 방법도 상황에 따라 고려해볼 수 있다. 조작목표에 맞추어 제작한 위조투표지를 통째로 담은 가짜 투표함을 따로 미리 만들어두고 사전투표 종료후 바꿔치기 할 시간이 충분하기 때문이다. 이 경우 은밀수행과 흔적제거 부담은 증가하는 반면, 득표수 예측의 정확도와 무관하게 조작목표득표율을 완벽하게 달성하도록 할 수 있는 이점이 있다.
- 표더하기 조작에만 존재하는 큰 장애물인 유령투표자 문제는 선거 제도 정비와 정보기술 활용으로 그런대로 어느 정도 해결하는 방법을 모색할 수 있다. 다음 절에서 자세히 알아본다.

B. 유령투표지 발급 전략 및 방법

표더하기 조작을 선택하면 맞닥뜨리게 되는 큰 장애물은 유령투표자 선정이다. 당일투표만 하는 선거에서 이 장애물을 넘는 건 사실상 불가능하다. 왜냐하면 투표자 본인이 투표장에 나와서 신분증 확인하고 유권자 명부에 서명하기 때문이다. 그런데 사전투표 방식을 정보 기술을 활용하여 조작이 용이한 방향으로 잘 정비하면, 겉으로 드러나지 않게 유령투표자를 만들어 낼 수 있는 길이 생긴다. 자세히 알아보자.

사전투표 제도의 다양화

투표자 자신이 속한 지역구에 한정하지 않고 전국 또는 국외 어디서든지 자유로이 사전투표를 할 수 있도록 사전투표의 기회를 확대한다. 국내 유권자들에게는 투표자의 지역구에 속한 투표소를 방문하여 투표하는 관내사전투표, 원하면 전국 어느 투표소든지 제한없이 자유로이 방문하여 투표하는 관외사전투표로 구분하여 선거 참여의 편의성을 도모한다. 이를 구현하기 위해서 전국에 흩어져 있는 사전투표소는 관내사전투표와 관외사전투표를 동시에 수용할 수 있는 체계를 갖추도록 한다. 국내에 거주하지 않는 유권자들에게는 거소선상투표, 국외거주자투표와 같이 사전투표를 다양화 하여 선거 참여 기회를 확대한다. 관내사전투표의 경우 투표함을 지역구의 지정된 보관장소에 개표할 때까지 보관하고, 관외사전투표 및 기타 국외 사전투표의 경우 투표자가 속한 지역구로 투표지를 우편으로 보내서 해당 지역구 투표함에 따로 모아서 보관한다. 이와 같은 다양한 사전투표 제도는 모두 표더하기 조작을 위한 유령투표지 투입의 기회를 제공해준다.

유령투표지 발급 방법

가해후보에 기표한 무기명 유령투표지를 필요한 만큼 만드는 작업 자체는 쉽지만, 투표하지 않은 유권자를 유령투표자로 둔갑시켜 기록해두는 작업은 만만치 않다. 게다가 앞에서 언급했듯이 유령투표지를 모두 한꺼번에 발급하면 투표자 수가 순간적으로 급격히 증가하게 되어 명백한 조작의 흔적이 될 수 있다. 이와 같은 두 가지 난제를 어떻게 해결할 수 있을지 살펴보자.

- **투표지발급기를 통한 사전투표지의 온라인 발급**
  정해진 투표소에 비치된 선거인 명부에 유권자가 확인 및 서명을 하고 투표지를 교부받으면 유령투표지를 발급할 수 있는 여지가 전혀 없다. 하지만 사전투표 방식을 잘 정비하면 여지가 생긴다. 사전투표소는 어디서든지 관내 및 관외 사전투표가 가능해야 하는데, 관내의 경우 (대상이 관내 유권자에 한하기 때문에) 선거인 명부 비치가 가능하지만 관외의 경우 (투표 대상이 전국 유권자 전체라) 사실상 불가능하여 다른 방안을 모색하는 수밖에 없다. 유일해보이는 해결책은 전국 '통합선거인명부' 전산시스템을 구축하고 '온라인 투표지발급기'를 개발하여 전국의 사전투표소에 설치하고 인터넷 인프라를 활용하여 투표자 확인 및 투표지 발급을 모두 중앙에서 온라인으로 관장하도록 하는 것이다. 그렇게 하면 유권자는 전국 어느 사전투표소를 방문하더라도 투표지발급기를 통하여 온라인으로 본인 확인하고 사전투표지를 발급받을 수 있다. 이렇게 사전투표소를 운영하면서 투표소 현장 업무는 투표지발급기의 설치와 관리에 국한시키고, 사전투표 기록의 유지 관리 권한은 오로지 중앙만 갖게 한다. 유령투표지를 투표 현장에서는 모르게 발급할 수 있는 여지가 생기는 것이다. (사실, 투표지발급기의 정직성을 인정받으려면 사전투표장 현장에 사전투표자 명단을 서명과 함께 기록해두고 추후 필요할 때 중앙의 통합선거인명부 기록과 비교 확인할 수 있도록 해야한다. 하지만 그렇게 하면 조작의 흔적을 남기는 꼴이 되어버릴테니 절대 그렇게 하지 않을 것이다.) 아울러 사전투표 업무의 간소화와 일관성을 추구한다는 명목을 세우면서, 관내사전투표도 투표지발급기를 활용하여 중앙에서 온라인으로 투표지를 발급하도록 유도할 수 있다. 그렇게 되면 사전투표소에 지역구 선거인 명부를 굳이 비치할 필요가 없다는 명분이 세워지면서 현장에서 드러나지 않게 중앙에서 유령투표지를 자유로이 발급할 수 있는 여지가 관내사전투표에서도 생긴다.

- **투표하지 않은 유권자를 언제 어떻게 골라서 유령투표자로 둔갑시킬까?**

  유권자의 투표 의사는 투표 기간이 끝날때까지 언제든 바뀔 수 있으므로, 유령투표자로 둔갑시킬 대상 유권자를 임의로 정하는 작업은 발각 가능성이 있어서 시도할 수 없다. 투표할까말까 망설이다 투표하러 갔는데 이미 투표했다고 하면 얼마나 황당하겠는가? 따라서 유일한 방안은 투표장에 확실히 나타나지 않을 유권자 명단을 필요한 유령투표지 수만큼 사전에 확보하여 준비해두는 수밖에 없다. 국외부재자신고를 하지 않은 해외거주자 등 물리적으로 투표에 참여할 수 없는 유권자들이 유령투표자 대상이 될 수 있겠다.

- **발급한 유령투표지는 어떻게 투표함에 넣을까?**

  관내 및 관외를 막론하고 사전투표에서 투표지를 중앙에서 온라인으로 발급할 수 있으므로, 유령투표지는 실제 투표소가 아닌 제 3의 장소에서 사전에 정한 매수만큼 발급하여 지역구 투표소 별로 모아두었다가 개표 전 적절한 시기에 해당 지역구 투표소의 사전투표함에 몰래 넣으면 된다.

- **투표 진행중에 유령투표자 수를 어떻게 부풀릴까?**

투표 기간중 일정 시간 간격으로 투표자 수 누계를 실시간 공개하기 때문에, 유령투표지를 온라인으로 한꺼번에 많이 발급하면 투표자 수가 순간 급증하여 비정상 상황으로 감지되기 십상이다. 따라서 유령투표지 발급은 사전투표 기간 중에 조금씩 알아채지 못하도록 진행한다. 쉽게 구상할 수 있는 방법은 진짜투표지 발급 수 대비 일정 비율로 유령투표지를 한장씩 발급하는 것이다. 예상 사전투표자가 E명, 필요한 유령투표지 수가 K 일 때, 발급 빈도를 나타내는 n 값은 다음 공식으로 계산한다.

$$n = \lfloor E \div K \rfloor$$

여기서 $\lfloor \_ \rfloor$ 기호는 소수점 이하는 버리고 정수만 남기라는 뜻이다. 이 공식으로 계산하는 n 값을 보정배수라고 하자. 사전투표가 진행되는 동안, 진짜 사전투표지를 n장 발급할 때마다 (다시 말해, 진짜 사전투표지 발급 수가 n의 배수가 될 때마다) 유령투표지를 1장 추가로 발급하여 사전투표자 수를 부풀리는 것이다. 예를 들어 예상 사전투표자 수가 100명이고 발급할 유령투표지 수가 30장 라고 하면, 보정배수 값은

$$n = \lfloor E \div K \rfloor = \lfloor 100 \div 30 \rfloor = \lfloor 3.333... \rfloor = 3$$

이 된다. 진짜 사전투표지를 3장 발급할 때마다 유령투표지를 1장 추가로 발급하면 된다. 3명이 사전투표할 때 마다 유령사전투표자 수가 1명씩 늘어나는 것이다.

사전투표일에 예상대로 100명이 투표하고, 보정배수가 3인 경우 사전투표지가 어떤 순서로 발급 되는지 살펴보자. 투표자의 기표 내용은 비밀이라 알 수 없으므로 진짜 사전투표지는 x로 표시, 유령투표지는 1로 표시하고, 발급되는 사전투표지를 발급 순서대로 한 줄에 50씩 나열하면 다음과 같다.

    xxx1xxx1xxx1xxx1xxx1xxx1xxx1xxx1xxx1xxx1xxx1xx

    x1xxx1xxx1xxx1xxx1xxx1xxx1xxx1xxx1xxx1xxx1xxx1

    xxx1xxx1xxx1xxx1xxxxxxxxxx

유령투표지를 포함하여 총 130장의 사전투표지가 이 순서대로 발급된다. 100을 30으로 나눈 나머지는 버리므로, 그만큼 유령투표지 발급 목표를 조기 달성한다. 나누고 버린 나머지 10 만큼 뒷 부분은 x로 채워진다.

실제 사전투표자 수가 예상과 비슷하거나 초과하는 경우, 유령투표지 발급 목표 달성은 큰 문제가 없다. 그런데 사전투표자 수가 예상보다 지나치게 적으면 (위 사례의 경우 90명 미만), 남은 유령투표지를 사전투표 종료 직전에 한꺼번에 발급할 수밖에

없는 경우가 생길 수 있다. 예를 들어 예상보다 적게 80명만 사전투표에 참여한 경우 발급순서를 따져보면 다음과 같다.

　　xxx1xxx1xxx1xxx1xxx1xxx1xxx1xxx1xxx1xxx1xxx1xx
　　x1xxx1xxx1xxx1xxx1xxx1xxx1xxx1xxx1xxx1xxx1xxx1
　　xxx1xx1111

미처 발급하지 못한 유령투표지 4장을 막바지에 연달아 발급할 수 밖에 없게 된다. 끝 무렵 짧은 시간에 많은 인원이 한꺼번에 투표한 셈이 되니 이것도 뚜렷한 조작의 흔적이 될 수 있다.

　이 문제를 해결하려면 유령투표지 발급 속도를 실제 투표율에 맞추어 실시간으로 조절하는 수밖에 없다. 시간당 예상 투표율을 기준으로 시간당 실제 투표율이 이에 미치지 못하면 보정배수 값을 일시적으로 줄인다. 그러다가 시간당 실제 투표율이 회복되면 다시 보정배수 값을 원상복귀 시킨다. 이런 방식으로 유령투표지 발급 속도를 상황에 따라 조절하여 유령투표지를 최대한 골고루 발급하면서 투표 종료 전에 목표를 달성하게 한다.

투표지 발급 프로그램

투표지발급기로 투표지를 정상 발급하는 절차는 아래 흐름도와 같다.

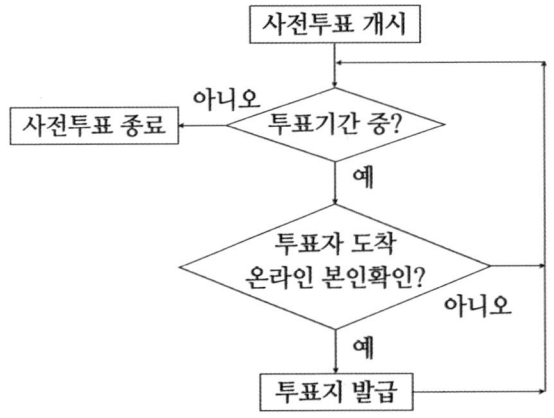

투표지 정상 발급 프로그램 코드는 다음과 같이 간단히 작성 가능하다. 프로그램의 오른쪽에 빨간색으로 표시된 부분은 같은 줄 왼쪽 부분 코드에 대한 설명이다.

투표지 정상 발급 프로그램

```
1 def issue_ballots():
2     total = 0
3     while (on_time()):  # 투표 기간중?
4         if check_id():  # 투표자 도착, 온라인 본인 확인
5             total += 1              # 투표자 수 누적
6             issue_a_ballot(total)   # 투표지 발급
7     return total  # 투표 종료후 발급 투표지 수 합계
```

유령투표지 발급 프로그램

유령투표지를 발급하는 절차는 정상 발급 절차에 유령투표지 발급 논리를 다음과 같이 추가하면 된다. 빨간색으로 표시된 부분이 추가된 유령투표지 발급 논리이다.

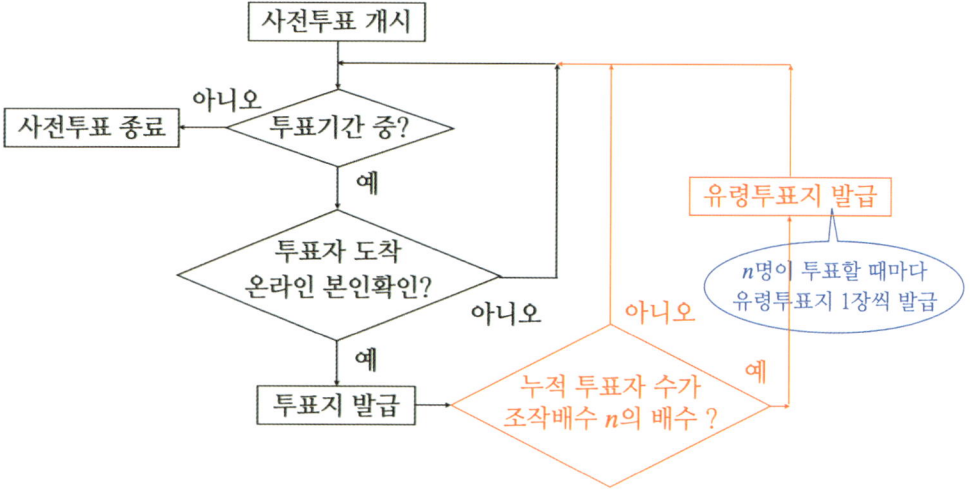

투표지 정상 발급 프로그램에 유령투표지 발급 기능을 추가하여 확장한 프로그램 코드는 다음과 같다. 추가된 부분인 줄 8~12에는 코드의 의미에 대한 설명을 달아두었다.

투표지 조작 발급 프로그램

```
1 def issue_ballots(n):
2     total = 0
3     ghost = 0
4     while (on_time()):
5         if check_id():
6             total += 1
7             issue_a_ballot(total)
8             if total % n == 0:  # 누적 투표자 수가 n의 배수인지 검사
9                 total += 1                  # 투표자 수 누적
10                issue_a_ballot(total)       # 유령투표지 발급
11                ghost += 1                  # 유령투표자 수 누적
12    return total, ghost  # 투표 종료후 발급 투표지, 유령투표지 수 합계
```

C. 정리

개표전 투표함조작은 충분한 시간 확보가 필수이므로, 사전투표 제도를 도입하는 것이 유일한 해결책이다. 유권자 편의성 제고 및 투표율 증대라는 명분을 내세워 사전투표를 관내, 관외, 국외 등으로 확대하고, 사전투표 운영의 효율성 및 일관성 증진을 구실로 온라인 투표지발급기를 도입하여 관내 및 관외 사전투표지를 모두 중앙에서 발급한다. 그러면 은밀수행 및 흔적제거 조건을 꽤 만족하면서 유령투표지를 발급할 수 있는 환경이 마련된다. 유령투표지는 사전투표 진행 중 균일한 간격으로 발급하고, 유령투표자는 투표에 참여가 불가능한 유권자를 사전에 파악하여 목록을 준비해두고 활용한다.

개표 전에 사전투표함 조작이 완성되므로 완전조작 조건은 별무리없이 만족시킬 수 있지만, 조작 실행은 은밀수행 및 흔적제거 조건을 최대한 만족할 수 있도록 치밀하게 기획하여 진행할 수밖에 없다. 하지만 사전투표만 조작함으로써 생기는 사전투표와 당일투표의 승부가 엇갈리게 나타나는 현상은 너무나도 뚜렷한 조작의 흔적이다.

또 하나 언급하고 넘어가야 사항은 예상 투표율과 각 후보의 지지율을 가지고 조작 규모를 산정한다는 점이다. 후보의 실제 득표율이 예상 지지율과 다르게 나타나는 경우 조작 목표에 미치지 못할 수 있고, 심하면 당락을 바꾸지 못하는 조작 실패로 이어질 수 있다.

15-5. 개표조작

개표조작은 개표하면서 조작을 실행하는 선거조작의 일종이다. 일단 개표가 시작되면 표더하기는 시기적으로 은밀수행이 거의 불가능하므로 제쳐두고, 표바꾸기와 표버리기를 중심으로 어떻게 하면 '선거조작 성공의 필요조건 삼총사'를 최대한 충족하면서 개표조작을 할 수 있을지 파헤쳐보자.

A. 개표조작의 특성 및 장애물 분석

표바꾸기 개표조작

개표할 때, 피해후보에 기표한 투표지를 가해후보의 표로 분류하여 집계하면 표바꾸기 조작의 효과를 얻는다. 피해후보는 있던 표가 없어진 셈이 되고 가해후보는 없던 표가 생긴 셈이 되기 때문이다.

표바꾸기 개표조작에서 선거조작 성공의 필요조건 삼총사를 충족시키기 위해서 넘어야 할 장애물을 살펴보자.
- 사람이 눈으로 확인하면서 수개표 하는 경우, 개표인과 참관인이 공모하지 않는 한 은밀수행이 사실상 불가능하다. 공모를 한다고 하더라도 밀폐된 공간에서 개표를 하지 않는 한 은밀수행 조건을 충족하지 못할 상황은 언제든지 생길 수 있다.
- 개표를 조작하여 집계 반영에 성공하더라도 가해후보의 표로 조작 분류한 피해후보의 표는 투표함에 그대로 남아있게 되어 완전조작 조건을 충족하지 못한다. 재검표를 정직하게 하면 조작이 드러나기 때문이다. 따라서 개표조작이 끝난 후 재검표에 대비하여 투표함을 사후 조작해 둘 수밖에 없다. 개표 후 재검표까지 시간이 충분하므로 은밀수행 조건만 잘 지키면서 투표함 표바꾸기 조작 작업을 실행하면 완전조작 조건을 충족할 수 있다.

표버리기 개표조작

개표할 때, 피해후보에 기표한 투표지를 무효표로 분류하여 집계하면 표버리기 조작의 효과를 얻는다. 선거조작 성공의 필요조건 삼총사를 충족시키기 위해서 넘어야 할 장애물은 표바꾸기 개표조작과 대동소이하다.

개표조작 방안

종합하여 정리하면, 수개표는 다수의 참관인이 보는 앞에서 개표원이 직접 눈으로 확인하면서 분류하기 때문에 모두 같이 공모하지 않는 한 개표조작이 힘들다. 게다가 완벽한 공모는 실현가능성이 낮기 때문에, 수개표에서 개표조작은 은밀수행 조건을 충족하기 불가능하다고 봐야 한다. 유일하게 가능해 보이는 해결책은 개표 참여자의 확인 및 감시를 최소화 할 수 있는 개표의 자동화 이다. 기계, 전자, 정보 기술을 적절히 활용하면 수개표 업무를 자동으로 대행해줄 수 있는 자동 전자개표기를 제작하여 활용할 수 있다.

자동 전자개표기의 필요성을 설득할 수 있을까? 이미지 자동 인식 기술은 현대인의 일상 곳곳에서 별 문제없이 활용되고 있는만큼 상당히 발전해 있다고 누구나 인지하고 있다. 그러니, 개표 속도가 느릴 뿐 아니라 부주의 또는 실수로 인한 오분류 위험성을 언제나 안고있는 수개표 대신, 신속 정확하게 자동으로 개표할 수 있는 정직한(!) 전자개표기의 도입은 정보기술 발전에 따른 개표의 효율성 제고를 위하여 당연한 수순으로 여기며 쉽게 받아들여질 여지가 충분히 있다. 자동 전자개표기가 투표지 개표 작업을 사람보다 더 신속하고 정확하게 해주리라 기대하면서 말이다.

결론적으로 수개표 대신 자동 전자개표기로 개표 작업을 수행하면, 개표 작업을 소프트웨어가 기기 내부에서 제어하면서 고속으로 진행하기 때문에 이를 밖에서 참관인이 일일이 모두 확인하기 쉽지 않다. 비교적 은밀하게 개표조작을 은근슬쩍 수행할 수 있는 여지가 생기는 것이다. 전자개표기를 작동하는 정상 개표 논리와 조작 개표 논리를 비교하여 살펴보면서 전자개표기 조작 방식을 이해해보자.

B. 자동 전자개표기

기표된 투표지 한 묶음을 올려놓고 가동하면, 전자개표기는 투표지를 한장씩 스캔하여 기표 내용을 인식하고 각 후보의 득표수를 자동으로 세면서 투표지를 마련된 해당 후보의 적재함으로 보낸다. 이와 같은 전자개표기가 정상 작동하는 분류 알고리즘 논리는 다음 흐름도와 같다.

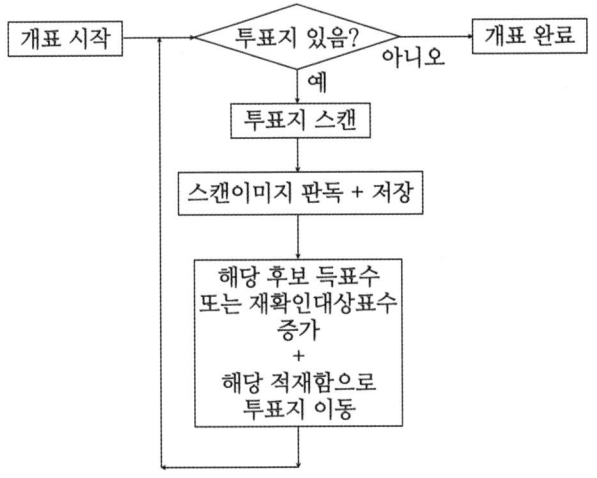

흐름도 왼쪽 위에서부터 화살표를 따라가면서 읽어보면 분류 논리를 이해할 수 있다. 전자개표기에 올려놓은 투표지 묶음이 다 소진될 때까지 투표지를 한 장씩 스캔 한다. 그리고 스캔한 이미지를 판독한 뒤 저장하고, 인식한 후보의 득표수를 하나 증가 시키면서 그 후보 적재함으로 투표지를 보낸다. 스캔이미지 판독 결과가 애매하여 어느 후보로도 판정할 수 없는 경우, 판정을 보류하고 재확인대상표 수를 하나 증가시키고 재확인대상표 적재함으로 투표지를 보낸다. 재확인대상으로 분류된 투표지는 수개표를 통하여 맨눈으로 최종 판정한다. 무효표는 판정 기준을 명확히 정의할 수 없어, 어쩔 수 없이 재확

인대상 표로 분류하여 수개표로 최종 판정하는 수 밖에 없다. 이와 같은 전자개표기의 작동 과정을 모의실험하는 프로그램은 다음과 같이 작성할 수 있다.

정직하게 분류하는 전자개표기 모의실험 프로그램

```
1 # classify_ballots = 전자개표기 가동
2 #   box = 개표한 투표지 스캔이미지 저장하는 곳
3 #   count = 득표수 기록하는 곳
4 #   ballots = 개표할 투표지 묶음
5 def classify_ballots(box, count, ballots):
6     for b in ballots:           # 투표지 묶음에서 투표지를 한장씩 가져옴
7         image = scan(b)         # 투표지 스캔
8         detected = detect(image)  # 스캔이미지 판독
9         box[detected].append(image)  # 스캔이미지 저장
10        count[detected] += 1    # 해당 후보 득표수 또는 미분류표 수 1 증가
11        # 투표지를 해당 분류함으로 이동 (기계 작동 명령으로 모의실험에서는 생략)
12    return box, count # 완료한 개표 결과
```

프로그램 코드의 오른쪽에 빨간색으로 표시된 설명을 위에서 아래로 읽으면, 코드의 의미를 이해하지 못하더라도 최소한 위의 흐름도를 실제 프로그램 코드로 어떻게 구현하는지 감은 잡을 수 있을 것이다. 어떤 후보에 기표한 투표지를 다른 후보에 기표한 투표지로 인식하는 투표지 인식 오류만 없다면, 이 프로그램 논리대로 작동하는 전자개표기는 아래 가상 모의실험의 결과에서 보듯이 아무런 문제없이 잘 작동한다. 두 후보가 경쟁하는 선거에서 〈후보1〉 기표지(1로 표시) 48장, 〈후보2〉 기표지(2로 표시) 52장이 무작위로 섞여 있는 투표지 100장 묶음을 전자개표기에 넣어서 진행한 모의실험 결과는 다음과 같다. (인식 실패율은 5%내외로 가정하였다.)

정직하게 분류하는 전자개표기 모의실험 결과

```
*** 전자개표기 가동 모의시험 결과 ***
투표지 묶음 100장
1222121212122122222211221112212222212111211121122122
2121111211122122112212111121212122221221212211112
-----
투표지 분류 결과
    1 = 46
    2 = 50
    미분류함 = 4
---
분류함 1
1111111111111111111111111111111111111111111111
---
분류함 2
22222222222222222222222222222222222222222222222222
---
미분류함
1221
---
```

인식 실패로 분류하지 못한 4장을 제외하고 나머지 96장은 모두 제대로 분류했음을 확인할 수 있다.

전자개표기의 고유 업무를 따져보면, 내부에 장착된 컴퓨터는 외부와 소통없이 스스로 작동 가능하다. 투표지의 스캔 영역과 후보자 수 정도의 정보만 가동 전에 입력하면 충분하다. 그런데 개표 조작을 하려면 추가 정보가 필요한데 전자개표기의 구조를 크게 변경하지 않고 조작을 수행할 수 있는 방법을 알아보자.

C. 전자개표기 개표조작

전자개표기로 조작한다는 말은 스캐너가 인식한대로 분류하지 않고 다르게 분류한다는 뜻이다. 표바꾸기는 피해후보의 표를 가해후보의 표로 조작 분류하면 된다. 반면 표버리기는 피해후보의 표를 무효표로 조작 분류해야 한다. 그런데 무효표는 판정 기준의 모호성으로 전자개표기의 특성상 완전 자동 인식이 어렵다. 따라서 전자개표기는 유효표로 인식하지 못한 표를 무효표로 처리하는 대신 모두 재확인대상으로 처리하고, 추후 육안으로 최종 분류하는 방안을 채택할 수 밖에 없다. 그러다 보니 표버리기 조작은 전자개표기로 사실상 불가능하다. 피해후보 기표지를 재확인대상으로 처리해봐야 육안으로 추후 확인하여 조작이 수포로 돌아가기 때문이다. 따라서 전자개표기로 표바꾸기 조작을 어떻게 실행하는지만 알아보기로 한다.

표바꾸기 조작 분류 알고리즘의 흐름도는 다음과 같다. 정상 분류 알고리즘과 비교하여 다른 부분은 모두 빨간색으로 표시되어 있다.

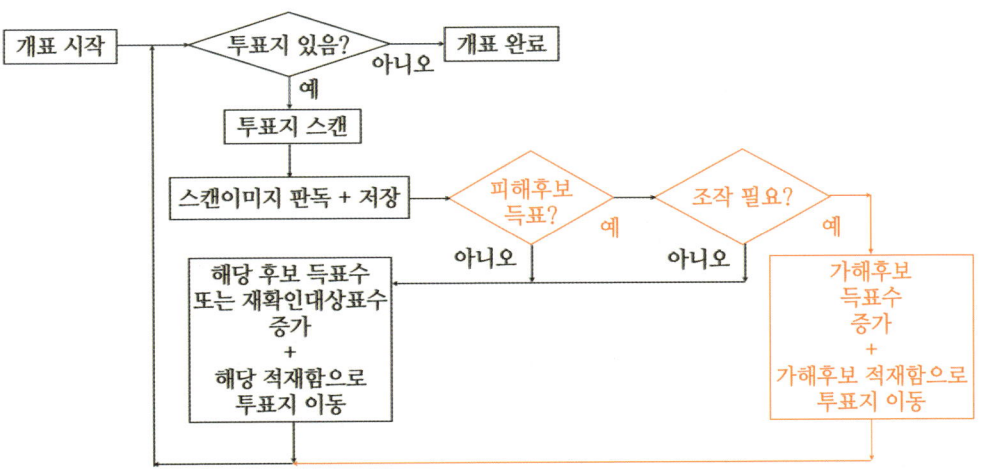

피해후보에 기표한 투표지로 인식할 때마다 조작 필요 여부를 판단하여, 조작이 필요하면 가해후보로 조작 분류하고, 조작이 필요하지 않으면 그대로 정직하게 피해후보로 분류한다. 이 조작 분류 알고리즘은 정상 분류 알고리즘으로 병행 사용도 가능하다. '조작

필요?' 질문에 항상 '아니오'라고 답할 수 있게만 조건을 달아주면 전혀 조작을 실행하지 않아서 정상 분류 알고리즘과 같아진다.

그러면 '조작 필요?' 질문에 '예' 또는 '아니오'로 대답할 수 있는 조건은 어떻게 만들까? 표바꾸기 조작 분류 횟수를 미리 정해두었으므로, 실시간 일정 간격으로 한장씩 표바꾸기를 하여 개표 종료와 함께 조작 분류도 마칠 수 있도록 조건을 만들 수 있다. 조작목표득표율과 가해후보 예상득표수, 피해후보 예상득표수를 표바꾸기 조작공식에 대입하여 구한 가짜투표지 장수 K 와, 피해후보 예상득표수 V 를 가지고, 다음 식으로 분류조작빈도 N을 계산한다.

$$\lfloor V \div K \rfloor = N$$

그리고 피해후보 투표지를 처음 인식할 때 표바꾸기 조작 분류를 하고, 그 이후에는 N번째 피해후보 투표지를 인식할 때마다 표바꾸기 조작 분류를 한다. 즉, '조작 필요?' 조건은 다음과 같다.

'피해후보의 누적득표수가 N의 배수?'

이 조작 분류 논리를 작동하는 모의실험을 프로그램으로 구현하면 다음과 같다.

일정한 빈도로 조작 분류하는 전자개표기 모의실험 프로그램

```
1  # classify_ballots = 전자개표기 가동
2  #    box = 개표한 투표지 스캔이미지 저장하는 곳
3  #    count = 득표수 기록하는 곳
4  #    ballots = 개표할 투표지 묶음
5  def classify_ballots(box, count, ballots):
6      count_victim = 0   # 피해후보 득표수 누적 0으로 초기화
7      for b in ballots:
8          image = scan(b)
9          detected = detect(image)
10         if detected == VICTIM:       # 피해후보 기표?
11             if count_victim % N == 0:  # N의 배수?
12                 detected = BENEFICIARY  # 가해후보로 분류 조작
13             count_victim += 1          # 피해후보 득표수 누적 1씩 증가
14         box[detected].append(image)
15         count[detected] += 1
16     return box, count
```

일정한 빈도로 조작 분류하는데 필요한 정보는 가해후보, 피해후보, 분류조작빈도 이다. 이 정보는 프로그램에서 각각 BEBEFICIARY, VICTIM, N 에 해당한다. 줄번호 6에 조작 실행 시점을 판단하기 위한 피해후보의 득표수 누적할 곳을 지정하고, 초기값을 0으로 설정한다. 줄번호 10~13에 추가된 코드는 판독 결과가 피해후보 기표인 경우 어떻게 처리하는가에 대한 논리이다. 피해후보의 누적 득표수가 N으로 나누어 떨어지는지 줄번호 11에서 검사하여, 나누어 떨어지면 줄번호 12에서 표바꾸기 조작 분류를 실행한다. 이 조작 분류 프로그램을 정상 분류 모드로 작동하게 하기는 쉽다. 조작 모드를 끄려면 N

값을 임의의 큰수로 잡으면 된다. 일반적으로 개표할 투표지 수보다 크기만하면 충분하다. 그러면 줄번호 11의 조건을 항상 만족하지 않아 절대 조작 분류를 하지 않는다.

앞에서와 동일한 가상선거사례를 가지고 모의실험을 해보자. 피해후보 〈후보 2〉의 예상득표수 3,120, 표바꾸기 투표지 수가 240 인 경우, 조작분류빈도 N은 다음과 같이 계산한다.

$$N = \lfloor 3{,}120 \div 240 \rfloor = 13$$

정상 가동 모의실험을 실시한 것과 동일한 구성으로 투표지 500장을 무작위로 섞은 다음, 한 묶음 100장 씩 총 다섯 묶음으로 나누어 조작분류빈도 13으로 설정한 전자개표기 조작 모의실험 프로그램을 실행하여 차례로 개표한 결과는 다음과 같다.

```
* 투표지 묶음 #1 *
투표지 묶음 100장
12122221111111121211212221222122121212212122221212
12111221212121222122122221211221111121121111121222
1 = 48  2 = 52
─────
투표지 분류 결과
   1 = 47
   2 = 48
   fail = 5
───
분류함 1
121111111111112111111211111111111211111111111111
───
분류함 2
2222222222222222222222222222222222222222222222
───
미분류함
11111
───

* 투표지 묶음 #2 *
투표지 묶음 100장
12111122222222122221221112212221212122221111122221
12212212212112122112122121211111112222111112222
1 = 45  2 = 55
─────
투표지 분류 결과
   1 = 48
   2 = 47
   fail = 5
───
분류함 1
12111111112111111111211111111111211111111111111
───
분류함 2
222222222222222222222222222222222222222222
───
미분류함
12222
───
```

* 투표지 묶음 #3 *
투표지 묶음 100장
1112212121222221111221212212222112111112212112 2212
2122222121122222111121122111122122111121212221221
1 = 49 2 = 51

투표지 분류 결과
    1 = 50
    2 = 46
    fail = 4

분류함 1
111211111111211111111111211111111111121111111111

분류함 2
222222222222222222222222222222222222222222222222

미분류함
1211
----

* 투표지 묶음 #4 *
투표지 묶음 100장
2122211121121122111221111112211121212211121121 21
1212212222111211212221121121111211211121222222 1212
1 = 55 2 = 45

투표지 분류 결과
    1 = 58
    2 = 40
    fail = 2

분류함 1
21111111111111111112111111111112111111111111
11111211

분류함 2
2222222222222222222222222222222222222222

미분류함
12
----

* 투표지 묶음 #5 *
투표지 묶음 100장
121221222211112222121212122212221222212212121 2221
22112121121222111122212221211122122122221111 11212
1 = 43 2 = 57

투표지 분류 결과
    1 = 44
    2 = 48
    fail = 8

분류함 1
121111111111121112111111111112111111111111

분류함 2
2222222222222222222222222222222222222222222222

미분류함
22221121

가해후보 〈후보 1〉의 분류함 1을 잘 관찰해보면 2로 인식한 투표지를 일정한 빈도 (13:1)로 1로 조작 분류하고 있음을 알 수 있다.

<표 15-10> 일정한 빈도로 조작 분류하는 전자개표기 모의실험 결과

500 투표지묶음	분류전		조작 분류 적재함			표바꾸기 횟수
	후보1	후보2	후보1	후보2	재확인 대상	
#1	48	52	47	48	5	4
#2	45	55	48	47	5	4
#3	49	51	50	46	4	4
#4	55	45	58	40	2	4
#5	43	57	44	48	8	4
합계	240	260	247	229	24	20
득표율	48%	52%	49.4%	45.8%	4.8%	
상대득표율			51.9%	48.1%		

모의실험 결과를 분석한 〈표 15-10〉을 살펴보자. 가해후보 〈후보1〉 기표지 240장 (득표율 48%), 피해후보 〈후보2〉 기표지 260장 (득표율 52%), 합하여 총 투표지 500장을 전자개표기에 100장씩 묶음으로 5회 투입하여 작동한 결과, 가해후보 〈후보1〉 적재함에 247장 (비율 49.4%), 피해후보 〈후보2〉 적재함에 229장(45.8%), 재확인대상표 적재함에 24장(4.8%)으로 분류되었다. 재확인대상표를 제외하고 각 후보의 상대 득표율을 계산해보면 조작 목표 달성을 확인할 수 있다.

$$247 \div (247 + 229) = 247 \div 476 = 0.519 = 51.9\%$$
$$229 \div (247 + 229) = 229 \div 476 = 0.481 = 48.1\%$$

기본적으로 전자개표기는 독립적으로 운영가능해야 하는 기기이다. 투표지를 스캔해서 분류만 하면 되기 때문이다. 이 특성을 감안하여 외부와 소통없이 기기 내부에서 어느 후보의 표를 어느 후보의 표로 몇장 표바꾸기 하라는 정보만 가지고 개표조작이 가능함을 조작 분류 방법과 이를 실현하는 프로그램으로 모의실험 해보면서 입증하였다.

이와 같이 예상득표수를 기준으로 표바꾸기 할 표의 장수를 고정해두고 조작하는 경우, 실제 득표수가 예상과 차이가 많이 나는 경우 3절에서 언급한 바와 같이 조작에 실패할 수 있다. 그런데 투표함조작에 비해서 전자개표기 개표조작은 개표하면서 실시간으로 조작을 실행하기 때문에 이상 상황에 유연하게 대처할 수 있는 방안을 고안할 여지가 있다. 다음 절에서는 예상과 다르게 투표 결과가 나오더라도 조작 목표 달성을 보장할 수 있는 전자개표기 조작 분류 방법을 알아본다.

D. 목표달성을 보장하는 전자개표기 개표조작

개표를 진행하면서 각 후보의 득표수를 실시간으로 누적하여 기억하고 있으면 언제든지 그 시점까지의 각 후보 득표율을 점검할 수 있다. 그러면 '조작 필요?' 조건을
'가해후보의 현재 누적 득표율이 조작목표득표율에 미달?'
로 설정하고, 피해후보의 표를 인식할 때마다 그 시점의 가해후보의 누적 득표율 정보로 이 조건을 검사하여 미달하는 경우에 한하여 피해후보의 표를 가해후보의 표로 조작 분류를 실행하도록 할 수 있다. 이렇게 하면 가해후보의 누적득표율이 조작목표득표율에 미달될 때마다 조작 분류를 하여, 언제나 조작목표득표율을 유지할 수 있어 조작 목표달성이 보장된다. 이러한 방식의 전자개표기 조작을 '목표달성보장 개표조작' 이라 부르기로 한다. 이 경우, 전자개표기 작동에 필요한 정보는 가해후보의 조작목표득표율 뿐이다. 조작규모를 미리 예측할 필요가 없으므로, 예상투표율이나 예상득표율 정보도 필요 없다.

좀 더 자세히 살펴보자. 조작목표득표율을 미리 설정하고 개표를 진행한다. 투표지 하나를 분류할 때마다 분류 결과를 각 후보의 득표수에 누적하여 전자개표기 내부에 기록한다. 그러면 언제든지 필요할 때마다 그 시점까지의 누적 득표수를 참조할 수 있다. 피해후보에 기표한 투표지로 판독되면 그 시점의 누적 득표수를 가지고 가해후보의 득표율을 따져서 조작목표득표율에 미달하면 조작 분류가 필요하다고 판단한다. 이 개표 조작 실행 논리의 이해를 돕기 위해서, 전자개표기 모의실험 프로그램을 작성하면 아래와 같다. 앞에서 살펴본 정상 전자개표기 모의실험 프로그램 코드는 그대로 두고, 조작 논리를 구현하는 코드를 끼워 넣었다.

목표달성보장 개표조작 전자개표기 모의실험 프로그램

```
 1 # classify_ballots = 전자개표기 가동
 2 #     box = 개표한 투표지 스캔이미지 저장하는 곳
 3 #     count = 득표수 기록하는 곳
 4 #     ballots = 개표할 투표지 묶음
 5 def classify_ballots(box, count, ballots):
 6     global prefix_sum    # 후보별 누적 득표수 저장소
 7     for b in ballots:
 8         image = scan(b)
 9         detected = detect(image)
10         if detected == VICTIM:                              # 피해후보 기표?
11             if percentage_of_vote(BENEFICIARY) < GOAL:      # 가해후보 득표율이 목표에 미달?
12                 detected = BENEFICIARY                       # 가해후보 기표로 조작 분류
13         box[detected].append(image)
14         count[detected] += 1
15         prefix_sum[detected] += 1                            # 분류 투표지 수 누적
16     return box, count
```

목표달성보장 개표조작에 필요한 정보는 가해후보, 피해후보, 조작목표득표율 정보이다. 이 정보는 프로그램에서 각각 BEBEFICIARY, VICTIM, GOAL 에 해당한다. 분류 하면서 후보별 득표수를 누적해두어 이후에 실시간으로 득표율 정보가 필요할 때마다 참조할 수 있도록 추가한 코드는 줄번호 1, 8, 17 이다. 코드의 의미는 각 줄의 오른쪽에 설명되어 있다. 조작 필요 여부를 판단하여 조작 분류하는 코드는 줄번호 12~14에 추가하였다. 판독 결과가 피해후보 기표이면, 그 시점의 누적 득표수로 가해후보의 득표율을 계산하여 목표에 미달한 경우 피해후보 투표지를 가해후보 투표지로 조작 분류한다. 이 프로그램을 정상 분류 모드로 작동하게 하기는 쉽다. 조작 분류 모드를 끄려면 조작목표득표율을 0%로 설정하면 된다. 그러면 줄번호 13의 조건을 항상 만족하지 않아 분류 조작을 절대 실행하지 않는다.

전자개표기로 이와 같이 목표달성보장 개표조작을 하면 개표 결과가 예상과 다르게 나타나는 경우에도 문제없이 개표 조작에 성공한다. 조작 규모를 미리 정해놓은 경우 조작에 실패하는 상황(가해후보 〈후보1〉 득표율 45%, 피해후보 〈후보2〉 득표율 55%)으로 모의실험한 결과는 다음과 같다. 잘 살펴보면, 조작목표득표율을 유지하기 위해서 필요할 때마다 피해후보 〈후보2〉 기표지가 가해후보 〈후보1〉 분류함에 불규칙적으로 들어갔음을 확인할 수 있다.

* 투표지 묶음 #1 *
투표지 묶음 100장
12122212211221121111122221112211212112221212
11122111222111212212222111211221222112121211212212
1 = 49 2 = 51
투표지 분류 결과
    1 = 49
    2 = 45
    미분류함 = 6
___
분류함 1
112121111111111111111111111111111112111111111112
___
분류함 2
2222222222222222222222222222222222222222222222
___
미분류함
121211
___

* 투표지 묶음 #2 *
투표지 묶음 100장
2212222211212212221212111122222122122211211111122122
1212212121122121111221222111211221212121221212222221
1 = 43 2 = 57
투표지 분류 결과
    1 = 50
    2 = 46
    미분류함 = 4
___
분류함 1
21221112111111121211111111111111111111111121221

___
분류함 2
2222222222222222222222222222222222222222222222
___
미분류함
2112
___

* 투표지 묶음 #3 *
투표지 묶음 100장
2222211221121212122121221112211221222112212112211
12222112222121221122122212111121212211221221111221
1 = 45 2 = 55
투표지 분류 결과
    1 = 52
    2 = 46
    미분류함 = 2
___
분류함 1
221111111112111111111111121121121112111111111111
11
___
분류함 2
22222222222222222222222222222222222222222
___
미분류함
22
___

* 투표지 묶음 #4 *
투표지 묶음 100장
1222212121111111222221121222112121111222112222111 2
11212212221122222111122222211222112222221111222122 1
1 = 44 2 = 56
투표지 분류 결과
   1 = 50
   2 = 47
   미분류함 = 3
―――
분류함 1
11111111111111111111111111111111221111211211221111 21

―――
분류함 2
22222222222222222222222222222222222222222222222222

―――
미분류함
212
―――

* 투표지 묶음 #5 *
투표지 묶음 100장
2122111222121111112111121211222112112121221212211 2
1121222212222211222122122112212222122212221212222 1
1 = 44 2 = 56
투표지 분류 결과
   1 = 50
   2 = 46
   미분류함 = 4
―――
분류함 1
111111111111111111111111111111112111212111212121 1221

―――
분류함 2
22222222222222222222222222222222222222222222222 222

―――
미분류함
1122
―――

<표 15-11> 목표달성을 보장하는 전자개표기 개표조작 모의실험 결과

500 투표지묶음	분류전		조작 분류 적재함			표바꾸기 횟수
	후보1	후보2	후보1	후보2	재확인 대상	
#1	49	51	49	45	6	4
#2	43	57	50	46	4	9
#3	45	55	52	46	2	7
#4	44	56	50	47	3	7
#5	44	56	50	46	4	8
합계	225	275	251	230	19	35
득표율	45%	55%	50.2%	46.0%	3.8%	
상대득표율			52.2%	47.8%		

모의실험 결과를 분석한 <표 15-11>을 살펴보자. 가해후보 <후보1> 기표지 225장 (득표율 45%), 피해후보 <후보2> 기표지 275장 (득표율 55%) 투표지를 무작위로 섞어서 100장씩 총 500장을 투표지분류기에 투입하여 개표 조작한 결과, 재확인대상으로 처리된 투표지를 제외하고 후보 끼리의 상대득표율을 따져보면 <후보1>의 조작목표득표율인 52%를 달성했음을 확인할 수 있다. 결과적으로 조작 규모를 미리 정해두고 일정 빈도로 분류 조작하는 방법에 비해서, 목표 달성을 보장한다는 점에서 목표달성보장 개표 조작이 훨씬 월등하다고 할 수 있겠다.

E. 정리

전자개표기는 독립적으로 운영가능해야 하는 기기이다. 투표지를 스캔해서 분류만 하면 되기 때문이다. 이 특성을 감안하여 외부와 소통없이 기기 내부에서 필요한 최소 조작 정보만 가지고 개표 조작하는 논리를 알아보았다. 그런데 한 선거구에서 여러 대의 전자개표기를 사용하는 경우에도 서로 소통없이 조작 목표 달성에 지장이 없을까? 각 전자개표기 개별적으로 개표 조작 목표 달성이 보장되니, 여러 대를 사용하여 통합 하더라도 전체 선거구 개표 조작 목표 달성은 일단 자명하다. 하지만 하지만 전자개표기 별로 투입하는 투표지 묶음의 득표율이 극명하게 반대로 나타나는 경우, 목표달성은 보장되지만 목표를 지나치게 초과달성할 가능성이 존재한다. 이러한 상황이 우려되는 경우,

참여하는 전자개표기를 모두 연결하여 개표 결과를 중앙에서 실시간 통합 관리하고 각 전자개표기는 실시간으로 이를 참조하여 조작 분류를 실행해야 할 수도 있다. 이렇게 되면 참여하는 각 전자개표기는 더 이상 독립적으로 작동하는 기기가 아니고 서로 연결된 통합 기기가 되면서, 개표 관리의 복잡성은 상당히 증가하게 될 것이다.

전자개표기를 도입하면 조작 분류 상황을 현장에서 참관인에게 발각되지만 않으면 비교적 은밀하게 표바꾸기 개표 조작이 가능해진다. 하지만 사람이 맨눈으로 확인하기 힘들만큼 투표지분류기의 분류 속도가 빠르다 하더라도, 한두장 잘 못 분류하는 상황이 눈에 띄는 가능성을 배제할 수는 없다. 게다가 참관인이나 개표관리자가 분류가 완료된 적재함에서 조작 분류된 투표지를 찾지 못할 것이라고 장담할 수도 없다. 모의 실험 사례에서도 나왔지만 처음이나 마지막으로 분류한 투표지가 조작 분류한 투표지인 경우, 투표지 묶음의 가장 바깥에 위치하게 되어 조작이 드러나게 되는 상황도 배제할 수 없다. 따라서 조작 분류의 횟수를 가능한 한도내에서 최소화 하려는 노력이 필수적이다. 그럼에도 불구하고 전자개표기 조작은 적극적인 참관인이나 개표관리자의 감시하에서는 성공 가능성이 매우 희박할 수밖에 없는 치명적인 단점을 지니고 있다.

개표 결과 집계는 조작한 대로 이루어지겠지만, 재검표에 대비하여 사후 투표함 조작을 반드시 해두어야 완전조작 및 흔적제거 조건을 충족할 수 있다. 이 경우, 투표함을 열고 제작한 가짜투표지를 진짜와 바꾸고 다시 밀봉할 수도 있지만, 조작 집계 결과와 동일한 내용의 투표지가 들어있는 투표함을 따로 제작하여 투표함을 통째로 바꿀 수도 있다. 은밀수행의 난이도와 실행의 복잡도를 비교하여 상황에 맞는 유리한 쪽을 선택할 것이다.

15-6. 이중조작

사전투표함조작은 사전에 조작을 치밀하게 준비할 수 있는 장점이 있는 반면, 사전투표와 당일투표의 승부가 엇갈리게 나타나는 피할 수 없는 현상때문에 뚜렷한 조작의 흔적을 남길 수밖에 없는 치명적인 단점이 있다. 뿐만 아니라, 실제득표율이 예상에 비해 지나치게 어긋나면 조작에 실패할 수도 있다. 전자개표기 실시간 개표조작은 조작목표 달성이 보장되는 장점이 있지만, 조작의 규모가 클수록 개표조작이 참관인의 눈에 띌 확률이 높아져서 은밀수행이 어려워지는 단점이 있다.

이 절에서는 사전투표함조작과 전자개표기 실시간 개표조작을 이어서 중복으로 수행하여 조작방법이 지니고 있는 단점을 보완하는 <u>이중조작</u> 방법을 두 가지 살펴본다. 이중조작이 추구하는 조작의 목표는 다음과 같다.

- 목표 1. 사전투표와 당일투표의 승부가 엇갈리게 나타나는 조작의 흔적을 남기지 않아야 한다.
- 목표 2. 실제 득표율이 예상과 다르게 나타나더라도 이를 극복할 수 있어야 한다.
- 목표 3. 전자개표기 실시간 조작분류의 횟수를 최소화 한다.

제시하는 두 가지 이중조작 방법이 이 목표를 모두 달성하는지 하나씩 차례로 살펴보자.

A. 실제 득표율이 예상과 다르게 나타나는 상황 극복을 위한 이중조작

투표함조작에서 조작 규모는 예상 투표율과 여론조사 지지율을 기반으로 결정한다. 그런데 앞에서 보았듯이 실제 득표율이 여론조사 지지율을 과도하게 벗어나면 조작에 실패할 수 있다. 실제 득표율이 예상과 다르게 나타나서 사전투표함 조작으로 조작목표를 달성하지 못한 경우, 전자개표기 실시간 개표조작으로 이를 보정하여 극복하는 방법을 살펴보자.

핵심 아이디어는 사전투표함조작에서 채우지 못한 모자란 부분을 개표조작으로 메꾸는 것이다. 그런데 모든 투표함의 개표조작에 조작목표득표율을 일괄적으로 적용하면 문제가 생긴다. 사전투표함만 조작함으로써 극명하게 반대로 나타나는 사전투표와 당일투표의 득표율 차이 때문이다. 사전투표함은 이미 목표가 초과 달성되어 있는 상태이고 당일투표함은 지지율만큼 득표를 해도 충분한데 더 높은 조작목표득표율로 추가 조작 분류를 하게 되어, 조작 목표를 과도하게 초과하는 결과를 초래한다. 따라서 이를 극복하려면 사전투표함과 당일투표함의 조작목표득표율을 별도로 다르게 설정하고 개표조작을 할 수밖에 없다. 물론 사전투표함과 당일투표함의 구별이 가능하다는 전제가 있어야 한다.

이중조작 준비 및 실행 절차

○ 이중조작 준비
- 사전투표함조작 : 조작 방식은 표더하기로 하고, 가해후보와 조작목표득표율 G를 결정하고 조작 규모 K를 계산한다.
- 전자개표기 개표조작 : 사전투표함과 당일투표함의 조작목표득표율을 다음과 같이 별도로 설정한다.
    - 사전투표 보정용 조작목표득표율 G_{pre}는 다음 식으로 계산한다.

    G_{pre} = (가해후보 예상사전득표수 + K) ÷ (예상사전투표수 + K)

    - 당일투표 보정용 조작목표득표율 G_{theday}는 가해후보의 예상 지지율로 한다.

○ 이중조작 실행 절차
- 1차 사전투표함조작 : 조작 규모 K로 사전투표함을 표더하기 조작한다.
- 2차 개표조작 : 사전투표함은 G_{pre}로, 당일투표함은 G_{theday}로 표바꾸기 조작한다.

이중조작 모의실험 준비

앞과 동일한 가상선거사례를 가지고 이중조작 모의실험을 해보자. 예상대로 사전투표율 20%, 당일투표율 40%, 득표율 48% : 52%의 투표가 이루어지는 경우, 사전 및 당일 투표함의 상태를 다음 표와 같이 예측할 수 있다.

	후보1		후보2		유권자	10,000
	득표수	득표율	득표수	득표율	투표수	투표율
사전투표함	960	48%	1,040	52%	2,000	20%
당일투표함	1,920	48%	2,080	52%	4,000	40%
합계	2,880	48%	3,120	52%	6,000	60%

○ 사전투표함조작 준비
- 가해후보는 〈후보1〉, 조작목표득표율 G는 52%로 정하고, 유령투표지 장수 K를 구하면 다음과 같다.

```
>>> rig_the_vote(2880, 3120, 0.52, stuff)
500
```

○ 전자개표기 개표조작 준비
- 사전투표 보정용 조작목표득표율 G_{pre}는 다음과 같이 계산하여 58.4%이다.

$$G_{pre} = (\text{가해후보 예상사전득표수} + K) \div (\text{예상사전투표수} + K)$$

$$= \frac{960 + 500}{2{,}000 + 500} = \frac{1{,}460}{2{,}500} = 58.4\%$$

- 당일투표 보정용 조작목표득표율 G_{theday}는 가해후보 지지율인 48%이다.

이제 이중조작을 수행할 준비가 끝났다. 이 시점에서 투표 결과가 예상대로 나온 경우와 그렇지 않은 경우 두 가지 사례를 가지고 이중조작 모의실험을 해보자.

이중조작 사례 1 - 실제 투표함이 예상과 동일한 경우

○ 1차 사전투표함조작

유령투표지 500장을 사전투표함에 넣으면 사전투표함은 다음과 같이 변한다. 사실상 이 단계에서 이미 조작은 성공이다. 실제 득표율이 예상과 같기 때문이다.

유령투표지 500	후보1 득표수	후보1 득표율	후보2 득표수	후보2 득표율	유권자 투표수	10,000 투표율
사전투표함	1,460	58.4%	1,040	41.6%	2,500	25%
당일투표함	1,920	48%	2,080	52%	4,000	40%
합계	3,380	52%	3,120	48%	6,500	65%

○ 2차 전자개표기 개표조작

사전투표함은 58.4%를 목표로 전자개표기 개표조작하고, 당일투표함은 가해후보 지지율 48%를 목표로 전자개표기 개표조작하는 모의실험을 해본 결과는 다음 표와 같다.

	후보1		후보2		재확인대상		유권자	10,000
	득표수	득표율	득표수	득표율	표수	비율	투표수	투표율
사전투표함	1,403	45.0%	978	55.0%	119	4.8%	2,500	25%
당일투표함	1,834	45.9%	1,973	49.3%	193	4.8%	4,000	40%
합계	3,237	49.8%	2,951	45.4%	312	4.8%	6,500	65%

	상대 득표율	
사전투표함	58.9%	41.1%
당일투표함	48.2%	51.8%
합계	52.3%	47.7%

이미 1차 조작에서 조작 목표를 달성한 상황이므로, 2차 조작을 실시하더라도 분류 조작은 거의 이루어지지 않는다.

이중조작 사례 2 - 실제 투표함이 예상과 다른 경우

투표 결과, 각 후보의 득표율이 다음과 같이 45% : 55%로 예상보다 차이가 더 벌어졌다고 하자.

	후보1		후보2		유권자	10,000
	득표수	득표율	득표수	득표율	투표수	투표율
사전투표함	900	45%	1,100	55%	2,000	20%
당일투표함	1,800	45%	2,200	55%	4,000	40%
합계	2,700	45%	3,300	55%	6,000	60%

O 1차 조작 : 사전투표함조작

유령투표지 500장을 사전투표함에 넣으면 사전투표함은 다음과 같이 변한다.

유령투표지 500	후보1		후보2		유권자	10,000
	득표수	득표율	득표수	득표율	투표수	투표율
사전투표함	1,400	56%	1,100	44%	2,500	25%
당일투표함	1,800	45%	2,200	55%	4,000	40%
합계	3,200	49.2%	3,300	50.8%	6,500	65%

이 경우 사전투표함조작 후에도 순위가 뒤바뀌지 않았다. 1차 조작에서 목표를 달성하지 못한다.

○ 2차 조작 : 전자개표기 개표조작

여기서도 〈사례 1〉과 마찬가지로 사전투표함은 58.4％를 목표로 전자개표기 개표조작하고, 당일투표함은 48％로 전자개표기 개표조작하는 모의실험을 해본 결과는 다음 표와 같다.

	후보1		후보2		재확인대상		유권자	10,000
	득표수	득표율	득표수	득표율	표수	비율	투표수	투표율
사전투표함	1,388	55.5%	1,001	40%	111	4.4%	2,500	25%
당일투표함	1,823	45.6%	1,970	49.3%	207	5.2%	4,000	40%
합계	3,211	49.4%	2,971	45.7%	318	4.9%	6,500	65%
	상대 득표율							
사전투표함		58.1%		41.9%				
당일투표함		48.1%		51.9%				
합계		51.9%		48.1%				

1차 조작에서 달성하지 못한 조작 목표를 2차 조작에서 사전투표함과 당일투표함 별도의 전자개표기 개표조작으로 각각의 조작 목표를 달성하여, 결과적으로 전체 조작목표 득표율 52％를 이중조작을 통하여 달성한다.

목표 2인 실제득표율 차이가 더 벌어진 경우는 극복할 수 있음을 확인했지만, 목표 1인 사전투표와 당일투표의 승부가 엇갈리게 나타나는 현상은 해결하지 못한채 여전히 남아 있다. 개표조작에서 조작 분류는 꼭 필요한 경우에만 수행하니 목표 3은 달성한다고 할 수 있겠다. 다음은 목표 1을 극복하는 이중조작 방법을 알아보자.

B. 사전투표함 조작으로 발생하는 사전과 당일 득표율 괴리 극복을 위한 이중조작

사전투표함만 조작함으로써 생기는 부인할 수 없는 조작의 흔적인 사전투표와 당일투표의 승부가 엇갈리게 나타나는 현상 문제도 이중조작으로 해결 가능하다. 앞 절과 비슷하게 사전투표함 조작과 실시간 개표 조작을 이어서 수행하는 것이다. 다른 점은 사전투표 조작과 당일투표 조작을 완전 분리시켜 따로 실행하는 것이다.

이중조작 준비 및 실행 절차

○ 이중조작 준비
- 사전투표함조작 : 앞에서와 같이 표더하기 조작으로 하고, 가해후보와 조작목표득표율 G를 결정하고 조작 규모 K를 계산한다. 그런데 이번에는 조작 규모를 계산할 때 전체 예상득표수 대신, '전체 예상사전득표수'만 가지고 계산한다.
- 전자개표기 개표조작 : 사전투표함과 당일투표함 모두 조작목표득표율을 G로 한다.

○ 이중조작 실행
- 1차 사전투표함조작 : 조작 규모 K로 사전투표함을 조작한다.
- 2차 개표조작 : 사전투표함과 당일투표함 모두 G로 전자개표기 개표조작한다.

앞과 동일한 가상선거사례를 가지고 이중조작 모의실험을 해보자. 예상 사전투표율 20%, 예상 당일투표율 40%, 예상 지지율 48% : 52% 대로 동일하게 투표가 이루어지는 경우, 예상되는 조작전 사전 및 당일 투표함의 상태는 다음 표와 같을 것이다.

	후보1		후보2		유권자	10,000
	득표수	득표율	득표수	득표율	투표수	투표율
사전투표함	960	48%	1,040	52%	2,000	20%
당일투표함	1,920	48%	2,080	52%	4,000	40%
합계	2,880	48%	3,120	52%	6,000	60%

이중조작 준비

○ 사전투표함조작 준비
- 가해후보는 〈후보1〉, 조작목표득표율 G는 52%로 정하고, 가해후보 예상 사전득표수 960과 피해후보 예상 사전득표수 1,040을 가지고 유령투표지 장수 K를 구하면 다음과 같다.

```
>>> rig_the_vote(960, 1040, 0.52, stuff)
167
```

○ 전자개표기 개표조작 준비
- 조작목표득표율 G는 사전투표, 당일투표 모두 동일하게 52%로 정한다.

이번에도 앞에서와 동일하게 투표 결과가 예상대로 나온 경우와 그렇지 않은 경우 두 가지 사례를 가지고 모의실험을 해보자.

이중조작 사례 1 - 실제 투표함이 예상과 동일한 경우

○ 1차 사전투표함조작

유령투표지 167장을 사전투표함에 넣으면 사전투표함은 다음과 같이 변한다.

유령투표지 167	후보1		후보2		유권자 수 = 10,000	
	득표수	득표율	득표수	득표율	투표수	투표율
사전투표함	1,127	52%	1,040	48%	2,167	21.7%
당일투표함	1,920	48%	2,080	52%	4,000	40%
합계	3,047	49.4%	3,120	50.6%	6,167	61.7%

조작한 사전투표함은 조작목표득표율인 52%를 달성한다.

○ 2차 전자개표기 개표조작

사전투표함과 당일투표함 따로 조작목표득표율 52%로 전자개표기 개표조작을 한다. 각각 따로 모의실험한 결과는 다음 표와 같다.

	후보1		후보2		재확인대상		유권자 수 = 10,000	
	득표수	득표율	득표수	득표율	표수	비율	투표수	투표율
사전투표함	1,091	50.3%	978	45.1%	98	4.5%	2,167	21.7%
당일투표함	1,994	49.9%	1,819	45.5%	187	4.7%	4,000	40%
합계	3,085	50.0%	2,797	45.4%	285	4.6%	6,167	61.7%
	상대 득표율							
사전투표함	52.7%		47.3%					
당일투표함	52.3%		47.7%					
합계	52.4%		47.6%					

사전투표함, 당일투표함, 전체 득표함 모두 개별적으로 조작목표득표율을 달성한다. 그런데 이번엔 <u>사전투표와 당일투표의 승부가 엇갈리게 나타나지 않는다!</u>

이중조작 사례 2 - 실제 투표함이 예상과 다른 경우

앞 절과 같이 예상보다 득표율 차이가 더 벌어진 다음 사례로 모의실험을 해보자.

	후보1		후보2		유권자 수 = 10,000	
	득표수	득표율	득표수	득표율	투표수	투표율
사전투표함	900	45%	1,100	55%	2,000	20%
당일투표함	1,800	45%	2,200	55%	4,000	40%
합계	2,700	45%	3,300	55%	6,000	60%

○ 1차 조작 : 사전투표함조작

유령투표지 167장을 사전투표함에 넣으면 사전투표함은 다음과 같이 변한다.

유령투표지 167	후보1		후보2		유권자 수 = 10,000	
	득표수	득표율	득표수	득표율	투표수	투표율
사전투표함	1,067	49.2%	1,100	50.8%	2,167	21.7%
당일투표함	1,800	45%	2,200	55%	4,000	40%
합계	2,867	46.5%	3,300	53.5%	6,167	61.7%

투표 결과가 예상과 다르게 나타났기 때문에 사전투표함조작에서 조작목표득표율인 52%를 달성하지 못한다.

○ 2차 조작 : 전자개표기 개표조작

사전투표함과 당일투표함 따로 조작목표득표율 52%로 전자개표기 개표조작한다. 각각 따로 모의실험한 결과는 다음 표와 같다.

	후보1		후보2		재확인대상		유권자 수 = 10,000	
	득표수	득표율	득표수	득표율	표수	비율	투표수	투표율
사전투표함	1,085	50.1%	988	45.6%	94	4.3%	2,167	21.7%
당일투표함	1,988	49.7%	1,829	45.7%	183	4.6%	4,000	40%
합계	3,073	49.8%	2,817	45.7%	277	4.5%	6,167	61.7%
	상대 득표율							
사전투표함	52.3%		47.7%					
당일투표함	52.1%		47.9%					
합계	52.2%		47.8%					

실제 득표율이 예상과 크게 다름에도 불구하고 조작목표득표율 52%를 달성하고, 아울러 사전투표와 당일투표의 승부가 엇갈리게 나타나는 현상도 없다. 일석 이조!

이 이중조작은 목표 1과 목표 2를 동시에 완벽하게 달성한다. 반면 목표 3에 대한 달성 성적은 앞서 본 다른 이중조작에 비해서 조작분류 횟수가 늘어나 더 나빠졌다. 사전투표는 모자라는 만큼만 조작 분류를 하기 때문에 개표조작이 거의 없거나 최소로 이루어지므로 문제가 없지만, 당일투표는 조작 전체를 개표조작이 담당하기 때문에 조작 규모의 부담이 늘어났다. 목표 1을 달성하려 하면서 생긴 역효과라고 보면 되겠다.

C. 정리

투표 결과가 예상과 크게 빗나가서 발생할 수 있는 조작의 실패 문제와 사전투표만 조작함으로써 남길 수 밖에 없어보였던 조작의 흔적 – 사전투표와 당일투표의 승부가 엇갈리게 나타나는 현상 – 모두 이중조작을 통하여 해결할 수 있음을 입증하였다. 완전조작은 개표 후 투표함 조작으로 해결할 수 있다고 하면, 남은 과제는 은밀수행이다. 결국 은밀수행만 문제 없이 실행할 수 있다면 완벽히 감쪽같은 선거 조작이 가능하단 뜻이 된다.

15-7. 나가며

유권자가 투표장에 출석하여 투표용지에 자신의 선택을 표시하는 민주주의 국가의 선거에서, 투개표 제도와 절차를 어떻게 변형하여 선거결과의 조작을 수행할 수 있는지 가능한 다양한 방식을 제시하면서 하나의 가상 사례를 통하여 살펴보았다.

글 전체를 요약하여 정리하면 다음과 같다.

- 선거조작은 득표수를 조작하여 선거결과를 인위적으로 바꾸는 행위이다.
- 유권자에게 조작 행위가 드러나지 않아야 하는 은밀수행 조건, 조작의 흔적을 남기지 말아야 하는 흔적제거 조건, 재검표를 하더라도 동일한 개표 결과를 얻어야 하는 완전조작 조건, 이 세 조건을 모두 만족해야 선거조작에 성공했다고 할 수 있다.
- 선거조작 방식은 표더하기, 표바꾸기, 표버리기 세 가지가 있으며, 각 방식은 특유의 장단점을 가지고 있다.
- 선거조작 방식 별로 조작목표득표율을 달성하는데 필요한 위조투표지의 최소 장수를 자동으로 계산하는 체계적인 방법이 있다.
- 위조투표지 장수는 (실제 득표수 대신) 예상 득표수를 기준으로 계산할 수밖에 없다. 따라서 후보의 지지율의 예측이 정확할수록 조작 성공 가능성은 높아진다.
- 대중에게 알려진 여론조사 결과와 선거조작 결과가 상반되게 나타나는 조작의 흔적을 제거하는 유일한 방안은 선거에 임박하여 시행하는 여론조사를 조작하는 것이다.
- 선거조작의 종류는 조작을 실행하는 시점에 따라 투표함조작(개표전)과 개표조작(개표중)의 두 가지가 있다.
- 투표함조작을 여유있게 실행할 수 있는 유일한 방안은 사전투표 제도를 도입하고, 사전투표함을 조작하는 것이다. 하지만 이 경우 사전투표와 당일투표의 승부가 엇갈리게 나타나는 현상이 생길 수 밖에 없는데, 이는 대수의 법칙에 어긋나게 되어 조작이 흔적을 매우 뚜렷이 남기는 치명적인 단점이 된다.
- 사전투표함조작은 은밀수행이 상대적으로 가장 용이한 표더하기 방식이 유리하다. 하지만 투표를 하지 않은 유권자를 투표한 것으로 둔갑시켜야 하는 장애물이 있다. 이 문제는 전자투표지발급기를 사전투표소에 설치하고 중앙에서 통합선거인명부를 관리하면서 투표지를 온라인으로 발급하여 사전투표를 시행하고 현장 사전투표자 기록을 남기지 않으면 해결 가능해진다. 그리고 누적 투표자 수가 실시간 일정 간격으로 발표되기 때문에 유령 투표자 수를 드러나지 않게 부풀려야 하는데, 이는 체계적으로 실행할 수 있는 방안이 있다.

- 투표지 분류를 조작하면 자연스럽게 표바꾸기 개표조작의 효과를 얻는다. 이를 은밀히 수행할 수 있는 가장 효과적인 방안은 전자개표기를 도입하여 개표를 자동화하는 것이다. 전자개표기 개표조작은 일정 빈도로 분류 조작을 하도록 하거나, 누적득표율을 활용하여 조작목표 달성을 보장하도록 하거나, 상황에 따라 다양한 방식을 필요한 대로 채용하여 시도할 수 있다.
- 전자개표기 개표조작은 개표 참관인의 눈에 띄지만 않으면 성공할 수 있다. 하지만, 조작 규모가 커질수록 조작 분류가 눈에 띄게 될 가능성이 높아져서 은밀수행에 차질을 빚을 확률이 높아지는 단점이 있다. 조작 분류의 규모를 가능한한 최소화할 수밖에 없는 이유이다.
- 지지율 예측이 과도하게 빗나가서 발생하는 조작 실패와 사전투표함만 조작함으로써 생길 수 밖에 없는 사전과 당일 투표의 승부가 엇갈리게 나타나는 현상으로 인해 남는 뚜렷한 조작 흔적은 사전투표함조작과 개표조작을 이어서 중복 실행하는 이중조작으로 원칙적으로 해결할 수 있다. 이는 은밀수행 조건만 문제없이 충족시킬 수 있다면, 조작의 흔적을 거의 찾을 수 없는 완벽한 선거조작이 최소한 이론적으로는 가능하다는 뜻이 된다.

결론적으로 선거조작 성공의 필요조건 삼총사 중에서 흔적제거 조건과 완전조작 조건은 투개표 제도, 환경 및 시스템을 잘 정비하여 선거조작을 실행하면 원칙적으로 충족시킬 수 있음을 사례를 통하여 살펴보았다. 하나 남은 은밀수행 조건만 충족하도록 투개표를 운영관리할 수 있다면 성공적인 선거조작이 가능해진다. 따라서 공명정대한 선거를 치룰 수 있는 유일한 방안은 이해당사자인 후보자와 유권자 모두가 완벽하게 확인이 가능한 '투표 종료 후 즉시 현장 수개표' 뿐이다. 대만이나 유럽의 민주주의 국가가 괜히 재래식 선거 시스템을 고집하고 있는 것이 아니다. 이 글을 통하여 우리나라 국민도 이 명백한 사실을 깨우칠 수 있길 바래본다.

Part VII

정치적 관점에서 조망한 부정선거

선구자

윤해영 작사
조두남 작곡

일송정 푸른솔은 늙어 늙어 갔어도
한줄기 해란강을 천년두고 흐른다
지난날 강가에서 말 달리던 선구자
지금은 어느 곳에 거친 꿈이 깊었나

용두레 우물가에 밤새 소리 들릴때
뜻깊은 용문교에 달빛 고이 비친다
이역 하늘 바라보며 활을 쏘는 선구자
지금은 어느 곳에 거친 꿈이 깊었나

용주사 저녁종이 비암산에 울릴때
사나이 굳은 마음 길이 새겨 두었네
조국을 찾겠노라 맹세하던 선구자
지금은 어느 곳에 거친 꿈이 깊었나

Chapter 16

윤석열 대통령, 계엄으로 부정선거 투쟁에 불을 지폈다

민경욱

서문

윤석열 대통령이 헌법재판소에 의해 탄핵됐다. 그에게는 부정선거가 있다고 믿은 죄밖에 없다. 대통령은 한 나라에서 가장 고급정보를 가장 많이 갖고 있는 사람이다. 그 대통령이 부정선거가 있었다고 믿는 데는 다 이유가 있었을 것이다. 우리가 알고 있는 모든 것을 다 알고 있을 수 있고, 우리가 모르는 것까지 알고 있을 수도 있다. 윤 대통령은 12.3 계엄 선포를 통해 부정선거가 있었다고 있는 힘껏 큰 소리로 세상에 고했다. 지난 5년간 내가 이 세상에 대고 질렀던 소리보다 훨씬 큰 소리로 말이다. 그 함성 소리를 듣고 전한길 강사가 나섰고, 이영돈 피디가 나섰고, 2030 세대가 눈을 떴다. 그 덕분에 이제 부정선거 논의는 변방을 떠돌던 음모론에서 정치권의 중심 이슈로 자리잡았다.

부정선거는 이념의 좌우 문제가 아니다. 외세의 개입과 독재를 부르는 망국의 병이다. 나는 부정선거 문제를 처음 접했을 때, 그것이 단순한 선거 결과의 문제가 아니라 국가의 존립과 자유민주주의의 근간을 위협하는 중대한 사안이라는 사실을 깨달았다.

이 싸움을 시작하게 된 이유는 단순하지 않았다. 나의 투쟁의 근간에는 종교적 신념과 소명의식이 자리하고 있다. 2020년 4.15 총선을 준비하던 그 어느 새벽에 나는 내 지역구에 위치한 제자교회의 새벽기도회에 참석해 총선 이후 한반도에 불어닥칠 정치적 광풍 속에서 기적을 이루는 데 작은 도구로 나를 사용해달라고 주님께 기도했다. 기도를 드릴 당시 나는 재선을 확신했고 재선의원으로서 국회에서 민주당에 맞서서 악법을 고치는 힘든 싸움에 앞장서겠다는 소망의 표현이었다. 그러나 하나님께서 허락하신 길은 내가 예상했던 것과는 달랐다. 주님은 나에게 당선 대신 낙선이라는 가시 면류관을 씌워주셨고, 나는 곧 그것이 더 큰 싸움으로 인도하는 하나님의 계획임을 깨닫게 되었다.

나는 자유민주주의와 법치주의를 굳건히 지키겠다는 신념 하나로 외로운 싸움을 시작했다. 이 길은 외롭고도 험난했다. 동료와 지지자들이 하나둘씩 떠나갔고, 분열됐고, 세상의 많은 사람들은 나를 비웃었다. 하지만 이 싸움은 결단코 내 개인의 명예나 정치적 성패를 위한 것이 아니다. 자유민주주의를 수호하고, 우리의 후손에게 올바른 나라를 물려주기 위한 소명이다. 새벽 기도에서 받은 하나님의 계시는 나를 이 싸움으로 이끌었다. 하나님은 나에게 부정선거 척결이라는, 대통령이 감당하기에도 어려운 중요한 일을 맡기셨다. 그 길이 결코 쉽지 않음을 알고 있었지만, 그 사명을 온전히 받아들이고 싸워왔다.

여기에 부정선거를 밝히기 위해 동분서주했던 나의 5년간 투쟁의 편린을 남긴다. 여기에는 내가 이 싸움 속에서 겪은 고난과 희망, 승리와 좌절을 담고 있다. 그러나 이 이야기는 나의 이야기가 아니라, 자유민주주의를 수호하기 위해 함께 싸운 모든 이들의 이야기다. 이 싸움의 끝에는 반드시 진실이 승리할 것이다.

대통령의 참전으로 웅장한 클라이막스를 찍고 해피엔딩을 향해 빠른 속도로 미끄러져 내려갈 줄 알았던 부정선거 투쟁의 서사극은 역시 단막극이 아니었다. 이 장대한 서사극이 얼마나 길게, 어떤 궤적을 그리고 마침내 막을 내릴 것인지… 힘에 겨운 속에서도 희망을 마음 속에 새겨 보는 것은 모든 것을 알고 역사하시는 선하신 하나님을 믿기 때문이다.

윤석열 후보의 대통령 당선

부정선거 싸움의 와중에 제20대 대통령 선거가 있었고, 우파에서는 윤석열 전 검찰총장이 후보로 나섰다. 부정선거 투쟁은 별 진척이 없이 계속됐다. 4년간 주말이면 강남역에서 거리를 오가는 젊은이들의 마음을 잡을 수 있을까 하며 집회와 행진을 계속하던 중이었다. 우리는 투쟁의 구호를 "부정선거 척결하여 정권교체 이룩하자"로 정했다. 우선 정권이 교체돼야 부정선거 투쟁의 토대가 마련될 것이라는 생각에서였다. 이재명이 당선되면 자신이 저지른 부정선거에 대한 진상조사를 할 리가 만무했다. 그리고 부정선거가 이번 대신에도 저질러진다면 정권교체는 요원한 목표였다. 그렇게 싸우는 와중에 윤석열 전 검찰총장이 국힘당에 입당해 경선에 승리하고 후보가 됐다. 정의를 구현하는 검찰 출신이고 서울대 법대를 졸업한 엘리트였다. 후보자 토론회에서도 황교안 후보의 부정선거와 관련된 질문에 대해 독일 헌법재판소의 판례를 거론하며 독일에서는 전자투표기를 쓰지 않는다는 얘기까지 해서 일단 부정선거에 대한 기본적인 인식이 있는 사람이라는 생각을 하기도 했었다.

윤석열 후보는 연세대학교 응용통계학과 윤기중 교수의 아들이었다. 우리가 부정선거의 가장 큰 증거로 내세우는 통계적으로 이상한 수치들을 잘 이해할 수 있는 위치에 있다는 생각도 했었다. 그는 유세 때에도 부정선거를 의심하는 우파를 의식해서 사전투표에 대한 우려를 잘 알고 있다며 이번에는 감시를 잘 할 것이고 아직도 부정투표를 획책하는 사람들이 있다면 이 땅에서 살지 못하게 해야 하지 않겠느냐는 연설도 했었다. .

윤석열 후보의 승리

국힘당에서 공천한 윤석열 후보가 대선에서 승리했다. 나는 새벽 개표방송을 보며 그 많은 사람들이 사전투표에 참여한 이상 정권교체의 가망이 없다고 낙망하고 있었다. 그러나 조금씩 앞서가던 윤후보의 리드가 끝까지 지켜져서 승리를 거머줬다. 여기에는 사전투표를 먼저 개표해야 한다고 했던 우리의 주장이 관철된 데 큰 이유가 있었다.

선거법에는 먼저 도착한 투표함을 먼저 개표할 수 있다는 법조항이 있음에도 불구하고 선관위는 이유 없이 당일투표함을 먼저 개함하고 먼저 도착해있는 사전투표함들을 새벽에야 개표하는 방식을 고집해왔다. 우리는 뒤지고 있던 민주당 후보들이 사전투표만 개표하면 개표결과가 뒤집어지는 현상을 보고 이 과정에서 많은 조작이 일어난다는 의심을 하고 있었다. 그런데 지난 20대 대선에서는 수개표 실시, 사전투표 관리관 개인도장 날인, QR 코드 사용 금지, 그리고 사전투표함 우선 개함 등을 우리가 국힘당을 통해 선관위에 요구했고 그 가운데 하나로 사전투표함이 먼저 개함된 것이다.

윤석열과 이재명의 승부를 가른 표 차이는 26만 표, 0.73%포인트 차이였다. 그야말로 간발의 차이였다. 그러나 이 수치는 실제 투표에 따른 표 차이는 아닌 것이 분명했다. 나중에 윤석열 대통령은 선관위 보안점검과 관련해 국정원 김규현 원장의 독대 보고를 받는 자리에서 "내 대선 결과도 이상했다. 모든 여론조사에서 월등하게 이겼었는데 어떻게 최종 결과 차이가 1%포인트 차이도 안 되느냐."는 얘기를 했었다.

이것은 여론조사에서 현격한 차이로 지고 있던 민주당이 대선결과가 반대로 현격한 차이를 보일 경우 부정선거가 그대로 드러나고 국민적 저항이 있을 것을 우려한 결과였다. 의심의 눈길을 거두기 위해서 1% 포인트 쯤의 차이로 미세하게 이기는 시나리오를 만들었다가 코로나로 인해 사전투표를 한 유권자들의 숫자에 차이가 생기면서 벌어진 이상 현상이었다.

0.73% 포인트라면 표의 숫자로 26만 표에 불과했다. 그런데 20대 대선 기간에 전국에서 나온 무효표의 숫자가 30만 표를 넘었다. 이재명의 평소 성격과 그들의 악착같은 품성을 보면 만약에 실제로 나온 표의 차이가 26만 표밖에 되지 않았다면 반드시 재검표를 하자고 덤볐을 미세한 차이였다. 그러나 이재명은 재검표를 주장하지 않았다. 대신 정반대의 일을 했다. 개표가 아직 끝나기도 전에 텔레비전에 나와 자신의 패배를 인정하고 윤석열 대통령의 당선을 축하한 것이다. 그건 매우 이상한 일이었으나 이재명의 입장에서 보면 하지 않을 수 없는 고육책이었다.

만약에 자신이 투표 결과에 승복하지 않는 모습을 보인다면 전국에서 재검표를 해야 한다는 민주당 지지자들의 목소리가 터져나올 판이었다. 개표의 최종결과가 발표되는 아침까지 이재명이 태도를 정하지 않는다면 민주당 열성지지자들의 분출은 뻔한 일이었다. 만약에 그렇게 해서 재검표가 실시된다면 당선이 뒤집히기는커녕 민주당의 대대적인 부정선거가 온 세상에 공개될 수밖에 없었다. 그렇게 윤석열 대통령의 당선은 굳어졌고 민주당은 그 결과를 순순히 받아들였다.

오랜 침묵 끝에 나온 윤석열 대통령의 비상계엄

그렇게 당선된 윤석열 대통령에게 우리는 부정선거 수사를 기대했다. 그러나 아무런 말이 없었다. 그렇게 2년 반이 지나갔다. 우리는 정권이 바뀐 뒤에는 강남역 집회를 접었다. 문재인 정권 아래서야 그 정권이 부정선거의 주범이니 온갖 공격을 하면서 집회와 행진을 벌였지만 정권이 우파 정권으로 바뀌었다면 지난 정권에서 있었던 부정선거의 피해자로서 진상규명과 책임자 처벌, 그리고 제도 개선의 당당한 길을 걷길 기대했다. 그러나 그런 일은 일어나지 않았다.

우리는 분노했다. 그동안 대통령실의 시민사회수석실에서는 애국활동을 벌이는 시민단체 대표들을 대통령실로 초청해서 몇 차례 간담회도 벌이는 듯했지만 부정선거 투쟁의 선두에 섰던 나는 그 초청을 받지 못했다. 그 흔한 대통령의 명절 선물 하나도 받질 못했다. 바뀐 정권에서도 나는 대법원의 선거무효소송 기각 판결을 받았고 8개의 소모적이며 모욕적인 재판을 받아야 했다. 그리고 우리가 제기했던 선거 관련 소송은 경찰과 검찰의 수사 단계에서 모두 기각을 당했다. 참담했다.

더구나 명태균 사건이 터지면서 윤석열 대통령이 경선 후보 시절에 명태균의 여론조사 도움을 받았다는 음모론까지 터졌다. 우리의 인내는 한계에 부딪쳤다. 아니, 윤석열 대통령이 부정선거에 함구한 이유가 자신도 부정경선이라는 원죄가 있기 때문이었던 건가? 이런 생각까지 들면서 우리는 그 추운 겨울 영하 20도의 거리에서 언 발을 동동 구르며 정권교체를 부르짖은 대가가 고작 이런 대우였나 하는 울분에 싸이게 됐었다. 그런 와중에 모든 판을 바꾸는 윤석열 대통령의 12.3 비상계엄이 발표됐다.

이미 마음에서 떠나기 시작한 윤석열 대통령이었다. 그런 사람이 갑자기 무슨 일을 하는 건가 싶었다. 지인이 전화를 해서 윤석열 대통령이 비상계엄을 선포했다는 말을 전해줬을 때도 긴가민가 했다. 나와는 전혀 상관이 없는 한 편의 영화 같은 일로만 생각됐다. 그리고 곧이어 국회가 계엄 해제를 요구하는 결의안을 통과시켰다. 그리고 6시간 만에 계엄은 싱겁게 끝났다. 이게 뭐하는 짓인가 싶었다. 그 이후 며칠도 혼란스러웠다. 국회에 2백여 명 군인을 풀어놨다가 민간인들에 밀려서 돌아간 건 TV화면을 통해서 지켜봤었다.

그런데 선관위에도 군인들을 보냈다는 얘기가 들렸다. 그 얘기를 전해주던 동지 한 사람에게 나는 선관위도 헌법기관이니까 여기 저기 중요한 곳에 군인들을 보낸 모양이죠 라고 대답했을 정도였다. 그런데 김용현 장관이 부정선거 규명을 위해 선관위 서버를 들여다보려고 계엄을 선포했다는 얘기를 했을 때 내 귀가 번쩍 뜨였다. 아, 윤석열 대통령은 부정선거를 알고 있었구나... 이제 나는 그를 보호해야 했다.

윤석열 대통령과 부정선거의 인연

윤석열 대통령은 부정선거와 여러가지로 얽혀 있었다. 위에도 썼지만 윤석열 대통령의 부친은 연세대학교 응용통계학과 윤기중 교수였다. 부친의 영향으로 평소 숫자에 관심이 있었다고 전해진다. 윤석열 대통령은 검사시절 김어준이 18대 대선에서 부정선거를 주장했을 때 그에 동조하는 좌파의 거리 집회에 참석한 적이 있었다. 그 때 찍은 사진이 돌아다닐 정도였다.

그가 검찰총장을 할 때 나는 21대 인천연수을 총선 무효소송을 대법원에서 진행하고 있었다. 그 때 윤총장과 서울대법대 79학번 동기인 석동현 변호사가 찾아가서 부정선거 수사를 부탁하자 윤총장은 수사를 해보고 싶지만 대법원이 심리 중인 사건이라 부담이 된다는 얘기를 하고 수사를 포기했었다. 이후 인천지검에서 내 사건을 붙들고 엉거주춤하고 있을 때 "인천지검으로 아이들을 보내서 확 뒤집어버릴까 생각했었다."는 말을 했었다.

대선 유세 기간에는 "만약에 아직도 부정선거를 획책하는 세력이 있다면 이 땅에 살지 못하게 해야 하지 않겠습니까?"라는 연설을 했다. 이후 김규현 국정원장이 중앙선관위에 대한 보안점검 결과를 국민들께 발표하기 전에 대통령을 독대했을 때도 "내 선거도 이상했어요. 여론조사에서는 일방적으로 우세했는데 어떻게 결과가 1% 차이도 안 날 수가 있습니까?"라고 얘기했다.

그리고 나중에 밝혀진 바에 따르면 후보 시절에도 부정선거의 가능성과 그 폐해에 대한 자세한 보고를 받았고 김규현 국정원장으로부터 보고를 받을 때는 선관위 서버를 압수해서 부정선거를 수사해야 한다는 보고서를 비공개로 제출받았던 것으로 드러났다.

나는 2025년 12.3 계엄이 선포되고 대통령이 구속된 상태로 있을 때 미국 메릴랜드 주에서 열린 미국 보수정치행동회의(CPAC)에 참석해서 대통령의 구명운동을 했다. 그 때 만난 CPAC의 맷 슐랩 회장은 윤대통령이 구속되기 직전 대통령 관저에서 대통령을 만났을 때 대통령이 자신의 대선결과에 부정이 있었다는 의구심을 표시했고 그 중심에 한국의 선거제도를 좌지우지하는 중국의 화웨이가 자리하고 있다는 사실을 자신에게 얘기했다는 충격적인 발언을 했다.

이렇게 윤석열 대통령은 부정선거가 대한민국 선거에 깊숙이 침투했다는 사실을 잘 알고 있었다. 그것이 민주당의 독자적인 설계가 아니고 중국이 주변국을 실질적으로 지배하기 위한 하이브리드 전쟁이었다는 사실을 인식하고 그 사안의 중대성을 국민들께 알리고 싶었던 것이다. 그는 무려 9천 자나 되는 대국민담화문에서 이 사실을 분명히 지적했다.

윤석열 대통령의 부정선거에 대한 분명한 인식

윤석열 대통령은 현재 세계는 하드웨어와 소프트웨어를 병행하는 하이브리드 전쟁이 벌어지고 있다며 한반도 주변의 독재국가들의 대한민국의 주권을 침탈하기 위해 컴퓨터와 프로그램, 전자기술 등을 이용한 부정선거로 하이브리드 전쟁을 벌이고 있다고 말했다. 부정선거는 막대한 인력과 기술, 자금이 동원되는 일로서 국내의 어느 한 정치세력이 저지를 수 있는 일이 아니라고 경고했다. 외세를 등에 업은 국내 정치세력에 대해서는 외국 세력의 도움을 받은 권력 찬탈은 결코 공짜가 아니며 정권 탈취의 대가로 국가 주권의 일부를 넘겨줘야 한다고 말했다. 윤석열 대통령은 콕 짚어서 얘기하진 않았지만 부정선거 세력이 중국과 민주당이라는 말을 했던 것이다.

윤석열 대통령은 또 지난 인천연수을 선거무효 소송의 결과와 관련해 수많은 칼에 찔려 죽은 시신이 있는데 그 가족들이 범인을 잡아내지 못했으면 그 시신들이 자연사라고 주장하는 것과 똑같다고 통렬히 비난했다. 재판 과정에서 부정의 증거들이 충분히 나왔으니 대법원과 선관위는 협력해서 부정선거 세력을 발본색원하도록 조처를 취했어야 했고 그것이야말로 우리의 사법 시스템이 살아있다는 증거가 될 수 있었다고 말했다. 그리고 그것이 실현되지 않는 것이 우리의 주권이 외국세력과 국내 정치세력에 의해 침해되고 시스템이 망가져가고 있는 큰 증거로서 그를 주권자인 국민들께 알리고 각성을 시키는 것이 12.3 계엄 선포의 목적이었다고 말했다.

지귀연 판사가 윤석열 대통령에 대한 구속을 취소했다

공수처는 2025년 1월 15일 3천 명의 경찰을 동원해서 윤석열 대통령을 무리하게 구속했다. 자유진영은 멘붕에 빠졌다. 이후 52일 만에 석방됐다. 공수처가 구속한 윤내동령을 검찰이 이어받는 법적 과정에서 허점이 있었다는 이유였다. 좌파 일색의 판사들로 억울한 판결만을 봐왔던 우파들로서는 당연히 해당 판사가 누구인지 관심이 쏠렸다. 해당 판사는 지귀연 판사였다. 서울대 법대 출신으로 한동훈의 1-2년 후배로서 한 때 좌파 판사들의 연구모임에도 몸을 담았던 사람으로 소개됐다.

좌파 물을 먹은 사람이 웬일이야 정도의 생각을 갖고 있을 때였다. 권오용 변호사가 전화를 했다. 지귀연 판사가 지난 인천연수구을 재검표 때 들어왔던 사람 같다며 생각이 나지 않느냐고 물었다. 그래서 잘 모르겠다고 하고 사진을 좀 보내달라고 했다. 작은 사진이 왔는데 신입사원 같이 잔뜩 얼어있는 모습이 전혀 본 기억이 없는 사람이었다. 그러고 한참을 지났는데 권 변호사는 자기는 아무리 봐도 그날 현장에 있었던 사람 같다고 또 연락을 해왔다. 이번에는 다른 사진을 보내줬는데 첫 번째 사진보다도 더 생경한 얼굴이었다. 그래서 내가 생각했던 그 판사가 아니라고 얘기를 했었다.

그런데 SNS를 떠도는 좀 큰 사진을 보게 됐다. 그 사진에는 내가 분명히 기억하는 아주 인상적인 판사의 모습이 들어있었다. 작은 사진에서는 그냥 긴장한 듯 보였던 그의 얼굴이 큰 사진으로 보니 눈가에 살짝 미소가 담겨 있었다. 자세히 뜯어보니 그 사람이 분명했다.

재검표가 치러진 2021년 6월 28일, 인천 지방법원 회의실에서 나는 사전투표지 재검표가 실시된 1조에 껌딱지처럼 붙어있었다. 사전투표에 부정이 있었다는 게 분명했기 때문에 그 자리만 잘 지키면 될 거라는 생각 때문이었다. 여섯 개 조로 편성된 재검표단은 대부분 재판연구원과 재판연구관으로서 다들 판사 신분이었다. 그 중에서도 1조 조장은 전체를 아우르는 실무진의 대표였다.

슬쩍 보기에도 사람이 머리가 좋고 판단력도 뛰어나며 위트도 있는 사람이었다. 자칫 경직될 수 있는 재검표장의 분위기가 지귀연 판사의 몇 마디에 금방 풀어졌다. 우리 변호사들도 그의 현명하고 부드러운 진행 때문에 돌출하는 요구사항을 편안하게 전달할 수 있었다. 문수정 변호사가 찍은 화면에서 지귀연 판사는 본드로 붙은 투표지를 떼겠다고 얘기를 하고 이걸 찍는 문 변호사를 보고 동영상을 찍어도 되느냐고 물었다. 문 변호사가 대법관의 허락을 받은 사람이라고 했더니 지 판사는, "아, 몰라봬서 죄송합니다."라고 대답을 해서 사람들이 미소를 자아내게 했다. 배춧잎 투표지가 발견됐을 때 재검표장이 크게 술렁였는데 지 판사는 "이런 게 투표장에 있었다는 투표록의 기록이 있으면 아무런 문제가 없는 사항이니 미리 속단하지 마세요."라고 말했다. 맞는 말이었다. 다들 흥분해 있는 상황이었는데 주의를 환기시키고 투표록을 확인했지만 투표록에는 배춧잎투표지에 대한 언급은 없었다.

이런 사람이었다. 태어난 고향도 호남사람이었고 좌파 판사들의 연구모임에도 소속된 일이 있는 사람이었지만 그는 다소 무리한 법리를 동원해서 만약에 자기가 윤석열 대통령의 구속상태를 그대로 둔다면 절차적 정당성의 부족으로 상급법원에서 자신의 판결이 뒤집힐 수 있다는 주장으로 윤석열 대통령의 구속을 취소하는 결정을 내렸다.

나는 지귀연 판사의 등장에서 하나님의 역사하심을 느꼈다. 지귀연 판사가 하필이면 그 때 대법원에 재판 연구관으로 일하지 않았다면 그가 내 재검표장에 들어올 가능성은 없었다. 그가 재검표장에 있지 않았다면, 그래서 배춧잎 투표지와 본드로 붙은 투표지, 빳빳한 투표지, 일장기 투표지를 직접 눈으로 보고 손으로 세지 않았다면 그도 부정선거를 다만 일부 음모론자들의 쓸데없는 주장으로 치부했을 것이다. 그러나 지 판사는 부정선거를 주장하는 사람들의 말에 일리가 있다는 심증을 가졌을 것이다.

그런 상태에서 대법원 재판연구관 임기를 마치고 일선 판사의 자리로 돌아갔는데 그 자리가 하필 중앙지법이었고 하필이면 자기한테 윤석열 대통령의 내란 재판이 배당됐다. 다른 판사들이라면 있지도 않은 부정선거를 파헤쳐보겠다며 계엄을 선포한 윤석열 대통령이 실성한 사람으로 보였을 수 있다. 그러나 지귀연 판사는 그렇지 않았을 것이다. 비록 자기가 모시는 대법관들이 당시에 부정선거는 없었다며 기각을 했지만 그날 하루종일 자기 눈으로 봤던 부정선거의 증거들이 눈에 밟혔을 것이다. 적어도 지귀연 판사는 윤석열 대통령이 계엄 선포의 이유로 꼽은 부정선거가 미친 사람들의 말로 들리지는 않았을 것이다.

나를 괴롭힌 오만의 유혹

윤석열 대통령의 비상계엄 선포로 그동안 표면에 드러나지 않고 내연했던 부정선거 이슈가 모든 사람들의 관심사로 급부상했다. 특히 그동안 나에게 조소와 멸시의 눈길을 보내던 우파 사람들은 나를 대하는 태도가 달라졌다. 그게 모두 윤석열 대통령의 덕이었다. 거리는 매일 같이 부정선거 진상규명과 윤석열 대통령 탄핵 기각을 요구하는 애국시민들의 목소리고 들끓었다. 그동안 잠잠했던 인물들이 집회 무대에 등장하기 시작했고 국민들의 열광적인 찬사와 주목을 받기 시작했다.

나는 이상한 내적 갈등을 겪고 있는 나 자신을 발견했다. 나의 마음 깊은 곳에서는 오만에 찬 목소리가 들려왔다. 아니, 부정선거를 내가 시작한 운동이잖아. 지난 5년 동안 얼마나 큰 고통을 겪으면서 여기까지 왔는데 다른 사람들이 저렇게 시민들의 각광을 받네? 내가 부정선거 운동을 처음으로 시작한 사람이라는 걸 모르는 사람들이 대다수일 텐데, 이건 좀 부당한 거 아닌가? 내가 모든 무대에 서서 연설하고 사람들은 모두 나의 지난 고통과 수고를 알아줘야 하는 것 아닌가?

이런 오만한 마음이 생긴 것은 나의 수양이 부족한 이유였지만 이내 나의 오만함을 반성한 내가 나는 자랑스럽고 기특하다. 결국은 이런 생각으로 마음의 평안을 얻을 수 있었다. 부정선거 운동을 네가 시작했다고? 정말? 하나님께 기도드렸던 생각은 잊어버린 거야? 하나님께 받은 소명이라는 건 거짓말이었어? 이 운동을 정말 네가 끌어왔다고 생각해? 너는 도구가 되겠다고 하지 않았었나? 주권자는 하나님이셔. 너는 하나님이 이끄시는대로 순종하며 여기까지 온 거고...

맞았다. 소명을 받아 순종하며 걸어온 길이었다. 이게 나의 일이니까 사람들이 나를 알아줘야 한다고 하던 내 마음 속의 오만은 곧 사라졌고 나는 마음의 평안을 얻을 수 있었다. 그렇게 되니 그동안 잠잠했으나 쓰임을 위해 부름을 받고 군중 앞에 서는 그 많은 사람들이 그렇게 고마울 수가 없었다. 그건 윤석열 대통령도 마찬가지였다. 부르심을 입고 자신의 모든 것을 던지고 그 소명 앞에 선 사람들에 대한 존경심이 일어났다.

그 마음을 담아 나는 광화문과 여의도에서 열린 전광훈 목사 집회와 세이브 코리아 집회에서 다음과 같은 간증을 했다.

오늘 저의 연설은 하늘과 여러분께 올리는 저의 간증입니다.

지난 2020년 어느날 그 새벽에 기도가 있었습니다.

총선이 끝난 뒤 대한민국에 불어닥칠 정치적 광풍 속에 정의의 기적을 이루는데 작은 도구로 저를 써주십시오.

하나님은 저에게 제가 바랐던 재선의 기쁨 대신 낙선이라는 가시 면류관을 씌워주셨습니다. 그러나 저는 불평하지 않았습니다. 저는 부정선거를 세상에 알리라는 소명을 주셨다는 사실을 깨달았습니다. 그 순간부터 지금까지 한눈 팔지 않고 고난의 외길을 걸어왔습니다, 여러분!

"하나님은 속이는 저울을 싫어하십니다."
선거는 주권자인 국민이 후보들에게 주는 지지도를 측정하는 저울입니다.

하나님은 저에게 23년 간의 기자 생활을 통해 참과 거짓을 분간하는 명철을 주셨습니다. 지난 선거는 모두 부정입니다. 수학적 공리와 통계의 법칙에 모두 어긋나는 투표 결과가 지난 8년간 거듭 나타났습니다. 큰 수의 법칙에 의해 서로 비슷해야 할 사전투표와 당일투표의 득표율이 10% 이상 달랐습니다. 그것도 이상한데 항상 민주당 후보만 유리했습니다. 서울의 425개동, 경기도의 599개 동, 인천과 세종, 울산의 모든 동에서 일률적으로 단 한 곳의 예외도 없이 민주당만 유리했습니다. 도대체 말이 되는 일입니까?

이렇게 될 확률에 대해 서울대 통계학과 박성현 교수님은 만약에 하나님께서 하신 일이 아니라면 100% 조작이라고 했습니다. 하나님이 얼마나 바쁘신데 그런 쓸 데 없는 일을 하시겠습니까? 바로 100% 조작이라는 말씀이셨습니다. 미국 뉴욕대학의 이석원 교수는 이렇게 될 확률은 이 세상이 창조된 바로 그 순간부터 지금까지 매일 로또 1등에 당첨될 확률보다 훨씬 더 희박하다고 했습니다. 만일 이렇다면 전세계 수학 교과서를 몽땅 새로 써야 합니다.

수학적으로 증명된 부정선거의 진상은 재검표로 드러난 빳빳한투표지, 화살표투표지, 일장기투표지, 배춧잎투표지, 본드먹은 투표지 등 수많은 실물 증거로 다시 한번 증명됐습니다, 여러분!

아직도 부정선거를 의심하는 분들께 말씀드립니다. 2000년 전 감람산에 오르던 중 예수님을 따르던 군중이 예수님을 향해 이스라엘을 구원할 메시아라고 하자 율법학자들은 그 말이 거짓이라며 저들의 입을 막아달라고 했습니다. 그 때 예수님은 말씀하셨습니다. "저들이 잠잠하면 그들 대신 돌들이 일어나 예수가 세상을 구할 메시아라고 소리치리라!"

지난 5년간 문재인 정권은 부정선거를 외치는 저의 입을 막기위해 무려 8건의 재판으로 저를 핍박했습니다. 그러나 그 고통과 조롱은 저에게 아무런 타격감을 주지 못했습니다. 그들이 저의 입을 막으면 뭐합니까? 지금 투표함에 보관돼 있는 가짜투표지들과 선관의 자료실에 영원히 박제돼 있는 거짓된 숫자들이 나 대신 들고일어나 부정선거라는 사실을 세상에 부르짖을 것입니다. 지난 4.15와 4.10 총선은 부정선거였습니다.

부정선거 척결하여 자유민주주의 수호하자!
국민의 명령이다, 부정선거 규명하라!

5년 간의 투쟁의 과정 속에 두려움도 있었습니다. 재검표가 실시될 때 만약에 재검표의 결과가 내 예상과 빗나가면 어쩌나 하는 두려움과 걱정도 있었습니다. 그러나 하나님은 말씀하셨습니다. "내가 명령한 일이 아니냐. 놀라거나 두려워하지 말라. 다만 강하고 담대하라."

저는 대통령 선거 투표를 마치고 쓰러져서 코로나 진단을 받고 생존 가능성이 40%밖에 되지 않는다는 말을 들었습니다. 그 때도 저는 담대히 죽으면 죽으리라 결심했습니다. 이 세상이 나를 부정선거와 싸우다 죽은 사람으로 기억해준다면 여한은 없다고 생각했습니다. 그러나 그 죽음의 골짜기에서 저를 살리셨습니다, 여러분!

저는 지난 대선에서 "부정선거 척결하여 정권교체 이룩하자."는 구호를 외치며 국민계몽과 부정선거 감시에 최선을 다했고 마침내 윤석열 대통령이 당선됐습니다. 우리가 정권교체를 원한 건 정권이 교체돼야만 민주당에 의해 저질러진 부정선거 진상을 규명할 수 있을 것이라는 믿음 때문이었습니다. 그리고 마침내 그 믿음이 실현되고 있습니다, 여러분!

지금 부정선거 진상규명을 위해 비상계엄을 선포하고 단지 그 이유만으로 종북·종중세력에 의해 체포된 뒤 극한의 두려움과 고통을 겪고 있는 사람이 있습니다. 그게 누굽니까? 그렇습니다, 윤석열 대통령입니다.

윤석열 대통령께 말씀드립니다. 자신의 사리사욕을 위한 것도 아닌데 이런 결단을 내려 가시밭길을 걷게 하시는데는 다 예비된 이유가 있습니다. 그러므로 말합니다. 내가 명령한 일이 아니더냐. 놀라거나 두려워하지 말라. 다만 강하고 담대하라. 네가 어디로 가든지 네 하나님 여호와가 너와 함께 하느니라!

심우정 검찰총장은 윤석열 대통령을 즉각 석방하라!
심우정 검찰총장은 죄없는 윤석열 대통령을 즉각 석방하라!

우리는 세상에 만연한 부정선거라는 거악을 없애는 이 의로운 싸움에서 반드시 승리할 것입니다. 부정선거는 좌우 이념의 문제가 아닙니다. 민주주의의 근간을 흔드는 문제입니다. 부정선거는 독재와 외세를 부르는 망국의 병입니다. 우리는 민주주의의 꽃이 돼야 할 선거가 자유민주주의를 해치는 흉기가 되도록 방치해서는 안 됩니다.

힘을 모아 싸웁시다. 싸우면 희망이 생깁니다. 현재의 싸움은 우리가 힘을 다해 싸우면 간신히 이길 수 있는 싸움입니다. 이 세상을 썩지 않게 하는 소금과 빛이 되어 이 어렵고 불의한 시대를 구해냅시다. 그 누구도 함락시킬 수 없었던 굳건한 여리고성도 오직 믿음에 가득찬 기도의 함성소리로 무너졌습니다. 오늘 우리의 이 외침이 점점 커지면 그 간절함이 하늘에 이르러 마침내 정의가 실현되고 공의가 이 땅에 강물처럼 흘러넘치게 될 것입니다. 자유 애국 우파여, 총 궐기하라!

함께 외칩시다.

국민의 명령이다, 부정선거 규명하라!
심우정 검찰총장은 죄없는 윤석열 대통령을 즉각 석방하라!
대한민국을 부정하는 친북·친중 반국가세력을 척결하라!
우리는 법치주의와 자유민주주의 체제를 수호한다!

22대 총선 공천에서 떨어졌다

나는 22대 국회에 또 도전했었다. 4년간 아스팔트 투쟁을 통해 얻은 교훈이 있다면 제도권 안에서 하는 투쟁이 훨씬 쉽고 효과도 크다는 것이었다. 부정선거를 알리기 위해 동분서주하는 과정에서도 행정부와 사법부, 경찰, 검찰, 언론까지 요지부동이었다. 신문에 한 줄 나기 위해서 워싱턴까지 가서 시위를 했는데 결국 미국에까지 가서 나라 망신을 시키는 매국노라는 기사만 돌아올 뿐이었다.

그런데 어느 날 좀 더 효과적인 싸움을 벌이자는 생각 끝에 기자들과 정치인들에게 좀 더 정성을 기울여보자는 생각이 들었다. 그래서 패스트트랙 재판 때문에 한 달에 한 번 꼴로 만나던 이만희 의원에게 식사를 함께하자며 도움을 청했다. 나는 의원 시절 각별한 관계였던 이만희 의원이 농수산위원회 소속인 것으로 알고 있었지만 위원회 소속에 관계없이 국회의원이면 원하는대로 대정부 질문도 할 수 있을 테니까 그 때를 위해 정보를 준다는 생각에 부정선거와 관련한 브리핑을 했다. 그런데 이 의원이 예상 밖으로 열심히 받아적고 질문도 하는 정성을 보였다. 웬만큼 이야기를 한 뒤에 자세한 내용까지 처음에 다 이야기하면 받아들이는 데 무리가 될 것 같아서 "여기까지만 하고 심화학습은 나중에 하자."고 했었다.

그러자 이만희 의원은 자신의 업무와도 관련이 되는 문제니까 좀 더 얘기를 해달라고 했다. 알고 봤더니 그 얼마 전에 위원회 재배정이 있었는데 경찰 출신인 이의원은 행정안전위원회, 그것도 여당 몫의 간사를 맡고 있었다. 행정안전위원회라면 선관위를 담당하는 직속 위원회였다. 나는 이것도 하늘의 뜻이라고 생각하고 열심히 내가 아는 것을 말해줬다. 이런 나의 노력은 그 후 이만희 의원이 행정안전위원회에서 벌인 빛나는 활동의 밑거름이 됐었다.

그런데 그런 만남이 있은 지 얼마되지 않았을 때 우연히 텔레비전을 보는데 텔레비전으로 중계되는 국회 본회의 대정부질문 때 이만희 의원이 한덕수 국무총리를 불러내서 부정선거와 관련된 질의를 하는 것을 듣게 됐다. 이만희 의원은 인천연수을 선거구 재검표 상황을 언급하면서 재검표의 결과 한 두 표가 바뀌었다면 있을 수 있는 일이라고 하겠지만 만약에 279표가 재검표 결과 바뀌었다면 그건 문제가 있는 게 아니냐고 물었다. 한덕수 총리는 분명히 문제가 있다고 생각한다며 사실관계를 들여다보겠다고 답했다.

우리가 2년 넘게 아스팔트에서 목이 쉬어라 외친 요구에 일절 답이 없던 정부가 국회의원의 한 마디에 검토하고 조사해보겠다고 하는 것을 보고 제도권 안으로 들어가서 직접 법을 고치고 해당 인사들을 불러 직접 추궁하는 것이 부정선거 제도를 뜯어고치는 데 훨씬 더 효과적인 투쟁방법이 되겠다는 나의 생각이 굳어졌다.

출마와 컷오프... 거듭되는 시련

나는 인천 송도에 사무실을 마련하고 출마 준비를 했다. 오랜만에 지지자들을 만나고 그들을 규합하는 활동을 했다. 내가 몇 차례 지역구 여론조사를 했을 때 나온 지지도와 인지도 조사 결과가 매우 높아서 크게 고무됐다. 특히 인지도는 93%에 육박했다. 출마 예상자를 넣고 돌려본 여론조사에서도 압도적인 1위였다.

내 지역구에서는 부정선거로 당선된 민주당 정일영 의원과 인천자유경제청장인 김진용, 국힘당 당협위원장을 맡고 있는 민현주, 그리고 윤석열의 비서 출신으로 KBS 기자 출신인 김기흥이 출마를 선언했다. KBS 후배로 현직 시절에 내가 아끼던 김기흥이가 송도로 이사 와서 살고 있다는 건 알고 있었지만 지역 연고가 없는 그가 출마를 결심했다는 얘기는 의외였다.

예비후보로서 선거 운동을 하는 중에 김기홍이 내 지지자에게 했던 얘기가 내 귀에 들어왔다. 민경욱 후보와 당신의 차이점이 무엇이냐는 질문에 김기홍은 민경욱 선배는 이미지가 나빠서 당선이 안 된다고 얘기를 했다고 한다. 왜 이미지가 나쁘냐고 했더니 부정선거를 주장해서 이미지가 나빠서 당선될 수가 없다고 했다고 한다. 내 지지자가 당신은 부정선거가 없다고 생각하느냐고 캐묻자 얼버무리고 자리를 피했다는 것이다. 자기가 윤석열 대통령의 비서 출신이라고 얘기하며 표를 얻으려 했던 김기흥은 결국 선후배 관계도 무시하고 내가 부정선거를 주장하고 다닌다는 이유로 내 자리를 빼앗으려 지금 이 지역에 살고 있다는 사실 빼고는 단 한 가지 연고도 없는 송도에서 출마를 결심한 것이었다. 기가 찼다.

이후 벌어진 공천심사 과정에서 국힘당은 내가 부정선거를 주장하고 있다는 이유로 나를 컷오프시켰다. 그 자리에 있던 이철규 의원은 내 얼굴도 보지 않고 단 한 번 눈도 마주치지 않았고 한동훈계로서 공천위원 자리에 있던 장동혁은 내가 유명하고 능력있는 후보라는 얘기를 하자 신경질적으로 유명하면 공천을 줘야 하느냐는 말을 하고 나를 컷오프시켰다.

나는 송도 3교에서 퇴근길 차량을 대상으로 선거운동을 하던 중에 컷오프 소식을 들었다. 이상하게 차분했다. 그길로 사무실로 돌아와서 컷오프의 부당성을 알리고 대신 하나님께서 예비하신 다른 길이 있을 것이라고 담담하게 얘기했다. 그러나 내상은 깊었다.

내가 공천을 줬던 시의원들을 영입한 김진용 후보는 여러가지로 얽힌 사법 리스크 때문에 나와 하루의 시차를 두고 컷오프됐다. 결국 만만한 민현주와 김기흥이 맞붙었는데 부정선거로 얼룩진 경선에서 김기흥이 공천됐다. 김기흥은 자기가 그 존재를 믿지 않았던 부정선거의 결과로 본선에서 민주당 정일영 후보에게 패배했다. 불법선거로 떨어졌다는 소리는 당연히 그의 입에서 나오지 않았다.

고민 끝에 결정한 신당 창당

나는 컷오프된 이후 지지자들과 함께 진로를 고민했다. 정계 은퇴와 신당 창당, 무소속 출마를 놓고 고민을 거듭한 끝에 신당을 창당해 부정선거 투쟁을 계속하기로 했다. 창당을 위해 동분서주하던 중에 대한당에서 연락이 와서 합당을 하자고 했다. 우리로서는 창당의 고단함을 덜 수 있는 고마운 일이었다. 합당은 쉬웠으나 이질적인 두 집단이 화학적으로 결합하는 데는 큰 어려움이 따랐다. 우리는 가가호호공명선거대한당이라는 긴 이름의 당을 만들어 비례대표 당선을 위해 최선을 다했으나 미미한 성적을 거두고 원내 진입에 실패했다. 우리는 다만 선거운동 기간 내내 부정선거 사실을 세상에 알렸고 전국의 유권자들에게 부정선거를 알리는 선거홍보문을 보낸 사실에 만족해야 했다.

합당을 하면 나의 유명세로 금방 국회의원이 될 줄 알았던 일부 출마자들의 실망을 뒤로 하고 우리는 다시 분당을 하기로 결정했다. 이후 이름을 바꾼 가가호호공명선거당으로 독자적인 창단 작업을 펼쳤지만 6개월의 노력에도 불구하고 대전 지역에 필요한 수의 당원을 확보하는 데 실패하면서 창당을 다음 기회로 미뤄야 했다.

연거푸 두 번 국회의원 선거에서 떨어져 국회 입성에 실패하면서 하늘에 대한 원망도 생겼다. 나의 명예와 출세를 위해 국회의원이 되려는 것이 아닌 것을 잘 아실 하나님이 나에게 이런 시련을 주신다는 생각에 큰 실망을 느꼈다. 몸도, 마음도, 명예도, 건강도 한계에 부딪힌 느낌이었다. 그 때 평소에 존경하는 전갈렙 목사님과 구자경 목사님의 인도로 두 번째 이스라엘 성지순례를 떠나게 됐다. 두 번째 방문이었는데 첫 번째 방문과 비교할 때 나의 상태는 너무나 달랐다. 나는 지쳐 있었고 희망을 찾을 수 없었다. 소명을 받은 이후 내가 할 수 있는 일이 있다고 생각하고 달려온 길이었다. 이제 그 길이 끝나가고 있는 것일까?

나를 미리 위로하신 하나님

그 때 생각나는 한 장면이 있었다. 공천을 받기 전에 예비후보로 선거운동을 벌일 때 집 근처에 있는 제자교회에서 새벽기도를 들일 때였다. 기도 중에 깜빡 졸았는데 감고 있는 눈 앞에 격자 무늬 같은 것이 보이더니 그 가운데에서 어떤 모습이 나타나 점점 커지고 있었다. 비몽사몽의 상태 중에도 하나님께서 내게 무엇인가를 분명히 보여주시려고 하는가 보다 하는 생각이 들었다. 그걸 내가 소리내서 입으로 물었을 정도였으니까... 그 모습은 서서히 점점 커졌는데 바로 예수님의 얼굴이었다. 그 얼굴이 점점 가까워지는데 가만히 보니 눈에 눈물이 고여 있었다. 예수님은 나를 불쌍히 여기는 긍휼로 가득찬 모습으로 눈물을 흘리고 계셨다. 점점 커진 그 얼굴은 나의 왼쪽 아래에서 올라와 내 얼굴을 스치고 오른쪽 위로 사라졌다.

나는 그 모습이 예수님께서 나를 사랑한다는 징표를 보여주신 거라고 생각했다. 그리고 그 놀라운 경험을 주위에 있는 분들과 공유하기도 했었다. 그 때 보여주신 눈물의 의미, 나를 불쌍하게 바라보시던 그 얼굴의 의미가 예루살렘에서 다가왔다. 내가 모르고 너의 손을 놓은 것이 아니라는 주님의 예시였던 것이다. 마치 이런 말씀을 하시는 것 같았다. 네가 바라는 것이 무엇인지는 내가 잘 알고 있지만 아직 때가 이르지 않았으니 내 섭리에 몸을 맡겨라. 네가 간절히 기도하는 것이 이뤄지지 못했을 때 네가 느낄 슬픔과 실망감을 내가 알고 있노라…

하나님이 주신 소명인 부정선거를 세상에 없애는 일의 관점에서 보면 그 과정이 조화롭다. 아무것도 없이 시작된 일이었지만 하나님은 필요한 때에 필요한 사람과 물질을 연결시켜 주셨다. 세상 사람들의 관심에서 부정선거가 멀어지면 그를 다시 불러일으킬 지혜를 내게 주셨다. 부정선거를 세상에 알리는 일이 5년을 향해 달려갈 때, 더 이상 불을 지필 기력이 다했다고 생각할 때 하나님은 기적 같이 윤석열 대통령으로 하여금 부정선거를 세상에 알리는 계엄을 선포하게 하셨다. 그 이후 전한길 강사, 이영돈 피디, 그리고 수많은 2030 세대들을 불러 세워 부정선거 투쟁 전선에 든든한 전사로 함께 서게 하셨다.

부정선거 투쟁이 사람의 힘으로 감당하는 일이 아니라는 사실에 생각이 미치자 지난 5년간의 투쟁의 역정이 주마등처럼 떠올랐다.

21대 총선 공천에서 떨어졌다

청천벽력이었다. 공천심사를 받기 위해 들어갔을 때 김세연 공심위원의 비웃는듯한 태도가 마음에 걸리긴 했었다. 왜 공천심사위원회에 유승민 계열의 김세연을 앉혀놓았나? 황교안 당대표에 대한 불만이 있긴 했지만 설마 이런 일이 있을 수 있다고는 꿈에도 생각해본 일이 없었다. 평소에 안면이 있는 김형오 공천위원장이 "민경욱 의원은 이번 위기만 잘 극복하면 큰 정치인이 될 소지가 있는 사람이라고 생각한다."고 말한 것도 비로소 이해가 됐다. 그는 공천위원장 자리에 앉아서 나를 공천에서 떨어뜨리기 위한 모종의 움직임이 공천관리위원회 안에서 진행되고 있다는 것을 미리 감지하고 있었던 것이다.

어쨌든 내가 공천에서 떨어졌다. 과학기술통신위원회와 건설교통위원회, 그리고 두 번에 걸쳐서 예산결산특별위원회 위원으로 활동하면서 지역구인 송도에 GTX-B 노선을 유치해 건설을 확정하고 송도체육센터를 세우는 등 동분서주했던 4년이 주마등처럼 흘러갔다.

내 대신 공천을 받은 사람은 민현주. 박근혜 대통령의 배려로 비례대표가 됐지만 유승민의 대변인을 하면서 대통령 배신에 앞장섰던 인물이었다. 모르긴 몰라도 내가 국회의원을 하는 4년 동안 지역구 송도에서는 단 하루 잠도 자지 않았던 사람이었을 것이다. 그렇게 송도에는 연고가 하나도 없는 사람이었다.

내 지역구에서는 믿을 수 없는 소식에 다들 술렁였다. 그들이 나의 공천 탈락의 이유로 꼽은 것은 이른바 막말이었다. 내가 이른바 그 막말을 하게 만든 야당 대변인의 역할이 무엇인가? 아픈 말로 대통령과 정부, 그리고 여당을 공격하는 것이 아니던가? 나의 공식 논평과 SNS를 통한 공격이 아파서 결국 '메신저를 공격해 메시지를 무력화' 시키려는 저들의 농간에 우리 당이 넘어간 것인가? 대변인은 잘하면 입이 거친 사람이라고 외부에서 욕을 먹고, 대강대강 하면 아무 일도 하지않으며 몸을 사린다고 내부에서 욕을 먹는다던 권영세 의원의 조언이 생각났다.

보수 세력은 격분했다. 거의 모든 보수 유튜버들이 나의 공천탈락 소식을 이해할 수 없다며 목소리를 높였다. 같은 당 국회의원들마저 만약에 공천에서 떨어지면 무소속으로라도 출마해서 이겨서 돌아오라고 조언을 할 정도였다. 나의 신흥초등학교, 동인천중학교 선배이신 김포 출신 홍철호 의원이 30명이 넘는 동료의원들의 서명을 받아서 민경욱 공천 탈락이 부당하다며 당지도부에 제출해서 응원을 해주셨다. 그 은혜는 내가 죽는 날까지 잊지 않을 것이다.

공천 탈락이 발표됐으니 캠프에서 할 일이 없었다. 저녁 회식을 하려고 모인 보좌진들이 눈물을 흘리며 분개했다. 내 눈에서도 눈물이 흘러나왔다.

호기롭게 새벽기도를 했다

나는 공천탈락이 잘못된 일이라고 생각했다. 그렇기 때문에 반드시 시정될 것이라고 믿었다. 그러나 나 대신 내 지역구에서 21대 총선에 출마할 후보가 정해진 이상 대낮에 선거운동을 하며 돌아다닐 수는 없었다. 나는 충격에 빠졌고 우울했다. 그러나 거기서 주저앉을 수는 없었다. 나는 새벽기도를 다니기로 마음 먹었다. 새벽기도를 왜 다니느냐고 나무랄 사람은 없었다. 기도야 선거 때가 아니어도 하는 것이니까…

새벽에 지친 몸과 마음을 추스리고 몇몇 교회를 정해서 기도를 나섰다. 그 때 나는 내 입으로 다음과 같이 기도했다. 3년이 넘게 지났지만 그 기도 내용은 아직도 생생하다.

"주님, 이번 총선이 지나면 한반도에 불어닥칠 정치적 광풍 속에서 제가 기적을 이루는데 작은 도구가 될 수 있도록 도와주세요."

이런 기도를 했다고 하면 다들 "아니, 그 때 벌써 부정선거가 일어날 것을 예측했던 거냐?"고 물으신다. 사실은 전혀 아니었다. 내 심정은 이랬다.

어차피 잘못된 공천은 바로잡힐 것이다. 그리고 나는 반드시 당선될 것이다. 또 이번 선거 결과로 우리 미래통합당(국힘당의 전신)이 원내 과반 의석을 차지할 것이다. 그러면 지난 3년 동안 문재인 대통령이 집권해서 민주당이 제정한 많은 악법들을 다시 제자리로 돌려놓기 위해 많은 노력이 필요할 것이다. 민주당은 민주당대로 필사의 저지 활동을 펼칠 것이다. 그런 와중에 정치적으로 큰 싸움이 벌어질 것이다. 그 때 싸울 줄 아는 투사인 내가 재선의원으로서 원내에서 큰 활약을 할 수 있도록 도와달라는 기도였다.

또, 다음 국회의원 임기 중에 대통령 선거가 있으니 청와대에서 대통령을 모셔본 경험이 있는 내가 새로운 우파 대통령 탄생의 주역이 되겠다는 소망이 담긴 기도였다. 과거 한때 우리가 뽑은 대통령을 탄핵으로 잃는 가슴아픈 일이 있었지만 이번에는 절대로 그렇게 하지 않겠다는 의지도 담겨 있었다.

중요한 건 이 기도를 내가 반복해서 통성으로 했다는 사실이다. 남이 시킨 게 아니고 내가 스스로… 나중에 이 간증을 들은 김영신 목사(국가바로세우기시민연합 대표)가 하나님의 예언을 나의 목소리를 통해서 들은 것이라고 하셨는데 그 말씀이 정확했다.

"나는 재선의원이 돼서 초선 때보다 더 큰 힘으로 원내에서 의정을 이끌고 각종 악법을 개정해 원위치 시키고 우파 진영에서 훌륭한 인물을 골라서 그 분이 차기 대통령이 될 수 있도록 도울 것이니 그 정치적 흙먼지 속에서 주님께서 뜻하시는 기적이 이뤄지는데 저를 작은 도구로 써주십시오." 이게 내가 기도에 실어서 보낸 뜻이었다.

나는 또 속으로 "이번 선거가 어려운 모양이다. 그냥 치러서는 당선되지 않는 어려운 선거라서 시련을 주시고 그를 통해 더욱 유명한 사람으로 만들어서 더 많은 지지를 받도록 하나님께서 주신 기회로구나." 그렇게 생각했을 뿐이었다.

그러나 하나님의 뜻은 달랐다. "너는 이번 총선에서 운명적으로 떨어진다. 떨어져야지 그 일을 맡을 수 있다. 떨어진 뒤에 한반도뿐 아니라 전 세계에 불어닥칠 부정선거와의 싸움에 바로 너를 쓰리라. 그 부정선거라는 거악과 싸워 이기는 게 바로 기적이며 너는 나의 도구로 쓰임을 받을 것이다."

나는 그 사명과 소명에서 도망치고 싶었을까? 이상하게 그렇지 않았다. 지금 생각해도 그렇다. 나는 부정선거와 싸우라는 주님의 말씀에 순종하고 그 소명을 온 몸으로 껴안았다. 하나님께서는 그러셨을 것이다. "경욱아, 네가 네 입술로 한 기도가 아니었더냐? 네 기도와 소원대로 내가 너를 쓰리라…"

우파 유튜버 이봉규 박사가 2020년 5월 5일 경기도 과천 중앙선거관리위원회 앞에서 나의 연설을 처음 듣고 던진 말이 기억난다.

"민경욱 의원, 이번 총선에서 떨어져 줘서 고맙습니다."

총선에서 떨어지지 않았으면 부정선거를 규명하는 이 길로 접어들지 않았을 것이라는 얘기였다. 나도 그 분의 말씀에 100% 동감한다. 떨어지기 힘든 선거에서 나를 떨어지게 하신 것도 하나님의 섭리다. 내가 당선됐다면 교만한 마음에 어찌 뒤를 돌아보고 부정선거를 징치할 마음을 먹을 수 있었겠는가? 나도 지금 국회에 들어간 그 많은 당선자들과 같이 비겁하게 행동할 수밖에 없었을 것이다. 나는 왜 내게 이런 형극의 길을 가게 하셨느냐고 하나님께 불평도 할 수 없다. 왜? 바로 내가 내 입으로 이런 모든 상황을 스스로 예견하는 기도를 하지 않았는가? 모든 것을 합력하여 선을 이루시는 하나님께 모든 것을 맡길 뿐이다.

황교안 대표를 독대했다

홍철호 의원이 조언했다. 황교안 대표를 만나보라고… 그걸 해서 뭘 하나 싶었지만 황대표에게 면담 신청을 했다. 황대표가 시간과 장소를 통보해왔다. 종로의 어느 음식점이었다. 나 말고도 공천과 관련해서 면담을 하려는 사람들이 눈에 띄었다. 나는 황교안 대표와 마주 앉아 얘기했다.

"대표님, 이번 공천은 잘못됐습니다. 이번 공천은 유승민의 반란입니다. 저는 대표님께서 당에 들어오시기 전부터 이미 열심히 일하는 훌륭한 국회의원이었습니다. 저는 국회의원으로 생활하던 4년간 연속으로 국정감사 우수의원으로 선정됐습니다. 인천시당위원장과 당대변인, 원내대변인, 정책위부의장과 홍보위원장 등 모두 28개의 당직과 국회직을 맡고 있었습니다. 이번 공천을 이대로 두면 향후 정치 행보의 주도권을 유승민에게 빼앗기게 됩니다. 제가 칠칠치 못해 심려를 끼쳐 죄송합니다."

황교안 대표는 말했다.

"제가 죄송합니다."

면담은 비교적 짧게 끝났다. 어색한 속에서 식사를 마치고 어두운 밤길에서 우리는 헤어졌다.

공천을 뒤집고 경선에서 이겼다

이후 몇 차례 공천관리위원회가 있었고 최고위원회가 열렸다. 그를 통해 내 지역구에 단독 공천을 받았던 민현주의 공천이 취소되고 경선이 실시됐다. 경선 결과 나는 상대가 누린 여성 후보 우대의 핸디캡을 극복하고 승리했다. 사필귀정이었다. 민현주는 펄펄 뛰었지만 사태는 그렇게 정리되는 듯싶었다.

그러나 그게 아니었다. 경선 이후 본격적인 선거운동을 펼치던 나에게 민현주 측은 딴지를 걸었다. 내가 만든 카드 뉴스 중의 한 문구가 사실과 달라서 내가 당선되더라도 당선이 무효가 될 것이라고 주장하고 나선 것이었다. 그 내용은 내가 주도적으로 개정한 법률이라고 기재한 법안들 가운데 아직 본회의를 통과하지 못한 것이 포함됐다는 내용이었다. 민현주 측에서는 공천이 다시 취소된다고 호들갑을 떨었으나 최고위원회의에서 그 주장을 받아들이지 않았다. 나는 천신만고 끝에 드디어 출마를 했고, 이 정도 했으면 당선이 당연하다고 모두가 생각했다.

출마했으나 낙선했다… 매우 이상했다

우리 지역은 전국적인 관심지역구였다. 나와 민현주의 공천 싸움도 싸움이었지만 KBS 9시 뉴스 앵커와 청와대 대변인을 지낸 나와 인천공항공사 사장을 지낸 정일영 민주당 후보, 그리고 정의당 당대표였던 이정미 후보가 삼파전으로 맞붙는 열전 지역이었다. 나는 정의당 이정미가 눈엣가시로 신경이 쓰였지만 내 보좌진들은 우파 지역에서 좌파 후보가 두 명이나 짱짱하게 붙으니 우리로서는 좋은 일이라고 분석했고 나도 그를 받아들였다.

그런 유리한 구도 속에서 우리 지역에서는 우파의 유일한 후보인 나의 무난한 당선이 예상됐다. 선거운동을 하면서 우리 지역에 있는 청량산 정상에서 유권자들을 만났을 때 그들이 얘기했다.

"아이고, 당선은 떼놓은 당상인데 뭘 여기까지 와서 고생을 합니까? 어서 내려가십시오."

그런가 싶었다. 당시는 문재인 대통령이 펼쳤던 부동산 정책과 소득주도성장 등이 실패를 거듭하던 시기여서 당내 다선의원들도 자신들의 오랜 정치 경험상 이번 선거는 분명히 미래통합당이 대승을 거둘 것이라고 예상하고 있었다.

전국적인 관심을 반영하듯 선거를 앞두고 우리 지역에 출마한 세 명의 후보를 두고 많은 여론조사가 실시됐다. 나는 청와대 대변인과 KBS 워싱턴 특파원, 그리고 9시뉴스 앵커 등으로 쌓은 월등한 지명도와 현역 국회의원이라는 타이틀에 힘입어 10번 실시된 여론조사에서 예외없이 모두 1등을 차지했다. 송도 밀레니엄 빌딩에 마련한 선거사무소는 매일 방문객과 지지자들로 넘쳐났다.

드디어 4월 15일 오후 6시! 각 방송사의 출구조사가 방송됐다. 예상대로 내가 승리할 것이라는 예측 방송이 나왔다. 대기하고 있던 지지자들이 환호성을 질렀고 나는 옆에 있던 어머니와 아내, 딸, 아들과 함께 예고된 당선의 기쁨을 나눴다.

그 때부터 다음날까지 어떤 일이 벌어졌는지를 생각하면 지금은 잘 생각이 나지 않는다. 짙은 안개에 쌓인 것 같은 혼돈과 어지러움이 있었을 뿐이다. 뭔가 이상했다. 시시각각 나와야 하는 우리 지역의 개표 결과는 딱 한 번 내가 이기는 걸로 방송된 이후 TV 화면에서 자취를 감췄다. 그리고 시간이 지나 새벽이 가까워지는데 개표소에 나가있던 참관인이 보내오는 보고들로부터 이상한 분위기가 감지됐다. 당일 투표에서 이겼기 때문에 낙승을 예상했는데 사전투표함이 개함되고 시간이 갈수록 그 차이가 줄어든다는 보고가 올라왔다. 그러다가 사전관내투표에서 승패가 뒤집어졌다고 하더니 새벽에 진행되는 사전관외투표의 개표결과는 볼 것도 없다며 참관인들이 철수하기 시작했다. 아니, 이럴 수가 있나?

멍했다. 아니, 내가 졌다고? 4년간의 분투와 10번의 여론조사 승리, 그리고 출구조사 승리, 당일투표의 승리는 다 어디 가고 정말로 내가 졌다고? 이해할 수가 없었다. 그러나 승패는 병가지상사였다. 정리를 하고 집으로 돌아왔다. 함께 귀가한 딸이 자기 방으로 들어가면서 울음을 터뜨렸다. 그 때 비로소 패배를 실감했다. 미안했다…

황교안 대표가 갑자기 사퇴했다. 김종인이 득세했다

중앙당에서는 신기한 일이 벌어졌다. 황교안 대표가 아직 개표가 완료되기도 전에 대표직 사퇴를 선언했다. 이게 무슨 일인가? 나는 주변 참모들 가운데 어떤 바보같은 자가 황 대표에게 "지금 깨끗하게 패배의 책임을 지고 사퇴하는 게 낫다."고 조언을 했다고 생각했다. 그런데 나중에 황교안 대표에게 직접 확인한 결과는 달랐다. 황대표는 그 새벽의 대표직 사퇴를 자신이 결정했다고 말했다. 자신이 그 때 사퇴하지 않았으면 민주당이 더 많은 공격을 준비하고 있었다는 걸 자신은 알고 있었다는 알듯모를듯한 얘기를 했다.

결과적으로 당 지도부는 공석이 됐다. 선거 패배에 따른 원인 분석과 그 책임을 따져볼 상황이 사라졌다. 나로서는 이상한 선거결과에 대해 어디에 하소연이라도 해보고 싶었지만 그 자리가 휑하니 비어있었다. 이 자리는 결국 김종인이라는 그 정체성이 불분명한 정치인이 채우게 되고, 그에 빌붙은 천둥벌거숭이 같은 이준석이 부상하면서 결국 나중에 당대표까지 되는 기현상을 빚는 단초를 제공했다. 이준석은 비대위원으로 당 지도부에 편입돼 초기부터 당내에서 부정선거 담론을 질식시킴으로써 민주당이 부정선거에 대해 아무 말도 하지 않아도 되는 기막힌 상황을 만들어 줬다. 부정선거의 최대 피해자인 당에서 부정선거가 없다고 하니 언론도 부정선거에 대해 보도를 할 일이 없었다.

유정화 변호사의 눈물로 법정 투쟁을 결심했다

4월 16일 아침. 나는 모든 것이 혼란스러운 상황에서 잠을 청했다. 짧은 잠을 자고 일어나니 세상이 이상했다. 내 눈 앞에 벌어진 상황이 현실같이 느껴지지 않았다. 도대체 무슨 일이 일어난 건가? 그러나 이미 진 상황에서 내가 무슨 일을 할 수 있을까를 생각했다. 그런 와중에 열어본 SNS에서 평소에 알고 지내던 유정화 변호사의 글이 눈에 띄었다.

"의원님, 새벽까지 개표상황을 지켜봤습니다. 의원님이 패배하신 걸 확인한 뒤에 자려고 세수를 하는데 눈물이 터지더군요. 고생하셨습니다."

유정화 변호사는 다음날 또 문자를 보내왔다.

"선거무효소송을 한 번 해보시는 게 어떻겠습니까? 김앤장 같은 곳이 좋겠지만 그런 곳은 비싸니까 우리들이 한 번 같이 해보면 어떨까요?"

법정투쟁이라… 이 사안을 법정으로 끌고 가서 정의의 심판을 받게 하면 좋겠다는 생각이 들었다. 평소에는 할 수 없었던 생각이다. 변호사 비용이 얼마나 들까 걱정이 됐지만 그렇게 선의로 함께 싸워주겠다는 말을 해주는 사람들과 함께라면 어려워도 해낼 수 있을 것 같았다.

그 때 함께 뜻을 모은 사람이 유정화, 박주현, 문수정 변호사다. 이들 외에 석동현 변호사가 합류하기로 했고 그의 변호사 사무실에 함께 일하던 김모둠 변호사가 역시 함께 싸우기로 했다. 그 이후에 도태우 변호사, 이동환 변호사, 그리고 권오용 변호사가 속속 합류했다. 제일 나중에 유승수 변호사가 합치면서 나는 9인의 변호인단을 꾸릴 수 있게 됐다.

총선 대승을 맞이하는 그들의 이상한 방식… 민주당 의원들이 한 명도 웃지 않았다

그러고 보니 부정선거를 한 눈에 알아볼 수 있는 수상한 장면은 대중이 눈치채기 전에 이미 많이 노출됐었다. 지금 생각하면 그런 일들이 일어났을 당시 왜 우리들은 그를 바로 알아차리지 못했을까 궁금할 정도다. 일반인들은 그렇다고 쳐도 어떻게 눈치 빠른 기자들의 관심을 끌지 못했을까? 가장 이상한 게 180석 확보라는 대승을 거둔 민주당 지도부의 반응이었다.

크건 작건 투표가 있는 날이면 기자들은 투표가 끝나는 오후 6시에 맞춰 각 당이 마련한 상황실을 찾아간다. 투표가 끝나는 오후 6시 정각에 공중파 방송국들이 발표하는 출구조사에 맞춰 각 당 당직자들의 반응을 촬영하기 위해서다. 이긴 쪽은 환호하고 진 쪽은 슬퍼한다. 그런 희비의 쌍곡선이 극적으로 나타나는 상황은 극히 드물다. 총선만 따지면 4년 만에 딱 한 번만 목격할 수 있는 희귀한 장면일 수밖에 없다. 그래서 사진 기자들은 그 순간의 반응을 놓치지 않기 위해 미리 좋은 자리를 차지하기 위한 극심한 눈치작전을 펴기도 한다.

그런데 참으로 이상한 일이 벌어졌다. 저녁 6시 정각, 민주당이 180석을 얻을 것이라는, 우파인 나로서는 도저히 믿을 수 없는 결과가 발표됐는데도 텔레비전으로 생중계되는 민주당 당직자들은 단 한 명도, 정말 단 한 사람도 웃는 사람이 없었다. 그건 참으로 희한한 일이었다. 박수는 치고 있었지만 단 한 명도 웃지 않았다. 불과 2년 전 추미애가 당대표를 하고 있던 시절에 지방선거에서 민주당이 이겼을 때의 사진과 비교하면 너무나 큰 차이가 났다. 그 때 추미애와 당직자들은 입이 찢어져라 웃고 박수치며 승리의 순간을 만끽했었다. 그런데 지방선거보다 훨씬 더 중요한 국회의원 총선에서 전례 없는 180석의 대승을 거뒀는데도 그들은 왜 단 한 명도 웃지 않았을까? 안 웃기만 한 게 아니었다. 이낙연 대표는 아예 일어나서 손으로 사람들을 제지했다. 박수조차 치지 말라는 행동이었다.

도대체 무슨 일이 일어난 걸까? 이 이해할 수 없는 장면은 내 뇌리 속에 깊이 박혀 있었다. 그래서 미국에 갔을 때 부정선거를 증명하는 직관적인 증거라고 미국 전문가들에게 설명을 한 적이 있을 정도다. 그 때 미국 해병대 정보부대 출신의 변호사 한 사람이 내게 믿을 수 없다는 듯이 살짝 웃으며 물어본 적이 있다.

"이거야 카메라의 마술이 아닙니까?"

방송기자 출신인 나는 그 말의 뜻을 바로 알아들었다. 1초 전과 1초 후가 다른 상황에서 카메라가 포착한 여러 순간 가운데 웃는 사람이 없는 순간에 찍힌 사진을 골라와서 그런 주장을 펴는 것이 아니냐는 극히 합리적인 의심에서 비롯된 질문이었다. 그래서 나는 대답했다.

"정지된 스틸사진이 아니라 그날 출구조사 발표 순간을 촬영한 동영상을 처음부터 끝까지 봐도 마찬가지입니다. 웃는 사람은 단 한 명도 없었습니다."

왜 그들은 환호를 했어야 하는 순간에 웃지 못했을까? 그들은 180석을 차지할 거라는 믿을 수 없는 이야기를 사전에 당지도부로부터 들었을 수 있다. 그러던 차에 "에이, 설마?" 하고 반신반의하던 상황이 텔레비전 화면을 통해서 일제히 발표되는 걸 보게 돼서 그런 표정을 짓게 된 것이 아닐까? 나라면 그랬을 것 같다. 자, 그럼 묻는다. 누가 그런 불가능한 상황을 그렇게 정확하게 예언할 수 있었는가? 그가 누구길래 당직자들까지도 받아들일 수 없는 허황된 투표결과를 만들어낼 수 있었는가? 떠오르는 한 사람이 있었다.

선거 대승의 일등공신 양정철은 입술을 떨며 정계은퇴를 선언했다

출구조사 결과 발표 순간, 민주당 당직자들도 표정 관리를 할 수 없을 만큼의 대승을 이루게 한 민주당의 일등공신은 누구였나? 바로 양정철이었다. 민주당 내 씽크탱크인 민주연구원의 원장인 그는 총선 승리를 위해 중국을 제 집처럼 드나들며 중국 공산당 간부의 사관학교 격인 중국 당교와 MOU까지 맺고 텐센트, 화웨이 등 중국 빅테크 기업들과 함께 빅데이터 활용 방안을 연구했던 모사꾼이다.

양정철을 보면 생각나는 사람이 있다. 아들 부시 대통령의 재선을 이끌었던 공화당의 선거전문가 칼 로브다.

미국에서는 대선이 끝나면 여러 장소에서 축하 파티가 열린다. 미국의 수도 워싱턴의 펜실베니아 애비뉴에서 열리는 첫 번째 파티는 TV 방송으로 전국에 생중계된다. 그 파티는 다음과 같은 순서로 진행된다. 먼저 부통령이 짧은 인사말을 하고 대통령 당선자를 소개한다. 당선자는 나와서 부통령에게 짧은 감사 인사를 하고 자신의 부인과 자녀, 선대본부장을 차례대로 소개하며 그들의 노고를 치하한다. 그 다음엔 선거 승리에 공로를 세운 사람들을 그 공의 순서대로 이름을 부르며 그들에게 감사 인사를 전한다.

지난 2005년 아들 부시 대통령이 재선을 할 때 가족과 선대본부장에 이어 첫 번째로 이름을 불린 사람이 바로 칼 로브다. 1950년생인 칼 로브는 선거 전략가로서 부시 대통령의 재선 운동 때는 미국 북부 러스트벨트 지역의 화이트 칼라, 기독교인, 중년층과 노년층을 투표장으로 불러오면 이긴다는 전략을 세우고 그에 공을 들인 끝에 승리를 이끌어낸 브레인이었다.

부시 대통령은 입술 한쪽 끝을 올리는 특유의 코믹한 미소를 지으며 그를 이렇게 단 한마디로 소개했다.

"Karl Rove, the architect! (승리의 설계자, 칼 로브!)"

그 한 마디로 족했다. 칼로브는 칼로브대로 매우 만족스러운 미소로 그 인사를 받았다. 이 장면이 나에겐 참으로 인상적이었다. 선거 하나만 잘하면 나이나 직책에 관계없이 대통령으로부터 저렇게 큰 신임을 받는구나 하고 생각했다. 그 칼 로브는 부시 대통령이 재임한 상당기간 동안 대통령 비서실의 부실장으로서 실권을 누리며 대통령을 도와 미국 정계를 지배했다.

자, 한국의 지난 20대 총선에서도 칼 로브와 같은 혁혁한 공을 세운 사람이 있었으니 그가 바로 양정철이다. 한보철강 정태수 회장의 비서로 활동하다가 정계에 입문해서 민주당의 싱크탱크인 민주연구원 원장으로서 21대 총선을 진두 지휘한 민주당의 브레인이다. 1964년생으로 이재명과 동갑인 이 자는 중국과 한국을 오가며 중국 공산당의 선거 개입에 다리를 놓은 4.15 부정선거의 최대 주범이다. 그러나 어쨌든 민주당에게 전례 없는 180석을 안긴 민주당 승리의 최대 공로자임에는 틀림이 없었다. 그는 미국의 북부 러스트 벨트에서 노년층 백인 기독교인들을 투표장으로 끌어내면 재선을 노리던 공화당의 부시 후보가 분명한 승리를 거둘 것이라고 진단한 미국 공화당의 칼 로브와 같은 급의 인물이었다.

내가 양정철이라면 대승을 확인한 뒤에 어떻게 행동했을까? 나라면 우선 문재인 대통령에게 자기의 공을 인정받길 원했을 것이다. 칼 로브가 부시로부터 "총선 대승의 설계자"라는 칭찬을 받았듯이 양정철도 그런 대통령의 칭찬과 인정을 원했을 것이다. 그리고 자기가 국가와 정권을 위해 더욱 큰 역할을 할 수 있는 자리를 요구했을 것이다. 대통령 비서실장도 좋고, 미국이나 일본, 중국 등 주요국가의 대사 자리를 요구해도 이상한 일이 아니었을 것이다. 아니면 국영기업이나 공기업의 사장 자리는 어땠을까? 그 어느 것이 됐더라도 자연스러웠을 것이다. 그러나 양정철은 그런 것을 요구하지 않았다.

대신, 출구조사가 발표됐을 때 대승 소식에도 아무도 웃지 않았던 민주당 상황실의 모습보다 더 황당한 일이 벌어졌다. 양정철이 느닷없이 정계 은퇴를 선언한 것이다. 아무도 예상하지 못했던 반응이었다. 양정철은 민주당 대승이 발표된 바로 다음날 기자들을 만나서 얘기했다.

"총선에 나타난 국민의 뜻이 너무나 무섭고 두렵습니다. 저는 정계를 떠나겠습니다."

양정철의 이 말은 대승을 거둔 민주당 선거책임자가 아닌 대패를 한 미래통합당 선거책임자가 해야 할 말이었다. 무려 180석을 국민들이 민주당에게 밀어준 상황에서 양정철은 도대체 뭐가 무섭다는 얘기였을까? 이게 자연스러운 반응인가? 아니었다. 총선에서 크게 이겼다고 방송이 발표해도 아무도 웃지 않았던 민주당 당직자들과 대승을 이끈 일등공신인 양정철의 반응 모두 자연스럽지 못했다.

양정철이 인터뷰를 하면서 입술을 떨었다

게다가 눈밝은 시청자들은 보았을 것이다, TV 카메라 앞에서 그 말을 하면서 양정철의 아랫 입술이 부르르 경련을 일으키는 장면을… 두렵고 무섭다는 말이 그냥 레토릭이 아니었다. 그는 정말로 그 무엇인가가 두려워 떨고 있었던 것이다. 그는 뭐가 두려웠을까?

그게 무엇이었을까? 나는 알 것 같다. 양정철 자신이 생각해도 너무나 큰 사고를 친 것이다. 그리고 그 사고가 탄로날 것이 너무나 분명했던 것이다. 그래서 무서웠고 두려웠던 것이다. 뭔가 잘못돼서 모든 사람들이 눈치챌 수 있을 정도로 허술하게 부정선거를 했다는 사실이 두려웠고 자신의 의도보다 더 크게 민주당 의원들을 당선시켜 놓았다는 사실을 실감했던 것이다. 그러니 그는 도망을 갈 수밖에 없었을 것이다. 그게 아니라면 총선 대승 이후 그가 보인 행동은 도저히 설명이 되질 않는다.

민주당 내부 사람들마저 도저히 믿을 수 없는 선거 결과가 나왔으니 이제 곧 만천하가 들고 일어날 것이다. 어떻게 이런 결과가 나올 수 있단 말이냐고 따지는 민중 봉기가 일이니기 전에 지기는 하루리도 빨리 정계를 은퇴하고 몸을 피해야 했다. 민중 봉기라도 일어나면 민주당은 당연히 그 책임을 자신들이 아닌 양정철 개인의 책임으로 미룰 것이 불 보듯 뻔했을 것이다. 그게 아니면 그의 이같은 돌발적인 반응을 도저히 설명할 수가 없다. 상식에 어긋나는 반응을 했다면 뭔가 사달이 있었다는 증거다. 뭔가를 숨기고 도망가려는 사람, 그 사람이 바로 범인이다.

그러나 그가 두려워했던 일은 일어나지 않았다. 부정선거를 목격한 시민들의 봉기는 없었다. 세상은 그저 아무 일도 없었다는 듯이 잘 돌아갔다. 그들은 세상을 뒤엎을 범죄를 덮는 데 성공했다. 그 결과, 오히려 또라이 취급을 받는 건 부정선거가 있었다고 외친 민경욱, 나였다.

그는 그의 말대로 선거가 끝나고 정권의 비호 아래 미국으로 건너가 씽크탱크 CSIS에 적을 두고 한적한 시기를 보냈다. 지금은 귀국해 있다고 하지만 뭘 하는지 아는 사람이 없다. 언론도 그의 동향을 보도하지 않는다. 나는 부정선거 싸움을 벌이면서 지금까지 그에게 내가 아는 가장 강력한 비난과 저주를 쏟아냈다. 그러나 그는 나를 상대로 모욕죄나 명예훼손죄로 고소하지 않았다. 자기가 짓지 않은 죄에 대해 비난을 받는 사람은 가만히 있지 않는다. 그러나 그는 그렇지 않았다.

그들은 뛸듯이 기뻐해야 했다. 크게 자랑해야 했다. 그러나 그들의 반응은 정반대였다. 그들은 승리를 즐기지 못했고, 자신의 공을 자랑하지 못했다. 오히려 어딘가 주눅이 들고, 떳떳하지 못하고, 죄를 지은 듯한 모습이었다. 그 죄가 무엇일까를 알아내고 싶은 욕망이 내 안에서 들끓었다.

170표 차이로 아깝게 진 남영희가 재검표 신청을 번복했다

대승을 거둔 민주당에서 이상한 일은 또 있었다. 내 지역구와 인접한 인천동구미추홀구을에서는 전국 최소표차 접전이 벌어졌다. 원래 윤상현 의원이 잘 닦아놓은 지역구였으나 미래통합당이 막판에 3선의 윤 의원 대신 안상수 의원을 공천하면서 사달이 벌어졌다. 우파 동네였으나 우파에서 두 명이 출마하게 되니 혼자 버티고 있던 좌파 후보가 크게 유리한 구도가 형성됐다.

2대 1의 구도상의 이점으로 남영희가 선전한 것처럼 보였지만 결국 윤상현 의원이 당선됐는데 그 표 차이는 불과 171표밖에 나지 않았다. 남영희가 기세좋게 재검표를 요구하고 나섰다. 가만히 지켜보던 나는 쾌재를 불렀다. 우파가 아니고 좌파 후보가 재검표를 요구한다? 좌파 우파를 가리지 않고 재검표를 요구한다면 재검표를 피해갈 방법이 없게 되기 때문이었다.

그러나 그의 기세좋은 호기는 만 하루를 넘기지 못했다. 어디서 무슨 연락을 어떻게 받았는지 바로 다음날 남영희는 재검표를 당당히(?) 포기하겠다고 밝혔다. 그는 페이스북 글을 통해 "심사숙고한 끝에 재검표를 포기하기로 했다."면서 "끝까지 저에게 희망을 걸어주신 분들께 상의 없이 이런 결정을 하게 돼 너무 죄송하다."고 입장을 전했다. 그는 이어 "지난 20년간 100표 이상의 재검표가 뒤집어진 경우는 없다."면서 "잠시는 뒤집을 수 있다는 생각도 했지만 그건 후보의 비뚤어진 눈 때문이었다."고 알아듣기 힘든 얘기를 했다.

이걸 액면 그대로 믿는 사람은 없었다. 당시 서울대의 스누라이프 게시판에도 "당 차원에서 말린 것 아닌가. 저 사람만 빠져주면 부정선거 주장하는 사람은 미래통합당 계열로 일원화할 수 있으니까."라는 반응이 나왔다. 맞다. 당 차원에서 말린 것이다. 그렇지 않아도 양정철의 정계은퇴 선언으로 도대체 정신이 없는 통에 남영희가 재검표까지 요구한다면 여야가 모두 부정선거의 의혹을 제기하는 꼴이 되기 때문에 도저히 제어가 되지 않는 상황으로 빠져들 수 있었다.

남영희야 부정선거를 주장하는 것도 아니고 단지 표 차이가 전국에서 제일 적다니까 다시 까보면 혹시 결과가 뒤바꾸지 않을까 하는 요행을 바란 거였다. 그러나 문제는 그렇게 재검표를 하면 인천동구미추홀구을에서도 부정선거의 증거들이 대량으로 쏟아져 나올 게 뻔했다. 그걸 감당할 수는 없었을 것이다. 그래서 당 지도부의 누군가가 긴급하게 남영희에게 전화를 해서 재검표 요구를 틀어막은 것이 분명했다.

이건 부정선거 의혹을 갖고 있던 사람이라면 누구라도 이해할 수 있는 일이었다. 남영희가 선거 결과가 이상하다며 재검표를 요구한 자체가 처음부터 이상했다. 내 입장에서는 그렇게 됐으면 하는 바람으로 사태의 추이를 관찰했지만 민주당은 예상대로 남영희의 튀는 행동을 속전속결로 틀어막았다. 최소표 차이로 낙선한 자기 당 후보의 재검표 요구를 부랴부랴 억지로 막은 것. 이것도 나에게는 4.15 총선의 부정을 알리는 직관적인 증거로 보였다.

당일투표에서 3천 표를 이기고 사전투표에서 6천 표를 졌다

개표 결과를 보니 당일 선거에서는 내가 정일영 후보보다 3천 표를 더 얻은 것으로 나타났다. 그런데 사전투표에서 6천 표를 져서 3천표가량의 차이로 떨어졌다. 이것은 좀 이상했다. 아니 많이 이상했다. 같은 모집단에서 사전투표와 당일투표의 선거 양태가 저렇게 차이가 날 수가 없었다. 그것은 표본집단의 크기가 클수록 그 성향이 모집단에 가까워진다는 대수의 법칙에 정면으로 어긋나는 결과였다. 표본의 크기가 훨씬 큰 당일투표에서 3천표를 이겼다면 그보다 표본의 크기가 작은 사전투표에서는 한 천5백 표쯤 이기는 것이 비례의 법칙 상으로도 자연스러운 일이었다. 그런데 표본의 크기가 더 작은 사전투표에서 당일투표와 정반대되는 투표결과가 나와서 무려 6천 표를 졌다? 이건 아무리 봐도 이해하기가 힘이 들었다.

그래서 뭐 이상한 걸 찾을 게 없나 하고 사전투표 결과와 관련된 통계를 찾는 와중에 정말로 이해할 수 없는 이상한 숫자가 나타났는데 바로 0.39였다. 투표에는 당일투표와 사전투표가 있다. 사전투표는 또 사전관내투표와 사전관외투표로 나뉜다. 사전관내투표는 공휴일로 돼있는 투표일에 어디 놀러갈 사람들이 자기 동네에 마련된 사전투표소에서 미리 하는 투표다. 사전관외투표는 쉽게 말해 군인들과 출장간 사람들이 하는 투표다. 우리 지역에 출마한 사람은 나와 민주당의 정일영 후보, 그리고 정의당의 이정미 후보였다. 이 세 사람의 사전투표 득표 결과를 들여다봤는데 깜짝 놀랄 현상이 발견됐다.

나에게 표를 던진 사전관내투표자를 100명이라고 할 때 나에게 표를 던진 사전관외투표자들, 그러니까 군인과 출장자들의 수는 39명이었다. 이건 하나도 이상한 게 아니었다. 100:1이 돼도 되고 100:100이 돼도 된다. 그런데 어쨌든 100:39였다. 그런데 옆에 있는 정일영 후보의 사전투표 득표 상황을 보니까 거기도 100:39였다. 이건 이상했다. 그렇게 하려고 짜고 해도 나오기가 힘든 일이었다. 연수구을 지역의 사람들에게 사전관내투표를 하라고 하고 100명이 할 때마다 전국에 흩어진 연수구을 지역 출신 군인들과 출장자들을 39명씩만 투표하라고 해도 맞추기가 어려운 숫자가 아닌가! 그런데 이정미의 사전투표 득표 결과를 봤더니 놀랍게도 거기까지도 100:39였다. 무려 세 명 후보의 사전 관내와 관외 투표의 비율이 정확하게 일치한 것이다.

이 현상에 대해서 서울대 통계학과의 박성현 명예교수는 다음과 같이 얘기했다.
"이런 결과는 두 가지 경우에 가능하다. 하나님이 하셨거나, 아니면 100% 조작이다."

한국에서 통계학을 제일 잘 하시는 교수님, 그것도 한림원 원장까지 지내신 대학자가 조선일보 인터뷰에서 말씀하신 내용이니까 그 말씀에 틀림이 있을 수 없다.

그 바쁘신 하나님께서 연수구을에 와서 그런 수고를 하셨을 리는 없다. 그러니 100% 조작이다. 그게 결론이다. 다른 지역의 사전투표 결과를 살펴봐도 비슷한 현상이 관찰됐다. 그러나 그 지역구의 후보자는 몰랐다. 그냥 우연히 그렇게 된 것으로 생각했을 것이다. 그러나 나는 달랐다. 똑같은 비율이 후보 세 명에게서 똑같이 나왔기 때문이다.

우연이 세 번 반복되면 그것은 적의 행동이다

나중에 복거일 작가께서 월간조선과의 인터뷰에서 이 현상에 대해 직관적인 설명을 해주신 게 있어서 여기에 소개한다. 007시리즈 영화 중에 골드핑거스라는 작품이 있었다. 그 영화에 나오는 유명한 대사 가운데 하나가 있는데, "한 번은 우연, 두 번은 우연의 일치, 세 번은 적의 공격"이라는 것이다. 이 대사는 실제로 미국 시카고 갱단 사이에 알려진 원칙이라고 했다.

그렇다. 같은 지역구에 출마한 세 후보 가운데 한 후보의 사전관내와 관외 투표의 비율이 100:39로 나오는 건 우연이다. 그런데 두 번째 후보의 비율도 똑같은 100:39로 나오는 건 기똥찬 우연의 일치! 그런데 나머지 세 번째 후보의 사전관내와 관외투표의 득표 비율이 100:39로 나왔다? 그렇다면 그것은 자유민주주의 체제를 붕괴시키려는 적의 공격이 분명하다는 말이었다.

나중에 알게 된 일이지만 이렇게 세 개의 기이한 숫자가 동시에 등장한 게 또 있는데 그것은 바로 서울과 인천, 경기도에서 민주당과 미래통합당 후보들이 얻은 모든 표 숫자의 비율이었다. 서울에 출마한 민주당의 모든 후보가 사전투표로 득표한 표수가 63이라면 미래통합당 후보들이 얻은 표의 총합은 36이었다. 그런데 그게 경기도에서도 63:36이었고, 인천도 63:36이었다. 이게 뭐라고? 한 번은 우연, 두 번은 기똥찬 우연의 일치… 그런데 만약 세 번 거듭됐다면? 빙고! 바로 적의 공격이다. 4.15는 자유민주주의의 적들에게 공격당한 선거였다.

나는 이런 자연스럽지 못한 숫자들은 누군가 인위적인 조작을 한 결과로 나타난 것이라고 확신했다. 그리고 느긋해졌다. 이제 저 숫자들은 어디로 도망가지 못한다. 그러니 저 영원히 박제된 숫자들이 부정을 세상에 드러내줄 것이다.

예수님께서 예루살렘에 들어오셔서 감람산에 오르시자 따르는 많은 사람들이 메시아가 오셨다고 외쳤다. 예수님의 허물을 잡으려는 율법학자들이 예수께 말했다. 저들이 당신을 메시아라고 합니다. 저들이 잘못된 말을 하고 있으니 그 말을 그치게 하소서… 그 때 예수께서 답하셨다. "만일 이 사람들이 잠잠하면 돌들이 소리치리라!" (누가복음 19장 40절)

부정선거가 아니라고 그 많은 사람들이 나를 조롱하고 고통을 줘도 그들이 나의 입은 막을 수 있겠으나 투표함에 담긴 그 많은 부정선거의 증거들, 그리고 선관위 자료실에 박제돼있는 숫자들과 통계들을 없앨 수는 없다. 그들이 나의 입을 막아 잠잠하게 할 수 있을지는 모르지만 그럴더라도 저 숫자들이 일어서서 이 세상에 부정선거가 있었음을 소리치리라!

정치인들에게 가장 잘 먹히는 증거, 구도 공식이 무너졌다

나에게 이번 선거에서 부정을 드러내는 가장 확실한 증거가 무엇이냐고 묻는다면 주저 없이 천 장의 일장기 투표지라고 할 것이다. 그런데 이걸 설명해도 잘 이해하지 못하는 사람들이 있다. 정치인들이다. 그들은 한 번 자신이 아니라고 규정한 일에 대해서는 두 번 다시 생각을 고치려고 하지 않는다. 그게 자신들이 살아가는데 편하기 때문이다. 그런데 그들에게 설명을 할 때 가장 효과적인 부정선거의 증거가 있으니 그것은 바로 연수구을에서 깨진 선거 승리의 공식, '구도'다.

정치인들이라면 선거 승리의 공식이 무엇인지 너무나도 잘 알고 있다. 그것은 바로 구도와 조직, 바람이다. 사람에 따라서는 바람이 최고라고 하는 이도 있었다. 문희상 국회의장이 꼬마민주당 이기택 총재의 비서실장이었을 때 그가 그랬었다. 선거는 바람이 최고라고. 선거판에 새로운 바람이 불면 그 무엇도 그 바람을 꺾을 수 없다고 했다. 그 다음이 구도와 조직이라고 했었다. 2020년 4월 15일 인천연수구을에서는 어떤 일이 있었는가? 바로 그 구도의 공식이 깨졌다. 그래서 고집이 센 정치인들도 고개를 갸우뚱거리고 있다.

인천 연수구는 황우여 의원이 내리 5선을 한 지역이다. 20년 동안 대한민국은 수많은 정치적 변화를 겪었지만 인천연수구는 달랐다. 항상 우파 정치인을 선택했다. 2016년에는 분구된 연수구을구에서 내가 당선됐다. 그러니 연수구을은 무려 24년 동안 우파 정치인을 배출한 우파의 철옹성이다. 그런데 거기서 내가 떨어졌다. 뭐 떨어질 수도 있는 일이 아니냐고?

음… 그런데 그 우파 동네에서 우파 후보는 한 명이 나오고 좌파 후보는 두 명이 출마했다. 여기에 선거승리의 치트키가 나온다. 바로 구도! 어느 지역이고 좌파와 우파 성향의 유권자들이 존재한다. 그리고 중도성향의 유권자도 있다. 그런데 그들은 웬만해서는 교차투표를 하지 않는다. 우파에 이상한 사람이 나왔다고 좌파 후보를 찍어주는 우파 유권자는 매우 드물다. 반대도 마찬가지다. 좌파인 유권자가 좌파 후보로 이상한 사람이 출마했다고 해서 우파 후보를 찍지 않는다. 그냥 투표를 포기한다. 그러니 표가 분산되지 않는 것이 매우 중요하다. 아무리 훌륭한 사람이라도 우파에서 두 명의 후보자가 출마해서 표가 분산되면 좌파가 승리할 가능성이 높아진다. 나의 지역구와 인접한 인천 동구미추홀구을에서 윤상현과 안상수라는 우파의 걸출한 두 후보가 부딪쳐서 표가 갈라지는 바람에 무명의 남영희가 170표 차이로 하마터면 당선될 뻔했던 사실을 상기하면 이해하기가 좋을 것이다.

자, 그런데 내가 졌다. 우파동네에서 우파 후보는 나 한 명이 나오고, 좌파에서는 두 명의 후보자가 출마해서 표가 분산됐는데도 좌파 후보가 당선됐다. 자, 그럼 혹시 이런 경우가 아닐까? 우파로 나온 후보가 인지도나 인기가 너무나 없는 무명인사가 아닌가? 아니다! 나는 지역구에서 인지도 조사를 하면 지금도 아이돌급인 95%대로 나온다. KBS 9시 뉴스 앵커와 워싱턴 특파원, 청와대 대변인을 역임했고 현직 지역구 국회의원이 아니던가. 혹시 그럼 당선된 사람이 손흥민급의 수퍼스타였나? 전혀 그렇지 않다. 정일영은 인천공항공사 사장이던 사람이었지만 우리 우파에서 서울지역의 구청장감으로 고려를 하던, 그저 그렇고 그런 사람이었다. 인천 토박이인 나와 달리 인천에서 태어나지도 않은 사람이었다. 특히 시류에 따라 우파에서 좌파로 전향한 사람이라서 언론의 주목을 받지도 못했고 단지 지역구에서 인지도를 높이기 위해 애를 쓰던 사람이었다.

그럼 마지막으로 혹시 좌파의 또 다른 후보가 전혀 알려진 사람이 아니어서 실제로는 여야의 1:1 구도로 선거가 진행된 게 아니었을까? 그것도 전혀 그렇지 않다. 우리 지역구의 제3의 후보는 무려 정의당의 대표를 지낸 현역 비례대표 국회의원 이정미였다. 그도 전국적인 인물이었다. 3등이었던 이정미 후보가 한 3%쯤 득표한 게 아니냐고? 음… 최근에 지역언론의 전직 고위인사와 식사를 하는데 편집국장을 지낸 그 사람도 이정미 후보가 3%쯤 득표한 것으로 알고 있어서 내가 깜짝 놀란 적이 있다. 놀라지 마시라. 이정미 후보는 무려 18.2%를 득표했다.

그럼 이제 정리해보자. 민경욱은 우파 동네의 유일한 우파 후보였다. 그는 매우 유명한 경력의 현역 지역구 국회의원이었다. 우파 동네에서 좌파 후보가 두 명 출마했다. 민주당 후보는 일반인들이 잘 알지 못하는 사람이었고 대신 또 다른 좌파 후보인 정의당의 이정미 후보는 나름대로 일찍부터 지역구를 닦아온 현역 비례대표 국회의원으로서 전국적으로 이름이 잘 알려진 인물이었다. 그리고 그 이정미 후보가 3등을 했는데 그는 무려 18.2%를 득표했다. 그런데 결론은 뭐다? 우파 동네에서 좌파 후보가 두 명 출마해 좌파의 표가 갈라졌고 우파후보는 딱 한 명 출마했는데 3등이 좌파 성향 표의 18%를 잠식했음에도 불구하고 그 우파 후보는 떨어지고 하나도 유명하지 않은 무명의 민주당 후보가 당선이 됐다? 이게 말이 되느냐 말이다. 일반인들은 무슨 소리인지 고개를 갸우뚱할지 몰라도 정치인이라면 이 부분에서 부정선거라는 사실을 확실히 이해한다.

자유헌정포럼의 대표를 맡고 있는 정형근 전의원이 그러셨다.
"민의원, 나는 우파동네에서 좌파 후보 두 명이 출마했는데 혼자 출마한 우파 후보가 떨어졌다는 말이 가장 믿을 수 없어요. 그게 말이 됩니까?"

아, "follow the party"

이런 여러 의심스러운 정황들을 종합한 나는 4.15를 부정선거로 규정하고 기자회견을 열었다. 의원회관 강당은 취재기자들과 전국에서 몰려온 애국시민들로 입추의 여지가 없었다. 나는 그동안 드러난 통계적 증거들과 개표 당시 나타난 증거들, 그리고 개표장에서 발견된 기표가 되지 않은 비례대표 투표용지들을 부정선거의 증거로 제시하고 선거무효소송을 벌일 것임을 만천하에 고했다. 4년간의 부정선거 진상규명 투쟁의 막이 오른 것이었다.

전국에서 부정선거 제보 메일이 쇄도했다. 미처 다 일일이 확인을 하지 못할 정도의 메일들이 쏟아져 들어왔다. 그 가운데 눈에 들어왔지만 너무나 이상해서 열어보지 않은 메일이 있었다. 제목이 "Follow the Party"였다. 처음엔 무슨 팝송의 노래 제목인가 했다.

그냥 지나쳤다. 그런데 똑같은 제목의 메일이 몇 차례나 더 도착했다. 시간이 꽤 지난 뒤에 도대체 무슨 내용인가 하는 호기심에 메일을 열어봤다. 그리고는 소스라치게 놀랐다.

메일의 내용은 지난 4.15 총선의 전국적인 득표 상황을 조사하면서 선관위가 발표한 후보별 득표 상황이 실제로 존재하는 것이 아니고 컴퓨터 프로그램으로 조작된 가상의 숫자라는 주장이었다. 너무나 황당한 주장이었다. 그러나 제보자는 자신이 253개 지역구의 사전선거 득표 수를 만들어 내는 함수를 발견했다고 주장하며 그 함수도 공개했다. 자신이 만든 식으로 253개 지역구의 가상의 득표 수를 만들었는데 현재 선관위가 발표한 득표 수와 똑같다는 주장이었다. 그게 과연 가능한 일인가?

제보자는 여기에 그치지 않았다. 그는 253개 지역구에서 나온 각각의 득표수 안에 신기한 문장이 숨겨져 있으며 그것은 이번 총선 부정을 총지휘한 프로그래머가 숨겨놓은 자신만의 암호라는 것이었는데 그것이 바로 "follow the party"라는 것이었다. 이게 도대체 무슨 소리인가? 모든 신경이 곤두섰다. 기자 생활을 하다보면 의외의 사실을 제보받을 때가 있다. 제대로 걸리면 세기의 특종이 되지만 잘못 엮이면 희대의 웃음거리가 될 수 있는 위험도 항상 도사리고 있었다. 숨을 고른 다음에 다시 찬찬히 그의 주장을 살펴봤다.

그의 주장을 정리해 보면 이렇다. 우선 253개 지역에서 민주당 후보들이 얻은 표를 내림차순으로 정리한다. 정리한 자료를 16개 그룹으로 나눈다. 그 각각의 지역구에는 고유의 숫자가 존재하는데 그건 바로 지역구의 고유번호였다. 서울 종로가 1번, 중구가 2번… 제주 서귀포가 제일 마지막인 253번이다. 내림차순으로 정리한 253개 데이터 앞에 딸린 그 각각의 선거구 번호를 16개 그룹별로 합산한다. 그렇게 해서 나온 숫자를 80에서 110 사이의 답이 나오도록 나눈다. 그렇게 나온 80에서 110 사이의 숫자를 아스키코드와 대조해 숫자에 상응하는 알파벳을 쭉 쓰면 나오는 문장이 바로 "follow the party"라는 얘기였다.

그래? 그건 그렇다 치고… 그럼 그 "follow the party"가 도대체 뭔데? 혹시, 당을 따르라? 맞았다. 바로 당을 따르라는 얘기였다. 이것은 "영원근당주(永遠跟黨走)"의 영어식 표현에 '영원'이 빠진 표현으로 바로 그 "영원근당주"는 "영원히 당과 함께 가자", 즉, "영원히 당을 따르라"는 중국 공산당의 구호였던 것이다.

제보자의 주장은 충격적이었다. 그가 공개한 함수는 단순한 수식이 아니었다. 마치 영화 속 암호처럼, 각각의 선거구 번호를 16개의 그룹으로 나누고 그 합산을 특정 범위 내로 맞추는 과정에서 나오는 숫자를 아스키코드와 대조하면 "follow the party"라는 문장이 만들어진다는 것이다. 이 한 문장이 암호처럼 숨겨져 있는 것을 발견한 순간, 나의 머릿속에는 "永遠跟黨走(영원근당주)"라는 중국 공산당의 구호가 떠올랐다.

이쯤에서 글을 읽던 나의 온몸에 소름이 돋았다. 제보자는 이번 4.15 총선이 중국 공산당 프로그래머의 작품이라는 말을 하고 있었던 것이다. 중국 공산당 당적의 프로그래머가 이번 대한민국 4.15 총선 결과를 만들어냈고, 그 프로그램이 자신의 작품이라는 걸 증명하기 위해서 남들이 알 수 없는 암호를 전국 후보들의 득표 통계 속에 숨겨놓은 것이었다. 그걸 대한민국의 숨은 수학자가 발견해냈다는 사실 또한 믿기 힘든 놀라운 일이었다.

천재는 설명을 못했고 학원 강사는 이해를 못했다

나는 바로 제보자에게 연락을 하고 그를 만나러 대구로 향했다. 대구에 가서 만난 그는 말 수가 적고 부끄러움을 타는 사람이었다. 미국에서 재정학을 공부하고 미국 CPA가 되려고 시험을 봤지만 떨어졌고 한국에 와서도 공인회계사 시험을 몇 차례 쳤지만 뜻을 이루지 못한 불운한 청년이었다. 나는 숫자나 수학에 밝은 사람이 아니었다. 그러나 23년간 기자생활을 한 사람이었다. 혹시 이 사람이 헛소리를 하는 건 아닌지, 거짓말을 하는 건 아닌지, 내가 알 수 없는 수학적 전문용어로 사람을 미혹하게 하는 사람은 아닌지를 나의 방식대로 점검했다. 네 시간을 만난 뒤에 내가 내린 결론은 제보자가 치밀한 사고를 하는 수학자로서 부정선거 의혹으로 시끄러운 상황에서 그 어떤 거짓말을 해서 이득을 취할 수 있는 사람이 아니라는 것이었다.

나는 곧장 서울로 가서 우파 유튜버와 언론인들에게 내가 발견한 사실들을 알려줬다. 제보자의 신빙성을 전달하는 나의 진실성을 믿는 이들은 문제가 없었으나 가뜩이나 음모론으로 나를 의심하던 언론사 기자들은 내게 몇 마디 질문을 던진 뒤 수학적 전문성이 떨어지는 답이 나오니 바로 뒤돌아 가버렸다. 그도 그럴 것이 만일 진짜라면 세상이 뒤집어질 사실에 대한 의문점을 해소할 만큼 속시원하고 전문적인 대답을 내가 해주기엔 무리였다. 그래서 나는 한 꾀를 냈다.

당시에 포항지역에서 고등학생들을 대상으로 하는 수학학원의 한 강사가 유튜브를 운영하고 있었다. 통계적으로 이상한 4.15 총선의 결과를 수학적으로 설명하는 걸 들었는데 어려운 용어를 아주 쉬운 용어로 알기 쉽게 설명해 줘서 매우 깊은 인상을 받은 적이 있었다. 그 사람의 연락처를 구했다. "follow the party"라는 해커의 숨겨놓은 암호를 발견한 사람은 자기의 존재를 세상에 드러내기 꺼려하는 은자였다. 게다가 그는 일반인들에게 자신이 발견한 공식을 친절하게 설명하는 데는 익숙하지 못한 천재였다. 그냥 수식을 찾아냈으니 사람들은 그걸 이해할 것이라고 생각하는 사람이었다. 그 사람과 그의 공식을 일반인에게 친절하게 설명해줄 재주를 가진 사람, 그가 바로 그 수학강사 라고 생각했었다. 그러나 나의 예상은 빗나갔고 그 조합은 최악의 결과를 가져왔다.

나는 서울, 그 천재는 대구, 수학강사는 포항에 있었다. 그래서 중간 지점을 대구로 잡고 그곳에서 셋이 만났다. 아무도 들어올 수 없는 으슥한 공간을 임대해서 토론을 벌였다. 나는 "follow the party"라는 중국 공산당의 구호가 당선자의 득표 수 전국 통계 속에서 발견된 사실이 앞으로 부정선거 진상규명 투쟁에 얼마나 중요한 역할을 할지에 대해 설명했다. 그리고 제보자가 발견한 수학적 함수를 수학강사가 되도록이면 쉬운 용어로 대중에게 설명해줬으면 좋겠다고 말했다. 그 이후 내가 간섭할 수 있는 일은 없었다. 그 둘은 수학적 토론을 계속했고 나는 한 구석에서 그들의 토론을 지켜봤다. 그런데 최악의 일이 벌어졌다.

내가 봐도 수학강사는 제보자가 발견한 함수를 이해하기 어려운 듯했다. 수학이라면 고등학교 이후로 손을 뗀 문과학생으로서 그들의 토론은 내가 이해할 수 없는 우주어 수준이었다. 그러나 분위기를 볼 때 고교수준의 수학을 강의하는 강사가 대학수학 수준의 문제를 이해하는 게 힘에 말리는 것 같아 보였다. 수학강사는 "내가 이해하는 것은 자신있게 설명하겠지만, 이해할 수 없는 것을 이해하는 것 처럼 설명할 수는 없다."는 자신의 철학을 얘기했다. 존중받을 태도였지만 속시원한 해설을 기대했던 나로서는 애가 탔다. 지금 생각해보면 함수를 발견했지만 그 과정을 설명하지 못하는 천재와, 아는 것은 쉽게 설명하지만 안타깝게도 그 천재가 발견한 함수를 이해하는 데 한계가 있는 유능한 학원강사의 최악을 조합이었던 것 같다. 그렇게 그날 만남은 특별한 소득이 없이 끝났다. 그런데 문제는 그 다음에 벌어졌다.

수학강사는 천재를 의심했다

그 수학강사가 나에게 화가 난 목소리로 전화를 해왔다. 제보자가 거짓말을 하고 있다는 것이었다. 자기가 그 거짓말의 증거를 포착했다며 내가 세상에 그를 폭로하지 않으면 자기가 그 제보자의 주장이 사기라는 걸 발표하겠다고 했다. 아니, 사기라니? 미치고 팔짝 뛸 노릇이었다. 그래서 대체 뭐가 거짓말이냐고 했더니 제보자가 발견했다는 "follow the party"라는 문자열 가운데 "follow"의 두 번째 "l"자가 나오지 않는데 제보자가 억지로 그걸 "l"자로 만들기 위해서 엉뚱한 숫자를 끌어와서 덧셈을 거짓으로 했다는 얘기였다. 내가 찾아봐도 그 학원강사의 말이 맞았다. 하늘이 노래졌다. 제보자는 왜 그런 일을 했을까?

나는 일단 수학강사에게 흥분하지 말고 일단 가만히 있으라고 부탁했다. "follow the party"라는 문자열을 만들어내는 작업은 전체 프로그램의 마지막 단계일 뿐이었다. 제보자가 단일 함수로 253개 지역구의 득표 수를 만들어 냈다는 건 특정 알파벳 하나가 나오지 않은 것과는 상관없이 엄청난 발견이었고 그것만으로도 외부 세력의 개입을 증명하기에 충분했다. 다만 "follow the party"가 발견됐다는 것은 그 해커의 정체를 드러내는 극적인 효과로서 작용했던 것이다. 이 수학강사는 그러겠다고 했지만 그의 입을 통해서 "follow the party"의 도출 과정에 문제가 있다는 말이 서서히 퍼지기 시작했고 그 말은 우리 투쟁의 진정성에 돌이킬 수 없는 상처를 남겼다. 그러나 그 두 번째 "l"이 왜 나오지 않았는지는 더욱 극적인 순간에 드러나게 된다. 정말 영화 "다빈치코드"에 필적할만한 흥미진진한 사건의 전개가 기다리고 있었다.

지난 4.15 총선에서 부정선거로 낙선될 뻔했다가 참관인들의 눈부신 활약으로 가까스로 당선된 사람이 있었으니 그가 바로 충남공주시부여군청양군의 정진석 의원이다. 이 지역은 다른 지역과는 다르게 개표가 진행됐다. 대부분 지역에서는 당일 투표지의 개표가 끝난 뒤에 다음날 새벽녘에서야 사전투표지에 대한 개표를 시작하는데 부여 개표소에서는 사전투표를 먼저 개표했다. 그런데 이상한 현상이 벌어졌다.

민주당의 박수현 후보가 말도 안 되게 앞서가는 것이었다. 첫 번째로 열어 본 옥산면 관내 사전선거 투표지 415장 가운데 박수현 후보의 표가 180여 표가 나왔는데 정진석 후보의 표는 80여 표밖에 되지 않은 것이다. 이상하다고 생각한 정진석 후보 측 참관인들은 거칠게 항의하며 재검표를 요구했는데 컴퓨터를 껐다 켜서 리셋시킨 다음에 다시 세

본 표는 정진석 후보가 170표, 박수현 후보가 159표로 정후보가 11표를 이긴 것으로 결과가 뒤집어졌다.

우리는 이 선거구에 주목했다. 사전투표에서 민주당 후보가 앞서 나갔는데 이건 전국적으로 공통적인 현상이었다. 그런데 똑똑한 참관인들이 강력하게 이의를 제기했고 그 기세에 눌린 선관위 직원들이 투표지분류기에 연결된 노트북을 '리셋'해서 표를 다시 세어봤다. 그랬더니 결과가 뒤집어졌다. 우리는 노트북을 리셋한 것이 사기를 치는 기계를 정직한 기계로 다시 돌려놓은 것이라고 확신한다. 바로 이 단순한 리셋으로 충남공주시부여군청양군의 선거 결과는 바뀐 것이라고 믿는다. 그런데 왜 이 이야기를 이렇게 장황하게 할까?

그렇다. 바로 이렇게 결과가 뒤바뀐 이 지역구가 당연히 나와야 할 두 번째 "l"을 나오지 못하게 했기 때문이다. 충남공주시부여군청양군의 투표결과가 프로그래머가 계획한대로 박수현 후보의 승리로 귀결됐다면 당연히 나올 알파벳 "l"이 컴퓨터 리셋으로 인해 결과가 뒤바뀌면서 나올 수 없었던 것이다. 이로써 해커의 지문 "follow the party"의 존재는 더욱 더 확실히 증명됐다.

"follow the party"는 위대한 발견이다. VON의 김미영 대표와 맹주성 교수, 또 전문 컴퓨터 프로그래머인 장영후 사장이 제보자인 로이킴과 함께 역작인 "해커의 지문"을 발간했다. 여전히 함수 부분이 이해하기 어렵기는 하지만 이 문자열은 대한민국의 총선에 외세가 개입했다는 움직일 수 없는 증거가 됐다. 아직도 믿지 못하겠다는 사람들이 있을 것이다. 그럴 수 있다. 그러나 이제 이 문제는 공론의 장에 올라있다. 책은 증보를 통해 계속 업데이트되고 있다. 아직도 이 주장이 뜬구름잡는 사기라고 생각한다면 토론의 장에 나와 공격을 하면 된다. "follow the party"와 관련된 대중의 궁금증은 "해커의 지문" 책과 함께 2023년 가을쯤 선을 보인 애니메이션 영화로 많이 해소될 수 있었을 것이다. 애니메이션 영화로도 풀리지 않을 대중의 궁금증을 풀어드리기 위해 김미영 대표가 친절한 영화 해설서도 만들어서 출판했다.

한 천재의 수학적 재능과 그를 세상에 널리 알리는 재주가 만났다. 이로써 민주당의 양정철이 중국을 제집처럼 드나들며 공산당 당교와 중국 최첨단 IT기업들과 MOU를 맺은 이유가 세상에 드러나게 됐다. 민주당은 외세를 끌어들여 대한민국의 선거의 결과를 바꿈으로써 자유민주주의에 치유될 수 없는 상처를 남겼다.

숨은 것이 장차 드러나지 아니할 것이 없고 감추인 것이 장차 알려지고 나타나지 않을 것이 없느니라. (누가복음 8장 17절)

지연된 정의는 정의가 아니다

이렇게 많은 증거로 부정선거를 확신하게 된 나는 정의의 수호자로서의 대법원의 권능을 확신하며 즉시 선거무효소송을 제기했다. 그런데 이상한 일이 벌어졌다. 대법원이 움직이지 않았다. 법을 가장 잘 지켜야 할 그들이 범법을 저질렀고 그들은 그런 범법 사실에 매우 초연했다.

우리나라 법 가운데 대한민국을 자유민주주의 국가로 유지하는데 가장 중요한 법을 고르라고 한다면 나는 조금의 주저도 없이 공직선거법 225조를 고를 것이다. 그 법 조항은 "선거무효 소송은 다른 쟁송에 우선하여 180일 이내에 처리하여야 한다."고 돼있다. 이 법이 왜 그렇게 중요할까? 투표는 북한도 중국도 실시한다. 다만 그들은 형식적인 투표, 공개된 투표를 할 뿐이다. 바로 그것이 자유민주주의냐, 아니면 독재이냐를 가르는 우리와 그들의 차이를 만드는 것이다.

북한과 중국은 바로 공직선거법 225조가 없기 때문에 자유민주주의 국가가 아니다. 쉽게 얘기하면 이렇다. 우리의 선거법 225조는 쉽게 말하면 이렇게 얘기하고 있다. "선거가 끝나고 뭔가 이상하면 지체없이 손을 들어라. 그러면 국가는 가장 똑똑한 판사 (대법관)들로 하여금 가장 빠른 시일 (3심제가 아닌 대법원 단심제로 180일) 안에 처리해 주겠다."는 것이다. 공정선거를 보장하는 데 이처럼 멋진 법이 어디 있는가?

선거로 선출된 사람들은 임기가 있기 때문에 그 임기를 엉뚱한 놈이 차지하고 있지 않도록 하기 위해서 가급적 빠른 180일 이내에 재판을 끝내주겠다는 것이다. 이러면 자유민주주의 체제가 보장된다. 북한과 중국은 이런 조항이 없다. 불법, 공개 투표에도 입을 다물 수밖에 없는 이유는 바로 이런 애프터서비스가 보장되지 않기 때문이다. 우리나라는 행복할 것이다, 이 금과옥조와 같은 조항이 준수되기만 한다면…

이 조항은 1948년 대한민국 정부 수립 이후 지금까지 있었던 수많은 선거에서 단 한 번도 고의에 의해 위반된 적이 없었다. 딱 한 번 원고가 증거 서류를 늦게 제출해서 대법관들의 의지와는 관계없이 180일 기한을 맞추지 못한 적이 있다는 말을 들은 적이 있을 뿐이다. 그러나 이번 제21대 4.15 총선때엔 달랐다. 달라도 너무나 달랐다.

지금까지 사례를 보면 한 번의 선거가 끝나고 이의를 제기하는 후보가 그렇게 많지 않았다. 한 명도 없을 때가 많았고 가장 많은 이의가 신청된 것이 한 번의 선거에서 접수된 4건의 이의 신청이었다고 한다. 내가 국회의원에 당선됐던 지난 20대 총선에서는 인천 부평갑구에서 정유섭 후보와 대결을 벌였던 문병호 후보가 제기한 재검표 요청 사례가 유일했다. 그 재검표도 77일만에 이뤄졌고 최종 판결도 180일 이내에 문제없이 내려졌다. 그런데 지난 4.15 총선에서는 몇 명의 후보가 이의 신청을 하고 재검표를 요구했나? 무려 139명이었다. 대법원은 재판을 서둘러야 했다. 그러나 그들은 선거무효 소송을 거들떠보지도 않았다.

지난 4.15 총선에서 가장 먼저 제기된 인천연수구을, 내 지역구의 선거무효 소송에 따른 재검표는 선거가 있은 지 1년 2개월이 지난 2021년 6월 28일에야 비로소 실시됐다. 그에 따른 최종 판결은 그 후 또다시 1년이 넘게 지난 2022년 7월 28일에 내려졌다. 선거가 있은 지 무려 2년 3개월 만에 내려진 결정이었다.

판결도 잘못 내려질 수 있어서 민주주의 국가들은 3심제를 채택하고 있다. 적어도 세 번 재판을 받음으로써 판사가 판결을 잘못할 가능성에 대비하는 것이다. 그런데 선거무효 소송만은 대법원 단심제를 채택한다. 왜? 그것은 임기가 있는 선출직 공무원의 특성을 감안해서 신속히 결정을 내려야 하기 때문이다. 그런데 그 결정을 내리는 데 무려 2년 3개월이 걸렸다면? 나는 공정한 판단을 위해 1심과 2심을 거칠 수 있는 헌법적 권리만 박탈당한 셈이다.

이 문제를 제기했다. 왜 모범이 돼야 할 대법원이 법을 어겨가며 판결을 미루는가? 돌아온 답변은 이 조항이 처벌조항이 있는 강제조항이 아니라 처벌조항이 없는 훈시조항이기 때문이라는 말이었다. 이 같은 주장에 대해 국힘당의 김재원 최고위원은 말했다.

"훈시조항은 어겨도 된다는 조항은 법전의 어디에 쓰여 있습니까?"

판사 출신의 한 변호사는 내가 공직선거법 225조를 거론하며 대법원의 부당한 지연을 비난하자 이렇게 얘기했다.

"그 조항은 처벌조항이 없는 훈시조항일 뿐입니다. 그 180일을 넘겼다고 무효 소송을 제기한 선거가 자동적으로 무효가 되는 건 아닙니다."

어이가 없었다. 누가 180일이 지나면 자동적으로 무효가 된다고 했나? 내가 그 정도도 이해하지 못하는 어린아이인가? 중요한 것은 이른바 우파라는 법조인이 이런 사고방식을 갖고 있다면 우리 사법부의 개혁은 요원하다는 것이다.

그럼 왜 대법원은 이 판결을 이렇게 지연시켰을까? 그것은 지난 4.15 총선이 부정선거였기 때문에 그렇다. 부정선거가 아니었다면 아니라고 신속하게 판결을 내렸으면 될 일이다. 어차피 문재인의 정부는 좌파 정권이 아니었던가? 속전속결로 재판을 하면 됐다. 그러나 그들은 그렇게 할 수가 없었다. 대법원이 법에 명시된 시한을 어기면서까지 연수구을 지역구의 부정선거 판결을 질질 끌었던 것은 재검표를 할 경우 어떤 결과가 나올지 누구도 알 수 없었기 때문이다. 아니, 내 생각에 그들은 재검표를 하면 사달이 벌어질 것을 이미 알고 있었다. 그렇기 때문에 그 표를 바꾸는 데 시간이 필요했을 것이다.

그렇게 그들은 법을 어겼다. 나중에 민유숙 대법관은 우리가 서버를 감정하기로 해놓고 그 돈을 내지 않아서 판결이 늦어졌을 뿐이라고 언론에 대고 거짓말까지 했다. 대법관이 그런 거짓말을 해도 된다는 걸 나는 그 때 처음 알았다. 그런 일은 없었다. 감정료로 20억 원을 내라는 황당한 조건을 내거는 대법원에 대해 우리는 이미 서버 감정은 포기하겠다고 통보를 했었다. 법원에 모든 기록이 있음에도 불구하고 그런 어처구니없는 핑계를 댔을 때 부정선거임에 틀림없다는 나의 심증은 굳어졌다. 결국 한 두 명도 아니고 139명의 후보자들이 재검표를 해달라고 아우성을 쳤음에도 불구하고 대법관들은 180일 이내에 처리하도록 돼있는 재판을 무더기로 미룸으로써 현행법을 어기는 사상 초유의 범죄를 저지르게 된다.

1년 2개월 만에 재검표가 실시됐다

도저히 나올 수 없는 통계를 보고 소송을 제기했으나 대법원은 180일 이내에 소송을 끝내야 한다는 명시적인 선거법 조항에도 불구하고 1년 2개월 동안 꿈쩍도 하지 않았다. 그 자체가 부정선거의 진상규명을 가로막는 우리 사회의 거대한 카르텔의 존재를 드러내는 사실이었다. 그러나 무려 139건이나 되는 선거무효 소송을 무한정 미룰 수는 없는 일이었다. 대법원은 마침내 재검표를 실시하겠다고 발표했다. 투표가 실시된 지 1년 2개월 만의 일이었다. 그런 재검표에서 부정투표의 증거들이 무더기로 쏟아져 나왔다.

2021년 6월 28일. 총선이 있은 지 1년 2개월 만에 재검표가 실시됐다. 재검표가 실시되는 인천지방법원 앞에는 수백 명의 시민이 운집해 재검표에 쏠린 국민적 관심을 보여줬다. 재검표를 맞는 내 심정은 벅찼다. 이제 드디어 진실과 마주하는구나. 이제 불과 몇 시간만 지나면 1년여 동안 고생해온 결실이 드러나게 된다. 이제 이 세상은 더이상 나를 '또라이'라고 부르지 않을 것이다…

그런데 이상하게 두려운 마음이 들었다. 갑자기 찾아온 두려움이었다. 만약에 저 법원의 강당에서 다시 세는 표가 선관위가 발표한 수와 딱 맞으면 어떻게 하지 하는 두려움이었다. 지금까지는 확신에 차있던 나였는데 왜 그런 두려움이 갑자기 나를 휘감았을까? 재검표만 하면 진실이 드러날 것이라고 생각했었는데 갑자기 드는 생각이 내가 지금까지 잘못 생각하고 있었던 것은 아닌가 하는 의구심이었다. 그리고 그럴 리는 없지만 이들이 혹시 표를 다 바꿔놓았다면 어떻게 하지 하는 두려움이었다. 내가 부정선거라는 주장을 펼 때 우리 쪽 유튜버들 가운데서도 이미 표는 싹 바꿔놓았을 것이라고 예상하는 사람들이 있었다. 나는 그럴 때마다 그럴 리가 없다고 얘기했었다. 어느 놈이 간 크게 감히 그 표를 바꾸려 하겠느냐는 내 나름대로의 자신감이었다. 그런데 그게 흔들리고 있었다.

나는 내 기억 속 어디에 있던 성경구절을 인터넷에서 검색했다. "내가 명령한 일이 아니더냐"로 시작하는 그 성경 구절을 찾아냈다.

"내가 네게 명령한 것이 아니냐 강하고 담대하라 두려워하지 말며 놀라지 말라. 네가 어디로 가든지 네 하나님 여호와가 너와 함께 하느니라 하시니라."(여호수아 1장9절)

그 말을 입 속으로 되뇌이니 마음이 안정되기 시작했다. 흔들리는 마음을 다잡고 법원 밖에서 대기하던 애국시민들 앞에 서서 그 말씀을 전했다. 어차피 부정선거 진상규명 운동에 뛰어든 것도 주님의 뜻이고 지금까지 막힌 길을 뚫어주신 분도 주님이셨다. 내가 저 문 안으로 들어가 재검표를 할 때 그 무슨 일이 일어나든 그것은 주님의 뜻이다. 내가 한 일이라고 생각하는 자체가 오만한 것이다. 내가 두려워하거나 놀랄 일이 아니다. 주님께서 그 어떤 일을 준비하셨는지 나는 담대한 마음으로 목격하고 경험하리라. 그렇게 마음을 다잡고 애국시민들의 응원을 받으며 재검표장 안으로 걸어들어갔다.

맙소사, 표의 수가 정확히 맞았다!

믿을 수 없었다. 모든 표의 수가 정확하게 일치했다.

나는 당일표보다는 사전투표에서 부정의 증거가 나올 것으로 생각하고 사전선거를 재검표하는 두 번째 테이블에 껌딱지 같이 붙어서 재검표 상황을 두 눈을 부릅뜨고 지켜봤다. 각 동별로 실시된 재검표 상황을 지켜보며 미리 적어온 표의 수와 비교를 했는데 모두 맞았다.

이럴 수가 있는가? 지금까지 내 예상이 틀렸다는 것인가? 부정선거가 없었다는 말인가? 그럼 그 희한한 통계들은 다 무엇이었다는 말인가? 하나님이 하신 게 아니면 100% 부정이라던 서울대 통계학과 박성현 교수의 진단과 분석도 다 틀린 말이었다는 얘긴가?

우파 유튜버 안정권이 자신의 유튜브에서 나를 비웃으며 얘기했던 게 기억난다. "민경욱이 지금 이렇게 늦게 재검표해봐야 하나도 소용없어. 지금은 그 놈들이 다 바꿔놨지. 다 늦게 헛수고하는 거야." 그 말을 들었을 때 나는 황당하다고 생각했다. 아니 그 많은 수의 표를 어떻게 다 바꿔놓았다는 말인가? 그랬었는데 그의 말이 맞았던 것인가?

어떻게 이렇게 똑같이 맞을 수가 있는가? 모든 투표소에서 나는 단 한 군데에서도 사전선거에서 이기질 못했다는 말인가? 아무렇지도 않은 듯 재검표 상황을 지켜보고 있었지만 나는 전의를 상실하고 있었다. 눈 앞에 펼쳐지는 상황들이 도저히 현실이라는 생각을 할 수가 없었다. 그저 멍한 상태였다.

윤석열 대통령이 삼촌같이 대한다는 한 통계학과 교수의 얼굴도 떠올랐다.

"아니, 그냥 까면 되는데 그걸 왜 못 까? 지금 재검표를 하면 안 된다고 하는 사람들이 다 간첩이야. 그냥 까기만 하면 선관위가 발표한 수치들과 하나도 안 맞아. 아무 걱정하지 말고 그냥 빨리 까라고. 만약에 내가 예상하는 것처럼 그렇게 안 나온다? 내가 1억원이라도 줄게. 정말로 준다니까."

아침 저녁으로 전화를 해서 왜 재검표를 빨리 하지 않느냐고 다그쳤던, 그래서 결국 우리 집에까지 찾아와서 설명을 하고 재검표를 독촉했던 그 교수의 얼굴도 생각났다. 그 사람의 주장은 그럼 다 무엇이었단 말인가? 그렇게 확신에 차서 외쳤던 그의 말도 헛소리에 불과했단 말인가?

아, 하나님은 나를 버리신 건가? 하나님의 일을 하고 있다던 나의 소신과 확신도 흔들렸다. 아침 10시에 시작한 재검표가 새벽 2시를 넘겨 진행되고 있었다. 나는 더 이상 서있을 힘도 없었다. 잠시 자리에 앉아서 기절하듯 깜빡 깊은 잠에 들었다. 그게 얼마나 됐을까? 변호사들이 나를 흔들어 깨웠다.

"의원님, 저기에 이상한 표들이 쏟아져 나왔습니다!"

배춧잎 투표지가 발견됐다

모양이 배춧잎이었다. 위는 하얗고 아래는 녹색이었다. 위는 지역구 국회의원 후보들의 이름이 씌어있었고 아래는 비례대표투표용지라는 글씨와 함께 연두색 잉크가 뿌려져 있었다. 두 장이 한 장에 찍힌 꼴이었다. 이 투표용지는 매우 중요한 의미를 지녔다.

그 투표용지에는 QR코드가 인쇄돼 있었다. 그러니 사전투표용지였다. 사전투표용지는 어떻게 만들어지나? 프린터로 출력된다. 사전투표용지와 당일투표용지는 제작 방법이 다르다. 당일투표용지는 미리 인쇄소에서 만들어서 투표소에 보관했다가 유권자가 들어오면 유권자의 신원을 투표록에서 확인한 뒤에 투표 관리관이 투표지 좌측 하단에 자신의 도장을 찍고 오른쪽 아래 귀퉁이의 삼각형 모양의 일련번호를 떼낸 뒤 유권자에게 발급한다.

이와 달리 사전투표용지는 투표장에 비치된 프린터를 통해 한 장 한 장 출력한다. 우선 신원확인을 거친 뒤에 그 유권자가 어느 지역 어느 투표구의 유권자인지를 확인한 뒤에 필요한 정보를 입력하면 해당 지역구 후보자들이 인쇄된 투표용지가 제일 먼저 지역구 의원 후보자 투표지, 그 다음 비례 후보자 투표용지의 순으로 출력된다.

그런데 두 장의 색깔이 다르다. 지역구 투표용지는 흰색, 비례투표용지는 연두색이다. 연두색은 원래 연두색 종이가 있는 게 아니고 하얀 롤용지에 연두색 잉크를 뿌려서 출력한다. 원래 연두색 종이를 사용하는 당일 비례대표투표지와는 완전히 다르다. 당일투표의 비례투표용지는 뒤집어 봐도 연두색이지만 사전투표의 비례투표용지는 앞면만 연두색일뿐 뒤집어 보면 뒷장은 하얀 색이다.

사전투표지 출력용 프린터는 일제 엡손 프린터다. 먼저 흰색 지역구 후보 투표지를 프린트한 뒤에 종이가 잘려서 튀어나오고 그 뒤에 연두색의 비례투표용지가 프린트된 뒤에 다시 잘려서 앞으로 배출된다. 이렇게 배출되는 투표용지이기 때문에 두 개가 겹쳐서 인쇄될 수가 없다. 가정이나 직장의 프린터처럼 여러 장의 종이가 트레이에 있다가 두 장이 물려서 올라가 겹쳐서 인쇄되는 경우가 원천적으로 발생할 수 없다는 말이다.

그런데 두 가지의 투표지가 한 장의 투표지에 중첩돼서 인쇄돼 있다면 그건 단 하나의 가능성밖에 없다. 사전투표장의 프린터가 아니라 인쇄소의 인쇄기에 의해서 출력됐다는 것이다. 인쇄 경력 30년의 숙련 기술자의 증언에 따르면 롤러에 잉크를 묻혀서 인쇄를 하는 인쇄소 인쇄의 경우 첫 번째 인쇄물의 마지막 장이나 두 번째 인쇄물의 첫 장에서 흔히 일어나는 일이라는 것이다. 그런 엄청난 증거물이 발견됐다.

이게 뭘까 하는 생각이 들었다. 숫자는 다 맞았는데 다 맞는 숫자의 투표지 가운데 도저히 존재할 수 없는 투표용지가 발견됐다? 그런 투표용지가 섞여 있다? 이게 도대체 뭘까? 그런데 그보다 더 엄청난 증거가 한 장도 아니고 무려 천 장이 발견됐다.

일장기 투표지가 발견됐다

사람의 관점이 다 다르다 보니 어느 것이 부정선거의 가장 분명한 증거인지를 놓고도 의견이 갈린다. 예를 들어 황교안 전 자유한국당 대표에게는 빳빳한 투표용지가 가장 분명한 증거다. 재검표 참관인으로 들어가서도 빳빳한 투표용지에 큰 관심을 보이고 재검표를 실시하는 대법원 직원들에게 직접 한 번도 접은 흔적이 없는 투표용지를 좀 골라서 보여달라고 요청을 했을 정도였다.

일부에서는 사전 관외투표 때 투표용지를 담는 우편봉투가 투표지보다 크기 때문에 접지 않고 집어넣었을 수 있다며 반박했고, 또 어떤 이는 투표용지 기표부분이 다른 후보자의 칸에 찍힐까봐 접지 않고 넣을 수도 있다고 주장했지만 황대표는 빳빳한 투표용지가 부정선거의 증거라는 소신을 굽히지 않았다. 그들의 주장을 다 받아들인다고 하더라도 너무나 많은 투표용지가 빳빳한 채로 발견된 것은 말이 되지 않는다고 말했었다. 그 말은 맞는 말이다.

이같은 빳빳한 투표지들에 대해서 선관위는 형상을 복원하는 특수 기능이 있는 투표용지를 사용해서 그런 것이며 그를 위해 종이를 만들 때 주석을 섞어 넣는다는 황당한 주장을 했었다. 중앙선관위의 이같은 주장은 새빨간 거짓말로 드러났다. 선관위는 더 이상 이런 주장을 하지 않는다. 그렇다고 과거에 동영상까지 만들면서 그들이 내뱉은 거짓말에 책임을 지지 않고 도망가도록 그대로 둬서는 안 된다고 생각한다.

그럼 내가 생각하는 가장 확실한 증거는 무엇일까? 그것은 바로 일장기 투표용지다. 일장기 투표용지란 투표용지 좌측 하단에 찍도록 돼있는 투표 관리관의 도장이 마치 일장기 가운데 있는 빨간 원처럼 글씨를 알아볼 수 없게 온통 빨갛게 채워진 투표용지를 말한다.

선관위가 거짓 해명을 했다

이런 투표지가 어떻게 나올 수 있느냐고 물었을 때 선관위는 조금의 망설임도 없이 답했다. 예를 들어 원래 "송도2동 제6투표소 관리관의 인"이라는 글자가 원형으로 새겨진 도장은 이른바 만년도장으로 별도의 인주 없이 그냥 찍는 도장인데 도장을 찍는 사람이 그걸 모르고 도장에 인주를 묻혀서 찍을 경우 나타나는 현상이라는 설명이었다.

투표를 할 때 우리가 찍는 기표도장도 인주가 필요 없는 만년도장이기 때문에 이런 얘기를 들으면 많은 사람들이 "그래, 그럴 듯한 설명이네. 그럼 그건 문제가 안 되겠네."라고 고개를 끄덕일 것이다. 선관위가 노린 것이 바로 이런 대중의 반응이다.

그러나 그 설명에는 몇 가지 중대한 하자가 있었다. 우선 도장이 만년도장으로 바뀐 뒤로는 투표소에는 인주를 준비해 놓지 않는다. 인주가 필요 없는 도장이기 때문에 인주가 투표소 비품에서 제외된 것이다. 투표소에 있지도 않은 인주를 어떻게 찍었다는 말인가? 문제는 또 있다. 그런 이른바 일장기 투표지가 한 두 장이 아니라 무려 천 장이 나왔다는 사실이다. 10만 장 가운데 천 장? 아니다. 투표일에 인천 송도의 한 초등학교에 마련된 송도2동 제6투표소에서 투표를 한 사람은 모두 1,974명. 1,974장 가운데 천 장이다. 그러니 전체 투표자의 반수가 넘는 유권자가 그 흉칙한 일장기 투표지를 받았다는 말이 된다.

그럼 얼른 떠오르는 의문점. 그렇게 많은 사람들이 그런 이상한 투표지를 받아들고도 아무도 항의를 하거나 바꿔달라고 요구하지 않았다는 말인가? 그게 가능한가? 그리고 그 도장을 찍는 투표관리관은 시각장애인인가? 그런 도장을 천 번을 찍으려면 6시간이 넘게 걸린다. 공무원들이 하게 돼있는 투표관리관 자리에 앉아서 그런 실수를 하면 공무원의 목이 남아날 수 있겠는가? 백 번을 양보해서 투표관리관은 잘 모르고 계속 실수를 했다고 치더라도 옆에서 그걸 지켜보는 투표종사자들은 도대체 뭘 했다는 말인가? 일장기 투표지가 천 장이나 생산되는 걸 그저 재미로 지켜보고 있었다는 말인가?

2021년 6월 28일 재검표가 있었던 날, 일장기 투표지가 쏟아져 나오자 재검표를 수행하던 분임조의 조장을 하던 한 부장판사(나중에 지귀연 판사로 드러남)가 했던 말을 나는 분명히 기억한다.

"다들 흥분하지 마세요. 투표록에 이 투표지에 대한 언급이 있으면 이 투표지 모두 아무런 문제도 되지 않습니다."

투표록은 그날 그 투표소에서 일어나는 크고작은 모든 일을 기록하는 일기와도 같은 것이다. 그날 투표소에서 이런 투표용지가 나올 수밖에 없는 사정이 있었다면 그것을 투표록에 기재했을 것이고 그 이유가 타당하다면 일장기 투표지가 천 장이 나오더라도 문제가 될 게 없다는 말이었다. 그러나 아무리 찾아봐도 투표록에는 이 이상한 일장기 투표지에 대한 언급이 단 한 글자도 없었다.

일장기 투표지는 개표장에서도 발견되지 않았다

투표장은 그렇다고 하고, 그럼 개표장에서는 어떤 일이 있었을까? 용케 투표장에서 눈에 띄지 않고 개표장으로 옮겨졌다고 하더라도 이 일장기 투표지들은 너무나 확연하게 눈에 띄기 때문에 개표를 하는 사람들에게 발견되지 않았을 수가 없다. 그 참관인들 가운데는 나의 보좌진들도 포함됐기 때문에 반드시 발견했을 것이다. 그리고 만약에 발견됐다면? 이들 투표용지들은 모두 무효로 판정이 됐어야 했다. 그런데 실제는 어땠나? 이들 표가 발견됐다는 사실이 개표록에도 기록되지 않았다. 이런 표들이 개표장에서 발견됐다면 개표 참관인들이 이를 모르고 지나쳤을 리가 없다. 그랬다면 즉석에서 회의가 열렸을 것이고 그 유무효에 대한 논란이 있었을 것이고 그 사실은 고스란히 개표록에 기록됐을 것이다. 그러나 봤다는 사람도 없었고, 개표록에 단 한 줄의 기록도 없었고, 또 재검표 때는 이 모든 투표지가 무효표가 아닌 '유효표'로 분류돼 있었다.

정리를 하면 "송도2동 제6투표소 관리관의 인"이라는 글자가 예쁘게 보여야 할 도장 대신 일장기처럼 속이 꽉 차서 무슨 글씨인지 알아볼 수 없는 투표용지가 투표소에서도, 개표과정에서도 발견되지 않았다. 결론은 하나! 투표장에도 없었고 개표장에도 없었던 정체불명의 투표용지 천여 장이 재검표할 때만 나타난 것이다. 누군가 불순한 의도를 가진 사람이 재검표에 대비해서 급하게 투표용지를 만들다가 불량품이 나왔는데 이를 미처 발견하지 못했거나, 뒤늦게 발견했어도 이미 법원의 창고에 봉인된 채로 보관된 상태였기 때문에 이를 바꾸지 못했다는 합리적인 의심이 들 수밖에 없다.

일장기 투표지는 재검표가 한창 진행되던 새벽녘에 무더기로 쏟아져 나왔다. 천대엽 주심은 천여 장에 달하는 일장기 투표지가 모두 무효로 처리되는 것에 대해 부담을 느끼는 듯했다. 그는 재검표 막바지에 재검표 요원들에게 이미 무효로 판정된 일장기 투표지 천여 장 가운데 도장의 12 글자 중 단 한 글자라도 판독이 가능하면 유효로 다시 판정하라는 지시를 했고 이 과정에서 7백여 장의 무효 투표지들이 석연치 않은 이유로 유효표로 구제됐다.

선관위는 투표관리관의 법정 출석을 방해했다

나는 일장기 투표지가 대법원의 선거무효 판정을 이끌어낼 가장 강력한 증거라고 생각했다. 그래서 변호사들과 상의 끝에 이 도장을 직접 찍은 관리관을 증인으로 소환하기로 하고 증인 신청을 했다. 대법원도 순순히 우리의 요청을 받아들였다. 그러나 중앙선관위는 소환장을 송달할 투표관리관의 주소를 법원에 제출하지 않았다. 명백한 재판 방해였다. 이들이 내세운 이유는 수당이 쥐꼬리만큼밖에 되지 않아서 가뜩이나 공무원들을 투표관리관으로 차출하기가 어려운 마당에 이들이 법정에 출석하는 전례까지 생기면 앞으로 투표할 때 공무원들을 관리관으로 쓰기가 더욱 어려워질 것이라는 말이었다. 초등학교 어린이들이 들어도 비웃을, 되지도 않은 논리였다. 이들이 투표 관리관의 법정 출석을 막은 이유는 간단했다. 그가 진실을 이야기할까봐 두려웠던 것이다.

우리는 강력하게 따지면서 증인 출석을 다시 요구했고 대법원도 송도2동 제6투표소에서 그날 투표관리관 역할을 했던 인천 연수구청 공무원을 증인으로 소환했다. 우리로서는 선거무효 소송의 성패를 가를 가장 중요한 전기가 마련된 것이었다. 그리고 그 공무원은 진실을 바라는 우리의 바람대로 그 날 있었던 일을 거짓 없이 진술했다.

증인은 그날 자신은 직인을 인주에 찍은 다음에 날인하지 않았기 때문에 일장기 투표용지가 나올 리가 없으며, 그런 투표지가 돌아다니는 것도 보지 못했고, 투표를 한 주민들로부터 투표지가 이상하다는 항의도 들은 바 없다고 증언했다. 자기를 대신해서 도장을 찍은 투표사무원들도 그런 도장을 찍는 것을 보지 못했으며 만약에 그런 도장을 찍었다면 자기에게 보고를 했을 텐데 보고를 받은 적도 없다고 했다. 도장 주인이 자기가 그런 도장을 찍지 않았다고 했고, 하루종일 투표소에서 일어나는 모든 일을 관찰하고 비상시에 사태를 해결해야 할 위치에 있는 관리자가 그런 특이한 모습의 투표용지들이 돌아다니는 것을 본 적이 없다고 얘기를 했다. 증거에 증인의 증언까지 나왔으니 이제 수상한 일장기 투표지의 정체는 확인됐다고 우리는 안도했다. 그러나 대법원의 판결은 우리의 억장을 무너지게 만들었다.

10억을 준다고 했지만 일장기투표지 투표자는 나오지 않았다

대법원은 일장기 투표지는 만년도장을 인주에 찍은 다음 기표를 하는 바람에 생긴 투표용지라고 판단했다. 기가 찰 노릇이었다. 그리고 투표록에 기재되지 않은 것은 그런 투표지가 돌아다니더라도 투표지를 받아든 사람이 항의를 하지 않는다면 투표관리관이 인지할 수 없기 때문일 것이라는 친절한(?) 설명까지 곁들였다. 그러나 이 말은 절대로 사실이 아니다.

우리는 재검표 때 일장기 투표지와 배춧잎 투표지가 발견되자마자 조선일보와 문화일보, 매일경제 신문에 전면 광고를 내고 만약에 일장기 투표지에 투표를 한 사람이 나오면 10억 원을 주겠다고 발표했다. 그러나 지금까지 그런 투표지에 투표를 했을 천 명 가운데 단 한 사람이 나오지 않고 있다. 그날은 바쁘거나 혹은 항의할 엄두가 나지 않아서 아무 말도 하지 않았다고 하더라도 무려 10억 원을 현상금으로 내걸었는데 만약에 자기가 일장기 투표지를 봤다면 그 10억 원의 유혹을 견딜 수 있겠는가? 무려 천 장이나 나온 그 일장기 투표지에 투표를 한 사람 가운데 단 한 사람이라도 10억 원을 달라고 나왔어야 하는 게 아닌가? 그 일장기 투표지는 재검표장 이외에 투표장과 개표장 그 어디서도 모습을 찾을 수 없었던 부정선거 주범이 범행 현장에 남긴, 가장 강력한 움직일 수 없는 증거였다.

대법원 최후진술을 했다

시간을 흘렀고 마침내 대법원의 결심날이 돌아왔다. 선고를 앞둔 마지막 재판일이었다. 나는 이 때만 해도 우리사회 윤리와 법의 최후 보루로서 대법원이 우리의 억울한 목소리를 들어주고 결국 정의가 실현될 것이라고 생각하고 있었다. 결심날 나는 내 앞에 앉은 조재연, 천대엽, 이동원 대법관을 향해 최후의 호소를 쏟아냈다.

존경하는 재판장님,
"민주주의는 피를 먹고 자란다."로 잘 알려진 유명한 말의 원본은 "민주주의라는 나무는 때때로 애국자와 독재자의 피를 먹고 원기를 회복해야 한다!"고 돼있습니다. 미국 헌법의 기초를 잡은 미국 제3대 대통령 토머스 제퍼슨이 한 말입니다. 참으로 의미심장한 말이며 그같은 사례는 우리 현대사에서도 쉽게 찾아볼 수 있습니다.

지난 1960년에 있었던 3.15 부정선거가 그랬습니다. 정부가 주도한 부정선거로 김주열 군이 눈에 최루탄이 박혀 사망한 채 발견됐고, 이어진 데모에서 수많은 사람들이 죽거나 다쳤습니다. 4월 18일에는 데모를 하던 고려대생 두 명이 정치깡패들의 공격을 받아 숨졌고 이는 4.19 혁명과 5.16 혁명에 불을 당겼습니다. 이후 최인규 내무부 장관은 부정선거에 대한 책임을 지고 형장의 이슬로 사라졌습니다. 부당한 방법으로 권력 연장을 꿈꾼 위정자와 애국시민들의 피값으로 자유민주주의의 꽃인 선거제도는 지난 60여년 동안 공정하고 투명하게 지켜졌습니다.

존경하는 재판장님,
부정선거 진상규명을 위해 싸워온 지난 2년을 생각해보면 조롱과 모독, 무시와 비웃음, 정부 권력의 탄압을 견뎌온 인고의 시간이었습니다. 그 모진 시간을 견딜 수 있게 한 것은 정의가 위험에 처했을 때 그를 구하기 위해서 누군가는 고통과 핍박을 견디며 희생을 해야 한다는 성서의 가르침이었습니다.

그래도 그 2년 간의 시간 동안 우리가 흘리지 않은 것이 있으니 그것은 바로 피였습니다. 눈물과 땀은 원 없이 흘렸지만 피는 아꼈습니다. 그것은 우리 자유 대한민국의 자유민주주의 시스템이 위기에 처했을 때 피 없이도 그를 고칠 수 있을 것이라는, 성숙한 자유민주주의의 자정과 복원능력에 대한 믿음이 있었기 때문이었습니다.

존경하는 재판장님,
간절히 부탁드리오니, 우리들의 그 믿음을 지켜주십시오.

존경하는 재판장님,
우리나라 선거 역사상 지금까지 몇 차례의 재검표가 있었습니다. 지난 2000년에는 기자 출신의 문학진 후보가 개표 결과 단 세 표 차이로 떨어지자 재검표를 요청했고, 그 결과 표 차이가 세 표에서 두 표로 줄어들었습니다. 단 한 표가 줄어들었을 뿐입니다. 지난 2016년에는 인천부평갑구에서 우리 재판부 대법관님의 남편인 문병호 후보가 단 26표 차이로 낙선했습니다. 문 후보는 재검표를 신청했고 77일만에 실시된 재검표 결과 26표 차이는 23표 차이로 줄어들었습니다. 재검표로 바뀐 표는 단 세 표에 불과했습니다. 이런 결과라면 완벽하지 않은 인간이 어쩔 수 없이 저지를 수 있는 실수이며, 이런 정도라면 우리의 자유민주주의 체제는 굳건하다고 할 수 있습니다.

그러나 바로 여러분들께서 시켜보신 제21대 총선 인천연수구을구의 재검표 결과는 어땠습니까? 무려 1년 2개월만에 실시된 재검표에서 약 천 장의 이른바 일장기 투표용지가 쏟아져 나왔고, 생전 보도듣도 못한 배춧잎 투표지가 발견됐습니다. 난 데 없는 3백 표가 원고의 표에 더해져서 지금 그 책임을 두고 대법원과 중앙선관위라는 두 헌법기관이 다투고 있습니다.

존경하는 재판장님,
이건 우리 선거제도가 고장이 났다는, 그것도 심각하게 고장났다는 신홉니다. 1,974명이 투표를 한 인천 송도2동 제6 투표소에서 과반인 천 장의 투표용지가 흉칙한 모습의 일장기 투표지였다는 걸 우리 국민들은 받아들일 수 없습니다. 이렇게 유린된 선거제도를 그냥 믿어달라고 하기에는 사태가 너무나도 심각합니다.

재판장님,
우리 국민은 헌법이 보장하는 완벽한 자유민주주의를 누릴 권리가 있습니다. 저는 지난 4.15 총선에서 훼손된 제 지역구 유권자들의 참정권을 복원시켜드리고자 지난 2년 간 싸워왔습니다. 이제 그 종착지가 멀지 않아 보입니다.

재판장님,

굳건한 둑도 손가락만 한 구멍에 의해 무너집니다. 정부수립후 지금까지 한 표, 또는 세 표의 차이가 났을 뿐이었던 재검표 전후의 득표 수가 갑자기 2백79표 차이로 벌어지고, 투표소와 개표소에 있지 않았던 일장기 투표지라는 무효투표용지가 천여장 발견됐습니다. 이것은 누군가 불순한 세력이 선거결과에 부당한 영향을 미치려 범죄행위를 했다는 여실한 증거입니다. 이런 범죄행위를 모른 척해서는 안 됩니다. 그것은 정의가 무엇인지 혼란스러워하는 사회에 대해 오직 양심과 법령이 명령하는 바에 따라 분명한 이념적 푯대를 제시하는 대법관님들의 고귀한 사명에 어긋나는 일입니다. 만일 이번 투표를 정상적인 투표라고 하신다면 앞으로는 개표장에서 수만 장의 무표투표지, 가짜투표지가 쏟아져 나오더라도 그 선거가 정당한 선거라고 선포해야만하는 돌이킬 수 없는 판례로 남는다는 사실을 부디 기억해 주시기 바랍니다.

저는 이번 선거부정으로 얻을 이익이 거의 없을 것으로 보이는 중앙선관위가 이렇게 기를 쓰고 각종 거짓말을 쏟아내며 공정한 재판을 방해하는 의도를 참으로 알 수 없습니다. 공정하고 투명한 선거제도를 지키기 위해 누구보다도 애를 써야 할 선관위가 이런 알 수 없는 태도를 보이면 보일수록 자신들의 입장을 공정한 선거의 관리자가 아닌 분명한 선거 범죄 피의자의 위치로 자꾸 밀어넣는 일임을 지적하고자 합니다.

고장난 민주주의 체제를 고칠 수 있는 권위는 이제 단 두개의 주체의 어깨 위에서 찬란하게 빛납니다. 그 하나는 바로 Justice, 정의라고 불리는 여러분 대법관들이십니다. 여러분의 힘과 권능으로 고장난 선거제도를 바로잡는 무혈시민혁명을 완성시켜주십시오.

여러 대법관님들의 의로운 판결을 우리들은 고대하고 있습니다만 불행히도 그것이 불가능하다고 판단될 때 우리는 또다른 주체인 민주시민들의 힘에 기대며, 그동안 아껴두었던 피를 흘려야 할지도 모릅니다. 모두에 말씀드린 토머스 제퍼슨은 이런 경우를 위해 민주주의의 최상의 주권자인 국민들에게 또다른 명언을 남겼습니다.

"불의가 제도가 될 때 저항은 국민의 의무가 된다!"

경청해주셔서 감사합니다.

대법관들이 정숙을 당부했음에도 불구하고 방청석에서는 우뢰와 같은 박수와 함성이 터졌다. 대법관 중 그 누구도 그들을 제지할 수 없었다.

대법원이 나의 선거무효 소송을 기각했다

2022년 7월 28일, 나는 아침 일찍 일어나서 집에서 제일 좋은 양복을 골라 입었다. 넥타이도 원기를 북돋아주는 빨간 색을 골랐다. 그동안 몸무게가 불어서 좀 작은 듯 느껴졌지만 거울에 비친 모습이 산뜻해 보였다. 모든 것이 정상적이었다. 날씨도 좋았고 기분도 좋았다. 2년 반동안 유예됐던 정의의 칼날이 부정선거의 사슬을 끊게 되는 날이었다.

나는 컴퓨터에 앉아 대법원의 재선거 선고가 내려질 환호의 순간에 읽을 소감문을 가슴 벅찬 심정으로 써내려 갔다.

"정의의 승리입니다. 이 세상에 약자와 억울한 자들이 기댈 수 있는 정의의 수호신들이 있다는 점을 이번 판결로 웅변해주신 조재연, 이동원, 천대엽 세 대법관님들께 깊이 감사드립니다. 자칫 피를 보아야 했던 우리의 싸움을 무혈 시민혁명으로 완성시켜주신 대법관들은 이 시대의 양심입니다. 당신들의 이름은 이제 역사에 길이 빛날 것입니다.

지난 2년 3개월 동안 저와 함께 이번 소송을 맡아 애써주신 석동현, 권오용, 도태우, 현성삼, 박주현, 이동환, 유정화, 김모둠 변호사님들께도 깊이 감사드립니다. 이번 승리는 당신들의 것입니다.

그리고 30도가 넘는 땡볕 더위에도 영하 20도의 혹한 속에서도 아스팔트를 지키며 오직 한 목소리로 부정선거 진상규명을 외쳐주신 국내외 애국 시민들과 이번 승리의 기쁨을 함께 하고 싶습니다. 이 세상이 아무리 쓰레기통 같더라도 생업을 제치고 오직 양심이 명령하는대로 자신을 희생하며 길거리에 나서주셨던 여러분들이 계심으로 해서 세상은 아직 살만한 곳이며 바로 여러분들이 이 세상에 기적을 이룬 영웅들이십니다. 깊이 감사드립니다.

이번 정의로운 판결은 조롱과 비웃음을 참고 투쟁해온 우리들을 위한 큰 선물이며 위안입니다. 우리는 이제 더 이상 외로운 소수가 아닙니다. 우리는 더 이상 없는 얘기를 지어내는 공상가나 음모론자가 아닙니다. 우리는 두려움을 이기고 남극의 차가운 물 속에 가장 먼저 뛰어든 퍼스트 펭귄이었습니다.

오늘 이 귀한 승전보를 갖고 세상 속에 뛰어들어서 우리 자손 만대에까지 이를 자유민주주의의 발전을 위해 선거제도를 바로잡는 의로운 싸움을 다시 시작하십시다. 감사합니다."

그러나 혹시 모르는 일이었다. 그럴 리는 없었지만 기각 결정이 내려질 경우에 대비해서 간단한 소감도 작성했다.

지난 2년 반동안 오직 오늘만을 위해 달려온 날들이었다. 이 세상이 아무리 쓰레기통 같더라도 정의를 수호하는 대법원이 분명한 증인의 증언과 증거물들을 무시할 수는 없는 일이다. 법정에서 증인이 증언한 내용과 그에 합치하는 증거들을 재판부가 무시한다면 법학 교과서를 다시 써야 한다던 유튜버 정희일 씨의 확신에 찬 음성을 생각하니 흐뭇한 미소가 지어졌다.

그러나 분명히 이상한 점이 있었다. 대법원 주변을 평소보다 훨씬 많은 경찰들이 감싸고 있었다. 그리고 재판이 시작되기 전에 법원 행정 직원이 내게 양해를 구해왔다. 그날 내 사건과 함께 선고될 예정이었던 경남 양산을 선거구의 판결내용을 먼저 발표할 수 있도록 해달라는 내용이었다. 뭐, 그런 것쯤이야 문제될 게 없었다. 흔쾌히 그렇게 하라고 말했지만 갑자기 스쳐가는 생각이 있었다. 혹시 내 사건을 먼저 판결할 경우 방청석에서 소란이 일어나서 다음 순서를 진행할 수 없을까봐 순서를 바꾸는 게 아닐까?

그 불길한 생각이 정확히 맞아떨어졌다. 재판부는 경남 양산을 지역구 나동연 후보의 선거무효 소송을 기각한다고 판결했다. 방청석이 술렁였지만 심하진 않았다. 바로 이어진 순서에 조재연 대법관이 입을 열었다.

"인천연수을 민경욱 후보가 제기한 선거무효 소송을 기각한다. 판결의 내용은 기록물로 대신한다."

방청석은 아수라장이 됐다. 조재연은 다음 문장을 읽어내려가지 못했다. 잠시 뜸을 들이던 조재연은 속기사에게 그냥 읽어도 되겠느냐고 물은 뒤 미소를 지은 채 선고문 낭독을 이어갔다.

"피고의 변호사 비용은 원고가 부담한다."

나는 그 자리에서 책상에 머리를 찧고 피를 흘려야 했을지 모른다. 그래서 "민주주의라는 나무는 때때로 애국자와 독재자의 피를 먹고 원기를 회복해야 한다."던 미국 대통령 토머스 제퍼슨의 말과 같이 '불의가 제도가 된 마당에 국민의 의무가 된 저항'에 불을 댕겼어야 했는지 모른다.

그러나 그 순간 나는 내 몸 안의 모든 힘이 다 빠져나가 움직일 수도 없는 상황이었다. 다만 조재연의 웃는 모습, 천대엽의 난감해하는 모습, 이동원의 빨리 자리를 벗어나고 싶어하는 듯한 당황스럽고 창백한 얼굴, 그리고 망연자실하고 분노에 찬 도태우 변호사의 얼굴 표정, 판결이 주는 충격 때문에 책상 위에 머리를 파묻고 고개를 들지 못하던 박주현 변호사의 모습 등이 느린 화면 같이 지나갈 뿐이었다. 전국에서 모여든 방청객들의 고함은 귀에 현실감 있게 들리지도 않았다. 그냥 웅웅거리는 세상 밖의 소리로밖에 들리지 않았다.

나는 간신히 정신을 차리고 혹시나 하는 마음으로 함께 준비해온 짧은 글을 처참한 심정으로 읽어 내려갔다.

"참으로 슬픈 날입니다. 이 세상에 정의가 있기를 바랐으나 현실은 그렇지 않았습니다. 수많은 통계적 증거와 실물 증거, 증인과 결정적인 증언에도 불구하고 우리나라 대법원은 자신들이 정의의 수호자임을 망각하고 역사에 부끄러운 판결을 내놓았습니다.

4.15 총선 결과 나타난 각종 이상한 통계로 통계학 교과서가 다시 쓰여야 하듯이 법정에 제시된 분명한 증거와 증언도 무시한 대한민국 대법원의 이번 판결은 후세 법조인들에 의해 두고두고 조롱거리가 될 것입니다.

그동안 법정싸움에서 혁혁한 무공을 보여주신 석동현, 권오용, 도태우, 현성삼, 박주현, 이동환, 유정화, 김모둠 변호사님들께 감사드립니다.

2년 3개월 동안 아스팔트를 지키며 외로운 싸움을 벌여온 전국 각지의 애국시민들께도 감사드립니다. 행복한 소식을 전해드리고 싶었지만 그렇지 못해서 너무나 슬픕니다. 그러나 우리의 싸움은 끝난 것이 아닙니다. 진정한 싸움은 이제 비로소 시작됐습니다. 대법원의 불의한 판결은 역사의 심판에 맡기고 우리는 선거정의를 위해 계속 싸워나갈 것입니다.

이미 감사원이 선관위에 대한 직무감사를 시작했고 어제 국회에서는 총리가 부실한 선거제도를 점검하겠다고 말했습니다. 그리고 우리는 형사상 고소와 고발을 통해 선거범죄의 진상규명과 책임자 처벌을 위해 더욱 열심히 싸워나갈 것입니다.

정의를 우롱한 대법원은 각성하라!
정의를 외면한 대법관은 자격없다!"

죽음에서 살아 돌아왔다

대법원의 판결이 있기 전, 2022년 3월 9일 대선을 한 달도 안 남긴 상황에서 나는 지독한 코로나에 걸렸다. 코로나에 걸리는 순간 그 바이러스가 몸 속으로 들어오는 걸 느낄 수 있을 정도로 그 증상은 뚜렷했다. 목이 칼칼했고 온 몸에 피로감이 몰려왔다. 그리곤 기침이 시작됐다.

나는 대선 때까지 참기로 했다. 내가 코로나에 걸렸다는 게 알려지면 여러 가지 귀찮은 일들이 벌어질 것으로 예상했다. 다른 사람들에게 옮기지 않을 정도로 주의를 기울이면서 그 추위 속에서 강남집회를 이어갔다.

대선을 앞둔 상황에서 우리의 슬로건에서 4.15 총선 부정선거 문제는 자취를 감췄다. 목전의 대선이 중요했다. 부정선거에 대한 국민들의 의식을 깨우고 경각심을 갖게 함으로써 우선 정권교체를 이루는 것이 급선무였다. 그래서 임종두 고문과 상의 끝에 우리 집회와 행진의 제1 구호를 "부정선거 척결하여 정권교체 이룩하자!"로 바꿨다. 부정선거를 막지 못하면 정권교체는 물 건너간다. 정권교체를 이루지 못하면 지난 4.15 총선의 부정문제를 절대로 다룰 수 없다는 게 우리의 상황인식이었다.

그렇게 투쟁을 계속하는 동안 나의 몸상태는 점점 더 나빠졌다. 나의 아내는 산부인과 전문의다. 고마운 아내는 지금까지 살아오면서 우리 가족과 직장 동료들까지 건강을 살펴줘왔다. 적어도 어디가 아픈 것 때문에 나를 포함한 내 주위 사람들이 큰 걱정을 하지는 않아도 되는 형편이었다. 내가 비록 기침을 심하게 하고 걷기가 힘들 정도로 숨이 가빠도 옆에서 나의 상태를 지켜봐주고 있는 아내가 있는 한 나는 조금도 걱정이 되지 않았다. 그런데 이상한 일이 벌어졌다.

아내는 내가 숨가쁘게 기침을 해댈 때도 내 머리에 손을 대고 열이 있느냐고 물어보고 열이 없다고 하면 큰 일은 아니라고 말했었다. 그런데 뱉어내는 가래 색깔이 짙은 고동색으로 변한 걸 보고 집사람이 다음 날 병원으로 와서 엑스레이를 한 번 찍어보자고 했다. 열이 없으면 염증이 없는 것으로 보고 폐렴을 의심하지 않았는데 기침하는 모습과 가래를 보더니 자기 친구들에게 급하게 전화를 돌리는 것 같았다. 염증은 열을 동반하지만 폐렴은 예외라는 사실을 뒤늦게 깨달은 것 같았다.

채 10미터를 걷기 힘든 상태로 대통령 선거를 마친 다음날 나는 폐 엑스레이를 찍기 위해 숨을 참는 것조차 어려운 위중한 상태가 됐다. 엑스레이 사진을 본 아내는 흉부외과 전공이 아니더라도 지금 나의 상태가 얼마나 심각한지를 알아낸 것 같았다. 엑스레이 리딩을 다른 전문의에게 부탁하지도 않은 상태로 내 손을 잡고 급하게 병원 응급실로 이끌었다. 병원 응급실로 실려갔을 때 나는 거의 혼절상태였다.

염증수치 9%... 의사인 아내가 경악했다

응급실 한쪽에 마련된 추운 격리시설에 몇 시간이고 의식이 가물가물한 상태로 누워있던 나는 담당 의사의 청천벽력 같은 소리를 듣게 된다. 코로나 중증이며 지금 폐렴이 너무나 위험한 상태까지 와있다는 말이었다. 보통사람의 염증 정상치가 체중의 0.3%까지인데 지금 나의 염증수치는 그의 30배인 9%라는 것이었다. 내 몸무게의 거의 10분의 1이 염증을 앓고 있다는 말이었다. 나중에 아내는 자신이 평생 의사생활을 하면서 염증수치가 9%가 되는 사례는 단 한 번도 보지 못했다고 말하고 그 때 상황이 너무나 심각하다는 걸 깨달았다고 말했다. 응급실에서 진단한 나의 생존 가능성은 40%! 병을 이기지 못하고 죽을 가능성이 60%라는 얘기였다. 하늘이 노래졌다.

우주복. 코로나 환자를 돕는 의료인들이 입고 있는 방호복을 처음 보고 든 생각이었다. 그 우주복을 입은 간호사 두어 명이 응급실로 나를 데리러 왔다. 길병원 음압 중환자실로 데려가기 위해 나온 사람들이었다. 들것도 비닐로 덮어야 했는데 나를 눕혀놓고 그 비닐을 지퍼로 잠그려 할 때 나는 아, 내가 이렇게 시체가 되는 모양이다라는 생각에 극도의 폐소 공포증을 느끼고 지퍼를 다시 내려 달라고 소리를 쳤던 기억이 난다. 그렇게 앰뷸런스를 타고 나는 중환자실로 옮겨졌다.

그곳에서 나는 팔에 여러 개의 수액 바늘을 꽂고 요도에 소변줄을 끼우고 코와 입에는 고압의 산소를 투입하는 마스크를 쓰고 죽음을 기다리고 있었다. 담당 의사도 비관적이었다. 폐가 제 기능을 하지 못할 경우 심장에 굵은 대롱을 꽂아 피를 외부장치로 빼낸 뒤 이산화탄소를 제거하고 산소를 공급한 혈액을 다시 심장으로 들여보내는 애크모라는 특단의 조치를 취하거나 나의 의식을 마비시킨 채 인공호흡기를 매달기 위한 만반의 준비를 하고 있었다고 한다.

거동이 불편한 내 눈 앞에는 흰 병실 벽에 있는 회색의 네모난 온도조절장치밖에 없었다. 그 온도조절장치를 뚫어져라 보고 있으니 그 네모난 상자가 벽의 이쪽 저쪽으로 막 움직였다. 나의 의식과 나의 눈이 그렇게 오락가락하고 있었던 것이다. 난 바로 그 중환자실에서 10년 전에 돌아가신 아버님의 존재와 홀로 마주쳤다.

폐병으로 돌아가신 아버님은 마지막으로 입원하신 뒤에 상황이 아무리 나빠져도 중환자실은 절대로 들어가지 않겠다고 저항하셨다. 나는 그 이유를 알 수 없었는데 내가 그 상황에 빠져본 뒤에야 그 두려움을 절실하게 느낄 수 있었다. 온 몸에 생명유지를 위한 각종 장치가 꼽히고, 심장박동과 산소포화도를 알려주는 모니터의 단조로운 소리가 계속되고 보호자와는 전혀 소통을 할 수 없는 그 적막함… 바로 이 분위기가 무서우셨던 것이었다. 나도 무서웠지만 유난히 겁이 많고 삶에 대한 애착이 깊으셨던 아버님 생각을 하니 눈물이 앞을 가렸다.

"아버지, 이런 무서운 곳에서 혼자 계셨었던 거로군요. 그래서 여기는 다시 들어오고 싶지 않다고 하셨던 거였군요. 죄송해요. 그 때는 제가 몰랐어요. 죄송해요…"

죽음이 내게 손짓했다

아, 죽음은 나의 바로 옆에까지 찾아왔다. 하루에도 몇 번씩 병원 방송을 통해서 "코드 블루, 코드 블루"를 외치는 안내가 나왔다. 기자생활을 통해, 또 의사 아내와 살아오면서 그 코드 블루가 병실의 입원 환자가 사망했다는 의료진들 사이의 전문용어라는 걸 알고 있는 상황에서 그 코드 블루라는 안내 방송은 마치 죽음이 한 발짝씩 내 곁으로 다가오는 걸 알려주는 장송곡 같았다. 그리고 유리창을 통해 어렴풋하게 비쳐보이는 바로 옆 병실의 모습은 너무나도 무서웠다.

의식을 마비시키고 인공호흡기를 장착한 환자가 선망에 시달리는 모습이 보였다. 혼잣말을 하듯이 고개를 끄덕거리기도 하고 가로 젓기도 하다가 온 몸을 떨며 발작을 하는 모습을 보고, 이제 곧 나에게도 저런 상황이 닥칠 것이라는 생각을 떨쳐 버릴 수가 없었다. 생존 가능성은 아직 40%에 머물러 있었고 의사는 코로나 증상이 완화되기 시작하면 폐렴은 걷잡을 수 없이 악화될 것이라는 비관적인 소견을 굽히지 않았다. 그는 자신의 환자가 최악의 순간에 접어들 것을 항상 걱정하고 대비해야 하는 응급실 전문 의료인이었다.

그렇게 사경을 헤매던 나는 어느 날 평소에 보지 못했던 인물을 보게 됐다. 의사와 간호사 외에 중환자실을 드나들 수 있는 사람은 청소부였다. 60대의 여인이 쓰레기통을 비우고, 바닥을 걸레질하면서 마치 혼잣말을 하듯이 중얼거리는 소리를 나는 듣게 됐다. 그 여인은 내게 세 가지 말을 하고 있었다.

"하나님께 기도하세요. 딱 한 번만 더 기회를 달라고 부탁하세요. 하나님한테는 그게 어려운 일이 아니에요. 하나님한테는 손바닥을 뒤집는 것처럼 쉬운 일이에요. 그리고 하나님은 남의 하나님이 아니에요, 바로 나의 하나님이에요."

산소 마스크 때문에 나는 내가 그 말을 듣고 있다는 걸 나타낼 수도 없었지만 그 여인은 바로 그 말을 하고 있었다. 내가 비몽사몽간에 자기의 말을 들을 수 있을지도 확신하지 못할 상황이었으나 그는 기도하듯이 그 세 가지 말을 반복했다.

"나를 살려주세요. 당신한테는 쉬운일이시라는 걸 알아요. 당신은 나의 하나님이잖아요."

아, 이 마지막 말은 그가 하나님께서 내게 보내주신 천사였다는 걸 증명하는 특별한 뜻이 있다. 하나님은 남의 하나님이 아니에요. 하나님은 나의 하나님이에요. 그 여인이 무슨 뜻으로 이 말을 했는지는 몰라도 나에게는 참으로 의미 깊은 말이었다.

믿음의 딸 김문자 씨를 살리는 도구로 나를 쓰신 하나님

나는 기자생활을 하면서 유방암이 온 몸에 퍼져서 사경을 헤매는 한 여성의 이야기를 밀착 취재한 적이 있다. 전문가들이 가망이 없다고 진단한 이 환자가 살아나 5년 넘게 생존한 기적적인 상황을 직접 목도한 뒤 나는 스스로에게 말한 바가 있다.

"이 세상에 하나님은 살아계신다. 저 여인의 간절한 목소리를 들으시고 저 여인을 죽음의 골짜기에서 건져내신 저 여인의 하나님은 분명히 이 세상에 살아계신다. 이제 나는 나의 하나님만 찾으면 된다."

그러나 지금 생각해보면 이 말이 얼마나 어리석은 말이었던가! 하나님은 유일하신 분이시다. 그의 하나님과 나의 하나님이 다를 수가 없다. 그러나 나는 내 주제에 그런 하나님의 임재하심을 당당히 요청할 수 없다고 생각했던 것 같다. 그 여인과 같은 절실함이 없는데 어떻게 하나님이 나를 도우시겠는가 하는 민망함이 있었던 것 같다. 그러나 나는 그 기도와 고백이 얼마나 어리석은지를 모르는 채 그 말만 계속하고 있었던 참이었다.

"하나님은 계신다. 그 여인을 살려주신 하나님은 계신다. 정확하게는 그녀의 하나님을 보았다. 나에게도 나를 사랑하시는 나의 하나님이 계셨으면 좋겠다…"

그런데 내가 사경을 헤맬 때 청소를 하러 들어온 그 여인은 분명히 시키지도 않은 말을 나에게 하고 있었던 것이다.

"하나님은 남의 하나님이 아니에요. 하나님은 바로 당신의 하나님이에요."

그렇게 나는 나의 하나님을 만났다. 그리고 그 하나님은 나를 살리셨다. 나는 정의감이 있는 사람이다. 내가 살아날 가능성이 많지 않다는 걸 알았을 때 나는 그렇게 죽는 것도 나쁘지 않다고 생각했다. 이 세상에 부정선거를 꾀하는 세력이 있다는 걸 알았고, 그걸 막아보라는 하나님의 소명을 온 몸으로 기꺼이 받아들였고 2년간 치열하게 싸워서 국민의 3분의 1이 4.15는 부정선거였다는 사실을 알게 되고, 또 열심히 표를 지켜서 저들의 부정선거 의도에도 불구하고 정권을 교체했으니 사내 한 명이 세상에 태어나 죽기 전에 한 일로서 부끄럽지 않은 성과라고 생각했다.

이제 사람들은 이 땅에 부정선거가 있었다는 사실과 함께 그 사실을 세상에 알리기 위해 최선을 다해 싸우다가 죽은 나 민경욱의 이름 석 자를 기억해줄 것이라고 생각하니 죽음이 크게 두렵지는 않았다. 어차피 삶과 죽음은 하나의 이어지는 과정에 불과한 것이라는 생각을 하니 크게 슬프지도 않았다.

그러나 그런 나를 하나님은 살리셨다. 나는 나의 몸상태를 주의깊게 관찰했다. 내가 죽을 지경인가? 내 상태는 나아지고 있는가, 아니면 악화되고 있는가? 코로나 증상과 폐렴 증상을 분리하면서 내가 나아질 가능성을 혼자 가늠해봤을 때 비관적인 담당 의사의 전망과 다르게 살 수 있을 것 같다는 생각이 들었다. 그렇게 나는 생존했다. 또 다른 나의 주치의는 내가 퇴원한 뒤에 말했다.

"원래 체질적으로 강하신 분 같습니다. 다른 사람이면 이겨내지 못했습니다."

독일의 재선거

2021년 9월 독일 베를린에서 지방선거가 치러졌다. 그런데 여기서 작은 문제가 발생했다. 투표소별로 투표자 수를 잘못 예상하는 바람에 유권자들이 투표할 용지를 기다리는 사태가 발생했고 일부는 투표 마감시간인 오후 6시 이후까지 투표를 하지 못하고 투표서 바깥에서 줄을 서서 기다렸어야 했다. 오후 6시는 방송국의 출구조사 결과가 일제히 발표되는 시간이었기 때문에 그 시간까지 투표를 하지 못한 유권자들의 표심에 영향을 끼치게 됐다. 언론을 통해 이런 사태가 보도되고 이 문제의 처리 방향을 대법원에서 심의했다.

독일 대법원은 지난 2022년 말에 베를린 지방선거를 전면 재선거하라는 결정을 내린다. 해당 선거로 당선된 공무원들의 이익과 권리를 지키는 것보다도 자유민주주의의 기본원칙을 지키는 것이 더욱 중요하기 때문이라고 그 이유를 밝혔다. 그리고 당선된 정치인들과 언론은 대법원의 이같은 결정을 의연하게 받아들였다. 대법원의 결정에 따른 재선거 일정을 발표한 사람도 다름 아닌 지방선거로 선출된 베를린 시장이었다. 그녀는 담담하게 다음 선거를 성실히 준비하겠다고 말했다. 그 선거는 2023년 2월에 다시 치러졌다.

이같은 독일 대법원의 판시는 우리 대법원의 판결과는 180도 다르다. 인천 연수구을 지역구 선거무효 소송을 담당했던 대법원 재판부는 판결문에서 "지난 선거로 대한민국 국회의원들이 당선됐기 때문에 그들의 권리를 생각해서라도 선거 부정 문제를 제기할 때는 매우 신중할 필요가 있다."고 못을 박았다. 이 말은 국회 다수석을 차지하고 있는 민주당 의원들이 무서워서라도 이번 재판은 설렁설렁 하겠다는 말을 좀 유식하게 한 것에 불과하다. 이미 선출된 국회의원들의 이익이 있기 때문에 신중하게 판단하겠다는 우리나라 대법관들과, 이미 선출된 공무원들의 이익보다는 자유민주주의의 기본이 되는 공정선거의 원칙을 지키는 것이 더 중요하기 때문에 재선거를 해야 한다는 독일의 대법원. 과연 우리는 어디에 박수를 보내야 하겠는가?

이 뉴스를 나는 SNS를 통해 신속하게 전파했다. 내 마음 속엔 두 가지 생각이 들었다. 왜 저들이 누리는 이 당연한 권리를 우리는 누리지 못하는가? 우리의 배여일화 (배춧잎, 여백이 다른, 일장기, 화살표) 투표지들에 비교하면 저들이 내세우는 재선거의 이유는 너무나도 사소한 것으로 보일 지경이 아닌가? 그런데 저들은 내부 의견의 갈등 없이 당연한듯이 자유민주주의의 원칙을 지키는 결정을 내린 것이다. 우리는 왜 그 당연한 것이 거부된 것일까? 우리는 그런 성숙하고 완벽한 자유민주주의를 누릴 수 있는 1등 시민이 아니란 말인가?

그러나 다른 한 구석에서는 억누를 수 없는 환희가 솟아나왔다. 이 세상 어느 곳에서는 상식과 정의가 통하는 곳이 있다. 지구촌 세상이 된 오늘날 이 소식이 독일만의 소식이 될 리는 없다. 비록 시간이 더 필요할지는 모르지만 우리의 비정상이 독일의 정상적인 상황으로 치환될 날이 반드시 올 것이다. 이런 생각에 마음이 들떴다. 우리가 구성한 다큐멘터리 팀은 독일의 이 자랑스러운 재선거를 취재했다. 대만과 미국, 독일의 부정선거와 관련된 정책을 자세히 취재한 우리는 이 이야기를 "당신의 한 표가 위험하다"는 다큐멘터리로 만들어 세상에 공개했다. 우리는 그를 통해 세상에 보여줬다. 비정상이 무엇인지. 그리고 그것을 정상으로 돌리기 위해서 우리에게 필요한 것이 무엇인지… 그것은 바로 부정을 바로잡고자 하는 우리의 강력한 의지였다.

나는 통쾌한 복수를 꿈꿨다

나는 통쾌한 복수를 꿈꿨다. 나를 비웃었던 사람들이 모두 나에게 고개를 숙이고 사과를 하는 그런 날이 오기를 고대했다. 그런 반전은 나의 영혼을 한없이 고양시킬 것이라는 꿈을 꾸었었다.

부정선거를 놓고 한 판 운명의 결투를 벌이자고 생각했을 때 나에게는 지금 생각해도 참으로 기특한 마음이 들었었다.

"사람들은 이 사안의 중요성을 알지 못하고 있고 증거도 이해하지 못할 것이다. 따라서 초기에 나에게 비웃음과 조롱을 보낼 것이다. 난 그를 감수하겠다."

그래서 연설을 통해 중국 고사에 나오는 한신을 자처하기도 했다. 한신이 세상을 얻기 전에 시궁창에서 불량배들이 시키는대로 그들의 가랑이 사이를 기어서 통과하는 모욕을 견뎠듯이 나도 세상의 모욕과 조롱을 견디겠다. 그리고 예상했던 대로 모욕이 돌아왔다.

그 모욕은 나의 친정인 국민의힘당에서 견디기 힘들게 쏟아졌다. 그 주역은 이준석과 하태경 부류였다. 난 지금도 왜 그들이 부정선거 진상규명을 위해 애쓴 나를 그렇게 끈질기게 조롱하고 공격했는지 알지 못한다. 정말로 일부에서 제기하듯이 민주당 등 외부세력의 조종에 의한 것이라고 믿어야 하는 건지도 모르겠다.

이준석은 내게 하지도 않은 전화를 했다며 토론을 제의했다. 하태경은 내가 부정선거를 주장하고 종국에는 전당대회에 대표로 나올 것이라며 초기에 싹을 잘라야 한다는 취지의 말을 공식 회의석상에서 하기도 했다. 기가 찰 노릇이었다. 이렇게 국힘당에서 비난의 목소리가 쏟아지니 민주당은 굳이 부정선거를 부인하고 나설 필요도 없었다. 언론도 마찬가지였다.

"형, 부정선거 기사는 죽었다 깨어나도 못 씁니다."

천신만고 끝에 국제조사단을 구성해서 마침내 부정선거와 관련된 국제 보고서가 나왔을 때 나는 그 책을 들고 과거 나와 인연이 있었던 절친한 언론인들을 찾아다닌 적이 있었다. 그들에게 제발 한 줄만 써달라고 애원을 할 때 그들은 내가 들어도 찰떡같은, 자기들이 부정선거를 절대로 보도할 수 없는 이유를 내게 얘기해 줬다.

"형, 이 기사는 죽었다 깨어나도 못 씁니다. 아니, 부정선거가 있었다면 그 최대 피해자는 바로 국힘당 아닙니까? 그런데 그 당에서 형님을 어떻게 했습니까? 부정선거를 주장한다고 형을 당협위원장에서 제거해 버리지 않았습니까? 부정선거가 없다고 당사자인

당이 저러고 있는데 이걸 우리가 어떻게 씁니까? 당에서 써달라고 애원을 해도 쓸까 말까인데 당이 저러는 한 이걸 기사화하는 언론사는 아마 한 곳도 없을 겁니다."

미치고 팔짝 뛸 노릇이었다.

평소에 나를 아끼던 분들의 조언은 더욱 견디기 힘들었다.

"당신 지역구 선거나 잘못됐다고 주장하면 됐지 당신이 뭘 안다고 4.15 총선 전체가 부정이라고 떠들고 다녀? 대한민국의 식자층에서 당신은 벌써 오래 전에 joke(웃음거리)로 전락했어."

차라리 무학의 모르는 사람들이 악다구니를 쓰며 욕을 하면 견디기가 쉬웠을 것이다. 그러나 세상에서 존경받는 학자요, 정치인이요, 여론을 주도하는 분의 말씀이라 마음이 쓰라렸다. 이렇게 불러서 밥을 사며 얘기해주시는 분은 그래도 고마운 분이셨다. 전 같으면 전화라도 해서 한 마디 해주셨을 듯한 주위의 어른들이 일체 소통을 끊었다.

친구들도 마찬가지였다. 내게 직접 하지 않은 말이 몇 사람을 거쳐서 내 귀에 들어왔다.

"경욱이가 전엔 안 그랬는데 요즘 좀 많이 이상해졌어."

평소에 내가 존경하는, 사회적으로 자기 분야에서 일가를 이룬 친구 한 명은 취중에 전화를 해서 얘기했다. 아끼고 존경하는 친구고, 평소에 싫은 소리를 전혀 하지 않던 친구라서 그의 말은 더 내 마음에 상처를 줬다. 많은 얘기를 했지만 그 가운데 한 마디가 내 뇌리를 떠나지 않는다.

"사람이 균형 감각을 가져야지!"

아, 난 지금 균형 감각을 잃은 것인가? 술에 취한 그 친구를 달래듯이 알았다고 건성으로 대답을 하고 끊었지만 그 말이 남긴 뒷 맛은 너무나도 슬펐다.

그래서 나는 알고야 말았다, 그런 통쾌한 반전은 없을 것이라는 사실을… 결국 민경욱이 옳았다고 마음을 바꾸는 사람은 그야말로 극소수에 그칠 것이다. 정말로 자기가 잘못됐다고 느끼는 사람들도 자기들이 지금까지 취해왔던 태도가 있기 때문에 바깥으로 자신의 소신을 굽히지는 않을 것이다. 내가 주장했던 부정선거와 관련된 사실들이 그들의 당초 예상과는 다르게 진실과 정의로 판명되더라도 그들은 내게 와서 사과를 하거나 나를 칭찬해주지 않을 것이다. 세상은 그냥 조용히, 고요하게, 아무 일 없었다는 듯이 흘러갈 것이다…

아, 정귀업 할머니…

그 때 문득 떠오르는 비극의 주인공이 있었다. 아, 정귀업 할머니!

결혼한 지 1년 만에 6.25가 터져서 남편이 군대를 가서 행방불명이 된 뒤 시할머니와 시어머니를 모시고 시누이와 함께 살며 평생을 수절했던 할머니가 계셨다. 헤어진 지 50년도 넘게 그리워하던 그 남편이 북한에 살아 있다는 소식을 듣고 이산가족 신청을 했다. 그토록 보고싶던 남편을 천신만고 끝에 만났지만 남편은 그 옛날 잠깐 함께 살던 부인을 잘 기억하지도 못하는 것 같았다. 그런 아내가 평생을 자기만을 기다리며 재가도 하지 않고 수절하며 그 긴 세월을 지내왔을 것이라는 생각은 꿈에도 하지 못한 것처럼 보였다. 그리고 그 남편은 이미 그 옛날 북한에서 새 사람을 만나서 결혼을 해 많은 자식과 손주들도 있는 상태였다.

청천벽력 같은 상황을 파악한 그 할머니는 남편에게 따졌다. 자기와 결혼을 하기 전에 저 여자를 알고 있었던 건 아니었느냐고… 정식 부인으로서 긁을 수 있는, 50년을 유예했던 합법적인 바가지였다. 남편은 탄식 섞인 웃음으로 대답을 대신했다.

밤마다 그리워하고 꿈 속에서만 만나보던 그리운 남편이 벌써 오래 전 남의 남자가 됐었던 것을 알게 된 정귀업 할머니는 가슴을 쥐어뜯으며 억울해했다. 당신을 기다리며 당신의 할머니와 어머니, 동생을 보살펴 온 나의 지난 54년 간의 삶은 어떻게 해야 하는 거냐고…

그러나 정귀업 할머니는 이내 이야기했다. 그래도 당신이 있어서 내 인생은 의미가 있었다고… 그래도 이렇게 살아 있어서 고맙다는 당신의 인사라도 들을 수 있는 게 아니냐고… 당신이 이렇게 살아있지 않았다면 내 인생은 의미가 없었을 것이라고… 그래서 남의 남자로라도 다만 살아있어줘서 고맙다고 했다. 마지막 상봉날 나는 그냥 이곳 북한에 남아서 남편과 살면 안 되느냐고 울부짖던 정귀업 할머니는 눈물을 훔치며 홀로 한국으로 돌아왔다.

정귀업 할머니가 50여 년 간 꿈꿔왔던 눈물겨운 상봉이 예상을 빗나갔듯 나의 마지막도 내가 꿈꿔온 통쾌한 복수, 해피엔딩과는 전혀 다를 수 있다. 다만 지금까지 쌓아온 투쟁의 결과가 의미가 있길 바란다. 아무도 모르는 듯했던 부정선거의 실태에 대해 지금은 전국민의 3분의 1에 가까운 32.3%가 인식하고 있다고 답했다. 우파로 한정할 때는 54%가 4.15가 부정선거였다고 외치고 있는 것이다. 그럼 됐다.

정귀업 할머니 말대로 "당신이 살아있지 않았으면 내 인생은 의미가 없었을 거예요. 살아있어 줘서 고마워요." 비록 내게 꽃다발이 바쳐지지 않더라도 내 싸움의 결과로 자유민주주의 제도가 조금이라도 더 굳건해진다면, 공명선거를 위해 지금 잘못된 선거법의 다만 한 점, 한 획이라도 바꿀 수 있다면 나의 투쟁은 의미있었다고 할 수 있을 것이다.

모든 것을 합력하여 선을 이루시는 하나님

사람으로는 할 수 없었던 일, 하나님이 모든 것을 합력하여 선을 이루신다. 울고 웃으며 보낸 3년여의 시간이다. 소명을 받은 일이라 원망은 없었다. 오히려 꽉 막힌 길을 뚫어주시는 하나님의 능력을 온 몸으로 맞은 은혜로운 시간이었다. 모든 시련은 희망의 씨앗을 품고 있다. 나의 최악의 순간은 내가 단련되는 시간이었다. 죽음의 문턱까지 갔다가 돌아왔다. 나를 죽이지 못한 것은 나를 그만큼 더욱 강하게 만들 뿐이었다.

코로나에 걸렸고 생존확률이 40%라고 했다. 죽을 확률이 더 높았다. 중환자실에 갇혀서 극심한 폐렴 속에서 몸이 기적처럼 살아나기만을 기도하는 시간이었다. 죽으면 죽으리라… 그런 속에서 나를 살려주신 하나님. 나는 그 때 죽어도 여한은 없다고 생각했다. 부정선거를 위해 싸운 건 많은 사람들이 아시는 사실이고 부정선거 진상규명을 위해 목숨 걸고 싸운 끝에 정권교체를 이루지 않았던가? 그러니 내가 죽더라도 사람들은 내가 경각에 처한 자유민주주의를 구하기 위한 의로운 싸움을 싸우다가 죽었다고 기억해줄 것이다. 그리고 나의 죽음으로 부정선거 투쟁이 더욱 큰 힘을 얻는다면 그것도 나쁘지 않을 것이라고 생각했다. 그런데 나를 살리셨다. 나는 새로 태어난 사람이 됐다.

내가 아직 기자였던 시절, 유방암에 걸린 안산의 김문자 씨라는 분이 대학병원의 억울한 오진으로 사망의 골짜기를 헤매이다 기도를 했다. 그 많은 사람들과 기관들에게 자신의 억울한 사정을 호소했어도 소용이 없었다. 아무도 신경쓰지 않고, 책임지지 않으려는 상황이었다. 낙심에 빠진 김문자 씨는 남편과 함께 40일간 새벽기도를 한다. 기도의 제목은 "똑똑한 기자 한 명을 만나게 해주십시오"였다. 그 기도가 끝나고 김문자 씨가 밤 11시가 넘은 시간에 KBS 방송국 보도국에 건 전화를 받은 사람이 바로 나였다.

우여곡절 끝에 그 분의 억울한 사정을 어렵게 취재했고 그 사연은 KBS 9시 뉴스와 "KBS 리포트"를 통해 세상에 방송됐다. 그 덕분에 그는 그동안 해당 대학병원에 지불했던 치료비를 돌려받았고 그 돈으로 다른 병원에서 첨단 치료를 받은 뒤 5년 넘게 생존할 수 있었다. 지금은 고인이 되셨지만 그 김문자 씨가 40일 동안 목숨 걸고 했던 새벽기도의 제목이 "똑똑한 기자를 만나게 해달라"는 것이었다는 걸 뒤늦게 알았을 때 난 놀라고 감격했다. 모든 것을 세밀하게 합력하여 선을 이루시는 하나님…

그녀의 하나님을 보았다. 나도 나의 하나님을 만나고 싶다

꼭 죽을 것 같은 믿음의 딸을 죽음에서 구하기 위해 똑똑한 기자를 연결해서 결국 그의 목숨을 살리신 하나님. 나는 그렇게 쓰임을 받았다는 사실을 알고 김문자 씨가 부러웠다. 그래서 나는 그 이후 세상의 많은 사람들에게 외쳤다.

"하나님은 살아서 역사하신다. 나는 당신을 사랑하는 믿음의 딸을 살리기 위해 세상을 섭리로 움직이신 하나님의 존재를 목격했다. 나는 그녀의 하나님을 보았다. 이제 나도 나의 하나님을 찾았으면 좋겠다…"

내가 중증 코로나와 급성 폐렴으로 죽음의 골짜기를 헤매고 있을 때 중환자실을 청소하던 여성 분이 의식이 혼미한 내 앞에서 마치 혼잣말처럼 이야기하는 걸 들었다.

"하나님께 사정하세요. 한 번만 살려달라고, 한 번만 기회를 더 달라고 기도하세요. 그 일은 하나님께는 손바닥 뒤집듯이 간단한 일이에요. 하나님은 남의 하나님이 아니에요. 바로 나의 하나님, 당신의 하나님이에요."

김문자 씨를 살리신 하나님이 나를 살리셨다. 김문자 씨의 하나님이 바로 나의 하나님이었다. 하나님은 두 분이 아니셨다. 하나님은 죽음의 문턱에 있던 나에게 그 귀한 진리를 말씀해 주셨다. 아무도 모르던 우리만의 비밀, 그의 하나님을 보았는데 나의 하나님은 도대체 어디에 계시느냐고 어리석게 외치며 헤매던 나에게 그 비밀스러운 말을 전해준 사람은 청소부가 아닌 천사였다.

김문자 씨를 살리는 기적의 도구로 나를 쓰신 하나님께서 부정선거의 진상을 규명하는 일에 나를 쓰고 계신다. 김문자 씨를 살리신 그 위대한 계획을 직접 목도한 사람으로서 공천에서 떨어진 다음날 그 새벽, 내 입술로 내 사명을 스스로 읊은 입장이기에 하나님께서 부정선거 진상규명 작업에 나를 쓰시고 있다는 이 믿음은 보이지 않는 것의 확실한 증거다.

꽉 막힌 듯 보였던 부정선거 투쟁의 길이 훤하게 밝아온다. 터널의 끝이 보이기 시작한다. 그동안 우리에게 무심했거나 적대적이었던 세력들이 우리 편이 돼서 부정선거의 죄인들을 옥죄기 시작한다. 경찰, 검찰, 국정원, 감사원, 권익위, 여당, 언론과 기독교계가 움직인다. 이들의 움직임이 잘 조화되어 마침내 대통령의 마음도 움직였고 그가 만든 파도가 사람들을 계몽시켰다. 이 계몽은 다시 큰 파도가 돼서 부정선거를 이 땅에서 몰아내는 큰 움직임이 될 것으로 확신한다. 그 속에서 윤석열 대통령의 명예는 길이 빛날 것이다.

부정선거를 다룬 다큐멘터리 "당신의 한 표가 위험하다"가 만들어졌다. 두 번째 다큐 "왜(기울어질 왜): 더 카르텔"도 만들어져 부정선거에 대한 국민들의 관심을 제고시키고 있다. 이영돈 피디도 연속되는 다큐를 만들어 부정선거를 세상에 알리는 소중한 역할을 하고 있다. 인하대학교 허병기 교수와 내가 함께 쓴 "4.15 부정선거 비밀지령 2 마이너스 무한대승"이라는 책도 출판돼 사람들을 부정선거에 대해 교육시켰다. 부정선거 진단을 학문의 한 분야로 자리잡게 하는 데 허병기 교수님의 이 책은 역사에 길이 큰 족적으로 남을 것이라고 확신한다. 이어서 출판되는 이번 책은 21대에 이어 22대까지 이어진 부정선거의 추세를 세상에 경고하는 이정표가 될 것이다.

바로 이 순간을 위해 60 평생 나를 기자와 웅변가, 정치인으로 단련시키셨듯이 하나님은 부정선거를 파헤치기 위해 78세의 노학자를 이 자리에 세우셨다. 이제 모자람은 없다. 모든 것을 합력하여 선을 이루시는 하나님의 영역이기 때문이다.

부록

미국 CPAC 연설

I am the son of a houseboy who worked for American soldiers. My father was 16 when the Korean War broke out. He helped the soldiers with shining their shoes, doing their laundry, cleaning and cooking for them. In doing so, my father learned English, and he was my hero. I dreamed of learning to speak English as well as he did. If my father saw me speaking today, he would be so proud of me.

We all know of the 'American Dream.' But in South Korea, there is the 'Korean Dream.' In Korean, there is a saying that describes it, literally translated as "a dragon rising up from the ditch." Growing up, we did not even have a bathroom in the house. Despite living in difficult circumstances, I worked extremely hard and became a dragon out of the ditch.

When it came to English, I studied especially hard. I served my military service with the US 8th Army in Yongsan. Although my father has passed, I was his pride and joy. I graduated from Yonsei University and joined a major South Korean broadcasting network, KBS. I even worked as a Washington, D.C. correspondent and was also the main evening news anchor, considered to be the Korean version of Tom Brokaw or Peter Jennings.

Following my career as a journalist, I was the presidential spokesperson by President Park Geun-hye and after that, I was elected to the National Assembly.

So, what am I doing here? On April 15 last year, I lost in the general election. Just like President Trump, my loss was due to election fraud. I have since been fighting diligently against election fraud in South Korea.

However, I was ignored by the leftist government, the mainstream media and the judiciary – all dominated by President Moon Jae-in. So last September, I came to Washington, D.C. I engaged the American media, government, and the international community regarding the truth of election fraud. I held a one-man protest in front of the White House, the Capitol, the Supreme Court, and at the UN headquarters to expose what happened in Korea. I warned, "BE AWARE OR BE NEXT!"

I predicted that the November 3rd American presidential election would have strange statistics and that Communist China would be involved in the election irregularities. These predictions came true. How could I predict all this? Because similar things happened in

South Korea. It was planned by leftists, electronic voting machines were manipulated, Communist China intervened, and early voting and mail-in ballots were manipulated as well.

There is overwhelming evidence of election fraud, but I will share one thing from my district. In the South Korean electoral process, there is election-day voting and early voting. There were three candidates in my district, including myself, and the ratio of ballots cast for in-district and out-of-district early voting for all three candidates was the same: 0.39. What are the odds? A famous South Korean statistician said this was like throwing a thousand coins in the air and all of them landing on the same side. Another eminent professor said that it was either God's work or it was fraud.

Additionally, we have obtained digital forensics evidence showing irregularities in the vote-counting software. Detailed analysis of the voting machines revealed that the machines were connected to the internet during the election, which is a violation of the election laws. This connection allowed for potential manipulation of vote counts from external sources. Moreover, statistical analysis of voting patterns showed improbable uniformity across different precincts, suggesting pre-programmed results.

Election fraud is the biggest threat to democracy. Many South Koreans and I were shocked that it had happened in the US. And they hoped that President Trump would expose that truth and deal with the fraudulent American election. However, it did not happen. I was sorry and Korean patriots were sorry. But let's not be disheartened. Let's work together.

During the Korean War, right when communist victory seemed certain, General Douglas MacArthur saved South Korea with Operation Chromite, or the Incheon Landing. Democracy was saved and I am grateful. 70 years after the Korean War, the democracies of South Korea and the United States are again facing a threat due to election fraud. In order to solve this problem, conservative collaboration between the two nations is very much needed.

Operation Chromite's odds of success were 5000 to 1 – against. Our efforts to expose election irregularities and to defend democracy face difficulties, but we can't stop.

The Memorial for Operation Chromite is in the district I represent—Yeonsugu-eul, Incheon. I don't think this is a coincidence. The seeds of freedom planted by General MacArthur 70 years ago in Incheon grew in my father's heart and mine. And that made me fight for freedom. The son of a humble houseboy shouts, "Let us go together in this fight to preserve freedom and democracy!" Thank you.

미국 CPAC 연설 한글 번역

신사 숙녀 여러분,
저는 미군을 위해 일했던 하우스보이의 아들입니다. 제 아버님께서는 한국 전쟁이 발발했을 때 16세셨습니다. 제 부친께서는 미군들의 구두를 닦고, 빨래를 하고, 청소하며 그들을 도왔습니다. 그렇게 하면서 부친께서는 영어를 배우셨고, 영어를 이해하시던 아버님은 저의 영웅이셨습니다. 저는 아버님처럼 영어를 잘했으면 하고 바랐습니다. 만약에 아버님께서 오늘 제가 이 자리에서 여러분들을 대상으로 영어로 연설하는 걸 들으셨다면 저를 너무나도 자랑스럽게 생각하셨을 겁니다.

우리는 모두 '아메리칸 드림'이 뭔지 알고 있습니다. 한국에도 '코리안 드림'이 있는데 우리는 그걸 '개천에서 용 났다'고 합니다. 자라면서 우리 집에는 화장실도 없었습니다. 이러한 어려운 상황에도 불구하고 저는 열심히 공부했고 개천에서 난 용이 됐습니다.

아버님께서 생존해 계셨을 때 저는 그분의 자랑이자 기쁨이었습니다. 한국의 아이비 리그라고 할 수 있는 연세대학교를 졸업하고, 한국의 주요 방송사인 KBS에 입사했습니다. 저는 워싱턴 특파원을 역임했고 저녁 메인뉴스의 앵커였습니다. 저는 한국의 Tom Brokaw나 Peter Jennings였습니다. 언론인으로 경력을 쌓은 후 박근혜 전 대통령의 대변인을 맡았고, 그 후 국회의원에 당선됐습니다.

그런 제가 지금 이 자리에서 뭘 하고 있는 걸까요? 저는 지난해 4월 15일 총선에서 패배했습니다. 저도 트럼프 대통령처럼 부정선거로 낙선했습니다. 저는 한국에서 부정선거에 맞서 열심히 싸웠습니다. 그러나 저는 좌파 정부와 주류 언론, 사법부로부터 무시당했습니다. 모두 문재인 현직 대통령의 지배 하에 있기 때문입니다.

그래서 저는 지난해 9월 워싱턴에 왔고 선거 사기의 진실에 대해 미국 언론과 정부, 그리고 국제 사회의 주의를 환기시키는 데 최선을 다했습니다. 백악관과 국회의사당, 유엔본부 앞에서 1인시위까지 하면서 한국에서 일어난 일을 폭로했습니다. 저는 "조심하지 않으면 미국이 다음 번 희생물이 될 것"이라고 경고했습니다.

Part VIII

법적 관점에서 조망한 부정선거

비목

한명희 작사
장일남 작곡

초연이 쓸고 간 깊은 계곡 깊은 계곡 양지 녘에
비바람 긴 세월로 이름 모를 이름 모를 비목이여
먼 고향 초동 친구 두고 온 하늘가
그리워 마디마디 이끼 되어 맺혔네

궁노루 산울림 달빛 타고 달빛 타고 흐르는 밤
홀로 선 적막감에 울어지친 울어지친 비목이여
그 옛날 천진스런 추억은 애달파
서러움 알알이 돌이 되어 쌓였네

Chapter 17

대법원과 선거부정[2]

권오용

2020년 4월 15일 실시된 제21대 국회의원총선거('415총선')에서 당시 집권여당이었던 더불어민주당이 압승하고 보수정당인 미래통합당이 참패한 결과는 의외였다.

문재인 정권의 부동산정책과 소득주도성장, 탈원전 정책, 주택, 전세가격과 물가 폭등, 한·미·일 외교관계에서 의도적 갈등초래로 인한 안보의 불안, 탈북어민 북송사건을 비롯한 인권침해 사건, 대중국 굴종외교, 정치권력과 결탁된 대형 금융사기 사건 등 정책실패와 부정부패로 민심이 극도로 흉흉한 가운데 정권에 대한 심판의 성격을 가진 총선이었음에도 불구하고, 집권여당이 과반을 훨씬 넘은 절대 다수의석을 차지한 것에 납득하기가 어려웠다.

이러한 총선결과로 다수의 국민들 사이에 집권 좌파세력에 의하여 우리나라가 사회주의 체제로 바뀔 수도 있겠다는 위기감이 고조되었다.

그러나 총선 개표결과가 발표된 2020. 4. 16. 새벽 선한목자교회 새벽기도 생방송에서 목사님이 "이제 하나님께서 일하신다."는 주제로 설교하는 말씀을 듣고 '하나님께서 일하셔서 위기에 처한 대한민국을 구하실 것'이라는 희망이 들었다. 며칠 안 되어 인천 연수을 지역구 미래통합당 후보로 출마하였다가 낙선한 민경욱 미래통합당 후보가 총선 당일 투표에서는 상당한 표차로 승리하였는데 사전투표결과에서 뒤집혀 낙선하였으나 출마한 세 명의 후보자간에 득표율의 비례가 나타나는 분석내용을 발표하였다. 또 서울·

---

[2] 부정선거 중에서 선거관리위원회에 의한 부정선거를 '선거부정'이라고 칭한다.

경기·인천에서 더불어민주당과 미래통합당 사이에 사전투표결과가 63:36의 비례가 존재한다는 분석내용이 가로세로연구소 유튜브방송에서 이야기되는 것을 듣고 선거결과가 조작된 것에 대하여 강한 의혹이 들었고, 이후 곧 415총선무효소송(대법원 2020수30 사건)의 원고대리인단에 합류하게 되었다.

이후 선거무효소송을 준비하는 과정에서 전국적으로 사전투표결과가 조작된 것에 대한 분석과 함께 공직선거법에 위반한 선거절차 등과 사전투표는 통합선거인명부라는 명칭으로 중앙선거관리위원회의 데이터베이스로 운영되고, 사전투표지는 당일투표지와 달리 QR코드로 일련번호를 표시하는 등으로 투표자 개인이 투표한 정보가 개표과정에서 스캔되는 투표지의 기록으로 파악될 수 있어 비밀투표원칙이 침해될 수 있다는 위험성과 함께 선거결과가 조작되어도 검증하기 어려운 선거방식이라는 점도 파악할 수 있었다.

인천연수을 선거무효소송 외에도 415총선 '선거부정'에 대하여 제기된 여러 건의 선거소송의 대리인으로 참여하였고, 검증기일에서 재검표에 참여하면서 한눈에 보아도 위조된 투표지로 밖에 생각할 수 없는 '신권다발'과 같은 투표지와 '부방대'('부정선거방지대'의 약칭) 활동을 통하여 전국의 개표장에서 참관인에 의하여 촬영된 사진, 동영상을 확인하면서 선거부정의 증거들을 확인할 수 있었다.

또 415총선무효소송을 진행하면서, 대법원이 남긴 대법원판례들이 공직선거법의 규정을 무효화하여 결과적으로 선거부정이 이루어질 수 있게 한 사실을 파악할 수 있었고, 2020수30 선거무효소송 사건을 비롯하여 여러 건의 선거무효소송의 판결과 재검표절차에서 본 대법관들의 재판진행 태도와 함께 대법원 판례들은, 우리나라 사법부가 선거소송에서 선거관리위원회의 선거부정에 대하여 묵인할 뿐 아니라 적극적으로 덮어주는 역할을 하고 있고, 선거관리위원회가 선거부정을 쉽게 저지를 수 있도록 공직선거법의 부정선거를 막기 위한 여러 규정을 무효화하는 판례를 남겨온 사실을 알게 되었다.

대한민국의 제20대 윤석열 대통령은 선거부정에 대한 오랜 침묵을 깨고 우리나라에서 친북·친중 반국가세력이 카르텔을 형성하여 공직선거의 결과를 조작하여 국회의 의석과 지방의회 의석, 지방자치단체장을 차지하도록 조작선거를 해오는 상황을 '하이브리드전쟁'으로 보았고 이에 대하여 선거부정을 조사하고, 반국가세력의 소탕을 위하여 비상계엄령을 선포하였다.

2024. 12. 3. 윤석열 대통령의 비상계엄령 선포 후 국회, 여·야 정치인들과 고위 관료, 검찰, 경찰, 공수처, 군과 사법부, 헌법재판소, 주요 언론까지 선거부정을 덮는 쪽에서 움직이고 있고, 국제적으로는 미·중간의 패권전쟁의 틈바구니에서 친중 좌파세력이 선거부정이라는 수단을 통하여 국회를 비롯한 지방의회, 지방자치단체장, 광역의회, 광역단체장 등 국가의 선거로 선출되는 공직을 불법과 부정으로 독점하는 카르텔을 통하여 대한민국의 체제를 점점 전체주의체제, 사회주의체제로 변화시켜가고 있는 현실에 대하여 많은 국민이 인식하게 되었다.

'선거부정'이라는 거대한 불법과 범죄가 소탕되고 개혁되지 아니한다면 자유와 민주주의, 공정한 법치질서가 작동할 수 없게 되므로 국민 대다수는 원치 않더라도 '선거부정'의 수단을 장악한 카르텔에 의하여 사회주의체제, 전체주의 국가로 체제가 변화될 가능성이 높을 것이다.

17-1. 2020년 4월 15일 제21대 국회의원 총선거('415총선') 결과와 제기된 의혹

헌법은 우리나라의 정체, 국체, 주권에 대하여 "대한민국은 민주공화국이고, 주권은 국민에게 있고, 모든 권력은 국민으로부터 나온다."고 제1조에서 분명하게 규정하고 있다.

국민주권의 원리는, 헌법 제24조 선거권, 제25조 공무담임권이라는 구체적인 기본권으로 다시 규정되고, 그 실현의 방식은 대의기관인 국회를 국민의 보통·평등·직접·비밀선거에 의하여 선출된 국회의원으로 구성하고(헌법 제41조), 국가의 원수이고 대표로서 최고 권력자인 대통령도 국민의 보통·평등·직접·비밀선거로 선출한다.(헌법 제67조)

2020년 4월 15일 제21대 국회의원 총선거(이하 '415총선'이라 함)는 제19대 문재인 대통령이 취임한 후 여당인 더불어민주당과 정의당을 비롯한 진보성향의 정당들의 연합과 보수정당인 미래통합당 간에 진보와 보수의 대결, 친중 정치세력과 친미 정치세력의 대결구도로서 선거결과에 따라 대한민국의 사회주의화를 우려하는 국민의 여론이 드높은 가운데 시행되었다.

그 결과는 총선직후 더불어민주당 177석, 미래통합당 103석, 정의당 6석, 국민의당 3석, 열린민주당 3석으로서, 보수세력인 미래통합당 103석과 진보세력인 더불어민주당 등 4개당 197석으로서 보수정당의 참패로 나타났다.

그런데 선거결과 발표 후 수일 만에 보수정치인 일부와 보수 유튜브 방송인 '가로세로연구소' 등에서 415총선결과의 조작을 의심하는 발표와 보도가 있었다.

그 요지는 서울, 경기, 인천의 선거결과가 사전투표에서 집권여당인 더불어민주당과 미래통합당간에 63:36이라는 일정한 비율이 나타난다는 것이었다.

대한민국 인구가 절반이 넘게 거주하는 수도권의 광범위한 지역에서 양대 정당 간에 선거일 당일투표의 결과와 관계없이 전체 투표수의 약 40%가 투표한 사전투표의 결과만 63:36의 비율이 나타나는 것은 조작이 아니면 있을 수 없다는 상식적인 의문을 갖게 하였다.

이점과 관련하여 중앙선거관리위원회는 2020. 4. 22.자 보도자료에서 "선관위가 확인한 바(중앙선관위 선거통계시스템에 개표결과 공개), 서울·인천·경기지역 사전투표에서 더불어민주당과 미래통합당 후보들만으로 계산한 득표비율은 서울 평균 63.95 : 36.05, 인천 평균 63.43 : 36.57, 경기 평균 63.58 : 36.42입니다."라고 세간의 의혹이 사실이었음을 확인해 주었다.

또 한 가지 의혹은 일부 선거구에서 더불어민주당과 미래통합당 후보 각각의 관내사전투표득표율 대비 관외사전투표득표율이 특정 상수로 동일하다는 것입니다. 예를 들어 인천 연수구을에서 더불어민주당, 미래통합당, 정의당 세 후보 간의 관내사전투표득표율 대비 관외사전투표득표율이 모두 0.39로 일치한다는 것이다.

이에 대하여 위 2020. 4. 22.자 중앙선거관리위원회 보도자료에는 전국 253개 선거구 중에서 11개 선거구(4.3%)에서만 그런 현상이 일어났다고 해명하였지만, 그러한 해명 자체로 415총선이 상당한 지역에서 인위적이고, 조작된 선거였다는 사실을 알게 해 주었다.

17-2. 국회의원 선거무효소송의 경과와 재판의 문제점

(1) 처리기한 위반한 지연판결

위와 같이 선거결과에 조작의 의혹이 제기된 가운데 인천 연수을 지역구 미래통합당 후보로 출마하였던 민경욱 전국회의원은 "통합선거인명부로 전자투표와 QR코드를 사용한 4·15총선은 사전투표 계수의 조작이 의심되는 부정선거의 결과로 승패가 뒤집어 진 만큼 원천무효라며 이번 선거의 불법과 조작에 대한 확신을 가지고 선거무효소송을 대법원에 제출하는 것"이라고 밝히며 2020. 5. 7. 대법원에 2020수30사건으로 제21대 국회의원선거무효소송을 제기하였다.

공직선거법은 제225조에 의하여 "선거에 관한 소청이나 소송은 다른 쟁송에 우선하여 신속히 결정 또는 재판하여야 하며, 소송에 있어서는 수소법원은 신속히 결정 또는 재판하여야 하며, 소송에 있어서는 수소법원은 소가 제기된 날부터 180일 이내에 처리하여야 한다."고 선거무효소송을 180일 이내 신속히 처리하도록 하는 수소법원의 의무규정을 두고 있다.

2020수30사건은 2020. 5. 7. 소가 제기된 후 판결인 선고된 2022. 7. 28.까지 처리기한인 180일을 4배 이상 도과하였다.

법원은 위 공직선거법 제225조의 규정을 임의규정으로 해석하는 것으로 보이나 법 규정의 문맥은 분명히 의무규정으로서 강행규정으로 되어 있으나 대법원이 이를 지키지 않고 있으므로 향후 선거재판의 처리기한과 관련한 제도개선의 필요가 있다.

선거에 출마한 후보자의 입장에서 선거에 관한 쟁송이 6개월이 더 지나 2년이나 도과한다면 그 소송에서 승소하여도 이미 임기의 절반이 지난 시점이므로 그 실익이 없게 될 것이고 또 법적안정성을 심히 해치게 되는 것이기 때문이다.

(2) 선거무효사유에 관한 대법원판례의 태도

선거무효판결의 사유는 공직선거법 제224조에 "선거쟁송에 있어서 선거에 관한 규정에 위반된 사실이 있는 때라도 선거의 결과에 영향을 미쳤다고 인정하는 때에 한하여 선거의 전부나 일부의 무효 또는 당선의 무효를 결정하거나 판결한다."라고 규정하고 있다.

대법원은 "선거법 제222조 와 제224조 에서 규정하고 있는 선거소송은 집합적 행위로서의 선거에 관한 쟁송으로서 선거라는 일련의 과정에서 선거에 관한 규정에 위반된 사실이 있고, 그로써 선거의 결과에 영향을 미쳤다고 인정하는 때에 선거의 전부나 일부를 무효로 하는 소송을 가리키며, 이러한 선거소송에서 선거무효의 사유가 되는 '선거에 관한 규정에 위반된 사실'이라 함은 기본적으로 선거관리의 주체인 선거관리위원회가 선거사무의 관리집행에 관한 규정에 위반한 경우와 후보자 등 제3자에 의한 선거과정상의 위법행위에 대하여 적절한 시정조치를 취함이 없이 묵인, 방치하는 등 그 책임에 돌릴 만한 선거사무의 관리집행상의 하자가 따로 있는 경우를 말하지만(대법원 1992.10.16. 선고 92수198판결 , 1995.11.7.선고 95수14판결 , 2001.3.9.선고 2000수124판결 등 참조), 그렇지 않다고 하더라도 후보자 등 제3자에 의한 선거과정상의 위법행위로 인하여 선거인들이 자유로운 판단에 의하여 투표를 할 수 없게 됨으로써 선거의 기본이념인 선거의 자유와 공정이 현저히 저해되었다고 인정되는 경우를 포함하고(대법원 2001.7.13.선고 2000수216판결 참조), '선거의 결과에 영향을 미쳤다고 인정하는 때'라고 함은 선거에 관한 규정의 위반이 없었더라면 선거의 결과, 즉 후보자의 당락에 관하여 현실로 있었던 것과 다른 결과가 발생하였을지도 모른다고 인정되는 때를 말한다(대법원 1999.8.24.선고 99우55판결 , 2002.2.26.선고 2000수162판결 등 참조)."고 일관되게 판시하고 있다.

위와 같이 대법원 판례는 불법과 규정위반이 있더라도 '선거의 결과에 영향을 미쳤다고 인정하는 때'에만 선거무효판결을 하고, 그것은 선거에 관한 규정의 위반이 없었더라면 선거의 결과, 즉 후보자의 당락에 관하여 다른 결과가 발생하였을지도 모른다고 인정되는 때를 말한다는 것이므로 당락에 영향이 없는 경우는 선거무효판결을 하지 않는다는 것이다.

(3) 2020수30사건에서 원고 측이 주장한 선거무효사유

인천 연수을 415총선무효소송에서 제기된 선거무효사유는 1) 공직선거법을 위반하여 QR코드를 사용한 비정규투표지를 사용한 사전투표의 위법 2) 사전투표의 득표율 조작에 의한 선거결과 조작 3) 검증기일에 제출된 위조투표지로 추정되는 비정상 투표지 4) 투표지 이미지파일 원본의 부존재로 인한 검증불가능으로 선거의 결과에 영향을 미친 것이다.

1) QR코드를 인쇄한 사전투표지는 비정규투표지로 무효
415총선에서 사용된 사전투표지에는 아래 사진과 같이 막대모양의 바코드가 아닌 사각형 모양의 QR코드를 인쇄하여 사용하였고, QR코드에는 일련번호 대신 선거명, 선거구명 및 관할선거관리위원회명과 투표지 발행순번에 따른 일련번호의 정보를 기록하였다.
　　　　　그러나 공직선거법 제179조(무효투표) 제1항은 "다음 각 호의 어느 하나에 해당하는 투표는 무효로 한다."고 규정하고 그 중 제1호는 "정규의 투표용지를 사용하지 아니한 것"이라고 규정하고, 사전투표지는 공직선거법 제151조제6항에 "투표용지에 인쇄하는 일련번호는 바코드(컴퓨터가 인식할 수 있는 막대모양의 기호를 말한다)의 형태로 표시하여야 하며, 바코드에는 선거명, 선거구명 및 관할 선거관리위원회명을 함께 담을 수 있다.(2014. 1. 17. 본항 신설)"고 규정하고 있으므로 위와 같이 바코드가 아닌 QR코드를 인쇄하여 일련번호를 기록한 제21대 총선의 사전투표지는 위 공직선거법 제151조제6항의 규정을 명백히 위반하였으므로 사전투표지는 모두 비정규투표지로서 무효로 하여야 한다.

2) 415총선 직후 제기되었던 서울, 경기, 인천에서의 더불어민주당 후보와 미래통합당 후보 간에 63:36이라는 비례가 존재하고 관외사전투표와 관내사전투표의 득표율 간에 상수가 존재한다는 의혹과 같이 인천연수을 선거의 사전투표결과는 더불어민주당, 미래통합당, 정의당 3개당의 후보의 득표율에 비율이 존재하였는데 그 득표율은 더불어민주

당은 사전투표의 득표율이 당일투표의 득표율에 비교할 때 10% 가까이 높게 나타난 반면, 미래통합당 후보와 정의당 후보는 사전투표의 득표율이 당일투표의 득표율에 비교하여 오차범위를 벗어나 낮은 것으로 나타나고, 세 후보가 관내사전투표와 관외사전투표의 득표율 간에 비례가 동일한 선거결과조작의 의혹으로 이는 범죄가 개입하여 선거결과가 사실과 다르게 발표되었다는 주장이었다.

3) 2021. 6. 28. 인천지방법원 대회의실에서 투표지와 선거관련 기록 등에 대하여 검증을 실시하였다. 그 과정에서 도저히 실제 투·개표된 투표지라고 할 수 없는 접힌 흔적이 없는 투표지 다발, 투표지에 비례대표투표지의 일부가 인쇄된 투표지, 투표관리관의 인장이 뭉개져 찍힌 투표지 등이 쏟아져 나왔고 이는 부정선거 사실에 대한 물증이다.

4) 위 검증기일에서 피고소송대리인은 투표지이미지파일이 원본인지 묻는 원고대리인의 석명질문에 대하여 "원본파일은 없다."고 답변하였다. 투표지 이미지파일은 선거후 분류기를 통과할 때 자동적으로 저장되어 투표지의 원본여부, 위조여부를 비교할 수 있는 중요한 자료인데 원본파일이 없고 사본만 있다고 하는 답변으로 투표지의 진위와 투표결과의 검증이 불가능하게 되었다.

(4) 검증기일 진행과 사진 삭제

2021. 6. 28. 오전부터 이튿날 아침까지 인천지방법원에서 진행된 투표지 등의 검증에서 확인한 투표지는 모두 그 상태가 새로 제작된 용지와 같이 접거나 구김흔적이 거의 없는 깨끗한 새 용지 같은 상태였고 특히 사전투표지 다발은 한 장씩 인쇄되어 발급되어 투표와 개표가 거친 상태로는 보이지 않았다.

24시간 진행된 검증과정에서 재판부인 대법원 특별2부의 대법관(재판장 조재연, 주심 천대엽) 3명은 사진촬영을 제한하였고 법원에서 공식적으로 촬영하는 사진을 나중에 복사하라고 하였다.

그러나 재판부는 이후 밤새 촬영한 적어도 수천 장의 투표지 사진 중 336매만 조서에 남기고 나머지 사진은 삭제하였고, 조서에 남긴 사진만 변호인에게 복사해 주었다.("검증기일에 촬영된 사진 등은 열람·복사의 대상이 아님"이라는 이유)

검증결과 투표관리관인이 뭉개진 투표지에 대하여 상당 숫자가 무효표처리 되었던 사실 외에 대부분의 투표지는 모두 유효표처리 되었고 QR코드를 인쇄한 사전투표지에 대하여 비정규투표지로서 무효를 주장하는 원고 대리인의 주장은 판결에서 받아들여지지 않았다.

검증 후 재판부의 지침에 의하여 123매의 투표지를 선정하여 감정을 의뢰하였는데 원고들은 투표지들이 위조되었음을 주장하였으나 감정결과는 모두 정상적인 투표지로서 위조된 것으로는 감정이 되지 않았다.

그러나 원고 대리인들이 주장하였던 접히거나 구겨진 흔적이 없는 대부분의 투표지의 상태는 감정이 불필요하였음에도 불구하고 재판부가 감정하도록 하여 감정하였던 것인데 감정전과 감정 후에 투표지의 상태가 접힌 흔적이 없었으나 감정당시에는 접힌 자욱이 있는 것처럼 감정 결과가 나왔다. (아래 사진 투표지 QR코드는 20200415000202228040328040009965로 동일함)

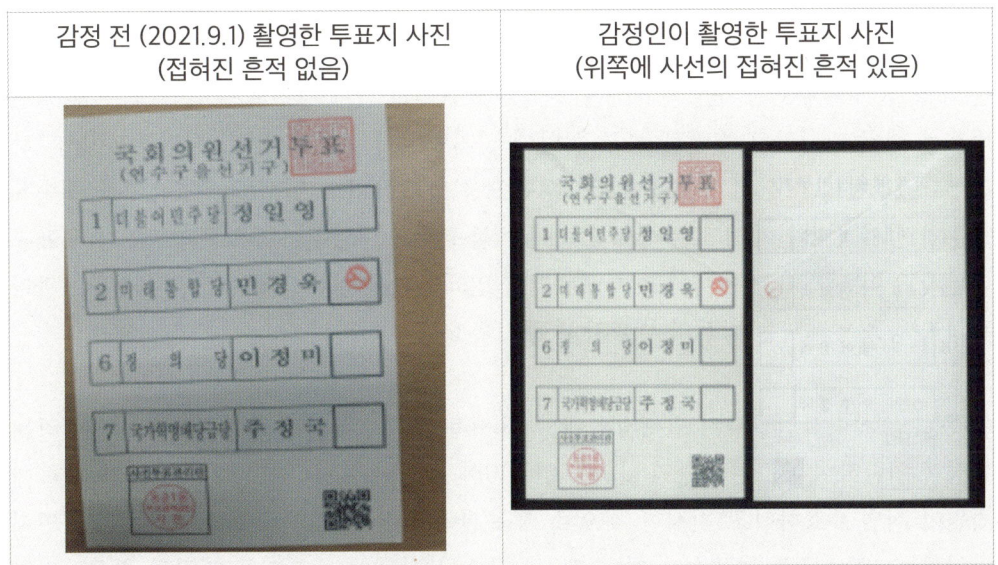

| 감정 전 (2021.9.1) 촬영한 투표지 사진 (접혀진 흔적 없음) | 감정인이 촬영한 투표지 사진 (위쪽에 사선의 접혀진 흔적 있음) |

이러한 감정결과는 감정된 투표지가 당초 접힌 자욱이 없었으나 대법원에서 감정인에게 교부된 이후 접힌 흔적이 남겨진 것은 감정대상물이 투표지가 대법원의 관리 또는 감정인의 감정과정에서 일부러 접힌 것 같은 자욱이 남도록 조작된 것으로 볼 수 있다.

대법원 재판부는 감정물인 투표지들에 대하여 검증기일(2021. 6. 28.)에 제출받아 봉인을 하지 않고 보관하다가 감정대상물을 감정인에게 교부하였다.(2021. 12. 3.)

(5) 법률규정에 위반한 선거무효소송에 관한 대법원판례

1) 2019. 9. 26. 선고 2017수122 대통령선거무효소송 판결

대법원은 제19대 대통령선거무효소송의 판결에서 여러 가지 쟁점사항에 대하여 판시하였는데 특히 사전투표용지에 사전투표관리관의 사인(私印) 미날인에 관하여 "원고는 사전투표용지에 사전투표관리관의 이름이 새겨진 도장을 찍지 않고, '사전투표 관리관'으로만 표시된 인영을 투표용지에 인쇄되도록 한 조치가 공직선거법 제158조 제3항을 위반한 선거사무의 관리집행이라고 주장한다. 그러나 위 규정의 취지가 사전투표관리관이 그 성명이 기재된 도장을 직접 찍을 것을 전제한다고 볼 수 없으므로 이 부분 원고의 주장도 받아들이지 않는다."고 판례를 남겼다.

즉, 공직선거법 제158조제3항은 "③ 사전투표관리관은 투표용지 발급기로 선거권이 있는 해당 선거의 투표용지를 인쇄하여 "사전투표관리관"칸에 자신의 도장을 찍은 후 일련번호를 떼지 아니하고 회송용 봉투와 함께 선거인에게 교부한다."고 사전투표에서 "사전투표관리관이 자신의 도장을 찍은 후 투표용지 발급기로 인쇄한 투표용지를 회송용 봉투와 함께 선거인에게 교부하고 있음에도 불구하고 대법원이 투표관리관인을 투표관리관 본인이 날인하지 아니하고 투표용지를 인쇄하면서 컴퓨터에 저장된 사전투표관리관의 인영을 인쇄하는 방식의 투표지 발행을 유효하게 하였다.

이것은 법률의 사전투표지 발행방식에서 "투표관리관인이 자신의 도장을 찍은 후"라는 규정을 위반하여 투표관리관의 날인을 컴퓨터에 저장된 인영파일로 인쇄하는 방식을 대법원이 적법·유효하다고 판시한 것으로, 투표관리관 본인의 인장을 날인한 투표지인지 확인할 수 없으므로 투표소가 아닌 제3의 장소나 사후에 컴퓨터에 저장된 투표관리관

의 날인과 QR코드 등 투표지의 동일성을 식별할 수 있는 정보를 사용하여 투표지를 위조하는 것을 가능하게 한 판례이다.

2) QR코드를 인쇄한 사전투표지의 효력에 관한 대법원 2021.11.11.선고 2018수20 판결

공직선거법 제151조제⑥항은 "구·시·군선거관리위원회는 제1항 및 제5항에도 불구하고 사전투표소에서 교부할 투표용지는 사전투표관리관이 사전투표소에서 투표용지 발급기를 이용하여 작성하게 하여야 한다. 이 경우 투표용지에 인쇄하는 일련번호는 바코드(컴퓨터가 인식할 수 있도록 표시한 막대 모양의 기호를 말한다)의 형태로 표시하여야 하며, 바코드에는 선거명, 선거구명 및 관할 선거관리위원회명을 함께 담을 수 있다.〈신설 2014.1.17.〉"라고 사전투표소에서 인쇄하여 발급하는 사전투표용지에 일련번호를 표시하는 방법에 대하여 규정하고 있다.

위 공직선거법의 규정에는 사전투표지에 일련번호를 인쇄할 때 "바코드(컴퓨터가 인식할 수 있도록 표시한 막대 모양의 기호를 말한다)의 형태로 표시하여야 하며, 바코드에는 선거명, 선거구명 및 관할 선거관리위원회명을 함께 담을 수 있다."라고 규정하고 있고, 바코드의 형태는 아래 그림과 같다.

그럼에도 불구하고 415총선과 그 이전의 선거에서 사전투표지에 바코드가 아닌 QR코드를 사용해 오는 것에 대하여 국회에서도 문제가 제기되어왔고 415총선 무효소송에서 가장 큰 위법사유로 주장된 내용이 공직선거법 제151조제6항을 위반하여 바코드가 아닌 QR코드를 인쇄한 사전투표지는 비정규 투표지라는 내용이었다.
그동안 여러 증거와 정황에 비추어보면 QR코드는 사전투표지의 동일성을 식별하도록 해 주는 가장 중요한 체크포인트인 반면에 QR코드가 동일하면 동일한 투표지로 보기 때문에 컴퓨터에 저장되어 있는 QR코드 발행정보를 이용하여 QR코드가 동일한 투표지를 컴퓨터에 저장된 투표지 이미지파일로 새로 인쇄하여 실제 투표한 투표지와 교체하면 선거결과 조작이 충분이 가능하게 되는 것이다.

아래 그림은 QR코드이다.

대법원은 2021.11.11.선고2018수20 대전광역시장 선거무효소송에서 "구 공직선거법 제151조 제6항에서 외래어인 바코드를 설명하기 위하여 괄호 안에 '컴퓨터가 인식할 수 있도록 표시한 막대 모양의 기호'라고 부기한 점, QR코드 또한 2차원으로 구현된 바코드의 일종인 점, 1차원 바코드가 표시하는 정보의 양이 제한적이므로 구 공직선거법 제151조 제6항에서 들고 있는 선거명, 선거구명 및 관할 선거관리위원회명을 담기 위하여는 2차원 바코드를 사용할 필요가 있는 점, 통상적으로 사용되는 바코드라는 용어는 QR코드 등 2차원 바코드를 포함하는 의미로 사용되고 있고 법원 판결문, 헌법재판소 결정문 등에 인쇄되어 있는 2차원 바코드인 장애인용 음성변환 출력기 부호 역시 바코드라고 불리고 있는 점 등에 비추어 보면, 사전투표용지에 QR코드를 인쇄하였다는 이유만으로 구 공직선거법 제151조 제6항에 위반된 선거사무의 관리집행이라고 볼 수 없다."고 판시하였다.

대법원은 2020수30사건에서 사전투표지에 QR코드를 인쇄한 점에 대하여 사전투표지 인쇄방식이 공직선거법 제151조6항에 위반되므로 비정규 무효인 투표지를 사용한 사실을 선거무효사유로 주장하고 있음에도 불구하고, 415총선 무효소송의 가장 중요한 법률적 쟁점이었던 QR코드인쇄 사전투표지에 대하여 유효하다는 판례를 위 주목받지 않았던 2018수20사건에 대한 판결에서 남겨놓았고 이후 415총선무효소송에서 기각판결에 그 판례를 인용하도록 한 것이다.

이러한 대법원판결은 법률의 문면에 투표지 발행형식에 관하여 분명하게 규정되어 있는 내용을 대법원이 변경한 것으로서 국회의 입법권을 무효화한 것이다. 사전투표지에 투표관리관의 날인을 요하는 법률규정이 있음에도 불구하고 2017수122사건에서 사전투표지의 투표관리관 날인을 인쇄하여도 무방한 것으로 판결한 것과 함께 QR코드 인쇄를 통한 사전투표지 발행을 허용함으로써 사전투표지의 위조를 쉽게 할 수 있는 길을 열어준 것으로 생각된다.

3) 사전투표관리관인 날인에 관한 2021.12.10. 2017수61 대법원판결

공직선거법 제158조제3항은 "③ 사전투표관리관은 투표용지 발급기로 선거권이 있는 해당 선거의 투표용지를 인쇄하여 '사전투표관리관'칸에 자신의 도장을 찍은 후 일련번호를 떼지 아니하고 회송용 봉투와 함께 선거인에게 교부한다."고 사전투표에서 "사전투표관리관이 자신의 도장을 찍은 후 투표용지 발급기로 인쇄한 투표용지를 회송용 봉투와 함께 선거인에게 교부하고 있다.

그러나 중앙선거관리위원회는 공직선거관리규칙 제84조제3항에서 "③ 구·시·군위원회 위원장이 거소투표용지에 자신의 도장을 찍거나 사전투표관리관이 투표용지에 자신의 도장을 찍는 경우 도장의 날인은 인쇄날인으로 갈음할 수 있다.〈신설 2014. 1. 17.〉"고 투표관리관의 날인을 한 투표용지를 선거인에게 교부한 규정에 반하는 공직선거관리규칙을 제정하여 시행하고 있다.

이러한 공직선거관리규칙을 무효라고 주장하는데 대하여 대법원은 2021. 12. 10. 선고 2017수61 판결을 통하여 "이에 대하여 원고들은 사전투표관리관은 도장의 날인을 인쇄날인으로 갈음할 수 있다는 공직선거관리규칙 제84조 제3항이 헌법 및 법률에 위반된다고 주장한다. 공직선거법은 투표용지에 날인될 관할 선거관리위원회의 청인은 인쇄날인으로 갈음할 수 있고(제151조 제4항), 투표용지의 날인.교부방법 및 기표절차 그 밖에 필요한 사항은 중앙선거관리위원회 규칙으로 정하도록 위임하고 있다(제157조 제8항). 그 위임에 따라 공직선거관리규칙 제84조 제3항은 사전투표관리관이 투표용지에 자신의 도장을 찍는 경우 도장의 날인은 인쇄날인으로 갈음할 수 있도록 규정하고 있는데, 투표용지에서 가장 중요한 관할 선거관리위원회의 청인을 인쇄·날인할 수 있다는 공직선거법 규정을 참고하여 사전투표를 효율적으로 진행하기 위하여 사전투표관리관의 날인 역시 인쇄할 수 있도록 규정한 것으로서 공직선거법의 위임범위를 일탈하였다거나 헌법상 비밀투표원칙에 위반되었다고 볼 수 없다."고 판시하였다.

위 바코드에 관한 공직선거법 제151조제6항에 관한 대법원판결과 같이 사전투표지에 투표관리관의 날인을 하도록 한 공직선거법의 규정을 변경하여 인쇄날인 하도록 한 하위규정을 유효하다고 함으로써 투표지 위조와 비정규투표지의 투입으로 선거의 부정을 막기 위한 장치들인 공직선거법의 중요한 규정이 하위 규정으로서 법률적 효과는 없는 중앙선거관리위원회의 다른 규칙의 제정으로 무효화 되는 것을 규칙심사권이 있는 대법원이 적법하다고 판시한 것이다.

17-3. 2020수30사건 판결에 대한 비판

2020수30사건은 415총선에 관하여 부정선거를 이유로 제기된 126건의 선거무효소송 중 가장 먼저 판결이 선고되었고 원고의 선거무효청구가 기각되었다.

판결이유 중에서 '원고들이 주장하는 선거결과 왜곡과 물증인 투표지의 상태와 관련하여 원고들이 구체적인 부정선거 범죄의 주체, 방법에 대하여 주장과 증명을 하지 못하였기 때문에 원고들의 청구를 기각한다.'는 내용은 충격적이다.

그 이유 부분은 다음과 같다.

"선거결과에 이의를 제기하여 법원에 소송을 제기하는 사람은 선거에 관한 규정에 위반되는 사실에 관하여 그 주체, 시기, 방법 등을 구체적으로 주장·증명하거나 적어도 선거에 관한 규정에 위반된 사실을 합리적이고 명백하게 추단할 수 있는 사정이 존재한다는 점을 구체적인 주장과 증거를 통하여 증명할 것이 요구된다. 이와 달리 선거 관련 규정에 위반되었다는 사실과 구체적·직접적으로 어떠한 관련이 있다는 것인지 알기 어려운 단편적·개별적인 사정과 이에 근거한 의혹만을 들어 선거소송을 제기하여 그 효력을 다투는 것으로 선거무효사유의 증명책임을 다하였다고 볼 수는 없다."는 내용이다.
대법원은 원고들이 주장하고 입증하는 내용이 선거결과의 조작이 있었고, 그 물증으로서 누구나 보아도 위조된 투표지들만 남아있다는 사실을 확인하는 검증결과가 있었음에도 위와 같이 선거결과에 그 조작과 투표지위조사실을 누가 언제 어떻게 행하였는지에 대하여 구체적으로 주장, 입증하지 못하므로 선거무효사유에 대하여 증명하지 못하였다고 판결한 것이었다.

물론 대법원이 수사기관이 아니고 수사기관에서 범죄로 수사하여 처벌되지 아니한 국가의 중대한 사건에서 선거무효판결이 선고될 경우 국회의 구성이 무효화 되는 초헌법적인 비상사태에 대하여 이를 인정하기 부담스러울 수는 있을 것 같다.

그러나 도저히 확률이 없고 조작으로밖에는 볼 수 없는 비정상적인 투표결과와 그 물증으로서 새로 위조 투입된 것이 육안상 명백한 투표지를 검증기일에 확인하였음에도 그 범죄수사가 되지 않은 부정선거의 범인과 구체적인 방법에 대한 입증책임을 원고에게 돌리고 선거무효소송을 기각한 대법원 판결은 향후 두고두고 비판을 받을 것으로 생각한다.

대법원판결은 선거 관련 규정을 위반한 주체의 존부에 대하여 "선거무효사유인 선거에 관한 규정에 위반된 사실을 판단하기 위해서는 먼저 그러한 사실의 행위주체가 선거관리위원회인지 아니면 제3자인지가 구분되어야 한다. 그럼에도 원고는 변론종결에 이르기까지 이른바 부정선거의 주체를 명확하게 밝히지 못하고 '성명불상의 특정인'이라고만 주장하였다. 원고의 주장처럼 투표 단계에서 위조된 사전투표지를 투입하기 위해서는, 사전투표지의 위조를 위한 용지 구입, 인쇄, 날인 작업이 선행되어야 하고, 실시간으로 발표되는 사전투표자 수를 부풀이기 위한 중앙선거관리위원회의 서버의 보안을 뚫고 침투하는 등의 전산 조작이 필요하다. 나아가 개표 단계에서 사전투표를 통한 통합선거인명부를 관리하고 개표 결과를 집계하는 서버의 내용도 조작하였어야 한다. 개표 후 증거 보전 전에 당일투표지와 일부 관내 사전투표지를 다량 위조하여 진정한 투표지와 대체하였다면, 용지 구입, 인쇄, 날인 등 작업을 거쳐 만든 위조 투표지가 들어 있는 보관상자와 진정한 투표지 보관상자를 개표일부터 증거보전일 사이에 바꿔치기 하였어야 한다.

그런데 이 사건 선거를 비롯한 모든 선거의 투·개표 절차 전반에 걸쳐 선거관리위원회 직원, 원고를 추천한 미래통합당을 비롯한 정당 추천의 선거관리위원 및 참관인, 공무원인 개표종사원 등 수많은 인원이 참여하였고, 이는 처음부터 예정된 공지의 사실이다. 이처럼 수많은 사람들의 감시 하에서 위와 같은 부정한 행위를 몰래 하기 위해서는 고도의 전산 기술과 해킹 능력뿐만 아니라 대규모의 인력과 조직, 이를 뒷받침할 수 있는 막대한 재원이 필요하다.

그러나 원고는 이 사건 소 제기일부터 변론종결일까지 약 2년 이상 재판이 진행되었음에도, 위와 같은 선거무효사유에 해당하는 부정선거를 실행한 주체가 존재하였다는 점에 관하여 증명을 하지 못하였다."고 원고가 선거무효사유에 대한 주장과 증명책임을 다하지 못하였다고 판시하고 있다.

인천 연수을 415총선 개표결과는 통계학 상 2억6천800만분의 1의 가능성 밖에 있을 수 없는 것이라는 학술적인 분석결과가 변론에서 제시되었다.(2023. 5. 23. 허병기 교수의 진술) 그 이전에 검증기일에서 대법관들은 직접 검증한 투표지들이 실제 투·개표에 사용된 투표지가 아닌 새로 제작되어 바꿔치기 된 물증을 확인하였다. 최종변론기일에서 증인으로 출석한 투표관리관이 자신이 관리하던 투표장에서는 존재하지 않았고 듣지도 못한 관인이 붉은색으로 뭉개진 투표지들이 한 투표소의 대부분의 투표지에서 나온 점에 대하여 법정에서 그러한 투표지가 정상적으로 자신의 책임 하에 발행된 투표지가 아닌 사실을 분명히 증언하였다.

원고가 제시하고 검증한 내용은 통상적인 선거과정과 그 결과물인 투표지라고 볼 수 없으므로 그러한 이상한 점에 대하여 피고 선거관리위원회가 합리적으로 신빙성 있는 이유를 들어 설명하지 못하면 그 자체로 피고 측에 선거관리의 불법 또는 부실의 책임을 물어 선거를 무효로 판결함이 법리나 상식에 의할 때 전혀 무리하지 않을 것이다.

그럼에도 불구하고 대법원은 "입증책임"이라는 용어 대신 "증명책임"이라는 용어를 사용하고 원고가 선거결과 조작을 한 범인들이 누구인지, 그 구체적인 방법은 어떠한지 모두 밝히지 않으면 선거를 무효로 할 수 없다는 이유로 기각한 것이다.

그 외에도 위 판결 이후 밝혀낸 사실과 같이 대법원에서 감정을 위하여 보관하던 투표지가 감정과정에서 형상이 변경된 사실 등 석연치 않은 재판과정은 판결 선거후에도 조사와 증거변조, 허위감정 등에 대한 수사가 필요한 내용도 있기 때문에 415총선의 선거무효소송은 대법원 판결로 끝이 난 것은 아닌 것으로 보인다.

17-4. 선거부정을 막기 위한 선거제도 개혁의 방향

이상과 같이 415총선에 대한 선거무효소송의 제기와 대법원의 재판진행, 판결에 이르기까지 그 과정에서 드러난 문제점은 너무나 심각하다.

선거관리의 위법과 부정은 물론이고 재판을 담당한 대법원도 그 신뢰를 의심받을 정도로 사실과 증거가 외면될 뿐 아니라 증거물이 조작되고 허위감정이 이루어지고 그에 의하여 판결이 왜곡되는 것을 지켜보았다.

한편 전국과 중앙선거관리위원회의 위원장을 현직 대법관 또는 법관이 담당하고 있는 현 선거관리제도는 이후 선거쟁송에서 법관의 중립적인 역할을 기대할 수 없기 때문에 법관이 선거관리위원장직을 맡지 못하도록 선거관리제도가 개선되어야 한다.

대법원 판결에서도 지적된 것과 같이 선거부정이 이루어지려면 "투·개표 절차 전반에 걸쳐 선거관리위원회 직원, 원고를 추천한 미래통합당을 비롯한 정당 추천의 선거관리위원 및 참관인, 공무원인 개표종사원 등 수많은 인원이 참여하였고, 이는 처음부터 예정된 공지의 사실이다. 이처럼 수많은 사람들의 감시 하에서 위와 같은 부정한 행위를 몰래 하기 위해서는 고도의 전산 기술과 해킹 능력뿐만 아니라 대규모의 인력과 조직, 이를 뒷받침할 수 있는 막대한 재원이 필요하다."는 것은 415총선에 대한 선거부정을 대법원이 인정하기에는 너무 부담스럽고 벅찬 큰 사건이라는 의미로 읽혀진다.

2023. 10. 10. 국정원은 선관위에 대한 보안점검결과 "투·개표 모두 해킹가능"하다고 발표하였다. 이러한 선관위에 대한 보안점검결과와 2020수30사건의 소송과정과 판결결과에서 경험한 것은 부정과 불법으로 발표된 선거결과에 의하더라도 국회가 구성이 된 후에는 그 법률제정과 예산승인 등 국민의 대의기관으로서 역할을 막을 헌법기관이 없다는 것이다.

이는 국가변란으로 헌법이 파괴된 현상으로 밖에 볼 수 없는 현실이다.

대만은 50년간의 중공 개입에 의한 부정선거로 홍역을 앓다가 대대적인 개혁을 통하여 선거부정의 여지가 없도록 투·개표 시스템을 운영하고 있다.

대만 선거제도 개혁의 핵심원칙은 다음 세가지점이다.
1) 시간적으로 : 투표가 끝나면 즉시 개표
2) 장소적으로 : 개표는 투표함을 다른 곳으로 옮기지 않고 투표가 이루어진 각 투표소에서 그대로 개표
3) 개표결과는 기계장치[3]를 일체 사용하지 않고 선거사무원에 의하여 수개표로 계수·기록[4]

대만의 선거제도가 현재와 같이 개혁된 것은 1977년 11월에 있었던 부정선거와 그로 인하여 발생한 군중들의 시위인 종리사건(Zhongli Incident)과 1992년 화련구 입법위원 선거에서 점심시간에 선거인명부에 위장 서명을 하고 투표지를 투입한 일을 선거소송을 진행하던 판사가 투표한 인원에 대한 전수조사를 이를 밝혀내어 선거를 무효로 판결한 화련 투표지사건을 계기로 완전히 투명한 현재와 같은 선거제도로 개혁되었다.

대만의 선거관리위원회는 우리나라와 비교할 때 약 10분의 1 정도의 인원이 규정과 지침을 개발하고 교육하고, 관리하며 공무원, 교사 등의 투표사무를 위한 인력동원으로 수행되는데 약 1,000명이 한 개의 투표소에서 투표하도록 전국의 초등학교 등 공공시설에서 투표와 개표가 이루어지는데 단 하루 일과 중 실시하는 선거의 투표율이 90% 이상이나 되고, 투표가 종료되면 즉시 개표가 실시되어 2시간 이내에 투표소 별 개표결과가 발표되는 상황이므로 부정이나 논란이 개입될 여지가 전혀 없다.

우리나라도 공직선거법의 투표관리관 사인날인 규정까지 위반하여 인쇄하는 등으로 투표지 위조의 가능성이 높고 전국적인 네트워크를 통하여 실시되므로 일괄적으로 결과 조작이 가능한 것으로 드러난 사전투표제도는 빨리 폐지하고 대만의 개혁을 반면교사로 삼아 선거제도와 선거쟁송의 재판기관과 방식을 대대적으로 개혁하는 것이 필요하다.

---

[3] 컴퓨터장치나 계수기 등 기계장치 등 장비를 사용하지 아니함

[4] Yen-tu Su, Angels Are in the Institutional Details: Voting System, Poll Workers, and the Integrity of Election Administration in Taiwan, Institutum Iurisprudentiae, Academia Sinica, August 2017

Chapter 18

선거소송 유감

홍승기

2020년 4월 16일 아침

TV를 켰다. 투표 결과가 화면을 채웠다. 서울·경기·인천 지역 사전투표 결과가 63:36에서 미세한 차이가 있을 뿐이었다. 사전투표로 장난을 쳤구나, 느낌이 확 왔다. 소파에 앉아 있던 아내에게 말했다. "장난쳤네. 근데, 못 밝힐 거야. 세월이 흘러 장난친 친구들이 술김에 무용담으로 떠들다가 드러날까 …" 화면을 돌렸다. 유명 유튜버가 카메라 앞에 보였다. "원래 그렇습니다. 좌파들은 사전투표하고 당일에는 등산복 입고 산에 갑니다." 63:36으로 일관된 결과가 당연하다니, "저 양반이 왜 저러시나?" 그의 씨니컬한 웃음이 엉뚱했다.

내 친구 권오용 변호사

인하대 로스쿨로 옮긴 후 인천에서 개업한 대학 동기 권오용 변호사와는 종종 만났다. 로스쿨의 리걸 클리닉(legal clinic) 수업을 맡겼더니 학생들을 데리고 (구)정신보건법 제24조 '헌법불합치' 결정을 얻어냈다(덕분에 인하대 로스쿨 리걸 클리닉 수업이 다음해 평가에서 전국 25개 로스쿨 최고점을 받았다). 당시 우리나라는 치료를 빙자한 정신장애인의 격리수용이 '장기간' '제한 없이' 이루어지는 사회였다. 정신병원은 국가로부터 환자 수에 따라 지원금을 받아서 좋고, 가족은 집안의 골칫거리를 국가가 해결해 주니 좋았다. 그러나 정신장애인의 인권은 물론 그들의 '재사회화'와는 거리가 멀었다. 권 변호사는 격리수용의 '갱신'이 지나치게 간단하게 이루어지는 점을 문제 삼아 헌법불합치 결정을 얻어 냈다.

2020년 총선이후 권 변호사가 학교로 찾아 왔다. 핸드폰에는 빳빳한 신권 다발 투표지 묶음 사진이 잔뜩 있었다. 겨울방학 동안 도쿄에 머무르는 것을 알고는 부정선거를 주제로 논문을 쓴 일본의 어느 교수를 만나 달라고도 요청했다.

거물 정치인의 반응

낙선한 거물급 정치인에게 연락했다. 처음에는 귀를 기울이는 듯했으나 다시 연락하자 짜증을 냈다. "우리 당에서도 투/개표 과정에 참여한다. 선관위 간부와도 장시간 예기해 봤다. 부정선거 거론하면 결코 내게 도움이 되지 않으니 그만 얘기했으면 좋겠다."

권 변호사를 말렸다. "피해 당사자인 '국민의 힘'(당시 미래통합당) 낙선자가 저 지경인데 어떻게 동력이 생기겠나? 한편 '국민의 힘 당선자의 벽'을 넘을 수도 없다." 신앙심으로 무장한 권 변호사는 전혀 누그러지지 않았다. 사실 그가 검사로 임관되었을 때 대학 동기들이 걱정을 많이 했다. 저 여린 사나이가 어찌 피의자들을 상대할지, 부정선거 운동가로서 물러서지 않는 모습에서 그에 대한 평가가 달라졌다.

트럼프도 피해자다?

박사 논문 심사로 알게 된 젊은 여성 교수도 찾아왔다. 부정선거 이야기 끝에 '트럼프도 부정선거에 당했다'고 했다. '트럼프 얘기는 꺼내지도 말라'고 버럭 고함을 질렀다. 예나 지금이나 미국 대통령 트럼프에 대해서는 호감을 갖고 있지 않다. 그녀는 내가 CNN만 보고 있어서 세상 돌아가는 사정을 모른다고 반발했다. 실제로 연구실 TV가 CNN에 고정되어 있기는 했다. 그날 이후로 종종 Fox News로도 채널을 옮겼고, 요즈음은 아예 BBC에 고정시켰다.

나는 여전히 부정선거 운동가들이 미국 대통령 트럼프를 끌어들이는 데는 불편하다. 한국의 부정선거에 미국 행정부가 각별한 관심을 가질 리도 없다고 생각한다. 부정선거 운동가들과 그동안 별로 가까이 지내지 않은 이유이기도 하다.

2024년 9월 19일 인하대 로스쿨

권 변호사가 인하대 로스쿨에서 부정선거 세미나를 하고 싶다고 했다. 정년을 했고, 주제도 별로 예쁘지 않고(?), 로스쿨 원장이 바뀌는 시점이라 전임 원장과 신임 원장 모두의 동의가 필요했다. "프레스 센터나 교통 편한 곳에서 하지 왜 굳이 시골학교에서?" 권 변호사는 인하대 로스쿨이 학술행사 장소로 제격이라고 우겼다.

그날 계단형 강의실 앞에는 무료 카페가 섰다. 후원자의 호의로 고급 쿠키가 쌓였고, 바리스타는 연신 커피를 내렸다. 4시간 반 진행 되었으나 대부분 참석자가 끝까지 남았다. 어느 참석자는 수십 명의 저녁 밥값을 미리 계산하고 잠적하셨고, 주차권도 100장이 선물로 들어왔으며, 정년을 맞은 명예교수들도 여러 분이 참석했다. 전국에서 모여든 손님들로 세미나가 축제 분위기였다. 그날 허병기 교수님을 처음 뵈었다. 장 콕토의 시(詩)를 암송하며 발제를 시작하시더니 발제가 30분을 넘기자 '잠시 쉬겠다'고 하셨다. 연로하셔서 당연하다 싶었으나 그게 아니었다. 민경욱 전 의원을 불러내 함께 노래를 하셨다. 객석에서 지루해 할까봐 배려하신 이벤트였다.

2025년 1월 27일 서초동에서 열린 세미나에서는 토론을 맡았다. 임시 공휴일로 지정되고 바람도 심해, 발제자·토론자만 어울리는 오붓한 행사로 짐작했다. 이면 도로 지하 2층 행사장을 어렵게 찾았는데, 손님이 몰려 세미나장 밖 복도의 대기 인원만도 수십 명이었다. 남녀노소 할 것 없이 열기가 뜨거웠다. 그날도 발제자는 허병기 교수님이었다.

QR코드가 바코드의 일종이라니

공직선거법 제151조 제6항은 사전투표 용지의 일련번호는 바코드로 표시하라고 규정한다.

"... 사전투표소에서 교부할 투표용지는 사전투표관리관이 사전투표소에서 투표용지 발급기를 이용하여 작성하게 하여야 한다. 이 경우 투표용지에 인쇄하는 일련번호는 바코드(컴퓨터가 인식할 수 있도록 표시한 막대 모양의 기호를 말한다)의 형태로 표시하여야 하며, 바코드에는 선거명, 선거구명, 관할 선거관리위원회명 및 일련번호를 제외한 그 밖의 정보를 담아서는 아니 된다." 〈신설 2014. 1. 17., 2021. 3. 26.〉

선거무효소송 대법원 판결(2021. 9. 30 선고 2018수20 선거무효)에서 대법원은 QR코드를 바코드의 일종이라고 했다. "구 공직선거법 제151조 제6항에서 외래어인 바코드를 설명하기 위하여 괄호 안에 '컴퓨터가 인식할 수 있도록 표기한 막대 모양의 기호'라고 부기한 점, QR 코드 또한 2차원으로 구현된 바코드의 일종인 점, 1차원 바코드가 표시하는 정보의 양이 제한적이므로 구 공직선거법 제151조 제6항에서 들고 있는 선거명, 선거구명 및 관할 선거관리위원회명을 담기 위해서는 2차원 바코드를 사용할 필요가 있는 점..."
세상에 어떻게 QR코드가 바코드와 같은가? 법에서는 친절하게 바코드의 정의까지 밝혔다. '컴퓨터가 인식할 수 있도록 표시한 막대 모양의 기호'라고, 그런데 'QR코드가 바코드'라니.

사전투표용 투표용지에 QR코드가 반드시 필요하다면 먼저 법 개정을 하면 되었다. 어렵지 않게 법 개정이 가능함에도 그렇게 하지 않았다면 그 선거는 무효로 처리했어야 마땅하다. 법에서 바코드로 표시하라고 명시했고, 바코드의 의미까지 밝혔다. 법조문의 문언만으로도 '바코드'의 사용은 선거관리의 핵심으로 보인다. 그런데 더 무슨 변명이 필요한가?

사전투표를 왜 하는가?

투표는 특정 시점의 유권자의 의사를 통일적으로 포착하여야 한다. 현행 선거제도에서 사전투표와 본투표 기간 사이에는 불필요한 기간(interval)이 있다. 보기에 따라서는 의혹의 기간일 수도 있다. 그 기간에 예상치 못한 변수가 발생하여 후보에 대한 평가가 달라진다면 그 사전투표의 투표가치는 합리적인가?

사전투표는 유권자 의사를 왜곡할 가능성이 있다. 따라서 사전투표를 존치할 이유가 없다. 선거 당일 투표가 불가능한 유권자를 굳이 배려하여야 하는지도 의문이지만 − 어떠한 제도를 마련하여도 부득이 참여 못하는 유권자는 있기 마련이다 − 필요하다면 차라리 선거기간을 이틀로 잡는 편이 균질한 투표가치를 확보하는데 유의미할 것이다.

선거무효소송에서 입증책임; 대법원의 입장

민경욱 의원이 원고로 나섰던 국회의원 선거무효 소송 판결문의 일부이다 (대법원 2022. 7. 28. 선고 2020수30 국회의원 선거무효)

"선거결과에 이의를 제기하여 법원에 소송을 제기하는 사람은 선거에 관한 규정에 위반되는 사실에 관하여 그 주체, 시기, 방법 등을 구체적으로 주장 증명하거나 적어도 선거에 관한 규정에 위반된 사실을 합리적이고 명백하게 추단할 수 있는 사정이 존재한다는 점을 구체적인 주장과 증거를 통하여 증명할 것이 요구된다. 이와 달리 선거 규정에 위반되었다는 사실과 구체적 직접적으로 어떠한 관련이 있다는 것인지 알기 어려운 단편적 개별적인 사정과 이에 근거한 의혹만을 들어 선거소송을 제기하여 그 효력을 다투는 것으로 선거무효 소송의 증명책임을 다하였다고 볼 수는 없다." 법원은 이렇게 전제하고 원고측이 입증책임을 다하지 못하였다고 판단하였다.

공직선거법은 소송절차에 대하여 행정소송법을 준용한다고 하고, 행정소송법은 민사소송법을 준용한다고 한다. 결국 공직선거법은 민사소송법의 입증책임 원칙을 따라야 한다.

공직선거법
제227조(「행정소송법」의 준용 등) 선거에 관한 소송에 관하여는 이 법에 규정된 것을 제외하고는 「행정소송법」 제8조(法適用例) 제2항 및 제26조(職權審理)의 규정을 준용한다.

행정소송법
제8조(법적용례)
②행정소송에 관하여 이 법에 특별한 규정이 없는 사항에 대하여는 법원조직법과 민사소송법 및 민사집행법의 규정을 준용한다.

선거무효소송은 형사소송이 아니다

'합리적 의심이 없는' 증명, 즉 (proof) "beyond a reasonable doubt"는 미국 법정 영화에서 단골로 등장하는 증거법 원칙이다. 검사는 배심원으로 하여금 유죄에 대한 합리적

의심을 깔끔하게 없애주는 정도의 유죄입증을 하여야 하고, 그러한 입증에 실패하면 피고인을 무죄 방면하라는 취지이다. 배심제도가 없는 국가에서는 그 입증의 상대는 법관이다. 그렇다면 '합리적 의심'의 정체는 무엇인가?

검사의 공소사실과 검찰이 제출한 증거로 보아하니 피고인이 진범인 듯한데, 그런데 막상 그 자를 진범이라고 평결/판결(배심원의 판단을 평결verdict이라고 하고 법원의 판단은 판결ruling이라고 한다)하려니 가슴 밑바닥에 '어쩌면 진범이 아닐지도 몰라'하는 의심이 남아있다면 그 의심이 '합리적 의심'이다. 검찰은 그러한 의심까지 말끔히 제거되도록 유죄입증을 하라는 뜻이다. 이렇게 유죄의 엄격한 증명을 요구하면 결과적으로 진정한 범인이 거리를 활보할 수도 있다.

형사사건에서는, 느슨하게 입증책임을 운용함으로써 무고한 이가 진범으로 몰려 처벌을 받으니 차라리 진범이 증거부족으로 석방되는 편이 낫다고 이해한다. 진범이 길거리를 활보하는 사태는 사회가 수용할 수 있지만, 무고한 이가 범인으로 처벌되는 사태는 결코 일어나서는 안 되기 때문이다. 18세기에 영국의 법률가 윌리엄 블랙스톤(William Blackstone)은 '무고한 사람을 죄인으로 만들기보다 범죄자 10명을 놓치는 편이 낫다'고 했다(It is better that ten guilty persons escape, than that one innocent suffer).

Twelve Angry Men

1950년대 미국 영화 "12명의 성난 사람들(Twelve Angry Men)"은 법률가들이 꼭 보아야 하는 영화로 꼽힌다. 법정영화의 고전으로 형사사건의 증거법칙을 정면으로 다루었기 때문이다. 별 볼일 없는 푸에르토리코 소년이 존속살인의 누명을 쓰고 형사법정에 섰다. 배심원 12명이 평결을 위해 토론(deliberation)을 시작했다. 찌는 여름 날 배심원 회의실의 에어컨이 고장 났고, 모두들 집에 가서 찬 맥주를 마시며 야구경기를 보고 싶다. 배심원 11명이 유죄에 손을 들었으나 한 신사가 검찰의 증거에 의문을 품는다. 증인으로 나온 중년여인이 "잠자리에서 뒤척이다 지나가던 차창 너머로 살인현장을 목격하였다"고 증언했다. '그녀의 콧등에 안경자국이 있더라. 잠자리에 안경을 끼고 누웠을 리는 없고, 어떻게 길 건너 집안에서 벌어진 상황을 자세히 묘사할 수 있느냐'는 식이다. 피고인이 존재감 없는 푸에르토리코 소년이라 다들 짜증을 내지만 그 신사의 의문에 한 사람씩 공감하고 결국은 무죄에 이른다는 결말이다.

민사소송에서의 입증의 원칙

민사소송의 입증책임은 형사소송과는 다르다. 미국의 교과서에서는 원고의 증거와 피고의 증거를 비교하였을 때 조금이라도 더 설득력이 있는 쪽 손을 들어주자는 식의 원칙, 즉 증거의 우월(preponderance of evidence)이 적용된다고 해설한다. 우리와는 달리 원고와 피고가 초반에 증거를 모두 공개하고 법정 다툼에 나서므로 '증거의 우월' 원칙을 적용하기에는 더욱 간편한 구조라고 하겠다(Discovery 제도). 스포츠 스타 오 제이 심슨(O. J Simpson)이 전처를 권총으로 살해하였다는 혐의를 받은 형사사건에서는 무죄 방면되었으나, 처가 식구들이 심슨이 전처를 살해 했다는 전제에서 청구한 위자료 청구에서 민사법원은 고액의 위자료를 인정하였다. '합리적 의심이 없는 증명'과 '증거의 우월'의 작용을 보여주는 예이다.

우리 민사소송에서 입증책임은 기본적으로 공격 당사자인 원고에게 있다. 손해배상 사건에서 원고는 피고의 귀책사유(고의, 과실), 인과관계, 손해발생을 입증하여야 하고, 선거무효 사건에서는 무효사유의 존재를 입증하여야 한다. 이 경우에 어느 정도로 입증하여야 하는가 하는 '입증의 정도'에 대하여는 입장이 갈린다. 경험칙에 비추어 보통사람이 의심을 품지 않을 정도의 확신을 뜻하는 역사적 증명(historicher Beweis) 즉 '고도의 개연성'이 필요하다는 입장과 '증거의 우월'로 만족한다는 입장이 대립한다. 대법원의 주류 판례는 '고도의 개연성'을 따르고 있으나 '증거의 우월' 원칙을 적용한 예도 보인다 (2002.5.15. 선고, 99다26221 판결).

현실의 민사재판에서 법관이 과중한 업무 부담에도 불구하고, 모든 사건을 '고도의 개연성의 확신', 혹은 10 중 8,9 확실성에 대한 확신'이 생길 때까지 변론을 계속한 후 판결하고 있다고는 믿지 않는다. 사실상 '증거의 우월' 원칙이 작용하고 있다고 해석하는 편이 적절할 것이다.

제조물책임소송에서의 입증 전환 혹은 경감

변호사를 7년쯤 하고 미국 로스쿨로 유학을 갔다. 제조물책임법(Product Liability Law, 줄여서 PL법) 수업을 수강했다. 우리나라에서도 조만간 입법 한다는 소문이 있어서 관심을 가졌다. 담당교수가 수업 내내 'strict liability' 운운했다. '엄격책임'이라고 번역이 되는데, 'strict liability'의 정체가 무엇인지 도무지 감이 잡히지 않았다. 한 학기의 반 가까이 지났을 때 비로소 각성이 되었다. 아하, 결국은 '무과실 책임'이구나!

공장에서 생산된 제품이 '제조물'이다. 거실에서 온가족이 TV를 보다가 모니터가 폭발하여 가족이 다치고 가구가 망가지고 벽지가 훼손되었다고 치자(과거에 실제로 브라운관이 터진 사건이 종종 있었다). 가장은 TV제조사를 상대로 손해배상 청구소송을 준비해야 할 입장이다. 소장에는 TV의 제조과정에서 결함이 있어서 불량 TV가 생산되었고, 그것이 폭발하여 손해가 발생했다고 쓰게 마련이다.

전통적인 민사소송 이론에 의하면 TV 제조과정의 결함을 원고가 입증하여야 했다. 예를 들면 TV에 일정 시간 이상 전원이 들어오면 특정 부품의 단열 처리에 결함이 있어 과열이 발생하고 그 과열이 모니터의 폭파를 가져왔다는 식이다. 그런데 원고는 TV의 제조과정에 대하여 아는 바가 없고, TV의 제조과정은 전적으로 제조사의 통제 아래에 있다. 제조사가 제조공정에 관한 자료를 공개하지 않는 한 원고가 자료에 접근 할 수도 없지만, 자료에 접근 하였다 하더라도 분석이 쉽지 않으며, 한편 제조사가 부득이 자료를 공개할 입장이라면 불리한 자료를 은폐할 것이 뻔하다.

미국 제조물책임법에서는 입증책임을 뒤집었다(입증책임의 전환). 원고는 제품의 결함, 즉 '시청 도중 TV가 폭파한 사실'만 말하면 된다. 제조사가 책임을 피하려면 자신의 제조공정이 최신의 공정(state of the art)이라는 점, 매 단계마다 모든 노력을 다하였다는 점을 거꾸로 입증하여야 한다. 피고에게 '무과실'을 입증하라는 주문은 피고가 책임을 지라는 명령에 다름 아니다. 제조 과정을 일일이 따라가며 단계마다 무과실을 입증해 내기는 사실상 불가능하기 때문이다.

미국의 제조물책임법이 우리나라에서 똑같은 형태로 입법된 것은 아니다. 미국에서는 '입증책임의 전환'으로 처리하였으나 우리 제조물책임법은 '입증책임의 경감'으로 만족하였다. 미국에서는 제조사와 함께 유통사에게도 연대책임을 인정하였다. 대형유통사가 미국처럼 발달하지 않은 우리나라에서는 먼저 제조사를 상대로 책임을 묻도록 했다(제3조 제3항). 그런데, 우리나라에서 제조물책임법을 입법하고서도 자동차급발진 사고에 대하여 자동차회사의 책임을 인정하는데 인색한 태도는 의문이다.

300백만원짜리 햄버거

제조물책임법이 입법되었으나 시행이 되기 이전에, 대학로 연극배우가 식중독 사건을 맡아 달라고 졸랐다. 대학로 입구 버거킹에서 와플을 먹고 무대에 올랐는데 온몸에 발진

이 생겼고, 막간에 스텝이 사 온 약에 의지하여 겨우 공연을 끝냈다고 했다. 귀갓길에 버거킹에 들러 약간 장난스럽게 "내일 스텝들과 와플 파티를 하게 스무 개만 주면 넘어가겠다."고 제안했다가 다섯 개만 주겠다는 대응에 화가 났다. 다음 날 두산그룹 소비자 상담실에 항의를 했으나 합의가 되지 않았다.

배우는 햄버거의 부패 과정에 대해 알 리가 없었다. 동료 배우가 증인으로 나와 "분장실에서 와플을 먹었는데 공연 중 발진으로 고생하더라."고 증언했을 뿐이다. 법원은 '제조물책임법이 시행되기 전이지만 제조물책임법의 입법취지를 고려하여' "300만원을 손해배상하라"고 했다. 재미있는 사건이라 TV 뉴스가 놓치지 않았고, 나는 "300만원짜리 햄버거"라는 제목으로 칼럼을 썼다.

의대증원과 의료소송

법과대학 시절 수업시간에 "의사가 개복 수술하고 메스를 넣어두고 배를 닫는 정도의 과오를 범하지 않는 한 의료소송 승소가 불가능하다."고 들었다. 일반인이 의료과실을 입증하기가 그만큼 어렵다는 뜻이었다. 사고가 나면 어느결에 의료 차트가 변조된다는 소문도 있었다. 요즈음은 '의료계약'이라는 계약 유형을 민법전에 마련하자는 논의도 있다. 입증책임의 완화를 아예 법제화하자는 취지이다.

의료계약이 입법되지 않았으나 법원은 '사실상의 추정'과 '일반인의 상식'을 기준으로 의료과실을 폭넓게 인정한다. 환자측의 입증책임이 대폭 경감된 것이다. 이미 오래전에 "특별한 사정이 없는 한 의사의 과실과 환자의 사망 사이에는 인과관계를 인정함이 상당하다."는 판결이 나왔다(대법원 1989. 7. 11. 선고 88다카26246 판결). 그런데 의사에게 과도하게 책임을 물린다면 의사는 방어적·보수적인 치료로 시종할 수 밖에 없다. 그래서 법원은 이렇게도 판단했다. "의사의 과실로 인한 결과 발생을 추정할 수 있을 정도의 개연성이 담보되지 않은 사정들을 가지고 막연하게 중한 결과에서 의사의 과실과 인과관계를 추정함으로써 결과적으로 의사에게 무과실의 입증책임을 지우는 것까지 허용되는 것은 아니다."(대법원 2004. 10. 28. 선고 2002다45185판결).

지난 의대증원 소동은 필수의료 인력 부족이 시발이었다. 윤석열 대통령은 의사 수가 부족하다는 확신으로 증원정책을 밀어붙였다. 의료계는, 의사 전체의 수가 부족하다기 보다 필수의료 인력의 부족이 문제이고, 입증책임을 지나치게 경감함으로써 의료과실을 쉽게 인정하고 의사에게 과도한 민, 형사상의 책임을 묻는 환경이 촉발한 사태라고 항의했다. 실제로 진료 중 과실을 이유로 의사를 마구 구속하는 사회는 내가 알기로는 우리나라가 유일하다. 의료과실에 대하여 구속과 처벌을 남발하면 의사들이 위축되어 살릴 수 있는 환자마저 놓치게 된다. 위험도가 높은 필수의료 분야에서 손해배상액이 과도하게 인정된다면 기피과목이 될 수 밖에 없다. 현실의 의료소송에서 환자측의 입증책임 완화를 잘못 운용하면서 일어난 현상이다

환경소송의 입증책임

줄리아 로버츠가 주연한 영화 〈에린 브로코비치〉는 환경소송의 어려움을 잘 표현한다. 오염물질로 인하여 광범위한 피해가 발생하고 있음에도 인근 주민은 그 원인을 알지 못하였다. 가난한 피해자들은 자신의 질병을 혹은 풍토병으로 혹은 가족력으로 오해했고, 난소암·유방암·백혈병으로 시름시름 앓다가 목숨을 잃었다. 공해업체는 대형 법률사무소를 선임하여 돈다발을 날리면서도 오염원 제거에는 관심이 없다. '에린 브로코비치' 같은 영웅이 나타나서 몸을 던지지 않는 한 원인물질의 존재도 인과관계도 베일에 가려 있다.

공해기업이 배출한 원인물질은 공기나 물을 매개로 간접적으로 손해를 끼친다. 오염의 결과는 서서히 오랜 기간 동안 넓은 지역에서 나타난다. 오염의 원인 물질을 산업체가 전적으로 통제하므로 피해자에게 인과관계의 존재에 관하여 꼼꼼한 증명을 요구한다면 피해자는 소송을 포기하게 될 것이다. 그래서 대법원은 대기오염, 수질오염 등 환경소송에서 입증책임을 대폭 완화하고 있다. "가해 기업이 어떠한 유해한 원인물질을 배출하고 그것이 피해물질에 도달하여 손해가 발생하였고 그 유해의 정도가 사회통념상 참을 한도를 넘는 사실이면 가해자 측에서 그것이 무해하다는 것을 증명하지 못하는 한 책임을 면할 수 없다고 보는 것이 사회형평의 관념에 적합하다."는 취지의 판단을 반복하고 있는 것이다(대법원 2019. 11. 28. 2016다33538·234545 등).

AI와 저작권 침해소송

최근 AI가 저작권을 침해하는 경우 입증책임을 전환하자는 주장도 나왔다. AI 생성물이 제3자의 저작물과 실질적으로 유사하다면 입증책임을 전환하여 AI 이용자에게 제3자의 저작물을 이용하지 않았다는 사실을 증명하도록 하여야 한다는 입장이다(박성호,

"AI 생성물의 저작권 침해 책임과 이시다 미노리[石田穰]의 증거거리설"). AI가 이용하는 자료가 워낙 방대하고 그 학습방식이 원고가 접근할 수 없는 미지의 영역이므로 침해를 당하였다고 주장하는 원고가 AI 이용자를 상대로 자신의 저작물을 이용하였다는 사실을 입증하기가 사실상 불가능하기 때문이다. 게임산업진흥법은 게임물사업자가 확률형 아이템 표시의무를 위반하여 피해가 발생한 경우, 입증책임을 전환하여 사업자가 무과실을 입증하도록 하였다(제33조의 2).

다시 선거소송으로

선거관리는 대규모 국가기관인 선거관리위원회가 담당하고 디지털화도 전적으로 선거관리위원회의 통제 아래 있어 일반인의 접근이 허용되지 않는다. 선거관리위원회는 무소불위의 권력기관으로 자리매김하고 있다. 더구나 헌법재판소는 2025년 2월 27일, 선거관리위원회가 감사원을 상대로 한 권한쟁의심판에서 선거관리위원회는 감사원의 감사대상이 아니라는 취지의 결정을 하였다. 감사원이 실시한 선거관리위원에 대한 직무감찰이 선거관리의 공정성과 중립성에 대한 국민의 신뢰를 훼손할 수 있다는 이유였다. 이 권한쟁의 심판은 2023년 5월 선거관리위원회 사무총장과 사무차장 자녀의 경력채용 관련 특혜의혹이 불거지면서 시작됐다. 이해하기 어려운 헌법재판소의 결정으로 선거관리위원회는 더욱 신뢰하기 어려운 기관이 되었다.

2020년 국회의원 선거에서 원고는 이른바 '형상복원용지'가 무더기로 발견된 사실을 문제 삼았다. 그렇다면 피고 선거관리위원회는 이른바 '형상복원용지'를 이용하여야 할 특별한 사정이 있었는지, 그 조달과정에서 그러한 기능이 특정되었던 것인지, 시간의 경과에 따라 어느 정도의 형상복원 기능을 발현하는지, 그 구입 경로가 어떠한지를 설득력 있게 밝혔어야 한다. 원고는 이른바 '배춧잎 투표지', '일장기 투표지'도 증거로 제출하였다. 이에 대해서도 선거관리위원회는 '배춧잎 투표지'가 어떤 경위로 인쇄가 되어 투표용지로 이용될 수 있었는지에 대하여 납득할 수 있는 해명을 했어야 한다, 이른바 '일장기 투표지'에서의 정상적이지 않은 날인에 대하여도 그것이 어떻게 대량으로 발생할 수 있었던지를 과학적으로 설명했어야 마땅하다.

원고가 제출한 이들 증거는 결코 대법원이 판시한 '단편적' '개별적' 사정이 될 수 없다. 선거관리의 부실이 아니라, 그 자체로서 선거 무효사유가 되어야 하는 무거운 정황인 것이다. 그러함에도 그러한 투표용지가 등장하게 된 경위를 선거관리위원회는 합리적으로 해명하지 못하였다. 그런데 대법원은 얼렁뚱땅 원고가 입증책임을 다하지 못하였다고 원고에게 책임을 떠넘기고 피고를 면책하였다.

바코드 대신 QR크드를 사용하였거나, 투표 과정에서 이해할 수 없는 현상이 발생하였다면 선거무효라는 결론을 내면 될 일이었다. 재투표를 실시하여 결과가 동일하다면 향후 선거 부실을 바로 잡을 계기로 삼으면 되고, 재투표 결과가 다르다면 불법이 확인되었다고 할 만하다. 반복하건대 현재의 선거제도 아래에서 "위반된 사실이 일어난 일시, 장소, 행위의 실행 방법 등에 관한 구체적 주장과 함께 이를 뒷받침하는 증거"를 내놓으라는 대법원의 요구는 '달나라에서 토끼를 데려오라'는 주문이다(2020수30 국회의원선거무효). 나아가 대한민국에서 어떠한 부정선거가 일어나더라도 대법원은 끊임없이 선거관리위원회를 면책시킬 것이라는 협박에 다름 아니다.

에필로그

2024년의 겨울을 갈무리하는 전령사다. 허공을 가로질러 난무하며 온 우주를 하얀색으로 환칠하고 있었다. 모든 만물은 천지창조 그 태고의 모습이다. 신비하고 성스러운 후광들이 수많은 양상을 거룩하게 하였다. 천상의 조화. 나는 이 오묘한 우주 속에서 걷기와 멈추기를 반복하였다. 한 합창의 하모니가 온 세상을 감미로움의 도가니로 몰아넣었다.

동무 생각

이은상 시

박태준 곡

소리없이 오는 눈발 사이로
밤의 장안에서 가등 빛날 때
나는 높이 성궁 바라 보면서
너를 위해 노래 노래부른다

밤의 장안과 같은 내 맘에
가등같은 내 동무야
네가 내게서 빛날 때에는
모든 슬픔이 사라진다

나의 마음 어느 곳에 자리하였다가 내가 눅눅해 지려고 할때 말없이 스며나와 나를 평온케 하는 가곡 중의 하나이다.

헤아리기 쉽지 아니한 수많은 시간이었다. 그리고 갈걷이 시간에 이르렀다. 나는 이제 수없이 회자되는 대수의 법칙으로 갈걷이를 마무리하려고 한다. 관내사전투표에 실행된 조작 메커니즘은 표더하기 조작 메커니즘이다. 이 경우 선관위가 발표한 후보별 득표수 중 유권자가 투표한 투표수와 후보가 획득한 득표수가 다른 후보는 더불어민주당 후보이다. 반면 국민의힘 후보와 기타 후보에 대한 유권자의 투표수는 조작되지 아니한다. 동일한 선거구에서 선관위가 발표한 후보별 득표수 중 더불어민주당 후보와 기타 후보의 득표수 만으로 구성된 당일투표 표본과 관내사전투표 표본을 재구성하면 더불어민주당 후보와 기타 후보에 대한 대수의 법칙은 다음 식과 같이 성립되지 아니한다.

더불어민주당 후보 : 당일득표율 $\neq$ 관내사전득표율

기타 후보 : 당일득표율 $\neq$ 관내사전득표율

두 후보에 대하여 대수의 법칙이 성립되지 아니한 것은 선관위가 발표한 더불어민주당 후보의 득표수는 유권자가 투표한 득표수와 외부로부터 첨가된 유령표가 더하여진 득표수이기 때문이다. 득표수를 사용하여 도출한 더불어민주당 후보와 기타 후보의 당일득표율 대비 관내사전득표율 사이의 함수관계를 좌표평면에 도시하면 표더하기 조작 메커니즘의 함수관계를 나타낼 것이다. 반면 국민의힘 후보와 기타 후보로 구축된 당일투표 표본과 관내사전투표 표본에 대한 후보별 당일득표율과 관내사전득표율 사이의 함수관계는 다음과 같이 대수의 법칙이 성립된다.

국민의힘 후보 : 당일득표율 ≒ 관내사전득표율
기타 후보 : 당일득표율 ≒ 관내사전득표율

위 식과 같이 국민의힘 후보와 기타 후보의 득표율에 대하여 대수의 법칙이 성립되는 것은 선관위가 발표한 두 후보에 대한 득표수는 유권자가 실제로 투표한 투표수와 동일하기 때문이다. 국민의힘 후보와 기타 후보의 당일득표율과 관내사전득표율을 $x-y$ 좌표평면에 도시하면 $y = x$ 로 표현되는 일차함수 관계를 나타낼 것이다.

경쟁력이 있는 세 후보가 출마한 선거구에 대한 대수의 법칙

<u>경기 고양갑 및 부산 수영구 선거구</u>

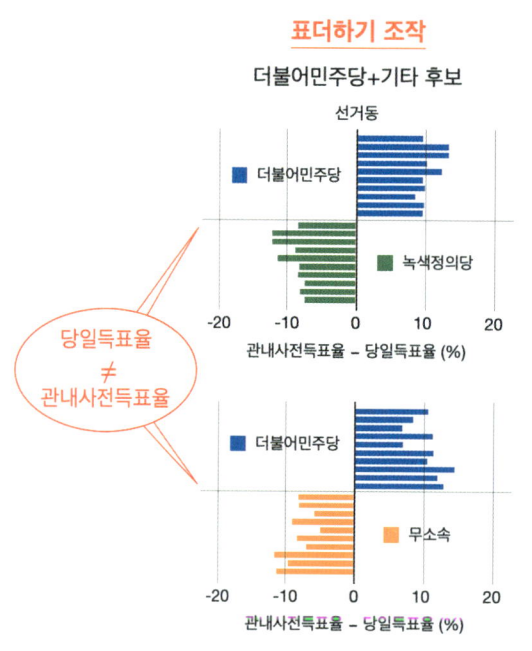
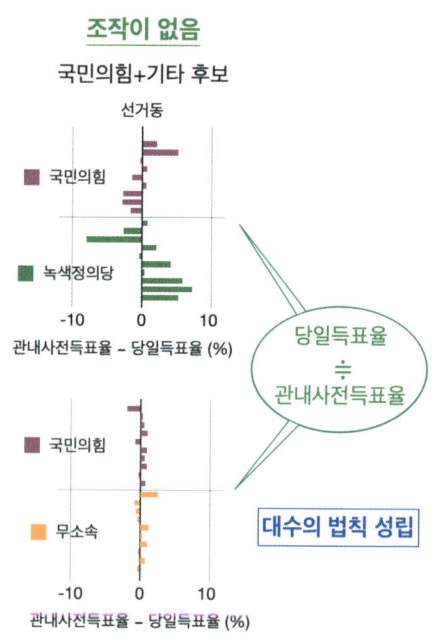

위 그림의 윗부분은 경기 고양갑 선거구의 10개 선거동에 대한 결과이며 아랫부분은 부산 수영구 선거구의 선거결과이다. 더불어민주당+기타 후보 표본에 대한 득표율 사이의 함수관계는 다음 식과 같이 대수의 법칙이 성립하지 아니하였다.

$$\text{더불어민주당 후보 : 관내사전득표율} > \text{당일득표율}$$
$$\text{기타 후보 : 관내사전득표율} < \text{당일득표율}$$

반면 국민의힘+기타 후보 표본에 대한 득표율 사이의 함수관계는 다음 식과 같이 대수의 법칙이 성립되었다.

$$\text{국민의힘 후보 : 관내사전득표율} \doteqdot \text{당일득표율}$$
$$\text{기타 후보 : 관내사전득표율} \doteqdot \text{당일득표율}$$

대구시 중구·남구 선거구

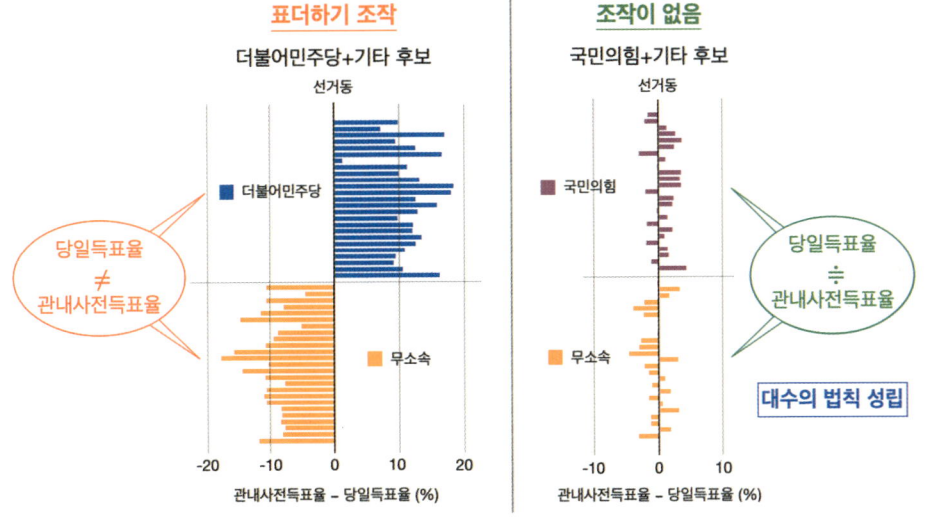

위의 그림은 대구시 중구남구 선거구의 25개 선거동에 대한 선거결과이다. 표더하기 조작이 적용된 더불어민주당+기타 후보 표본에 대한 득표율 사이의 함수관계는 다음 식과 같이 대수의 법칙이 성립되지 아니한다.

$$\text{더불어민주당 후보 : 관내사전득표율} > \text{당일득표율}$$
$$\text{기타 후보 : 관내사전득표율} < \text{당일득표율}$$

그러나 국민의힘+기타 후보로 구성된 표본에 대한 득표율 사이의 함수관계는 다음 식과 같이 대수의 법칙이 성립되었다.

$$\text{국민의힘 후보 : 관내사전득표율} \doteqdot \text{당일득표율}$$
$$\text{기타 후보 : 관내사전득표율} \doteqdot \text{당일득표율}$$

네 가지의 선거 권역에 대한 대수의 법칙

서울권역, 경기권역, 인천·강원·충청권역 및 영남권역에 대하여 더불어민주당 후보, 국민의힘 후보 및 기타 후보에 대한 관내사전득표율-당일득표율 차이가 나타내는 부호의 코드가 (+,-,-)인 선거구를 선정한다. 그다음 선정된 선거구로 부터 추출한 더불어민주당+기타 후보 표본과 국민의힘+기타 후보 표본을 재구성한다. 그리고 이 두 표본에 대한 대수의 법칙이 성립 여부를 검증하면 다음과 같다.

1) 서울권역

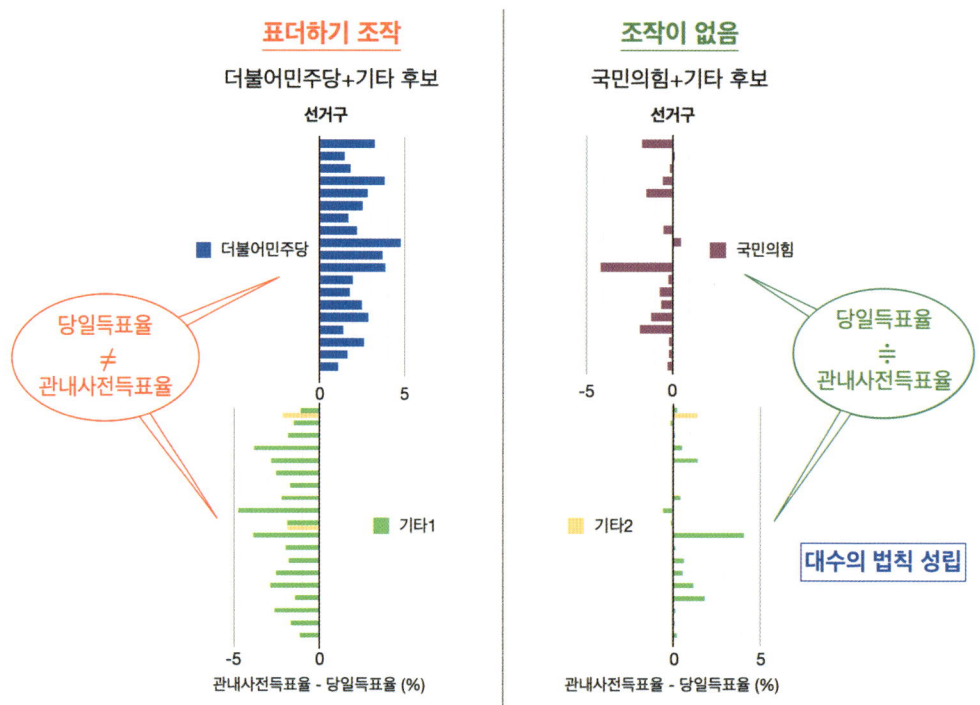

위 그림은 서울권역 19개 선거구의 더불어민주당+기타 후보 표본과 국민의힘+기타 후보 표본에 대한 대수의 법칙 성립 여부를 나타낸 결과이다. 더불어민주당+기타 후보 표본인 경우 더불어민주당 후보의 득표수는 표더하기 조작이 적용된 득표수이므로 다음 식과 같이 대수의 법칙이 성립되지 아니한다.

$$\text{더불어민주당 후보 : 관내사전득표율} > \text{당일득표율}$$
$$\text{기타 후보 : 관내사전득표율} < \text{당일득표율}$$

국민의힘+기타 후보 표본인 경우 두 후보에 대하여 표 조작이 실행되지 아니하였기 때문에 다음 식과 같이 대수의 법칙이 성립된다.

국민의힘 후보 : 관내사전득표율 ≒ 당일득표율

기타 후보 : 관내사전득표율 ≒ 당일득표율

2) <u>경기권역</u>

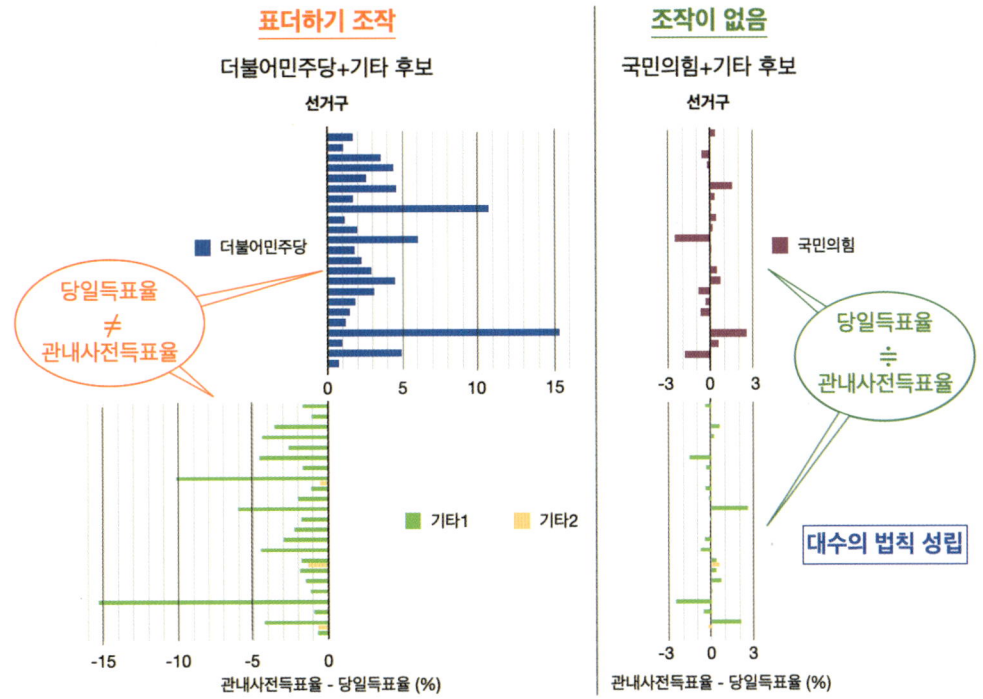

위 그림은 경기권역 23개 선거구의 더불어민주당+기타 후보 표본과 국민의힘+기타 후보 표본에 대한 대수의 법칙 성립 여부를 나타낸 결과이다. 더불어민주당 후보의 득표수는 표더하기 조작 득표수가 첨가된 득표수이기 때문에 대수의 법칙이 성립되지 아니한다.

더불어민주당 후보 : 관내사전득표율 > 당일득표율

기타 후보 : 관내사전득표율 < 당일득표율

국민의힘+기타 후보 표본인 경우 표 조작이 적용되지 아니하였기 때문에 다음 식과 같이 대수의 법칙이 성립된다.

국민의힘 후보 : 관내사전득표율 ≒ 당일득표율

기타 후보 : 관내사전득표율 ≒ 당일득표율

3) 인천·강원·충청권역

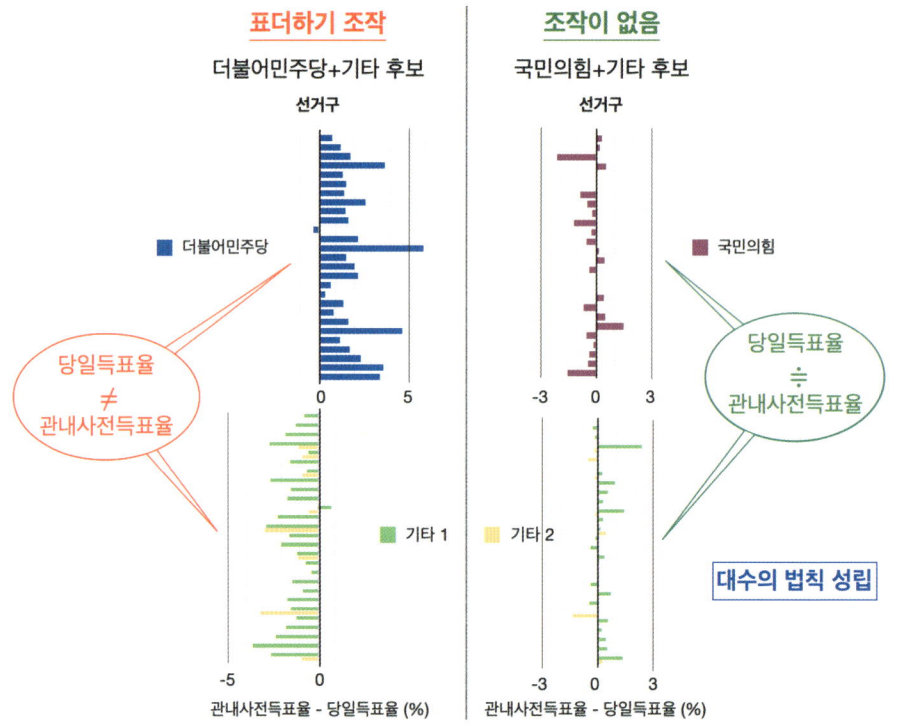

위 그림은 인천·강원·충청권역 27개 선거구의 더불어민주당+기타 후보 표본과 국민의힘+기타 후보 표본에 대한 대수의 법칙 성립 여부를 나타낸 결과이다. 선관위가 발표한 더불어민주당 후보의 득표수는 유권자가 투표한 표 수와 표더하기 조작표수가 합하여진 표수이다. 따라서 더불어민주당+기타 후보 표본에 대한 후보별 당일득표율과 관내사전득표율 사이에는 대수의 법칙이 성립되지 아니한다.

더불어민주당 후보 : 관내사전득표율 > 당일득표율

기타 후보 : 관내사전득표율 < 당일득표율

국민의힘+기타 후보 표본인 경우 표 조작이 실행되지 아니하였기 때문에 다음과 같이 대수의 법칙이 성립된다.

국민의힘 후보 : 관내사전득표율 ≒ 당일득표율

기타 후보 : 관내사전득표율 ≒ 당일득표율

4) 영남권역

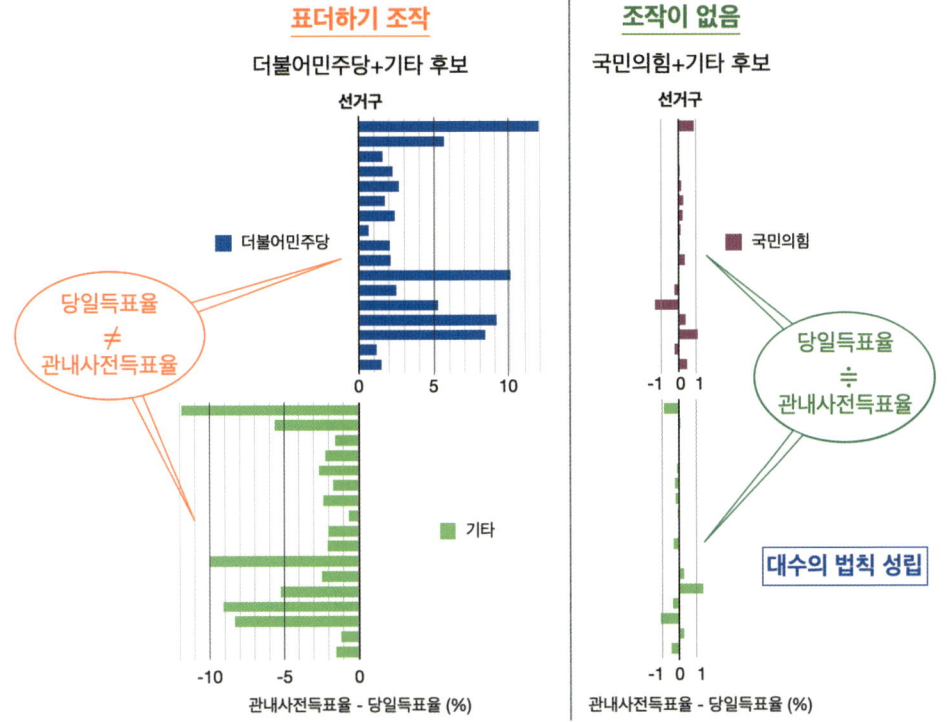

영남권역 선거구 중 더불어민주당 후보, 국민의힘 후보 및 기타 후보에 대한 관내사전득표율-당일득표율 차이에 대한 부호가 (+,-,-)인 선거구는 17개 선거구이다. 이 선거구는 표더하기 조작이 적용된 선거구이다. 이들 선거구에 대한 더불어민주당+기타 후보로 구성된 표본과 국민의힘+기타 후보로 구성된 표본의 관내사전득표율과 당일득표율 사이의 함수관계로부터 대수의 법칙 성립 여부를 평가하면 다음과 같다.

　　더불어민주당 후보와 기타 후보의 표본인 경우 더불어민주당 후보와 기타 후보에 대한 당일득표율과 관내사전득표율 사이의 함수관계는 다음 식과 같이 대수의 법칙이 성립되지 아니한다. 왜냐하면 더불어민주당 후보의 득표수는 표더하기 조작이 적용된 득표수이기 때문이다.

　　　　더불어민주당 후보 : 관내사전득표율 > 당일득표율
　　　　기타 후보 : 관내사전득표율 < 당일득표율

반면 국민의힘 후보와 기타 후보로 구성된 투표표본에 대한 국민의힘 후보와 기타 후보의 당일득표율과 관내사전득표율 사이에는 대수의 법칙이 성립되었다.

　　　　국민의힘 후보 : 관내사전득표율 ≒ 당일득표율
　　　　기타 후보 : 관내사전득표율 ≒ 당일득표율

표버리기 조작이 적용된 관외사전투표에 대한 대수의법칙

전국 254개 선거구 관외사전투표에서 더불어민주당 후보, 국민의힘 후보 및 기타 후보에 대한 관외사전득표율-당일득표율 차이에 대한 부호가 (+,−,+)인 선거구 수는 총 48개 선거구이다. 이들 선거구에 적용된 조작 메커니즘은 표버리기 조작 메커니즘이다. 이 경우 표버리기 조작은 국민의힘 후보에게만 적용되었으며 더불어민주당 후보와 기타 후보에게는 조작이 실행되지 아니하였다. 따라서 국민의힘+기타 후보로 재구성된 투표표본에 대한 두 후보의 당일득표율과 관외사전득표율 사이의 함수관계는 대수의 법칙을 충족시키지 못할 것이다. 반면 더불어민주당+기타 후보로 재구성된 투표표본에 대한 두 후보의 당일득표율과 관외사전득표율 사이의 함수관계는 대수의 법칙을 만족시킬 것이다. 다음 표는 총48개 선거구에 대한 더불어민주당+기타 후보 표본의 후보별 관외사전득표율-당일득표율 차이와 국민의힘+기타 후보 표본의 후보별 관외사전득표율-당일득표율 차이를 나타내고 있다.

관외사전득표율 - 당일득표율 차이

순번	시도	지역구	국민의힘+기타			더불어민주당+기타		
			국민의힘	기타		더불어민주당	기타1	기타2
1	서울	동대문갑	-3.38%	+3.38%		+0.34%	-0.34%	
2		노원을	-2.45%	+2.45%		+0.50%	-0.50%	
3		은평을	-4.10%	+4.10%		+0.93%	-0.93%	
4		강서갑	-2.74%	+2.74%		+0.88%	-0.88%	
5		영등포갑	-3.77%	+3.77%		+0.90%	-0.90%	
6		송파갑	-2.13%	+2.13%		+1.51%	-1.51%	
7		강동갑	-2.27%	+2.27%		+0.54%	-0.54%	
8		강동을	-2.92%	+2.92%		-0.10%	+0.10%	
9	경기	의정부갑	-2.80%	+2.80%		-0.20%	+0.20%	
10		부천을	-4.72%	+4.72%		+1.43%	-1.43%	
11		안산병	-1.88%	+1.88%		+0.46%	-0.46%	
12		고양을	-1.65%	+1.65%		+0.14%	-0.14%	
13		남양주을	-2.09%	+2.09%		+0.51%	-0.51%	
14		남양주병	-2.62%	+2.62%		+0.97%	-0.97%	
15		용인을	-4.00%	+4.00%		-0.44%	+0.44%	
16		용인정	-1.92%	+1.92%		+0.74%	-0.74%	
17		안성	-2.04%	+2.04%		-0.28%	+0.28%	
18		화성병	-2.86%	+2.86%		-0.75%	+0.75%	
19		포천가평	-2.62%	+2.62%		-1.22%	+1.22%	
20	경북	영천청도	-0.70%	+0.70%		+1.18%	-1.18%	
21		고령성주칠곡	-2.00%	+2.00%		+0.00%	-0.00%	
22	경남	거제	-3.63%	+3.63%		-1.20%	+1.20%	
23		양산갑	-2.46%	+2.46%		-0.70%	+0.70%	
24	제주	제주을	-4.46%	+4.46%		+0.27%	-0.27%	
25		중구영도구	-1.80%	+1.80%		+0.65%	-0.65%	
26	부산	동래구	-2.94%	+2.94%		+0.87%	-0.87%	
27		북구갑	-1.37%	+1.37%		+0.04%	-0.04%	
28		해운대구갑	-2.43%	+2.43%		-0.06%	+0.06%	
29		중구강화옹진	-2.45%	+2.45%		-1.39%	+1.39%	
30	인천	연수구갑	-2.10%	+2.10%		+0.01%	-0.01%	
31		남동구갑	-2.23%	+2.23%		+0.69%	-0.69%	
32		서구갑	-3.88%	+1.87%	+2.01%	-0.55%	+0.20%	+0.35%
33		서구병	-2.33%	+2.33%		+0.32%	-0.32%	
34	광주	북구갑	-6.91%	+5.30%	+1.61%	-0.95%	+0.74%	+0.21%
35		동구	-3.02%	+3.02%		+0.15%	-0.15%	
36	대전	서구갑	-5.04%	+2.57%	+2.47%	+2.29%	-0.57%	-1.72%
37		유성구갑	-2.61%	+2.61%		+0.58%	-0.58%	
38		춘천철원화천양구갑	-4.34%	+1.55%	+2.79%	-0.37%	-0.19%	+0.56%
39	강원	강릉	-3.75%	+3.75%		-0.02%	+0.02%	
40		동해태백삼척정선	-4.06%	+4.06%		+0.17%	-0.17%	
41		천안갑	-2.83%	+2.83%		+0.79%	-0.79%	
42		천안병	-2.80%	+2.14%	+0.66%	+0.18%	+0.29%	-0.48%
43	충남	공주부여청양	-2.03%	+2.03%		-0.41%	+0.41%	
44		보령서천	-1.08%	+1.08%		-0.18%	+0.18%	
45		아산갑	-2.04%	+2.04%		+0.53%	-0.53%	
46		논산계룡금산	-2.95%	+2.95%		-0.34%	+0.34%	
47	전북	군산김제부안을	-4.12%	+4.12%		-0.77%	+0.77%	
48		남원장수임실	-3.29%	+3.29%		-0.09%	+0.09%	

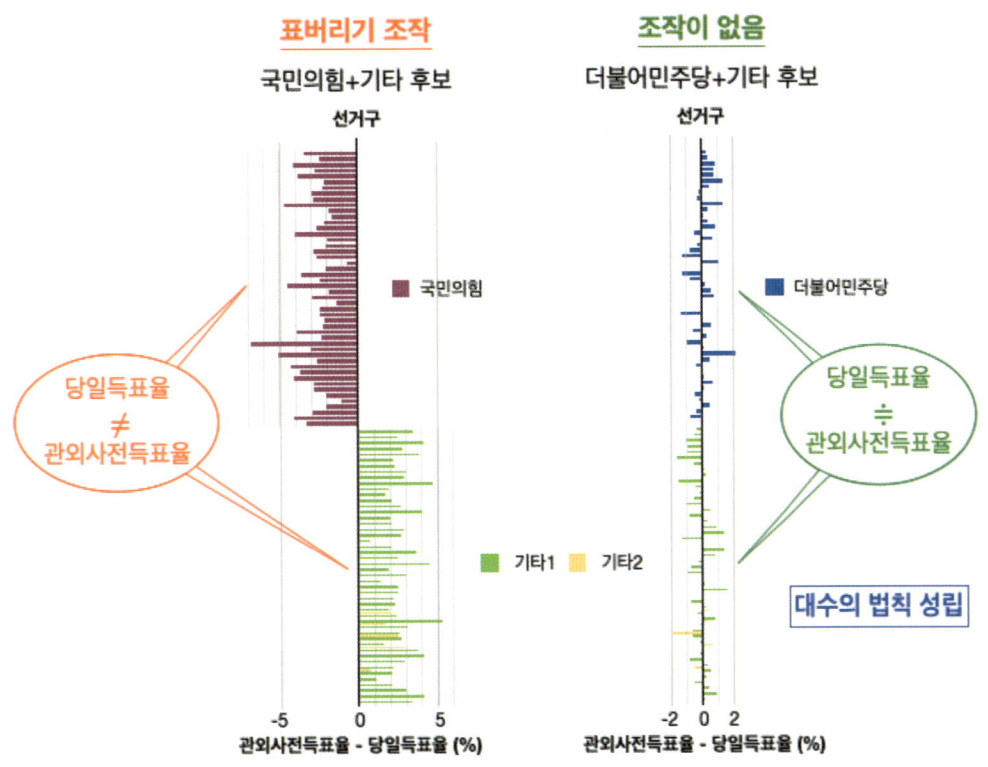

위의 그림은 더불어민주당 후보, 국민의힘 후보 및 기타 후보에 대한 관외사전득표율-당일득표율 차이가 (+,-,+)인 48개 선거구에 대한 앞의 표의 결과를 도시한 그림이다. 표버리기 조작이 적용된 국민의힘+기타 후보 표본에 대한 후보별 관외사전득표율과 당일득표율 사이의 함수관계는 대수의 법칙이 적용되지 아니한다.

국민의힘 후보 : 관외사전득표율 < 당일득표율

기타 후보 : 관외사전득표율 > 당일득표율

반면 표버리기 조작이 적용되지 아니한 더불어민주당+기타 후보 표본에 대한 후보별 관외사전득표율과 당일득표율 사이의 함수관계는 대수의 법칙을 충족시킨다.

더불어민주당 후보 : 관외사전득표율 ≒ 당일득표율

기타 후보 : 관외사전득표율 ≒ 당일득표율

대수의 법칙 성립 여부에 대한 결론

관내사전투표에 적용된 조작 메커니즘은 대부분 표더하기 조작 메커니즘이며, 관외사전투표에 적용된 조작 메커니즘은 표더하기 조작과 표버리기 조작 메커니즘이다. 관외사전투표에서는 표버리기 조작 메커니즘이 적용된 선거구 수가 표더하기 조작이 적용된 선거구 수보다 많다. 관내 및 관외 사전투표에 적용된 조작 메커니즘에 따라 대수의 법칙이 성립되는 경우와 대수의 법칙이 성립되지 아니한 경우를 종합하면 다음 그림과 같다.

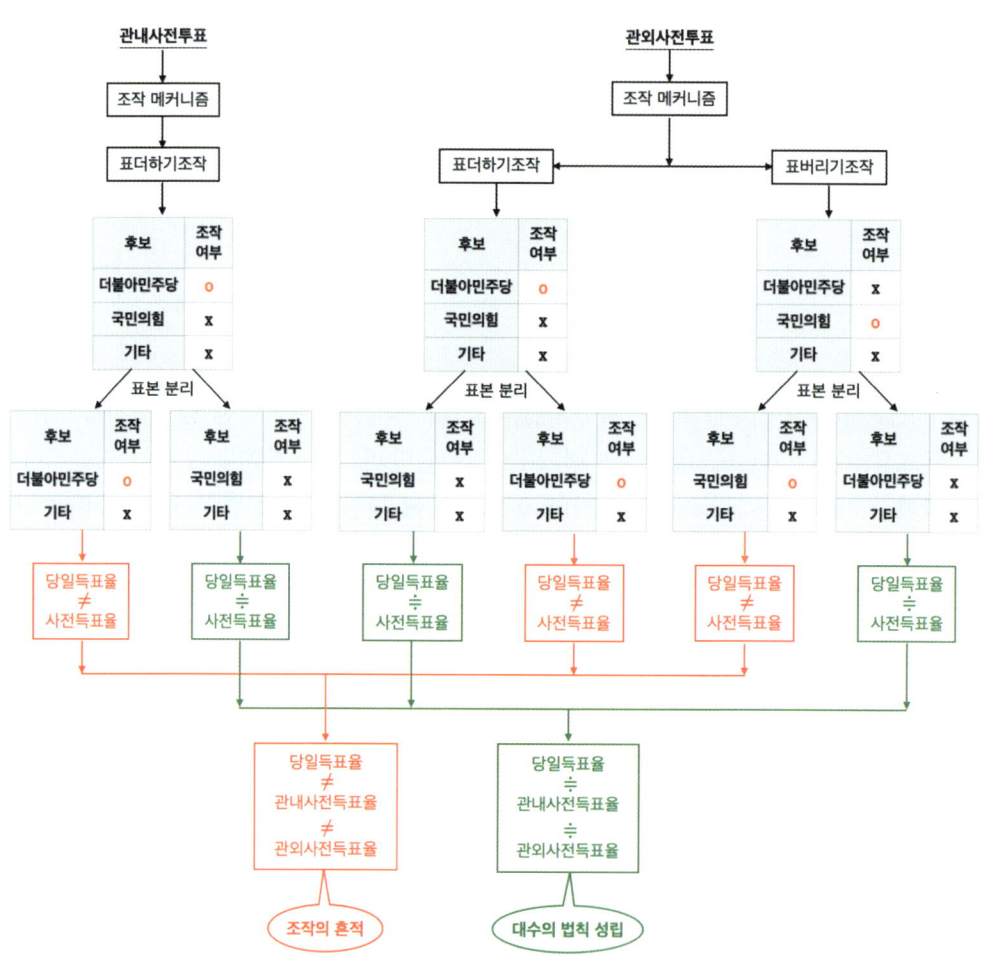

종합 결론

1919년 3월 1일 우리 민족의 자주독립을 위한 평화적 시위 운동이 전국적으로 일어났다. 수많은 선열이 피를 흘렸고 모진 고난을 겪었으며 또 견디기 힘든 핍박을 받았다. 이 자주독립운동은 수많은 기적을 일으켰다. 이 운동은 대한민국임시정부로 재탄생하였고, 해방의 역사를 창조하였을 뿐만 아니라 대한민국 헌법의 정신으로 부활하였다. 그리고 영겁의 세월을 이어가면서 우리 정신세계의 표상이 될 것이다.

삼일절 노래
정인보 시
박태현 곡

기미년 삼월 일일 정오
터지자 밀물같은 대한독립만세
태극기 곳곳마다 삼천만이 하나로
이날은 우리의 의요 생명이요 교훈이다
한강물 다시 흐르고 백두산 높았다
선열하 이 나라를 보소서
동포야 이 날을 길이 빛내자

해방의 역사가 창조되던 날 삼천리 방방곡곡을 휩쓸었던 태극기 물결의 감격을 되뇌어 본다. 그리고 그 물결을 보지 못하였던 어른님과 벗님들이 아리도록 안타깝다.

광복절 노래
정인보 시
윤용하 곡

흙다시 만져보자 바닷물도 춤을 춘다
기어이 보시려던 어른님 벗님 어찌하리
이날이 사십년 뜨거운 피 엉긴 자취니
길이 길이 지키세 길이 길이 지키세

사십 년에 또 다른 사십 년을 더 한 것보다 더 긴 세월 대한민국 역사에 엉긴 피의 자취는 대한민국 헌법 전문에 민주, 정의, 인도, 동포애, 자율과 조화, 자유민주, 기회균등, 자유와 권리, 책임과 의무, 세계평화, 인류공영 등으로 화인되어 무궁한 세월 지속할 것이다.

바람이 스쳐갔다. 하늘가로 흰 구름이 흘렀다. 하늘은 청명한 쪽빛이다. 디베랴 바닷가에 예수와 일곱 명의 제자가 있었다. 이 세상에서의 마지막 대화가 있었다. 예수가 베드로에게 물었다.

요한의 아들 시몬아 네가 이 사람들보다
나를 더 사랑하느냐? (요 21:15)

'나' 대신 대한민국을 넣어보았다.

요한의 아들 시몬아 너는 대한민국을 사랑하느냐?

뺨을 만지는 바람이 부드러우면서 또 따뜻하다.

부정선거 해부학
— 표 훔치기 이제 그만!

지은이 l 허병기 도경구 민경욱 권오용 홍승기

만든이 l 최수경

초판 만든날 2025년 5월 5일

만든곳 l 글마당 앤 아이디얼북스

(출판등록 제2008-000048호)

서울 종로구 삼봉로 95 102-503

전화 l 02) 786-4284

팩스 l 02) 6280-9003

이멜 l madang52@naver.com

홈페이지 l www.morningfocus.net

ISBN 979-11-93096-11-6 (03340)

책값 35,000원

** 허락없이 부분 게재나 무단 인용은 저작권법의 저촉을 받을 수 있습니다.
** 잘못된 책은 바꾸어 드립니다.